JN079889

STUDY OF
COMPREHENSIVE CARE SYSTEM FROM THE VIEW-POINT
OF

SOCIAL
CAPITAL

ソーシャル・キャピタルに着目した
包括的支援

結合型SCの「町内会自治会」と橋渡し型SCの「NPO」による
介護予防と子育て支援

川島 典子 ［著］

晃洋書房

は じ め に
——本書のねらいと本書の構成——

　本書は，同志社大学大学院博士学位論文・川島典子 (2019)『ソーシャル・キャピタルに着目した包括的支援——結合型 SC の「町内会自治会」と橋渡し型 SC の「NPO」による介護予防と子育て支援——』を加筆修正したものである．

　2017 年に社会福祉法が改正され，「地域包括ケアシステム強化のための介護保険法等の一部を改正する法律案」が可決成立し，高齢者に限らず，子どもや障がい者も含めた全世代・全対象型の包括的支援体制が市町村の努力義務となった．ひとつの家庭のなかには，要介護状態の父親がいて，夫を介護する介護予防が必要な高齢の母親もおり，父の介護を手伝う子育て中の娘や，失業が誘因となりひきこもりを続ける息子がいて，しかも一家は借金の返済に困り多重債務者になっているかもしれない．地域包括的支援体制は，そういった極めて今日的で複層的な現場の課題に対応するための政策理念である．

　しかし，現状で，この包括的支援体制の福祉制度としての法的根拠ないし財源となるのは，生活困窮者自立支援制度と介護保険制度の地域支援事業でしかない．仮に，地域支援事業を財源として包括的支援を行った場合，介護保険制度下の事業であるがゆえに高齢者に対する給付はあっても，子どもや障がい者に対する給付はないなどの財源の課題が残る．また，行政の介護関係部署と子育て支援部署や障がい者支援部署などが別々である縦割り行政の課題や，農村部・準都市部におけるマンパワーと社会資源の不足などの問題もある．

　そこで，本書では，それらの課題を克服すべく，ソーシャル・キャピタル（以下，SC）に依拠した包括的支援のありようを実証研究によって提示し，政策提言した．具体的には，包括的支援における介護予防と子育て支援において，SC の下位概念である結合型 SC の「町内会自治会」などの地縁と，橋渡し型 SC の「NPO」や「NPO 法人」などを専門職がつなぎながら地域レベルの SC を構築していけば効果的なのではないか？　という仮説を母数約 2000 の調査によって実証的に検証している．本書では，主に，介護保険制度の地域包括ケアシステムにおける介護予防と子育て支援に焦点を絞って論じた．介護予防と

子育て支援は，全世代・全対象型の包括的支援のなかで最も一般的な課題であると考えたからである．

　本書の構成は，まず，序章において，研究の背景と目的，研究の方法などについて述べた．次に，第1章で，わが国における介護予防と子育て支援策の歴史的経緯を概観した上で，介護予防と子育て支援の概念整理を試みている．次に，第2章では，SCの概念整理と，その下位概念の整理を行った．

　第3章では，介護予防と子育て支援に関する自記式アンケート調査をそれぞれ母数約1000（介入群約500，非介入群約500），総計約2000で行い，相関分析とロジスティック回帰を行った量的調査の結果について述べている．さらに，第4章では，可住人口密度別の都市類型（都市部・準都市部・農村部）ごとにSCの地域差を鑑みた事例研究（質的調査）も行った．

　また，第5章では，第3章の量的調査によって日本の子育ては，いまだ結合型SCの地縁・血縁に頼るものであるという結果が得られたが，わが国に橋渡し型SCである「NPO法人」の活動を根付かせるためにはどうしたらよいのかを北欧の中で最も私的セクターの活動が盛んであるフィンランドの介護予防と子育て支援の事例研究を行うことによって提示している．

　最後に，第6章で，包括的支援体制の実施に向けた現状の課題を克服すべく，SCの下位概念に着目した政策を推進することの有用性について述べ，その具体的方法として，包括的支援のモデルとファクターについて論じた．

　全世代・全対象型の包括的支援の実施における諸所の課題を克服するために，SCの下位概念である結合型SCの「町内会自治会」と橋渡し型SCの「NPO」や「NPO法人」などの双方に着目した包括的支援を行うことが効果的であることを本書における実証研究の結果は物語っている．

　本書は，政策研究や，社会福祉および地域福祉研究を行う研究者の皆さんはもとより，院生の皆さん，包括的支援に携わる行政職員の皆さんと社会福祉協議会，地域包括支援センターなどの専門職の皆さんにも，ぜひとも手にとっていただき，お読みいただきたい．私たち研究者と現場の皆さんが手を携えて，いまだ緒についたばかりの包括的支援を今後，共に推進していければ幸いである．

　本書がその架け橋のような役割を果たしてくれることを切に願っている．

目　　次

序章　なぜ包括的支援の介護予防と子育て支援においてソーシャル・キャピタルに着目するのか

第1節　研究の背景
―――全世代・全対象型の包括的支援までの政策的経緯と
研究の枠組み―――

　わが国は欧米諸国の約2倍のスピードで高齢化が進み，2016年現在，65歳以上の高齢者人口は3459万人で，高齢化率は27.3％を超えている．国立社会保障人口問題研究所の将来推計によれば，いわゆる団塊の世代が75歳以上になる2025年には高齢者人口は3677万人になり，2036年には高齢化率が33.3％を超え，3人に1人が高齢者になると推計されている（内閣府2017a：3）．

　このような急速な少子高齢社会の到来に対応すべく，介護を社会で支えることを基本理念として，2000年に施行された介護保険制度は，2006年の改正介護保険制度施行時より，予防重視型に変更され，「地域包括ケアシステム」の概念の下で介護予防を行うことが推奨された．

　それまで要介護者のみが対象だった保険給付の対象が拡大されて[1]，介護予防に資する予防給付が設けられ，「地域支援事業」による要介護状態にない高齢者[2]に対する介護予防も行われることになり，地域包括支援センターが新設されたのである．だが，同センターに配置することが義務づけられた社会福祉士は総合相談業務に，保健師と主任ケアマネージャーは介護予防マネジメントに追われ，実際は要介護状態にない高齢者に対する介護予防サービスを行い難い状況が生じていた．したがって，健康な高齢者に対する介護予防に関しては，ソーシャル・キャピタル（以下，SC）の構成要素である地域のボランティアやNPO法人などと専門職が連携しながら行わざるを得ないのが現状である．

　2014年の介護保険法改正時には，2011年の改正時に設けられた「介護予

防・日常生活支援総合事業」（以下，総合事業）が，「介護予防・生活支援サービス事業」と「一般介護予防事業」に分けられた．「地域支え合いの体制づくり」などが目的の「介護予防・生活支援サービス事業」と，「人と人とのつながりを通じて参加者や通いの場が継続的に拡大していくような地域づくりを推進していくこと」などが目的の「一般介護予防事業」は，いずれも SC の概念に通ずる「人と人とのつながり」や「地域の支え合い」をその旨にあげている．

　また，2014 年の改正時には，「地域支援事業」の中の「包括的支援事業」が「地域包括支援センター運営」と「社会保障充実分に関する事業」に分けられ，「社会保障充実分に関する事業」の１つとして「生活支援体制整備事業」[3]なども設けられた．この事業は，「生活支援コーディネーター」（地域支え合い推進員）[4]と協議体[5]を設置するものである．同事業は，目的の１つに NPO 法人やボランティア[6]などと連携し，「多様な日常生活上の支援体制の充実・強化および高齢者の社会参加の推進を一体的に担っていくこと」などを掲げている．この「NPO 法人」や「ボランティア」は，まさに SC の構成要素にほかならない．

　かくして介護は，「介護の社会化」から，SC の概念に通ずる地域のつながりを重視した「介護の地域化」へと移行しつつある．

　2015 年 9 月には厚生労働省にワーキングチーム「誰もが支え合う地域の構築に向けた福祉サービスの実現――新たな時代に対応した福祉の提供ビジョン――」が置かれた．また，2016 年 6 月に公表された「ニッポン一億総活躍プラン」では，「地域のあらゆる住民が役割を持ち，支え合いながら，自分らしく活躍できる地域共生社会」の実現に向けた仕組みを構築するとし，その具体策の検討を加速化するために同年 7 月，厚生労働省は「我が事・丸ごと」地域共生社会実現本部を設置している．

　その流れを受け，2017 年 5 月には，「地域包括ケアシステムの強化のための介護保険法等の一部を改正する法律案」が可決成立し，社会福祉法も改正され，高齢者に限らず子どもや障がい者も含めた全世代・全対象型の包括的支援体制づくりなどが市町村の努力義務となった．これらが，いわゆる「地域福祉の政策化」の流れである．

　このように，地域で介護を支え，地域のあらゆる住民が役割を持つ「地域共生社会」を構築するにあたり，「我が事・丸ごと」地域共生社会実現本部は，

2017 年 2 月に，「地域共生社会の実現に向けて（当面の改革工程）」を発表した．ここでも，「地域のつながりの強化」が標榜されている（厚生労働統計協会 2017：15, 25-26）．

　ところで，全世代・全対象型の包括的支援体制の 2 つの制度の柱は，地域包括ケアシステムと生活困窮者自立支援制度であるといわれている（新川・川島 2019：8）．本研究では，この包括的支援体制の地域包括ケアシステムにおける介護予防と子育て支援に焦点を当て，論を進める．

　なぜならば，介護保険の介護給付によって社会的に支えられる介護よりも，介護予防の方がより地域の支え合いやつながりによって実現する部分を多く擁すると考えるからである．また，包括的支援体制の地域包括ケアシステムにおける子育て支援も，介護保険制度下に子どもに関する給付はなく，仮に地域包括ケアシステムにおいて全世代型の支援をめざし子育て支援も行うのであれば，現状では SC に依拠せざるをえないからである．

　前述したように，国の政策では「地域共生社会」を「地域のつながり」などを強化して行うよう示唆しているが，新たな包括的支援体制の地域包括ケアシステムにおいて，いわゆる「地域のつながり」を指す SC を醸成しながら介護予防や子育て支援などを行っていくためには，どのようにすればよいのかを具体的に政策提言した研究はいまだない．

　そこで，本研究では，SC に着目した具体的方策を提言するために，社会疫学などの先行研究に基づき，「結合型（bonding）SC」である「町内会自治会」などの地縁と，「橋渡し型（bridging）SC」である「NPO 法人」などの中間支援組織の双方を専門職がつなぎながら介護予防と子育て支援を行えば，包括的支援において効果的な介護予防と子育て支援が行えるのではないかという仮説を自記式アンケート調査の結果を分析することによって実証的に検証し，SC の地域差に基づいた事例研究も行って，包括的支援体制の地域包括ケアシステムにおいて，今後あるべき介護予防と子育て支援の具体的方策を SC 理論に依拠して政策提言する．

第2節　研究の目的

　地域に蓄積された「信頼」「ネットワーク」「規範意識」を意味する概念である SC（Putnam 1993）が豊かな地域に在住する住民の健康状態が良いという仮説は，国内外の社会疫学などの分野において実証的に検証されつつある（Aidaら 2012；近藤 2007；藤澤ら 2007；カワチら 2008；市田ら 2005）．したがって，地域レベルの SC を豊かにすれば，効果的な介護予防を行える可能性は高い．

　また，内閣府国民生活局が 2003 年に出した SC に関する報告書『ソーシャル・キャピタル――豊かな人間関係と市民活動の好循環を求めて――』には，SC と合計特殊出生率には相関関係があり，SC の豊かな地域ほど合計特殊出生率が高いことが示されている（内閣府国民生活局 2003）．したがって，介護予防だけでなく，少子化対策としても SC は有効であることが推察される．

　だが，包括的支援体制の地域包括ケアシステムにおける介護予防と子育て支援の効果を高めるに当たって，具体的に専門職や行政職員がどのようにして SC の構成要素を構築していくのかを示唆した先行研究はない．

　そこで，本研究では，SC の代表的な下位概念である「結合型 SC」と「橋渡し型 SC」に着目し，要介護状態にない高齢者に対する介護予防サービスと子育て支援において，市区町村社会福祉協議会（以下，市区町村社協）や地域包括支援センターなどの社会福祉士などの専門職が，「結合型 SC」である「町内会自治会」などと，「橋渡し型 SC」である「NPO 法人」などをつなぎ，コーディネートしながら，地域レベルの SC を構築していくことが，包括的支援体制の介護予防と子育て支援において有効であり，包括的支援の地域包括ケアシステムにおけるより効果的な介護予防と子育て支援につながるという仮説を，実証的に検証し，政策提言することを研究の目的とする．

第3節　研究の方法

　まず最初に，2011 年 8 月から 9 月にかけて，全国 47 都道府県の都道府県社協に対し，郵送法により自記式アンケート調査を行い，「結合型 SC」である

「町内会自治会」などと「橋渡し型SC」である「NPO法人」などを社会福祉士などがつなぎながら介護予防を行っている自治体を抽出した.

　抽出した自治体の内,調査にご協力いただけたA県B市C地区（小学校区）と,統制群として社会福祉士などが結合型SCと橋渡し型SCをつないでいないD県E市F地区（小学校区）の要介護状態にない高齢者（C地区,F地区とも全数調査）それぞれ約500名,総計約1000名を対象として,留置法（1部郵送法）による自記式アンケート調査を行った.調査期間は,2013年3月から2013年5月である.

　調査結果は相関分析により分析し,相関関係のあった変数のみ統制変数を投入してロジスティック回帰分析を行った.

　次に,2018年3月から4月にかけて,全国47都道府県の都道府県社協に対し,郵送法により自記式アンケート調査を行い,「結合型SC」である「町内会自治会」などと「橋渡し型SC」である「NPO法人」などを専門職や行政職員がつなぎながら子育て支援を行っている自治体を抽出した.

　抽出した自治体の内,調査にご協力いただけたG県H市I地区（小学校区）と,統制群として専門職や行政職員が結合型SCと橋渡し型SCをつないでいないJ県K郡L町の幼保園・保育園と小学校の保護者それぞれ約500名,総計約1000名（I地区,L町とも全数調査）を対象として,留置法（1部郵送法）による自記式アンケート調査を行った.調査期間は,2018年6月から7月である.

　調査結果は,介護予防の調査時と同様に,相関分析により分析し,相関関係のあった変数のみ統制変数を投入してロジスティック回帰分析を行った.

　さらに,実際に包括的支援体制の地域包括ケアシステムにおいて,介護予防と子育て支援を同時に行う場合を想定し,可住人口密度による類型で,都市部,準都市部,農村部ごとにSCの地域差を鑑みた事例研究も行っている.

第4節　先行研究と本研究の独自性

　まず,介護予防に関しては,海外の社会疫学の先行研究では「橋渡し型SC」の方がより健康と有意に関連しているという先行文献（Kim and Kawachi 2006）

がある．だが，元々，農村部における地縁の強かった日本では，「橋渡し型 SC を形成する上でも結合型 SC を損なわないように配慮する必要がある」という京都府北部の 3 市において 9293 人の住民を調査対象とした先行研究（福島ら 2009）もあり，「橋渡し型」SC だけでなく「結合型 SC」と主観的健康感の関連も否めない．

　また，「NPO・市民活動の基盤には地縁活動がある．（中略）NPO・市民活動参加者のほとんどは地縁活動経験者であり，因果関係は明らかではないが，地縁活動がボランティア・NPO・市民活動の基盤にあるように見える」という全国調査の結果を示した先行研究（稲葉 2011）もある．さらに，実際の地域福祉の現場でも，「町内会自治会」と「NPO 法人」を社会福祉士がつないだり，「町内会自治会」がそのまま「NPO 法人」に発展する事例も散見され，そのプロセスを分析した先行研究もある（大野 2010，森・新川 2013）．

　そこで本研究では，これらの先行研究に基づき，包括的支援における介護予防において専門職が SC を構築する具体的方法を「結合型 SC」としての「町内会自治会」などの地縁と，「橋渡し型 SC」としての「NPO 法人」などの中間支援組織をつなぐことと定め，その仮説を実証的に検証することにした．

　子育て支援に関しては，そもそも，SC との関連を示した先行研究が少ない．内閣府国民生活局が 2003 年に出した調査報告書に SC と合計特殊出生率に相関関係があることが示されていることは，すでに述べた（内閣府国民生活局 2003）．また，2016 年の内閣府の SC に関する全国調査の報告書でも，「SC が豊かな地域では生涯未婚率が低く，合計特殊出生率が高くて，子育て世代の女性の雇用率が高い」という結果が報告されている（内閣府 2016）．

　さらに，わが国において教育と SC の関連について述べられた先行研究には，志水（2005），山内・伊吹（2005），稲葉（2007a），金子（2008），日本総合研究所（2008），露口（2011），露口（2016）などがある．2004 年に全国学力調査を担当した教育社会学が専門の志水（2005）は，家庭・地域との連携が学力などの教育効果と関連していることを明らかにしている．また，山内・伊吹（2005）および稲葉（2007），日本総合研究所（2008）は，量的調査によって，SC が豊かな地域では不登校率が低いことなどを実証している[8]．だが，これらはいずれも，教育に特化して論じられた論考であり，いわゆる子育て支援全般に関して論じ

たものではない.

　また，子育て支援と親族や友人などの「手段的サポート」や子育ての悩みなどを聞く「情緒的サポート」などの育児ネットワークに関する先行研究もある（落合 1989，松田 2008）. さらに，子育て支援と SC に関して論じた考察は，松田（2010），Fujihara et al.（2012），山口ら（2013），太田ら（2018）などしかない.

　松田は，子育て支援とネットワークに関する先行研究にふれ，親族や友人などからの育児サポートが，育児における母親の心身の負担や育児ストレスを軽減することを述べた上で，「親子に対してサポートを行う育児ネットワークおよびその供給源である地域社会は，社会関係資本にあたる. それが豊富にあれば，人々は子どもを産み，育てやすくなり，子どもの健やかな育ちが支えられる」とし，「同じ地域に住む人たち，中でも子育てという行為を同じくする人たちが，インフォーマルにつながり，支え合うという関係が，今後わが国における子育てを支える社会関係資本の基本的な姿になろう」と述べている（松田 2008：94，111）. だが，松田の子育てをめぐる社会関係資本（SC）の概念に関する理解は若干曖昧であり，SC の代理変数を用いて子育てへの効果を検証した実証的研究ではない.

　Fujihara et al.（2012），山口ら（2013），太田ら（2018）は，SC の代理変数も用いて調査を行った実証研究ではあるものの，虐待や育児不安の軽減と SC の関連などを論じた論文で，結合型 SC や橋渡し型 SC などの SC の下位概念と子育て支援について述べた論考ではない. Fujihara らは，乳幼児期の家庭訪問と母親の育児ストレスおよび SC の関連について調査分析し，山口らは「子育ての社会化」に関する意識や行動に母親や地域住民の「SC の認識」が関連していることを明らかにしている. また，太田らは，これらの先行研究を踏まえた上で，SC と母親の育児不安との関連を明らかにして，育児支援に SC を活用する方法を探ろうと試みている. だが，これらの先行研究は，いずれも子育てと SC の有意な関連のみを論考したものであり，具体的に，SC の下位概念の代理変数をどのように駆使して SC を構築し，子育て支援を行えば良いのかを政策提言した研究ではない.

　以上の先行研究が示す小学校教育や子育てに関する血縁をも含むネットワーク以外の広義の子育て支援においても，具体的に，どのように SC を構築して

子育て支援を行えば良いのかを政策提言するためには，「町内会自治会」など
の地縁と，「NPO」や「NPO 法人」などが行う子育て支援サロンおよび放課
後児童クラブなどの子育て支援の双方が有効であることを提言することの有用
性が推察される．そこで，本研究では，包括的支援体制の子育て支援において
も，結合型 SC である「町内会自治会」などの地縁と，橋渡し型 SC である
「NPO 法人」などの中間的支援組織の双方の支援が必要であるという仮説を立
て，介護予防の調査と同様の方法で実証的に検証し，SC の地域差にも着目し
て分析を行うことにした．

　本研究の独自性は，第 1 に，まだ緒についたばかりの「地域共生社会」にお
ける包括的支援体制の介護予防と子育て支援において，SC の下位概念に着目
して実証的に行われた研究がいまだない点にある．第 2 に，SC には地域差が
あるといわれているが，その地域差にも着目して事例研究を行っている点にあ
る．包括的支援体制における SC に依拠した介護予防と子育て支援の具体的方
策への指針を明らかにすることによって，「地域共生社会」への政策提言を行
える点において，本研究の意義は大きい．

　実証研究に裏づけられたエビデンスに基づき，各自治体においても，あるい
は各市区町村社協においても，すぐにでも使える包括的支援における SC と協
働する介護予防と子育て支援の具体的方策を本研究は，豊富な事例とともに提
示している．

注
1）　具体的には，要支援 1 と要支援 2 の者も介護予防の対象になった．
2）　要介護状態にない健康な一次予防事業対象者とハイリスク者である二次予防事業対
　　象者．
3）　第 1 層（全自治体），第 2 層（およそ日常圏域），第 3 層（より身近な圏域での助け
　　合いの場）の圏域設定をし，1 層・2 層に「生活支援コーディネーター」が配置され，
　　各圏域の機能に応じた協議体の組織化が進められることになった（隅田・藤井・黒田
　　2018：23）．
4）　第 4 章に詳細を説明．
5）　地域の関係者が地域づくりを進める協議・協働の場である会議や組織．
6）　その他の多様な連携主体として考えられるのは，民間企業，協同組合，社会福祉法
　　人などである．

7）　2015 年に施行された生活保護に至っていない生活困窮者に対する制度で，全国の福祉事務所設置自治体が実施主体となり，官民協働による地域の支援体制を構築し，自立相談支援事業，住居確保給付金の支給，就労準備支援事業，就労訓練事業，生活困窮者世帯の子どもの学習支援，一時生活支援事業，家計相談支援事業など，生活困窮者の自立促進に関し，包括的な事業を実施するものである（新川・川島 2019：9）

8）　一方で，露口らは，学校の SC がストレスに及ぼす影響についてマルチレベル分析を行い検証し，学校 SC はストレス反応に対して直接効果は認められなかったとしている（露口 2014）．しかしながら，SC が豊かな地域は非行も少なく，子どもたちの学力も高いという認識は，すでに一般的なものになっている．

第1章 介護予防と子育て支援をめぐる政策の経緯とその概念

第1節 介護予防政策の変遷とその概念

1. 介護保険制度施行前から介護保険制度施行後

まず最初に，本節では，「介護予防」という言葉や概念がいつ登場し，政策上位置づけられていったのかを概観して，どのような経緯で「包括的支援」という概念が誕生したのかについて論じてみたい．

「介護予防」という言葉が行政用語として初めて登場したのは，1999年に当時の厚生労働省（以下，厚労省）の文書において使用された時である．この用語が普及し，広がったのは，2000年に当時，要介護者のみを対象としていた介護保険制度が施行され，それと車の両輪として施行された要介護状態にない高齢者を対象とした「介護予防・生活支援事業」が制度化されてから後のことである（黒田ら 2002：2）．

だが，「介護予防」という用語こそなかったものの，実際には広義の介護予防事業は，介護保険制度が施行される以前より，老人保健法に基づく「A型リハビリテーション」および「B型リハビリテーション」や，「寝たきり0作戦」による寝たきり予防，「健康日本21」による生活習慣病の予防，社協による高齢者などの閉じこもり予防のための「ふれあい・いきいきサロン」などによって行われていた．

その後，2000年に介護保険制度が施行された．前述した通り，厚労省は，介護保険制度の施行と同時に，老人保健行政の車の両輪として，「介護予防・生活支援事業」をスタートさせている．この事業は主に，要介護高齢者を対象とした介護保険制度の対象外にある要支援者と要介護状態にない自立した高齢者を対象としていた．実施主体は，介護保険制度同様，市町村である．

　具体的な市町村事業に，「高齢者等の生活支援事業」として，① 配食サービ
ス事業・② 外食支援サービス事業・③ 寝具等乾燥消毒サービス事業・④ 軽度
生活援助事業・⑤ 住宅改修支援事業・⑥ 訪問理容美容サービス事業・⑦ 高齢
者共同生活（グループリビング）支援事業・⑧ 短期入所振替利用援助事業，など
のメニューがあった．また，「介護予防・生きがい活動支援事業」として，①
介護予防事業（転倒骨折予防教室，アクティビティ・痴呆介護教室，IADL[1] 訓練事業，地
域住民グループ支援事業等）・② 高齢者食生活改善事業・③ 運動指導事業・④ 生
きがい活動支援通所事業・⑤ 生活管理指導事業・⑥ 家族介護支援事業・⑦ 高
齢者の生きがいと健康づくり推進事業・⑧ 成年後見制度利用支援事業・⑨ 緊
急通報体制等整備事業・⑩ 寝たきり予防対策事業・⑪ 健やかで活力あるまち
づくり基本計画策定普及推進事業・⑫ 高齢者地域支援体制整備・評価事業，
などがある（厚生労働省 2001）．

　この「介護予防・生活支援事業」は，2003 年に「介護予防・地域支え合い
事業」と名称変更された．この事業では，加齢に伴う運動機能低下を防ぐ観点
から専門家によるアセスメントを経て，高齢者向けのトレーニング機器などを
用いたトレーニングを実施する「高齢者筋力向上トレーニング事業」や，足の
爪をケアする「足指・爪ケアに関する事業」，「食の自立支援事業」などが新た
に加えられている．高齢者が住み慣れた地域社会の中で自立した生活を送るこ
とができるよう地域で支援するという概念が加味されたのである（内閣府 2003）．

　このように，自立支援を理念とし，要介護状態の軽減を図ることを旨として
創設された介護保険制度だったが，必ずしも満足すべき状態に至ったわけでは
ない．その現状を踏まえ，厚労省老健局内に設置された「高齢者リハビリテー
ション研究会」によって，2004 年に，『高齢者リハビリテーションのあるべき
方向』という報告書が出された．この報告書には，わが国のリハビリテーショ
ンや介護予防事業の現状と課題，これからの見直しの方向性がまとめられてい
る．同報告書によれば，2003 年現在で，主な介護予防事業の実施市町村を調
査した結果，「転倒骨折予防教室」を実施している市町村が 1968 市町村，「ア
クティビティ・痴呆予防介護教室」が 1112 市町村，「IADL 訓練事業」が 590
市町村，「足指・爪のケアに関する事業」が 35 市町村，「高齢者筋力向上トレー
ニング事業」が 175 市町村だったという．それらは，「教室での集団による

座学が中心で個々の利用者を実際に評価して目標を設定し，個別のプログラム
を組んでトレーニングを実施しているところは少ない」などの問題点があった
ことが指摘されている.

　特に，介護予防に関しては，軽度の要介護者が激増していることが指摘され
た.[2]　要支援を含めた軽度の要介護者の要介護度が一定期間内に重度化した割合
が高く，旧・介護保険法の要支援者への旧・予防給付や軽度の要介護者への給
付が必ずしも要介護度の改善につながっていないことを示し，今後，一層「介
護予防・リハビリテーション」に重点を置く必要があることを強調している.

2.　介護保険制度改正後

　ところで，当初，介護保険制度は 5 年に一度見直しをし，改正することが定
められていた．2005 年が最初の見直しの年であり，2006 年 4 月より改正介護
保険法が施行されている．当時，出された『介護保険法の一部を改正する法律
要綱』によると，介護保険制度改正の概要の筆頭に「予防重視型システムへの
転換」があげられていた．具体的には，「新予防給付」と「地域支援事業」の
新設が，その骨子になる．「新予防給付」は，介護保険法の基本理念である自
立支援を徹底する観点から，軽度の要介護者に対する保険給付について (旧)
「予防給付」の対象の範囲，サービスの内容，マネジメント体制を見直した
「新予防給付」をおくものであり，「新予防給付」の対象者は「要介護 1」の一
部と，従来の「要支援」を 2 段階に分けた「要支援 1」と「要支援 2」の高齢
者である (厚生労働省 2004a, 厚生労働省 2005).

　また，「地域支援事業」も新設された．この事業は，要支援・要介護状態に
なる前からの介護予防を推進するとともに，地域における包括的・継続的なマ
ネジメント機能を強化する観点から，市町村が実施主体になるものとし，総合
的な介護予防システム確立のために，老人保健事業と「介護予防・地域支え合
い事業」などを見直し，効果的な介護予防サービスを提供することをその内容
としている (老人保健事業の見直しに関する検討会 2004)．具体的には，介護保険法
に基づく保健福祉事業の中に，従来の老人保健法による「老人保健事業」と，
「介護予防・地域支え合い事業」を再編する形で「地域支援事業」を創設し，
市町村は給付の 3 ％を上限として地域支援計画を策定して，介護予防を行う.

同事業は，新設された「地域包括支援センター」に配置が義務づけられた社会福祉士，保健師，主任ケアマネージャーなどの多職種連携によって行われることになっていた．

　地域支援事業の目的は，高齢者が要介護状態や要支援状態になることを予防し，要介護状態になった場合でも可能な限り地域において自立した日常生活を営むことができるように支援することである．対象は，要介護認定されていない高齢者で，健康な「一次予防事業対象者」（ポピュレーションアプローチの対象者）と，要介護状態に陥るリスクの高い虚弱高齢者の「二次予防事業対象者」（ハイリスクアプローチの対象者）に分かれていた．具体的には，「介護予防事業」と「包括的支援事業（介護予防ケアマネジメント業務，総合相談支援業務，権利擁護業務および包括的・継続的ケアマネジメント支援業務）」，「認意事業（介護給付等費用適正化事業，家族介護支援事業，認知症高齢者見守り事業，家族介護継続支援事業）」，「その他の事業（成年後見制度利用支援事業，福祉用具・住宅改修支援事業，地域自立生活支援事業）」を行う（川島 2013d：242）．

　さらに，改正介護保険法では，「新たなサービス体系の確立」として「地域密着型サービス」（小規模多機能型居宅介護，認知症対応共同生活介護，など）を新設し，「地域包括支援センター」を創設した．「地域包括支援センター」は，高齢者とその家族の相談に応じる機関で，日常生活圏域（おおむね中学校区）ごとに設置される．その基本的機能は，① 地域支援の総合相談，② 介護予防マネジメント，③ 包括的・継続的マネジメント支援，の 3 つである．運営主体は，市町村および（旧）在宅介護支援センター[3]の設置者，そのほか，市町村が委託する法人などである．改正介護保険制度の「新予防給付」の対象となる高齢者の介護予防マメジメントを担当するのは保健師で，社会福祉士は総合的な相談窓口機能を担うことになっていた（厚生労働省 2004b）．

　以上の制度改正によって，介護予防サービスは，「対象」が要介護状態にない高齢者のみから一部要介護者へと変化し，適応される「給付」にも要支援 1・2 と要介護者の一部を対象とした「新予防給付」が加えられ，適応される「制度」も老人保健法や「介護予防・地域支え合い事業」ではなく，介護保険制度下における要介護状態にない高齢者を対象とした「地域支援事業」に変わっていった．また，その「ステージ」も在宅介護支援センターから「地域包括

支援センター」へと変化していったのである（川島 2007：2-5）.

　こうして，従来，おおむね中学校区に１つあった在宅介護支援センターで行っていた介護予防教室を，結果的に配置数が少なくなってしまった「地域包括支援センター」では行い難い状況が生じ，保健師や主任ケアマネージャーは介護予防マネジメントに，社会福祉士は総合相談業務に追われ，専門職も介護予防に関わりがたい状況が生じてしまったことは，序章で述べた通りである（川島 2005b，川島 2007，川島 2010a，川島 2011a，川島 2011b）.

3.　地域包括ケアシステム

　ここで，地域包括支援センターの始動とほぼ同時に定着した「地域包括ケアシステム」について，ふれておきたい.「地域包括ケア」という言葉が使われたのは，1970 年代から地域で医療・保健・福祉の連携の下，包括的に高齢者の支援を行っていた広島県御調町（現・広島県尾道市）での実践が最初である（永田 2013：13）. この概念は，2003 年に厚労省老健局に設置された「高齢者介護研究会」がまとめた報告書である高齢者介護研究会報告書（2003）『2015 年の高齢者介護――高齢者の尊厳を支えるケアの確立に向けて――』において，「介護サービスを中核としつつ，保健・福祉・医療の専門職相互の連携，さらにはボランティア等の住民活動を含めた連携によって，地域の様々な資源を統合した包括的なケアが必要である」とうたわれ，地域在住高齢者に対する地域トータルケアシステムの概念がクローズアップされた頃から政策概念として広く用いられるようになった（川島 2013f：132）.

　同報告書に基づき，2005 年の介護保険法改正の準備がなされ，2006 年の改正介護保険法施行と同時に「地域包括ケアシステム」を推進する拠点である地域包括支援センターが設置されたことは前節で述べた通りである. その後，介護保険制度は 2011 年，2014 年，2017 年と当初は５年おきに，近年は３年おきに改正されている. 地域包括ケアに関する議論は，2011 年の改正の前に出された『2009 年度地域包括ケア研究会報告書』でも行われた（黒田 2018：2）. この報告書では，「日常生活圏域は，おおむね 30 分以内に駆け付けられる圏域で，医療・介護等の様々なサービスが適切に提供できる圏域である」と記されている. 2010 年の報告書では，具体的にその圏域を「中学校区」を基本とするこ

とが明記された．同報告書では，「地域包括ケアシステム」の概念を「生活上の安全・安心・健康を確保するために，医療や介護のみならず，福祉サービスを含めた様々な生活支援サービスが日常生活の場（日常生活圏域）で適切に提供できるような地域での体制」と定義している（永田 2013：16）．また，2011 年に出された『地域包括支援センター運営マニュアル[4]』には，「地域包括ケアとは，地域住民が住み慣れた地域で安心して尊厳あるその人らしい生活を継続することができるように，介護保険制度による公的サービスのみならず，その他のフォーマルやインフォーマルな多様な社会資源を本人が活用できるように，包括的および継続的に支援すること」と書かれている．

　さらに，厚労省は，2011 年の介護保険法改正の目的を「高齢者が住み慣れた地域で自立した生活を営めるよう，医療，介護，予防，住まい，日常支援サービスが切れ目なく提供される『地域包括ケアシステム』の構築に向けた取り組みを進めること」としている（黒田 2018：3）．こうして，「地域包括ケアシステム」の概念は，介護保険制度下の概念として定着していき，介護予防もまた，そのシステム下において推進されていった．

4.　2011 年以降の介護保険制度改正と地域共生社会における包括的支援体制

　介護保険制度が 2011 年に改正された際には，「地域支援事業」の中に，「介護予防・日常生活支援総合事業」（以下，「総合事業」）が新設された．この事業は，市町村の主体性を尊重し，専門職以外の担い手も含めた多様なマンパワーや社会資源の活用を図りながら，一次予防事業対象者・二次予防事業対象者・要支援者に対し，介護予防や栄養改善を目的とした配食，自立支援を目的とする定期的な安否確認（見守り）と緊急時対応などの「生活支援サービス」を市町村の判断で独自に総合的に提供するサービスである．2011 年 9 月 30 日付け厚労省老健局振興課長通知「介護予防・日常生活支援総合事業の基本的事項について」によれば，同事業には，一次予防事業として，「介護予防普及啓発事業」（講演会の開催，介護予防パンフレットの配布や予防に関する教室を開催等）と，「地域介護予防活動支援事業」（ボランティアの養成や地域活動の実施，自主グループの活動支援）などが設けられている．厚労省によれば，同事業を導入することにより，地域における様々な社会資源の発見や地域社会の再構築ができ，地域にお

ける絆・コミュニティづくり，ひいては「地域包括ケア」の構築，地域の活力の向上に資すると考えられるという（川島 2013c：67，川島 2013f）．しかし，2011年改正時は，この事業の実施は，市町村の任意であった．

　そのほか，2011 年改正時（施行は 2012 年 4 月）には，「地域密着型サービス」が拡大され，定期巡回や，随時対応型訪問介護看護，複合型サービスなどが加えられている．

　2014 年時の改正時（施行は 2015 年 4 月）では，「地域支援事業」の中の「総合事業」が，さらに新しくなった．まず，任意ではなく，全ての市町村で 2017年 4 月までに同事業を実施することが定められて，一次予防，二次予防の区別をなくし，要支援 1・2 に対する予防給付の訪問介護と通所介護も見直され，「総合事業」に移行している．この 2014 年改正時の「総合事業」には，「介護予防・生活支援サービス事業[5]」と，「一般介護予防事業[6]」が設けられている．また，2014 年の改正時には，「地域支援事業」の中の「包括的支援事業[7]」も拡大再編され，「地域包括支援センター運営」と「社会保障充当分」に関する事業に分類された[8]（厚生労働省老健局通知 2017）．

　さらに，2017 年時の改正（施行は 2018 年 4 月）では，介護保険制度と障がい者福祉の両制度に共生型サービスが新たに位置づけられた．加えて，子育て支援も「地域包括ケアシステム」のなかで行う全世代・全対象型の制度に改正され，「地域共生社会」という新しい概念が提唱されたことは，序章で述べた通りである．この「地域包括ケアシステム」の概念の広がりの経緯について，黒田は以下のようにまとめている．

　2013 年 8 月 6 日，社会保障制度改革国民会議は，税と社会保障の一体改革の方向性についての最終報告書を出した．この報告書の「地域づくりとしての医療・介護・福祉・子育て」という項目では，医療機能の分化・連携や「地域包括ケアシステム」の構築なども取り上げ，新しいまちづくりの一環として医療・介護のサービス提供体制を再構築し，「地域包括ケアシステム」を確立することが構想され，インフォーマルな互助の重要性も強調されている．また，「地域包括ケアシステム」において地域ごとに形成されるサービスのネットワークが，高齢者介護のみならず，子ども・子育て支援，障がい者福祉，生活困窮者支援にも貴重な社会資源となることが述べられている．

　このように，内閣府の議論では，早い時期から高齢者に限定されない「地域包括ケアシステム」に言及していたのだが，厚労省の施策としてそれが取りあげられるのは，2015年9月17日に『誰もが支え合う地域の構築に向けた福祉サービスの実現――新たな時代に対応した福祉の提供ビジョン――』ワーキングチームが置かれてからである．ここでは，「全世代型全対象型地域包括支援体制」の実現が不可欠であることが議論された．高齢者介護，障がい者福祉，子育て支援，生活困窮者などの支援を別々に提供する方法のほかに，複数分野の支援を総合的に提供する方法として，① 支援対象が複合的ニーズを有する場合に関係機関や関係者がサービスを総合的に提供できるような連携のシステムを構築する，② 複合的福祉サービスを総合的に提供できる仕組みを作り出し，それを地域づくりの拠点として機能させる，という2つの方向性をあげている．

　やがて，2016年6月2日に「ニッポン一億総活躍社会」が発表され，厚労省が同年7月15日に「『我が事・丸ごと』地域共生社会実現本部」を設置したことは序章で述べた通りである．同年12月26日には「地域力強化検討会・中間とりまとめ」も発表されている．そして，2017年に「当面の改革工程」を発表したことも，すでに序章でも述べた．そこでは，「制度・分野ごとの『縦割り』や支え手・受け手という関係を超えて，地域住民や地域の多様な主体が『我が事』として参画し，人と人，人と資源が世代を超えて『丸ごと』つながることで，住民一人ひとりの暮らしと生きがい，地域を共に創っていく社会」を目指すことが述べられている．そして，2017年2月7日に「地域包括ケアシステムの強化のための介護保険法等の一部を改正する法律案」が可決し，介護保険制度および社会福祉法改正において，市町村における包括的支援体制の制度化や共生型サービスの創設が図られることになった．

　さらに，2017年3月に出された『地域包括ケア研究会報告書――2040年に向けた挑戦――』では，「地域共生社会」と「地域包括ケアシステム」の関係を，以下のようにまとめている．「地域共生社会」とは，今後，日本社会全体で実現していこうとする社会全体のイメージやビジョンを示すものである．一方，高齢者分野を出発点として改善を重ねてきた「地域包括ケアシステム」は，「地域共生社会」を実現するためのシステムと仕組みであるという（黒田 2018：

18-19).

　なお，「包括的支援体制」という用語は，この度の社会福祉法の改正に伴い，地域福祉推進の理念や地域福祉計画についての強化が図られ，① 多様で複合的な地域生活課題についての住民・関係機関による連携，② 包括的な支援体制づくり，③ 市町村地域福祉計画を福祉分野の上位計画に位置づける，ことなどが定められたことによって，政策用語として位置づけられ，今日に至っている（藤井 2018a：20）.

5.　介護予防の概念

　最後に，「介護予防」の概念についても，まとめておきたい.「介護予防」とは，ありていにいえば，要介護状態になることを予防することであるが，その概念や対象は，介護保険制度の変遷とともに微妙に変化してきている. まず，2001 年に介護保険法が施行された当初，要介護高齢者のみを対象としていた介護保険制度と車の両輪として同年に施行された「介護予防・生活支援事業」の対象者は，「生活支援事業」に関しては「自立者に限らず，要支援者，要介護者」も含むとされていた. だが，「介護予防・生きがい活動支援事業」に関しては，「基本的には自立者（日常に不安がある虚弱者），要支援者」が対象であるとされ，「効果が期待できる要介護者」も，その対象として可能とされている. また，「生きがい活動支援通所事業」は，「高齢者の閉じこもり予防のため，継続的に支援していくもので自立者を対象としている」となっていた. さらに，「老人保健事業」に基づく介護予防事業の対象者は，基本的には「40 歳以上の者」であった（川島 2003a：13）.

　当時の厚労省老健局計画課長の山崎史郎は，「介護予防事業は，要介護認定で『非該当』となった人に対する対策にとどまるものではない. この事業は，要介護状態に陥ったり，状態が悪化することを防ぐことを目標としており，その意味で，要支援や要介護の高齢者も対象とするものである」とし，介護予防の目的については，「要介護状態のリスクファクターへの対策であり，『転倒予防』『閉じこもり予防』『気道感染（予防)』をはじめとする様々な活動により，できる限り介護保険の対象とならない人をつくることである」としている（厚生労働省老健局計画課 2001：1）.

　また，黒田は，2002年当時，介護予防の概念に関し，「従来から『疾病予防』とか『寝たきり予防』という用語はあったが，新たに『介護予防』という用語で，要介護状態になるのを予防する，あるいは要介護状態が更に重度になるのを予防することを意味するようになった．介護予防は疾病予防に加えて，老化そのものによる身体的，精神的，社会機能の衰えをできるだけ遅らせることを目標にしている．また『介護予防・生活支援事業』は，単に要介護状態になるのを予防するというだけでなく，要介護状態にあっても，できるだけ自立した充実した生活を送ることができるように支援する事業を含んでいる」と述べている（黒田2002：2）．

　筆者は，介護予防事業の具体的内容について，主に「『転倒骨折予防』，『認知症予防』，『閉じこもり予防』，『生活習慣病予防』，『口腔ケア』など」であるとした上で，「介護保険制度施行前は老人保健法に基づく保健事業（機能訓練など）による『転倒骨折予防』および『認知症の予防』などや『国民健康づくり対策』の実施による『生活習慣病予防』，市町村社協による配食サービスや『閉じこもり予防』の『ふれあい・いきいきサロン』などが各市町村ごとに行われていたが，2001年に施行された『介護予防・生活支援事業（2003年に「介護予防・地域支え合い事業」に変更）』を経て，2006年の改正介護保険法施行時より要介護状態にない健康な高齢者だけでなく，要支援1・2と軽度の要介護者もその対象となるなど，政策の変遷と共に介護予防の対象は変化していった」と制度の変遷による対象の変化について整理し（川島2013c：66），「単なる疾病予防だけでなく，高齢者の社会参加や社会関係性も重視し，高齢者が要介護状態に陥ったり，要介護状態が悪化することを防ぎ，できる限り健康で自立して，いつまでも生きがいを持っていきいきと暮らしていけるようにすること」と介護予防の概念を定義している（川島2003a）．

　また，東京都老人総合研究所の大渕らは，改正介護保険法施行の前年に，「介護予防とは，高齢者が要介護状態に陥ることなく健康でいきいきとした生活を送ることができるように支援すること，と国の高齢者保健福祉計画の趣旨の中で説明されている」と前置きした上で，「自分らしくいきいきと暮らす」とは，「国際障がい者分類（ICF）[11]を参考に，どれだけ外の活動に参加することができるか」だとして，やはり，社会参加の重要性を強調している．さらに，

「介護予防は，まちづくりとして，高齢者自身がつくりあげていくイメージを持たなくてはならない」とも述べてもいる（大渕・小島 2005）．

　この頃より，介護予防の概念に高齢者の「参加」がキーワードして登場するようになり，やがて，社会疫学の研究者を中心に SC と健康，および SC と介護予防の有意な関連が論じられるようになっていった．日本全国の約 20 万人の要介護状態にない高齢者を対象としたビッグデータを地域レベルの SC の代理変数を独立変数とし，主観的健康感やそのほかの健康指標を従属変数として分析している社会疫学および社会政策が専門の近藤は，改正介護保険法施行翌年の 2007 年に，すでに，今後の効果的な介護予防の推進のキーワードとして，「社会・地域参加」「ネットワークづくり」「高齢者に役割を」「NPO」などをあげていた．さらに，近藤は，「個人ではなく地域や集団に介入する」「生活習慣の変容ではなく環境の改善を図る」「生物医学モデルではなく生物心理社会モデルに基づく介入」が，今後は肝要になることを示唆している（近藤 2007：127）．

　加えて，2011 年，2014 年，2017 年に介護保険法が改正されてから以降の介護予防の概念を吉野は，「① 要介護状態に陥ることをできる限り防ぐこと，そして要介護状態にあっても，さらに悪化することがないように予防すること，② 生活機能が低下した高齢者に対しては「心身機能」「活動」「参加」の各要素にバランスよく働きかけることが重要であり，③ 単に高齢者の運動機能や栄養状態といった個々の改善を目指すのではなく，日常生活の活動性を高め，心身機能や生活機能，社会参加を通じて生活の質の向上を目指す」ことと定義している（吉野 2018）．

第 2 節　子育て支援策の変遷とその概念

1.　日本の子育て支援をめぐる背景　──何が少子化を招いたのか──

　次に，本節では，日本の子育て支援に関する政策の変遷と子育て支援の概念についてまとめる．はじめに，日本をとりまく子育て支援の社会的背景と問題の所在について論じてみたい．

　日本の人口は 2004 年に減少に転じ，人口減社会に突入した．わが国の年間

出生数は，第1次ベビーブーム期には約270万人，第2次ベビーブーム期には約210万人であったが，1975年に200万人を割り込み，以降，毎年減少し続け，2015年は100万5677人である．合計特殊出生率は，1975年に2.0を下回ってから低下傾向となり，男女雇用機会均等法施行から3年後の1989年にそれまで最低だった1966年（丙午の年）の1.58を下回る1.57を記録し，2005年には1.26と過去最低にまで落ち込んだ．その後，2006年には増加に転じ，近年は微増傾向が続いているが，少子化には歯止めがかからない状態である．女性の年齢別出生率のピークをみると，1975年は25歳，1990年は28歳だったのに対し，2015年は30歳がピークになっており，晩婚化が招く出産年齢の上昇がみてとれる（内閣府 2017b：2-3）．

　少子化の要因は，晩婚化だけでなく非婚化にもある．生涯未婚率は，2015年現在，30歳から34歳で男性は47.1%，女性は34.6%にものぼる（内閣府 2017b：9）．わが国では，出生する子どもの98%以上が夫婦の嫡出子であることから，出生する子どもの数を考える際，結婚しているか否かは重要な鍵になる（今井 2015：101）．結婚しない理由としては，自由を失いたくない，仕事に没頭したいといった価値観の多様化や，非正規雇用の拡大による経済的自立の遅れなどが指摘されている（中谷 2016：32-33）．

　また，2011年に行われた総務省の「社会生活基本調査」によると，日本の男性が1日に従事する平均家事関連時間は1時間7分で，うち育児の時間は39分でしかない．これは，先進諸国に比べると最低レベルの短さである[12]．一方で，妻の家事関連時間は7時間41分で先進諸国中最も長い[13]．これを6歳未満の子どもがいる家庭に絞ってみてみると，妻が家事をする時間の割合は，共働き世帯で80.5%，妻が無業の世帯で87.8%，妻が育児をする時間は共働き世帯で67.2%，妻が無業の世帯で70.4%と，妻が有業・無業にかかわらず極めて高い（内閣府 2017c：77）．この家事・育児の負担の重さが，職業を持ちながら結婚し出産することへの逡巡を女性に与えてしまっている可能性は大きいものと考えられる．日本の男性の家事従事時間が少ない原因は，相変わらず根強く残る「男は仕事，女は家事」という性別役割分業によるところも大きい．また，女性が家事や育児と労働を両立させることに関する企業の無理解なども，女性が子どもを産み育てることを躊躇させる要因になっている．

　加えて，日本と韓国に固有の M 字型労働力率の課題が解消されないのはな
ぜなのだろう．なぜ，日本の女性は結婚して出産すると，仕事を辞めるのか．
また，子育てが落ち着いてから再就職する際，どうして非正規雇用の労働スタ
イルが主流になってしまうのだろう．伊藤によれば，1970 年代の日本の女性
の労働力率は[14]，フィンランドに次いで世界第 2 位であり，3 位のスウェーデン
よりも上回っていたという（伊藤 2011 : 95）．現在の女性の労働力率はスウェー
デンやフィンランドが約 8 割であるのに対し，日本は約 7 割であるものの非正[15]
規雇用者が非常に多い．この差は，いつ，どのようにして生じたのだろうか．

　伊藤は，戦後日本において女性が専業主婦化していった経緯を分析し，1970
年代から 1980 年半ばのジェンダー平等の動きに表面的に対応するかのように
男女雇用機会均等法が施行されると同時に，年金保険制度において，いわゆる
第 3 号被保険者として専業主婦は年収が 130 万円以下（当時）ならば国民年金
の負担なくして基礎年金が支給されるようになった制度の矛盾を指摘し，この
仕組みが女性の労働参加でもパート労働へと囲い込むことになったと主張して
いる[16]．

　だが，一番の課題は，育児休暇の短さや，そもそも中小企業などでは育児休
暇そのものを取得し辛い点にあるのではないだろうか[17]．2012 年に厚労省が行
った調査によれば，育児休暇取得率は女性 88%，男性 2.6% と，女性ですら
100% ではない．これは，育児休暇中の給与保障が日本の場合，100% ではない
点が原因ではないかと考えられる[18]．男性の取得率は 2004 年時の約 4 倍になっ
たものの，まだ 5 % にも満たない（川島 2015 : 35）．これでは，女性にかかる負
担は大きく，積極的に子どもをもうけようという気持ちになり難いのも致し方
ないわけである．

　中谷は，以上のような女性をとりまく状況について，「共働きの妻の場合は，
就労しながら家事・育児の多くを一人で担っていることがうかがえ，妻が無業
の場合は意識的に社会とつながりをもたなければ育児の孤立を招くおそれもあ
る．現代の親たちは，出産前に子どもとかかわった経験も乏しくなってきてお
り，小さな疑問や不安が解消できず深刻な育児不安に陥る場合もある」と，指
摘している（中谷 2016 : 35）．

　厚労省の調査によれば[19]，母親たちは，かくなる育児不安の相談を以下の人た

ちにしている．① 配偶者（有職 80.8%，無職 85.8%），② 自分の親（有職 71.5%，無職 73.0%），③ 友人・知人（有職 67.3%，無職 71.8%），④ 配偶者の親（有職 24.8%，無職 26.0%），⑤ 自分の兄弟姉妹（有職 23.9%，無職 25.7%），⑥ 保育士（有職 39.7%，無職 6.3%）．つまり，配偶者と親しい友人知人以外は，自分の親や配偶者の親および自分の兄弟姉妹など，いわゆる「血縁」に頼って子育てをしようとしている現状がわかる．一方で「親子ひろば，子育てひろば等の職員」に相談するという者は有職 4.4%，無職 5.6%，「育児サークルの仲間」は有職 1.6%，無職 1.2%と，きわめて少ない．今後，孤立しがちな核家族の母親への[20] NPO 法人などによる子育て支援をより一層，深めていく必要があることが推察されるデータである．いわゆる橋渡し型 SC による子育て支援の必要性をかいまみることができる．また，都市化が進み「血縁」の助けが得難くなっている地域に住む核家族の母親への近隣のサポート，つまり結合型 SC による子育て支援も必要であることも推察される．

2.　戦後の児童福祉および保育施策と子育て支援策に関する法制度の変遷

1）児童福祉法と日本の保育制度改革の変遷

　本節では，前項で明らかになった課題に対処する児童に関する法律や，保育施策，民間の子育て支援策の変遷と，子育て支援の概念について概観する．

　まず，日本の児童福祉に関する法律の嚆矢といえば，なんといっても戦後すぐの 1948 年に戦災孤児などの保護や援護を主な目的として施行された児童福祉法である．児童福祉法は，わが国の福祉政策の根幹をなす社会福祉六法のなかで一番最初に施行され，児童に関する福祉全般を定めている法律である．子どもに関する様々な相談に応じる「児童相談所」も児童福祉法に基づいて都道府県および政令指定都市に設置することが義務づけられている．また，「保育所」も児童福祉法において，子ども家庭福祉に関わる施設の 1 つとして定められている．里親制度や児童虐待防止などに関わる項目も，[21] この法律によって定められている（川島 2015：36）．

　児童福祉法は，第 1 条で，「すべて国民は児童が心身ともに健やかに生まれ，且つ，育成されるよう努めなければならない」と，子育てに関する社会的責任（共助）の理念をうたい，第 2 条では，「国および地方公共団体は，児童の保護

者とともに，児童を心身ともに健やかに育成する責任を負う」と，子育てに関する公的責任（公助）の理念をうたっている（社会福祉士養成講座編集委員会 2016a：3-4）[22]．また，この法律は，要保護児童のみが対象ではなく，全児童を対象としていることに特徴がある．何度か改正を重ねているが，その改正の内容については後ほどふれたい．

　次に，近年の日本の保育制度について述べてみたい．1986 年に男女雇用機会均等法が施行されて以降，女性の社会進出とともに保育へのニーズは急激に高まり，1994 年に策定されたエンゼルプラン（「今後の子育て支援のための施策の基本的方向について」）によって，10 年間を策定期間として保育所などの増設が計画された．保育サービスに関しては，緊急保育対策等 5 ケ年事業として具体的な数値目標を示したりもしている．この方針は，1999 年の「少子化対策推進基本方針」に引き継がれ，「新エンゼルプラン」と呼称された（川島 2018a：41）．

　この「新エンゼルプラン」では，「多様な需要にこたえる保育サービスの推進」と「在宅児も含めた子育て支援の推進（「地域子育て支援センター」の整備等）」を子育て支援の大きな柱と位置づけ，子育てに関する社会的支援ネットワークの具体的な対応策を明示している．新崎は，この「新エンゼルプラン」に関し，「養育者自身の主体的参加によるインフォーマルなセクターとしての子育て支援ネットワークの構築が，社協や NPO 等を中心に広がりをみせている．養育者の社会的孤立を防止する意味でも，このような重層的な支援ネットワークの構築は有効である」とし，社会的に孤立する保護者の子育て支援に関し，社協などの民間の団体や NPO などの行う子育て支援ネットワークの有用性についてふれている（新崎 2011：108）．

　しかし，待機児童の問題は，その後もあとを絶たなかった[23]．そこで，2002 年には「待機児童 0 作戦」が，2009 年には「新待機児童 0 作戦」が打ち出される．さらに，2011 年には「待機児童解消『先取り』プロジェクト」も発表された．だが，この取り組みによっても待機児童の問題は解消せず，2013 年から 2014 年にかけて「待機児童解消加速化プラン」が立案されるに至る．これは，2013 年と 2014 年の 2 年間で約 20 万人分の保育の受け皿を確保し，2017 年末までに約 40 万人分の受け皿を確保することを目指したプランである

（内閣府 2014：37，50）．

　また，就労する女性だけでなく，家で子どもを育てる女性や専業主婦のための保育サービスの充実も図られた．2003 年には，児童福祉法が改正され，「子育て支援事業」が法定化されて，市町村にそのコーディネートの機能[24]が与えられている．さらに，同事業の 2008 年改正時には，新たな子育て支援サービスとして「家庭的保育事業（保育ママ）」と「乳児家庭全戸訪問事業（こんにちは赤ちゃん事業）」および全ての子どもを対象とした「一時預かり事業」，「養育支援訪問事業」，「地域子育て支援拠点事業[25]」が定められ，2009 年より実施された（川島 2015：36）．

　保育制度からは少しはずれるが，2003 年より次世代育成支援の観点から施行された「少子化社会対策基本法」，「次世代育成支援対策推進法」のことも忘れてはならない．この「次世代育成支援対策推進法」に基づき，全ての都道府県，市町村には，地域における子育て支援サービスの整備目標を盛り込んだ「次世代育成支援地域行動計画」の策定が義務づけられた．また，国および地方公共団体など，ならびに従業員 30 人以上の事業主も，育児休業や子どもの看護休暇などに関する「事業主行動計画」を策定しなければならなくなっている[26]．本法は 2015 年までの時限立法であったが，さらに 10 年間延長された（社会福祉士養成講座編集委員会 2016a：58-59）．

　ところで，近年，女性の労働形態の多様化とともに保育ニーズも多様化している．そこで，保護者の長時間の通勤や長時間の開所時間である 11 時間を超えて保育を実施する事業である「延長保育」および，おおむね午後 10 時頃まで開所する「夜間保育」を行う民間保育所への予算補助も行われた．また，保護者が就労していて子どもが病気になった時，自宅での保育が困難な場合，病院・保育所などにおいて病気の児童を保育する「病児・病後保育事業」も実施されている．さらに，パート就労の増大や，育児の孤立化に伴う子どもの保育需要の変化に対応するため，2003 年から週 2，3 回程度または午前と午後のみなど，必要に応じて柔軟に利用できる保育サービスとして「特定保育事業」も創設された．

　加えて，幼稚園の通常教育時間（標準 4 時間）の前後や長期休業中に保護者の要請などに応じて希望者を対象に行われる「預かり保育」を実施する幼稚園に

対する支援も行っている．幼稚園と保育園の連携については，地域や保護者の
ニーズに応じた設置・運営が求められ，1998 年以降，施設の共用化などが推
進されて，幼保一体教育を行う方向に向かった．

　そして，2012 年から，「子ども・子育て関連 3 法」に基づく「子ども・子育
て支援新制度」である「子ども・子育て支援法」が施行されるに至る．

2）子ども・子育て支援制度（子ども・子育て支援法）

　「子ども・子育て支援制度」は，子育て支援分野に充当する財源を増やし，
子育てに関する様々な社会資源をできる限り一元化した仕組みにまとめ，保育，
子育て支援サービスを中心に給付を行う仕組みを創設した新しい制度である．
給付の基本構造としては，「子ども・子育て支援給付」を創設して市町村を基
礎自治体とした一元化システムとすることにし，国の基本方針に基づいて自治
体が策定する「市町村子ども・子育て支援事業計画」や，「都道府県子ども・
子育て支援事業計画」により，各種の給付・事業を実施する．給付には，「現
金給付（児童手当）」と，「教育・保育給付」の 2 つがある．後者は「施設型給
付」と「地域型保育給付」に分けられる．

　「施設型給付」の対象となる教育・保育施設は，「幼保連携型認定こども園」，
「幼稚園」，「保育所」，「幼保連携型以外の認定こども園」である．また，「地域
型保育給付」は，6 人以上 19 人以下の子どもを預かる「小規模保育事業」や
「家庭的保育事業（保育ママ）」，「居宅訪問型保育事業」，「事業所内保育事業」
などへの給付である（柏女 2017：4）．

　この新制度によって，今まで「幼稚園」は学校教育法で，「保育所」は児童
福祉法に基づくものとして別々になされてきた財源が一体化されることになっ
た．さらに，同制度によって「認定こども園」の 1 つである「幼保連携型認定
子ども園」を学校と児童福祉施設の両方の法的位置づけを持つ単一の認可施設
として設置し，認可や指導監督などを一本化して，文部科学省と厚労省をまた
ぐ二重行政の課題を解消しようとしている（川島 2018a：41-42，川島 2015：36-38）．

　また，地域における子育て支援対策として，従来の「子育て支援事業」を
「地域子ども・子育て支援事業」として継承し，「利用者支援事業」など 13 の
事業も設けている．同事業により「放課後児童健全育成事業」も法定化され，
今まで以上に放課後児童クラブの充実を図った．また，「子育て短期支援事業」

や「乳児家庭全戸訪問事業」,「養育支援訪問事業・子どもを守る地域ネットワーク機能強化事業」,「地域子育て支援拠点事業」,「一時預かり事業」[27],「病児保育事業」,「子育て援助支援事業（ファミリー・サポート・センター事業）」も設けている（柏女 2017：61-64）.

3) 児童手当と育児・介護休業法の概要

次に, 子育てに関する社会手当である「児童手当」や, 育児に関する社会保障制度である「育児・介護休業法」, いわゆる育児休暇について論じる.

まず, 近年の「児童手当」に関する改革について述べてみたい.「児童手当」は, 2012 年に「児童手当の一部を改正する法律」が成立し, 新しい児童手当制度が施行された. 改正後は所得制限未満[28]の場合, 中学修了までの児童を養育している親に, 3 歳未満は一律 1 万 5000 円, 3 歳以上小学校修了迄は 1 万円（但し, 第 3 子以降は 1 万 5000 円）, 中学生は一律 1 万円が支給されるようになった. また, 当分の特例として, 所得制限以上の場合は, 一律 5000 円が支給される（2015 年現在）.

この「児童手当」の支給額は, 以前に比べれば各年代とも 5000 円程度増加しており, 3 歳未満の児童に関しては,「児童手当」の充実している北欧とほぼ同レベルに達しつつある. 以前はなかった中学生の家庭への給付も行うようになったことも評価できよう. しかし, 3 歳以上の児童に対する給付額はまだ低く, 日本でいう高校卒業時の年齢まで児童手当の給付が継続する北欧諸国に比べれば, 総支給額は依然として少ない.

なお, 児童手当の受給年齢を超えた高校生への対策として, 2014 年度より公立高校の授業料は無償化された. 私立高校の授業料に関しても, 公立高校の授業料相当額である年額 11 万 8800 円が就学支援金として補助されるようになり, 2020 年より無償化される予定である. だが, 保育園・幼稚園から大学まで公立であれば教育費が無料の北欧の施策に比べれば, 遠く及ばない（川島 2018a：43, 川島 2015：37[29]）.

次に, わが国の「育児・介護休業法」の概要について言及する. 育児に関する法律として最初に立法されたのは, 1991 年に男女雇用機会均等法のなかで女性労働者のための休業として規定された「育児休業の規定」である. 当初は, 事業主に対する努力義務でしかなく, 対象は女性のみに限られていた.

　1995 年には，介護休業制度を組み込み，現在では，「育児休業・介護休業等育児又は家族介護を行う労働者の福祉に関する法律（育児・介護休業法）」となっている．育児休業法が制定された当時は，1 歳未満の子を養育する者の子が 1 歳に達するまでの一定期間の育児休業が取得できるとされていた．ただし，最初は，非正規雇用者には適応されなかったし，育児休業中は無給であった．

　しかし，1994 年に雇用保険法が改正され，育児休業前賃金の 25％相当額が休業中も給付されることになる．さらに，2000 年の改正時には，給付額は 40％相当まで引き上げられ，その後，50％にまで引き上げられた．近年の女性支援の機運によって，2014 年には「雇用保険法の一部を改正する法律」により，男女ともに育児休暇を取得しやすいよう給付割合は 67％にまで引き上げられ，7 割〜8 割の給与補償を行っている北欧の施策に極めて近くなってきつつある．

　また，2005 年からは，特別な理由がある場合は，育児休暇が半年延長可能となり，就学前の子どもの看護のための看護休暇制度[30]が新設された．さらに，非正規雇用であっても，雇用期間が 1 年以上の者であれば育児休暇取得が可能にもなった（厚生労働省 2014：250-259）．また，同法には「深夜労働の制限」[31]，「時間外労働の制限」[32]も定められている．さらに，2010 年 6 月の改正では，子育て期間中の働き方を見直すために「短時間労働勤務等の措置」[33]，「所定労働外労働の制限」[34]も新設された．2006 年の改正時，従業員数が 100 人以下の事業主にはこれらの「短時間勤務制度」「所定外労働制限」などの適用は猶予されていたが，2012 年 7 月より全ての事業主に対し全面施行された．

　また，これらの休暇を労働者が申請したことに関して，事業主は，それを理由に解雇するなどの不利益な取り扱いをしてはならないことも同法には規定されている．さらに，労働者の転勤については育児や介護の状況に配慮しなければならないことも定められた（内閣府 2010：87，厚生労働省 2014：258）．

　2010 年の改正では，父親も子育てができる働き方を実現するために，父母がともに育児休業を取得する場合は，1 歳 2 ケ月（改正前は 1 歳）までの間に，1 年間育児休業を取得可能とする「パパ・ママ育休プラス」を設けた．さらに，父親が出産後 8 週間以内に育児休業を取得した場合，再度，育児休業取得を可能とすることとし，配偶者が専業主婦（夫）であれば育児休業の取得不可とす

ることができる制度を廃止した.

　また, この改正と合わせ,「イクメンプロジェクト」をスタートさせ, 男性の育児参加を積極的に促進する企業を対象とした「イクメン企業アワード」も創設している. これらのプロジェクトは, 男性が育児に積極的に参加し, 育児休業を取得しやすい社会となることを目指していた (内閣府男女共同参画局 2014:15). さらに, 企業に対する子ども・子育て支援に関しては, 2014 年に「次代の社会を担う子どもの健全な育成を図るための次世代育成支援対策推進法等の一部を改正する法律案」が成立し, 子育てしやすい雇用環境の整備を行っている企業に対して, 現行の認定制度 (「くるみんマーク」) に加え, 高い水準の取り組みを行う企業に対する新たな認定制度を創設した.

　なお, 2014 年に, 育児給付の給付率引き上げなどを内容とする雇用保険法が改正されて以来, 父母ともに育児休業を取得する場合を想定した育児休業のあり様も提示されている. 内閣府が提示した「父母共に育児休業を取得する場合の育児休業給付のイメージ」によれば, 母親が出産手当金 (3 分の 2 の給付率) を約 2 ケ月取得した後, 給付率 67% で育児休暇を 6 ケ月取得し, その後, 父親が 6 ケ月間 67% の給付率で育児休暇を取得して母親は 50% の給付を受け取るとすると, 夫婦で合算すれば少なくとも 1 年強は育児休暇を取得しても暮らしには困らない程度の給付を受けることができることになった (川島 2018a: 43-45, 川島 2015: 33-38).

　保育政策や育児休暇制度の充実は, 女性の労働力率向上を招く. 2000 年に発表された OECD 加盟 24 ケ国における女性労働力率と合計特殊出生率の関係をまとめたデータによると, 女性の労働力率が高い国ほど合計特殊出生率も高い傾向があるという. 同データからは, 育児の社会化に早くから取り組んできた北欧は, 女性の労働力率も高く女性の労働力率も高いことがみてとれる. 一方, 日本は, 女性の労働力率も合計特殊出生率も低い (塚本 2014: 58). 今後, より保育施策や育児休暇に関する制度を充実させ, 育児を社会化することは, 間違いなく少子化をくいとめる方策になるであろう.

3.　NPO などによる子育て支援とローカル・ガバナンス

　これまでは, 主に, 国の子育て支援策を概観した. ここでは, 国や都道府県

ではなく，民間による子育て支援と，包括的支援体制における行政と民間の協働・協治であるいわゆるローカル・ガバナンスによる子育て支援に関して論じてみたい．

　包括的支援体制の介護保険制度下における「地域包括ケアシステム」の子育て支援では，当面，介護給付や予防給付などの公の給付が支給されるわけではない．したがって，住民主体の SC に依拠した子育て支援が望まれるが，その際，行政との協働は不可欠である．ここでは，そのローカル・ガバナンスのあり方についても言及する．

　まず最初に，民間の団体の子育て支援の類型について述べてみたい．現状で考えられる民間組織による子育て支援は大きく 3 つに分けられる．第 1 に，市区町村社協や社会福祉法人および医療法人，協同組合などによる子育て支援が考えられ，第 2 に NPO 法人などによる「子育て支援サロン」や「放課後学童保育」などの支援が考えられ，第 3 に民間によるサービスが考えられる．第 3 の民間によるサービスには，たとえば企業内保育所などの民間企業によるサービスも含まれるし，個人が行う住民主体の「子育て支援サロン」などによる支援も含まれる．

　たとえば，第 1 のパターンの事例としては，本書の第 4 章でも取りあげる市区町村社協が「ふれあい・いきいきサロン」の枠を利用して「子育て支援サロン」の創設を支援する例や，市区町村からファミリー・サポート・センターなどの運営を社協が委託されたり，市区町村の子育て支援センターと社協が連携して子育て支援を行う例などがある．また，法人による保育施設開設の事例などもある．

　第 2 のパターンの事例としては，小 1 の壁を打破すべく NPO 法人が「放課後学童クラブ（放課後児童クラブ）」を運営する例や，本書の第 4 章でも取り上げる NPO 法人が運営する自然教室と行政の運営する子育て支援センターとの連携など，多くの事例が散見される．なお，国は，2013 年度から地方公共団体や企業，NPO 法人などが連携した子育て支援の取り組みを推進し，社会全体で子育て家庭を支援する機運の醸成を図るため，「自治体，企業，NPO による『子育て支援連携事業』全国会議」を開催している．

　また，第 3 のパターンとしては，本書の第 4 章でもとりあげる住民主体の

「子育て支援サロン」の開催などのほか，国の「子育て支援パスポート事業」による民間企業などと連携した子育て支援もある．「子育て支援パスポート事業」とは，2016年からスタートした事業で，計47都道府県で行われている相互利用が可能な事業である．同事業は，都道府県などの地方公共団体と協賛企業・店舗において，授乳やおむつ交換場所の提供，ミルクのお湯の提供などの乳幼児連れの外出サポート（フレンドリー・メニュー）や，子育て世帯に対するポイント付加サービス，商品代や飲食代などの各種割引などのサービスを提供しているものである（内閣府2017b：129-131）．

　このように，民間組織による子育て支援の場合は，国および地方公共団体と連携および協働しながら子育て支援を行っているケースが，ほとんどである．つまりは，ローカル・ガバナンスとしての子育て支援が大いに期待されている．中谷は，「子育てネットワーク」[37]と行政との関係に関し，「子育ての領域においても市民参加が求められる時代となった．（中略）行政主導の一方的なサービス提供では，ニーズと支援のズレが大きく，（中略）親をサービスの受益者としてではなく，協力者やパートナーとして位置づけていこうという動きがある」ことにふれた上で，2003年に制定された「次世代育成支援対策推進法」では，市町村や都道府県の行動計画策定にあたって住民の意見が盛り込まれるようになり，2010年の「子ども・子育てビジョン」においても，NPOへの活動支援，ボランティアの育成などによる地域住民の力の活用がうたわれていることを述べている．2002年に文部科学省より『家庭教育支援における行政と子育て支援団体の連携の促進について』という報告書が出され，行政と「子育てネットワーク」の連携は官民一体となったまちづくりや地域づくりになると位置づけられた（中谷2013：86）．

　ところで，新川は，ローカル・ガバナンスの定義に関し，「統治あるいは共治（協治）という訳語をあて（中略）統治行為が多元的なアクターたちによって対等かつ相互協働的に遂行されていくその態様を分析的に表現したもの」としている．さらに，新川は，ネットワーク型のローカル・ガバナンスについて，「パートナーシップ（協働）に参加する主体は（中略）自発的な参加と連携協力関係の構築を通じて，パートナーとなっていく．そこでは，多様な主体によるネットワークによって社会機能が充足されていくこと，必ずしも政府（行政）

がその中核を担うものではないこと，とりわけ住民やNPO（非営利市民組織）との連携協力から生まれる活動がその機能を支えていること等が，特徴的に示唆されている」と，協働における住民やNPO法人の自発的な参加の重要性を強調している．また，パートナーシップ型のガバナンスが適切に機能するためのガバナンスのためのガバナンス（メタガバナンス）としても「中間支援NPO組織」と「住民自身」などをあげている³⁸⁾（新川2004：26-42）．

　包括的支援体制における子育て支援も，行政だけで機能することは現状の政策ではあり得ない．橋渡し型SCとしての「NPO法人」や，結合型SCとしての住民同士のつながり（地縁）と行政が協働しつつ，子育て支援を行っていかなければならないのが現状である．その際，新川の主張するローカル・ガバナンス論のように，決して国やローカル・ガバメント（地方公共団体・地方政府）主導で物事を推し進めるのではなく，橋渡し型SCとしての「中間支援組織」および「NPO法人」や，結合型SCとしての「住民」主体で行っていく必要がある．

4. 子育て支援の概念

　最後に，子育て支援の概念についても，若干，ふれておきたい．網野は，子育て支援（child care support）の定義を「養育の1次的基盤である両親および家族の子育ての機能の脆弱化傾向に対し，2次的基盤である社会が私的および公的にその機能を補完することないし両親および家族とともに子育てに積極的に関わること」としている（網野2003：296）．また，山縣は，子ども家庭支援には4つのターゲットがあるとしている．すなわち，第1に子ども自身の成長・発達の支援，第2に保育や就労および生活支援も含めた親への支援，第3に親子関係への支援，第4にこれらの3つが存在する家庭および地域社会への支援である（山縣2006：140）．さらに，松田は，（社会的な）子育て支援には「保育園，幼稚園，子育てひろば，児童館など，さまざまな地域の子育て支援があげられる」とした上で，子育て支援には4つの支えが必要であるとしている．1つめは保育園であり，2つめは子どもが義務教育に入る前に基礎的な知識や行動の仕方を身につける教育であり，3つめは親同士・子ども同士の交流であり，4つめは子育てをする親に対する情報提供であるという．松田は，子育ての基盤

は，この「子育て支援」と「（親の）就労と経済的基盤」および「地域社会（社会関係資本）」からなるとも主張している（松田 2010：7）．また，汐見は，「子育て支援という営みは，子どもを育てるという行為を社会の力で支えていこうということ」だとした上で，それは「社会が責任を持ってサポートしていく営みでもある」とし，「育児を社会的行為と捉えるということを意味している」ともしている．つまり，子育て支援とは「子育てしている人を社会全体が応援する社会にするということ」だと，その定義をまとめている（汐見 2010）．さらに，柏女は，「広義の子育て支援活動は大きく，個別援助活動，子ども育成活動，子育て支援活動の3類型に分類できる．また一方で，ソーシャル・サポート・ネットワーク[39]を活用した相談援助活動と，育児グループ支援などの子育て支援活動に類型化することができる」として，地域における子育て支援活動を類型化している（柏女 2017：56-57）．

　なお，国が施策のなかで明確に子育て支援という言葉を使ったのは，1994年のエンゼルプラン（「今後の子育て支援のための施策の基本的方向について」）が最初であった．

　山縣の類型によれば，子育て支援には，「発達支援」「保育」「親子関係への支援」「家庭および地域社会への支援」の4つがあることになる．本研究では，後者の2つを研究の対象としたい．すなわち，親や家庭，親子関係への支援および地域社会への支援である．先に概観したように，子育て支援には，国の支援や，ローカル・ガバメント（地方政府）としての支援などもあるが，本研究では，公的支援によってもたらされる保育サービスについては言及せず，あくまで SC に依拠できる子育て支援の範囲で論を進める．したがって，その論考のほとんどは，ローカル・ガバナンスとしての「子育て支援サロン」の運営など，地域在住住民と「NPO 法人」などの民間組織と行政との協働による子育て支援を対象としたものとなる．つまり，住民による結合型 SC としての「町内会自治会」などの地縁と，橋渡し型 SC である「NPO 法人」などと行政の協働・協治による子育て支援に関する論考を進めたい．

注

1）　手段的日常生活動作（instrumental activities of daily living）．食事をすることがで

きたり，排泄できたり，着脱衣できたりする基本的な動作である ADL（activities of daily living）よりもより自立した高度な日常生活を送ることができる能力のことで，具体的には 1 人で移動して外出できたり，買い物ができたり，電話がかけられたりする能力をさす．

2） 2001 年国民基礎調査による要介護度のデータを分析した結果によると，2000 年に要支援者だった者のうち 2001 年に要介護度が重度化した者の割合は 34％だった．また，日医総研が当時高齢化率が日本一だった島根県で実施した 2000 年から 2 年間の要介護認定のデータの分析によると，要介護 2 に比べて要支援および要介護 1 の者は要介護度が重度化した割合が多かった（川島 2004）．

3） 中学校区に 1 つある「地域型」と市町村に 1 つ程度ある「基幹型」があった．24 時間電話などで介護の相談にのるセンターで，介護予防教室の拠点ともなっていた．2005 年当時，全国に 8675 ケ所あり，15 年の歴史を有している．

4） http://www.mhlw.go.jp/file/06-Seisakujouhou-12400000-Hokenkyoku/0000126435.pdf（2017 年 12 月 20 日閲覧）．

5） 訪問介護，訪問型サービス A：緩和した基準によるサービス，訪問型サービス B：住民主体によるサービス，訪問型サービス C：短期集中予防サービス，訪問型サービス D：移動支援，通所介護，通所サービス A，通所サービス B，通所サービス C，栄養改善を目的とした配食，住民ボランティア等が行う見守り，訪問型サービス・通所型サービスに準じる自立支援に資する生活支援：訪問型サービス・通所サービスの一体的提供等，介護予防マネジメント．従来の二次予防で行われていた運動機能向上プログラム，口腔機能向上プログラムが通所介護予防事業，訪問介護予防事業に組み込まれている．新しい「総合事業」は，訪問介護と通所介護を「地域支援事業」に移行することで効果的かつ効率的な支援が可能となる地域の支え合い体制づくりの推進を目指した．

6） 介護予防把握事業，介護予防普及啓発事業，地域介護予防活動支援事業，一般介護予防事業評価事業，地域リハビリテーション活動支援事業．

7） なお，ここでいう「包括的支援事業」とは「地域支援事業」のなかの 1 つの事業を指す．本書でとりあげる「包括的支援」とは，意味が異なる．

8） 「社会保障充当分」に関する事業としては，「在宅医療・介護連携推進事業」「生活支援体制整備事業」「認知症総合支援事業」「地域ケア会議推進事業」が追加されている．

9） 正式名称は「地域における住民主体の課題解決強化・相談体制の在り方に関する検討会」．日本地域福祉学会長の原田正樹日本福祉大学社会福祉学部教授を座長とする検討会で，委員は，学識経験者のほか，行政関係者，地域包括支援センター職員や社協職員，医師などの専門職，民生児童委員協議会会長や共同募金委員会事務局長，NPO 法人の理事長，社会福祉法人および財団法人の職員などの民間の関係者，中山間地域研究センターの研究員など，多岐にわたっていた．席上では，国から押し付けられる画一的な「我が事」はおかしいという意見も出たという．

10)　http://www.murc.jp/sp/1509/houkatsu/houkatsu-01/h28-01.pdf（2018 年 1 月 20 日
閲覧）．

11)　International Classification of Functioning, Disability and Health（ICF）国際生活
機能分類．2001 年の WHO 総会において採択された新しい障がいの考え方．1980 年の
国際障がい分類初版（ICIDH）を改訂したもの．障がいのマイナス面を中心に評価す
る傾向の強かった ICIDH とは異なり，潜在的な力を開発することにつながるプラス面
も評価し，「心身機能」「構造」だけでなく，「参加」や「活動」にも着眼した障がいの
分類（成清ら編集代表 2011：1）．

12)　米国 2 時間 53 分，英国 2 時間 46 分，フランス 2 時間 30 分，ドイツ 3 時間，スウェ
ーデン 3 時間 21 分，ノルウェー 3 時間 12 分（内閣府 2017c：77）．

13)　米国 5 時間 39 分，英国 6 時間 9 分，フランス 5 時間 49 分，ドイツ 6 時間 11 分，ス
ウェーデン 5 時間 29 分，ノルウェー 5 時間 26 分（内閣府 2017c：77）．

14)　生産労働人口＝15 歳〜64 歳を対象にした女性の労働力率．

15)　かつては 4 割代で低迷していたが，2018 年 9 月 28 日に総務省が発表した労働力調
査によると，15 歳〜64 歳の女性のうち就業者の割合（就業率）は 70.0％で初めて 7
割となり，1968 年以降過去最高を更新した．女性全体の就業者数も前年同月比で 76
万人増加し，1953 年以降過去最高を更新している．政府は，25 歳〜44 歳の女性の就
業率を 2025 年までに 8 割にする目標を掲げている（『京都新聞』2018 年 9 月 28 日夕
刊 1 面）．

16)　税制においても，1961 年に配偶者控除が導入されて以来，1980 年代に配偶者控除の
限度額が何度か引き上げられ，1987 年に配偶者特別控除が導入されて，1989 年以降，
男性稼ぎ主導型の世帯では，夫は妻の年収が 103 万円未満の時に配偶者控除，103 万
〜141 万円の時に配偶者特別控除が受けられるようになったことが，専業主婦がフル
タイムで働くことを抑制する要因になったともいわれている．しかし，この制度は改
正される予定である．

17)　実際，柴田は，産休育休拡充が女性労働力率の上昇につながることを計量的分析に
よって明らかにしている（柴田 2016：140）．

18)　たとえば，ノルウェーは父親も母親も 100％の給与保障が約束され，母親の育児休
暇取得率は 100％で父親も約 9 割が取得している．概して，北欧の育児休暇中の給与
保障の割合は高い．日本は当初，4 割程度であったが，2014 年に育児給付の給付率引
き上げなどを内容とする雇用保険法が改正され，67％の給付率まで引き上げられた
（川島 2015：43）．なお，男性の育児休暇取得率は 2019 年現在，6.16％にまで上がっ
ている．

19)　厚生労働省（2015）「母の就業の有無別にみた子育ての相談相手」『第 3 回 21 世紀出
生児縦断調査（平成 22 年出生児）の概況』厚労省．

20)　たとえば，2015 年の児童虐待件数は，1 万 3286 件と過去最高であったが，内，最
も多い虐待者は実母である（内閣府 2017b：163）．核家族化などによって孤立する実

母の育児不安や育児ストレスの強さがみてとれる.

21) 児童虐待防止に関しては，2000 年に別途,「児童の虐待の防止に関する法律（児童虐待防止法)」が定められた.

22) ちなみに「自助」は，保護者自身が子どもを育てる責務にある.

23) 2008 年現在で待機児童数は 1 万 9550 人にのぼり，その約 75％が低年齢児（0 歳〜2 歳）（川島 2012a：41).

24) 子育て支援総合コーディネート事業. 市町村が保護者の状況に応じ子どもを育てるため適切な支援が総合的に受けられるようサービス提供者等と連携・調整し地域の実情に応じた支援体制を整える事業.

25) 2007 年に「地域子育て支援センター事業」と「つどいの広場事業」が再編され成立し，2008 年に児童福祉法に規定された. 2012 年に成立した「子ども・子育て支援法」では，同事業は「地域子ども・子育て支援事業」13 事業の 1 つに位置づけられている（橋本 2015：1).

26) 2008 年より一般事業主行動計画の策定・公表の義務化を従業員 101 人以上の企業にも適用.

27) 乳児または幼児およびその保護者が相互の交流を行う場所を開設し，子育てについての相談，情報の提供，助言その他の援助を行う事業. 従来の「ひろば型」と「センター型」を「一般型」に再編し，職員配置や活動内容に応じた仕組みとし，児童館は「連携型」として実施対象施設を拡充する再編が行われた（柏女 2017：63).

28) （例）夫婦，児童 2 人世帯の場合は年収 960 万未満.

29) 2019 年度より公立の幼稚園と保育園の保育料は無償化された.

30) 2011 年の改正で就学前の子が 1 人であれば年 5 日まで，2 人以上であれば年 10 日まで，病気やケガをした子の看護のために休暇を取得することができるようになった.

31) 小学校入学までの子を養育する場合，あるいは常時介護を必要とする状態にある家族の介護をしている場合，労働者が請求すれば深夜勤務をさせてはならないことが定められた.

32) 就学前の子を養育する場合，あるいは常時介護を必要とする家族の介護を行うことを労働者が求めた場合，1 ケ月 24 時間，1 年間 150 時間を超えて時間外労働をさせてはならないことが定められた.

33) 3 歳未満の子を養育する労働者で育児休養をしていない者については，1 日 6 時間の短時間労働を申請できる.

34) 3 歳未満の子を養育する労働者が請求した場合は，所定の労働時間を超えて労働させてはならない.

35) 企業内保育所は病院などの医療施設，福祉施設および企業の保育施設が含まれる「事業所内保育施設」の一形態である. まだ日本では多いとはいえない状況ではあるが，ワーク・ライフ・バランス先進国のアメリカの有料企業ランキングでは企業内保育所を有する企業が多数を占めている. 日本でも次世代育成支援法導入前後に大企業を中

心として次々と企業内保育所が設立された（中村 2015：123）.

36)　児童が小学校に入学すると同時に子どもを預ける場所がなくなり，母親が就業困難
　　に陥ること．国は 2014 年に「放課後子ども総合プラン」を策定し文科省と厚労省が連
　　携して 2019 年度末までに約 30 万人分の「放課後児童クラブ」を新たに整備し全ての
　　小学校区で「放課後児童クラブ」を置く目標をたてている．だが，実際は全ての児童
　　が自分の小学校区内の「放課後児童クラブ」に入れているわけではない.

37)　核家族による孤立無援の育児が問題視されるようになるなかで 1980 年代頃より，子
　　育てについて真剣に話し合える母親自身の仲間や子どもたちにも思い切り遊べる仲間
　　と遊びを提供するために生まれた組織．母親同士や地域のつながりを再構築していく
　　活動である．政策上，「子育てネットワーク」という言葉が登場したのは 1994 年にエ
　　ンゼルプランが策定された時であり，「子育てネットワーク」の中心として「地域子育
　　て支援センター」が整備されることになった．2004 年には，文科省の報告書で，「子
　　育てを終えた経験者，子育てサークルのリーダー，子育てに関する専門家等が集まり，
　　地域の子育て全体を視野に入れて子育て中の親を支援する広がりを持ったグループ」
　　と定義されている（山縣，中谷 2013：14-15）.

38)　新川は，もう 1 つのメタガバナンスとして，「地方議会」もあげている（新川
　　2004：42）.

39)　社会福祉分野の専門用語で，公的な援助に加え，家族や親類，ボランティアや近隣
　　住民などによるインフォーマルな資源も含めて，それらを結合し，（社会的に）多面的
　　に支援するネットワークおよびその形成のことをさす（柏女 2017：57）.

第2章 ソーシャル・キャピタルの概念と本研究の仮説

第1節 ソーシャル・キャピタルと
ソーシャル・キャピタルの下位概念

1. ソーシャル・キャピタルの概念 ——ソーシャル・キャピタルとは何か——

1) 先行文献研究によるソーシャル・キャピタルの概念整理

　次に，本章では，本研究が理論的に依拠するソーシャル・キャピタル（SC）の概念と，その下位概念を整理する．また，SC には地域差があることを全国31 市町村の要介護認定を受けていない 65 歳以上の高齢者約 11 万人を対象とした自記式アンケート調査の結果を相関分析によって分析して立証してみたい．さらに，本研究における SC の定義を明らかにし，なぜ本研究の仮説を立てたのかについて論じる．

　まず最初に，先行文献をレビューすることによって，SC の概念を整理してみたい．SC は，直訳すれば「社会資本」になるが，いわゆる道路などのインフラとしての物的資本ではなく，人的資本を表す言葉であるため，現在では「社会関係資本」と訳すのが一般的である．SC の定義は，広義にみれば，社会における「信頼，規範，ネットワーク」であるといわれている（川島 2010c）.

　平たくいえば，人やグループ間の絆のような「信頼」や，情けは人のためならず・持ちつ持たれつお互い様という互酬性の「規範」と，人と人のつながりである「ネットワーク」であるということになる．しかし，その概念は，論者によって様々で，いまだ明確には定まっていない．R. D. パットナム（R. D. Putnam）のように互酬性の「規範」に重きを置く論者もいれば，「信頼」に重きを置く F. フクヤマ（F. Fukuyama）などもいるし，「ネットワーク」に重きを置いて論じる N. リン（N. Lin）や R. バート（R. Burt）などもいる．さらに，「個

人」レベルに着目して議論する社会学を中心とした論者もいれば，パットナムがそうであったように「地域」レベルに着目して議論する政治学や公衆衛生学の論者もいる（稲葉 2011：3）．

　まずは，1990 年以降，SC が注目を集めるきっかけをつくったアメリカの政治学者ロバート．D．パットナムの論考を紹介したい．パットナムは，イタリアの州政治に関する研究 *Making Democracy Work: Civic Traditions in Modern Italy*（1993）において，「社会関係資本は，調整された諸活動を活発にすることによって社会の効率性を改善できる，信頼，規範，ネットワークといった社会組織の特徴だ」と述べている．同書において，パットナムは，SC が豊かな地域の人々は信頼しあい，自発的に協力するため，民主主義が円滑に機能すると論じた（Putnam 1993）．彼の定義は，先述した通り，いわゆる互酬性や規範に重きを置く傾向にあり，社会全体に対する信頼である「一般的信頼」を議論の基礎に据えている場合が多い（稲葉 2011：3）．

　また，パットナムは，*Bowling Alone: The Collapse and Revival of American Community*（2000）で，地域のボーリングクラブには加入せずに 1 人で黙々とボーリングをしている孤独なアメリカ人の姿を象徴とした母国アメリカの SC の衰退についてもふれ，アメリカでは，政治・市民団体・宗教団体・組合・専門組織・非公式な社交などに対する市民の参加が減少していることを検証した．そして，SC 衰退の主な要因として，TV の台頭，女性の社会進出（役割の変化），地理的流動性の増加，ライフスタイルの変化，市民参加に関する価値観や行動の世代間変化などを指摘している（Putnam 2000）．

　しかし，SC という言葉が初めて使用されたのは，アメリカの農学校の州教育長 L．J．ハニファン（L. J. Hanifan）が，1916 年に，地域のつながりが強い地域の生徒の学力が高いことにふれた論文を書いたことなどにさかのぼるといわれている．初期の SC は，農村や都市における健全なコミュニティを形成し，継続するのに不可欠な「良好な人間関係」としてとらえられ，その後の研究の基礎となった．やがて，1960 年代にカナダの都市計画学者の J．ジェイコブズ（J. Jacobs）が隣人関係などの社会的ネットワークを SC と表現し，1970 年代に入ってからアメリカの経済学者 G．ラウリー（G. Loury），フランスの社会学者 P．ブルデュー（P. Bourdieu），アメリカの社会学者 J．S．コールマン（J. S. Coleman）ら

表 2-1　SC の定義に関するレビュー

L. J. ハニファン (1916 年) アメリカ・教育学者	学校が成功するためには地域社会の関与が重要であるが，コミュニティ発展のためには，仲間意識・共感・社会的交流の蓄積が必要であり，それらが SC である.
J. ジェイコブズ (1961 年) カナダ・都市計画学者	建築学・都市社会学的な視点から都市開発学への問題を提起し，近代都市における隣人関係などの社会的ネットワークを SC と表現した.
G. ラウリー (1977 年) アメリカ・経済学者	アメリカにおいて白人と有色人種を比較した場合，白人の方が生まれた時点から人的資本獲得に有利な環境がある利点を指摘し，それを SC とした．彼は，SC を人種間の所得格差の要因の 1 つとしてとらえている.
P. ブルデュー (1986 年) フランス・社会学者	人間の日常的現実的なコミュニケーション活動に着目し，その円滑化のための資本としての文化資本や，当人に何らかの利益をもたらす形での社会化された人間関係の総体，例えば「人脈」や「コネ」「顔の広さ」などを SC と定義した．また，彼は，階級構造再生産の隠れたメカニズムの説明に社会関係資本を用いた.
J. S. コールマン (1988 年) アメリカ・社会学者	SC とは，社会構造のある局面から構成されるものであり，その構造の中に含まれる個人に対し，ある特定の行為を促進するような機能をもっているものである．規範・人的資本との関連概念として論じている．社会の結びつきを強める機能を社会関係資本が持つことを強調してもいる.
R. D. パットナム (1992 年) アメリカ・政治学者	SC とは，協調行動を活発にすることによって社会の効率性を改善しうる信頼，規範，ネットワークなどの社会組織の特徴である.
F. フクヤマ (1995 年) アメリカ・社会学者	SC とは，信頼（コミュニティのほかのメンバーが共有している規範に基づいて規則正しい正直で協調的な行動をとると考えられるようなコミュニティにおいて生じる期待）が，社会全体あるいは社会の特定の部分に広くいきわたることから生じる社会的能力であり，集団を構成するメンバーの間で共有されるインフォーマルな価値あるいは規範の集合である.
世界銀行 (1996 年)	SC とは，社会的なつながりの量・質を決定する制度，関係，規範である．社会的なつながりは，経済の繁栄や経済発展の持続に不可欠である．SC は，単に社会を支えている制度ではなく，社会的なつながりを強くするための糊の役割を果たしている.
W. ベイカー (2000 年) アメリカ・経済学者	SC は，個人的なネットワークやビジネスのネットワークから得られる資源であり，情報・アイデア・指示方向・ビジネスチャンス・富・権力や影響力・精神的サポート・善意・信頼・協力などをさす.
M. ウールコック (2000 年) アメリカ・経済学者	SC とは，協調行動を容易にさせる規範，ネットワークである.
N. リン (2001 年) アメリカ・社会学者	SC は，市場における見返りを期待してなされる社会的関係への投資であり，目的を持った行動のためにアクセスし，活用する社会的ネットワークの中に埋め込まれた資源である.
OECD (2001 年)	規範や価値観を共有し，お互いを理解しているような人々で構成されたネットワークで，集団内部または集団間の協力関係の増進に寄与するものが，SC である.
R. バート (2005 年) アメリカ・社会学者	関係構造における個人の位置づけによって創造される利点が SC である．SC をネットワークとしてとらえている.

(出典)　稲葉 (2007a：3-4)，稲葉ら (2016：40-41)，東 (2003：26-27)，宮川ら (2004：19-49)，宮田ら (2011：13) を参考にして筆者作成.

によって主に個人に注目したSC論が展開された．そして，やがてパットナムの研究に引き継がれたのである（東 2003：26，稲葉ら 2016：40-41）．

　パットナム以降，SC研究は，パットナム同様「一般的信頼」を軸に経済成長や不平等および腐敗等を論じたフクヤマや，ネットワークを中心に論じた経済学者のW.ベイカー（W. Baker），M.ウールコック（M. Woolcock），社会学者のN.リン，R.バートなどによって継承された．ネットワークに重きを置いて論じるリンやバートは，社会関係資本は個人に帰すると考えている点が，社会全体の協調的行動に重点を置くパットナムとは違う点である（稲葉 2011：3）．

　さらに，世界銀行（World Bank）やOECDによってもSCの定義が唱えられていった．これらの先行研究によるSCの定義を時系列的に表にまとめると，**表2-1**のようになる（稲葉 2007a：3-4，稲葉ら 2016：40-41，東 2003：26-27，宮川ら 2004：19-49，宮田ら 2011：13）．

　以上，主に，政治学，社会学，経済学，教育学などの先行研究をレビューすることにより，SCの概念整理を試みた．

　序章でも述べたが，近年は，公衆衛生学のなかの社会疫学の分野でも，SCの概念が注目されている．カワチ イチローは，日本人の平均寿命が世界一であるのはなぜなのかを考えるにつけ，国内総生産に占める医療費の割合・GDPの割合・可処分所得・家の広さ・喫煙率・飲酒傾向・遺伝的要素などの日米比較をしても決して日本がアメリカに勝っているわけではないことから，日本人が健康で長生きする理由は，社会内部における経済格差（アメリカで大きく日本で比較的小さい），地域や職場における社会的結束（日本で強くアメリカで弱い）にあるのではないかという仮説を立て，SCが豊かでなおかつ経済格差が少ない地域ほど健康な人が多いことを実証的に立証する研究を行い，仮説を検証している[1]（カワチら 2004：iii-iv）．

　ところで，SCとソーシャルネットワークの違いは何か？　という問いは，まだ議論が尽くされていないが，公衆衛生学の分野では，SCをネットワークよりマクロな視点でとらえた概念と考えている（市田 2007：108）．また，いわゆる個人の人脈のような「個人レベルのSC」と「地域レベルのSC」の差異に関する定義も，いまだ明瞭ではないが，カワチは，社会的ネットワーク以外の部分が「個人レベルのSC」であり，「個人レベルのSC」はソーシャルネットワ

ークを含まないという視点に立脚している.

　この,「個人レベルの SC」に立脚した研究であるのか, それとも「地域レベルの SC」に立脚した研究であるのかということは, SC 研究をする際には, あらかじめ示しておく必要がある. 健康と SC に関する研究をする場合, その多くは「地域レベルの SC」に立脚しているため, 介護予防の研究に端を発した本研究も「地域レベルの SC」に立脚した研究であることを改めてここに記しておく.

　ところで, パットナムの研究も, それまでの「個人レベルの SC」に立脚して行われてきた社会学者の研究とは違う「地域レベルの SC」に立脚した研究であることは先にも述べた. 鹿毛は, SC の概念が, パットナムによって社会学の分野から政治学へ輸入される過程において質的な変容を遂げたと述べ, 社会学では個人の人脈などを SC とみなし, 個人と社会経済的地位などの相関をみる「個人レベル」(ミクロ) の変数による研究が主であったのに対して, イタリアの州制度改革を題材にしたパットナムの研究は, 州ごとに集計された SC の指標と州のパフォーマンスの相関をみる「地域レベル」(マクロ) の変数による研究であり, SC が地域に蓄積されていくという考えを強調した新しいものであったとしている (鹿毛 2002:101-119). SC をマクロの視点でとらえる立場は, 公衆衛生学の定量的研究においても主流となりつつある (Hawe and Shiell 2000:871-885).

　かくのごとく, SC の定義は, 広範で多岐にわたっているため, SC 研究を行う場合は, 自らの定義を明らかにしてから論じなければならない (稲葉ら 2016:41).

　以上, 時系列的に論者による SC の概念のとらえ方の違いを概観した. しかし, それぞれ, 専門領域により違いこそあれ, 皆, 基本的には「人々や組織の間に生まれる協調的な行動を分析するという課題に取り組む」という点において同じ方向を向いている. M. ウールコック[2]は, 社会関係資本の意義は,「さまざまな議論を巻き起こした点にある」としているという (稲葉ら 2011:7).

　いずれにしても, 2008 年には,『社会関係資本ハンドブック』(原題: *Handbook of Social Capital*) がオックスフォード大学から出版され, 2009 年にエドワード・エルガー社から上梓されていることからも, SC は名実ともに新たな学問領域として確立しつつあることは間違いない (稲葉ら 2011:Ⅰ).

2) 日本におけるソーシャル・キャピタル研究の系譜

　次に，日本における SC 研究の歴史的経緯について述べてみたい．わが国において，SC 研究が活発になってきたのは，今世紀に入ってからのことである．まず，2001 年に，開発学の分野で，佐藤らが『援助と社会関係資本 ソーシャル・キャピタル論の可能性』（アジア経済研究所）を上梓したことに始まった（佐藤 2001）．

　翌年の 2002 年に，稲葉，大守，宮川が，SC に関する論文（稲葉 2002：37-77，大守 2002：24-31，宮川 2002）を次々に発表したのを皮切りに，2003 年には大阪大学の山内も SC に関する論文を発表している（山内 2003：40-44）．山内は同年，内閣府国民生活局の報告書『ソーシャル・キャピタル——豊かな人間関係と市民活動の好循環を求めて——』の座長も務めた．山内ら大阪大学のグループの NPO 論やコミュニティの役割と社会関係資本に関する研究が，その後のわが国の SC 研究に与えた貢献は大きい（稲葉 2011：12）．

　また，2003 年 9 月に発行された『ESP（ECONOMY SOCIETY POLCY）No. 377——豊かな人間関係と市民活動の好循環を求めて——』（社団法人経済企画協会）の「ソーシャル・キャピタル論の意味するもの」と題した巻頭言で，宮川は，同年 3 月に開催された内閣府経済社会総合研究所が主催した国際フォーラム「日本経済再生のための社会的基盤——ソーシャル・キャピタルの視点から——」についてふれ，SC による経済や政治の再生に期待をかける由を述べている．

　さらに，同書において，東は，SC 研究が急速に進展している理由として，「世界的な『信頼』再構築の必要性」があることを述べた上で，日本においては，「地方分権の時代，地域の民主主義のあり様についてセクターを越えた議論が必要となっており，新たな『市民社会』の実現という大きな課題の前に『ソーシャル・キャピタル』へのニーズが高まるのは当然なのかもしれない」として，NPO など，非営利セクターへの期待を論じている（東 2003：29）．

　同書で企画された「市民活動は日本経済を活性化するか」という山内や大守も参加した座談会の記事には，長く続いた不況を打破するために，経済学の見地から SC が豊かな地域は経済的にも豊かになれるという海外の実証研究を踏まえた経済再生のキーワードとして SC が注目され，その中核である市民活動

に注目が集まってきつつある経緯が書かれている[3]. と同時に，日本の SC 研究の黎明期から，NPO の活動への注目が集まっていたことも記されていた．この頃はまだ，SC の下位概念に関する研究も進んでおらず，NPO を橋渡し型 SC の代理変数と捉える実証研究はなされていなかったものの，非常に興味深い記述である．

やがて，2005 年以降になると，稲葉らが次々と SC に関する論文を経済学の観点から発表する（稲葉 2005a，2005b，2005c，稲葉 2006a，2006b，稲葉 2007a，2007b）．稲葉は，2007 年に著した『ソーシャル・キャピタル——「信頼の絆」で読み解く現代経済・社会の諸問題——』（生産性出版）において，SC の定義について，「ソーシャル・キャピタルは，信頼，規範等の『価値観』と，個人や企業などの具体的な関係である『ネットワーク』の 2 つに分けることができる」としている．

稲葉は，同書で，「前者（価値観）は，社会や広範なグループに関するものである場合が多いが，それらは多くの場合，対象となるメンバー全体への信頼や規範であり，特定の個人に対する信頼・規範ではない．こうした社会全般に対する信頼・規範等は，公共財の性質を持っている」と述べている．また，「後者は（ネットワーク）は，基本的に個人や企業などの間に存在するための私的財としての性格を持っている」とも論じている．

さらに，「ネットワークが特定の規範と結びつくと，特定のメンバーの間だけで消費の非競合性を持つクラブ財としての性質を持つ」とも述べ，「『社会における信頼・規範・ネットワーク』」という定義は，狭義の定義（私的財）＝「ネットワーク」，広義の定義（公共財）＝「信頼・規範」，さらに両者の中間（クラブ財）としての「特定のネットワーク間の信頼・規範」の 3 つに分類でき，クラブ財としてのソーシャル・キャピタルは，その規範の内容として互酬性を含んでいる」とする独自の理論を展開している．以上の稲葉の定義を表にまとめると，**表 2-2** のようになる．

また，稲葉は，SC の定義の 1 つに「心の外部性[4]を伴った信頼」も加えている．いずれにしても，稲葉の定義は，ネットワークだけでなく，信頼と規範（互酬性）も含めた広義のものである．稲葉は，「コミュニティを含めたグループ内のまとまりの程度を凝集性（cohesion）と呼んでいるが，社会関係資本が凝

表 2-2　稲葉の SC の定義

私的財としてのソーシャル・キャピタル	個人間ないしは組織間のネットワーク
公共財としてのソーシャル・キャピタル	社会全般における信頼・規範
クラブ財としてのソーシャル・キャピタル	ある特定のグループ内における信頼・規範 （含む互酬性）

（出典）　稲葉陽二（2007）「ソーシャル・キャピタルの政策意義 内閣府調査パネルデータによる検
　　　　　証」日本経済政策学会編『経済ジャーナル』日本経済政策学会，4(2)．p. 6.

集性と密接に関連するとすれば，信頼，規範，ネットワークなどを別々に論じ
るよりも３つをすべて含めて論じる方が凝集性の背景にある社会環境をより適
切にとらえられると考えるからである」と，その理由を述べている（稲葉ら
2016：44）．

　SC をネットワークとしてとらえるのか，それとも信頼や規範としてとらえ
るのか，あるいは稲葉のように３つをすべて含めて論じるのかは，論者によっ
て様々である．

　稲葉は，以上のような「公共財」，「クラブ財」，「私的財」と，「社会構造」，
「価値観」，「マクロ（地域レベル）」「ミクロ（個人レベル）」の諸相を論者別に分類
し，図 2-1 のようにまとめている．

　稲葉が作成した図 2-1 によれば，「パットナムらは社会全体に対する信頼で
ある一般的信頼を中心に据え公共財として社会関係資本をみつつ，クラブ財と
しても SC を扱っている．また，フクヤマや E. M. アスレイナー（E. M. Uslaner）
も基本的に「一般的信頼」を議論の中心に据えている．一方，バートやリンは，
私的財としての社会関係資本を基礎にしてクラブ財としての社会関係資本も概
観する．また，コールマンやウールコック，社会疫学のカワチらは両者の中間
でクラブ財として社会関係資本の研究をしている．さらに，行動経済学の論者
は，主に個人の行動を研究対象としているので，図 2-1 右下の第 2 象限を中心
にしている」という（稲葉ら 2011：6）．

　その後も，稲葉は，次々と SC に関する書籍を世に出している（稲葉 2008，稲
葉 2011，稲葉・大守・近藤・吉野ら 2011，稲葉・藤原 2013，稲葉ら 2014，稲葉ら 2016）．

　そのほか，日本における社会疫学の分野においても，カワチ同様の実証研究
が行われた．近藤らは，1999 年より，愛知県内の 2 自治体の高齢者やその家

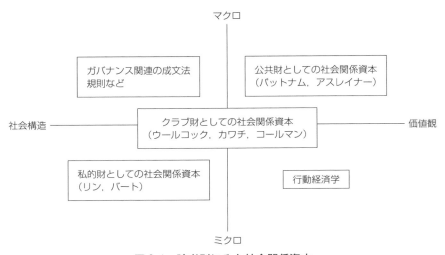

図 2-1　論者別にみた社会関係資本

(出典)　稲葉陽二ら (2011)『ソーシャル・キャピタルのフロンティア――その到達点と可能性――』ミネルヴァ書房, p. 5.

族を対象として調査を始め, 2003 年より 3 県 15 自治体, 2004 年には 2 県 3 自治体の要介護状態にない高齢者約 3 万人に対象を広げ, 郵送法による自記式アンケート調査を行い,「主観的健康感」「認知症の傾向」「転倒歴」などの健康指標に関する変数などを従属変数として, SC の代理変数などを独立変数として分析を行った. その結果, SC と健康指標の関連が認められ, 日本においても SC が豊かな地域の高齢者は健康であることが検証されている (近藤 2007).

近藤らは, その後も継続して縦断研究を行い,[5] 2017 年現在, 日本全国約 20 万人の要介護状態にない高齢者のビッグデータを収集し, 分析するに至っている.

　また, 社会福祉学の分野でも, 2005 年に, 野口が『日本の地域福祉』日本地域福祉学会, の巻頭言で「地域福祉の未来へのシナリオ――ソーシャル・キャピタルの視点――」(野口 2005) と題し, 地域福祉の未来を拓くシナリオの 1 つとして, 失業率を減少させ, 犯罪抑止効果もあり, 健康増進や出生率を向上させることにも貢献し, 教育にも有効である SC を高めることの重要性を述べている.

　さらに, 本研究でとりあげる橋渡し型 SC の代理変数として用いられる

「NPO」や「NPO法人」とSCについて論じた論文には，西出（2011）などがある．西出は，「NPO」とSCに関する文献をレビューし，2003年に内閣府国民生活局がボランティア・NPO・市民活動の視座から調査を行った報告書にふれ，これらがSCとポジティブフィードバックの関係にあることを明らかにしたことや，山内（2003）によって市民活動インデックスが作成され，ボランティア・寄付・NPOなどの都道府県の地域差が測定されたことを紹介した（西出2011：133）．さらに，西出は，SCの研究手法に関し，「NPO」の事例研究を通して社会関係資本の生成・形成について考察を行っている論文（吉田2003）などを示し，SC研究が定量的研究だけでなく，定性分析によっても行われていることを明らかにしている（西出2011：135）．

　その他，ボランティア活動と結合型SCに関して論じた石田（石田2005）や，SCと市民活動に関する実証研究を行った坂本（坂本2010）などの論考もある．

　近年では，地理学の観点からSCの地域分析を行った埴淵（埴淵2011，埴淵2018），結合型SCでも農村型と漁村型では差異があるのではないかという仮説を開発学の観点から検証しようとした福島（福島ら2011a，2011b），教育とSCに関する実証的な分析を行った露口（露口2011，露口2013，露口ら2014，露口2016），格差社会や社会的孤立とSCに関する論考（斎藤2013，斎藤2018）など，政治学，社会学，経済学，開発学，教育学，公衆衛生学（社会疫学），心理学などの分野だけではなく，地理学，社会福祉学など，きわめて学際的な分野の実証的な研究成果が発表されている．

　さらに，東日本大震災を契機に災害とSCに関する研究も行われた（引地ら2015，山内2011）．確かに，災害時の地域での人と人とのつながりが生死を分ける場合もあろう．2018年7月に起きた岡山や広島を中心として全国に被害が及んだ西日本豪雨災害では，いわゆるローカル・ガバメントの判断を超えたスピードで被害が広がり，多くの命が失われた．被害の大きかった岡山県倉敷市真備地区では，地区の防災委員が独居高齢者などの家に声をかけてまわり，「逃げろ！」と伝えあうことで助かった命も多くあったという．顔を知り合った範囲でのいわゆる結合型SCが救った命である．また，橋渡し型SCが災害時に役に立つ場合もある．阪神淡路大震災フォローアップ委員会の報告書（2009）には，災害時に必要なものとして，「開かれたネットワークの形成，多

様な人々の参画で地域力を高める」など，橋渡し型 SC に該当する事項の必要性が報告されている．実際，震災を機に，地縁的な組織だけでなく，まちづくり協議会や「NPO」など，多様な組織によるネットワークが形成されるようになった（稲葉ら 2016：23）．

　最後に，国が出している SC に関する報告書にもふれておきたい．内閣府は，2003 年に報告書を出して以来，内閣府経済社会総合研究所（2005）『コミュニティ機能再生とソーシャル・キャピタルに関する研究調査報告書』（日本総合研究所），内閣府（2016）『ソーシャル・キャピタルの豊かさを生かした地域活性化』滋賀大学・内閣府経済社会総合研究所，などを出している．

　内閣府（2016）の報告書では，地域別の SC を数値的に把握するために 2015 年 2 月に全国の国民を対象としてインターネット調査を行い，2 万 3883 名から回答を得た結果が報告されている．調査の結果，橋渡し型 SC の代理変数である「NPO」について，「人口あたりの NPO 法人数が多い地域では，そのことが人口の社会増（社会減の抑制）に寄与している」などの結果を得たという．また，「SC が豊かな地域では生涯未婚率が低い」という結果も得られた．さらに，2003 年の調査結果と同様に「SC が豊かな地域では合計特殊出生率が高い」，「SC が豊かな地域では子育て世代の女性の雇用率が高い」，「SC が豊かな地域では要介護認定率が低い」などの結果も得られており，まさに介護予防のみならず子育て支援にも SC は有効なのではないかという本研究の仮説を裏付ける結果となっている．加えて，同報告書では，本書においても検討する SC の下位概念の地域差に関する分析も行っているが，その点に関しては次節で述べる．

　同報告書では，最終的に，「① 行政などにおいては SC の活用を念頭において事業・施策を実施することが重要，② 行政などによる地域活性化の取り組みは，近隣への波及効果を考慮し，広域的な視点で検討することが重要，③ 行政において，地域活性化のためには NPO を活用し，NPO の活動の中から地域活性化のための人材を発掘・育成することが重要，④ 行政などは個人の属性や地域の経済状況に応じて，各地域によって最適な形で SC の活用，育成に取り組むことが重要」と結論づけ，SC が希薄な自治体では，橋渡し型 SC の代理変数である「NPO」を増やすなどして地域活性化を行えばよいのでは

ないかという提言を行っている（内閣府 2016）．この内閣府の提言も，本研究の
仮説と通ずるものがある．

2.　ソーシャル・キャピタルの下位概念
――ソーシャル・キャピタルの下位概念とは何か――

1）ソーシャル・キャピタルの下位概念の整理

　ところで，SC には，いくつかの下位概念があるが，ここでは，その下位概
念の概念整理を試みる．

　最も代表的な下位概念は，「結合型（bonding）SC」と「橋渡し型（bridging）
SC」である（Narayan, 1999）．「結合型 SC」は，組織内部の人と人の同質的結び
つきで内部に信頼や協力を生むものであり，大学の同窓会や地縁の深い結びつ
きなどがこれにあたる．強い絆・結束によって特徴づけられ，内部志向的であ
るため，この性格が強すぎると閉鎖的で排他的になりがちである．一方，「橋
渡し型 SC」は，異質なものを結びつけるものであり，「NPO 法人」などの結
びつきなどがこれに該当する．結合型 SC に比べ，弱く薄い結びつきではある
が，より開放的横断的であって，広い互酬性を生み，外部志向的である．さら
に，社会的地位が異なる階層の人間のつながりとしての「連結型（linking）」
SC を位置づける論者もいる．

　そのほか，「垂直型（vertical）SC」や「水平型（horizontal）SC」という下位概
念もある．これらは，SC の概念を参加組織により分類する類型である．「垂直
型 SC」は，政治関係の団体や会，業界団体・同業団体，市民運動・消費者運
動，宗教団体，などの内部に垂直的な上下関係のある団体をさす．また，「水
平型 SC」は，ボランティアグループ，スポーツ関係のグループやクラブ，「町
内会自治会」[8]，老人クラブ，消防団，趣味の会，などの上下関係のない主従関
係のない水平的な関係の団体をさす．さらに，SC の構成要素の特徴に着目し
た類型として，「構造的（structural）SC」と「認知的（cognitive）SC」がある
（Kisha and Uphoff 1999）．「構造的 SC」は，いわゆる役割，ネットワーク，規範
などをさす．また，「認知的 SC」は，個人の心理的な変化等に影響を与える規
範，価値観，心情などである．「構造的 SC」と「認知的 SC」の間に「行動的
（behavioral）SC」を位置づける論者もいる（Pitkin and Varda 2009）．

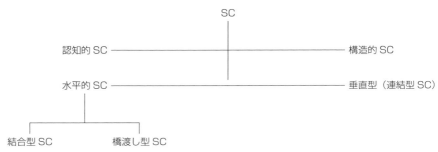

図 2-2　Islam らの概念図

（出典）　Islam, M. et al.（2006）Social Capital and Health: Does Egalitarianism Matter? A Literature Review, *International Journal for Equity in Health*, 5(3). より筆者訳.

表 2-3　Engstrom らの概念図

	認知的	構造的
水平型	市民間の信頼	市民参加
垂直型	政治上の信頼	政治参加

（出典）　Engstrom, K., Mattsson, F., Jarleborg, A. and J. Hallqvist.（2008）Contextual Social Capital as a Risk Factor for Poor Self-rated Health: a Multilevel Analysis. *Soc Sci Med*, 66(11). より筆者訳.

表 2-4　Derose らの概念図

	Cognitive （認知的）	Behavioral （行動的）	Structural （構造的）
Bonding （結合型）	同じ集団内での信用，近隣の閉塞的な集団内での信頼	過去に趣味の会などに参加している頻度，同質的な主体からなる集団へのメンバーシップに基づく参加	結束の強さ（強い）
Bridging （橋渡し型）	「NPO」などの異種集団内における信頼，個人の安全に関する共通認識	投票への参加．多様な主体からなる集団へのメンバーシップに基づく参加	結束の強さ（弱い）
Linking （連結型）	ヘルスケアを提供する人への信頼，地域組織に対する信頼	政府や公的機関に対して出される意見	結束の密度（地域組織とのコンタクトの回数）

（出典）　Pitkin Derose. K. and D. M. Varda（2009）Social Capital and Health Care Access: A Systematic Review, *Med Care Res Rev*, 66(3). より近藤，市田，筆者訳.

　SC の下位概念に関しては，論者によってとらえ方が異なっていたり，それ
ぞれの下位概念が複層的に絡まっていたりもする．海外の先行研究における
SC の下位概念の概念図として，Islam（図2-2）らと，Engstrom（表2-3）ら，
Derose（表2-4）らの概念図を示しておく．いずれも，SC の下位概念をうまく
とらえてまとめている（川島 2010d）．

2）ソーシャル・キャピタルの下位概念の代理変数（指標）

　ここまでは，SC の概念や SC の下位概念の概念をまとめたが，と同時にそ
の概念の定義が極めて曖昧であることも明らかになった．しかし，本書で今ま
でレビューしてきた日本国内の先行研究のほとんどが自記式アンケート調査の
結果を分析する実証研究である．では，その実証研究は，どのようにして行わ
れてきたのであろうか．そもそも「見えない資本」といわれる SC をどのよう
にして測るのだろう．

　パットナムは，「グループ所属，街や学校に関する公的集会への出席，ボラ
ンティアと労働とコミュニティ事業，友人との家での歓待と社交，社会的信頼，
投票行動，非営利組織や市民組織の発生率[9]」を指標とした「社会関係資本指
数」を使用していたという（埴淵 2018：117）．このように，SC に関する実証研
究を行う場合，「定義の曖昧な社会関係資本の『客観性』や『科学性』を担保
する上で，数量化という方法が不可欠な役割を担ってきた」（埴淵 2018：117-
118）．つまり，不確かで見えない SC の代理変数となるはっきりと数量化でき
る変数を投入して分析を行う必要があるわけである．この代理変数を何にする
のかをビッグデータを分析することによって，指標の妥当性を確認し，実証的
に検証した先行研究もある（埴淵ら 2009，伊藤ら 2013，斎藤ら 2018）．日本国内で
発表されたこれらの先行研究に基づき，本研究では，SC の下位概念の代理変
数を表2-5のように定めることとする．なお，設問に関しては，JAGES[10]の健
康調査で用いている設問を使用した．

　そのほかの変数として，「一般的信頼」（設問：あなたは一般的に人は信頼できると
思いますか）は「認知的 SC」に，「地域内愛着」（設問：あなたはお住まいの地区に
愛着を感じていますか）も「認知的 SC」に，「近所付き合いの程度」（設問：あなた
のご家族とお住まいの地区の人たちとのお付き合いは，以下のどれにあてはまると思います
か．［互いに相談しあうような生活面での協力関係がある，生活面での協力関係は乏しいが

表 2-5　本研究で使用する SC の下位概念の代理変数

下位概念	質問内容	集計方法	変数名
結合型 SC	あなたの地域の人々は一般的に信頼できると思いますか	「とても信頼できる」「まあ信頼できる」と回答した人の割合	地域内信頼
結合型 SC or[11] 認知的	あなたは地域で活動する組織や団体にどの程度参加していますか	1. 自治会町内会，に「ほとんど毎日」「週に数回」「週に1回程度」「月に1回程度」「年に数回」と回答した人の割合	地縁的な活動への参加
橋渡し型 SC	あなたは，あなたの地域外の人々も一般的に信頼できると思いますか	「とても信頼できる」「まあ信頼できる」と回答した人の割合	地域外信頼
橋渡し型 SC	あなたは地域外で活動する1〜4の組織や団体に，どの程度，参加していますか	1. 趣味の会，2. スポーツの会，3. ボランティア団体，4. NPO の活動，に「ほとんど毎日」「週に数回」「週に1回程度」「月に1回程度」と回答した人の割合	会への参加

世間話や立話はする，会話はほとんどしないが挨拶はかわす，ほとんど付き合いはない]）は「構造的 SC」，「地域内互酬性」（設問：あなたの周りの人々は多くの場合，他の人の役に立とうとしますか）は「認知的 SC」などの代理変数（指標）として使用されることが多い（埴淵 2018：110）．

第2節　ソーシャル・キャピタルの地域差
——介護保険の政策評価に伴うビッグデータの分析による　アセスメント——

　ところで，SC には地域差があるといわれている（稲葉ら 2016，埴淵 2018）．筆者らも，厚労省指定研究の助成を受けた研究[12]の分担研究の一環として，SC の地域差に関する研究を行った．具体的には，JAGES プロジェクトの一環として 2010 年 8 月から 2011 年 12 月にかけて全国 31 市町村の要介護認定を受けていない 65 歳以上の高齢者 16 万 9215 人を対象とし，郵送法による自記式アンケート調査を無作為抽出で行った調査（回収数は 11 万 2123 人，回収率 66.3％）において，独立変数を「地域特性」に，従属変数を「SC の下位概念」として，その関連を市町村を分析単位とし，相関分析によって分析して検証している．また，準都市部では新旧混合地域が多く存在し，居住歴などの「地域特性」が

小学校区ごとに異なることが推察されるため，準都市部のみ小学校を分析単位
として相関分析を行った.

　使用した変数は，「地域特性」に関する変数としては「可住人口密度」を用
い，都市部・準都市部・農村部に分けた．また，準都市部に関しては「居住年
数（50年以上，10年以下）」や「教育歴（12年以下，13年以上）」も用いた．「SCの
下位概念」に関する変数としては結合型SCを表す代理変数として「地域内信
頼」（あなたの地域の人々は一般的に信用できると思いますか）と「町内会自治会への
参加」[13]を，橋渡し型SCを表す代理変数として「ボランティアのグループへの
参加」「スポーツ関係のグループやクラブへの参加」「趣味関係のグループへの
参加」を用いた[14].

　相関分析の結果，可住人口密度別に類型した「都市部」「準都市部」「農村
部」を変数として分析すると，「都市部」は「地域内信頼」「町内会自治会への
参加」などと負の相関関係にあり，「趣味関係のグループへの参加」とは正の
相関関係にあったことから，「都市部」では，結合型SCが希薄であるが[15]，橋
渡し型SCはある程度は豊かであることが推察された．さらに，「農村部」は
「地域内信頼」「町内会自治会への参加」「ボランティアのグループへの参加」
などと正の相関関係にあった[16]．また，橋渡し型SCに関しては「ボランティア
のグループへの参加」のみに正の相関がみられ，「スポーツ関係のグループや
クラブへの参加」と，「趣味の関係のグループへの参加」に関しては負の相関
しかみられなかった．以上の結果から，「農村部」では，橋渡し型SCは希薄
であるものの結合型SCなどが豊かであることが推察された．したがって，都
市部では，橋渡し型SCはある程度は豊かで結合型SCは希薄であることが，
農村部では結合型SCが豊かであり橋渡し型SCは希薄であることが示唆され
た．主な変数とpearsonの相関係数のみを記すと，**表2-6-①** 簡易版のように
なる．詳細は，巻末の**表2-6-①** を参照されたい.

　また「準都市部」で小学校区別に相関分析を行った結果，「居住歴50年以
上」と結合型SCの代理変数である「地域内信頼」[17]などに正の相関関係がみら
れた．さらに「教育歴13年以上」と橋渡し型SCの代理変数である「スポー
ツ関係のグループやクラブへの参加」と「趣味の関係のグループへの参加」に
正の相関がみられた．主な変数とpearsonの相関係数のみを記すと，**表2-6-**

② 簡易版のようになる．詳細は，巻末の**表 2-6-②** を参照されたい．この結果は，「教育歴」と「スポーツの会への参加」「趣味関係の会への参加」には相関関係があるという高齢者だけでなく全世代を対象とした金子の先行研究（金子2007）を裏付ける結果となっている．以上の結果から，準都市部では，「居住歴」も考慮した支援を行う必要があることが推察される．具体的には，居住歴が長い者が住んでいる地区では結合型 SC が強いことが推察されるため，橋渡し型 SC を強化する介入を行う必要があることなどが示唆された．

　さらに，性差を考慮するために「女性」と SC の代理変数との相関関係を分析した結果，「女性」は，準都市部において「近所づきあい」と正の相関関係がみられた（巻末の**表 2-6-②** 参照）．この結果も，「近所づきあい」には男女差があるという高齢者だけでなく全世代を対象にした先行研究（内閣府2005；稲葉2011）を裏付ける結果となっている．本調査は，高齢者を対象とした調査ではあるものの，これらの先行研究との整合性がみられることからも，「地域レベルの SC」の下位概念には，「都市部」「準都市部」「農村部」で地域差があることが，ある程度は検証されたものと推察される（川島・福島2013）．

　内閣府の報告書（内閣府2016）にも SC の地域差に関する調査結果が報告してある．2016 年の内閣府の調査によれば，やはり SC は農村地域ほど豊かな傾向にあり，人口増加率が高い地域ほど希薄で，人口減少率が高い地域ほど豊かであったという．ここでも，筆者らの分析結果と同じ結果が得られたことになる．

　また，同報告書によると，「つきあい・交流指数」は，農村地域ほど高く，人口増加率が高い地域ほど希薄で，人口減少率が高い地域ほど豊かであった．さらに，「信頼指数」は，都市・農村で差はなかった．また，「社会参加指数」は，農村地域ほど豊かで，人口増加率が高い地域ほど低く，人口減少率が高い地域ほど高かったという（内閣府2016）．

　さらに，「ボンディング（結合型）指数」は，農村地域ほど豊かで，人口増加率が高いほど希薄で，人口減少率が高い地域ほど豊かだった．この結果も本研究における SC の地域差に関する分析と同じ結果である．ただし，「ブリッジング（橋渡し型）指数」は，内閣府の調査では，農村地域ほど豊かで，人口増加率が高いほど希薄で，人口減少率が高い地域ほど豊かという結果になっている．この結果は，本書における分析結果とは相反する．内閣府の調査では，橋

表 2-6-①　SC の地域差に関する相関分析表（都市部・農村部）簡易版

	地域内信頼	地域内互酬性	地域内愛着	町内会自治会	ボランティアのグループへの参加	スポーツ関係のグループやクラブ	趣味関係のグループ	都市	農村
地域内信頼	1	.878	.893	.282	.418	-.076	-.382	-.469	.389
地域内互酬性	.878	1	.791	.513	.320	-.349	-.604	-.507	.502
地域内愛着	.893	.791	1	.110	.072	-.456	-.620	-.486	.382
町内会自治会	.282	.513	.110	1	.563	.060	-.142	-.456	.454
ボランティアのグループ	.418	.320	.072	.563	1	.241	.066	-.256	.381
スポーツ関係のグループやクラブ	-.076	-.349	-.456	.060	.241	1	.872	.331	-.260
趣味関係のグループ	-.382	-.604	-.620	-.142	.066	.872	1	.458	-.438
都市	-.469	-.507	-.486	-.456	-.256	.331	.458	1	-.661
農村	.389	.502	.382	.454	.381	-.260	-.438	-.661	1

（注）　変数は表 2-5 参照.

表 2-6-② SC の地域差に関する相関分析表（準都市部）簡易版

	地域内信頼	地域内互酬性	地域内愛着	町内会自治会	ボランティアのグループ	スポーツ関係のグループやクラブ	趣味の関係のグループ	居住歴50年以上	居住歴10年以下	教育歴13年以上
地域内信頼	1	.850	.904	.491	.443	.084	.239	.531	-.577	-.378
地域内互酬性	.850	1	.831	.701	.666	.344	.376	.255	-.511	-.306
地域内愛着	.904	.831	1	.437	.420	.176	.330	.615	-.713	-.407
町内会自治会	.491	.701	.437	1	.481	.677	.641	-.247	-.147	.181
ボランティアのグループ	.443	.666	.420	.481	1	.268	.272	.064	-.189	-.260
スポーツ関係のグループやクラブ	.084	.344	.176	.677	.268	1	.850	-.500	-.197	.409
趣味関係のグループ	.239	.376	.330	.641	.272	.850	1	-.228	-.331	.419
居住歴50年以上	.531	.255	.615	-.247	.064	-.500	-.228	1	-.605	-.622
居住歴10年以下	-.577	-.511	-.713	-.147	-.189	-.197	-.331	-.605	1	.425
教育歴13年以上	-.378	-.306	-.407	.181	-.260	.409	.419	-.622	.425	1

（注） 変数は表 2-5 参照.

渡し型 SC の代理変数を「NPO」の数のみで測っているが，本研究では，「会への参加」も橋渡し型 SC の代理変数にしている点が，その差を生んだ要因なのではないかと考えられる．「NPO」の数は，農村部でも増加傾向にあることが，農村部では，結合型 SC も橋渡し SC も豊かという結果につながったもの

と推察される.

　いずれにしても，SC に地域差があるのは明らかで，その地域差に鑑みた介入をしていく必要があることは間違いない.

第3節　本研究におけるソーシャル・キャピタルの
　　　　　定義と仮説

　以上，本章では，SC の概念とその下位概念をまとめ，SC には地域差があることを概観した. そして，SC の定義は論者によって様々で，「信頼」や「規範」に重きを置く論者もいれば，「ネットワーク」に重きを置く論者もいるし，その3つ全てに着目する者もいることなども明らかにした.

　また，SC には，「個人レベルの SC」と「地域レベルの SC」があり，そのどちらの観点に立脚して研究をするのかを明白にしておく必要もある. 本研究は，「地域レベルの SC」に立脚したものであることは，すでに述べた.

　では，本書における SC の定義とは何であるのか. 基本的には，稲葉同様，「ネットワーク」にも「信頼」や「規範」にも重きを置いて研究を進めたいと考えている. しかし，そもそも本研究は，介護予防の研究からスタートした研究であり，その多くを社会疫学の観点によって進めてきた. したがって，カワチ　イチローらの SC に対する考え方の影響を大きく受けていることを申し添えておきたい. すなわち，SC をネットワークよりマクロな視点でとらえた概念と考える観点に立脚している. また，社会的ネットワーク以外の部分が「個人レベルの SC」であり，「個人レベルの SC」はソーシャルネットワークを含まないという視点にも立脚している.

　社会全体やコミュニティのまとまりの良さを凝集性（cohension）という言葉で表すことは，前にも述べた. カワチ　イチローら健康と SC の関係を論じる社会疫学者たちは，SC を論じる際，常に凝集性に重点を置き，ネットワークを社会関係資本から外して議論する場合が多い（稲葉ら 2011：3）[18].

　ところで，そもそも社会疫学という分野は，どのようにして登場したのか. 日本の代表的な社会疫学者である近藤は，「健康は，食事・運動など生物学的な因子によって説明できるとする考え方に対し，『健康の社会的決定要因

（social determinants of health：SDH）』が，従来考えられてきたよりも重要である
ことが 1980 年代以降，明らかにされてきた．それに伴い，『健康の社会的決定
要因に関する疫学』として登場してきたのが社会疫学である」としている．そ
こで扱われる多くの「健康の社会的決定要因」の 1 つとして，社会関係資本が
注目を浴びたのである（稲葉ら 2011：23）．

　また，近藤は，「健康の社会的決定要因や社会疫学への関心が高まった 1 つ
の理由は，社会階層における健康格差が広がっているとわかってきたからだ」
とし，その健康格差対策の 1 つとして社会関係資本が注目されていることも述
べている．さらに，近藤は，「経済格差の拡大が健康に影響する経路として，
所得水準の不平等（経済格差）が拡大すると，その社会における社会関係資本が
毀損され，その結果として国民の健康水準に悪影響が及ぶとする仮説が提示さ
れて，それを支持する実証研究も蓄積されている．想像力をたくましくすれば，
社会関係資本を豊かにすることで参加型民主主義が促進され，社会連帯が強ま
ることで社会保障が拡充して格差の是正が進む．それが，そこに暮らす人々の
健康水準向上にも寄与するかもしれない」とも述べている（稲葉ら 2011：24）．

　また，近藤は，「予防医学にはハイリスク戦略とポピュレーション戦略の 2
つがあるが，ハイリスク戦略の限界が明らかになるにつれて注目されてきたの
がポピュレーション戦略である」とした上で，ポピュレーション戦略とは，
「人口集団全体に影響を与える環境要因に介入することによって人口集団全体
の健康水準を改善しよとする戦略」だとしている．さらに，「それを具体化す
るためには，人口集団全体に影響を与える環境要因を明らかにすることが必要
であり，その 1 つの要因として着目されたのが社会関係資本だった」とも述べ
ている．

　これらの観点から，近藤は，JAGES の前身である AGES（Aichi Gerontological
Evaluation Study, 愛知老年学的評価研究）プロジェクトの一環として，このポピュ
レーション戦略に立つ介護予防の試みである社会関係資本に着目した地域介入
研究に取り組み始めたのである（稲葉ら 2011：24）．

　筆者も，2009 年より近藤の研究班（AGES. 現・JAGES）の一員として介護予
防の研究を社会福祉学の観点から継続して行ってきた．したがって，本研究に
おける SC の定義の定め方や，その計測方法などは全て，社会疫学の影響を受

けている.

　序章で述べた本書の仮説も，社会疫学の研究成果に基づいたものである．序章で論じたことの繰り返しになるが，海外の社会疫学の先行研究では「橋渡し型SC」の方がより健康と有意に関連しているという先行文献（Kim and Kawachi 2006）がある．しかし，元々，農村部における地縁の強かった日本では，「橋渡し型SCを形成する上でも結合型SCを損なわないように配慮する必要がある」という京都府北部の3市において9293人の住民を調査対象とした先行研究（福島ら2009）もあり，「橋渡し型」SCだけでなく「結合型SC」と主観的健康感の関連も否めない.

　そこで，本研究では，結合型SCとしての「町内会自治会」などの地縁と，橋渡し型SCとしての「NPO」や「NPO法人」などを社会福祉士などの専門職がつなぎながら介護予防を行えば効果的な介護予防が実施でき，包括的支援体制における子育て支援でも，同様の仮説が成り立つのではないかという仮説を立てた.

　ところで，西出は，ボンディング（結合型）とブリッジング（橋渡し型）な社会関係資本に関する国内外の先行研究について詳細にレビューしている．たとえば，海外の先行研究では，結合型SCと橋渡し型SCを実証的に区別したり，これらをどう構築するかを検証するために，多様なボランタリー団体に参加している個人を対象に調査を行った結果，趣味の団体や人道支援団体は最もブリッジングな組織の1つであり，女性団体や退職者団体は最もボンディングな組織の1つであることを実証した研究（Coffe and Geys 2007 : 121-139）などがあるという.

　また，ボランタリー団体において民族的にブリッジングな社会関係資本を構築するためにガールスカウトの会員とボランティアの人種構成に注目し，グラウンデッド・セオリー・アプローチを用いて団体の理事やスタッフ，ボランティアに半構造化面接を行った結果，ボランタリーな団体は代表的な多様性を増加させるためにボンディングな社会関係資本に依存し，その後，ブリッジングな社会関係資本を創造するために多様な会員間でミッションに関連した相互作用を引き起こして多元的な多様性を維持していると主張した研究（Weisinger and Salipante 2005 : 29-55）もある.

　さらに，西出は，日本国内の結合型 SC と橋渡し型 SC に関する先行研究に関し，「自治会や町内会などの地縁組織や地縁活動（伝統的なコミュニティ）と社会関係資本との関係を検証したものが多い」と前置きした上で，結合型 SC と橋渡し型 SC を対比させた先行研究としては，内閣府経済社会総合研究所（2005）と，金谷（2008a），金谷（2008b），石田（2005）などをあげている（西出 2011：137）.

　西出によれば，内閣府経済社会総合研究所（2005）の報告では，「ボランティア活動に多く参加する人は，自分の属する地域に対して，住みにくい，安全ではない，活気がないというように，辛口の評価をする傾向にあるのに対し，地縁活動に多く参加する人は地縁に対して甘口の評価をする傾向があることから，地域に危機感をもって変えていこうという思いは，ボンディングな社会関係資本よりもブリッジングな社会関係資本が影響している」と論じているとしている.

　さらに，金谷（2008a）は，「社会関係資本を構成するネットワークとして，地縁型市民活動（地縁組織や行政系ボランティア）と自律型組織（「NPO法人」）を対比させて都道府県パネル分析を行い，地縁型市民活動が，治安や健康，教育といった広範囲な分野のパフォーマンスの良好さと関係しており，自律型市民活動は現代社会の多様化した課題を改善する可能性を示唆している」と論じ，橋渡し型 SC の効用だけでなく，結合型 SC にも効用があることを述べている点は興味深い. また，金谷は，結合型 SC である地縁がつむぐ信頼についても考察している（金谷 2008b）.

　結合型 SC について論じられた論文は，ほかに，本研究の仮説の下敷きとなった福島ら（2009，2011a，2011b）や，三隅（2013）などがあるが，福島と金谷（2008b）以外の論文は結合型 SC の弊害について論じたものが，ほとんどである.

　また，「町内会自治会」に関しても，その弊害を論じた論文もある. たとえば，「後期高齢者の中重度認定率に対して『町内会自治会』を投入したモデルでのみ，これら以外のモデルとは逆に SC 指標が豊かなほど（要介護）認定率が高い」という関連を示した伊藤の先行研究（伊藤ら 2013）がそれに該当する.

　さらに，出身地が近隣住民と異なる者においては，SC が負の影響を及ぼす場

合もあることを示した Takagi らの先行研究（Takagi 2013）などもある.

　本書のように結合型 SC の利点について論じた研究は，むしろ少ない. 逆にいえば，橋渡し型 SC だけでなく，結合型 SC の正の部分も実証的に検証しようとしている点が，本研究のオリジナリティであるともいえよう.

　また，ペッカネンは（Pekkanen 2005：27-52, Pekkanen 2006）は，日本の近隣社会と公共政策について論じ，「日本の市民社会は二重構造になっていて，地縁組織が住民相互の信頼の基盤を作って，社会関係資本の形成に大きな影響を与えている」ことを指摘している（西出 2011：137）.

　かくのごとく，結合型 SC としての地縁は，SC の形成に正の要因も付与すれば，ともすれば諸事において負の現象も招きかねない. しかし，本書では，その結合型 SC の正の部分が包括的支援における介護予防と子育て支援の分野で，有機的に機能し効果をあげるであろうという仮説も立て，検証してみたい.

　つまり，日本の文化的風土的背景を鑑みた場合，橋渡し型 SC の効用だけで健康の社会決定要因を決定づけることはできず，結合型 SC が健康の社会決定要因に及ぼす影響も考える必要があるのではないかということである.

　と同時に，子育て支援においても，同様のことが考えられる. 前章で紹介した厚労省（2015）「第3回 21 世紀出生時縦断調査（平成22年出生児）の概況」の「母の就業の有無別にみた子育ての相談相手（複数回答可）[19]」によると，子育ての悩みを相談する相手のうち約7割を「自分の親[20]」が占めており，日本の子育てが依然，血縁に頼っていることがわかる. つまり，地縁だけでなく血縁も含めた結合型 SC が日本の子育てに果たす役割の大きさがうかがえるのである. 一方で，核家族化が進むなか，「NPO」や「NPO 法人」などの多様な主体による子育て支援サロンや子育てネットワークなど，子育てを助ける橋渡し型 SC の果たす役割の重要性も容易に推察できよう.

　これら日本の文化的風土的背景を鑑みた際，やはり子育て支援においても，結合型 SC と橋渡し型 SC の双方が必要であると考えるに至った.

注

　1）　カワチらは，アメリカの39の州を対象に SC の指標と死亡率との相関を分析したところ，SC が豊かな州では死亡率が低いことを検証した（カワチら 2004）.

2） ウールコックは，「ソーシャル・キャピタルの 20 年間を振り返る」という論文のなかで，ソーシャル・キャピタルという用語が 2008 年には政党と同じくらい頻繁に，経済学，政治学，社会学，社会心理学，経営学，教育や社会疫学などを含む主要な学術領域で引用された，としている（稲葉ら 2014：2-3）．

3） ただし，稲葉によれば，経済学，政治学では 2000 年半ばをピークに SC に関する論文は減少し，その後は，公衆衛生学，経営学，コミュニティ論，NPO 論など，医療や経営，まちづくりなど，現場での問題処理に追われている人々に SC 研究は受容される傾向にあるという（稲葉ら 2016：8-9）．

4） 稲葉は，外部性の定義を「個人や企業の間の社会的文脈の中で成立するもので，必ず他者との何らかの社会的関係を必要とする」，と定義している（稲葉ら 2016：33）．

5） 2006 年には 3 県 10 自治体に対象を広げている．このプロジェクトは，愛知老年学的評価研究（Aichi Gerontological Evaluation Study：AGES）プロジェクトと称され，2010 年には全国にその調査対象を広げ，JAGES（Japan Gerontological Evaluation Study）と名称を変更した．2017 年現在，39 自治体の高齢者を対象としている．プロジェクトには，公衆衛生学，経済学，開発学，社会学，心理学，社会福祉学，作業療法学，栄養学など，全国の大学・国立研究所などの約 30 人を超える研究者が集い，文科省，厚労省，米国 National Institute of Health（国立衛生研究所），WHO などの助成を受け，学際的な研究を展開している．筆者も，2009 年からその一員であった．

6） 都道府県別回答者数は，人口比例的に設定し，男女比はおおむね 1 対 1，年齢構成比は 15 歳〜39 歳，40 歳〜59 歳，60 歳以上がおおむね 1 対 1 対 1 になるようにしている（内閣府 2016）．

7） 市町村 GIS データによる空間ダービングモデルの結果，SC はその地域の人口の社会増（転入率の増加）や経済成長（納税者 1 人あたりの課税対象所得の向上）に寄与しているだけでなく，近隣自治体の経済成長にも間接的に寄与している（SC の波及効果）があることがわかったという．社会増，経済成長において，自治体間には正の波及効果が存在する可能性がある．つまり，ある自治体が活性化（もしくは衰退）すれば近隣自治体も活性化（もしくは衰退）する可能性があるという結果が得られたという．

8） 「町内会自治会」は，「結合型 SC」に分類されることもあれば，「認知的 SC」に分類されることもある．かくのごとく，SC の下位概念の概念整理は非常に難しく困難を極める．

9） これらの指標が教育や安全，経済，健康，民主主義，などの実に多様なアウトカムと関連することが州を単位としたデータ分析から示された．

10） 第 1 章注 37）．

11） 「自治会町内会や消防団への参加」など地縁的な活動への参加を「認知的 SC」に類別する論者もいる．

12） 厚生労働科学研究費補助金（長寿科学総合研究事業 – H22〜H24 – 長寿 – 指定 – 008）「介

護保険の総合的政策評価ベンチマークシステムの開発 」（研究代表者：近藤克則）

13)　「地域内信頼」と「町内会自治会への参加」は認知的 SC であるとする論者もいる．

14)　そのほか，認知的 SC を表す代理変数として「地域内互酬性」（あなたの周りの人々は多くの場合，他の人の役に立とうとしますか）と，「地域内愛着」（あなたは地域にどの程度，愛着がありますか）を，構造的 SC を表す代理変数として「垂直組織（政治関係の団体や会，業界団体・同業者団体，宗教関係の団体や会，および老人クラブ）への参加」「近所づきあいの程度」「近所づきあいの人数」を用いた．

15)　「近所づきあいの程度」「近所づきあいの人数」「地域内互酬性」「地域内愛着」「政治関係の団体や会への参加」「老人クラブへの参加」とも負の相関関係にあったため，都市部では全体的に SC が希薄であることが推察された．

16)　「近所づきあいの程度」「近所づきあいの人数」「地域内互酬性」「地域内愛着」「政治関係の団体や会への参加」「業界団体・同業者団体の会への参加」「老人クラブへの参加」「宗教関係の団体や会への参加」とも正の相関関係にあったため，農村部では全体的に SC が豊かであることが推察された．

17)　認知型 SC の代理変数である「地域内愛着」にも強い正の相関がみられた．また，構造的 SC の代理変数である「宗教関係の団体や会への参加」とは弱い正の相関関係がみられた．

18)　一方，社会学，社会心理学，経営学などの分野では，むしろネットワークが社会関係資本の基本的な構成要素であると考えられている（稲葉 2011：3）．

19)　第 1 回調査から第 3 回調査まで全て回答を得た者でずっと「母と同居」の者のうち就業状況「不詳」を除いた者，母（有職）1 万 4184 名，（無職）1 万 6014 名を集計（社会福祉士養成講座編集委員会編 2016a：36）

20)　「自分の親」と回答した者の割合は，有職の母 71.5%，無職の母 73.0% で，職業の有無に関わらず高いことがわかる．

第**3**章　仮説を検証する量的調査の方法とその結果

第1節　介護予防に関する量的調査

1.　調査の目的と調査の方法

1) 調査の目的

　本章では，第2章で述べた仮説を検証するために，実際に介護予防と子育て支援において，「結合型SC」である「町内会自治会」などの地縁と，「橋渡し型SC」である「NPO法人」などの中間支援組織をつなぎ，介護予防と子育て支援を行っている地域での実証研究を行った結果について述べる．

　最初に，介護予防に関する調査の結果について論じてみたい．本調査の目的は，要介護状態にない高齢者に対する介護予防サービスにおいて，市区町村社協や地域包括支援センターなどの社会福祉士などの専門職が，「結合型SC」である「町内会自治会」などと，「橋渡し型SC」である「NPO法人」などをつなぎ，コーディネートしながら，「地域レベルのSC」を構築していくことが，包括的支援体制の介護予防における福祉専門職などの重要な役割の1つであり，地域包括ケアシステムにおけるより効果的な介護予防につながる方策になるという仮説を，実証的に立証することにある．

2) 調査の方法

　まず最初に，全国47都道府県の都道府県社協に対し，郵送法により自記式アンケート調査を行い，「結合型SC」である「町内会自治会」などと「橋渡し型SC」である「NPO法人」などを社会福祉士などがつないでいる自治体を抽出した．

　抽出した自治体の内，調査にご協力いただけたA県B市C地区（小学校区）と，統制群として福祉専門職が「結合型SC」と「橋渡し型SC」をつないでい

ない D 県 E 市 F 地区（小学校区）の要介護状態にない高齢者（C 地区, F 地区とも全数調査）を対象として，留置法（1 部郵送法）による自記式アンケート調査を行った．調査期間は，2013 年 3 月から 2013 年 5 月である．

　C 地区の 65 歳以上の高齢者総数は 539 人（2013 年 4 月現在）で，うち要介護状態にない高齢者は 386 人であり，そのうち 339 名から回答を得た．回収率は，87.8％である．F 地区の高齢者総数は 675 人（2013 年 4 月現在）で，うち要介護状態にない高齢者は 570 人であり，そのうち 347 人から回答を得た．回収率は，60.8％である．

2.　調査対象と調査対象の属性

1)　調査対象地の概要

　A 県 B 市は，総人口 10 万 800 人（2010 年現在），高齢化率 26.5％（2010 年現在）で，市社協および地域包括支援センターの社会福祉士などのコーディネートの下，「自治会（住民自治協議会）」が主体となって，旧公民館などを拠点とした健康チェックや健康に関する講話，音楽療法を行うサロンなど，介護予防教室の常設化に取り組んでいる．さらに，「住民自治協議会」が，外出支援や配食サービス，見守り支援などを行う「NPO 法人」を立ち上げたりする活動を，市社協の社会福祉士が支援している．また，市社協独自の介護予防教室も，高齢者が集いやすいスーパーマーケットの上階にある市社協の設備内で開催しているため，各「住民自治協議会」の住民は，地区外で開催される「趣味の会やスポーツの会に参加」しやすい．すなわち，「結合型 SC」である「住民自治協議会」と，「橋渡し型 SC」である地域外への「趣味の会やスポーツの会への参加」，および「NPO 法人の活動への参加」への促しを市社協の社会福祉士などが行い，「結合型 SC」と「橋渡し型 SC」をつないでいるのである．

　B 市 C 地区（小学校区）は，人口 2318 人（2010 年現在），高齢化率 23.2％で，老人クラブの活動が盛んな中山間地域である．C 地区は，地域のネットワークを活かした見守り体制づくりに取り組むと同時に，「住民自治協議会」が独自に行う 3B 体操や音楽療法などの介護予防教室も月 1 回程度開催している．私鉄駅が近いこともあり，住民は市社協が開催する地域外への「趣味の会，スポーツの会への参加」が容易である．

表 3-1　属性（C 地区）		
項　目	人　数	％
（性　別）		
男　性	136	40.1
女　性	189	55.8
欠損値	14	4.1
合　計	339	100.0
（年　齢）		
65 歳～70 歳	58	17.1
70 歳～75 歳	76	22.4
75 歳～80 歳	63	18.6
80 歳～85 歳	77	22.7
85 歳以上	40	11.8
欠損値	25	7.4
合　計	339	100.0

表 3-2　属性（F 地区）		
項　目	人　数	％
（性　別）		
男　性	146	42.1
女　性	189	54.5
欠損値	12	3.4
合　計	347	100.0
（年　齢）		
65 歳～70 歳	88	25.3
70 歳～75 歳	71	20.5
75 歳～80 歳	86	24.8
80 歳～85 歳	53	15.3
85 歳以上	31	8.9
欠損値	18	5.2
合　計	347	100.0

　一方，D 県 E 市は，人口 20 万 8613 人（2010 年現在），高齢化率 23.1 %（2010 年現在）で，E 市 F 地区（小学校区）は，人口 2208 人（2010 年現在），高齢化率 30.5 %の川沿いに開けた農村地帯である．F 地区は「地域内信頼」や地縁などの「結合型 SC」の豊かな地域であるものの市中心部へのアクセスが悪く，地域外で開催される「趣味の会・スポーツの会への参加」はしにくい．また，「NPO 法人」の活動と「町内会自治会」の活動をつなぐ取り組みを市社協や地域包括支援センターの社会福祉士などが行っているわけではない．

2）属　性

　C 地区，F 地区の調査対象者の属性は，表 3-1，表 3-2 の通りである．

3）倫理的配慮

　本調査の実施における倫理的配慮として，両地区共に，事前に地区の代表者である公民館長に調査票を提出し，調査の実施及び内容について理解を得た．また，調査対象者に対しては，調査の内容は，調査目的以外には使用しないことなどを調査票に明記して了解を得た．

3．調査項目と変数

1）分析の方法

　回収したデータは，まず，「主観的健康感」，「転倒歴」，「認知症の傾向」，

表 3-3　SC に関する質問項目（再掲）

下位概念	質問内容	集計方法	変数名
結合型 SC	あなたの地域の人々は一般的に信頼できると思いますか	「とても信頼できる」「まあ信頼できる」と回答した人の割合	地域内信頼
結合型 SC or 認知的 [1)]	あなたは地域で活動する組織や団体にどの程度参加していますか	1. 自治町内会，に「ほとんど毎日」「週に数回」「週に 1 回程度」「月に 1 回程度」「年に数回」と回答した人の割合	地縁的な活動への参加
橋渡し型 SC	あなたは，あなたの地域外の人々も一般的に信頼できると思いますか	「とても信頼できる」「まあ信頼できる」と回答した人の割合	地域外信頼
橋渡し型 SC	あなたは地域外で活動する 1 ～ 4 の組織や団体に，どの程度，参加していますか	1. 趣味の会，2. スポーツの会，3. ボランティア団体，4. NPO の活動，に「ほとんど毎日」「週に数回」「週に 1 回程度」「月に 1 回程度」と回答した人の割合	会への参加

SC に関する指標である「地域内信頼」，「地域外信頼」，「町内会自治会への参加」，「地域外の趣味の会・スポーツの会・ボランティアの会への参加」，「性別」，「年齢」（前期高齢者か後期高齢者か），「教育歴」（12 年以下か 13 年以上か）を変数として，相関分析を行った．

「主観的健康感」は「良い・やや良い・普通」と回答した者の割合を，「転倒歴」は「転倒歴のない者」の割合を，「認知症の傾向」は「（記憶力が必要な用事は）よくできる・まあまあできる・できる」と回答した者の割合を，「性別」は「女性」の割合を，「教育歴」は「13 年以上の者」の割合を投入した．

2）分析に用いた変数

SC に関する質問項目と変数は，**表 3-3** の通りである．なお，SC に関する設問の設定に関しては，SC の指標に関する先行研究（稲葉ら 2011，埴淵ら 2009 など）を参照した．

次に，相関分析で正の相関のあった変数のみ，ロジスティック回帰分析を行った．従属変数には，「主観的健康感」（良い・やや良い・普通＝ 1，やや悪い・悪い＝ 0 ），「転倒歴」（過去 1 年間に転倒した経験が 1 度もない＝ 1，何度もある・1 度だけある＝ 0 ），「認知症の傾向」（[記憶力が必要な用事は] よくできる・まあまあできる・できる＝ 1，困難である・非常に困難である＝ 0 ）を設定した．

独立変数には，「地域内信頼」，「地域外信頼」（いずれも，とても信頼できる・ま

ぁ信頼できる＝1，どちらともいえない・あまり信用できない・全く信用できない＝0），「町内会自治会への参加」（ほとんど毎日・週に数回・週1回程度・月1回程度・年に数回＝1，年に1回程度・参加していない＝0），地域外の「趣味の会・スポーツの会・ボランティアの会への参加」（いずれも，ほとんど毎日参加・週に数回・週1回程度・月1回程度＝1，年に数回・年に1回程度・参加していない＝0）を設定した．

　また，統制変数として，「性別」（女性＝1，男性＝0），「年齢」（前期高齢者＝1，後期高齢者＝0），「教育歴」（教育歴13年以上＝1，教育歴12年以下＝0）を設定し，これらの変数のうち，相関分析で健康指標との間に正の相関のみられた変数のみを投入して分析を行った．

　統計分析には，いずれの分析も IBM SPSS statistics 20 を使用している．

4．調 査 結 果

1）相関分析の結果

　C 地区の相関分析の結果は，巻末に添付した**表 3-4** の通りである．

　C 地区では，「主観的健康感」と結合型 SC の「地域内信頼」に弱い正の相関（pearson の相関係数 0.194）が，「認知症の傾向」と橋渡し型 SC の代理変数の「地域外信頼」に弱い正の相関（pearson の相関係数 0.138）がみられた．

　また，F 地区の相関分析では，「主観的健康感」と結合型 SC の代理変数の「町内会自治会への参加」に弱い正の相関（pearson の相関係数 0.217）がみられ，「認知症の傾向」と「町内会自治会への参加」に弱い正の相関（pearson の相関係数 0.176）がみられた．さらに，「主観的健康感」と橋渡し型 SC の代理変数である「地域外信頼」に弱い正の相関（pearson の相関係数 0.129）が，「主観的健康感」と橋渡し型 SC の代理変数の地域外の「趣味の会への参加」に弱い正の相関（pearson の相関係数 0.182）がみられた．F 地区の相関分析の結果は巻末に添付した**表 3-5** の通りである．

　なお，正の相関のあった主な変数と pearson の相関係数のみを記した**表 3-4**と**表 3-5** の簡易版を以下に示す．

表 3-4　C 地区相関分析の結果簡易版

	地域内信頼	地域外信頼	町内会自治会	ボランティアのグループ	スポーツ関係のグループやクラブ	趣味関係のグループ	地域での役割	主観的健康感	転倒歴	認知症の傾向
地域内信頼	1	.547	.029	.030	.094	.051	.008	.194	.111	.111
地域外信頼	.547	1	-.004	.166	.161	.209	.101	.116	.039	.138
町内会自治会	.029	-.004	1	.308	.295	.391	.277	.090	.117	.068
ボランティアのグループ	.030	.166	.308	1	.340	.389	.373	.084	-.011	.053
スポーツ関係のグループやクラブ	.094	.161	.295	.340	1	.505	.323	.048	.065	.073
趣味関係のグループ	.051	.209	.391	.389	.505	1	.306	.078	.032	.027
地域での役割	.008	.101	.277	.373	.323	.306	1	.166	.154	.085
主観的健康感	.194	.116	.090	.084	.048	.078	.166	1	.210	.196
転倒歴	.111	.039	.117	-.011	.065	.032	.154	.210	1	.192
認知症の傾向	.111	.138	.068	.053	.073	.027	.085	.196	.192	1

（注）　ボランティア，スポーツ関係，趣味の会への参加は，地域外への参加のみ記載

表 3-5　F 地区相関分析の結果簡易版

	地域内信頼	地域外信頼	町内会自治会	ボランティアのグループ	スポーツ関係のグループやクラブ	趣味関係のグループ	地域での役割	主観的健康感	転倒歴	認知症の傾向
地域内信頼	1	.511	.186	.076	.104	.075	.093	.087	-.027	-.027
地域外信頼	.511	1	.187	.105	.196	.157	.103	.129	.070	.023
町内会自治会	.186	.187	1	.180	.226	.215	.242	.217	.083	.176
ボランティアのグループ	.076	.105	.180	1	.608	.385	-.091	.107	.035	.500
スポーツ関係のグループやクラブ	.104	.196	.226	.608	1	.530	-.059	.074	.023	.309
趣味関係のグループ	.075	.157	.215	.385	.530	1	.040	.182	.035	.171
地域での役割	.093	.103	.242	-.091	-.059	.040	1	.149	.121	.105
主観的健康感	.087	.129	.217	.107	.074	.182	.149	1	.223	.124
転倒歴	-.027	.070	.083	.035	.023	.035	.121	.223	1	.187
認知症の傾向	-.027	.023	.176	.500	.309	.171	.105	.124	.187	1

（注）　ボランティア，スポーツ関係，趣味の会への参加は，地域外への参加のみ記載

2) ロジスティック回帰分析の結果

C 地区の相関分析で正の相関があった「主観的健康感」と「地域内信頼」，および，「認知症の傾向」と「地域外信頼」に，統制変数を加えてロジスティック回帰分析した結果でも，同様に有意な関連がみられた．

C 地区のロジスティック回帰分析の結果は，**表 3-6** の通りである．なお，C 地区も F 地区も，会への参加を地域内，地域外に分けて相関分析を行った結果，「転倒歴」は，SC に関するいずれの変数とも正の相関がみられなかったため分析を行っていない．

また，F 地区で正の相関のあった項目をロジスティック回帰分析した結果，橋渡し型 SC の代理変数との有意な関連のみられる項目はなかった．F 地区のロジスティック回帰分析の結果は，**表 3-7** の通りである．

なお，本調査による分析は，いずれも多重共線性を示さなかった．

3) 考　察

相関分析の結果，C 地区では，結合型 SC の代理変数である「地域内信頼」と「主観的健康感」に正の相関があり，同時に橋渡し型 SC の代理変数である「地域外信頼」と「認知症の傾向」にも正の相関がみられたことから，結合型 SC と橋渡し型 SC の双方に健康との関連があることが先行研究通りに示唆された．したがって，結合型 SC と橋渡し型 SC を福祉専門職などがつなぐことが高齢者の健康度を高め，効果的な介護予防につながるという本研究の仮説を，ある程度は立証することができたものと考えられる．

一方で，統制群の F 地区における相関分析でも，「主観的健康感」と「町内会自治会への参加」に正の相関がみられたことから，結合型 SC が要介護状態にない高齢者の健康との関連があることが，少なくとも本研究においては立証されたものと考えられる．

また，F 地区の相関分析で正の相関がみられた橋渡し型 SC の代理変数である「地域外信頼」と「地域外のスポーツの会への参加」と「主観的健康感」に，ロジスティック回帰分析の結果では，有意な関連がみられなかったことも，本研究の仮説をある程度は立証している．

4) 本調査の限界

本研究における自記式アンケート調査の限界は，C 地区と F 地区のみの限

表 3-6　C 地区 ロジスティック回帰分析の結果

主観的健康感

	Exp(B)	有意確率	EXP(B) の 95% 信頼区間	
			下　限	上　限
地域内信頼 12_345	2.818	.005	1.374	5.780
定　数	.652	.237		

認知症の傾向

	Exp(B)	有意確率	EXP(B) の 95% 信頼区間	
			下　限	上　限
地域内信頼 12_345	2.985	.021	1.180	7.552
定　数	7.800	.000		

表 3-7　F 地区 ロジスティック回帰分析の結果

主観的健康感

		Exp(B)	有意確率	EXP(B) の 95% 信頼区間	
				下　限	上　限
	地域外信頼 12_345	1.824	.076	.938	3.547
	自治会 _ 町内会 12345_67	2.633	.007	1.304	5.314
ステップ 1ᵃ	スポーツの会 1234_567	1.492	.413	.572	3.892
	地域での役割	1.325	.547	.530	3.314
	定　数	.859	.609		

a. ステップ 1：投入された変数 地域外信頼 12_345，自治会 _ 町内会 12345_67，ボツの会 1234 567 地域での役割

認知症の傾向（前期高齢者除く）

		Exp(B)	有意確率	EXP(B) の 95% 信頼区間	
				下　限	上　限
	近所づきあい 12_34	4.846	.004	1.646	14.268
ステップ 1ᵃ	自治会 _ 町内会 12345_67	2.949	.050	1.000	8.698
	定　数	2.337	.045		

a. ステップ 1：投入された変数 近所づきあい 12_34，自治会 _ 町内会 12345_67

　られた調査対象地だけで調査を行っており，母数も限られていることにある．今後は，異なる地域性を持つ調査対象地で調査を行い，母数も増やして調査の妥当性を高め，介護予防サービスにおける SC の構築方法と，地域包括ケアシステムにおける専門職の役割に関する研究を深めていくことなどが課題である．

　また，専門職の定義があいまいであることも，本調査の限界である．当初は，結合型 SC の「町内会自治会」と，橋渡し型 SC の「NPO 法人」などを社会福祉士のみがつないでいる自治体を抽出し，調査を行う予定にしていた．C 地区は極めてその条件に合致した地域ではあったものの，社会福祉士だけでなく保健師などのほかの専門職の影響を完全に廃することが今回の調査設定ではできず，C 地区で介護予防の効果があった要因を社会福祉士のみが，結合型 SC と橋渡し型 SC をつないだからだと限定することは難しかった．

　さらに，本研究では，そもそも元気で健康な高齢者が多い地域だから地域のつながりを保てているのかもしれないという逆の因果関係の可能性を廃しきれているとはいえない点も今後の課題である．

第 2 節　子育て支援に関する量的調査

1.　調査の目的と調査の方法

1) 調査の目的

　次に，介護予防と同様の調査を子育て支援に関しても行った結果について述べる．

　本調査の目的は，包括的支援体制の子育て支援において，市区町村社協や子育て支援センターなどの専門職や「NPO 法人」などの職員および住民などが，結合型 SC である「町内会自治会」などと，橋渡し型 SC である「NPO 法人」などの中間支援組織などを駆使しながら，地域レベルの SC を構築しつつ子育て支援を行っていくことが，包括的支援体制の子育て支援における有用な方策の 1 つであり，包括的支援における効果的な子育て支援につながるという仮説を実証的に検証することにある．

2) 調査の方法

　子育て支援と SC に関する実証研究は，きわめて少なく，介護予防と SC の研究と違い，先行研究によって変数や調査項目がいまだ定まっていないため，まず最初にパイロット調査を行って，調査票の項目の設定などの妥当性を検証した．

　具体的には，結合型 SC と橋渡し型 SC の双方を駆使しながら介護予防を行

い，ある程度の効果をあげていた C 地区を擁する A 県 B 市の子育て支援サロンに参加する 0 歳から 12 歳までの子をもつ保護者 95 名を対象として，留置法により，自記式アンケート調査を行い，相関分析によって分析した.

次に，全国 47 都道府県の都道府県社協に対し，郵送法により自記式アンケート調査を行い，結合型 SC である「町内会自治会」などと，橋渡し型 SC である「NPO 法人」などの双方を駆使しながら子育て支援を行っている自治体を抽出した.

抽出した自治体の内，調査にご協力いただけた G 県 H 市 I 地区（小学校区）と，統制群として専門職が，結合型 SC と橋渡し型 SC をつないでいない J 県 K 郡 L 町の子育て中の保護者[2]（I 地区，L 町とも全数調査）を対象として，郵送法による自記式アンケート調査を行った. 調査期間は，2018 年 7 月から 2018 年 8 月である.

I 地区の小学校と幼保園に通う子の保護者の総数は 496 名（2018 年 4 月現在）で，うち 300 名から回答を得た. 回収率は，60.4％である. L 町の小学校と幼保園に通う子の保護者の総数は 510 名（2018 年 4 月現在）で，うち 301 名から回答を得た. 回収率は，59.0％である.

なお，本調査の母数の総数は，介護予防の調査の際とほぼ同じ母数になるように調査自治体を選定している. 具体的には，介護予防の調査も子育て支援の調査もそれぞれ，介入群約 500 名・非介入群約 500 名で，介護予防の調査の母数が計約 1000 名，子育て支援の調査の母数も計約 1000 名，総計約 2000 名になるように調査対象を設定した.

2. 調査対象と調査対象の属性
1）調査対象地の概要
（1）パイロット調査を行った B 市の概要と B 市の子育て支援の概要
① A 県 B 市の概要

A 県 B 市の概要は，すでに介護予防の節で述べているが，人口や高齢化率などのデータに 2013 年当時と若干の変化がみられるため，再掲する. B 市は，面積 558km^2，総人口 9 万 6187 人（2014 年現在），高齢化率 29.3％（2014 年現在）である. 総人口は年々減少の一途をたどっており，年齢別人口の推移をみると，

年少人口も年々，減少傾向にあって，2009 年には 12.7％であったものが 2014
年には 12.1％に減少している．具体的には，2009 年から 2014 年の 5 年間で，
子どもの人口（0 歳～17 歳）は 1424 人減少し，4162 人（2014 年現在）まで落ち込
んだ．逆に，高齢化率は年々，増加している．

　B 市は，A 県北西部の中山間地域にあり，市南部は近隣都市部への通勤者・
通学者が多く居住し，昼間人口が少ない．だが，市北部は，昼間人口と夜間人
口の差異がそうないのも特徴の 1 つである．都市部へ約 1 時間から 1 時間半程
度で通える通勤圏内にありながら，自然も豊富であることから，2015 年に朝
日新聞出版刊の『AERA』が行った「移住しやすい街 110」で最高ランクの 3
星を獲得した．

　結合型 SC である地縁の強い市であり，結合型 SC である「町内会自治会」
の活動も盛んで，なおかつ，橋渡し型 SC である「NPO」も多く存在する．ま
た，市社協の活動が盛んな市で，自治会単位での小地域福祉活動が市社協のコ
ミュニティソーシャルワーカー（地域福祉コーディネーターを兼務）の指導の下に
活発に行われている．

　子育て支援に関しては，市中心部にある私鉄駅前に市の施設があって，市が
子育て支援サロンのための場を提供している．子育て中の若年層は，主に，駅
近くにある新興住宅地の 2 地区に集中して居住する傾向にあり，中山間地域で
は，小学生以下の人口が著しく減少し，保育園が閉鎖されたり，小学校の統廃
合が相次いでいる．

②　B 市の子育て支援の概要

　次に，B 市の子育て支援策の概要について述べる．B 市は，介護予防事業に
ついては，市との連携の下，市社協主導で行われている事業が多いものの，子
育て支援に関しては，市の子育て担当部署（子育て包括支援センターなど）が中心
になって行っている．

　私鉄駅前の市の施設には，市の健康推進課も「子育て包括支援センター」と
同じ階に入っており，発達に不安のある乳幼児の相談にも応じられるようにな
っていて，フィンランドのネウボラのように[3)]，出産から育児までをワンストッ
プサービスで担える拠点づくりを目指している．また，「子育て包括支援セン
ター」と健康推進課の前にある多目的ホールには，広いプレイルームや，玩具，

楽器などが常設されていて，子育て支援のためのサロンが住民主体で開催されている．

　B市には，市社協の「ふれあい・いきいきサロン」の枠を利用した子育て支援サロンが8つある．それぞれ，月1回程度，2時間ほど，主に0歳から小学校入学前の子どもとその保護者を対象[4]にして，私鉄駅前の市の施設内にある多目的ホールなどを利用し，絵本の読み聞かせや，人形劇，手作り玩具による遊び，音楽に合わせた簡単な体操，運動会，などを行っている．負担料を100円〜500円程度徴収するサロンもあれば，無料のサロンもある．メンバー制のサロロもあるし，「子育て包括支援センター」に置いたチラシを見て集まったその日限りの参加の保護者と子どもを対象にしているサロンもある．

(2) H市I地区の概要とH市およびI地区の子育て支援の概要

① H市とI地区の概要

　次に，本調査おける介入群であるG県H市の概要とH市I地区の概要について述べる．

　まず最初に，H市の概要について述べてみたい．H市は，人口20万3787人（2017年現在），高齢化率28.52％（2017年現在），合計特殊出生率1.33（2007年現在），出生数1638人（2017年現在）の地方中核都市でG県東部に位置する県庁所在地である．地縁が強く結合型SCが豊かであるが，転勤族やIターン者も多い．平成の大合併前の旧市内と合併後H市になった町は，結合型SCの地縁が強く，結合型SCの「町内会自治会」の加入率は約7割を超えている．旧市内周辺部の新興住宅地では橋渡し型SCが豊かで「NPO」などの活動も盛んである．

　H市I地区は，人口8771人（2017年現在）で，平成の大合併後にH市に合併された地縁のきわめて強い農村部である．結合型SCである「町内会自治会」への加入率は，約8割と非常に高い．「I地区子育て支援センター」がJRの駅前にあり，保育士免許を持つ職員が2名，常駐している．

② H市およびI地区の子育て支援の概要

　H市の子育て支援は，橋渡し型SCの「NPO」や市社協と協働しながらも，基本的には行政主導で行われている．H市「子ども・子育て支援事業計画」では，「みんなで子どもを育む 子育て環境日本一I市」を基本理念に掲げ，① 子

どものための保育・教育の充実，② 子どものための保護者支援，③ 子どものための安全・安心の環境づくり，④ 地域や企業とともに取り組む環境の向上，を基本目標にしている．

　子育て支援センターは，中核型の子育て支援センターと，そのほかに8つあり，子育て支援センターをサポートする中間支援組織も9団体ある．

　Ｉ地区には公立の幼保園が2つ，公立小学校が2つある．子育て支援センターは1つあり，児童館も1つある．ファミリー・サポート・センターはＨ市のものを利用することになる．

　「Ｉ地区子育て支援センター」では，週1回の割合で，運動遊びや絵本の読み聞かせなどをして，月1回は外部講師を招き講話も行い，年6回保健師が開催するサロンも設け，授乳や発達の不安の相談にも応じている．Ｉ地区では，橋渡し型 SC である森林公園を運営する「NPO 法人」が，「Ｉ地区子育て支援センター」と連携して，おおむね就学前児童を対象とし，森林の資源を使った遊びの指導などを行っている．この催しにはＩ地区以外の地域在住の母子および父子も参加可能である．

　すなわち，Ｉ地区は，結合型 SC である地縁が強く「町内会自治会」の活動が盛んな地域でありながら，橋渡し型 SC である「NPO 法人」と連携して子育て支援を行っている地域である．

(3) Ｌ町の概要とＬ町の子育て支援の概要

① Ｌ町の概要

　次に，非介入群であるＪ県Ｋ郡Ｌ町の概要について述べる．Ｊ県Ｋ郡はＪ県の東部に位置しており，Ｋ郡Ｌ町はＫ郡の西部に位置している．Ｌ町は，人口1万6223人（2018年現在），高齢化率30.0%（2015年現在）である．合計特殊出生率は1.89（2011年現在）で，上昇傾向にあり，Ｊ県の平均を上回っている．出生率も9.0（2016年現在）でＪ県第2位である．しかしながら，Ｌ町も少子高齢化が進み，就学前児童の人口は2005年を境に減少傾向にあって，総人口そのものも合併の翌年より減少傾向にある．だが，世帯数は増加しており，1世帯あたりの人員数は急激に減少しているため，単身世帯や核家族が増加しているものと考えられる．

　2004年に隣接する3町が合併して誕生した町で，湖と温泉を擁する海に面

した観光と農林水産業が主要産業の町である．第 1 次産業従事者は 16.9％，第 2 次産業従事者は 21.0％，第 3 次産業従事者は 57.0％（2010 年現在）である．結合型 SC である地縁の強い地域で，橋渡し型 SC である「NPO 法人」は 1 つだけあるが，子育て支援に関する「NPO 法人」ではない．

　② L 町の子育て支援の概要

　L 町には，子育て支援センターが 3 ケ所，児童館が 1 ケ所，ファミリー・サポート・センターが 1 ケ所，公立のこども園が 7 ケ所，私立の保育園が 1 ケ所，放課後児童クラブが 5 ケ所ある．

　L 町の子育て支援は行政主導で行われている．L 町子育て支援課では，2010 年に「すこやかこそだてプラン」（次世代育成支援行動計画）を立て，2010 年から 2014 年までを前期行動計画期間として策定した．その基本理念は，「家庭ではぐぐみ 地域ではぐくむ あったか子育て L 町」で，基本目標は以下の 4 点である．① 親と子どもがともに学び，地域が活きる環境づくりのために，② 子育てしているすべての家庭を応援するために，③ 働きながら子育てをしている人を応援する環境づくりのために，⑤ 子どもが安全に育つ安心なまちづくりのために，である．

　また，フィンランドの育児相談所であるネウボラを文字った「ネウボックス」というフィンランドの母親セットのような育児用品パッケージのプレゼントも行っている．これは，L 町在住の 0 歳児の父母を対象として，出産後に L 町子育て支援課内の子育て世代包括支援センターおよび役場の支所に申し込むか，申込書を郵送すると，出産後約 1 ケ月〜2 ケ月後に，J 県生協が育児に関わる生協の商品（離乳食，野菜ジュース，野菜ドレッシング，洗剤など，おしり拭きなど）のセットを贈るというものである．

　さらに，若者定住のための住宅施策を行っており，かつての農地にニューファミリー向けのアパートを次々と新築していて，定住者には補助金を出しているため，子育て世代の移住者は増加傾向にある．

　前節でも述べたが，子育て支援に関する活動を行っている橋渡し型 SC の「NPO 法人」は L 町にはなく，結合型 SC の「町内会自治会」と橋渡し型 SC である「NPO 法人」の双方をつなぐ子育て支援は行っていない．

表 3-8　B 市の子育て支援
調査対象者の属性

項　目	人　数	％
（性　別）		
女　性	62	100.0
男　性	0	0.0
欠損値	0	0.0
合　計	62	100.0
（年　齢）		
10 代	0	0.0
20 代	12	19.3
30 代	42	67.7
40 代	8	13.0
50 代	0	0.0
欠損値	0	0.0
合　計	62	100.0

表 3-9　I 地区の調査対象者の属性

項　目	人　数	％
（性　別）		
女　性	247	82.3
男　性	17	5.7
欠損値	36	12.0
合　計	300	100.0
（年　齢）		
10 代	0	0.0
20 代	17	5.7
30 代	139	46.3
40 代	97	32.3
50 代	10	3.3
その他	1	0.4
欠損値	36	12.0
合　計	300	100.0

表 3-10　L 町の調査対象者の属性

項　目	人　数	％
（性　別）		
女　性	286	95.0
男　性	14	4.7
欠損値	1	0.3
合　計	301	100.0
（年　齢）		
10 代	0	0.0
20 代	62	20.6
30 代	184	61.1
40 代	53	17.6
50 代	0	0.0
その他	0	0.0
欠損値	2	0.7
合　計	301	100.0

2) 属　性

(1) B 市の調査対象者の属性

　A 県 B 市で留置法によって行った子育て支援に関する自記式アンケート調査の調査対象者の属性は**表 3-8** の通りである.

表 3-11　SC に関する質問項目（再掲）

下位概念	質問内容	集計方法	変数名
結合型 SC	あなたの地域の人々は一般的に信頼できると思いますか	「とても信頼できる」「まあ信頼できる」と回答した人の割合	地域内信頼
結合型 SC or 認知的 SC	あなたは地域で活動する組織や団体にどの程度参加していますか	1. 自治会町内会，に「ほとんど毎日」「週に数回」「週に 1 回程度」「月に 1 回程度」「年に数回」と回答した人の割合	地縁的な活動への参加
橋渡し型 SC	あなたは，あなたの地域外の人々も一般的に信頼できると思いますか	「とても信頼できる」「まあ信頼できる」と回答した人の割合	地域外信頼
橋渡し型 SC	あなたは地域外で活動する 1 ～ 4 の組織や団体に，どの程度，参加していますか	1. 趣味の会，2. スポーツの会，3. ボランティア団体，4. NPO の活動，に「ほとんど毎日」「週に数回」「週に 1 回程度」「月に 1 回程度」と回答した人の割合	会への参加

(2) I 地区の調査対象者の属性

G 県 H 市 I 地区の調査対象者の属性は**表 3-9** の通りである．

(3) L 町の調査対象者の属性

J 県 K 郡 L 町の調査対象者の属性は**表 3-10** の通りである．

3.　調査項目と変数

1) 分析の方法と分析に用いた変数

　回収したデータは，まず，SC に関する指標である「地域内信頼」，「地域外信頼」，「互酬性」「町内会自治会への参加」，「地域外の趣味の会・スポーツの会・ボランティアの会への参加」を独立変数として，「子育てしやすい地域」だと思うか？　と「子育てに関する環境に満足」しているか？　という子育てのしやすさに関する設問を従属変数として，相関分析を行った．

　SC に関する質問項目は，介護予防に関する調査の時と同じ設問に統一した．具体的には，**表 3-11**（再掲）の通りである．なお，SC に関する設問の設定に関しては，SC に関する先行研究（稲葉ら 2011，埴淵ら 2009 など）を参照した．

　次に，相関分析で正の相関のあった変数のみ，ロジスティック回帰分析を行った[5]．

　従属変数には，「子育てしやすい地域」（はい＝ 1，いいえ＝ 0），「子育てに関

する環境に満足」(はい＝1，いいえ＝0)，を設定した．独立変数には，「地域内信頼」，「地域外信頼」(いずれも，とても信頼できる・まぁ信頼できる＝1，どちらともいえない・あまり信用できない・全く信用できない＝0) を設定した．なお，先にも述べたが，「町内会自治会への参加」や「趣味の会・スポーツの会・ボランティアの会への参加」に関しては，子育て中の保護者はそもそも会への参加をし難い忙しさにあるのか，参加率が非常に低く，分析の対象にしていない．

　また，統制変数として，「性別」(女性＝1，男性＝0)，「年齢」(40代〜60代＝1，10代〜30代＝0)，「教育歴」(教育歴13年以上＝1，教育歴12年以下＝0) を設定し，これらの変数のうち，相関分析で子育てのしやすさに関する指標との間に正の相関のみられた変数のみを投入して分析を行った．

　統計分析には，いずれの分析も IBM SPSS statistics 20 を使用している．

2) 倫理的配慮

　調査の実施における倫理的配慮として，B市，I地区，L町ともに，事前に担当部署に調査票を提出し，調査の実施及び内容について理解を得た．また，調査対象者に対しては，調査の内容は，調査目的以外には使用しないことなどを調査票に明記して了解を得ている．さらに，同志社大学「人を対象とする研究」倫理審査の審査を経て，承認された (審査承認番号 第17067号)．

4. 調 査 結 果

1) B市の子育て支援に関する調査の結果 ——パイロット調査の結果——

　子育て支援の調査に関するパイロット調査を行ったB市の調査結果の相関分析を行い，pearson の相関係数のみを記した結果は，**表3-12** の通りである．

　なお「会への参加」に関しては，子育て中の母親は育児に手をとられて参加が難しいせいか度数が少なかったため，本表では割愛したが，いずれの変数にも SC の代理変数との相関関係はみられなかった．

　I地区，L町でも同様の傾向がみられたため，相関分析の変数に「会への参加」は入れていない．

　以上の相関分析の結果，橋渡し型 SC の代理変数である「地域外信頼」と「子育てに関する環境に満足」していることに弱い正の相関関係がみられた (pearson の相関係数 0.332)．

表 3-12 　B 市の子育て支援に関する調査の相関分析の結果

	子育てしやすい地域	子育てに関する環境に満足	地域内信頼	地域外信頼	互酬性
子育てしやすい地域	1	.240	.100	.073	.108
子育てに関する環境に満足	.240	1	.158	.322	-.174
地域内信頼	.100	.158	1	.594	.220
地域外信頼	.073	.322	.594	1	.234
互酬性	.108	-.047	.220	.234	1

　また，非常に弱い正の相関ではあるが，結合型 SC の代理変数である「地域内信頼」と「子育てしやすい地域」だと思うことにも正の相関関係がみられる（pearson の相関係数 0.100）．

　これらの結果から，結合型 SC と橋渡し型 SC の双方が，子育てしやすさと関連があることをある程度は示唆していることが考えられる．さらに，子育てに関する環境に関しては，結合型 SC よりも橋渡し型 SC の方が有意に関連していることが，少なくとも B 市の調査においては推察された．

2）I 地区の調査の結果 ——介入群の調査結果——

　I 地区の相関分析の結果は，巻末に添付した**表 3-13** の通りである．

　表中の q は問の番号であり，調査票の詳細は巻末資料にも添付してある．q1-1 は「子育てしやすい地域」で，q2-1 が「子育てに関する環境に満足」である．q3 は「地域内信頼」，q4 は「地域外信頼」，q5 は「互酬性」，q6 は「地域の人々とどのような付き合いをしているか［1. 互いに相談したり日常の貸し借りをするなど生活面で協力しあっている，2. 日常的に立ち話をする程度のつきあいはしている，3. あいさつ程度のつきあいはしている，4. つきあいは全くしていない］」，q7 は「町内会自治会，政治団体・業界団体，宗教団体への参加」，q8 は「地域内外の趣味の会，スポーツの会，NPO の活動への参加」，である．また，q9 では，「子育てに関し相談できる人がいるか［1. 近所の人（同じ町内会自治会の人），2. 町外の人（町内会自治会以外の人），3. 親などの肉親，4. NPO などの民間の中間支援組織の相談員，5. 子育て支援センターなどの行政組織の相談員，6. その他］」を尋ねている．さらに，q11 は年齢，q12

表 3-13 I 地区の相関分析の結果簡易版

	地域内信頼	地域外信頼	互酬性	町内会自治会	NPO活動	スポーツ関係のグループやクラブ	趣味関係のグループ	子育てしやすい地域	子育ての環境に満足
地域内信頼	1	.387	.511	.136	.008	.093	.089	.202	.355
地域外信頼	.387	1	.286	.108	.113	.045	.084	.048	.105
互酬性	.511	.286	1	.180	.039	.136	.196	.193	.288
町内会自治会	.136	.108	.180	1	.177	.272	.254	.067	.051
NPO活動	.008	.113	.039	.177	1	.399	.404	-.012	.055
スポーツ関係のグループやクラブ	.093	.045	.136	.272	.399	1	.466	.083	.085
趣味関係のグループ	.089	.084	.196	.254	.404	.466	1	.067	.013
子育てしやすい地域	.202	.048	.193	.067	-.012	.083	.067	1	.342
子育ての環境に満足	.355	.105	.288	.051	.055	.085	.013	.342	1

(注) NPO 活動，スポーツ関係，趣味の会への参加は，地域外への参加のみ記載

は性別，q13 は教育歴である．

　相関分析の結果から，結合型 SC としての「町内会自治会」と，橋渡し型 SC としての「NPO 法人」の双方を駆使して子育て支援を行っている I 地区においては，「子育てしやすい地域」という変数と弱い正の相関関係にあった SC の代理変数は，結合型 SC の代理変数である「地域内信頼」（pearson の相関係数 0.202）と，「地域内互酬性」[6]などであった．

　また「子育てに関する環境に満足」という変数と正の相関関係にあった SC

に関する代理変数は，結合型 SC の代理変数である「地域内信頼」（pearson の相関係数 0.355）と「地域内互酬性」などである．相関関係のあった主な変数と pearson の相関係数のみを記した簡単な相関分析表は**表 3-13** の通りである．

これらの結果を「年齢」「性別」「教育歴」などの統制変数を投入してロジスティック回帰分析を行った結果は，**表 3-14** の通りである．

ロジスティック回帰分析の結果，「子育てしやすい地域」という変数と正の相関をもっていた SC の代理変数との相関は消え，「あなたは身近に子育てに関して相談できる人がいますか」という変数との相関のみが残った．また，「子育てに関する環境に満足」という変数と相関があった SC の代理変数の「地域内信頼」と「地域内互酬性」に関しては，統制変数を投入しても正の相関関係が消えなかった．

表 3-14 Ｉ地区ロジスティック回帰分析の結果

方程式中の変数

		B	標準誤差	Wald	自由度	有意確率	Exp（B）
ステップ 1[a]	q3	.842	.283	8.819	1	.003	2.320
	q11	-.250	.293	.728	1	.394	.779
	q12	-1.052	1.079	.952	1	.329	.349
	q13	.040	.316	.016	1	.899	1.041
	定数	-1.860	1.821	1.044	1	.307	.156

a. ステップ 1：投入された変数 q3, q11, q12, q13

方程式中の変数

		B	標準誤差	Wald	自由度	有意確率	Exp（B）
ステップ 1[a]	q5	.809	.270	8.992	1	.003	2.245
	q11	-.374	.287	1.706	1	.191	.688
	q12	-1.029	1.071	.924	1	.337	.357
	q13	-.043	.316	.019	1	.891	.958
	定数	-1.332	1.755	.577	1	.448	.264

a. ステップ 1：投入された変数 q5, q11, q12, q13

方程式中の変数

		B	標準誤差	Wald	自由度	有意確率	Exp（B）
ステップ 1ª	q9_1	3.163	.906	12.199	1	.000	23.640
	q11	-.475	.311	2.336	1	.126	.622
	q12	-1.494	1.274	1.374	1	.241	.224
	q13	.370	.358	1.066	1	.302	1.447
	定数	-3.020	1.846	2.677	1	.102	.049

a. ステップ 1：投入された変数 q9_1, q11, q12, q13

方程式中の変数

		B	標準誤差	Wald	自由度	有意確率	Exp（B）
ステップ 1ª	q3	.537	.345	2.426	1	.119	1.711
	q5	.530	.325	2.662	1	.103	1.698
	q9_1	2.604	.936	7.739	1	.005	13.517
	q11	-.314	.325	.932	1	.334	.731
	q12	-1.935	1.391	1.935	1	.164	.144
	q13	.309	.367	.708	1	.400	1.362
	定数	-4.827	2.065	5.466	1	.019	.008

a. ステップ 1：投入された変数 q3, q5, q9_1, q11, q12, q13

方程式中の変数

		B	標準誤差	Wald	自由度	有意確率	Exp（B）
ステップ 1ª	q3	1.632	.286	32.478	1	.000	5.113
	q11	.736	.233	9.980	1	.002	2.087
	q12	-.134	.614	.048	1	.827	.874
	q13	.051	.250	.042	1	.839	1.052
	定数	-6.785	1.511	20.170	1	.000	.001

a. ステップ 1：投入された変数 q3, q11, q12, q13

方程式中の変数

		B	標準誤差	Wald	自由度	有意確率	Exp（B）
ステップ 1ª	q5	1.081	.239	20.449	1	.000	2.948
	q11	.386	.211	3.354	1	.067	1.471
	q12	-.114	.574	.039	1	.843	.892
	q13	-.082	.242	.114	1	.736	.922
	定数	-4.295	1.278	11.290	1	.001	.014

a. ステップ 1：投入された変数 q5, q11, q12, q13

方程式中の変数

		B	標準誤差	Wald	自由度	有意確率	Exp（B）
ステップ 1ᵃ	q6	.616	.230	7.145	1	.008	1.852
	q11	.360	.206	3.044	1	.081	1.434
	q12	.152	.554	.075	1	.784	1.164
	q13		.240	.026	1	.871	1.040
	定数	-3.646	1.285	8.050	1	.005	.026

a. ステップ 1：投入された変数 q6, q11, q12, q13

方程式中の変数

		B	標準誤差	Wald	自由度	有意確率	Exp（B）
ステップ 1ᵃ	q9_1	2.068	.852	5.896	1	.015	7.911
	q11	.314	.214	2.150	1	.143	1.370
	q12	-.301	.627	.231	1	.631	.740
	q13	.134	.241	.308	1	.579	1.143
	定数	-4.033	1.444	7.801	1	.005	.018

a. ステップ 1：投入された変数 q9_1, q11, q12, q13

方程式中の変数

		B	標準誤差	Wald	自由度	有意確率	Exp（B）
ステップ 1ᵃ	q3	1.412	.321	19.412	1	.000	4.106
	q5	.683	.287	5.674	1	.017	1.980
	q6	.017	.272	.004	1	.949	1.018
	q9_1	1.107	.928	1.423	1	.233	3.025
	q11	.755	.256	8.670	1	.003	2.128
	q12	-.489	.694	.496	1	.481	.613
	q13	.135	.277	.238	1	.626	1.145
	定数	-9.086	1.927	22.232	1	.000	.000

a. ステップ 1：投入された変数 q3, q5, q6, q9_1, q11, q12, q13

3）L 町の調査の結果 ——非介入群の調査結果——

　次に，橋渡し型 SC としての「NPO」や「NPO 法人」が町に１つしかなく，しかもその「NPO 法人」は子育て支援を行う「NPO 法人」ではないため，橋渡し型 SC としての子育て支援はないが，地縁は豊かで結合型 SC は豊富な非介入群の L 町において相関分析を行った結果は，巻末の**表 3-15** の通りである．

　相関分析の結果，「子育てしやすい地域」という変数と弱い正の相関関係にあった SC の代理変数は，結合型 SC の代理変数である「地域内信頼」（pearson の相関係数 0.215）と橋渡し型 SC の代理変数である「地域外信頼」（pearson の相関係数 0.115），および「地域内互酬性」であった．

　また，「子育てに関する環境に満足」という変数と正の相関関係にあった SC

表 3-15　L 町相関分析の結果簡易版

	地域内信頼	地域外信頼	互酬性	町内会自治会	NPO活動	スポーツ関係のグループやクラブ	趣味関係のグループ	子育てしやすい地域	子育ての環境に満足
地域内信頼	1	.508	.479	.096	.003	.076	.142	.215	.262
地域外信頼	.508	1	.367	.052	.055	.091	.146	.115	.189
互酬性	.479	.367	1	.101	.084	.100	.108	.181	.303
町内会自治会	.096	.052	.101	1	.185	.358	.375	-.049	-.057
NPO活動	.003	.055	.084	.185	1	.370	.451	.010	.107
スポーツ関係のグループやクラブ	.076	.091	.100	.358	.370	1	.526	-.058	-.098
趣味関係のグループ	.142	.146	.108	.375	.451	.526	1	.003	-.068
子育てしやすい地域	.215	.115	.181	-.049	.010	-.058	.003	1	.308
子育ての環境に満足	.262	.189	.303	-.057	.107	-.098	-.068	.308	1

（注）　NPO 活動，スポーツ関係，趣味の会への参加は，地域外への参加のみ記載

の代理変数は，結合型 SC の代理変数である「地域内信頼」（pearson の相関係数 0.262）と「地域内互酬性」[8]などであった．なお，相関関係のあった主な変数と pearson の相関関係のみを記した簡単な相関分析表は**表 3-15** の通りである．

　さらに，「性別」「年齢」「教育年数」などの統制変数を投入したロジスティクス回帰分析の結果は，**表 3-16** の通りである．

　ロジスティック回帰分析の結果，「子育てしやすい地域」と相関関係にあった SC の代理変数は，結合型 SC の代理変数である「地域内信頼」のみになっ

た．また，「子育てに関する環境に満足」という変数と相関関係にあった SC
の代理変数は，結合型 SC の代理変数である「地域内信頼」と，「地域内互酬
性」[9]などのみであった．

表3-16　L 町ロジスティック回帰分析の結果

方程式中の変数

		B	標準誤差	Wald	自由度	有意確率	Exp（B）
	q3	1.410	.381	13.695	1	.000	4.095
	q11	.485	.417	1.351	1	.245	1.624
ステップ 1ª	q12	.503	.887	.322	1	.571	1.654
	q13	.868	.465	3.475	1	.062	2.381
	定数	-10.332	2.373	18.963	1	.000	.000

a. ステップ 1：投入された変数 q3, q11, q12, q13

方程式中の変数

		B	標準誤差	Wald	自由度	有意確率	Exp（B）
	q4	.828	.364	5.168	1	.023	2.288
	q11	.447	.405	1.218	1	.270	1.563
ステップ 1ª	q12	.923	.825	1.253	1	.263	2.517
	q13	.803	.465	2.982	1	.084	2.231
	定数	-9.351	2.486	14.151	1	.000	.000

a. ステップ 1：投入された変数 q4, q11, q12, q13

方程式中の変数

		B	標準誤差	Wald	自由度	有意確率	Exp（B）
	q5	1.036	.323	10.308	1	.001	2.818
	q11	.479	.413	1.345	1	.246	1.614
ステップ 1ª	q12	.792	.860	.849	1	.357	2.209
	q13	.864	.457	3.563	1	.059	2.372
	定数	-9.896	2.375	17.361	1	.000	.000

a. ステップ 1：投入された変数 q5, q11, q12, q13

方程式中の変数

		B	標準誤差	Wald	自由度	有意確率	Exp（B）
	q3	1.309	.437	8.987	1	.003	3.702
	q4	.202	.439	.211	1	.646	1.223
	q11	.500	.419	1.424	1	.233	1.648
ステップ 1ª	q12	.562	.883	.405	1	.525	1.754
	q13	.884	.469	3.557	1	.059	2.421
	定数	-10.801	2.601	17.246	1	.000	.000

a. ステップ 1：投入された変数 q3, q4, q11, q12, q13

方程式中の変数

		B	標準誤差	Wald	自由度	有意確率	Exp（B）
	q3	1.142	.460	6.171	1	.013	3.134
	q4	-.023	.471	.002	1	.962	.978
	q5	.676	.357	3.581	1	.058	1.967
ステップ 1ª	q11	.607	.431	1.986	1	.159	1.836
	q12	.682	.872	.611	1	.434	1.978
	q13	.952	.472	4.073	1	.044	2.591
	定数	-12.201	2.790	19.128	1	.000	.000

a. ステップ1：投入された変数 q3, q4, q5, q11, q12, q13

方程式中の変数

		B	標準誤差	Wald	自由度	有意確率	Exp（B）
	q3	1.167	.247	22.401	1	.000	3.212
	q11	.484	.243	3.963	1	.047	1.622
ステップ 1ª	q12	-1.951	1.102	3.135	1	.077	.142
	q13	.281	.263	1.139	1	.286	1.324
	定数	-3.896	1.595	5.962	1	.015	.020

a. ステップ1：投入された変数 q3, q11, q12, q13

方程式中の変数

		B	標準誤差	Wald	自由度	有意確率	Exp（B）
	q4	.741	.226	10.718	1	.001	2.097
	q11	.414	.235	3.112	1	.078	1.513
ステップ 1ª	q12	-1.423	1.057	1.812	1	.178	.241
	q13	.199	.256	.607	1	.436	1.221
	定数	-3.343	1.625	4.234	1	.040	.035

a. ステップ1：投入された変数 q4, q11, q12, q13

方程式中の変数

		B	標準誤差	Wald	自由度	有意確率	Exp（B）
	q5	1.113	.225	24.554	1	.000	3.042
	q11	.420	.247	2.893	1	.089	1.523
ステップ 1ª	q12	-1.672	1.101	2.306	1	.129	.188
	q13	.260	.265	.961	1	.327	1.297
	定数	-4.089	1.590	6.613	1	.010	.017

a. ステップ1：投入された変数 q5, q11, q12, q13

方程式中の変数

		B	標準誤差	Wald	自由度	有意確率	Exp（B）
ステップ1ᵃ	q9_1	2.794	1.123	6.188	1	.013	16.350
	q11	.363	.231	2.477	1	.116	1.437
	q12	-3.077	1.456	4.468	1	.035	.046
	q13	.172	.252	.462	1	.497	1.187
	定数	-2.287	1.475	2.404	1	.121	.102

a. ステップ1：投入された変数 q9_1, q11, q12, q13

方程式中の変数

		B	標準誤差	Wald	自由度	有意確率	Exp（B）
ステップ1ᵃ	q3	1.021	.277	13.637	1	.000	2.777
	q4	.296	.266	1.237	1	.266	1.344
	q11	.500	.245	4.160	1	.041	1.649
	q12	-1.830	1.090	2.820	1	.093	.160
	q13	.295	.264	1.248	1	.264	1.343
	定数	-4.574	1.720	7.072	1	.008	.010

a. ステップ1：投入された変数 q3, q4, q11, q12, q13

方程式中の変数

		B	標準誤差	Wald	自由度	有意確率	Exp（B）
ステップ1ᵃ	q3	.978	.286	11.657	1	.001	2.658
	q4	.325	.270	1.455	1	.228	1.384
	q9_1	2.668	1.202	4.929	1	.026	14.407
	q11	.543	.250	4.735	1	.030	1.722
	q12	-3.234	1.464	4.878	1	.027	.039
	q13	.370	.270	1.880	1	.170	1.447
	定数	-6.184	1.839	11.312	1	.001	.002

a. ステップ1：投入された変数 q3, q4, q9_1, q11, q12, q13

方程式中の変数

		B	標準誤差	Wald	自由度	有意確率	Exp（B）
ステップ1ᵃ	q3	.627	.312	4.054	1	.044	1.873
	q4	.265	.284	.869	1	.351	1.303
	q5	.820	.256	10.253	1	.001	2.270
	q9_1	2.798	1.249	5.019	1	.025	16.417
	q11	.525	.259	4.101	1	.043	1.691
	q12	-2.939	1.445	4.138	1	.042	.053
	q13	.393	.277	2.011	1	.156	1.481
	定数	-7.735	1.969	15.431	1	.000	.000

a. ステップ1：投入された変数 q3, q4, q5, q9_1, q11, q12, q13

4) 考　察

　相関分析の結果，結合型 SC としての「町内会自治会」と，橋渡し型 SC と
しての「NPO 法人」の双方を駆使して子育て支援を行っている介入群の I 地
区では，結合型 SC の代理変数である「地域内信頼」と「子育てのしやすい地
域」に正の相関関係があるという結果が得られたが，橋渡し型 SC の代理変数
である「地域外信頼」と子育てのしやすさに関する変数には，相関関係はみら
れなかった．さらに，ロジスティック回帰分析を行った結果においても「地域
内信頼」と「子育てしやすい地域」の有意な相関関係は消えなかった．
　また，橋渡し型 SC としての「NPO」や「NPO 法人」が町に 1 つしかなく，
しかもその「NPO 法人」は子育て支援を行う「NPO 法人」ではないため，橋
渡し型 SC としての子育て支援はないが，地縁は豊かで結合型 SC は豊富な非
介入群の L 町においては，相関分析の結果，結合型 SC の代理変数である「地
域内信頼」と「子育てしやすい地域」に正の相関関係がみられるという結果が
得られた．さらに，「子育てに関する環境に満足」という変数と「地域外信頼」
にも正の相関関係がみられた．また，相関分析によって正の相関関係のあった
「子育てしやすい地域」と結合型 SC の代理変数である「地域内信頼」，および，
「子育てに関する環境に満足」と「地域外信頼」を，「性別」，「教育歴」などの
統制変数を投入してロジスティック回帰分析した結果では，「地域内信頼」と
「子育てしやすい地域」の有意な関連は消えなかったが，「地域外信頼」と「子
育てに関する環境に満足」という変数の有意な関連はなくなった．
　以上の結果から，子育て支援に関する調査に関しては，介護予防の調査結果
と同様の結果は得られず，本研究の仮説は立証されなかったことになる．すな
わち，子育て支援に関しては，少なくとも本調査の結果においては介入群・非
介入群ともに結合型 SC である「地域内信頼」との相関のみがあったことにな
る．
　この結果は，わが国における子育て支援が，いまだ地縁のみに依拠している
ことを表す結果であるともいえ，今後，「NPO 法人」などの橋渡し型 SC の支
援が，さらに望まれることをあぶりだした結果ともなったものと考えられる．

5) 本調査の限界

　本研究における自記式アンケート調査の限界は，介護予防の調査の際と同様
に，I 地区と L 町のみの限られた調査対象地だけで調査を行っており，母数も

限られていることにある．今後は，異なる地域性を持つ調査対象地で調査を行い，母数も増やして調査の妥当性を高め，包括的支援における地域包括ケアシステムでの子育て支援における SC の構築方法や専門職の役割に関する研究を深めていくことなどが課題である．

特に，非介入群である L 町は，NPO の少ない県である 2 県のうち子育て支援に関する NPO がない市町村という条件を満たしていたために調査対象地に選定したのであるが，もともと合計特殊出生率は上昇傾向にあり，県内で第 2 位の出生率を誇る地域であったことから，調査前から子育てしやすい地域であることが想定され，結果的に分析結果に誤差が生じた可能性は否めない．人口の割合で鑑みた幼保園の数も介入群の I 地区よりも多く，若者定住のための住宅政策を積極的に行っていることなどから，SC 以外の要素が子育てのしやすさに反映している可能性もあり，それらの要因が調査の誤差を招いた点も否めない．

また，L 町は人口が少ないために夜間保育や病児保育に関し，隣接市に頼らざるをえないという状況があり，それが相関分析のみの結果で橋渡し型 SC の代理変数である「地域外信頼」と子育てのしやすさに関する変数に相関がみられた要因になっている可能性もある．その点においても，本研究の仮説が立証されない要因を招いた点は否めない．したがって，今後は，他の条件の市町村でも調査を行い，精査する必要がある．

また，本調査においては，そもそも SC の代理変数以外に，子育てしやすい環境がある地域だから地域のつながりが保てているのかもしれないという逆の因果関係がある可能性を排しきれていない点も今後の課題である．

注
1） 「自治会町内会や消防団への参加」など地縁的な活動への参加を認知的 SC に類別する論者もいる．
2） 具体的には，小学生と幼保園もしくは幼稚園，保育園に通う子をもつ保護者の全数調査．
3） フィンランドの育児相談所．父親教室も開いており，妊娠・出産・育児の全ての相談に応じてもらえる．日本でも，2015 年現在，妊娠時から出産・育児までを一貫して継続支援するサービスを検討する自治体は 29 あり，国は 150 程度の自治体に日本版ネ

ウボラの設置を検討中である（川島 2015：42）.

4）　1つだけ小学生も対象にしたサロンがある.

5）　ただし，パイロット調査を行った B 市は母数が少なく，全数調査でもなかったため
　　ロジスティック回帰分析は行っていない.

6）　そのほか，「あなたは身近に子育てに関して相談できる人がいますか」という変数と
　　も正の相関関係にあった.　また，「子育てに関する環境に満足」と「地域外信頼」の
　　pearson の相関係数も 0.189 で弱い正の相関関係を示しているが，有意確率が 0.001 で
　　あったため，記載しなかった.　詳細は，巻末の詳しい相関分析表を参照されたい.

7）　そのほか，「あなたは地域の人々とどのようなおつきあいをされていますか」という
　　変数や，「あなたは身近に子育てに関して相談できる人がいますか」という変数とも正
　　の相関関係にあった.

8）　「あなたは身近に子育て支援に関して相談できる人がいますか」という変数とも正の
　　相関関係にある.

9）　「あなたは身近に子育てに関して相談できる人がいますか」という変数の相関も消え
　　なかった.

第4章 ソーシャル・キャピタルの地域差に着目した質的調査の方法とその結果
——SC の地域差を克服する介護予防と子育て支援——

第1節　事例研究の方法と調査対象地の選定

1. 調査対象地選定の根拠

　第3章の調査の結果，包括的支援の地域包括ケアシステムにおける介護予防と子育て支援において，結合型 SC である「町内会自治会」などの地縁と橋渡し型 SC である「NPO」や「NPO 法人」などの中間支援組織などの双方が，少なくとも介護予防には必要であることがある程度は検証された．また，子育て支援においては，現状では結合型 SC である血縁・地縁の方がより子育てのしやすさと有意な関連があることから，なおさら「NPO 法人」などの橋渡し型 SC の支援が求められることなどが明らかになった．と同時に，SC には地域差があり，その地域差に応じて SC を豊かにする介入をしなければならないことなども第2章においては示唆されている．

　そこで，本章では，前章の調査結果から，特に SC の地域差に着目し，より SC を豊かにして包括的支援体制における介護予防と子育て支援を有効に行うためにはどのような介入を行えばよいのかを示唆する先進事例の事例研究を行う．

　具体的には，農村部は全般的に SC が豊かであるものの橋渡し型 SC が希薄であるため，橋渡し型 SC の代理変数である「NPO 法人」などの活動を盛んにするような介入を行い，逆に都市部では橋渡し型 SC は比較的豊かであるが地縁などの結合型 SC が希薄であるため，結合型 SC としての地縁活動を行う「町内会自治会」などの活動を活性化するような介入を行い，介護予防も子育て支援も効果的に行っている自治体の事例研究を行った．

　また，準都市部は，小学校区ごとに地域特性が異なるため，居住歴の長い住

民の多く住む小学校区では結合型 SC が豊かで橋渡し型 SC が希薄であり，居住歴の短い住民の多く住む小学校区では橋渡し型 SC は豊かだが結合型 SC は希薄である傾向が明らかになっている．したがって，居住歴の長い者の多く住む小学校区では，橋渡し型 SC の代理変数である「NPO 法人」などの活動を活性化する介入を，逆に居住歴の短い者の多く住む小学校区では，結合型 SC である地縁活動を行う「町内会自治会」などの活動を盛んにするような介入を行う必要がある．さらに，居住歴の長い住民と短い住民の混在する新旧混合地区では，その双方を駆使する必要も出てくる．

　以下に，具体的な事例研究先の自治体と，なぜその自治体を事例研究先に選定したのか，その選定理由を述べる．

2.　農村部・準都市部・都市部の事例研究先選定の理由

　可住人口密度別で農村部に類別される地方小都市レベルの事例研究先としては，三重県伊賀市を選定した．その理由は，伊賀市は中山間地域にある農村型の地域であり，地縁が豊かで結合型 SC の豊かな地域であるものの，市社協の活動が盛んで橋渡し型 SC の代理変数である「ボランティアの会への参加」の機会も多く，市社協の施設のなかで橋渡し型 SC の代理変数である「趣味の会」や「スポーツの会」などを開催しており，地域外から集まる橋渡し型 SC の代理変数である「会への参加」の機会が豊富であって，「NPO」の活動も盛んだからである．

　また，可住人口密度別で準都市部に類別される中核都市レベルの事例研究先としては，島根県松江市を選定した．その理由は，松江市は親藩大名の城下町で結合型 SC である昔ながらの地縁が強く，なおかつ橋渡し型 SC の代理変数である「NPO 法人」などの活動も盛んで，橋渡し型 SC の代理変数である「趣味の会」や「スポーツの会」，「ボランティアの会」への参加機会も豊富にある市だからである．

　さらに，民間の調査団体の「子育てのしやすさ」に関する調査結果において全国 3 位になったことなども，その選定理由の 1 つである．また，松江市は，総合計画で「共創・協働のまちづくり」を具体的構想の 1 つに掲げ，市民，「町内会自治会」，「NPO」，市民団体，企業などと行政が協働することを目指

していることも，事例研究先に定めた理由の1つだ.

　可住人口密度別で都市部に類別される政令指定都市レベルの事例研究先には，京都府京都市上京区を選定した．その理由は，京都市は人口の多い政令指定都市であるため，社会資源も多く存在し，橋渡し型 SC の代理変数である「NPO」や「趣味の会」「スポーツの会」「ボランティアの会」への参加の機会も豊富である上に，結合型 SC である地縁も豊かな地域だからである．

　なかでも，上京区は京都御所を擁する区で，結合型 SC である昔ながらの地縁が強く，みこしや祭りを保存し続けている地区でもあり，加入者の伸びに悩みながらも結合型 SC の代理変数である「町内会自治会」の活動が盛んで，地縁団体などの連合組織である「住民福祉連合会」の会員などによる介護予防や子育て支援が行われている地区であるため，事例研究先に選定した．

第2節　結合型 SC と橋渡し型 SC を駆使して 介護予防を行っている地域の事例研究

1. 農村部（三重県伊賀市）の事例

　それでは，結合型 SC としての「町内会自治会」と，橋渡し型 SC としての「NPO 法人」などを専門職がつなぎながら介護予防を行っている自治体の事例研究を可住人口密度別に分けた農村部・準都市部・都市部ごとに SC の地域差に考慮しながら行ってみたい．

　はじめに，農村部の三重県伊賀市の介護予防に関する事例研究を行う．まず最初に，伊賀市の概要について述べる．伊賀市は，三重県北西部にあり，北は滋賀県，西は京都，奈良に接する伊賀忍者の里や松尾芭蕉の生誕地として有名な地で，中山間地域である．近畿圏と，名古屋を中心とする中部圏の2大都市の中間にあり，近年は自動車産業の下請け企業に勤務する新来外国人の移住も多い．

　東西約 30km，南北約 40km の縦長の地形で，面積は 558km^2，総人口9万3392人（2017年現在），世帯数3万4621（2005年現在），高齢化率 31.5%（2017年現在），出生数 641人（2014年現在），合計特殊出生率 1.6（2017年現在）で高齢者人口は増加し，年少人口は減少する傾向にある．第1次産業従事者の比率は

6.9%，第 2 次産業従事者は 41.0%，第 3 次産業従事者は 51.0%である．

　居住歴の長い住民が多く住む北部は結合型 SC である地縁が強く，北部・南部とも結合型 SC である「自治会（住民自治協議会）」（後掲）の活動が盛んである．なお，市内に自治会は計 277，「住民自治協議会」は計 38 ある（川島 2018b：15-17）．このように，地縁が強く結合型 SC が豊かな市ではあるものの，転勤族も多く，都市圏へ 1 時間から 1 時間半で行ける通勤圏内にありながら自然も豊富であるため，I ターン者も多い．

　2004 年に 1 市 3 町 2 村が合併し，合併時に「自治基本条例[1]」を制定した．条例で，「自治会」，ボランティア，市民団体や地域の事業者などが主体となったまちづくりを行う「住民自治」が位置づけられ，おおむね小学校区単位に「住民自治協議会」が自発的に設けられたことなどが，伊賀市の特徴である．

　「住民自治協議会」とは，地域を良くするために，地域住民によって自発的に設置される組織で，規約をつくり代表者を民主的に選ぶなどの要件がある．市長の諮問機関，市の重要事項に関する当該地域の同意・決定機関に位置づけられ，諮問権，提案権，同意権，受託権が付与されている．市は，「住民自治協議会」が自ら取り組む活動方針や内容を決めた「地域まちづくり計画」を尊重することになっている．「住民自治協議会」内には，「自治会」・「NPO」・団体・企業・公募市民による運営委員会が設けられ，自治会部会・教育部会・福祉部会・防災部会・環境部会などの実行委員会が設置されている（伊賀市健康福祉部 2017：8-10）．「自治会」の上位組織でもあることから，結合型 SC に該当する．

　また，市社協の活動が盛んな市で，「住民自治協議会」単位での小地域活動が市社協のコミュニティソーシャルワーカー（以下，CSW）の支援の下に活発に行われている．なお，各「住民自治協議会」に配置される CSW は，「地域福祉コーディネーター」を兼務している（川島 2018b：15-17）．伊賀市社協では，この「地域福祉コーディネーター」に，国が介護保険制度の地域支援事業で定めた「生活支援コーディネーター[2]」と同じ役割を担わせている．

　そもそも伊賀市の介護予防は，市との協働の下，市社協主導で行われてきた．改正介護保険法が施行されるまでは，市内には，基幹型の在宅介護支援センターが 1 ケ所と，地域型在宅介護支援センターが 6 ケ所あり，「転倒骨折予防教

室」などの介護予防教室は，主に地域型センターの事業であった．しかし，介護予防教室は，各地域型センターが独自のメニューで開催するのではなく，社協内にある基幹型のセンターが共通のプログラムをつくり，作業療法士による研修会を基幹型のセンターで開くなどして，結合型 SC である「住民自治協議会」などとの連携の下，転倒骨折予防教室等を運営していた．一方，私鉄駅近くにあるスーパーマーケットの2階にあって高齢者などが立ち寄りやすい場所にある市社協の施設内で，音楽療法や大正琴教室などの「認知症予防教室」を月1回程度開き，約100名前後の参加者を得るなど，町を超えて参加できる橋渡し型 SC としての「趣味の会への参加」も行っていた．

　また，介護予防の1つである「閉じこもり予防」などを目的とする市社協による「ふれあい・いきいきサロン」[3]の活動の支援も，介護保険制度施行前の1995年より始め，2007年には175団体に増えている．同サロンの運営主体は，結合型 SC である「町内会自治会」や住民，地区社協，民生児童委員，地区のボランティア，老人クラブ，橋渡し型 SC である「NPO」，JA のボランティアなどである．このサロンも月1回程度開催され，1回あたりの参加者は，おおむね20人〜30人程度であった．会場は，市民センターや公民館，空き家利用など様々である．内容も，「閉じこもり予防」につながる季節行事，「認知症予防」と「転倒骨折予防」につながるレクリエーション[4]，「認知症予防」につながる音楽療法・合唱・カラオケ，園芸，「転倒骨折予防」につながる3B体操・指運動等[5]，「閉じこもり予防」につながる昼食会など，様々であった（伊賀市社協 2008：83-85）．

　2006年に介護保険法が改正されてから以降，介護予防は主に地域包括ケアシステムにおいて行われ，その主な拠点は市社協と地域包括支援センターになった．伊賀市では，2006年度以後も市社協の CSW のコーディネートの下，結合型 SC である「住民自治協議会」と連携した介護予防が行われている．伊賀市には，2006年当初，市直営の地域包括支援センターが1ケ所しかなかったが，現在は，元よりあった本庁（中部）[6]に加え，東部サテライト[7]，南部サテライト[8]の3ケ所のセンター（にんにんサポート伊賀）があり，これらを地域包括ケアシステムの対応範囲としている．その下に，結合型 SC である「住民自治協議会」を中心とした福祉区が位置づけられ，その下に「自治会」や区が位置づ

表 4-1　諏訪地区介護予防教室「寿の会」年間予定

月	内　容	月	内　容
4 月	保健師による健康教室， 音楽療法（認知症予防）， 食事会（閉じこもり予防）	10 月	保健師による健康教室， 食事会（閉じこもり予防）
5 月	転倒骨折予防教室， 食事会，交通安全教室など	11 月	高校生との創作活動（認知症予防）， 食事会（閉じこもり予防）， 交通安全教室，ビデオ鑑賞
6 月	保健師による健康教室， 音楽療法（認知症予防）， 食事会（閉じこもり予防）	12 月	食事会（閉じこもり予防）， 音楽療法（認知症予防）
7 月	高校生との世代間交流による 絵や工作（認知症予防）， 食事会，防災訓練	1 月	食事会（閉じこもり予防）， 世代間交流
8 月	食事会（閉じこもり予防），健康講話， ビデオ鑑賞	2 月	食事会（閉じこもり予防）， 世代間交流
9 月	高校生と創作活動（認知症予防）， 食事会，ビデオ鑑賞	3 月	高校生との創作活動（認知症予防）， 食事会（閉じこもり予防），ビデオ鑑賞

　けられて，さらにその下に組や班などの近隣の見守りなどの基礎的な範囲が定められてきた（伊賀市 2016：23）．

　たとえば，市の中心部から車で 20 分程度のところの山間の地域にある「住民自治協議会」の 1 つである諏訪地区では，若年人口の中心部への流失が激しく高齢化が進み，保育園が閉鎖されるなどの課題を抱えているが，社協の CSW の支援の下，元気な高齢者が支援を必要とする高齢者を支えるという役割を持ちつつ，「住民自治協議会」独自の**表 4-1** のようなメニューで介護予防を行っている（2012 年現在）．

　これらの介護予防教室は，毎月第 2 金曜日の午後と第 4 土曜日午前の月 2 回，旧公民館である「地域支え合いセンター[10)]」で行われた．また，月 2 回，お弁当を届ける配食サービスも行っている．

　さらに，「諏訪住民自治協議会」では，車の運転のできない交通弱者である高齢者が増加したため，市中心部への買い物支援や，病院への通院支援を目的とし，送迎バス[11)]の運行を始めた．諏訪地区では，それらの事業を「NPO ささゆり」を立ち上げて「NPO」の活動として行っている．2012 年現在，利用会

員は 18 名で，送迎回数は年約 450 回，運転者 12 名（いずれも要介護状態にない高齢者）のうち 4 名が女性であった．

　元来，結合型 SC である地縁の強い伊賀市では，できるだけ橋渡し型 SC を豊かにする取り組みを行いながら介護予防を行うべきであることが前章で示唆されたわけであるが，この諏訪地区の取り組みは，結合型 SC である「町内会自治会」（ここでは「住民自治協議会」）が，橋渡し型 SC である「NPO」を立ちあげ，橋渡し的なつながりの構築にも努めている取り組みの 1 つであるといえる．

　2013 年からは，市が市社協へ委託する形で，「伊賀市地域福祉体制づくり事業」も行い，「地域福祉ネットワーク会議」を設置して，自助・互助・共助の「地域の力」を高める施策も打ち出している．「住民自治協議会」ごとに置かれる「地域福祉ネットワーク会議」とは，公的な制度では対応できない地域の日常生活上の生活課題を把握・共有し，地域全体で支える仕組みづくりのための協議の場であり，第 2 次地域福祉計画にその方向性が位置づけられた．主な構成員は，結合型 SC である「自治会」，「住民自治協議会」，民生児童委員と，橋渡し型 SC であるボランティア団体のほか，企業，福祉サービス事業所などと，市社協の専門職などである．この会議は，結合型 SC である「自治会」単位に設置された「地域会議[12]」と課題を共有しつつ進められてきた．2017 年現在，38 の「住民自治協議会」の内，24 に設置されている．その支援を行っているのが，市社協の「地域福祉コーディネーター」であり，伊賀市の場合は介護保険上の「生活支援コーディネーター」をかねていることは前述した通りである（伊賀市健康福祉部 2017：18-40）．

　さらに，2016 年に定められた第 3 次地域福祉計画によれば，「地域予防のしくみづくり」として，「誰もがいつまでも住みなれた地域で暮らし続けるためには，制度による公助とあわせて自助・互助・共助のしくみづくりが大切」だとされ，介護予防を「地域予防」と捉え，楽しく齢をとるためには「出かける・楽しむ・役割をもつ」ことが大切な要素であると考えて，そのようなまちづくりのために市社協の地域福祉コーディネーター（CSW），地域包括支援センター職員，市の保健師などが連携して地域支援をすすめるべきだとしている．また，橋渡し型 SC である「趣味の会への参加」や地域活動への参加，「ボランティア活動への参加」，シルバー人材センターへの登録などを推奨し，高齢

者が今まで培ってきた知識や経験を活かして，地域社会の担い手として地域デビューすることを勧めてもいる．さらに，「地域デビューは，これからの生き方を自分自身で決められるチャンスであり，活動を通して出会った仲間とのつながりは安心感にもつながり，介護予防，認知症予防につながる」として，SC である地域のつながりを強調した介護予防を推し進めていこうと努めている（伊賀市 2016：91）．

　また，第 3 次伊賀市地域福祉計画においては，コミュニティビジネスによる介護予防も推奨している．伊賀市では，2007 年頃より市と社協，住民の協働の下，コミュニティビジネスを進めてきた．たとえば，古山地区住民福祉協議会の「野菜・果物・花市場 うにの丘」や，島ケ原の「手作り工房まめまめ」で手作りのお菓子を製造販売し，喫茶・軽食「夢の道」で日替わり定食や手作りケーキを販売する「伊賀・島ケ原 おかみさんの会」などが，それに該当する．このコミュニティビジネスの取り組みも，結合型 SC である「住民自治協議会」が，コミュニティビジネスによって町の外からやって来る人々との橋渡し的なつながりも保っている好事例であるといえよう．

2.　準都市部（島根県松江市）の事例

　次に，準都市部の島根県松江市における介護予防に関する事例研究を行う．

　まず最初に，松江市の概要について述べる．松江市は，島根県東部に位置する県庁所在地で，多くの企業・官庁・教育機関の集積する山陰の中心都市である．古事記にも登場する所であり，城下町として発展した国際文化観光都市で，宍道湖や堀川に囲まれている．2005 年に隣接する東出雲町とも合併して人口が 20 万人を超え，中核都市となった．

　東西 41km 南北 31km，面積 57.299km^2 で，人口 20 万 3787 人（2017 年現在），高齢化率 28.52%（2017 年現在），合計特殊出生率 1.33（2007 年現在），出生数 1638 人（2017 年現在）である．2007 年現在の産業構造比率は第 1 次産業 6.4%，第 2 次産業 19.1%，第 3 次産業 74.0% であった．

　各小学校区の高齢化率は 34% から 14% と開きがあり（2007 年現在），独居高齢者数も 10 年前の約 3 倍に増えていて高齢人口の 17%（2007 年現在）を占め，孤独死などの問題も起きている．平成の大合併前の旧市内の中心部と，合併後

に松江市になった小学校区は居住歴の長い住民が多く住む傾向にあり，旧市内郊外の小学校区は振興住宅地も多く居住歴の短い住民が多く住む傾向にある．旧市内の小学校区では，新旧混合地区も多くみられる．

　地縁が強く結合型 SC が豊かではあるものの，企業の支社が多くあることから転勤族やIターン者も多い．平成の大合併前の旧市内は，結合型 SC が豊かで，最南端部と最北端部に広がる新興住宅地では橋渡し型 SC が豊かである．合併後に松江市になった漁村部と農村部では，地縁が強く，結合型 SC が豊かだ．

　市内に，結合型 SC である「町内会自治会」は 29 小学校区に 882 あって，加入率は平均 6 割を超えている．また，橋渡し型 SC である「NPO」は，松江市認定のものが 100，島根県認定のものが 1 つで計 101 ある．松江市が主催するカルチャースクールや公民館の活動の一環として行われている「スポーツの会」や「趣味の会」も多くあり，橋渡し型 SC も豊かである．また，観光ボランティアや市社協のボランティアセンターを中心とした橋渡し型 SC である「ボランティアの会への参加」の機会も豊富にある．特に，居住歴の長い住民が多く住む旧市内や北部の農業地帯および合併後の漁村部・湖畔部は，結合型 SC である地縁が強く，結合型 SC である「町内会自治会連合会」の活動も盛んで，加入率は軒並み 7 割を超えている．

　市内には，公設自主運営方式の 29 の公民館区（小学校区）[13]があり，それぞれの公民館区に地区社会福祉協議会（以下，地区社協）[14]が組織されていて，公民館長が地区社協長を兼ねている場合も多い．このように，公民館活動が教育活動と地域福祉活動の拠点になっており，公民館と地区社協が密接に連携していることが松江市の特徴である（川島 2013b：122）．

　松江市では，介護保険制度施行前より，市の保健師などを中心とした老人保健法に基づく生活習慣病予防を旨とする介護予防や，地区社協による生きがいづくりと閉じこもり予防のための「ふれあい・いきいきサロン」を市と協働する形式で「なごやか寄り合い事業」として行っていた．

　介護保険制度改正前は，介護予防の拠点ともなる基幹型在宅介護支援センターが市社協内に 1 ケ所，地域型在宅介護支援センターが各中学校区に 1 つずつ計 7 ケ所の在宅介護支援センターが設置されていた．地域型は，5 ケ所は民間

委託で，全所，老人ホームに併設されている．残り 2 ケ所は，1 ケ所が市社協のデイサービスセンター内に，1 ケ所は準県営の特別養護老人ホーム内にあった．

　2000 年に介護保険制度が施行されてから以降は，2001 年に施行された「介護予防・生活支援事業」によって，松江市高齢者福祉課主催の「転倒骨折予防教室」を年 6 回開催している．対象は，65 歳以上 75 歳までの高齢者で，参加者は市の広報誌で募集した．スタッフは，医師，理学療法士，歯科衛生士，保健師，地域型在宅介護支援センターの社会福祉士，理学療法士・作業療法士，介護福祉士，社協の CSW である．翌 2002 年より，市主催ではなく，各地域型在宅介護支援センターの委託事業とし，市の高齢者福祉課の保健師らがスーパーバイザー的役割を担いつつ運営した結果，計 1 万 2000 人の市民が参加した（川島 2003a：52）．結合型 SC である「町内会自治会」と連携して，公民館や地域型在宅介護支援センターを拠点とし，それぞれ約 10 名〜20 名程度の参加者を得て，年 3 回程度開催されている（川島 2003a：52-53，川島 2008b：180，川島 2013b：144）．認知症予防教室も月 1 回程度，公民館を拠点として町の保健師の指導の下，結合型 SC である地域のボランティアを中心に行ってきた．参加者は，おおむね 1 回あたり 10 人程度である[15]．

　また，2001 年当時は，まだ松江市に合併されていなかったが，現在は合併して松江市になっている東出雲町では，1996 年より老人保健法に基づく B 型機能訓練として月 1 回程度，公民館を拠点とし，認知症予防教室を開催してきた．1 年目は保健師が指導し，2 年目以降は結合型 SC である地域のボランティアに任せる形式で継続的に行い，老人医療費に占める高額医療費（主に認知症などの精神科にかかる医療費）の削減に成功している[16]（川島 2003a：54）．

　2006 年の介護保険制度改正後，地域包括支援センターが新設されてからは，松江市全体の地域包括センターの数は 5 ケ所に減った．しかし，2012 年からは 6 ケ所に増設され，サテライト型のセンターも 2 ケ所新設されている．なお，地域包括支援センターは，全て市から市社協に委託された（川島 2013b：122）．

　改正介護保険法が施行された 2006 年に設けられた地域支援事業は，市の介護保険係の介護予防事業として位置づけられている．しかし，地域包括支援センターが全て市社協への委託だったこともあり，市社協の CSW との連携によ

って介護予防が行われた．市社協の CSW は，市に出向する形式で，地域包括
支援センターに課せられた個別課題の総合相談業務や地域の組織化まで担うコ
ミュニティソーシャルワークを実践している．当時，松江市の地域包括支援セ
ンターでは，介護保険事業立案のためのニーズ把握調査やスクリーニングによ
って認知症の傾向があると判断された二次予防事業対象者（ハイリスクアプロー
チ対象者）は主に市の保健師が支援を担当し，健康な一次予防事業対象者（ポピ
ュレーションアプローチ対象者）への支援は市社協の CSW（社会福祉士）が担当し
ていた．

　前述したように，松江市の介護予防の特徴は，地域包括支援センターだけで
なく，各公民館区に 1 つずつある結合型 SC である地区社協員や福祉推進員，[17)]
民生児童委員などの地域のボランティアと，市社協の CSW や保健師などの専
門職が連携し，各小学校区で地区のニーズに合わせたきめ細かい介護予防事業
を行っている点にある．

　一方で，松江市は 2010 年に「健康都市まつえ」を宣言し，市の「健康まち
づくり課」（当時）と結合型 SC である「町内会自治会」が連携して地域にあっ
た健康づくりを行う「健康まつえ推進体」を結成した．また，橋渡し型 SC で
ある「NPO 法人」や結合型 SC である「地域のボランティア」が中心となっ
て結成した「転倒骨折予防教室」などが市内に 5 ケ所存在していたのを「健康
まちづくり課」の呼びかけによって集結させ，2012 年より「ヘルスボランテ
ィア協議会」を発足させて，介護予防を行うことになった．

　このように，松江市では，結合型 SC である「町内会自治会」を核とする
「公民館活動」における結合型 SC の地区社協員や福祉協力員，民生児童委員
などの地域のボランティアと，橋渡し型 SC である「NPO 法人」などを専門
職がつなぎながら介護予防を行っているのである（川島 2013b：144-145）．

　小学校区ごとに住民の居住歴の長さに相違があることは，すでに述べたが，
ここでは居住歴の長い者の多く住む地域と大型分譲マンションなどに住む居住
歴の短い者の多く住む地域の双方を併せ持つ新旧混合地区の雑賀地区における
SC の地域差を鑑みた介護予防の事例研究を行う．

　雑賀地区は，松江市南部に位置している．旧松江藩時代の最南端地域で，江
戸時代に雑兵が住んだ町であることから雑賀という町名になったのではないか

といわれている．昭和 30 年代から 40 年代の高度経済成長期には商店街の栄えた地域であったが，現在は，商店は廃業などにより減少している．高度経済成長期に青年人口が流出し，人口も減少して，空き家が増加した．また，地域在住住民の高齢化および少子化が進行したことにより，地域の活力は減退している．なお，年少人口は減少したものの島根県初の総理大臣若槻礼次郎を輩出した小学校であることから雑賀小学校は統廃合を免れている．

　現在の人口は，5226 人（2017 年現在），世帯数 2701（2017 年現在），結合型 SC の「町内会自治会」数は 29 である．昔ながらの地縁が強く，結合型 SC である「町内会自治連合会」の活動が盛んな地域で，居住歴の長い住民が多い地域であり，「町内会自治会」加入率は 63.8％である．しかし，近年，大型のマンションが立ち並び，若い世代の移住者が増え，居住歴の短い住民も増加した．

　雑賀地区では，公民館をステージとして，行政の準職員である公民館職員と結合型 SC の地域のボランティアである福祉協力員が協働して行う「保健デイ」や，独居高齢者の閉じこもり予防のためのレクリエーションを行う「まつなみ会」などを月 2 回程度行うミニデイサービスを介護予防の一環として行っている．また，結合型 SC である「町内会自治会」単位の「小地域ミニデイサービス」（市の介護予防事業である「なごやか寄合事業」によるもの），福祉協力員による日ごろの声がけや年 2 回の弁当の配布および敬老祝い金の持参などの「見守り活動」などを行ってきた．これらの介護予防活動の多くは，居住歴の長い住民による結合型 SC を駆使した介護予防活動である．

　一方，雑賀地区の居住高齢者の過半数は健康であり，町の外に住む元の職場の友人との交友関係を保ち続け，橋渡し型 SC に該当する町外への「趣味の会への参加」など，種々の「会への参加」を盛んに行っている（川島 2008b：182）．

　居住歴の短い住民が多く住む大型分譲マンション[18]は，高齢者の居住者もいるものの，そのほとんどが，いわゆるニューファミリーといわれる子育て中の核家族である．それゆえ，そもそも介護予防を必要とする世代が居住しているわけではない．したがって，結合型 SC を豊かにする介護予防の取り組みを行っているわけではないが，マンション内に子ども会が存在し，結合型 SC 的な活動を展開して，夏祭りなどのイベントを開催するなど，高齢居住者のみならず居住者同士の交流を図る活動などを積極的に行っている．

このように，松江市雑賀地区の取り組みは，居住歴の差異によってSCの地域差も異なる準都市部の介護予防において，居住歴が長い住民の多い地域では結合型SCの良さを活かした高齢者のボランティアの互助による介護予防を行いつつ，橋渡し型SCである町外への「会への参加」も行っている好事例である.

3. 都市部（京都市上京区）の事例

次に，都市部の京都市上京区における事例研究を行う. 京都市は政令指令都市であり，上京区は，面積7.03km^2，総人口8万4953人（2017年現在），世帯数4万3304（2010年現在），高齢化率25.5%（2009年現在），合計特殊出生率1.09（2016年現在）の京都市中央部に位置する区である. 京都御所を擁する古い町であり，東には鴨川が流れ，多くの歴史的遺産があり，西陣織の産地でもある. 近隣に大学が複数あることから，20歳〜24歳までの人口が最も多い. 一方，高齢化も進んでいて，独居者の割合が総人口の半数以上を占めている.[19]

上京区は都市部ではあるが，新旧混合地域であり，寺社および商店街を中心とする昔ながらの地縁である結合型SCと，地縁とは無縁な学生による橋渡し型SC的なつながりの両側面を持つ地域である. 区内に小学校区は計17あって結合型SCである「町内会自治会」の加入率は66%[20]と都市部にしては高い. NPOの認証数は73（2015年現在）である.「スポーツの会」や「趣味の会」，各種「ボランティアの会」への参加も可能で，社会資源が多く存在する. このように，都市部の地域特性である橋渡し型SCも豊かであるが，結合型SCの「町内会自治会」の活動も盛んであるという地域特性をあわせ持つ.

上京区の介護予防は，行政主導でありながら，区社協と協働し，結合型SCの「町内会自治会」レベルで住民主体の介護予防を行っていることにある.

まず最初に，上京区における介護予防について述べる前に，京都市全体の介護予防についてまとめておきたい. 京都市は，2018年〜2020年の間を目途とした「第7期京都市民長寿すこやかプラン」を2018年3月に策定した. このプランは，「市民のひとりひとりが若いうちから健康づくりを習慣づけるとともに，高齢期を迎えても介護予防に主体的に取り組み，地域の担い手として活躍できる社会を目指すこと」を目的として立案された. また，「医療と介護を

はじめとする多職種や地域住民との協働による，医療・介護・生活支援サービスが切れ目なく提供できる地域づくりを進めていくことで，介護が必要になっても住み慣れた地域で暮らし続けられる『京都市版地域包括ケアシステム』の深化・推進」を目指している．プランの基本理念は，「高齢者ひとりひとりが自らの意思に基づき，住み慣れた地域で互いに支えあい，いきいきと健やかに暮らせる『健康長寿のまち・京都』をみんなでつくる」ことである．

　京都市は，この基本理念を実現するために，以下の 4 つの重点的取り組み目標を掲げた．「① 健康寿命の延伸に向けた健康づくり・介護予防の推進（1. 健康づくり・介護予防の取組の推進，2. 就労支援・担い手づくりと社会参加の推進），② 地域で支え合う地域共生のまちづくりの推進（1. 地域で支え合う体制の構築と意識の共有，2. 認知症の方を含む高齢者にやさしい地域づくり），③ 安心して暮らせる住まいの環境の確保と介護サービス等の充実（1. 安心して暮らせる住まい環境づくりの推進，2. 介護サービス等の充実，3. 介護・福祉に従事する担い手の確保・定着及び育成），④ 切れ目ない医療・介護・生活支援サービスの提供体制の強化（1. 地域での支援のネットワークの強化，2. 医療と介護の連携強化）．

　地域包括ケアシステムについては，「市内全域をカバーする 61 ケ所の「高齢サポート」（いわゆる地域包括支援センター）を中核として，京都市ならではの『地域力』や『地域の絆』を最大限に生かした学区単位のきめ細かい取り組みをもとに，日常生活圏域において，医療・介護をはじめとする様々な関係機関との連携を進めることで，地域住民，関係機関，行政が一体となり，地域ぐるみで多用なニーズを持つ高齢者の暮らしを支援する」として，SC である「地域の絆」の重要性にもふれている（京都市 2018：10-11）．

　具体的には，複数の元学区を束ねたおおむね中学校区の 76 地域を設定し，学区域での「地域の多様な担い手（民生児童委員，老人福祉員，すこやかクラブ京都，学区社協，学生，ボランティアなど）による見守りや身近な居場所づくりなどの推進」を目指す．介護予防に関しては，「地域介護予防推進センター」や「健康すこやか学級」[21]，「老人福祉センター」で行うことになっている（京都市 2018：11）．

　地域包括支援センターである「高齢サポート」（61 ケ所）に加え，おおむね各区に 1 つある「地域介護予防推進センター」[22][23]でも介護予防を行っている点が，

他の市町村にはない京都市の特徴であるといえよう．この介護予防に特化した「地域介護予防推進センター」を別途設けることで，地域包括支援センターの専門職が介護に関する相談と介護予防マネジメントに追われ，健康な高齢者への介護予防までは手がまわらないという事態を避けることができている．

「地域介護予防推進センター」で提供される介護予防サービスの他，京都市では，「一般介護予防事業」として，無料もしくは 1000 円～2000 円程度の参加料を徴収し，全 3 回～ 6 回か，通所もしくは出張型などで，以下の教室や相談会を提供している．① 口腔機能相談，② 食事と健口でフレイル予防教室，[24]③ いきいきシニアの食事バランス教室，[25] ④ シニア栄養相談，[26] ⑤ シニアのお手軽クッキング教室，⑥ いきいき筋力トレーニング教室，[27] ⑦ 健康すこやか学級，⑧ すこやか講座．[28] また，「京都市いきいき筋トレボランティア養成講座」も設け，「京（今日）から始めるいきいき筋力トレーニング」，「京ロコステップ＋10」や介護予防に関する知識の推進を地域において実践するボランティアも養成している（京都市 2018：58-60）．

上京区内の「高齢サポート」（地域包括支援センター）は，乾隆，小川，仁和，成逸の 4 ケ所にあり，「地域介護予防推進センター」は，小川の地域包括支援センターに併設する形で 1 ケ所ある．配置されている専門職は，栄養士，運動指導士の 3 名である．また，上京区の介護予防は，主に，区健康福祉部健康長寿課の健康長寿推進担当と区社協，結合型 SC である住民組織の主体的活動などとの協働によって行われている．具体的には，京都市の「一般介護予防事業」として区社協が行う「健康すこやか学級」や，健康長寿課の保健師による上京区独自のフレイル予防などを行っているという．[29]

ここでは，区社協が主導して行っている「健康すこやか学級事業」に着目したい．なぜならば，京都市は可住人口密度別の都市類型では都市部に該当し，橋渡し型 SC は豊かだが結合型 SC が希薄であるため，結合型 SC を豊かにするような介入をしていく必要があるわけであるが，この「健康すこやか学級」は，まさに結合型 SC である「町内会自治会」レベルで行われている場合が多いからである．

上京区内に「健康すこやか学級」は，おおむね小学校区ごとに全部で 16 ケあり，学区内の小学校や地域包括支援センターなどを会場とし，月 1 回～ 2 回

程度から週 1 回の頻度で，介護予防に資するサロンを開催したり，介護予防教室を行っている．16 ケ所の内訳と実施内容は，以下の通りである．① 誠逸いきいきサロン（すこやか体操，脳トレなど），② 室町いきいきサロン（化粧教室，講義，体操，歌，世代間交流など），③ 乾隆すこやか学級（体操，脳トレなど），④ 年功会サロンミニデイ（西陣学区）（生活に役立つお話，脳トレ，体操，血圧チェックなど），⑤ 翔鸞いきいきサロン（すこやか体操，合唱，季節の小物づくりなど），⑥ ミニデイサービス（嘉楽中学校区）（簡単な運動，懇談，年 4 回の外出行事，など），⑦ 桃薗お元気クラブ（健康体操，脳トレ，小物づくり，など），⑧ 小川せせらぎサロン（体操，ゲーム，季節の工作，お菓子づくり，懇談など），⑨ 京極スマイルサロン（体操，折り紙，塗り絵など），⑩ 仁和健康すこやか学級ぼちぼち（健康体操，学習会，ゲームなど），⑪ おしゃべりサロン（元聚楽学区）（すこやか体操，コーラス，手芸など），⑫ 中立やわらぎの園（カレンダーづくり，ゲーム，合唱など），⑬ 健康すこやか学級（出水学区）（カレンダーづくり，ゲーム，合唱など），⑭ コミュニティサロン（元待賢学区）（脳トレ，手芸，生活に役立つお話など），⑮ いきいきサロン（元滋野中学校区）（体操，合唱，塗り絵など），⑯ 春日ミニケアサロン（音楽療法，折り紙など）．

　16 学区内で最も頻度が多く週 1 回毎週木曜日に開催される京極学区の「スマイルサロン」では，**表 4-2** のようなプログラムで介護予防教室を開催している．京極スマイルサロンの参加者は，毎回，おおむね 10 名〜20 名程度で，参加者の年齢はおおよそ 70 歳以上であり，参加費は 100 円で，地区の老舗喫茶店を会場として行われている．この喫茶店の店主は，京極学区の町内会長である．つまり，結合型 SC である「町内会自治会」の長が主体となって，この介護予防プログラムを区社協や地域包括支援センターおよび地域包括支援センター内に併設された「地域介護予防推進センター」の職員と協働して行っているわけである．これは，まさに，橋渡し型 SC の豊かな都市部で，結合型 SC である「町内会自治会」を主体とした介護予防を行っている好事例である．

表 4-2　京極スマイルサロンのプログラムの例

A月	第1週	第2週	第3週	第4週	
	上京警察署警官の腹話術・紙芝居による詐欺防止に関する講話	地域包括支援センター職員の介護予防プログラム（転倒骨折予防体操など）	整形外科医講話（転倒骨折予防など）	絵手紙作り（認知症予防）	
B月	第1週	第2週	第3週	第4週	第5週
	上京警察署警官の腹話術・紙芝居による詐欺防止に関する講話	地域包括支援センター職員の介護予防プログラム（転倒骨折予防体操など）	整形外科医講話（転倒骨折予防など）	京都市健康づくりサポーターによる健康体操	押し花飾り作り

第3節　結合型 SC と橋渡し型 SC を駆使して子育て支援を行っている地域の事例研究

1.　農村部（三重県伊賀市）の事例

　次に，結合型 SC としての「町内会自治会」と橋渡し型 SC としての「NPO 法人」や中間支援組織などの双方を駆使しつつ子育て支援を行っている自治体の事例研究を可住人口密度別で分けた農村部・準都市部・都市部ごとに SC の地域差に着目しながら行う．

　まず最初に，農村部の三重県伊賀市の事例研究を行ってみたい．伊賀市の概要は，前節で述べた通りである．伊賀市における子育て中の若年層は，主に，駅近くにある新興住宅地に集中して居住する傾向にあり，山間の地域では，小学生以下の人口が著しく減少している．具体的には，2009 年には 12.7 ％だった年少人口は 2014 年には 12.1 ％に減少した．2009 年から 2014 年の 5 年間で子どもの人口（0 歳〜17 歳）は，1 万 4000 人減少し，4 万 1000 人（2014 年現在）にまで落ち込んだ（川島 2018b：17）．

　2018 年現在，伊賀市の子育て支援は，市の「健康福祉部こども未来課」が中心になって行っている．同課では，国の「子ども・子育て支援法」に基づき，5 ケ年を 1 期とする 2015 年から 2019 年までの「子ども・子育て支援事業計画」を立案した．同計画は，伊賀市のまちづくりの総合指針である「伊賀市総

合計画」や，地域福祉の方針を定める「伊賀市地域福祉計画」を子育て支援の視点で具体化する分野別計画として位置づけられている．

　同計画の概要版によれば，伊賀市でのアンケート調査の結果，伊賀市は「とても子育てしやすい」「どちらかといえば子育てしやすい」と回答した父母は，就学前で 75.3％，小学生で 76.9％と，いずれも 7 割 5 分を超えている．一方で，「子育てに関して不安や負担を感じるか」という設問に対し，「非常に不安や負担を感じる」「なんとなく不安や負担を感じる」と回答した父母の割合は，就学前で 47.5％，小学生で 50.7％と約半数にのぼっている．

　具体的に，何に不安や負担を感じるかに関しては，「子どもの教育に関すること」が，就学前 33.9％，小学生 41.5％と最も高く，順に，「仕事や自分のやりたいことが十分にできない」（就学前 29.3％，小学校 22.2％），「子どもとの時間を十分にとれない」（就学前 27.7％，小学生 37.2％），「いじめを含む友達付き合いに関すること」（就学前 18.9％，小学生 36.3％），「子どもとの接し方に自信がもてない」（就学前 17.7％，小学生 18.1％），「子どもの保育に関すること」（就学前 16.8％，小学生 5.0％），「子育てに関しての配偶者・パートナーの協力が少ないこと」（就学前 12.5％，小学生 11.8％），「育児の方法がよくわからない」（就学前 12.2％，小学生 5.6％），「配偶者・パートナー以外に子育てを手伝ってくれる人がいないこと」（就学前 7.7％，小学生 5.2％），「地域の子育て支援のサービスの内容や利用・申し込み方法がよくわからないこと」（就学前 7.5％，小学生 3.7％）」となっている．

　これらのニーズ把握に基づき，市では，以下の 4 つの基本目標を立てた．すなわち，基本目標 1「地域における子育て支援事業の充実」（1. 幼児期の教育・保育の総合的な提供，2. 児童の放課後の過ごし方への支援，3. 地域における多様な子育て支援の充実，4. 子育て家庭の経済的負担軽減），基本目標 2「安心して子どもを生み育てられる子育て支援の体制づくり」（1. 母性並びに乳児及び幼児の健康の保持及び増進，2. 小児救急医療体制の充実，3. 家庭や地域の教育力の向上）」，基本目標 3「子どもの健全育成を推進するための体制づくり」（1. 子どもの人権擁護の推進，2. 要支援児童への対応などきめ細かな取り組みの推進，3. 子育て交流の推進，4. 子どもが健やかに成長する環境づくり），基本目標 4「仕事と生活の調和（ワーク・ライフ・バランス）の推進」である．

　基本目標 1-2 や，基本目標 3-3 に基づき，「地域子育て支援拠点事業（子育て支援センター）」や，「子育て包括支援センター事業」，「ファミリー・サポート・センター事業」，および「子育てサークルの活動支援」などが設けられている．具体的には，私鉄駅前の市の施設内に「子育て包括支援センター」が設けられ，市内 8 地区に「子育て支援センター」が設置されている．さらに，私鉄駅前の市の施設内には，「ファミリー・サポート・センター」も設置されている（伊賀市 2015）．

　私鉄駅前の市の施設には，市の健康推進課も「子育て包括支援センター」と同じ階に入っており，発達に不安のある乳幼児の相談にも応じられるようになっていて，出産から育児までをワンストップサービスで担える拠点づくりを目指している．また，「子育て包括支援センター」と健康推進課の前にある多目的ホールには，広いプレイルームや，玩具，楽器などが常設されていて，子育て支援のためのサロンが住民主体で開催されている．伊賀市には，市社協の「ふれあい・いきいきサロン」の枠を利用した子育て支援サロンが 8 つある（川島 2018b：17-18）．

　伊賀市の子育て支援の特徴は，行政主導でありながらも，住民主体の子育て支援サロンなどと協働していることにある．この住民主体の子育て支援サロンは，結合型 SC である「町内会自治会（住民自治協議会）」などのつながりを越え，町外から橋渡し的に集まってくる父母によって構成されるものであり，橋渡し型 SC 的な要素も持つ．

　2017 年 9 月に，これらの子育てサロン計 7 つに集う保護者計 95 名を対象として留置法によって行った回収率 65% の自記式アンケート調査の結果によると，伊賀市は「子育てしやすい」と回答した保護者は 93% にのぼった．その理由として「子育て支援センターの支援が充実していて，自由に参加できる子育てサロンやサークルがたくさんあるから」などと回答した保護者もいる．

　以上の事例研究ないし一部定量的調査の結果から，農村部に類型される地方小都市の伊賀市では，結合型 SC が強い地域特性がありながらも，橋渡し型 SC である住民主体の子育て支援サロンを子育て包括支援センターを中核とした行政との協働の下に行い，合計特殊出生率も高く子育て支援に成功している好事例であるといえよう．

2.　準都市部（島根県松江市）の事例

　次に，準都市部の島根県松江市における子育て支援の事例研究を行う．松江市の概要については，すでに前節で述べた．子育て中の若年層は，特定の地域にかたまって居住しているわけではないが，旧市内周辺部の新興住宅地に居住する者が多く，旧市内の小学校は生徒数が減少し，統廃合する傾向にある．だが，保育園は，市の意向で民間の園を増園する方針である．

　2018年現在，松江市の子育て支援は，主に，松江市健康子育て部子育て政策課と子育て支援課，子育て支援センターなどによって行われている．国の「子ども・子育て支援法」に基づき，ニーズ把握をした上で立案した松江市の「子ども・子育て支援事業計画」では，「みんなで子どもを育む 子育て環境日本一・松江」を基本理念に掲げ，以下の4つの基本目標を設定している．すなわち，① 子どものための保育・教育の充実，② 子どものための保護者支援，③ 子どものための安全・安心の環境づくり，④ 地域や企業とともに取り組む環境の向上，である．

　最も刮目すべきは，小学校6年生までの医療費を無料化している点であろう．また，認可保育所と公立幼稚園では，保育料を第3子以降は，無料にしている．さらに，待機児童0も目指している．2017年度は待機児童が30人いたため，2018年度は私立の認可保育園を3つ増やし，226人定員を増やす予定である[30)]．また，休日保育所も1ケ所設けられ，一時保育も認可保育園で行っている．さらに，「放課後子どもプラン」により，全小学校区で「放課後子ども教室」を開き，学校施設などを利用して子どもたちが自由に遊ぶことのできる場を提供している．また，「放課後児童クラブ」も計50設けている（2014年現在）．

　しかしながら，育児休暇取得率は男性1.4%，女性43.8%と全国平均を大幅に下回っている．その理由は，島根県内の企業のほとんどが中小企業であることにある．そこで，松江市の「子ども・子育て支援事業計画」では，基本目標の1つに「地域や企業とともに取り組む子育て環境の向上」をあげ，育児・介護休業法などの関係法制度について事業主や労働者などへの情報を提供し，普及啓発を進め，仕事と子育ての両立が図れる職場環境づくりのための取り組みを推奨することを定めている（松江市 2017b：30-62）．

　子育て支援センターは，市立病院横の保健福祉センター内にある中核型の子

育て支援センターのほかに，市内に8つある．センター内には，おもちゃ，絵本コーナー，砂場，ランチスペースなどが備えてあり，親子で自由に遊ぶことができる．利用料は無料で，何時間いてもよく，予約の必要もない．小学校区を超えたセンターに行くことも可能で，橋渡し的なつながりを保つこともできる．

　子育て支援センターをサポートする中間支援組織も9団体あり，子育て支援センターの事業の見守りをはじめ，おもちゃの修理や，布の絵本の寄贈，コンサート，人形劇などを行い，サポートしている．「サポートサークル」と名付けられたこの橋渡し型SCの中間支援組織は，年4回，ネットワーク会議を開いている．

　ここでは，森林公園を運営する「サポートサークル」の「NPO法人もりふれ倶楽部」と「宍道子育て支援センター」の事例研究を行う．松江市宍道地区は，平成の大合併後に松江市に合併したJR松江駅から約20分の宍道湖沿いに広がる人口8771人，世帯数3097（2017年現在）の田園地帯である．結合型SCである「町内会自治会」数は48で，加入率は78.1%と非常に高く，結合型SCである地縁の強い地域である．

　「宍道子育て支援センター」はJR宍道駅前にあり，保育士免許を持つ市の嘱託職員が2名，常駐している．月4回程度，運動遊びや誕生会，絵本の読み聞かせなどを開き，月1回，子育て支援のための講座（学習会）を外部講師を招くなどして開催している．また，月1回，花餅づくりなどの親子で楽しめる茶話会などの企画を行っている．さらに，年6回，保健師が開催するサロンも設け，授乳や発達の不安の相談にも応じている．利用者は育児休暇中の母親が多いが，幼稚園が夏休みの時には園児やその保護者の利用も増えるため，夏休みの幼稚園児向けのイベントがなく，困っていた．

　宍道町には，「宍道ふるさと森林公園」という森林の自然に親しむ広大な資源があり，橋渡し型SCである「NPO法人もりふれ倶楽部」が，この施設の運営を担っている．そこで，「宍道子育て支援センター」では，「NPO法人もりふれ倶楽部」と連携して，おおむね3歳〜就学前児童向けの木の実を使った「やじろべえづくり」や，「檜の皮の紙すき体験」などを行っている．これらの企画には，宍道町外の子どもと保護者の参加も可能で，保護者同士の橋渡し的

なつながりの構築に一役かっている.

　また，逆に，橋渡し型 SC は豊かだが，結合型 SC が比較的希薄な新興住宅地や新しい分譲マンションを抱える松江市内の小学校区では，核家族で隣の人の顔もわからないまま子育てをし，孤立しがちな母親も少なくない．そこで，小学校区に 1 つある公民館を拠点とした子育て支援も行われている．松江市は，もともと福祉と教育の拠点としての公民館活動が活発な市であり，各公民館と連動する形で市社協の下部組織である地区社協が様々な福祉活動を行っていることは介護予防の事例研究の際に述べた．

　介護予防の事例研究でもとりあげた旧市内に位置する雑賀地区では，近年，分譲マンションがいくつか建ち，若い世代の核家族の居住者が増えた．雑賀小学校の横にある雑賀公民館では，公民館を拠点として絵本の読み聞かせのサークルを開設したり，小学校の放課後児童クラブなどと連携した子育て支援を結合型 SC である「町内会自治会連合会」の会員や地域のボランティアである地区社協員と連携しつつ行っている．

　以上のような支援の結果，市が無作為抽出で全市の子育て中の保護者を対象にして行った自記式アンケート調査の結果によると，「安心して子育てしやすい町だと思う」と回答した者の割合は，65％にのぼった（松江市 2017c：15）.

　松江市の事例は，結合型 SC が豊かな居住歴の長い者が住む地域と，橋渡し型 SC が豊かな新興住宅地などの地域の双方をあわせもつ準都市部の中核市において，核家族の移住者が増え橋渡し型 SC が豊かである旧市内の小学校区では結合型 SC である地縁や「町内会自治会」などに依拠し，公民館区ごとに子育て支援のイベントを行うなどの子育て支援を行って，合併後に松江市に編入した結合型 SC である地縁の強い農村部の小学校区では「NPO 法人」やその他の橋渡し型 SC である中間支援組織と行政の協働による子育て支援を行っている好事例である．

3.　都市部（京都市上京区）の事例

　次に，都市部の京都市上京区における子育て支援に関する事例研究を行う．京都市上京区の概要に関しては，すでに，前に述べているため，割愛したい．子どもの人口は，区の総人口の約 12％である 9800 人で，以前より減少してい

るものの保育所入所児童数は増加している.

　2018 年現在の上京区の子育て支援は，主に，上京区役所の保健福祉センター健康福祉部子どもはぐくみ室を中心に行われている．京都市は，2017 年度より子育て支援に関し，健康面，発達相談，保育，児童手当などの経済的援助やその他の子育て支援などをできるだけワンストップサービスで行えるよう組織改革をし，「子ども若者はぐくみ局」という新しい部署を作り，その下部組織として，各区に子どもはぐくみ室を設けた．

　上京区独自の子育て支援策としては，子育て情報誌「上京えんじぇる応援ブック」[31]を作成し，上京区内に 28 ある公私の幼稚園・幼保園・保育園や，22 ある公私の児童館・子育てサロン，21 ある公園などの「おでかけスポット」の紹介などのほか，「子育てお役立ち情報」として，一時保育やショートステイ，病児・病後児保育，産前産後ヘルパー派遣事業，一時預かり，などの京都市全域の保育サービスの紹介もしている．また，総合相談窓口としての上京区子どもはぐくみ室の案内もしている．さらに，各小学校区ごとに，保育園や幼稚園の所在や子育て支援サロンの紹介および公園などの社会資源のある場所も示している．また，「上京えんじぇる応援団すくすくステッカーで子育て支援事業」として，小学生以下の子どもがいる家庭に「えんじぇるカード」を配布し，「すくすくステッカー」が張られた協力店で特典が得られるサービスなども行っている．

　さらに，民生児童委員が中心となって「赤ちゃんお祝い訪問事業」も行い，新生児が生まれた際，主任児童委員が上京区のゆるキャラ「かみぎゅうくん」のガーゼタオルを届けると同時に，「上京えんじぇる応援 BOOK」を配布して，近隣の子育て支援サロンなどの紹介を行い，困った時にはいつでもなんでも相談できるように地域を担当する主任児童委員の連絡先を教えたりもしている．この訪問事業は，まさに住民主体で始まったものであり，おしきせの訪問ではなく，母親の要請があって初めて訪問を行う事業で，2011 年に上京区の独自事業として開始された．現在，訪問率は全新生児誕生世帯の約 3 割で，2016 年は 483 世帯にのぼった[32]．上京区からスタートしたこの事業は，2015 年からは京都市全市で実施されている．

　加えて，やはり，民生児童委員の発案で，2001 年より毎年 11 月に室町小学

校で「上京子どもまつり」を開催している．この祭では，区内保育園・幼稚園
児による演奏や合唱のステージ，および子育て支援関係団体による遊び体験ブ
ースなどを設けている．このイベントには，上京区外の子どもたちも大勢，集
まってくるという．

　そのほか，上京区のホームページに，子育て支援のための「はぐくみだより
ぱたぽん」を月 1 回，掲載している（ペーパーでも配布）．「ぱたぽん」には，保
育園の園庭の開放情報や，各種子育てサロンの開催日と開催場所，半日保育体
験の情報，子育て相談，身体測定，もちつき大会など行事や，父親むけの凧づ
くりのイベントなどの情報が日変わりで掲載され，1 日平均約 3 〜10 のイベ
ントが掲載されている．これらのイベントは，上京区全域各所で行われるもの
であり，小学校区を超えて参加することができるいわば橋渡し型 SC 的なつな
がりを生むものでもある．

　ここでは，「ぱたぽん」2017 年 11 月号に掲載された上京区京極学区の結合
型 SC である「町内会自治会」の会員が企画した「親子 DE ミニクリスマスコ
ンサート」の事例研究を行う．この「親子 DE ミニクリスマスコンサート」は，
2017 年 12 月 13 日 10 時半から 11 時半まで上京区総合庁舎 4 階大会議室で開
催された．参加者は，上京区全域から小学校区を超えて集まった就学前の子ど
もとその父母で，参加人数は 28 組計 61 名であった．

　内容は，地元在住のシンガーソングライターの歌に合わせて親子でクリスマ
スソングなどを歌ったり，音楽にあわせた絵本の読み聞かせを行ったり，同志
社大学政策学部の学生が扮するサンタクロースやトナカイ，上京区のマスコッ
トキャラクター「かみぎゅうくん」とともに遊び，写真を一緒に撮ったりする
というものである．主催は，上京区「はぐくみ」ネットワーク実行委員会で，
企画したのは上京区京極学区の「町内会自治会」の一員であった．

　京極学区は，御所の北東に位置する人口約 5000 人の小学校区で，東は鴨川，
西は相国寺を境とする南北に細長い地域である．鯖街道の終点の出町にある出
町商店街や寺町商店街，枡形商店街を擁し，結合型 SC である地縁の強い地域
である．一方で，京大と同志社の間にあることから学生も多い町であり，典型
的な新旧混合地区でもある．

　学区内には，市立幼稚園が 1 つ，市立保育園が 1 つ，私立幼稚園が 2 つ，京

都市子育て支援活動いきいきセンターとして社団法人が運営し住民主体で行われる子育てサロン（「ほっこりハート」）が１つ，公園が１つあるが，広大な御所が近隣にあるため子どもの遊び場には苦労しない.

京極学区の特徴は，結合型 SC である「町内会自治会」の上部組織であり，地区社協的役割も担う住民組織である「京極住民福祉連合会」が存在することにある.「住民福祉連合会」では，年間を通し，京極文化祭，子どもみこし，歴史探偵団，地蔵盆，商店街を中心とした七夕祭などを行っている[33]. そのほか京都市消防局の下部組織である上京自主防災協議会の下部組織・京極防災委員会の活動も盛んだ.

「住民福祉連合会」独自の子育て支援としては，前述した「ほっこりハート」と名付けられた住民主体の子育てサロンを会場とし，月１回程度，約 20 名前後の参加者で「ばあばと遊ぼ」という祖母世代の地域のボランティアが子どもたちに昔の遊びを教えるイベントなどを開催している. また，学区内の幼稚園，保育所，小学校を巡回する形で「動く紙芝居[34]」も行っている. 加入率が高く，活発な自治会活動を行っている地区で，いわゆる「町内会自治会」レベルでの子育て支援や見守りを積極的に行っている学区であるといえる.

一方で，出町のまちづくりを行う「でまち倶楽部」などの橋渡し型 SC である中間支援組織や，まちづくりの NPO 法人「De まち」なども存在し，2017年末には NPO が中心となり，枡形商店街内に「出町座」という映画館と書店およびカフェが一体となった複合施設を造った.

また，上京区役所で行われる「親子 DE ミニクリスマスコンサート」という，結合型 SC である「京極住民福祉連合会」会員の発案により企画され，上京区と協働の上に開催される子育て支援のためのコンサートもある. 橋渡し型 SC 的な要素をもつ同志社大学の学生は，橋渡し型 SC である「でまち倶楽部」などの中間支援組織が行うまちづくりの一環として，この子育て支援コンサートに参加した.

かくのごとく，上京区の子育て支援は，都市部で豊かな橋渡し型 SC だけでなく，結合型 SC である「住民福祉連合会」と連携して行われているという点において，都市部における SC の地域差を克服する子育て支援の好事例であるといえる.

　以上，包括的支援の地域包括ケアシステムにおける今後あるべき介護予防と子育て支援の事例研究を農村部・準都市部・都市部ごとに SC の地域差を鑑みて行った．

　2016 年に内閣府が行った SC に関する調査では，SC が希薄な自治体では，橋渡し型 SC の代理変数である「NPO」を増やすなどして地域活性化を行えばよいのではないかという提言を行っていることは，すでに第 2 章で述べている（内閣府 2016）．また，第 3 章では，結合型 SC の負の部分を指摘する先行研究の多いなか，実は日本の子育て支援は現状では結合型 SC である血縁・地縁に頼る部分が大きいことを示唆した．だからこそ，「NPO 法人」などの橋渡し型 SC をより豊かにする介入を行うべきというのが本研究の主張であり，結合型 SC は豊かだが橋渡し型 SC は希薄である農村部ほど橋渡し型 SC である「NPO」や「NPO 法人」を増やしていく必要があるものと考える．また，2016 年の内閣府の SC に関する調査結果によれば，たとえば，ある 1 つの市町村で「NPO」を増やして地域を活性化することによって近隣市町村も活性できる可能性は大きいという結果が得られたことも，すでに第 2 章において記した（内閣府 2016）．

　では，なぜ，日本の農村部では「NPO」や「NPO」法人が根づかないのか．いや，正しくは，「NPO」や「NPO」法人は，都市部はもとより準都市部でも農村部でも増加傾向にあり，もはや「NPO」がない市町村はないほどである．しかし，たとえば，第 3 章の量的調査における子育て支援の調査の非介入群に選定した L 町には，「NPO」が 1 つはあるものの，それは子育て支援に関する「NPO」でもなければ，介護予防に関する「NPO」でもなかった．

　介護保険制度施行後，民間サービスの参入が認められたために，介護サービスに関する「NPO」や「NPO 法人」は，農村部・準都市部・都市部ともに増加している．だが，必要とされながらも子育て支援に関する「NPO」や「NPO 法人」の活動が定着せず，母親の相談相手として「NPO」や「NPO 法人」などが運営する子育てサロンの相談員などのパーセンテージが低いままなのは，なぜなのか．どのような政策を推し進めれば，子育て支援に関する「NPO」や「NPO」法人が根づき，介護予防に関する「NPO」や「NPO 法人」が，さらに増加するのか．

　第5章では，「NPO」や「NGO」の活動が盛んで，「NPO 法人」や「NGO」が，公的サービスと協働して介護予防や子育て支援を担っている北欧の事例を，殊に，北欧で最も私的セクターの活動が盛んだといわれているフィンランドの介護予防と子育て支援の事例を事例研究することにより，日本の政策への示唆を行ってみたい．

注

1）　伊賀市の最高規範．伊賀市ならではのまちづくりをめざすための条例で，市民，市議会，市それぞれが，できること，しなければならないことを定めた条例（伊賀市健康福祉部 2017：9）．

2）　地域支え合い推進員．高齢者の生活支援・介護予防サービスの体制整備を推進していくことを目的とし地域において生活支援・介護予防サービスの提供体制の構築に向けたコーディネート機能を果たす者．2014 年の介護保険法改正時に設けられた（隅田 2018：7，23）．

3）　地域を拠点とし，当事者とボランティアとが協働で企画し，内容を決め，運営していく仲間づくり活動．全国社会福祉協議会が命名し，市区町村社協をはじめとして急速に広がっている．活動は，体操，趣味の会，食事会など様々であるが，高齢者の閉じこもり予防につながるため，介護予防の一環として注目されている．近年では，子育てサロンなどとしての広がりもみせている（藤井 2011：312）．

4）　花見，七夕，運動会，文化祭，敬老の日，クリスマス，忘年会，など．

5）　手工芸，ゲーム，クイズ，手遊び，あやとり，創作活動，俳句・短歌，陶芸，折り紙，料理など，認知症予防につながるものや，ゲートボール，グラウンドゴルフなど，転倒骨折予防につながるものなど．

6）　中心部である上野，島ケ原，大山田支所管内．

7）　伊賀，阿山支所管内．

8）　青山支所管内．

9）　人口 533 名，高齢者人口 246 名（2012 年現在）で高齢化率は 46.2%．0 歳児人口は 0 で，中学生以下の子どもは 20 名に満たない．

10）　2011 年「地域の支え合い活動の立ち上げ事業体制の構築支援を目的とした補助金」により完成した世代間交流の場で旧公民館のトイレをバリアフリーに改修し，福祉事務所のサテライトを開設した施設．

11）　利用料は 2 キロまで 300 円，1 キロ増すごとに 90 円が加算される．

12）　主な構成員は，自治会長と民生児童委員，住民自治協議会福祉部委員などである．

13）　2012 年現在．

14）　市区町村社協の下部組織で，住民によるボランティア組織である．

15）　骨密度測定，医師による講演，運動能力測定，作業療法士による転倒予防のための

運動指導, 歯科咬合力測定などのメニューで行われた.

16） かな拾いテスト（認知症の傾向を調べるテスト）, 血圧測定などの健康チェック, 認知症に関する知識普及のための医師などによる講演, 簡単な体操, 歌, レクリエーション（円陣を組んでビーチボールを 2 〜 3 回しながら歌を歌うなど 1 度に違う 2 つの事を行うゲームなど）, 右脳を使う作業（うちわに絵を描く, ペットボトルを利用した小物づくりなど）, 栄養指導などのメニューで行われた.

17） 各公民館区に組織され, 福祉活動を行う住民のボランティア. 各町内会自治会単位で選出される場合も多く, 結合型 SC の 1 つであるといえる. 民生児童委員も自治会単位で選出されるため, 結合型 SC に該当する.

18） 約 200 人の若年層の住民を有する.

19） 上京区ホームページ（www.city.kyoto.lg.jp/kamigyo/page/0000128726.html, 2018 年 2 月 1 日閲覧）. なお, 独居者には高齢者だけでなく学生も含まれる.

20） 平成 17（2005）年国勢調査を基にした平成 21 年 4 月の推計人口を母数とした場合の%. 平成 21（2009）年 4 月の住民票を基にした住民基礎台帳を母数とした場合では, 町内会加入率は 77%.

21） 学校の余裕教室などを活用した施設などでおおむね月 1 回程約 2 時間程度, 介護予防に資する活動や健康状態の確認, レクリエーションなどのサービスを提供することにより, 要支援または要介護状態への進行を予防するとともに, 社会参加の促進や閉じこもりの防止を図り, 長く住み慣れた地域で生活できるよう支援するで, 各区社協が担当している（京都市 2018：59）.

22） 伏見区は範囲が広いため 2 つ.

23） 地域における介護予防の拠点として京都市が 12 ケ所委託運営している機関. 地域の身近な会場で専門のスタッフの指導による運動機能向上教室などの介護予防プログラムを提供するほか, 介護予防に関する普及啓発や地域での自主的な介護予防に関する活動の支援を行っている（京都市 2018：60）.

24） 筋力や心身の活力が低下した状態.

25） メタボリックシンドロームなどの予防のための食事と運動を学ぶ.

26） 生活習慣病予防のための食事と運動を学ぶ.

27） 市内 7 ケ所の運動施設で高齢者向けの健康づくりに関する運動プログラムを全 4 回 2000 円から 2800 円で提供する通所型の教室.

28） すこやか体操を行うことで筋力や関節をのばすことにより転倒予防や介護予防に資する運動を行う.

29） 「健康長寿をのばす」お（お口のお手入れ）も（もりもり食べよう）て（手足をつかおう）な（仲間をつくろう）し（趣味をもとう）, と表紙に書かれた簡単な冊子を保健師が配布し, 口腔ケアや食事指導, ロコモティブシンドロームの予防, 橋渡し型 SC である「趣味の会への参加」促進により閉じこもりを予防して歩行障害および認知機能障害の予防を行う活動. 最後のページには結合型 SC である「地域（ご近所のつな

がり）」，橋渡し型 SC である「ボランティアのつながり」「趣味のつながり」や，「家族のつながり」，「仕事のつながり」の重要性にもふれ，「様々な『つながり』は，あなたを健康にしてくれます！」と SC 全般の重要性を訴えてもいる．

30） 山陰中央新報 2018 年 1 月 31 日 23 面，松江市（2017a）．

31） 上京区ホームページ上でも閲覧できる．

32） 2011 年 181 世帯，2012 年 501 世帯，2013 年 509 世帯，2014 年 506 世帯，2015 年 480 世帯．相談内容は，健康相談・近隣の保育園情報や待機児童問題など，多岐にわたる（上京区役所 2018）．

33） 京都市自治会・町内会＆ NPO おうえんポータブルサイト「応援します！みんなで進めるまちづくり」（http://www5.city.kyoto.jp/chiiki-npo/jichikai/gakku.php 2018 年 2 月 3 日閲覧）．

34） 紙をめくる紙芝居ではなく，人が衣装を着て紙芝居にあわせて動くもの．

第5章 橋渡し型ソーシャル・キャピタルを駆使した フィンランドの介護予防と子育て支援 ——NPO との協働と NPO の持続支援——

第1節 フィンランドの概要とジェンダーギャップ指数

1. フィンランドの概要

　第3章と第4章における結論をうけ，本章では，福祉先進国である北欧のなかでも，特に，橋渡し型 SC である「NPO」や「NPO 法人」を駆使して介護予防や子育て支援を行っているフィンランドの事例研究を行う．

　まずはじめに，フィンランドの概要について述べてみたい．フィンランド共和国は，バルト海を介してスウェーデンに隣し，北はノルウェー，東はロシアと接しており，西にはボスニア海，南にはフィンランド湾があって，バルト海の対岸にはバルト三国の1つであるエストニアが対峙している．首都は，ヘルシンキ市で，人口は日本の福岡県の人口とほぼ同じ約 530 万人（2012 年現在），面積 33 万 8145km²，高齢化率約 15％である（2012 年現在）．

　平均寿命は女性 83 歳，男 77 歳（2010 年現在）である．高齢化のスピードは，EU（欧州連合）諸国のなかで最も速い．合計特殊出生率は，1.86 である（2009 年現在）．政治形態は共和制を敷いており，公用語はフィンランド語とスウェーデン語であるが，ほとんどの国民が英語を使用することができる．また，宗教は，ルーテル教を国教としている．通貨は，ユーロが一般的に流通していて，消費税は軒並み 25％の北欧諸国の中では低めの 22％である．

　数百年に及ぶスウェーデンとロシアの統治下を経て，1917 年に独立し，1995 年に EU に加盟した．第1次産業従事者は 4.5％，第2次産業従事者は 34.5％，第3次産業従事者は 61.0％である（1996 年現在）．昨今は，機械金属製品，電気機器製品が輸出の約 50％を占め，林業製品が約 30％を占める工業大国でもある．携帯電話のノキアは国際的に有名であり，国内の携帯電話の使用

率は固定電話の使用率を上回っている．インターネット使用率が高い国でもある（川島 2012b，高橋 1998：384，浪越ら 2012）．

2. フィンランドと日本のジェンダーギャップ指数の比較

介護や介護予防および子育て支援策について論ずる際，その国のジェンダーギャップ指数を無視することはできない．なぜならば，日本においては介護の過半数を女性が担う時期が長く続き[1]，子育てを担っているのも多くの場合，女性だからである[2]．そこで，フィンランドの介護予防と子育て支援策について述べる前に，単なる国の概要だけでなく，ジェンダーギャップ指数や女性支援策の概要を概観し，日本と比較してみたい．

The Global Gender Gap Report（2011）World Economic Forum によれば，フィンランドは，ジェンダーギャップ指数（Gender Gap Index）が世界第 3 位だった[3]．同年の日本のジェンダーギャップ指数は世界第 98 位である[4]．

ジェンダーギャップ指数の判断基準となる 4 つの指標は，「経済」「教育」「健康」「政治」である．日本の指数は，2011 年当時，経済 0.567，教育 0.989，健康 0.980，政治 0.072 であった．「健康」と「教育」は非常に高い指数であるものの，「経済」がやや低く，「政治」における指数は圧倒的に低い[5]．これらの指数の低さは，わが国における女性の政治参画の少なさと劣悪な雇用の現状を示している．

日本における国会議員の女性の割合は衆議院 9.5%・参議院 15.7% で平均 12.6%（2015 年現在）である，地方議員では，特別区で 25.9%，政令指定都市 16.5%，市町村議員が 13.1%（2014 年現在）と，2001 年当時の調査に比べれば都市部の地方議員に関しては大幅に増えているものの全体的には依然，低迷したままである．しかも，2015 年現在，まだ 4 割近い町村に女性議員がいない（川島 2015：236）．

また，日本の女性の就業率は高くなったといってもまだ約 7 割であり，非正規雇用者も多く，世界一を誇る男性の就業率の 88.5% と比べ，差異が 15% 以上もあるのが大きな特徴である[6]．

一方，フィンランドのジェンダーギャップ指数は，2011 年現在，経済 0.768，教育 0.999，健康 0.956，政治 0.606 であって，「教育」，「健康」の指数は日本

とそう変わらないものの,「経済」の指数は日本よりも高く, 何より「政治」の指数が明らかに高い[7]. それは, ひとえに女性議員の数の差に要因がある.

　フィンランドは, 女性が選挙権・被選挙権を共に獲得した最初の[8]国である. フィンランドの国政は, 間接民主主義の議院内閣制に近い半大統領制で 1 院制であり, 1960 年代より連立内閣制を採用している.

　1960 年代は, 女性議員の比率は低かったが, 1995 年に国と自治体の決定機関にクオータ制が導入され, 比率が上がった. 国会議員選挙は直接選挙で, どの党も候補者を男女半々ずつ出すように努力している. 2012 年現在, 国会議員は 200 名いて, 内, 女性は 86 名 (43%) である. 首相になった女性も過去に 2 名おり, 閣僚の男女比は約 5 割ずつで, 2012 年現在 19 名中 9 名が女性である. 2000 年に選出された大統領タルヤ・ハロネンは, ムーミンママの愛称で親しまれた初の女性大統領だった.

　地方議員の報酬はボランティアである[9]ため, 子育て中の年代の女性は立候補しにくい傾向にある. したがって, 国会議員よりも地方議員の方が女性議員の割合は低い. しかしながら, ヘルシンキ市を例にあげると, 2012 年現在, 市議総数 85 名のうち女性は 49 名で, 女性議員の割合は 57% である. ほかの自治体の女性議員の割合の平均は 37% で, 都市部の自治体ほど女性議員が多い. だが, 自治体で一番力のある議長になる女性は 27% でしかない. ヘルシンキ市の副市長は 4 名いるが, 2012 年現在, 男女 2 名ずついる (川島 2013a：30-31, 浪越ら 2012：1-13). いずれにしても, 日本と比べると明らかに女性の政治参画率は高く, それが進んだ女性支援策や子育て支援策につながっていることは間違いない.

　ジェンダーギャップ指数の「経済」の指標になる雇用に関しては, フィンランドの女性の労働力率は約 8 割と高い. 労働力率が描くカーブは, 日本のような M 字型ではなく台字型で, ほとんどの女性が結婚・出産後も仕事を続けるため, そもそも専業主婦という言葉が存在しない.

　しかし, 男女の給与差はある[10]. だが, 日本に比べれば少ない. なお, 公務員の給与の男女格差がないのは日本と同じで, 比率も約 50% が女性である. ただし, 最高職に就いている女性は, 2012 年現在, まだ 28% しかない. 民間企業の役員の割合は 17% で[11], 4 割の女性を役員とする法律を施行しているノ

ルウェーなどと比べると低い．さらに，女性の47％が大学や職業大学の高等教育を受けているにもかかわらず，教授になる女性は約25％しかいない．

　しかし，いずれにしても，女性の政治参画が進んでいることや，雇用環境が整っていることが，介護や子育て支援に与える影響は大きいものと考えられる．しかも，公的支援だけでなく，NPOなどの第3セクターの支援も優れているのがフィンランドの特徴である．次節では，NPOとの協働による介護予防と子育て支援に関する事例研究を行う．

第2節　フィンランドの介護予防施策の事例

　まず，フィンランドにおける介護予防施策に関する事例研究を行う．フィンランドの介護予防は，全国的に展開される公的ないわゆる「自治体連合モデル」と，イヴァスキュラ市[12]を中心に展開されている「イヴァスキュラ・モデル」の大きく2つに分けられる．いずれも，その特徴は，「予防的家庭訪問プログラム」にあるという（笹谷ら2009：27-47）．

　フィンランドの介護予防について述べる前に，フィンランドの高齢者福祉政策について国と地方自治体のありように焦点を絞り，概観してみたい．フィンランドには，416のコミューン（地方自治体）があるが，この地方自治体は，地元住民によって統治されている．中央政府は，法律と全国自治体令に基づいてのみ自治体に業務を委託することができ，自治体は，それぞれの地域におけるヘルスケアサービスを自らの責任で行うことができる点が，日本の地方自治とは大きく異なる点である．地方分権の観点からみると，世界一の分散型であるということになる．社会福祉・保健医療サービスに関しても，国の法令に基づき，自治体にサービス内容や量と権利を提供する義務が与えられている（笹谷ら2009：28，40[13]）．

　フィンランドの福祉や保健・医療サービスに関する法律は，ある年代や対象に特化した法律ではなく，高齢者も障がい者も児童も全てを対象とした全世代・全対象型の制度になっている．しかし，ケア政策は独立しており，近年は，脱施設化・在宅ケア化の傾向にある．在宅ケア化の進展に伴って，2000年代に入ってから，予防的観点が重視されるようになった（笹谷ら2009：40）．政府

は，強いリーダーシップの下に，介護サービスと介護予防，フォーマルケアとインフォーマルケアなどについて包括的に継ぎ目のないケアの連鎖のシステムの構築を目指している（笹谷ら 2009：41）．

国レベルの介護予防事業に関しては，2000 年以降，2 ～ 3 年間のプロジェクトを立ち上げ，国が自治体に資金提供して遂行してもらい，各自治体の実践と成果のアセスメントの結果，有効な事業は，ほかの自治体への拡大を図っている．このプロジェクトの介護予防の概念は，きわめて広い[14]．

次に，フィンランドの介護予防の核である「予防的家庭訪問」（preventive home visit）について述べてみたい．「予防的家庭訪問」は，北欧を中心に実施されており，デンマークでは既に 1960 年代のはじめに高齢者の家庭訪問を地区の保健師の仕事に積極的に組み入れることを自治体が自発的に行う形で導入されていた．その成果が認められ，1996 年に国の法律として施行されている．

現在は，公的サービスを受けていない 75 歳～90 歳の在宅高齢者の家庭に年 2 回，看護・医療系の専門職が訪問インタビューを行い，医学的・身体機能的な面ばかりではなく社会関係性も含めて総合的な観点からニーズ把握を行うことが各自治体に義務化されている．

他の北欧の国も，このデンマークモデルを参照している．フィンランドでは，2001 年～2003 年まで，国家的プロジェクトとして全国自治体連合体が主導したモデルからスタートし，拡大してきた（笹谷 2013：69）．

笹谷は，フィンランドにおける「予防的家庭訪問」の評価したい点として以下の 4 点をあげている．① サービス提供者が「高齢者のいる所に足を運んでいる[15]」，「高齢者にこちらから近づいていく」という徹底した個々の高齢者中心の視点に立っている点．② 介護予防を単に身体的機能にかかわる側面だけでなく，社会的，精神的な側面，包括的な生活・人生という点から評価する視点．③ このような観点から，高齢者のサービスニーズを読み解き，生活をより健康で豊かにするための諸活動やサービスを導くための技能が訪問スタッフに訓練されている点[16]．④ 地域における福祉・ケアサービスの開発（笹谷ら 2009：43）．

④ に関しては，SC 理論にも通ずるところがある．具体的には，公的サービスの提供にとどまらず，教会や高齢者年金協会などのインフォーマルな支援サービスの開発も活発に行われ，なおかつ，自治体との連携（協働）もあるとい

う（笹谷ら 2009：43-44）．

　先にも述べたが，フィンランドの「予防的家庭訪問」は，当初，2001 年～2003 年の国家的プロジェクトとして全国自治連合会が主導したモデルとして始まり，最初は 10 の自治体のみが参加していた．その後，拡大し，2006 年現在で 120 の自治体が参加して，継続的に取り組んでいる介護予防のための重要な戦略である（笹谷 2013：69）．

　ところで，最初に述べた「自治体連合型」のプロジェクトと「イヴァスキュラ・モデル」の違いは，「問題対応型」か「リソース重視型」かにある（笹谷ら 2009：44-46）．笹谷によれば，「イヴァスキュラの『予防的高齢者事業とサービス指導プロジェクト』（2003～2004 年）は，そのタイトルのごとく，単に予防的家庭訪問のみのプロジェクトにとどまらず，予定的家庭訪問とそこから得た高齢者の情報をもとに，人々が自治体や民間，ボランティアの提供するサービスを主体的に利用し，要介護状態になることを防ぎ，充実した人生を送ることを可能にすることができる『サービスシステム』を構築することを目指している」という（笹谷 2013：76）．

　また，笹谷は，イヴァスキュラ市の「予防的家庭訪問」の目的について，「高齢者のニーズやリソースを洗い出し，介入グループやシニア相談への誘い，高齢者を社会的・精神的・身体的にエンパワーメントすること」であるとしている（笹谷 2013：77）．それが，「リソース重視型」といわれる所以であり，家庭訪問の目的を問題の洗い出しにだけにとどめる自治体連合の「問題対応型」との違いである．

　イヴァスキュラ市の「予防的家庭訪問」の対象は，まだ自治体のサービスを受けていない 70 歳以上の男女である．ほかの自治体では，多くは 80 歳以上が対象であるという．笹谷は，「80 歳以上では多くの高齢者は既にサービスを受給している割合も高く，調査は『問題の洗い出し』となる．（中略）まだサービスの利用も少ない元気な高齢者の生活調査から自らの保有するリソースを活性化し社会参加を活発にするための予防型サービスを新設したり，将来のサービスを予測することが予防につながるという観点から考えると，訪問の適性年齢は 70 歳である」としている（笹谷 2013：79）．

　「公的サービスの提供にとどまらず，インフォーマルな支援サービスの開発

も活発に行われ，なおかつ，自治体との連携（協働）もある」点や，「予防的家庭訪問とそこから得た高齢者の情報をもとに，人々が自治体や民間，ボランティアの提供するサービスを主体的に利用し，要介護状態になることを防ぎ充実した人生を送ることを可能にすることができる『サービスシステム』を構築する」点などが，フィンランドにおける介護予防は，行政主導でありながらも，ある程度は SC に依拠していることを示している．

　笹谷によれば，「近年は，自治体のみばかりではなく第3セクターや NPO，民間企業などが積極的に連携して高齢者の生活を支える有効かつ効率的なサービス提供を行うことが求められている」という．この第3セクターや「NPO」は，まさに橋渡し型 SC に該当するものである．

第3節　フィンランドの子育て支援策および児童福祉の事例

　次に，フィンランドの子育て支援策について論じてみたい．まず，国の政策について概観する．フィンランドの育児休業制度は，子どもが3歳になるまで休職できることを保障しており，その後，確実に前職に復帰できることも確約していることに特色がある．

　また，母親休業（産前産後休業）と母親または父親のいずれかが取得できる両親休業は合計263日あり，休業中の所得は休業前の約7割を保障されている．父親の育児休業取得率も高い．

　さらに，妊娠中も妊娠時の悩みに対応し，出産準備講習・トレーニング（父親も参加），出産する病院への事前訪問や乳幼児ケアについての指導，カウンセリングなどを行う「母親相談所（ネウボラサービス）」に勤務時間内に有給で赴くことができ，「母親手当」を受けることができる．「母親手当」は，現金で受け取るか，育児に必要な品物（衣類・タオル・シーツ・タオルケット・おしめ・脱脂綿・おもちゃ・爪切り・絵本・包帯など）を「母親セット」として受け取れるという．

　3歳未満の子どもの保育は，「自治体の運営する保育」か「自宅保育補助金」を選択して受給できる．「自宅保育補助金」は，妊娠・出産後すぐに支給される「両親日当金」[18]および「両親休業」の支給終了後に支給され，育児休業制度

との併用が一般的である．「自治体による保育サービス」には，「保育所」[19]と「家庭保育」[20]の2種の併用が一般的である．保育は全日制，非全日制で行われ，夜勤者の子どもの保育には24時間保育も実施されている．日本における待機児童の問題は，発生していない．

　また，義務教育を控えている6歳児を対象とした事前教育も行われている．都市部の子どもは保育所で保育を受けるのが一般的であり，人口の少ない地域では家庭保育の方が一般的である．日本のように祖父母が孫を預かって保育する者の割合は7名に1名程度しかいない．

　児童手当[21]は17歳まで受給できるが，受給額は日本よりも少し良い程度である．ただし，子の数が増えるほど増額される．さらに，保育園入園から大学卒業まで公立であれば学費が無料である[22]ことも少子化をくい止める大きな要因になっている（川島2012b：244-245，川島2013a：29-32，高橋ら2007）．

　ところで，フィンランドは橋渡し型SCとしての「NPO」や「NGO」[23]の活動が盛んな国であり，「NPO」による様々な女性支援および子育て支援が行われている．たとえば，シングルマザーや非摘出子を持つ母親に対する支援や[24]，DVによる被害を受けている女性等を保護するシェルターを運営する「NPO」などがある．

　児童福祉関連の「NPO」としては，たとえば，ヘルシンキ駅前でたむろする子どもたちが犯罪に手を染めることなく安全に集まることができ，勉強したり軽食をとったりすることのできるカフェなどの空間を提供し，18歳以下の青少年を健全に育成することを目的として，1990年に設立された「NPO法人　駅の子どもたち協会（WALKERS）」などがある．同協会は，専従職員とボランティア，および週2〜3回常駐する市職員であるソーシャルワーカーによって運営されている．まさに，市と「NPO法人」の協働がうまくなされている事例である．なお，現在，「駅の子どもたち（WALKERS）」はヘルシンキ市以外の13の自治体に支部がある．

　財源も公私協働で，これらの福祉関係の「NPO」の財源は，国営のカジノを運営するスロットマシーン協会にある（川島2013a）．この点も，日本における「NPO」の運営のし方と違う点である．

　日本で「NPO」を運営する場合，立ち上げること自体は行政の支援や助成[25]

金を得ることなどにより比較的できやすくなっている傾向にあるが，２年目以降の経営が難しく，継続が困難になるケースが散見される．非営利法人であるといっても，ある程度の財源や経営は考えていかないと運営継続はし難い．フィンランドのような財源における国や自治体の支援は，介護や介護予防，子育て支援，女性支援のための「NPO」や「NPO法人」を運営しやすくする大きな要因になっているものと考えられる．

　笹谷によれば，フィンランドは「北欧諸国のなかで最も私的セクターによるサービス生産が活発であり，政府もそれを推奨しているのが特色である」という（笹谷 2013：47）．「フィンランドにおける私的セクターとは，NPO・NGO の非営利企業（いわゆる第３セクター）と営利企業を含む．（中略）フィンランドの私的セクターが提供するサービスの９割は自治体の買い上げであり，一般的な民営化・営利追及とは根本的に異なる特色を持つ」とも笹谷は述べている（笹谷 2013：47-49）．

　このように，国だけでなく，自治体も財源において「NPO」を全面支援する姿勢は，日本にはないものである．

第4節　日本の政策への示唆

　以上，橋渡し型 SC である「NPO」などの第３セクターの活動が北欧の中で最も活発だといわれているフィンランドの介護予防と子育て支援の事例研究を行った．はたして，これらの北欧の事例は，日本の政策に反映できるのか．もっと焦点を絞れば，今後のわが国の包括的支援体制における「地域包括ケアシステム」に関する政策に応用できる部分があるのであろうか．

　最後に，この点について，北欧と日本の福祉国家のあり方の差異も含めて論じてみたい．北欧諸国は，高負担高福祉の国家であるのに対し，日本は中負担中福祉の国である．北欧諸国の消費税は軒並み 25％であって，比較的低めのフィンランドでも 20％を超えている．そういった意味で財源の差は否めない．日本で 25％まで消費税をあげるのは，現実の問題として難しい．

　だからこそ，SC に依拠した政策に対する期待は大きい．地域福祉学者である右田紀久恵が唱え，鳩山政権において政策的にも定着した「新しい公共」に

対する政策的期待の高まりもそれに準ずる．2016 年の内閣府の SC に関する調査（内閣府 2016）でも，都市部においても農村部でも橋渡し型 SC の「NPO」を増やすことが経済，政治，福祉など全ての面において有効で，地域活性化につながるという調査結果が得られていることは既に述べた．

　しかし，少なくとも子育て支援の面においては，いまだわが国では血縁に頼る子育てが主流であり，橋渡し型 SC である「NPO」を中核とした子育て支援が望まれながらも，なかなか「NPO」や「NPO 法人」による子育て支援が進まないのはなぜなのかという問題提起も既に行っている．一番の要因は，やはり，財源の不足にあるのではないか．運営と経営が安定し，継続可能な「NPO」ないし「NPO 法人」でなければ，継続的に子育て支援や介護，介護予防に関する支援を行っていくことはできない．「NPO」や「NPO 法人」の財源の 1 つに寄付や会員から徴収する会費があるが，寄付や奉仕が当たり前のキリスト教徒が多い西欧や北欧と違い，仏教徒の多い日本では寄付の文化が根づいていないことも「NPO」や「NPO 法人」の運営を難しくしている．

　その点において，自治体が橋渡し型 SC の「NPO」に対して入札を行い，サービスを買い上げるというフィンランドの方式は，今後，日本においても導入可能な財源確保の方策ではないだろうか．

　たとえば，フィンランドの首都ヘルシンキ市から約 27km 離れた町シボーにある「リンダ高齢者サービスセンター」の事例を紹介してみたい．2012 年当時，同センターは，約 60 名が入居する自立者用のサービス付き住宅と，23 名が入居する認知症高齢者用のグループホーム，自治体のホームヘルプサービスの事務所，デイサービスに通う高齢者や近隣住民も利用できる室内プール，木工工作室，織物用の手工芸，宴会場，会議室，図書館，美容院，サウナ，食堂，カフェテラスを備えた介護と介護予防および地域住民の交流スペースを全て揃えたような高齢者施設であったが，このセンターは，13 の「NPO」が経営母体となっている．この「NPO」の複合体が日本と異なるのは，「NPO」が経営するセンター[26]に自治体の事務所が存在している点にある．この「NPO」のサービスの入札には，行政が参加しているからだ．

　こうして，入札に通った「NPO」が，自治体にサービスを買い上げてもらう安定した経営状態で「NPO」を運営する事例が，フィンランドでは約 9 割

を超えている．決して 1 つではなく複数の「NPO」が経営母体となり，複数のサービスを提供する点も，日本にはない刮目すべき「NPO」の運営方法であろう．

　わが国でも，行政は，「NPO」の立ち上げを援助するだけではなく，複数の「NPO」を公平な入札の上，たとえ 100％ではなくてもある程度は財政的に援助して持続可能にする方法を導入すべきなのではないだろうか．また，複数の「NPO」が共同経営してサービスを提供するというスタイルも，日本に輸入可能であると考える．こうして，財政的な課題に対する不安を克服すれば，介護予防や子育て支援などを行う「NPO 法人」が増えていく可能性は大きい．

　日本でも，社会資源や公的サービスに限りのある限界集落などや人口の少ない農村部などで，「リンダ高齢者サービスセンター」のように，介護に関する施設だけでなく，介護予防に関する設備や，食堂や美容院など，地域住民が交流して SC を醸成できるスペース，および子どもたちやその親が集えるスペースを設けた多世代交流型の施設を行政が建て，入札で運営する「NPO」を募集し，入札に通った複数の「NPO」に共同経営してもらい，運営経費の 1 部を地方自治体または国が負担するという「NPO」や「NPO 法人」のあり方が，あってもよいのではないだろうか．

　SC 理論からは少し離れるが，フィンランドの事例研究においては，国と自治体の関係性にも学ぶべき点はあった．わが国では，地方の自立性の担保のために地方分権を進めたがゆえに，国からの地方政府への地方交付税がカットされ，財政上，非常に苦しくなって満足な保健福祉サービスを提供できなくなっている自治体も少なくない．フィンランドのように，国と自治体の関係性において，自立した地方自治とその独立性を認めながらも，国が自治体を財源面で支援する方式を日本でも導入することはできないものか．

　ところで，「北欧型福祉レジーム」に類型化される北欧諸国の国々の政策は，「公平や平等という価値に基づく社会連帯を国家の基本理念とし，福祉サービス（社会・保健医療サービス）は，ユニバーサリズム（普遍性原則）に基づき供給され，国民はそれらのサービスを市民的権利として享受し，その供給責任は国家・自治体（公的セクター）にあることを明文化している」点にポイントがある．その中核原理は，「① 全ての人を包摂する（社会的包摂），② 全ての人が給付を

受けるために負担する（課税），③市民を基盤とする社会的権利（国内法）」であると笹谷は述べている．笹谷によれば，フィンランドのタンペラ大学教授で福祉政策の研究者であるアンネ・アントネン（Anneeli Anttonen）は，これに加え，④ケアサービスを提供する公的システムの存在，⑤そのシステムは女性の利益にも応えるものである，⑥サービスは専門的なケア労働者が提供する，⑦サービスは無料か自治体や中央政府の多額な補助金で提供される，⑧自治体がサービスの責任を負う」をあげているという（笹谷2013：14）．

アントネンが挙げた7つの要素のなかで，日本の福祉政策に最も欠けているのは，⑤と⑦である．⑦に関しては，前述の通り，消費税額などの差異があり，一律には比較できない部分もあるが，⑤に関しては，今後，日本の政策においても十分に目指せるものであると考える．SC政策のキーワードは，対女性政策にあると考える所以である．

日本でも高度経済成長期に第1次産業が衰退し，第3次産業の発展に伴う都市部への人口流出が起きたように，フィンランドも1960年代から70年代にかけて同様の産業構造変化と都市部への人口流入が起き，日本同様，農村部の過疎化と都市の過密化が進んだ．日本は，その頃より，より一層「男は仕事，女は家事」という性別役割分担が進み，高度経済成長を支えるために激烈に外で働く夫と家で家事育児の一切を請け負い夫を支える妻という構図が進んだ．しかし，フィンランドでは，逆に，この時期に女性の労働参加が進んで，都市部での保育ニーズが増えたという．こうして，フィンランドでは，都市化と工業化により，この時期に保育と高齢者の介護制度の整備が求められたのである（笹谷2013：22）．

笹谷によれば，「フィンランドでも都市化に伴う地域格差の拡大は起きたし，90年代初頭の世界的不況の波は受け，やっと達成された北欧型福祉レジームの危機を迎える．フィンランドに限らず，世界的な不況に対し，福祉先進国である北欧諸国は，福祉国家の再編を行った．イギリスやアメリカ，日本では，施設ケアから在宅ケアへの移行を図り，サービス供給の多元化による公的責任の縮小化，いわゆる福祉の市場化・インフォーマル化に舵をきるが，北欧諸国においても，それは同じことであった」という．だが，北欧福祉国家と欧米諸国や日本が違うのは，「北欧型福祉国家の理念，つまりユニバーサリズムと公

的責任という原則は堅持されたことである」と笹谷は述べている．したがって，北欧の市場化・インフォーマル化は，欧米諸国や日本に起きた新自由主義とは異なると，笹谷は指摘する（笹谷 2013：23）．

「フィンランドでは，北欧福祉国家の原則堅持を前提として，当面の困難を乗り切るのみでなく，長期的展望に立った極めて総合的・包括的な改革に踏み切った．今日の高齢者ケア体制もその一環として位置づけられる」とも笹谷は述べている（笹谷 2013：23）．すなわち，「長期計画の下，医療と介護，施設と住宅のケアバランスの目標値を定め，その実現のために包括的なケアシステムが構成された」と笹谷は指摘する．そして，その実現に一役かったのが，本章で述べた介護予防事業であるという．「近年は，自治体のみばかりではなく第3セクターや NPO，民間企業などが積極的に連携して高齢者の生活を支える有効かつ効率的なサービス提供を行うことが求められている」とも笹谷は述べている．ただし，それは，丸投げではなくて，専門職だけではなく，教会をはじめ SC である多くのボランティア団体が介護予防などに一役かっている，とも笹谷は指摘している．そして，イヴァスキュラ市の介護予防の事例は，まさに日本が進めようとしている「地域包括ケアシステム」が目指すべき見事な具体例ではないかと笹谷は主張する（笹谷 2013：89）．

だが，何より，日本とフィンランドなどの北欧諸国との一番大きな違いは，女性に対する政策の差異にある．日本も近年は，女性活用推進法を施行するなどの進歩はみられる．しかし，たとえば，ノルウェーでは企業の女性役員の割合を4割にする法律を施行し，育児休暇中の給与保障を 100％にしており，父親の育児休暇取得も法で強制的に定められている[27]が，日本ではそこまで徹底した女性支援の法整備を行っているわけではない．

論点を SC に戻して鑑みれば，SC の指標になる「一般的信頼」を国際比較したデータ[28]によると，第1位はノルウェー（74.2%）[29]で，フィンランドは第6位（58.8%）と，北欧諸国の SC 指数は一概に非常に高い．また，フィンランドでは，イヴァスキュラ大学を中心とした国家プロジェクトチームが中心になって，世界に先駆けて SC を政策に取り入れる試みを行っている（稲葉 2008）．

日本は，両国には及ばないものの「一般的信頼」の順位は第14位（39.1%）で，一応，高信頼社会であるといえる．日本には結合型 SC の「町内会自治

会」および婦人会，青年会，老人会などの関連「地縁組織」に積極的に参加している人が多いことから，SC が他国に比べて豊かなのではないかと坂本は指摘している（坂本 2010：29-30）．

　そして，また，わが国では，この結合型 SC である「地縁組織」への参加率に男女差があり，一般的には女性の参加率の方が高い．また，橋渡し型 SC の「ボランティアの参加」にも男女差があり，女性の参加率の方がはるかに高いのが現状である．

　しかも，相田らの先行研究によると，愛知県内に居住する要介護状態にない 65 歳以上の高齢者を対象として郵送法による自記式アンケート調査を行い，4 年間追跡できた 1 万 4589 名（男性 6953 名，女性 7636 名）のデータを用いて，要介護状態の発生と個人要因および地域の SC の関連についてマルチレベル分析を行った結果，SC の弱い地域に住む女性は強い地域に住む女性に比べて要介護状態になるリスクが 68％ 高くなることが示された．しかし，男性では統計学的に有意な関連はみられなかったという（Aida et al. 2012）．つまり，SC が豊かな地域は住民の健康度が高いという社会疫学における定説は，日本では定年するまで職場でのネットワークしか築けず地域における SC を構築し難い男性よりも，地域レベルの SC の醸成に寄与しやすい女性の場合に，より有用であるということである．また，第 3 章で述べた筆者らの先行研究（川島・福島 2013）でも，「女性」と「地域での役割」に弱い正の相関関係がみられ，高齢男性よりも高齢女性の方が地域での役割を担っている可能性が高いことも示唆されている（川島 2013a：35-36）．

　地域社会において閉じこもりがちな男性の紐帯を豊かにする政策も重要であるが，包括的支援の「地域包括ケアシステム」において，介護予防や子育て支援を推進していくにあたり，SC を豊かにしていくためのキーワードとして，「女性」は，結合型 SC，橋渡し型 SC 双方の醸成において，はずせないものなのではないか．それは，また，フィンランドの福祉政策学者アントネンが述べるフィンランドの福祉政策の特徴の 1 つである「ケアサービスを提供する公的システムは女性の利益にも応えるものである」という内容とも合致する．

　最終章では，本研究の総括を行うとともに，この北欧における「女性」をキーワードにした福祉政策の成功例にもふれ，より具体的に，包括的支援の地域

包括ケアシステムにおける介護予防と子育て支援の担い手としての地域住民である女性や，専門職の役割について述べた上で，住民や専門職がどのように結合型 SC である「町内会自治会」などの地縁や，橋渡し型 SC の「NPO 法人」などを駆使して介護予防と子育て支援を行っていけばよいのかを論じてみたい．

注

1）　介護保険制度施行前は介護者の約 85％は女性であった．介護保険制度施行後も約 70％は女性である．

2）　内閣府の調査によれば，日本の男性が育児に費やす時間はわずか 39 分でしかない（内閣府 2017c）．

3）　2010 年第 3 位，2009 年第 2 位，2008 年第 2 位，2007 年と 2006 年はともに第 3 位．

4）　翌 2012 年は第 101 位に下がった．以降，下がり続けている．

5）　この傾向は，2012 年以降現在まで変わらない．

6）　また，日本の女性の平均賃金は男性の平均賃金の 60.3％（2010 年現在）であり，男女の賃金格差が大きい．フィンランドの女性の平均給与は男性の約 8 割である（川島 2013a）．

7）　この傾向は，2012 年以降現在まで変わらない．

8）　州政府では南オーストラリア州が世界初．

9）　国会議員の報酬も低く，年間日本円にして 59 万円程度（1 ユーロ 98 円換算）．それゆえ汚職が少ないといわれている（川島 2013a）．

10）　フィンランドにおける男女の給与格差の要因は，女性が多く従事する職種が社会福祉や教育，サービス業で，それらの職種の給与が低いことにある（川島ら 2012a，川島 2013a）．

11）　ノルウェーでは，2003 年の会社法改正に伴い，国営企業の取締役会における男女の構成比をそれぞれ 4 割以上にすることを義務づけ，2004 年より法改正を施行した．2004 年から 2008 年までに女性の役員を 40％にできなければ政府の企業登録センターから 4 週間の猶予を伴う警告状が届き，改善しなければ会社名を公表して事例が裁判所に提出されるという罰則を設けたところ，2008 年には 93％の国営企業の女性役員の比率が 4 割を超えたという（川島 2013a：34）．

12）　ヘルシンキ市から北へ列車で約 3 時間のフィンランド中央の湖の多い市．人口増加率が最も多い市で，人口は 13 万 2000 人（2009 年現在）のフィンランド第 7 の都市．イヴァスキュラ大学を中心に様々な研究機関が集まっているハイテクの街でもある（笹谷 2013：75）．

13）　財源は国の補助金が 25％，利用者の支払いが 10％，自治体の負担が 65％（笹谷ら 2009：40）．

14）　たとえば，「高齢者エクサザイズ・スポーツ」，「ホーム・ケアの開発」，「インフォー

マルケアの発展」など（笹谷ら 2009：42）.

15） 日本の改正介護保険法の地域支援事業の介護予防のハイリスクアプローチでは特定高齢者に検診を受けに来てもらい，かかりつけ医に報告してもらうようにしていたため受診率が低く，サービスの対象者を拾い出しにくく孤立気味な高齢者の洗い出しもできなかった，と笹谷は指摘する（笹谷ら 2009：43）.

16） 「傾聴」や「相談」といった高齢者に安心を与える信頼関係を築くことができるコミュニケーション能力のスキルアップが重要視されているという.

17） この年代の高齢者は，ケアが必要な「高齢者」ではなく「シニア」という概念でとらえられ，サービス名には「シニア」という言葉が意図的に使用されているという.

18） 母親日当金（105 日を上限に受給），父親日当金（子どもの母親と同一世帯の父親が 6 日＋出産時 6 日〜12 日受給），両親日当金（母親日当金支給後 158 日の母親・父親のいずれかが母親日当金支給後 158 日受給），特別母親日当金（危険な仕事，仕事の代替不可能な母親が妊娠期間中受給可能）に分けられる．国民年金庁の管轄の社会保険で，妊娠が 154 日以上継続し母親が出産予定日までに 180 日以上在住していることを前提として 263 日まで支給され，1 回の出産で生まれる子どもが 2 人以上であれば 60 日延長される（川島ら 2012a，川島 2013a，高橋ら 2007）.

19） 約 12 人から 25 人の子どもを約 3 人の保育者（大学の教育学部出身の保育所教師または専門学校修了の児童保育士）で受け持ち，年齢別にグループに分けて保育を受ける（川島ら 2012a，川島 2013a）.

20） 家庭保育は自宅で行われ，保育者 1 人につき学齢期の子ども 4 人までを担当する（高橋ら 2007）.

21） 第 1 子には日本円にして約 1 万 6000 円，第 2 子には約 1 万 8000 円，第 3 子には約 2 万 1500 円，第 4 子には約 2 万 5000 円，第 5 子には約 2 万 8000 円が支払われる（川島ら 2012a，川島 2013a，高橋ら 2007）.

22） フィンランドの場合は，ほとんどが公立校である.

23） フィンランドでは，「NGO」も「NPO」と同様に捉えられている（川島 2013a）.

24） フィンランドだけでなく北欧では結婚前に同棲することが一般的であり，非摘出子も多いが，非摘出子の権利も擁護されている（川島 2013a）.

25） たとえば，京都市では，「NPO」の立ち上げに関する助成金を公募形式で出したり，事務所スペースを格安で提供したりしている．また，京都府では，2007 年より「地域力再生プロジェクト支援事業交付金」を審査を通った団体に対して交付している．この交付金は，「自治会」や「NPO」などを対象に住民発意による地域をよくしていこうという取り組みを行政の縦割りを排して財政的に支援していこうというもので，事業費のうち京都府から 3 分の 1，市町村振興協会から 3 分の 1 が交付金として出される．この交付金を得たことによって立ち上げが可能になった「NPO」も数々ある（梅原 2013：45）.

26） フィンランドに「施設」という概念はないため，「センター」と表現した.

27)　ノルウェーの育児休暇制度では，出産前の 10 ケ月に最低 6 ケ月勤務している女性について給与を 100％受け取る場合は 47 週間，80％の場合は 57 週間の有給の育児休暇を本人または夫のいずれかが取ることが認められている．また，給付は出産 12 週間前から受け取ることができる．母親は，この給付を出産直前に 3 週間，産後に最低 6 週間必ず取得しなければならないため育児休暇取得率は 100％である．さらに，1993 年から父親も育児休暇のうち最低 4 週間を取らなければならないことが義務づけられ現在は 12 週間に延長されている（パパ・クオータ制）．このパパ・クオータ制の導入により，父親の育児休暇取得率も急増し，2003 年には約 90％の父親が取得するに至った（川島 2015：41-43）．

28)　WORLD VALUES SURVEY 1981-2008.

29)　「人はだいたいにおいて信頼できるか」という設問に「はい」と回答した人の割合．

第6章 本研究から得られた知見と政策への示唆
——介護予防と子育て支援に結合型 SC と橋渡し型 SC は有効——

第1節 本研究の調査結果から得られた知見

1. 量的調査から得られた知見
——包括的支援に結合型 SC と橋渡し型 SC は有効か？——

1) 介護予防に関する量的調査から得られた知見
——介護予防には橋渡し型 SC だけでなく結合型 SC も必要——

　本研究では，包括的支援の地域包括ケアシステムにおいて，結合型 SC である「町内会自治会」と橋渡し型 SC である「NPO」や「NPO 法人」の双方を専門職などがつなぎながら介護予防と子育て支援を行えば，効果的な介護予防と子育て支援が行えるのではないかという仮説を，介護予防・子育て支援それぞれ母数約 1000 名，計約 2000 名の要介護状態にない高齢者および子育て中の保護者を対象として自記式アンケート調査を行い，その結果を相関分析とロジスティック回帰分析をすることによって検証した．

　また，とかく負の部分のみがクローズアップされがちな結合型 SC が，日本の場合は，橋渡し型 SC 同様に介護予防においても子育て支援においても効果的な要素をもっているのではないかという仮説を検証もしている．

　以下，第3章において述べた内容の繰り返しになるが，調査の結果とその結果から得られた知見をまとめてみたい．

　まず，介護予防の調査に関しては，社会福祉士や CSW などの専門職が結合型 SC である「町内会自治会」と橋渡し型 SC である「NPO」や「NPO 法人」をつないでいる A 県 B 市 C 地区（小学校区）では，健康指標の「主観的健康感」と結合型 SC の代理変数である「地域内信頼」に正の相関が，健康指標の「認知症の傾向」と橋渡し型 SC の代理変数である「地域外信頼」にも正の相

関がみられた．さらに，統制変数を投入してロジスティック回帰分析を行って
も，これらの有意な関連は消えなかった．この結果は，結合型 SC と橋渡し型
SC を専門職などがつないでいる地域では，結合型 SC と橋渡し型 SC の双方が
高齢者の健康と有意な関連があることが少なくとも本調査においては立証され，
効果的な介護予防を行える可能性があることを示唆している．

　一方，対照群の専門職などが結合型 SC である「町内会自治会」と橋渡し型
SC である「NPO」や「NPO 法人」をつないでいない非介入地区の D 県 E 市
F 地区（小学校区）では，「主観的健康感」と結合型 SC の代理変数である「町
内会自治会への参加」に正の相関がみられ，「認知症の傾向」と結合型 SC の
代理変数である「町内会自治会への参加」にも正の相関がみられた．つまり，
対照群である非介入地区においても，結合型 SC と高齢者の健康には有意な関
連があることが少なくとも本研究においては立証されたことになる．

　また，F 地区の分析結果では，「主観的健康感」と橋渡し型 SC の代理変数
である「地域外信頼」と「地域外への趣味の会への参加」にも正の相関がみら
れたが，これらの変数に統制変数を投入してロジスティック回帰分析した結果，
橋渡し型 SC の代理変数と健康に関する指標には有意な関連はみられなくなっ
た．この点は，結合型 SC と橋渡し型 SC の双方と健康指標の変数に有意な関
連がみられた介入群とは異なる結果であり，この結果も本研究の仮説を立証し
たものとなっている．

　したがって，本研究の調査結果から導き出せる結論としては，包括的支援の
地域包括ケアシステムにおける介護予防では，結合型 SC と橋渡し型 SC の双
方が必要であり，結合型 SC の「町内会自治会」などと橋渡し型 SC の
「NPO」や「NPO 法人」などを社会福祉士などの専門職がつなぎながら，介
護予防を行っていくことが効果的であるということが検証されたということに
なる．

2）子育て支援に関する量的調査から得られた知見
　　──いまだ血縁・地縁に頼る日本の子育て──

　しかしながら，子育て支援に関する調査では，必ずしも仮説通りの結果は得
られていない．具体的には，結合型 SC の「町内会自治会」と橋渡し型 SC の
「NPO」や「NPO 法人」の双方を駆使して子育て支援を行っている G 県 H 市

I 地区では，「子育てしやすい地域」と正の相関関係にあったのは，結合型 SC の代理変数である「地域内信頼」のみで，橋渡し型 SC の代理変数とは正の相関関係になかった．また，「子育ての環境に満足している」という変数と正の相関関係にあったのも，結合型 SC の代理変数である「地域内信頼」などで，橋渡し型 SC の代理変数とは正の相関関係になかった．

　さらに，対照群である結合型 SC の「町内会自治会」と橋渡し型 SC の「NPO 法人」をつないでいない非介入地区の J 県 K 郡 L 町では，「子育てのしやすい地域」と正の相関関係にあったのは，結合型 SC の代理変数である「地域内信頼」と，橋渡し型 SC の代理変数である「地域外信頼」などであったが，統制変数を投入してロジスティック回帰分析を行った結果，「子育てのしやすい地域」と関連があったのは「地域内信頼」のみになった．また，「子育てに関する環境に満足している」という変数と正の相関関係にあったのも，結合型 SC の代理変数の「地域内信頼」と橋渡し型 SC の代理変数である「地域外信頼」などであったが，統制変数を投入してロジスティック回帰分析を行った結果，「子育てに関する環境に満足している」という変数と関連があったのは，結合型 SC の代理変数である「地域内信頼」などのみで，「地域外信頼」との関連はみられなくなった．

　つまり，子育て支援においては，少なくとも本調査では介入群・非介入群ともに，負の要素が強調されがちな結合型 SC の代理変数との正の相関関係がみられ，橋渡し型 SC の代理変数とは相関関係がなかったということになる．したがって，残念ながら，本調査においては本研究の仮説は検証されなかったということになる．と同時に，日本における子育ては，いまだ血縁・地縁に頼るものであることが推察された．だからこそ，今後は，橋渡し型 SC の「NPO」や「NPO」法人などによる子育て支援を強化していくことの重要性があぶりだされた結果となったのである．実際，母数の少ない調査ではあったものの，結合型 SC と橋渡し型 SC をつないで介護予防を行っている，子育て支援に関する満足度も高い A 県 B 市におけるパイロット調査の結果では，橋渡し型 SC の代理変数である「地域外信頼」の方が，結合型 SC の「地域内信頼」よりも「子育てしやすい地域」および「子育てに関する環境に満足」ともに相関係数の値が高いという結果も得られている．

　たとえば，京都府長岡京市で子育て支援を行っている「NPO 法人ほっとスペースゆう」では，府の交付金を活用するなどして活動の拠点となる「いずみの家」を整備し，栄養士や調理師などのアドバイスのもと，子育て中の母子が集まり，一緒に食事をつくったり絵本の読みきかせを行うなどの親子がリラックスできる時間を提供し，長岡京市以外の市町村の親子も通えるような橋渡し的つながりの確保に努めている（梅原 2013：51）．「いずみの家」への参加者からは，核家族化が進むなかで，この活動が役に立ち，橋渡し的なつながりが子育てをしていく上での安心感を与えているという意見がきかれているという．このような橋渡し型 SC の「NPO 法人」による子育て支援は今後より必要になってくるものと考えられる．

　また，全国学童保育連絡協議会の調査によれば，共働きやひとり親家庭の小学生を放課後に学校内の施設や児童館などで預かる学童保育の利用児童数は，2018 年 5 月 1 日時点で 121 万 1522 人となり，前年度よりも 6 万 3204 人も増え，過去最高を更新したという．学童保育は，いわゆる小 1 の壁を克服すべく年々増加しており，2015 年には利用者数が 100 万人を突破した．施設数も全国で 2 万 3315 ケ所（2018 年現在）ある．しかし，利用者の増加に施設整備が追いついていないのが現状である[1]．だからこそ，小学校内や児童館における学童保育だけでなく，橋渡し型 SC の「NPO 法人」が運営する学童保育も望まれている．

3）都市部における子育て支援に関する追加調査の結果
──都市部でも結合型 SC による子育て支援の方が有意なのか？──

　ところで，本調査の調査対象地となった I 地区と L 町は，いずれも可住人口密度別による都市類型では，農村部に該当する．本研究では，SC には可住人口密度別による都市類型（都市・準都市・農村部）ごとに地域差があることも論じた．したがって，そういった意味で，調査結果に誤差が生じた可能性も否めない．

　そこで，可住人口密度別都市類型で都市部に該当する本研究の事例研究先となった京都市上京区の京極学区（小学校区）の京極小学校で，2018 年 7 月から 8 月にかけて，同小学校の保護者全員を対象として，I 地区および L 町と同じ自記式アンケートによる調査[2]をした結果，「子育てのしやすさ」は，どの SC

の代理変数とも相関関係がみられなかった．しかし，「子育てに関する環境に満足している」という変数は，結合型 SC の代理変数である「地域内信頼」とも橋渡し型 SC の代理変数である「地域外信頼」とも正の相関関係がみられたが，統制変数を投入してロジスティック回帰を行った結果，橋渡し型 SC の代理変数である「地域外信頼」との関連は消え，結合型 SC の代理変数である「地域内信頼」との有意な関連のみが残った．つまり，全般的に SC が希薄で特に結合型 SC が希薄な都市部においても，結合型 SC の代理変数である「地域内信頼」と「子育てのしやすさに関する環境」に有意な関連がみられたということになる．すなわち，少なくとも本研究の調査結果においては，農村部，都市部に関係なく，子育て支援には結合型 SC が有意に関連しているということが推察されたわけである．

　巻末の**表 6-1** は，京極小学校区における相関分析，**表 6-2** はロジスティック回帰分析の結果を表した表である．なお，相関関係のあった主な変数と pearson の相関係数のみを記した簡単な相関分析表（**表 6-1**）を右に記しておく．

4) 小　括

　以上，本節では，本研究における量的調査の結果をまとめた．包括的支援の地域包括ケアシステムにおける介護予防では，本研究の仮説通り，結合型 SC である「町内会自治会」と橋渡し型 SC である「NP 法人」の双方が要介護状態にない高齢者の健康に有意に関連しており，この 2 つの SC を社会福祉士や CSW などの専門職がつないで介護予防を行っている地域の高齢者の健康度は高いことが，少なくとも本研究の調査においては検証された．

　しかしながら，子育て支援に関しては，橋渡し型 SC の代理変数よりも，「地域内信頼」などの結合型 SC の代理変数と「子育のしやすさ」などに関する変数に有意な関連があった．それは，農村部だけでなく，都市部で行った調査結果においても同様の結果が得られた．

　だが，結合型 SC と橋渡し型 SC を専門職がつなぎながら介護予防を行っている A 県 B 市の子育て支援サロンで，子育て中の保護者約 100 名を対象として留置法によって行ったパイロット調査の結果では，結合型 SC の代理変数だけでなく，橋渡し型 SC の代理変数とも「子育ての環境に満足している」という変数に相関関係がみられている．B 市が行った調査によれば，B 市の約 7 割

表 6-1　京極小学校区相関分析の結果簡易版

	地域内信頼	地域外信頼	互酬性	町内会自治会	NPO活動	スポーツ関係のグループやクラブ	趣味関係のグループ	子育てしやすい地域	子育ての環境に満足
地域内信頼	1	.369	.371	.194	.025	.196	.036	.233（有意確率.042)	.377
地域外信頼	.369	1	.083	.245	.273	.106	.099	.011	.276
互酬性	.371	.083	1	.275	.082	.109	.113	.210（有意確率.071)	.245（有意確率.034)
町内会自治会	.194	.245	.275	1	.148	.149	.352	-.021	.259
NPO活動	.025	.273	.082	.148	1	.305	.201	.053	.111
スポーツ関係のグループやクラブ	.196	.106	.109	.149	.305	1	.373	.032	.069
趣味関係のグループ	.036	.099	.113	.352	.201	.373	1	.006	.050
子育てしやすい地域	.233（有意確率.042)	.011	.210（有意確率.071)	-.021	.053	.032	.006	1	.259
子育ての環境に満足	.377	.276	.245（有意確率.034)	.259	.111	.069	.050	.259	1

（注）　NPO活動，スポーツ関係，趣味の会への参加は，地域外への参加のみ記載

表 6-2　京極小学校区　ロジスティック回帰分析の結果

方程式中の変数

		B	標準誤差	Wald	自由度	有意確率	Exp（B）
ステップ 1ª	q3	1.383	.525	6.925	1	.009	3.985
	q11	-.667	.549	1.475	1	.224	.513
	q13	-.162	.485	.112	1	.738	.850
	定数	-1.099	2.967	.137	1	.711	.333

a. ステップ 1：投入された変数 q3, q11, q13

方程式中の変数

		B	標準誤差	Wald	自由度	有意確率	Exp（B）
ステップ 1ª	q4	1.347	.624	4.656	1	.031	3.847
	q11	-1.038	.541	3.686	1	.055	.354
	q13	-.335	.442	.576	1	.448	.715
	定数	-.110	2.868	.001	1	.970	.896

a. ステップ 1：投入された変数 q4, q11, q13

方程式中の変数

		B	標準誤差	Wald	自由度	有意確率	Exp（B）
ステップ 1ª	q5	.684	.422	2.628	1	.105	1.983
	q11	-.582	.549	1.121	1	.290	.559
	q13	-.228	.456	.251	1	.616	.796
	定数	.144	3.070	.002	1	.963	1.155

a. ステップ 1：投入された変数 q5, q11, q13

方程式中の変数

		B	標準誤差	Wald	自由度	有意確率	Exp（B）
ステップ 1ª	q6	1.685	.569	8.766	1	.003	5.394
	q11	-.946	.611	2.396	1	.122	.388
	q13	-.350	.485	.520	1	.471	.705
	定数	-.799	2.958	.073	1	.787	.450

a. ステップ 1：投入された変数 q6, q11, q13

方程式中の変数

		B	標準誤差	Wald	自由度	有意確率	Exp（B）
ステップ 1ª	q7_ 町内会・自治会	.375	.256	2.143	1	.143	1.455
	q11	-.767	.564	1.851	1	.174	.464
	q13	-.388	.487	.636	1	.425	.678
	定数	.783	3.140	.062	1	.803	2.187

a. ステップ 1：投入された変数 q7_ 町内会・自治会 , q11, q13

方程式中の変数

		B	標準誤差	Wald	自由度	有意確率	Exp（B）
ステップ 1ª	q9_1	22.558	22509.748	.000	1	.999	###########
	q11	-.741	.551	1.806	1	.179	.477
	q13	-.558	.473	1.391	1	.238	.573
	定数	-19.443	22509.748	.000	1	.999	.000

a. ステップ 1：投入された変数 q9_1, q11, q13

方程式中の変数

		B	標準誤差	Wald	自由度	有意確率	Exp（B）
ステップ 1ª	q3	1.123	.552	4.140	1	.042	3.076
	q4	.985	.723	1.856	1	.173	2.678
	q11	-.827	.569	2.111	1	.146	.438
	q13	-.187	.471	.157	1	.692	.830
	定数	-2.666	3.270	.665	1	.415	.070

a. ステップ 1：投入された変数 q3, q4, q11, q13

方程式中の変数

		B	標準誤差	Wald	自由度	有意確率	Exp（B）
ステップ 1ª	q3	.480	.698	.473	1	.492	1.616
	q4	1.148	.780	2.166	1	.141	3.152
	q6	1.466	.691	4.505	1	.034	4.332
	q11	-1.021	.675	2.287	1	.130	.360
	q13	-.203	.498	.166	1	.683	.816
	定数	-4.656	3.579	1.693	1	.193	.010

a. ステップ 1：投入された変数 q3, q4, q6, q11, q13

の子育て中の保護者が「B 市は子育てしやすい」と回答していることから，一概に，結合型 SC だけが子育てのしやすさと有意に関連しているとは結論づけ難い.

　したがって，今後は，対象地域および母数を増やした調査を行い，精査していくことが必要である．また，現状で，日本の子育て支援が結合型 SC に頼ったものであるのだとすれば，なおのこと，NPO 法人などの橋渡し型 SC による子育て支援など，橋渡し型 SC による子育て支援も行っていく必要があることが示唆された.

2. 質的調査から得られた知見

——SC の地域差に鑑みた介護予防と子育て支援の有効性——

1）ソーシャル・キャピタルの地域差に鑑みた介護予防と子育て支援

——都市部・準都市部・農村部に足りない SC を補う介入のあり方——

次に，本研究では，SC の地域差を踏まえた介護予防と子育て支援の事例研究も行った．すなわち，SC の地域差とは，都市部では結合型 SC が希薄で橋渡し型 SC が豊かであり，農村部では結合型 SC は豊かだか橋渡し型 SC は希薄であり，準都市部では小学校区ごとに差異があって居住歴が長い者の多く住む小学校区では結合型 SC が豊かで居住歴が短い者の住む小学校区では橋渡し型 SC が豊かであるなどの地域差である．

したがって，都市部では「町内会自治会」などの結合型 SC を豊かにしていくような介入を，農村部では「NPO 法人」などの橋渡し型 SC を豊かにしていくような介入を，準都市部では小学校区ごとに異なる介入をすべきで，具体的には居住歴が長い者の多く住む小学校区では橋渡し型 SC である「NPO 法人」と連携した介入を，居住歴の短い者の多く住む小学校区では結合型 SC である「町内会自治会」などの活動を活発にするような介入をしていけば，効果的な介護予防と子育て支援につながるのではないかという仮説を立て，その仮説を検証する事例研究を行った．

都市部では，結合型 SC である「町内会自治会」をベースにした「住民福祉連合会」の会員が中心となり，社協や行政と協働しながら行う介護予防と子育て支援の事例研究を行った．また，農村部では，橋渡し型 SC の代理変数である「趣味の会への参加」，「ボランティアの会への参加」などや「NPO 法人」による介護予防を市社協の CSW が結合型 SC の「住民自治協議会」とつなぎながら行う介護予防や，橋渡し的つながりを重視した子育て支援サロンにおける子育て支援の事例研究を行った．

さらに，準都市部の居住歴が長い者の多く住む小学校区では，結合型 SC である「町内会自治会」規模で配置されている地域のボランティアの福祉協力員などによる介護予防を行いながらも，橋渡し型 SC である町外への「趣味の会への参加」などの会への参加を行う介護予防の事例を，また居住歴が短い者の多く住む地域では，新興マンション内の結合型 SC である「自治会」を核とし

た子ども会などと高齢者の多世代交流による介護予防の事例などの事例研究を行った．また，子育て支援に関しては，居住歴が長い者の多く住む小学校区では，橋渡し型 SC である NPO 法人と連携した子育て支援の事例を，また居住歴の短い者の多く住む小学校区では，公民館を拠点とし結合型 SC である「町内会自治会」や住民のボランティアによって構成された地区社協と連携した子育て支援に関する事例研究を行った．

しかしながら，これらの事例を全国共通の事例として一般化普遍化できるかというと，それは難しい部分もある．なぜならば，それぞれの地域の実情やその地域に存在する社会資源の種類および SC は各地域ごとに異なるからである．したがって，地域の実情に応じた支援を行い，それぞれの地域にある有効な社会資源と SC を活かした包括的支援を行っていく必要がある．

また，この事例は残念ながら，介護予防と子育て支援を同時に同地域で行った事例ではなく，介護予防と子育て支援を別々に行った事例を事例研究しているにすぎない．今後，本格的に包括的支援を行っていくにあたっては，同じ地域包括支援センターの管轄地域や小学校区内あるいは中学校区内で，介護も介護予防も子育て支援も障がい者支援もひきこもり青年などの支援も行っていかなければならないことになる．

2) 介護予防も子育て支援も包括的に行う先進事例

(1) 地域支援事業を財源とする名張市の「まちの保健室」

当面，そのヒントとなるような全世代・全対象型の支援を行っている自治体として，よくとりあげられるのが三重県名張市である．永田は，全世代型・全対象型の包括的支援の現状での制度的根拠ないし財源は，介護保険制度の地域支援事業と生活困窮者自立支援制度にあると述べている（永田 2019）．名張市では，市内 15 ケ所にある小学校圏域に介護保険制度の地域支援事業を財源とした地域包括支援センターのブランチや公民館を拠点とする「まちの保健室」と呼ばれるワンストップの初期相談窓口を設け，高齢者だけでなく子育て支援なども含めたあらゆる課題を受け止める相談窓口を設置している（永田 2013）．

「まちの保健室」は，「相談を受けるだけでなく，住民の活動と連携しながら支援したり，活動そのものを支援することも行っており，『身近な圏域での我が事・丸ごと』の中核となる機関である」という（永田 2018b：5）．「まちの保

健室」は，フィンランドにおけるワンストップサービスの育児相談機関である「ネウボラ」のような役割も担っている（川島 2015：42）．また，「『身近な圏域』で解決できない課題は，市役所本庁の地域包括支援センターに配置された 3 人の社会福祉士が，エリアディレクターとして関係機関などと連携しながら，必要な支援をコーディネートする体制になっている」ともいう（永田 2018b：5）．

(2) 行政組織の横断的連携による先進事例

さらに，行政の組織体系として，従来の高齢者福祉，児童福祉，障がい者福祉などの縦割り行政のままで全世代・全対象型の包括的支援を行うのは難しく，各部署の横断的連携が必要である．永田によれば，石川県河北郡津幡町では，「福祉課内の地域包括支援センターに，障がい者相談支援，子ども相談を総合相談室として一体化する機構改革を行っている．総合相談室には，10 人の専門職が配置されており，センター長と市全体を担当する精神保健福祉士・児童福祉司を除く 7 人の医療職（保健師，作業療法士）と福祉職（社会福祉士）がペアになって 13 の地域を担当する地域担当制で運営されている．同時に，公民館もしくは小学校区の 8 圏域で，住民が主体となった『暮らしのあんしんネットワーク委員会』を組織化し，町社協と地域包括支援センターがバックアップしながら，住民の主体的な活動と専門職が連携する体制を構築している」という（永田 2018b：5）．この事例は，今後，包括的支援を行っていく上で非常に参考になる事例である．

包括的支援を行っていくにあたっては，行政の縦割り体制を解消していかなければその実現が困難であることは，本研究における事例研究のための行政職員へのヒアリングにおいても抽出された課題であった．本書の事例研究でもとりあげた三重県伊賀市では，今後，地域包括ケアシステム構築に向け，関係計画を横断的に平行して立案する予定で，2018 年には介護保険事業計画（第 6 期）と高齢者福祉計画（第 4 次），子ども・子育て支援事業計画，障がい者福祉計画（第 3 次），障がい福祉計画（第 4 期），健康日本 21 計画（第 2 次・第 3 次），地域福祉計画（第 3 次）を同じスタートラインで立案し，高齢者担当部署と子育て支援担当部署および障がい者に関する担当部署の計画立案を，同時に行っていく予定であるという（伊賀市 2016：104）．他市町村においても，同様の機構改革が望まれる．

第2節　包括的支援体制におけるソーシャル・キャピタルの下位概念に着目した政策への示唆

1.　包括的支援体制の課題とソーシャル・キャピタルに着目した政策
——介護予防と子育て支援には結合型 SC と橋渡し型 SC の双方が必要——

　本研究の目的は，SC の代表的な下位概念である結合型 SC と橋渡し型 SC に着目し，包括的支援における地域包括ケアシステムの介護予防と子育て支援において，市区町村社協や地域包括支援センターの社会福祉士などの専門職が，結合型 SC である「町内会自治会」などと，橋渡し型 SC である「NPO 法人」などをつなぎ，コーディネートしながら，地域レベルの SC を構築していくことが，包括的支援体制における効果的な介護予防と子育て支援につながるという仮説を実証的に検証して，政策提言することにあった．仮説の検証の内容については，前節で述べているため，本節では，今後の包括的支援体制の課題を整理した上で，その課題を克服する具体的な政策提言を本研究の結果に依拠して行ってみたい．

　包括的支援体制の課題は，まず第1に，その財源をどう賄うのかという点にある．序章の内容の繰り返しになるが，地域包括ケアシステムは，介護保険制度下のシステムであり，介護や介護予防には介護給付と予防給付および地域支援事業による財源が確保できるものの，全世代型の社会保障制度が成立していない現状では，子育て支援や障がい者支援および，ひきこもり青年への支援など，その他の支援への給付はない状態である．財源がなければ，行政は動けない．

　たとえば，介護予防の拠点は地域包括支援センターなどであると介護保険制度では定められているが，地域包括支援センターは行政の直営か行政が市区町村社協や社会福祉法人・医療法人およびその他の民間の機関に委託して運営する形式をとっているため，行政の意向を無視して運営することはできない．前節で取りあげた名張市の「まちの保健室」で行っている子育て支援も，本来は介護予防を行うべき地域支援事業による財源を利用して地域包括支援センターのブランチを拠点とし，全世代型のワンストップサービスを行っていた．この

地域支援事業は介護保険制度のなかの事業であって，本来は高齢者のために設けられた制度下の事業であり，そもそもが子育て支援や障がい者支援のために設けられた制度ではなく，ましてや子育て支援や障がい者支援およびひきこもり青年などへの支援のための給付を含んでいるわけではないという矛盾を孕んでいる．包括的支援の理念は素晴らしいものの，財源の確保をどのように行っていくのかは，今後の大きな課題となるであろう．

　第 2 に，これも繰り返しになるが，行政の組織体制の機構改革を行わないと，現在の縦割り行政では，高齢者を担当する部署と子育て支援の部署および障がい者支援の部署などが横断的に連携できないため，包括的支援を行っていくのは難しい．本研究における事例研究の行政職員へのヒアリングでも，「横断的な機構改革を行わなければ包括的支援の実施は難しい」とか，「急に政策が変わってとまどう」といった声が多くきかれた．

　この第 1 の課題と第 2 の課題を解決するために，SC の下位概念に着目した包括的支援を行うことの有効性は極めて高いと考える．

　仮に，地域包括ケアシステムにおいて包括的支援を行う場合，その拠点となる地域包括支援センターに配属が義務づけられている専門職は，社会福祉士，保健師，主任ケアマネージャーのみである．もしも各 1 名しか配属されていなければ，その 3 名のみで介護に関する相談も，介護予防も，子育て支援も障がい者支援もその他の支援も行っていかなければならない．介護と介護予防に関する相談だけでもまわっていっていない現状で，全世代型の相談を受けるのは困難を極める．伊賀市のように社協が中心になって介護予防を行ったところで，子育て支援などの全てを受け持つことは難しい．実際，伊賀市社協でも，介護予防やひきこもり青年への支援は社協主導で行っているが，市から委託されていたファミリー・サポート・センターは，人員不足を理由に市にその運営を返している．人口の少ない市町村に行けば行くほど，マンパワーが不足することは否めない．

　これらの課題を解決するキーワードが SC なのである．包括的支援を行政職員や専門職だけで進めるのではなく，国の指針通り住民主体で推し進めるべく地域のボランティアや「NPO 法人」などによる支援を行政職員や専門職がコーディネートしていけば，包括的支援が効果的に機能していく可能性は高い．

　では，行政職員や地域包括支援センターおよび社協の専門職は，具体的にどのように地域住民や「NPO 法人」などをコーディネートし，SC を豊かにしていけばよいのか．本研究では，その具体的方法を，結合型 SC である「町内会自治会」などの地縁と橋渡し型 SC の「NPO」や「NPO 法人」などを専門職や行政職員がつなぎながら介護予防と子育て支援を行っていけば効果的な支援が行えるのではないかと考え，その仮説を検証する研究を行った．

　本研究の結果，介護予防に関しては仮説通り，結合型 SC の「町内会自治会」などの地縁と橋渡し型 SC の「NPO 法人」などを専門職がつなぎながら介護予防を行っていくことの有効性が検証された．しかしながら，子育て支援に関しては，結合型 SC の有効性は検証されたものの，残念ながら，橋渡し型 SC と子育てのしやすさに有意な関連をみいだすことができなかったことは，前節で述べた通りである．もちろん，本研究の調査には母数が少ないなどの課題や限界があり，違う調査をすれば，異なる結果が得られるのかもしれない．実際，B 市で母数 100 で行った調査では，異なる結果が得られたことも前節では述べた．

　しかしながら，日本の子育てが依然，血縁や地縁に頼った子育てであることは明らかであって，包括的支援を行っていくにあたっては，この壁を打破していく必要もある．つまりは，包括的支援における子育て支援においても，介護予防同様，「NPO 法人」などや町を超えて母子父子が集まってくる子育て支援サロンなどのような橋渡し型 SC を駆使していく必要があるということである．

　介護保険制度は，その介護給付ないし予防給付に民間活力を導入した初の制度であるため，介護や介護予防の現場には民間活力としての「NPO 法人」などの活動が多くみられる．だが，子育て支援における「NPO 法人」などのサービスは，いまだ多いとはいえないのが現状である．今後，子育て支援サロンなどの運営や放課後児童クラブ[3]などの運営を「NPO 法人」の手に委ねる支援を増やしていく政策が求められる．

　では，なぜ日本では，子育て支援分野における「NPO 法人」の活動が増えないのか．この課題は，子育て支援分野に限った問題ではない．なぜならば，この課題の背景にも財源の問題が絡んでくるからである．各種助成金を設けたり，事務所のスペースを格安で提供するなど，「NPO 法人」を立ち上げる支援

などを行政は行いつつあるものの，立ち上げた後の財政面での支援を行っている自治体は少ない．「NPO法人」の活動継続における財源の不足は，非営利法人である「NPO法人」の運営を困難にしている大きな要因の1つであろう．

たとえば，第5章でとりあげたフィンランドの事例のように，自治体が橋渡し型SCの「NPO」に対して入札を行い，サービスを買い上げるという方式は，今後，日本においても導入可能な財源確保の方策ではないだろうか．「NPO」のサービスを財政的に支援する施策も，今後の政策で考えていかなければならない重要課題である．

本研究では，とかく負の部分が強調されがちな結合型SCが，日本の場合は介護予防においても子育て支援においても有効なのではないかという仮説も検証した．この仮説は立証され，介護予防においても子育て支援においても，結合型SCと要介護状態にない高齢者の健康度や子育てのしやすさは，有意に関連していることが検証された．ことに，わが国独自の地縁組織である「町内会自治会」と，「町内会自治会」を基盤とする地区社協および各種防災関連組織，老人会，子ども会などの活動と，介護予防や子育て支援の関連は深いものと考えられる．

本書では，この結合型SCである「地縁」を活用しつつ，橋渡し型SCである「NPO法人」などの橋渡し的なつながりをつくる中間支援組織の活動を絡めていく政策を推進することは，包括的支援における介護予防においても子育て支援においても有効であると結論づけたい．

最後に，幾つかの先行研究も踏まえながら，包括的支援体制の構築をSCの下位概念に依拠して進めていくためのより具体的な政策提言を行う．

2．包括的支援体制構築のためのモデルとファクター

1）改正社会福祉法による包括的支援体制構築のモデル

ところで，包括的支援体制構築のための具体的モデルには，どんなものが考えられるのであろうか．

永田は，「地域力強化検討委員会」で提起され，社会福祉法の改正によって法制化された包括的支援体制の構築について，新設された社会福祉法第106条の3（巻末資料後掲）に定められた通り，「①住民の主体的な活動を活発にする

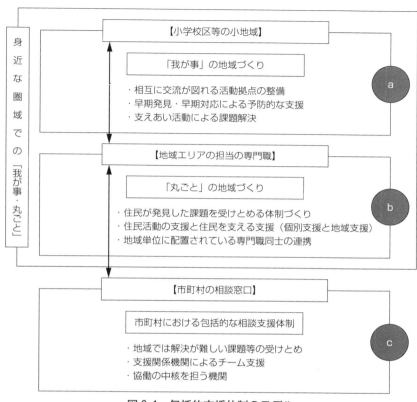

図 6-1　包括的支援体制のモデル

（出典）　永田祐（2018）「地域包括ケアシステムの最前線『我が事・丸ごと』地域共生社会と包括的支援体制」『Monthly IHEP 医療経済研究機構レター』(271)，医療経済研究機構，p. 4.

ための環境整備，② 地域住民によるニーズ発見と発見した課題を専門職と協働して解決していくための体制の整備，③ 分野を超えた相談支援機関同士の連携の体制整備を行う」ことであるとしている．すなわち，「住民が『我が事』として地域課題の解決に主体的に取り組む環境を整備し，一定の圏域でこうした活動を支援しつつ，住民が発見した課題を受けとめ，専門職が協働して解決する体制，さらには市町村域で圏域では解決できない課題を専門職同士の連携によって受けとめていく体制を『包括的支援体制』として，市町村がその整備に努めなければならない，と規定していることになる」と同法の改正を解釈し

ている．その上で，「地域力強化検討委員会」では，「①と②を『身近な圏域での我が事・丸ごと』，③を市町村における包括的な相談支援体制と呼び，これを法に位置づけた」ともしている．また，この包括的支援体制のモデルを，**図6-1**のように表している（永田 2018b：3-4）．

　永田によれば，aは「住民の主体的な活動とその活動を通したニーズ発見という単位」であり，bは「日常圏域でこの住民活動を支援しつつ，ともに課題解決に取り組む専門職の単位」であり，cは「地域での解決が難しかったり適切でない場合に市町村単位で相談を受けとめ解決するための体制」であり，包括的支援は，この三層から構成されることになるとしている（永田 2018b：5）．ありていにいえば，aは住民主体のそれこそ SC に依拠するステージであり，bは専門職の支援によるステージであり，cは行政による支援のステージであるといえるだろうか．

　以下の2）では，aを「住民の主体的活動」，bを「専門職の支援」，cを「行政の体制および支援」とし，包括的支援構築において考えられる具体的要素について論じてみたい．

2）包括的支援体制構築を支える３つのファクター
　　　──「住民の主体的活動」「専門職の支援」「行政の体制・支援」と SC ──

（1）包括的支援体制における「住民の主体的活動」とソーシャル・キャピタル

　aの「住民の主体的活動」には，SC としての民生児童委員の活動が含まれる．松原は，地域共生社会の包括的支援における民生児童委員の役割について，「地域力強化検討会」の最終とりまとめ（2017年9月）の内容を引用し，「各市町村における包括的な支援体制の中で，その主体として社協や地域包括支援センター，NPO 法人等を想定した．これらの組織の連携先の１つとして，民生委員・児童委員も挙げられている」としている（松原 2018：56）．さらに，定塚（当時の厚生労働省社会・援護局長）が，「『我が事・丸ごと』の地域づくりを進めるために，民生委員に対して『極めて重要となる地域課題の把握および受け止め，そして関係機関へつないで解決を図る』という面で期待を表明している」（定塚 2017）ことも紹介している．

　民生児童委員の活動は，日本独自の地域のボランティアによる地域福祉の活動であるため，参照すべき海外の先行文献がなく，先行研究によって結合型

SCに該当するのかを定めることはできない．しかし，「町内会自治会」単位で選出されることに鑑みると，結合型SCであると考えてよいであろう．結合型SCの1つとして，包括的支援における民生児童委員が担う役割への期待は大きい．

　実は，地域のボランティアに占める女性の割合は男性よりも多く，民生児童委員の割合も1995年以降，女性の割合が半数を超えている（内閣府男女共同参画局2007）．また，相田らの先行研究で，SCが希薄な地域に住む女性はSCが豊かな地域に住む女性に比べて要介護状態になるリスクが高くなることが示されたが，男性では統計学的に有意な関連は示されなかったことは，前章でも述べた（Aida et al. 2012）．つまり，SCの影響をより強く受けているのは女性であることになる．

　さらに，筆者らの先行研究（川島・福島2013）でも，「女性」と「地域での役割」には相関関係があり，地域において民生児童委員などの役割の多くを女性が担っていることが計量的分析によっても明らかにされていることも前章では論じた．また，今村らの先行研究では，日本一平均寿命の長い長野県で質的調査を行った結果，長野県民の健康度の高さを保っている鍵は女性のネットワークにあり，全世代の女性が健康増進のための運動を「自治会」における持ち回りの役割として継続的に担っていることが要因であることなどが，示唆されている（金子・園田・今村2010）．フィンランドにおいても，ユニバーサリズム（普遍性原則）に基づき提供される福祉サービス（社会・保健医療サービス）の中核原理に「社会的包摂を目指すケアサービスを提供する公的システムは女性の利益に応えるためのものでなければならない」ことが含まれていることも，すでに述べた．したがって，包括的支援を住民主体で行う際，その担い手としての「女性」は，1つのキーワードになるものと考えられる[4]．

　そのほか，包括的支援体制を支える住民の主体的活動としては，本研究でもとりあげた結合型SCである「町内会自治会」の活動や，「町内会自治会」単位の地域のボランティア組織である市区町村社協の下部組織の「地区社協」の活動および，「町内会自治会」を基盤とした「公民館」における活動などがあげられる．また，橋渡し型SCとしての子育て支援サロンであったり，社協の「ふれあい・いきいきサロン」の枠組みを利用した住民主体の介護予防教室や，

介護予防のためのサロンも同じ枠組みに入る.

　本研究では，この結合型 SC と橋渡し型 SC の双方が包括的支援において有効であり，その2つを専門職がつなぎながら包括的支援を行うことの有効性を検証したことは繰り返し述べた．(2)では，その専門職の役割について述べる.

(2) 包括的支援体制における「専門職の支援」とソーシャル・キャピタル

　図 6-1 の b の「専門職による支援」のステージの専門職には，地域包括支援センターの社会福祉士，保健師などの職員や，社協の CSW，橋渡し型 SC としての NPO 法人の職員のほか，生協などの協働組合が経営する老人ホームや，その他の小規模多機能施設などの専門職などが考えられるであろう.

　藤井は，地域共生社会や包括的支援における社協の役割に関し，「地域福祉が地域共生社会を形成するのに期待される役割は地域福祉を推進することを目的とした社協の役割に相当する」とした上で，以下の4点をあげている．すなわち，第1は「地域共生社会の形成を担う主体の養成」(住民の福祉教育や生涯教育など)であり，第2は「小地域福祉推進組織の組織化と活動の推進」であり，第3は「総合相談支援体制・地域包括支援体制の構築」であり，第4は「自治体における地域福祉運営」である．第2の「小地域福祉活動」については，「自治会域とおよそ小学校区域の二重構造の重層的な地域づくりが進められている」とし，「それは，地域組織における地縁型組織とアソシエーション型組織の最適な組み合わせの模索でもある」と述べている (藤井 2018b：48-49)．これは，まさに，本研究における結合型 SC としての「地縁組織」と橋渡し型 SC としての「NPO 法人」などのアソシエーション型組織を専門職がつなぎながら包括的支援を行うべきという主張と合致している.[5]

　橋渡し型 SC としての「NPO 法人」の活動が，包括的支援における有効なファクターになることは，本研究においても計量的検証を行った通りである．ここでまた1つ，橋渡し型 SC の「NPO 法人」と結合型 SC の「町内会自治会」に依拠した宇治市の介護予防の事例を専門職の役割に着目して記してみたい.

　京都府宇治市は，人口 12 万 7083 人 (2014 年現在)，高齢化率 32.05% (2016 年現在) の宇治茶や源氏物語の宇治十帖で有名な京都市の衛星都市である．市社協や福祉公社の活動の盛んな地域で，介護予防も子育て支援も行政と市社協お

および地域のボランティアである学区福祉委員などとの協働の下に行われている.
ここでは,「NPO 法人 認知症予防ネット」の活動の事例を紹介する. 橋渡し
型 SC である「NPO 法人 認知症予防ネット」は, 認知症だった義親の介護に
悩んだ経験のある住民が, 認知症予防のために住民主体で立ち上げた「NPO
法人」である. 主な活動は, 小学校区を基本的な単位として, 廃校となった小
学校などを利用し, 認知症予防教室や転倒骨折予防のための簡単な体操などを
行うことと, その普及活動である. 現在, 会員総数は 245 名で, 宇治市外から
の加入者も多い. たとえば小倉小学校区では, 廃校になった小学校に地域包括
支援センターが置かれ, 老人福祉施設も併設されているが,「NPO 法人 認知
症予防ネット」は, この廃校になった小学校で毎月 1 回, 認知症予防教室と転
倒骨折予防教室を開催している. 参加者は, 結合型 SC である「町内会自治
会」単位で参加しており, 地域包括支援センターの専門職や市社協の CSW な
どは, これらの活動を遠巻きに黒子のように見守っている[6].

　この事例は, まさに, 本研究で主張した結合型 SC と橋渡し型 SC を駆使し
て介護予防を行っている住民が自ら形成した「NPO 法人」が主体となった介
護予防を専門職が支援しながら行っている好事例であるといえよう.

(3) 包括的支援体制における「行政の体制・支援」とソーシャル・キャピタル

　包括的支援体制において, 結合型 SC や橋渡し型 SC を専門職がつなぎなが
ら介護予防や子育て支援を行った場合, 住民および「NPO 法人」や, 市区町
村社協などだけでは拾いきれない課題や解決しきれない課題が発生する場合も
ある. そんな際に大きな役割を果たすのが「行政の支援」である. 永田は, 図
6-1 において, 行政(市町村域の相談窓口)における「市町村域における包括的
な相談支援体制」に関し, その役割を「地域では解決が難しい課題等の受けと
め, 支援関係機関によるチーム支援, 協働の中核を担う機能」であるとしてい
る(永田 2018b:4).

　人口の少ない農村部や準都市部では, 都市部に比べると社会資源やマンパワ
ーが乏しく, 包括的支援体制においても行政の支援が多く必要になることが推
察される.

　たとえば, 第 4 章でとりあげた島根県松江市では, 宍道地区で, 行政が提供
する子育て支援センターを拠点とし, 橋渡し型 SC である「NPO 法人」と協働

した子育て支援を行っていることや，市（行政）の「健康まちづくり課」（当時）と結合型 SC である「町内会自治会」が協働して地域にあった健康づくりを行う「健康まつえ推進体」を結成し，橋渡し型 SC である「NPO 法人」や結合型 SC である「地域のボランティア」が中心となって行っていた転倒骨折予防教室を「健康まちづくり課」（行政）の呼びかけによって集結させ 2012 年より「ヘルスボランティア協議会」を発足させて，介護予防を行っていたことは，すでに述べた．このように，松江市では結合型 SC である「町内会自治会」を核とする「公民館活動」における結合型 SC の地区社協員や福祉協力員および民生児童委員などの地域のボランティアと，橋渡し型 SC である「NPO 法人」などを市社協や地域包括支援センターなどの専門職がつなぎつつ，行政と協働しながら介護予防を行っている．ここでは，加えて，松江市法吉地区の介護予防に関する事例について紹介してみたい．

　法吉地区は人口約 1 万人，高齢化率 15%（2004 年現在）の田園地帯と新興住宅地，および商業地域の広がる居住歴の長い住民と居住歴が短い住民が混在する新旧混合地区である．法吉地区にある「NPO 法人久米の家」は，2002 年に認知症の入所者 9 名のグループホームとして発足し，設立当初より入所者と地域の健康な高齢者計 15〜16 名を対象とした転倒骨折予防および認知症予防のための音楽に合わせた体操教室を理学療法士の指導の下，社会福祉士や介護福祉士とのチームアプローチによって月 1 回，行ってきた．2006 年に改正介護保険法が施行されてからは，小規模多機能型居宅介護施設（通所利用 15 名，入所利用 9 名，登録のみ 1 名）を併設し，共同で介護予防教室を継続開催して，参加者は計 25 名（いずれも 2008 年当時）いる．

　法吉地区は，松江市内全 21 地区のうち 2008 年当時，唯一，災害時に独居高齢者や障がい者などの要援護者である「おねがい会員」を結合型 SC である近隣住民や「町内会自治会」，福祉協力員，民生児童委員などの「まかせて会員」が見守り助け合う「災害時要援護者見守りシステム」のモデル地区に選定された結合型 SC の「町内会自治会」や公民館活動の盛んな地域である．この結合型 SC の活動と，橋渡し型 SC である「NPO 法人久米の家」が，市社協などの専門職の指導の下，介護予防教室を開催することによって，結合型 SC と橋渡し型 SC をつなぐ介護予防を行うことができている（川島 2008b：182）．

　また，法吉地区では，地区内の商業施設の1室を使用し，橋渡し型SCの「NPO法人」が体操教室を運営して，高齢者が買い物帰りに立ち寄れる介護予防教室を行っていた．この「NPO法人」は，先に述べた市の「(旧)健康まちづくり課」(行政)の呼びかけによって他の健康づくりの「NPO法人」とともに「ヘルスボランティア協議会」を発足させた「NPO法人」の1つである．

　したがって，法吉地区の介護予防は，結合型SCである「町内会自治会」や民生児童委員，福祉協力員などと，橋渡し型SCである「NPO法人」が連携して行っており，その活動を行政が後押しし，行政との協働の下に行われていることになる．なお，この「健康まちづくり課」は，包括的支援体制構築のため，子育て支援に関する部署との組織改編に伴い，現在は別の課になっている．

　以上，包括的支援体制における現状の課題を克服すべく，SCの下位概念に着目した政策を推進することの有用性とその具体的方法としての包括的支援体制のモデルとファクターについて論じた．

　近年，介護と育児を同時に担うダブルケアの問題などもクローズアップされている[7]．また，50歳のひきこもり男性が80歳の親を介護する8050問題も大きな社会的課題となっている．このように，1つの家族のなかには，要介護状態の父親がいて，夫を介護する介護予防が必要な母親もおり，父の介護を手伝う子育て中の娘もいて，そういった家族の問題に関わろうとしないひきこもり青年がいるかもしれない．そういったきわめて今日的で複層的な福祉課題を解決する政策として，包括的支援の理念は間違ってはいないであろう．

　しかしながら，その実施には，様々な困難が伴っているのが現状である．財政的課題，介護関係部署と子育て支援部署および障がい者支援部署などが別々である縦割り行政の課題や，農村部・準都市部におけるマンパワーや社会資源の不足などの問題を克服するために，SCの下位概念である結合型SCと橋渡し型SCに着目した政策の有効性は高いことを本研究の結果は示している．

第3節　本研究の限界と今後の課題

　以上，本研究では，包括的支援におけるSCに着目した介護予防と子育て支援の有用性とその具体的方法などについて論じた．

　本研究における自記式アンケート調査の限界は，限られた調査対象地だけで調査を行っており，母数も限られていることにある．今後は，異なる地域性を持つ調査対象地で調査を行い，母数も増やして調査の妥当性を高め，包括的支援における SC の構築方法と，包括的支援体制の地域包括ケアシステムにおける専門職の役割に関する研究を深めていくことなどが課題である．

　また，専門職の定義が曖昧であることも，本研究の限界である．当初は，「結合型 SC」の「町内会自治会」などと「橋渡し型 SC」の「NPO 法人」などを CSW や社会福祉士のみがつないでいる自治体を抽出し，調査を行う予定にしていた．介護予防の調査における A 県 B 市 C 地区は極めてその条件に合致した地域ではあったものの，CSW や社会福祉士だけでなく保健師などのほかの専門職の影響を完全に排することが今回の調査設定ではできず，C 地区で介護予防の効果があった要因を CSW や社会福祉士のみが「結合型 SC」と「橋渡し型 SC」をつないだからだと限定することは難しかった．そこで，介護予防の調査の後に行った子育て支援の調査においては，最初から専門職の職種を限定せず，単に「結合型 SC」と「橋渡し型 SC」を駆使して行っている自治体を抽出して調査を行っている．

　さらに，本研究の介護予防の調査の分析においては，そもそも元気で健康な高齢者が多い地域だから地域のつながりを保てているのかもしれないという逆の因果関係の可能性を排しきれているとはいえない点も今後の課題である．また，同様に，子育て支援の調査の分析においても，逆の因果関係を排しきれているとはいえない．この点も，今後の課題である．

　さらに，「結合型 SC」に関しては，健康との関連において負の要因も報告されており（伊藤ら 2013：稲葉 2011，など），さらなる精査が必要となる点も今後の課題として残されている．

　そのほか，事例研究も限られた市町村でしか行っておらず，しかも介護予防と子育て支援の事例研究を別々に行っており，その双方を同時に行っている事例が先行文献に基づく 1 市 1 町に限られているという点も今後の課題である．今後は，調査対象地を増やし，介護予防と子育て支援および障がい者支援などを同時に行っている事例を，さらに事例研究していく必要がある．

　包括的支援体制における地域包括ケアシステムは，まだ緒についたばかりで

あり，実際に全世代・全対象型の包括的支援に適合した支援を行っている自治体は非常に少ないのが現状である．そのなかで適当な事例研究先を探す困難は否めなかった．今後，推進されていくであろう包括的支援を結合型 SC と橋渡し型 SC に着目して，継続して事例研究を行い，計量的調査も行っていく必要がある．

　また，SC 政策は，公的責任の回避につながるのではないかという批判に耐えうる論考も，本研究ではできていない．

　SC 政策に対する諸所の批判はあるものの，少なくとも本研究の調査結果から鑑みれば，包括的支援における SC 政策の有効性はあるものと考えられる．今後，包括的支援における SC に依拠した政策を推し進め，その効果を検証することの意義は大きい．

注
1）　『産経新聞』2018 年 10 月 4 日朝刊 22 面
2）　母数は 124（全家庭数）で，回収率は 83.8％であった．
3）　学童クラブと同意．
4）　この点についてはすでに，川島（2008a）において，述べている．
5）　「地縁型組織」とは地域の生活圏を基盤とした「町内会自治会」など同じ地域に暮らしている人々によって構成される組織．「アソシエーション型組織」は特定の課題を達成することを目的としている組織青年団・婦人会・営農集団などを指す用語だったが，現在は「NPO 法人」，ボランティア団体，趣味の会，スポーツ振興のための団体，市民活動などがあげられる（川島 2013e：21）．
6）　宇治市における事例は，日本地域福祉学会第 24 回年次大会（2009）「ソーシャル・キャピタルの類型に着目した介護予防サービス——ボンディング型 SC とブリッジング型 SC をつなぐソーシャルワーク——」において発表した．
7）　初婚年齢や出産年齢が上昇し，育児世代の平均年齢が上昇する中，内閣府では，全国で約 25 万人（男性約 8 万 5000 人，女性約 16 万 8000 人）が 1 人で育児と介護の 2 つのケアを同時に担うダブルケアを行っていると推定している．

お わ り に

　本書は，筆者が，同志社大学大学院（旧）文学研究科社会福祉学専攻博士前期課程および後期課程に在学した 2001 年から 2007 年の間の研究成果，ならびに，2007 年から 2013 年までの教員時代に発表した研究の成果，および 2017 年 4 月に同志社大学大学院総合政策科学研究科総合政策科学専攻公共政策コース博士課程後期に再入学した後のあしかけ 18 年（最初の博士後期課程入学から数えると 16 年）の研究成果をまとめたものである．

　本研究は，平成 20 年〜21 年度科学研究費補助金若手（スタートアップ）課題番号 20830142（研究代表者），平成 22 年〜24 年度科学研究費補助金基盤研究（C）課題番号 22530666（研究代表者），平成 22 年〜24 年度厚生労働科研費補助金（長寿科学総合研究事業）指定-008（分担研究者），公益財団法人ユニベール財団 2017 年度研究助成（研究代表者）の助成を受けた．記して，感謝したい．

　また，筆者の博士論文の主査であった同志社大学大学院総合政策科学研究科教授の新川達郎先生には，非常に幅広い学術的視座からの様々なご指導を賜った．深謝申しあげる．さらに，同志社大学大学院文学研究科社会福祉学専攻博士後期課程在学時の主任教授であった岡本民夫先生はじめ，学部時代からお世話になった黒木保博先生など，社会福祉学科の全ての先生方にも感謝の意を表したい．

　加えて，ソーシャル・キャピタル研究に関する示唆を与えて下さった JAGES 代表の近藤克則千葉大学医学部教授，ほか全ての JAGES の先生方にも感謝申しあげる．特に，東京女子大学現代教養学部講師の福島慎太郎先生には分析に関し多大な示唆をいただいた．深く感謝したい．さらに，月 1 回のペースでソーシャル・キャピタル研究会を開催してくださった元日本大学法学部教授の稲葉陽二先生にも多くの示唆をいただいた．感謝申しあげる．

　また，本書の出版を引き受けて下さり，刊行にむけて丁寧な校正をして下さった晃洋書房の西村喜夫氏にも感謝申しあげたい．そのほか，すべての方々のお名前を記すことはできないが，本書における研究の完成にあたっては，実に

多くの方にお世話になった．ご助力下さった方々に心より感謝申しあげる．

　筆者は，1986 年に同志社大学文学部社会学科社会福祉学専攻を卒業後，しばらく在阪の全国紙で社会部記者をしていた．ちょうど男女雇用機会均等法施行元年の採用であったため，社会部に配属された女性記者は筆者ひとりで，ひどい女性差別にあい，やむなく退社．郷里の島根県松江市に帰省して結婚し，2 人の男児を出産している．

　当時，島根県は高齢化率日本一で，高齢化率の高さゆえに出現する問題は，日本の 15 年後ないし 20 年後の課題を現しているように思えた．しかし，介護を社会で支える介護保険制度の施行こそ決まっていたものの，高齢者の約 8 割を占める健康な高齢者に対する施策はなかった．そこで，介護予防に関する研究をしようと思い立ち，母校の社会福祉学科の院に入学したのは，39 歳の時である．子どもたちは，小学校 5 年生と 2 年生になっていた．自らの子育ての経験から感じた子育て支援の課題の解決を図ろうと思ったのも，本研究の動機になっている．

　最後になったが，子育てしながら松江と京都を往復して大学院に通い，教員として福岡や岡山の大学に単身赴任するなどした筆者の研究生活を支えてくれた夫や子どもたちと，経済的にも精神的にも援助してくれた高齢の母にも感謝したい．殊に，最初の大学院に通い始めた時には，まだ 8 歳だった次男が，筆者が 2 度目の大学院となった同志社大学大学院総合政策科学研究科在学中に，同じ社会福祉の研究者の道を歩むことを選び，奇しくも親子で大学院に通うことになったことは，大きな励みとなった．共に社会福祉政策や社会全般に貢献できる研究を行って社会を変革していきたいという夢が，本書の研究を支えている．

　本書は，筆者にとって初めての単著である．博士後期課程を出てすぐに博論を単著として出版する若者も多いなか，気がついてみれば暦が還る年齢手前になっていた．大学を卒業する際，「大学院に行きたい」と言うと，「女が大学院にいってどうするんだ」と父に猛反対され，すぐには院に進学できず，ずいぶんと回り道をしてしまった．しかも，教員になってからも，一旦，父の介護のために介護離職したりもしている．残念ながら，その父は，本書の刊行を待たずして昇天してしまった．生きていたら，きっと喜んでくれていたことだろう．

天国の父にも，本書を捧げたい．

　本書には，長い時間をかけ，まるでウイスキーの樽で研究を熟成させて完成させたかのような筆者のさまざまな想いがつまっている．まだまだ足りない点も多々あるが，研究によって社会をよくしていきたいと願う強い想いが，少しでも読者の皆様方に伝われば幸いである．

　日本の人口構造は，ピラミッド型から逆ピラミッド型（もしくは棺桶型）に移行し，超少子高齢社会を迎えただけでなく，すでに人口減少社会に突入した．

　中山間地域では新生児が0人で，高齢者だけの町村も少なくない．多くの市町村が消滅の危機にさらされているのである．このような人口減少社会がかかえる課題を克服し，持続可能な社会保障や，持続可能な市町村経営を行うことに鑑みた際，本書におけるソーシャル・キャピタル研究が，ささやながらもお役に立てるのではないかと信じて，筆をおきたい．

　　2020年8月吉日

　　　　　　　　夏の陽ざしまぶしき七夕の日の京都にて

　　　　　　　　　　　　　　川　島　典　子

初出論文および著書・報告書・学会抄録　一覧

　参考文献とも重なるが，以下に骨子となった初出論文，および著書，報告書，ならびに第26回日本保健福祉学会学術集会優秀演題賞を受賞した学会報告抄録を挙げておく．

川島典子（2003）「介護予防サービスの体系化とソーシャルワーカーの役割に関する一考察──全国実態調査と先進事例研究を通して──」『同志社大学大学院文学研究科（当時）2002年度修士学位論文』同志社大学（第1章第1節，第4章第2節）．

川島典子（2004）「自治体における介護予防サービスの体系化に関する一考察──全国実態調査と事例研究を通して──」『日本の地域福祉』17，日本地域福祉学会（第1章第1節，第4章第2節）．

川島典子（2005）「介護保険制度改正後の介護予防サービスにおけるソーシャルワーカーの役割と今後の課題」『同志社社会福祉学』（19），同志社大学社会福祉学会（第1章第1節，第4章第2節）．

川島典子（2005）「介護予防サービスにおけるソーシャルワーク──地域支援の視座からの概念整理と事例研究──」『同志社大学大学院社会福祉学論集』（19），同志社大学大学院文学研究科社会福祉学専攻院生会（第1章第1節，第4章第2節の参考文献）．

川島典子（2007）「介護予防サービスをめぐる政策の変遷とソーシャルワークの実践基盤──ソーシャルワークの普遍性の視座から──」『同志社大学大学院社会福祉学論集』（21），同志社大学大学院社会学研究科社会福祉学科院生会（第1章第1節）．

川島典子（2008）「高齢社会におけるジェンダー問題の課題と展望──介護予防の視座から──」『筑紫女学園大学・筑紫女学園大学短期大学部紀要』（3），筑紫女学園大学・筑紫女学園大学短期大学部（第6章第2節）．

川島典子（2008）「一般高齢者に対する介護予防サービス実践の体系的考察──提供組織に焦点を当てた事例研究を通して──」『筑紫女学園大学・短期大学部人間文化研究所年報』（19），筑紫女学園大学・短期大学部（第4章第2節）．

川島典子（2010）「ソーシャル・キャピタルの類型に着目した介護予防サービス──結合型SCと橋渡し型SCをつなぐソーシャルワーク──」『同志社社会

福祉学』（24），同志社大学社会福祉学会（序章，第2章第1節）．

川島典子（2010）「介護予防サービスにおけるソーシャル・キャピタル」『筑紫女学園大学・筑紫女学園大学短期大学部紀要』（5），筑紫女学園大学・筑紫女学園大学短期大学部（第2章第1節）．

川島典子（2010）「地域システムへの介入が一般高齢者の介護予防サービスに及ぼす効果に関する研究」『筑紫女学園大学・短期大学部人間文化研究所年報』（21），筑紫女学園大学・短期大学部（第3章のパイロット調査）．

川島典子（2011）「地域システム構築への介入が一次予防事業対象者への介護予防サービスに及ぼす効果に関する縦断研究」『筑紫女学園大学・筑紫女学園大学短期大学部紀要』（6），筑紫女学園大学・筑紫女学園大学短期大学部（第3章のパイロット調査）．

川島典子（2011）「地域システム構築への介入が一次予防事業対象者への介護予防サービスに及ぼす効果に関する縦断研究Ⅱ」『筑紫女学園大学・短期大学部人間文化研究所年報』（22），筑紫女学園大学・短期大学部（第3章のパイロット調査）．

川島典子（2012）「フィンランドにおける社会保障制度——ジェンダーの視座からの日芬比較——」『筑紫女学園大学・筑紫女学園大学短期大学部紀要』（7），筑紫女学園大学・筑紫女学園大学短期大学部（第5章第1節）．

川島典子ほか編著（2012 初版，2015 第2版）『アジアのなかのジェンダー』ミネルヴァ書房（第1章第2節，第5章第3節・第4節）．

川島典子（2013）「ソーシャル・キャピタルに着目した女性活用施策——フィンランドとノルウェーにおける女性支援施策の実態を通して——」『日本ジェンダー研究』（16），日本ジェンダー学会（第5章第3節・第4節，第6章第2節）．

川島典子（2013）「ソーシャル・キャピタル構築への介入が介護予防に及ぼす効果に関する研究」『第26回日本保健福祉学会学術集会抄録集』日本保健福祉学会（第3章第1節）．

川島典子ほか編著（2013）『地域福祉の理論と方法』学文社（第1章第1節，第4章第2節）．

川島典子・福島慎太郎（2013）「介護保険のベンチマーク開発におけるソーシャル・キャピタルに関わる指標の地域差に関する研究」近藤克則ほか（2013）厚生労働科研費補助金（長寿科学総合研究事業 – H22〜H24 – 長寿 – 指定 – 008）『介護保険の総合的政策評価ベンチマークシステムの開発 平成22年〜24年総合研究成果報告書』厚生労働省（第2章第2節）．

川島典子（2018）「結合型ソーシャル・キャピタルと橋渡し型ソーシャル・キャピタルに着目した子育て支援に関する研究」『同志社政策科学院生論集』7，（第3章第2節，第6章第1節）.

川島典子（2019）「包括的支援における子育て支援——ソーシャル・キャピタルの下位概念の地域差に着目して——」『日本ジェンダー研究』（22）.

新川達郎・川島典子編著（2019）『地域福祉政策論』学文社.

参 考 文 献

〈子育て支援，ジェンダー　関連〉

網野武博（2003）「子育て支援」京極高宣監修『現代福祉学レキシコン』第2版，雄山閣.

伊藤公雄（2011）「男性学・男性研究の視点からみた戦後日本社会とジェンダー」辻村み
　　よ子編『ジェンダー社会科学の可能性　第3巻　壁を超える——政治と行政のジェン
　　ダー主流化——』岩波書店.

今井小の実（2015）「少子社会におけるジェンダー問題——結婚というウインドウからみ
　　る——」川島典子・三宅えり子編著『アジアのなかのジェンダー』ミネルヴァ書房.

太田ひろみ・山内亮子・場家美沙紀・石野晶子・鈴木朋子・井上晶子（2018）「地域のソー
　　シャル・キャピタルと乳幼児を育てる母親の育児不安に関する研究」『杏林CCRC
　　研究所紀要』杏林大学.

落合恵美子（1989）『近代家族とフェミニズム』勁草書房.

柏女霊峰（2017）『子ども・子育て支援制度を読み解く——その全体像と今後の課題——』
　　誠信書房.

川口章（2013）『日本のジェンダーを考える』有斐閣選書.

川島典子（2013a）「ソーシャル・キャピタルに着目した女性活用施策——フィンランドと
　　ノルウェーにおける女性支援施策の実態を通して——」『日本ジェンダー研究』(16)，
　　日本ジェンダー学会.

川島典子（2015）「社会保障におけるジェンダー」川島典子ほか編著『アジアのなかのジェ
　　ンダー』第2版，ミネルヴァ書房.

川島典子（2018a）「日本の子育て支援の現状と展望——北欧の政策との比較——」『女性
　　学・ジェンダー学の成果と課題　女性学40年・ジェンダー学20年の研究・活動の実
　　践から　研究・活動報告書』京都文化創生機構，福井県立大学看護学部社会福祉学科，
　　同志社大学ソーシャル・ウェルネス研究センター.

川島典子（2019a）「包括的支援における子育て支援——ソーシャル・キャピタルの下位概
　　念の地域差に着目して——」『日本ジェンダー研究』(22).

川島典子ほか編著（2012a）『アジアのなかのジェンダー』ミネルヴァ書房.

社会福祉士養成講座編集委員会（2016a）『新・社会福祉士養成講座第6版　児童や家庭に
　　対する支援と児童・家庭福祉制度』中央法規.

汐見和恵（2010）「乳幼児期の子育てと親の悩み・不安——子育てへの社会的支援の質と
　　量への期待——」松田茂樹・汐見和恵・品田知美・末盛慶『揺らぐ子育て基盤——少
　　子化社会の現状と困難——』勁草書房.

新崎国広（2011）「子育て支援ネットワーク」成清美治・加納光子編集代表『現代社会福

祉用語の基礎知識』第 10 版，学文社.

柴田悠（2016）『子育て支援が日本を救う　政策評価の統計分析』勁草書房.

高橋睦子（1998）「フィンランドの社会福祉」仲村優一・一番ケ瀬康子編著『世界の社会福祉 I　スウェーデン・フィンランド』旬報社.

高橋睦子・藤井ニミエラみどり（2007）『安心・平等・社会の育み　フィンランドの子育てと保育』明石書店.

塚本利幸（2014）「少子化克服と男女共同参画」富士谷あつ子・伊藤公雄編著『フランスに学ぶ男女共同の子育てと少子化抑止対策』明石書店.

中谷奈津子（2013）「『子育てネットワーク』と行政との関係　エンパワメントプロセスからの分析」山縣文治・中谷奈津子編著『住民主体の地域子育て支援　全国調査にみる「子育てネットワーク」』明石書店.

中谷奈津子（2016）「子育てをめぐる現状」社会福祉士養成講座編集委員会編『児童や家庭に対する支援と児童・家庭福祉制度』第 6 版，中央法規.

中村艶子（2015）「企業内保育所」川島典子・三宅えり子編著『アジアのなかのジェンダー』ミネルヴァ書房.

浪越淑子・木村民子・柳川真佐子ほか編著（2012）『フィンランド・ノルウェー視察研修報告』NPO 法人 G. Planning.

橋本真紀（2015）『地域を基盤とした子育て支援の専門的機能』ミネルヴァ書房.

前田正子（2014）『みんなでつくる子ども・子育て支援新制度——子育てしやすい社会をめざして——』ミネルヴァ書房.

松田茂樹（2008）『何が育児を支えるのか——中庸なネットワークの強さ——』勁草書房.

松田茂樹（2010）「子育てを支える社会関係資本」松田茂樹・汐見和恵・品田知美・末盛慶『揺らぐ子育て基盤——少子化社会の現状と困難——』勁草書房.

山縣文治（2006）「子ども家庭支援と地域福祉計画」大橋謙策編集代表『新版　地域福祉事典』中央法規.

山縣文治・中谷奈津子編著（2013）『住民主体の地域子育て支援　全国調査にみる「子育てネットワーク」』明石書店.

山口のり子・尾形由紀子・樋口善之・松浦賢長（2013）「『子育ての社会化』についての研究　ソーシャル・キャピタルの視点を用いて」『日本公衆衛生雑誌』60(2)，日本公衆衛生学会.

渡辺久子・高橋睦子編著（2009）『子どもと家族にやさしい社会フィンランド』明石書店.

〈介護予防，地域包括ケアシステム，高齢者福祉　関連〉

イルッカ・タイバレ著（＝山田真知子訳）（2008）『フィンランドを世界一に導いた 100 の改革』公人の友社.

大渕修一・小島基永（2005）「介護予防のまちづくり」東京都老人総合研究所　鈴木隆雄・大渕修一監修『続　介護予防完全マニュアル』東京都高齢者研究・福祉財団.

岡本民夫・黒木保博・小山隆・渡辺武男・川島典子ほか（2003）『少子高齢社会における「こころ」と「からだ」の生涯健康教育に関する多角的研究——社会福祉部門（研究成果の総括）報告書——』同志社大学学術フロンティア推進事業トータル・ヒューマンケア・サポート研究機構.

岡本裕樹・湯浅資之・池野多美子・鵜川重和（2014）「予防的家庭訪問が高齢者のソーシャル・キャピタル効果に与える影響——北海道・寒冷地域における無作為比較対照研究——」『日本予防医学雑誌』日本予防医学会.

川島典子（2002a）「自治体における介護予防サービスのあり方に関する一考察——全国実態調査と先進県のモデルケース研究を通して——」『同志社大学大学院社会福祉学論集』（16），同志社大学大学院文学研究科社会福祉学専攻院生会.

川島典子（2002b）「介護予防サービスにおけるソーシャルワーカーの機能と役割——ジェネラリスト・ソーシャルワークの視座から——」『同志社社会福祉学』（16），同志社大学社会福祉学会.

川島典子（2003a）「介護予防サービスの体系化とソーシャルワーカーの役割に関する一考察——全国実態調査と先進事例研究を通して——」『同志社大学大学院文学研究科（当時）2002年度修士学位論文』同志社大学.

川島典子（2003b）『介護予防・生活支援事業に関する調査』同志社大学学術フロンティア推進事業トータル・ヒューマンケア・サポート研究機構.

川島典子（2004）「自治体における介護予防サービスの体系化に関する一考察——全国実態調査と事例研究を通して——」『日本の地域福祉』（17），日本地域福祉学会.

川島典子（2005a）「介護予防サービスにおけるソーシャルワーク——地域支援の視座からの概念整理と事例研究——」『同志社大学大学院社会福祉学論集』（19），同志社大学大学院文学研究科社会福祉学専攻院生会.

川島典子（2005b）「介護保険制度改正後の介護予防サービスにおけるソーシャルワーカーの役割と今後の課題」『同志社社会福祉学』（19），同志社大学社会福祉学会.

川島典子（2007）「介護予防サービスをめぐる政策の変遷とソーシャルワークの実践基盤——ソーシャルワークの普遍性の視座から——」『同志社大学大学院社会福祉学論集』（21），同志社大学大学院社会学研究科社会福祉学科院生会.

川島典子（2008a）「高齢社会におけるジェンダー問題の課題と展望——介護予防の視座から——」『筑紫女学園大学・筑紫女学園大学短期大学部紀要』（3），筑紫女学園大学・筑紫女学園大学短期大学部.

川島典子（2008b）「一般高齢者に対する介護予防サービス実践の体系的考察——提供組織に焦点を当てた事例研究を通して——」『筑紫女学園大学・短期大学部人間文化研究所年報』（19），筑紫女学園大学・短期大学部.

川島典子（2010a）「地域システムへの介入が一般高齢者の介護予防サービスに及ぼす効果に関する研究」『筑紫女学園大学・短期大学部人間文化研究所年報』（21），筑紫女学園大学・短期大学部.

川島典子（2011a）「地域システム構築への介入が一次予防事業対象者への介護予防サービスに及ぼす効果に関する縦断研究」『筑紫女学園大学・筑紫女学園大学短期大学部紀要』（6），筑紫女学園大学・筑紫女学園大学短期大学部.

川島典子（2011b）「地域システム構築への介入が一次予防事業対象者への介護予防サービスに及ぼす効果に関する縦断研究Ⅱ」『筑紫女学園大学・短期大学部人間文化研究所年報』（22），筑紫女学園大学・短期大学部.

川島典子（2013b）「地域包括ケアシステムの歴史的経緯と理論的背景」「介護予防の実際」成清美治・川島典子編著『地域福祉の理論と方法』学文社.

川島典子（2013c）「介護予防」「介護予防・日常生活支援総合事業」九州社会福祉研究会編（2013）『21世紀の現代社会福祉用語辞典』学文社.

九州社会福祉研究会編（2013）『21世紀の現代社会福祉用語辞典』学文社.

黒田研二ほか（2002）『在宅介護支援センターによる「介護予防・生活支援事業」事例集』中央法規.

黒田研二（2018）「地域包括ケアについて」「地域包括ケア概念の広がり」隅田好美・藤井博志・黒田研二『よくわかる地域包括ケア』ミネルヴァ書房.

近藤克則（2005）『健康格差社会　何が心と健康を蝕むのか』医学書院.

近藤克則（2012）『医療クライシスを超えて　イギリスと日本の医療・介護のゆくえ』医学書院.

近藤克則編著（2007）『検証　健康格差社会　介護予防に向けた社会疫学的大規模調査』医学書院.

近藤克則ほか（2012）『厚生労働科研費補助金（長寿科学総合研究事業－H22～H24－長寿－指定－008）介護保険の総合的政策評価ベンチマークシステムの開発総合研究成果報告書』厚生労働省.

笹谷春美（2013）『フィンランドの高齢者ケア　介護者支援・人材養成の理念とスキル』明石書店.

笹谷春美・岸玲子・太田貞司編著（2009）『介護予防――日本と北欧の戦略――』光生館.

社会福祉士養成講座編集委員会編（2016b）『高齢者に対する支援と介護保険制度』中央法規.

社団法人日本社会福祉士会（2006）『地域包括支援センターのソーシャルワーク実践』中央法規.

芝野松次郎ほか編（2005）『現代社会福祉辞典』有斐閣.

冷水豊（2009）『「地域生活の質」に基づく高齢者ケアの推進――フォーマルケアとインフォーマルケアの新たな関係をめざして――』有斐閣.

白澤政和（2014）『地域のネットワークづくりの方法　地域包括ケアの具体的な展開』中央法規.

隅田好美（2018）「地域支援事業」「介護予防・日常生活支援総合事業」「包括的支援事業」隅田好美・藤井博志・黒田研二編著『よくわかる地域包括ケア』ミネルヴァ書房.

隅田好美・藤井博志・黒田研二編著（2018）『よくわかる地域包括ケア』ミネルヴァ書房.

副田あけみ編著（2004）『介護保険下の在宅介護支援センター――ケアマネジメントとソーシャルワーク――』中央法規.

高橋紘士編（2012）『地域包括ケアシステム』オーム社.

東京都健康長寿医療センター（2014）『地域包括ケアシステムを構築していく上で必要な互助の取組等に関する調査研究事業　報告書』独立行政法人東京都健康長寿医療センター.

鳥羽研二監修（2006）『介護予防ガイドライン』厚生科学研究所.

二木立（2015）『地域包括ケアと地域医療連携』勁草書房.

西村周三監修　国立社会保障・人口問題研究所編（2013）『地域包括ケアシステム　「住み慣れた地域で老いる」社会をめざして』慶応義塾大学出版会.

平井寛・近藤克則（2011）「住民ボランティア運営型地域サロンによる介護予防事業のプロジェクト評価」『季刊・社会保障研究』46(3).

森雄三・近藤克則「事例集　新しい健康日本21へのヒント・23　介護予防による地域づくりに地域診断システムを活用　島根県における市町村支援の取り組み」『保健師ジャーナル』71(4),　医学書院.

安村誠司（2006）『地域ですすめる　閉じこもり予防・支援　効果的な介護予防の展開に向けて』中央法規.

吉野亮子（2018）「介護予防の概念」隅田好美・藤井博志・黒田研二編著『よくわかる地域包括ケア』ミネルヴァ書房.

〈NPO, 町内会自治会, 協働, 新しい公共, ローカル・ガバナンス　関連〉

安立清史（2009）『福祉NPOの社会学』東京大学出版会.

今川晃・山口道昭・新川達郎（2005）『地域力を高める　これからの協働　ファシリテーター育成テキスト』第一法規.

梅原豊（2013）「京都府の地域力再生プロジェクトと協働」新川達郎編『京都の地域力再生と協働の実践』法律文化社.

大野真鯉（2010）「町内会・自治会が福祉系NPOを創出するプロセス――地域リーダーの役割に焦点をあてて――」『社会福祉学』51-3(95).

小田切康彦（2014）『行政――市民間協働の効用　実証的接近――』法律文化社.

川口清史・田尾雅夫・新川達郎（2009）『よくわかるNPO・ボランティア』ミネルヴァ書房.

木下武徳（2007）『アメリカ福祉の民間化』日本経済評論社.

木村禧八郎・都丸泰助（1961）『地方自治体と住民』三一書房.

京都政策研究センター（2017）『「みんな」でつくる地域の未来』公人の友社.

斎藤文彦・白石克孝・新川達郎編（2011）『持続可能な地域実現と協働型ガバナンス』日本評論社.

白石克孝・新川達郎編著（2008）『参加と協働の地域公共政策開発システム』日本評論社.

永田祐（2012）『ローカル・ガバナンスと参加』中央法規.

新川達郎（2004）「パートナーシップの失敗――ガバナンス論の展開可能性――」『年報行政研究』（39）.

新川達郎（2016a）「指定管理者制度の成果と課題」『地方自治職員研修』臨時増刊89号.

新川達郎（2016b）「メタガバナンス論の展開とその課題――統治の揺らぎとその修復をめぐって――」『季刊行政管理研究』（155）.

新川達郎（2017）「地方自治体における協働政策の課題」『同志社政策科学研究』19(1)，同志社政策学会.

新川達郎（2018）「持続可能な発展のためのまちづくりのガバナンス――「持続可能な開発目標」とこれからの地域協働――」『同志社政策科学研究』19(2)，同志社政策学会.

新川達郎監修（2003）『NPOと行政の協働の手引き』大阪ボランティア協会.

新川達郎編著（2011）『公的ガバナンスの動態研究――政府の作動様式の変容――』ミネルヴァ書房.

新川達郎編（2013）『京都の地域力再生と協働の実践』法律文化社.

日本地方自治学会編『「新しい公共とローカル・ガバナンス」』敬文堂.

枌永佳甫（2012）『新しい公共と市民社会の定量分析』大阪大学出版会.

真山達志編（2017）『ローカル・ガバメント論――地方行政のルネサンス――』ミネルヴァ書房.

宮城孝編著（2007）『地域福祉と民間セクター』中央法規.

村田文世（2009）『福祉多元化における障害当事者組織と「委託関係」――自律性維持のための戦略的組織行動――』ミネルヴァ書房.

森裕亮（2006）「地縁組織のNPO化の現状と課題――鳥取県智頭町の事例から――」『北九州市立大学法政論集』34(1・2).

森裕亮（2007）「地縁組織のNPO化の現状と課題（2）――岐阜県旧山岡町「まちづくり山岡」を事例として――」『北九州市立大学法政論集』35(2・3・4).

森裕亮（2008）「パートナーシップの現実　地方政府・地縁組織の行政協力制度の課題」『年報行政研究』（43）.

森裕亮（2014）『地方政府と自治会間のパートナーシップ形成における課題――「行政委嘱制度」がもたらす影響――』渓水社.

森裕亮・新川達郎（2013）「自治会を基盤としたNPO生成のメカニズムと効果――事例研究を通して――」『ノンプロフィット・レビュー』日本NPO学会.

山田晴義・新川達郎編著（2006）『コミュニティ再生と地方自治体再編』ぎょうせい.

山本啓・雨宮孝子・新川達郎編著（2002）『NPOと法・行政』ミネルヴァ書房.

吉田忠彦（2003）「模擬的同型化と戦略的対応――大阪NPOプラザの事例から――」『商経学叢』49(3).

〈地域福祉，社会保障　関連〉

井岡勉・成清美治編（2002）『地域福祉概論』学文社.

井岡勉監修・牧里毎治・山本隆編（2008）『住民主体の地域福祉論』法律文化社.

伊賀市社会福祉協議会編（2008）『社協の底力　地域福祉実践を拓く社協の挑戦』中央法規.

右田紀久恵（2005）『自治型地域福祉の理論』ミネルヴァ書房.

埋橋孝文ほか編（2010）『参加と連帯のセーフティネット』ミネルヴァ書房.

岡村重夫（1974）『地域福祉論』光生館.

加山弾・杢代直美（2009）「地縁型組織とテーマ型組織の連携に関する研究――団地住民のNPO創出および自治会・管理組合との連携を事例として――」『福祉社会開発研究』(2).

河合克義「『我が事・丸ごと』地域共生社会とコミュニティソーシャルワーク」『ソーシャルワーク研究』44(1)，相川書房.

川島典子（2009）「地域福祉と福祉サービス」成清美治ほか編『現代社会と福祉』学文社.

川島典子（2010b）「年金保険・医療保険・介護保険・労災保険の概要」成清美治ほか編『社会保障』学文社.

川島典子（2012b）「フィンランドにおける社会保障制度――ジェンダーの視座からの日芬比較――」『筑紫女学園大学・筑紫女学園大学短期大学部紀要』(7)，筑紫女学園大学・筑紫女学園大学短期大学部.

川島典子（2013d）「地域支援事業」成清美治・加納光子編集代表『現代社会福祉用語の基礎知識』第10版，学文社.

川島典子（2013e）「地域福祉の基本的な考え方」「地域における福祉ニーズの把握方法と実際」成清美治・川島典子編著『地域福祉の理論と方法』学文社.

川島典子（2013f）「地域包括ケアシステムの概念」成清美治・川島典子編著『地域福祉の理論と方法』学文社.

川島典子（2019b）「地域福祉の政策化の潮流」新川達郎・川島典子編著『地域福祉政策論』学文社.

定塚由美子（2017）「民生委員への期待――厚生労働省からのメッセージ――」『月刊福祉』100(5)，全国社会福祉協議会.

神野直彦（2018）「地域福祉の『政策化』の検証――日本型福祉社会論から地域共生社会まで――」『社会福祉研究』(132)，公益財団法人鉄道弘済会.

園田恭一（1999）『地域福祉とコミュニティ』有信堂.

武川正吾（2006）『地域福祉の主流化　福祉国家と市民社会』法律文化社.

武川正吾（2018）「地域福祉と地域共生社会」『社会福祉研究』(132)，公益財団法人　鉄道弘済会.

土屋博紀（2019）「生活困窮者自立支援制度による包括的支援（雲南市の事例）」新川達郎・川島典子編著『地域福祉政策論』学文社.

永田祐（2013）『住民と創る地域包括ケアシステム——名張式自治とケアをつなぐ総合相談の展開——』ミネルヴァ書房.

永田祐（2016）「名張市の地域包括ケアシステムと地域づくり『地域福祉教育総合支援システム』への挑戦」『月刊福祉』99(8).

永田祐（2018a）「地域福祉研究のあり方を問う」『日本の地域福祉』31.

永田祐（2018b）「地域包括ケアシステムの最前線『我が事・丸ごと』地域共生社会と包括的支援体制」『Monthly IHEP　医療経済研究機構レター』(271)，医療経済研究機構.

永田祐（2019）「包括的な支援体制の実際」新川達郎・川島典子編著（2019）『地域福祉政策論』学文社.

成清美治・加納光子編集代表（2011）『現代社会福祉用語の基礎知識』第10版，学文社.

西村周三・京極高宣・金子能宏（2014）『社会保障の国際比較——制度再考にむけた学際的・政策科学的アプローチ——』ミネルヴァ書房.

新川達郎・川島典子編著（2019）『地域福祉政策論』学文社.

日本地域福祉学会編（1999）『地域福祉事典』中央法規出版.

日本福祉大学アジア福祉開発研究センター（2017）『地域共生社会の開発福祉——制度アプローチを超えて——』ミネルヴァ書房.

原田正樹（2019）「社会福祉法の改正と新地域福祉計画の位置——地域共生社会の政策動向と検討会から——」新川達郎・川島典子編著『地域福祉政策論』学文社.

兵庫県社会福祉協議会（2018）『「地域共生社会づくり」に向けた対応の方向性——平成29年度地域福祉政策研究会中間まとめ——』社団法人兵庫県社会福祉協議会.

広井良典（2010）『コミュニティを問いなおす——つながり・都市・日本社会の未来——』筑摩書房（ちくま新書）.

藤井博志（2011）「ふれあい・いきいきサロン」成清美治・加納光子編集代表『現代社会福祉用語の基礎知識』第10版，学文社.

藤井博志（2017）「地域共生社会をめざす持続的な開発実践——西宮市社会福祉協議会青葉園——」日本福祉大学アジア福祉社会開発研究センター編『地域共生の社会福祉制度アプローチを越えて』ミネルヴァ書房.

藤井博志（2018a）「地域福祉の考え方と地域包括ケア」隅田好美・藤井博志・黒田研二編著『よくわかる地域包括ケア』ミネルヴァ書房.

藤井博志（2018b）「地域共生社会を実現する社会福祉協議会の課題」『社会福祉研究』(132)，公益財団法人鉄道弘済会.

藤井博志（2019）「地域福祉政策と地域福祉実践」新川達郎・川島典子編著『地域福祉政策論』学文社.

堀勝洋（2009）『社会保障・社会福祉の原理・法・政策』ミネルヴァ書房.

牧里毎治・野口定久編著（2007）『協働と参加の地域福祉計画　福祉コミュニティ形成に向けて』ミネルヴァ書房.

牧里毎治・野口定久・武川正吾・和気康太（2007）『自治体の地域福祉戦略』学陽書房.

松永俊文・野上文夫・渡辺武男（2002）『現代コミュニティワーク論　21世紀地域福祉をともに生きる』中央法規.

松原康雄（2018）「『地域共生社会』の担い手としての民生委員・児童委員」『社会福祉研究』（132），公益財団法人鉄道弘済会.

三塚武男（1992）『住民自治と地域福祉』法律文化社.

椋野美智子・田中耕太郎（2009）『はじめての社会保障』有斐閣（有斐閣アルマ）.

山田真知子（2006）『フィンランド福祉国家の形成　社会サービスと地方分権』木鐸社.

〈ソーシャル・キャピタル，ネットワーク，格差社会　関連〉

相田潤・近藤克則（2011）「健康の社会的決定要因（10）ソーシャル・キャピタル」『日本公衆衛生雑誌』58(2).

雨宮愛理・近藤尚己・斎藤雅茂・高木大資・斎藤順子・長谷田真帆・谷友香子・近藤克則（2018）「地域の social capital と要介護度改善の関連は social capital の種類及び個人の社会的特性により異なる：JAGES」『日本疫学会学術総会講演集』（WEB）日本疫学会.

石田祐（2005）「ボランティア活動とソーシャル・キャピタル」山内直人・伊吹英子編『日本のソーシャル・キャピタル』大阪大学大学院国際公共政策研究科 NPO 研究情報センター，19(25).

市田行信ほか（2005）「マルチレベル分析による高齢者の健康とソーシャル・キャピタルに関する研究」『農村計画論文集』第7集，(24).

市田行信（2007）「ソーシャル・キャピタルの定義と測定」近藤克則編『検証「健康格差社会」介護予防に向けた社会疫学的大規模調査』医学書院.

伊藤大介・近藤克則（2013）「要支援・介護認定率とソーシャル・キャピタル指標としての地域組織参加への参加割合の関連——JAGES プロジェクトによる介護保険者単位の分析——」『社会福祉学』54-2(106).

稲葉陽二（2002）「生産性の推移とソーシャル・キャピタル」稲葉陽二・松山健士編『日本経済と信頼の経済学』東洋経済新報社.

稲葉陽二（2005a）「経済不平等とソーシャル・キャピタル」『経済社会学会年報 XXVII「市民社会から社会へ——ソーシャル・キャピタルの構築——」』現代書館.

稲葉陽二（2005b）「ソーシャル・キャピタルの経済的含意　心の外部性とどう向き合うか」『計画行政』日本計画行政学会28(4).

稲葉陽二（2005c）「ソーシャル・キャピタル研究の潮流と課題」（講演録）『NPI（非営利団体）サテライト勘定による非営利活動の統計把握——ソーシャル・キャピタルの経済的評価を目指して——』財団法人統計研究協会.

稲葉陽二（2006a）「ソーシャル・キャピタルの政策的合意」『政経研究』日本大学法学会42(3).

稲葉陽二（2006b）「ソーシャル・キャピタルの減耗に関する仮説」経済社会学会編『経済

社会学年報』28，現代書館．

稲葉陽二（2007a）『ソーシャル・キャピタル　「信頼の絆」で解く現代経済・社会の諸課題』生産性出版．

稲葉陽二（2007b）「ソーシャル・キャピタルの政策意義　内閣府調査パネルデータによる検証」日本経済政策学会編『経済ジャーナル』4（2），日本経済政策学会．

稲葉陽二（2008）『ソーシャル・キャピタルの潜在力』日本評論社．

稲葉陽二（2011）『ソーシャル・キャピタル入門　孤立から絆へ』中央公論新社（中公新書）．

稲葉陽二・大守隆・近藤克則・吉野諒三ほか編（2011）『ソーシャル・キャピタルのフロンティア——その到達点と可能性——』ミネルヴァ書房．

稲葉陽二・藤原佳典（2013）『ソーシャル・キャピタルで解く社会的孤立——重層的予防策とソーシャルビジネスへの展望——』ミネルヴァ書房．

稲葉陽二ほか（2014）『ソーシャル・キャピタル「きずな」の科学とは何か』ミネルヴァ書房．

稲葉陽二ほか（2016）『ソーシャル・キャピタルの世界——学術的有効性・政策的含意と統計解析手法の検証——』ミネルヴァ書房．

大守隆（2002）「ソーシャル・キャピタルと日本経済への合意」『ECO-FORUM』21（2）．

大守隆編著（2018）『ソーシャル・キャピタルと経済——効率性と「きずな」の接点を探る——』ミネルヴァ書房．

金子郁容・園田柴乃・今村晴彦（2010）『コミュニティのちから　遠慮がちなソーシャル・キャピタルの発見』慶応義塾大学出版会．

金子勇（2008）『日本で「一番いい」学校——地域イノベーション——』岩波書店．

金子勇（2007）『格差不安時代のコミュニティ社会学——ソーシャル・キャピタルからの処方箋——』ミネルヴァ書房．

金谷信子（2008a）「ソーシャル・キャピタルの形成と多様な市民社会——地縁型 VS. 自律型市民活動の都道府県別パネル分析——」『ノンプロフィット・レビュー』日本 NPO 学会．

金谷信子（2008b）「市民社会とソーシャル・キャピタル——地"縁"がつむぐ信頼についての一考察——」『コミュニティ政策』（6）．

金光淳（2009）『社会ネットワーク分析の基礎　社会関係資本論にむけて』勁草書房．

金光淳（2018）『ソーシャル・キャピタルと経営——企業と社会をつなぐネットワークの探求——』ミネルヴァ書房．

川島典子（2010c）「介護予防サービスにおけるソーシャル・キャピタル」『筑紫女学園大学・筑紫女学園大学短期大学部紀要』（5），筑紫女学園大学・筑紫女学園大学短期大学部．

川島典子（2010d）「ソーシャル・キャピタルの類型に着目した介護予防サービス——結合型 SC と橋渡し型 SC をつなぐソーシャルワーク——」『同志社社会福祉学』（24），同

志社大学社会福祉学会.

川島典子（2013g）「ソーシャル・キャピタル構築への介入が介護予防に及ぼす効果に関する研究」『第 26 回日本保健福祉学会学術集会抄録集』日本保健福祉学会.

川島典子（2018b）「結合型ソーシャル・キャピタルと橋渡し型ソーシャル・キャピタルに着目した子育て支援に関する研究」『同志社政策科学院生論集』7.

川島典子・福島慎太郎（2013）「介護保険のベンチマーク開発におけるソーシャル・キャピタルに関わる指標の地域差に関する研究」近藤克則ほか（2013）厚生労働科研費補助金（長寿科学総合研究事業－H22〜H24－長寿－指定－008）『介護保険の総合的政策評価ベンチマークシステムの開発　平成 22 年〜24 年総合研究成果報告書』厚生労働省.

カワチ イチロー/ブルース・P・ケネディ著（＝近藤克則ほか訳）（2004）『不平等が健康を損なう』日本評論社.

カワチ イチロー/ダニエル・キム著（＝藤澤由和ほか訳）（2008）『ソーシャル・キャピタルと健康』日本評論社.

カワチ イチロー/高尾総司，S. V. スブラマニアン編（＝近藤克則・白井こころ・近藤尚己監訳）（2013）『ソーシャル・キャピタルと健康政策　地域で活用するために』日本評論社.

カワチ イチロー（2013）『命の格差は止められるか』小学館.

小林清美（2007）「地域社会のソーシャル・キャピタル生成におけるファンサークルのポテンシャルを考察する──『プラスリラックスアートクラブ』の実践を手掛かりに──」『同志社政策科学研究』9(1).

近藤克則（2013）「公衆衛生学における地域の力（ソーシャル・キャピタル）の醸成支援」『保健師ジャーナル』69(4).

近藤克則編（2007）『検証「健康格差社会」介護予防に向けた社会疫学的大規模調査』医学書院.

近藤克則編著（2020）『ソーシャル・キャピタルと健康・福祉──実証研究の手法から政策・実践への応用まで──』ミネルヴァ書房.

近藤克則・平井寛・竹田徳則ほか（2010）「ソーシャル・キャピタルと健康」『行動計量学』37(1)

斎藤雅茂（2013）「地域別にみる孤立高齢者の特性」稲葉陽二・藤原佳典編著『ソーシャル・キャピタルで解く社会的孤立──重層的予防策とソーシャルビジネスへの展望──』ミネルヴァ書房.

斎藤雅茂（2018）『高齢者の社会的孤立と地域福祉　計量的アプローチによる測定・評価・予防策』明石書店.

斎藤雅茂・近藤尚己・尾島俊之・相田潤・近藤克則（2018）「地域単位の健康関連ソーシャル・キャピタル指標の外的妥当性──二時点の大規模調査データより──」『日本疫学会学術総会講演集』（WEB）日本疫学会.

坂本治也（2010）『ソーシャル・キャピタルと活動する市民』有斐閣.

佐藤寛編（2001）『援助と社会関係資本——ソーシャル・キャピタル論の可能性——』アジア経済研究所.

佐藤嘉倫編著（2018）『ソーシャル・キャピタルと社会——社会学における研究のフロンティア——』ミネルヴァ書房.

鹿毛利恵子（2002）「ソーシャル・キャピタルをめぐる研究動向（一）——アメリカ社会科学における三つの『ソーシャル・キャピタル』——」『法学論叢』151.

志水宏吉（2005）『学力を育てる』岩波書店.

社団法人経済企画協会（2003）『ESP 豊かな人間関係と市民活動の好循環を求めて』No. 377，大日本印刷.

田中敬文（2007）「ソーシャル・キャピタルと NPO・ボランティア（特集　福祉社会の基礎を問う——ソーシャル・キャピタルとソーシャル・サポート——)」『福祉社会学研究』(4).

辻中豊・山内直人編著（2019）『ソーシャル・キャピタルと市民社会・政治——幸福・信頼を高めるガバナンスの構築は可能か——』ミネルヴァ書房.

坪郷實編著（2015）『福祉＋α　ソーシャル・キャピタル』ミネルヴァ書房.

露口健司（2011）「教育」稲葉陽二・大守隆・近藤克則・宮田加久子・矢野聡・吉野諒三編『ソーシャル・キャピタルのフロンティア——その到達点と可能性——』ミネルヴァ書房.

露口健司（2013）「学校組織におけるソーシャル・キャピタルと教育効果」『学校組織のソーシャル・キャピタル』平成 22-24 年度科研費補助金・基盤研究（C）研究成果報告書.

露口健司・柏木智子・生田淳一・増田健太郎（2014）「生徒を取り巻く『つながり』はストレスを抑制できるか——縦断データのマルチレベル分析——」『九州教育経営学起用』20.

露口健司（2016）『ソーシャル・キャピタルと教育』ミネルヴァ書房.

所めぐみ（2007）「ソーシャル・キャピタル概念と地域福祉についての一考察」『龍谷大学社会学部紀要』(30)，龍谷大学.

等々力英美・カワチ イチロー編（2013）『ソーシャル・キャピタルと地域の力　沖縄から考える健康と長寿』日本評論社.

西出優子（2005）「ブリッジング型ソーシャル・キャピタルの提案」『季刊政策分析』2 (3，4).

西出優子（2011）「NPO／コミュニティ」稲葉陽二・大守隆・近藤克則・吉野諒三ほか編『ソーシャル・キャピタルのフロンティア——その到達点と可能性——』ミネルヴァ書房.

日本総合研究所（2008）『日本のソーシャル・キャピタルと政策——日本総研 2007 年全国アンケート調査結果報告書——』日本総合研究所.

野口定久（2005）「巻頭言　地域福祉の未来へのシナリオ――ソーシャル・キャピタルの視点――」『日本の地域福祉』19，日本地域福祉学会．

野口定久（2007a）「地縁組織と市民活動の新たな関係――ソーシャル・キャピタル論――」宮城孝編『地域福祉と民間非営利セクター』中央法規．

野口定久（2007b）「福祉コミュニティの形成――ソーシャル・キャピタルの視点――」市川一宏・牧里毎治編『新・社会福祉士養成テキストブック　地域福祉論』ミネルヴァ書房．

埴淵知哉（2011）『NGO・NPO の地理学』明石書店．

埴淵知哉・平井寛・近藤克則・前田小百合・相田潤・市田行信（2009）「地域レベルのソーシャル・キャピタル指標に関する研究」『厚生の指標』56(1)．

埴淵知哉編著（2018）『社会関係資本の地域分析』ナカニシヤ出版．

阪神・淡路大震災フォローアップ委員会監修/兵庫県編（2009）『伝える阪神・淡路大震災の教訓』ぎょうせい．

東一洋（2003）「ソーシャル・キャピタルとは何か――その研究の変遷と今日的意義について――」『ESP 豊かな人間関係と市民活動の好循環を求めて』2003 年 9 月号，(377)，社団法人経済企画協会．

引地博之・近藤克則・相田潤・近藤尚己（2015）「集団災害医療における「人のつながり」の効果――東日本大震災の被災者支援に携わった保健師を対象としたグループインタビューから――」『日本集団災害医学会誌』20．

平井寛（2010）「高齢者サロン事業参加者の個人レベルのソーシャル・キャピタル指標の変化」『農村計画学会誌』28．

福島慎太郎・吉川郷主・市田行信ほか（2009）「一般的信頼と地域内住民に対する信頼の主観的健康感に対する影響の比較」『環境情報科学論文集』23，(財) 環境情報センター．

福島慎太郎・吉川郷主・西前出・小林慎太郎（2011a）「地域特性と地域単位に着目したソーシャル・キャピタルの形成量の地域差に関する分析――結合型・橋渡し型の信頼の地域間比較を通して――」『農村計画学会誌論文特集号』30，農村計画学会．

福島慎太郎・吉川郷主・西前出・小林慎太郎（2011b）「一般的信頼と地域内信頼に対する信頼の相互関係の検証――京都府北部に位置する自治体の全農業集落を対象としたマルチレベル分析――」『環境情報科学論文集』25，社団法人環境科学センター．

藤澤由和・濱野強・小藪明生（2007）「地区単位のソーシャル・キャピタルが主観的健康感に及ぼす影響」『厚生の指標』54(2)．

牧里毎治（2007）「巻頭言（ソーシャルワークとソーシャル・キャピタル）」『ソーシャルワーク研究』130，33(2) summer，相川書房．

柗永佳甫（2012）『新しい公共と市民社会の定量分析』大阪大学出版会．

三隅一人（2013）『社会関係資本　理論統合の挑戦』ミネルヴァ書房．

三谷はるよ（2016）『ボランティアを生みだすもの　利他の計量社会学』有斐閣．

宮川公男（2002）「ソーシャル・キャピタル研究序説」『ECO-FORUM』20（2），（財）統計研究協会.

宮川公男・大守隆編（2004）『ソーシャル・キャピタル　現代ガバナンスの基礎』東洋経済新報社.

宮田加久子ほか（2011）「座談会——ソーシャル・キャピタルの多面性——」稲葉陽二・大守隆・近藤克則・吉野諒三ほか編『ソーシャル・キャピタルのフロンティア——その到達点と可能性——』ミネルヴァ書房.

山内直人（2003）「市民活動のインデックスによる地域差測定の試み」『ESP』（377）.

山内直人（2005）「ソーシャル・キャピタルとNPO・市民活動（特集　ソーシャル・キャピタル—ガバナンスの基礎——つながるスキルをとりもどす——）」『NIRA政策研究』18（6）.

山内直人（2011）「防災・災害復興におけるソーシャル・キャピタルの役割」『DIO連合総研レポート』24（11）.

山内直人・伊吹英子編（2005）『日本のソーシャル・キャピタル』大阪大学大学院国際公共政策研究科NPO研究情報センター.

山手茂（1996）『福祉社会形成とネットワーキング』亜紀書房.

要藤正任（2018）『ソーシャル・キャピタルの経済分析——「つながり」は経済を再生させるか？——』慶應義塾大学出版会.

〈外国語文献〉

Aida et al. (2012) "Does Social Capital Affect the Incidence of Functional Disability in Older Japanese? A Prospective Population-based Cohort Study," *Journal of Epidemiology and Community Health*, 67(1).

Baker, E. W. (1994) *Networking Smart: How to Build Relationships for Personal and Organizational Success*, New York: McGraw-Hill.

Baker, E. W. (2000) *Achieving Success Through Social Capital: Tapping the Hidden Resources in Your Personal and Business Networks*, San Francisco: Jossey-Bass.（＝中島豊訳（2001）『ソーシャル・キャピタル——人と組織の間にある「見えざる資産」を活用する——』ダイヤモンド社）.

Bourdieu. P. (1980) "Le Capital Social: Notes Provisoires," *Actes de la Recherche on Sciences Sociales*, 31(Jan).

Burt, R. S. (1992) *Structural Holes: The Social Structure of Competition*, Cambridge: Harvard University Press.（＝安田雪訳（2006）『競争の社会的構造——構造的空隙の理論——』新曜社）.

Chan-kiu C., and Ping Kwong K. (2010) "Bonding and Bridging Social Capital Development by Social Workers," *Journal of Social Service Research*, 36(5).

Coffe, H. and B. Geys (2007) "Toward an Empirical Characterization of Bridging and

Bonding Social Capital," *Nonprofit and Voluntary Sector Quarterly*, 36(1).

Engstrom, K., Mattsson, F., Jarleborg, A. and J. Hallqvist. (2008) "Contextual Social Capital as a Risk Factor for Poor Self-rated Health: a Multilevel Analysis," *Soc Sci Med*, 66(11).

Fujiwara T., and Natsume K. (2012) "Do home-visit programa for mothers with infants reduce parenting stress and increase social capital in Japan?," *Journal of Epidemiol Community Health*, 66(12).

Fukuyama, F. (1995) *Trust: The Social Virtues and the Creation of Prosperity*, New York: Free Press. (=加藤寛訳 (1996)『「信」無くば立たず』三笠書房).

Hawe, P. and A. Shiell (2000) "Social capital and health promotion; a review," *Soc Sci Med*, 51(6).

Islam, M. et al. (2006) "Social Capital and Health: Does Egalitarianism Matter? A Literature Review," *International Journal for Equity in Health*, 5(3).

Kim, D. and I. Kawachi (2006) "A Multilevel Analysis of Key Form of Community-and Individual-Level Social Capital as Prediction of Self-Rated Health in The United States," *Journal of Urban Health*, 83(5).

Kinsha, A. and N. Uphoff (1999) *Mapping and Measuring Social Capital*, Social Capital Initiative Working Paper, 13, Washington D. C.: The World Bank.

Lin, N. (2001) *Social Capital: A Theory of Social Structure and Action*, New York: Cambridge University Press. (=筒井淳也・石田光規・桜井政成・三輪哲・土岐知賀子訳『ソーシャル・キャピタル──社会構造と行為の理論──』ミネルヴァ書房).

Narayan, D. (1999) *Bonds and Bridges: Social Capital and Poverty*, PREM. THE World Bank.

The National Economic and Social Forum (in Ireland) (2003) *The Policy Implication of Social Capital*, Forum Report, 28, Dublin: The National Economic and Social Forum.

Pekkanen, R. (2005) "Local Corporatism: Neighborhood Associations and Public Policy in Japan" (特集 市民社会の公共政策学) 『公共政策研究』(5).

Pekkanen, R. (2006) *Japan's Dual Civil Society: Members Without Advocates*, Stanford: Stanford University Press. (=佐々田博教訳 (2008)『日本における市民社会の二重構造──政策提言なきメンバー達──』木譚社).

Pitkin Derose, K. and D. M. Varda (2009) "Social Capital and Health Care Access: A Systematic Review," *Med Care Res Rev*, 66(3).

Putnam, R. D. (1993) *Making Democracy Work: Civic Traditions in Modern Italy*. Princeton: Princeton University Press. (=河田潤一訳 (2001)『哲学する民主主義──伝統と改革の市民的構造──』NTT 出版).

Putnam, R. D. (2000) *Bowling Alone: The Collapse and Revival of American Community*, New York: Simon and Schuster. (=柴内康文訳 (2006)『孤独なボウリ

ング——米国コミュニティの崩壊と再生——』柏書房）.

Putnam, R. D.（2002）*Democracies in Flux*, New York: Oxford University Press.（＝猪口孝訳（2013）『流動化する民主主義——先進 8 ケ国におけるソーシャル・キャピタル——』ミネルヴァ書房）.

Putnam, R. D.（2015）*Our Kids: The American Dream in Crisis*, New York: Simon & Schuster.（＝柴内康文訳（2017）『われらの子ども 米国における機会格差の拡大』創元社）.

Statistisk sentralbyrå（2008）*Statistical Yearbook of Norway 2008*.

Takagi, D. et al.（2013）"Social disorganization/social fragmentation and risk of depression among older people in Japan: Multilevel investigation of indices of social distance," *Social Science & Medicine*, 83.

Uslaner, E. M.（2002）*The Moral Foundations of Trust*, Cambridge: Cambridge University Press.

Uslaner, E. M.（2008）*Corruption, Inequality and the Rule of the Law*, Cambridge: Cambridge University Press.（＝稲葉陽二訳（2011）『不平等の罠』日本評論社）.

Weisinger, J. Y. and P. F. Salipante（2005）"A Grounded Theory for Building Ethnically Bridging Social Capital in Voluntary Organizations," *Nonprofit and Voluntary Sector Quarterly*, 34(1).

Wickramainghe, S. and H. Kimberley（2016）*Networks of Care, Valuing Social Capital in Community Aged Care Services*, Fitzroy: Brotherhood of St. Laurence.

Woolcock. M.（2000）*The Place of Social Capital in Understanding Social and Economic Outcomes*, Washington D. C.: The World Bank.

Woolcock. M.（2000）"The Rise and Routinization of Social Capital, 1988-2008," *Annual Review of Political Science*, 13.

〈政府および行政等の公刊物〉

伊賀市（2015）『子ども・子育て支援事業計画 概要版』伊賀市こども未来課.

伊賀市（2016）『だれもが いがで しあわせに くらしつづけるための 12 の提案 第 3 次伊賀市地域福祉計画 2016〜2020』伊賀市.

伊賀市健康福祉部（2017）『伊賀市がめざす地域包括ケアシステムの構築に向けて』伊賀市健康福祉部医療福祉政策課.

伊賀市社会福祉協議会（2016）『みんなでつくる地域福祉コミュニティ——第 3 次伊賀市地域福祉計画——』伊賀市社会福祉協議会.

井上由紀子・森本佳樹・筒井たか子ほか（2010）『厚生労働科研費補助金 政策科学総合研究事業総括研究報告書 ソーシャル・キャピタルと地域包括ケアに関する研究』厚生労働省.

上京区役所・上京社協（2018）平成 29 年度第 2 回「上京区ふくしをなんでもしっとこ講

座——もっとしっとこやっとこ——」配布資料.

京都市（2018）『高齢者のためのサービスガイドブック　すこやか進行中！』京都市保健
　　福祉局健康長寿のまち・京都推進室介護ケア推進課，健康長寿企画課.

厚生労働省（2001）『介護予防・生活支援事業実施要綱』厚生労働省.

厚生労働省（2004a）『介護保険制度改革の全体像』厚生労働省.

厚生労働省（2004b）『全国介護保険担当部課長会議資料』厚生労働省.

厚生労働省（2005）『全国高齢者保健福祉・介護保険関係主管課長会議資料』厚生労働省.

厚生労働省（2014）『厚生労働白書』厚生労働省.

厚生労働省（2017）『地域共生社会の実現に向けた市町村における包括的な支援体制の整
　　備に関する全国担当者会議資料』厚生労働省.

厚生労働省通知（2017）『「介護予防・日常生活支援総合事業のガイドラインについて」の
　　一部改正について』厚生労働省.

厚生労働省（2017）『厚生労働白書』日経印刷.

厚生労働省（2018）『全国厚生労働関係部局長会議　社会・援護局説明資料』厚生労働省.

厚生労働統計協会（2017）『国民の福祉と介護の動向・厚生の指標　増刊』64(10)，厚生
　　労働統計協会.

厚生労働省老健局計画課介護予防に関するテキスト等調査研究委員会編（2001）『一人ひ
　　とりの健康寿命をのばすために　介護予防研修テキスト』社会保険研究所.

厚生労働省老健局通知（2017）『「地域支援事業の実施について」の一部改正について』厚
　　生労働省.

高齢者リハビリテーション研究会（2004）『高齢者リハビリテーションのあるべき方向』
　　社会保険研究所.

内閣府（2003）『高齢社会白書』ぎょうせい.

内閣府国民生活局（2003）『ソーシャル・キャピタル——豊かな人間関係の構築と市民活
　　動の好循環を求めて——』独立行政法人国立印刷局.

内閣府経済社会総合研究所（2005）『コミュニティ機能再生とソーシャル・キャピタルに
　　関する研究調査報告書』日本総合研究所.

内閣府（2005）『高齢社会白書』ぎょうせい.

内閣府男女共同参画局（2007）『男女共同参画白書』内閣府.

内閣府（2010）『高齢社会白書』内閣府.

内閣府（2014）『少子化社会対策白書』内閣府.

内閣府男女共同参画局（2014）『男女共同参画白書』内閣府.

内閣府（2016）『ソーシャル・キャピタルの豊かさを生かした地域活性化』滋賀大学・内
　　閣府経済社会総合研究所.

内閣府（2017a）『高齢社会白書』日経印刷.

内閣府（2017b）『少子化社会対策白書』日経印刷.

内閣府（2017c）『男女共同参画白書』勝美印刷.

ノルウェー外務省（2011）『ノルウェーデータ』ノルウェー.

松江市（2017a）『平成 29 年度　第 2 回松江市子ども・子育て会議資料』松江市子育て政策課.

松江市（2017b）『松江市子ども・子育て支援事業計画』松江市健康福祉部.

松江市（2017c）『松江市総合計画　概要版』松江市政策部政策企画課.

老人保健事業の見直しに関する検討会（2004）『老人保健事業の見直しに関する検討会中間報告——生活習慣病と介護予防の新たな展開に向けて——』厚生労働省.

巻末資料

［調　査　票］

介護予防に関する調査票

介護予防に関する健康調査への御協力のお願い

　要介護状態になることを予防し，皆様方が，いつまでもいきいきと健康に暮らしていけるようにするために健康に関する調査を行わせて頂きたくご協力をお願いする次第です．

　本調査において収集させていただいたデータは，研究以外の目的に使用されることはなく，ご記名の必要もありません．また，本調査は，国の科学研究費補助金の助成を受けて行われるものであり，国や都道府県および市町村における介護予防行政に貢献することのみを目的としております．

　調査項目は，福祉先進国であるフィンランドとの比較を行うために，フィンランドの首都ヘルシンキで行われている高齢者の健康調査をもとに作成されれており，日本の実情とは若干，異なる部分もありますが，深く考えずに該当する項目に○をして下さい．

　以上の趣旨を御理解の上，調査票へのご記入を御願い致します．

（※本調査票は，フィンランドの高齢者を対象とした健康調査の調査項目のほかに，
　JAGES で用いている「健康と暮らしの調査」の調査票を引用して作成した．問は全部で
　69 問あるが，紙幅の都合により，本研究の分析で持いた変数と属性などのみを残し，設
　問の末尾にゴシックで変数名を記している．）

問 1　該当する性別に○をして下さい.　　　　　　　　　　　　　[性別]
　　　男　　　　　　女

問 2　生年月日（西暦）と満年齢を記入して下さい.　　　　　　　[年齢]
　　（　　　　　　　）年　（　　）月　（　　）日　　　満（　　　）才

（問 3 略）

問 4　何年間教育を受けたか該当する選択肢に○をして下さい.　　[教育歴]
　 1. 6 年　　　　　 2. 9 年　　　　　 3. 12 年　　　　 4. 14 年〜16 年　　　　 5. 16 年以上

（問 5, 問 6 略）

問 7　どのような地域にお住まいですか. 該当する選択肢に○をして下さい.
　 1. 都市部　　　　　　　 2. 郊外　　　　　　 3. 田舎または過疎地（農村部）

（問 8, 問 9 略）

問 10　現在の健康状態について該当する選択肢に○をして下さい.　　[主観的健康感]
　 1. 良い　　　　　 2. やや良い　　　　 3. 普通　　　　 4. やや悪い　　　　 5. 悪い

（途中略）

問 49　記憶力が必要な用事は問題なくできますか. 該当する選択肢に○をして下さい.
　　　　　　　　　　　　　　　　　　　　　　　　　　　　　　　[認知症の傾向]
　 1. よくできます　　　 2. まあまあできます　　　 3. できます　　　 4. 困難です
　 5. 非常に困難です

問 50　過去 1 年間に転倒した経験がありますか. 該当する選択肢に○をして下さい.
　　　　　　　　　　　　　　　　　　　　　　　　　　　　　　　[転倒歴]
　 1. 何度もある　　　　　 2. 1 度だけある　　　　 3. 1 度もない

（途中略）

問 59 あなたの地域の人々は一般的に信頼できると思いますか．該当する選択肢に
〇をして下さい． [地域内信頼]
1. とても信用できる 2. まあ信用できる
3. どちらともいえない 4. あまり信用できない 5. 全く信用できない

問 60 あなたは，あなたの地域外の人々も一般的に信用できると思いますか．
[地域外信頼]
該当する選択肢に〇をして下さい．
1. とても信用できる 2. まあ信用できる
3. どちらともいえない 4. あまり信用できない 5. 全く信用できない

問 61 あなたの地域の人々は多くの場合，他の人の役に立とうと思いますか．[互酬性]
1. とてもそう思う 2. まあそう思う 3. どちらともえいえない
4. あまりそう思うわない 5. 全くそう思わない

問 62 あなたは地域の人々とどのようなお付き合いをされていますか．[近所づきあい]
1. 互いに相談したり日常品の貸し借りをするなど生活面で協力しあっている
2. 日常的に立ち話をする程度のつきあいはしている
3. あいさつ程度の最小限のつきあいしかしていない
4. つきあいは全くしていない

問 63-1 あなたは地域で活動する組織や団体に，どの程度参加していますか．
[会への参加（町内会自治会，政治団体・業界団体，宗教団体）]
該当する番号に〇をして下さい．
（1 - ほとんど毎日 2 - 週に数回 3 - 週に1回程度 4 - 月に1回程度
5 - 年に数回 6 - 年に1回程度 7 - 参加していない）
1. 町内会自治会 1 2 3 4 5 6 7
2. 政治団体・業界団体 1 2 3 4 5 6 7
3. 宗教団体 1 2 3 4 5 6 7

問 63-2 あなたは地域や地域外で活動する以下の組織や団体に，どの程度参加してい
ますか． [会への参加（趣味の会，スポーツの会，ボランティアの会）]
該当する番号に〇をして下さい．

（1‐ほとんど毎日　　　2‐週に数回　　　　3‐週に1回程度　　　4‐月に1回程度

　　5‐年に数回　　　　6‐年に1回程度　　7‐参加していない）

　1. 趣味の会

　　　地域内の活動　　　　　　　　　　　　　　　1　2　3　4　5　6　7

　　　地域の外の人も集まってくる活動　　　　　　1　2　3　4　5　6　7

　2. スポーツの会

　　　地域内の活動　　　　　　　　　　　　　　　1　2　3　4　5　6　7

　　　地域の外の人も集まってくる活動　　　　　　1　2　3　4　5　6　7

（途中略）

問68　あなたは地域や地域外で参加している趣味の会，スポーツの会，ボランティアの会，業界団体・政治団体，町内会自治会等でリーダーなどの何かの役職を担っていますか．

　　　　　　　　　　　　　　　　　　　はい　　　　いいえ

（問69略）

ご協力ありがとうございました

子育て支援に関する調査票

子育て支援に関する研究のアンケート調査へのご協力のお願い

　お忙しいところ誠に恐縮ですが，「地域包括ケアシステムにおける地域のつながりを駆使した子育て支援に関する研究」に関する簡単なアンケートにご協力いただきたく，お願いする次第です．

（調査の趣旨と概要）

　2017 年より，厚生労働省は，介護保険制度下の「地域包括ケアシステム（地域で包括的に高齢者を支援するシステム）」において，介護や介護予防だけでなく，子育て支援なども住民主体で行うようにという指針を打ち出しました．

　しかし，その具体的方法を示しているわけではありません．本研究は，「町内会自治会」などの地縁や「NPO」などの中間支援組織を駆使して子育て支援を行えば，住民主体の子育て支援が円滑に行えるのではないかという仮説をアンケート調査の結果によって実証的に検証する研究です．

　調査の結果は，研究以外の目的には使用致しません．また，記名の必要もございませんので，ご安心下さい．

　本研究の結果は，国や市町村の子育て支援策に寄与するものです．つきましては，ご多忙中，大変申し訳ございませんが，アンケート用紙にご回答頂き，担任の先生にご提出下さいますと幸甚です．

　なお，本研究は，「ユニベール財団」の研究助成を受けておりますことを申し添えさせて頂きます．どうぞ宜しくご協力のほど，お願い申し上げます．

　（※ B 市でパイロット調査を行った結果，子育てに関する調査の場合は，対象が子育て中の保護者となり，記入する横で子どもが走ったりするなどして，調査票の記入に時間を費やせないことなどが判明したため，調査項目は極力，少なくした．なお，この調査票も，本調査の分析に用いた変数の変数名をゴシックで記入している．）

問 1-1　あなたが住む地域は子育てしやすい地域だと思いますか.

［子育てのしやすさに関する変数１］

　該当する選択肢に○をして下さい.

　1. はい　　　　　2. いいえ

問 1-2　問 1-1. で,「はい」に○をした方は, その理由をご記入下さい.

問 1-3　問 1-1. で,「いいえ」に○をした方は, その理由をご記入下さい.

問 2-1　あなたは現在の子育てに関する環境に満足していますか.

［子育てのしやすさに関する変数２］

　該当する選択肢に○をして下さい.

　1. はい　　　　　2. いいえ

問 2-2　問 2-1. で,「はい」に○をした方は, その理由をご記入下さい.

問 2-3　問 2-1. で,「いいえ」に○をした方は, その理由をご記入下さい.

問 3　あなたの地域の人々は一般的に信用できると思いますか.　　　　［地域内信頼］

　該当する選択肢に○をして下さい.

　1. とても信用できる　　2. まあ信用できる　3. どちらともえいえない

　4. あまり信用できない　5. 全く信用できない

問 4　あなたは, あなたの地域外の人々も一般的に信用できると思いますか.

［地域外信頼］

　該当する選択肢に○をして下さい.

　1. とても信用できる　　2. まあ信用できる　　　3. どちらともえいえない

　4. あまり信用できない　5. 全く信用できない

問 5　あなたの地域の人々は多くの場合, 他の人の役に立とうと思いますか.　［互酬性］

　該当する選択肢に○をして下さい.

　1. とてもそう思う　　　　2. まあそう思う　　　3. どちらともえいえない

　4. あまりそう思うわない　5. 全くそう思わない

問6　あなたは地域の人々とどのようなお付き合いをされていますか．

　　1. 互いに相談したり日常品の貸し借りをするなど生活面で協力しあっている

　　2. 日常的に立ち話をする程度のつきあいはしている

　　3. あいさつ程度の最小限のつきあいしかしていない

　　4. つきあいは全くしていない

問7　あなたは地域で活動する組織や団体に，どの程度参加していますか．

　　該当する番号に○をして下さい．

　　　　　　　　　　　　［会への参加（町内会自治会，政治団体・業界団体，宗教団体］

　　（1－ほとんど毎日　　　2－週に数回　　　　　3－週に1回程度　　　4－月に1回程度

　　5－年に数回　　　　　6－年に1回程度　　　7－参加していない）

　　　1. 町内会自治会　　　　　　　　　　　　　　1　2　3　4　5　6　7

　　　2. 政治団体・業界団体　　　　　　　　　　　1　2　3　4　5　6　7

　　　3. 宗教団体　　　　　　　　　　　　　　　　1　2　3　4　5　6　7

問8　あなたは地域や地域外で活動する以下の組織や団体に，どの程度参加していますか．

　　該当する番号に○をして下さい．

　　　　　　　　　　　　［会への参加（趣味の会，スポーツの会，NPOの活動］

　　（1－ほとんど毎日　　　2－週に数回　　　　　3－週に1回程度　　　4－月に1回程度

　　5－年に数回　　　　　6－年に1回程度　　　7－参加していない）

　　　1. 趣味の会

　　　　地域内の活動　　　　　　　　　　　　　　1　2　3　4　5　6　7

　　　　地域の外の人も集まってくる活動　　　　　1　2　3　4　5　6　7

　　　2. スポーツの会

　　　　地域内の活動　　　　　　　　　　　　　　1　2　3　4　5　6　7

　　　　地域の外の人も集まってくる活動　　　　　1　2　3　4　5　6　7

　　　3. NPOの活動　　　　　　　　　　　　　　　1　2　3　4　5　6　7

問9-1　あなたは身近に子育てに関して相談できる人がいますか．

　　該当する選択肢に○をして下さい．

　　　1. はい　　　　2. いいえ

問 9-2 問 9-1. で，「はい」に○をした方にお尋ねします．
子育てについて相談している人で該当する人に○をして下さい（複数回答可）．
1. 近所の人（同じ町内会自治会の人）　2. 町外の人（町内会自治会以外の人）
3. 親などの肉親　　　　　　　　　4. NPO などの民間の中間支援組織の相談員
5. 子育て支援センターなどの行政組織の相談員　　6. その他（　　　　　　　　）

問 10-1 あなたがお住まいの地域で今後，必要だと思われる社会資源（公園，子育
て支援センターなどの行政の相談機関，NPO 法人，民間の相談機関，保育園，そ
の他など）がございましたら，ご記入下さい．

問 10-2 あなたがお住まいの地域の町外で今後，必要だと思われる社会資源（公園，
子育て支援センターなどの行政の相談機関，NPO 法人，その他民間の相談機関，
保育園，その他，など）がございましたら，ご記入下さい．

問 11 あなたの年齢についておうかがいします．該当する年代に○をして下さい．
[年齢]
1. 10 代　　　2. 20 代　　　3. 30 代　　　4. 40 代　　　5. 50 代
6. その他（　　　代）

問 12 あなたの性別についておうかがいします．該当する性別に○をして下さい．
[性別]
1. 女性　　　　　2. 男性

問 13 あなたの教育歴についておうかがいします．該当する選択肢に○をして下さい．
[教育歴]
1. 9 年（中卒）　　2. 12 年（高卒）　　3. 14 年～16 年（大卒・短大卒）
4. 16 年以上（大学院卒）

問 14 あなたとお子様の続柄についておうかがいします．
該当する続柄に○をして下さい．
1. 母親　　　2. 父親　　　3. 祖母　　　4. 祖父　　　5. その他（　　　　　）

問 15 このアンケートが配られた所属学校（小学校，幼稚園，保育園，幼保園）に
ご所属のお子様の年齢についておうかがいします.

該当する年代に○をして下さい.

1. ０歳以下　　　2. １歳代　　　3. ２歳代　　　4. ３歳代　　　5. ４歳代
6. ５歳代　　　7. ６歳代　　　8. 小学１年生　　9. 小学２年生
10. 小学３年生　　11. 小学４年生　　12. 小学５年生　　13. 小学６年生

問 16-1 このアンケートが配られた所属学校（小学校，幼稚園，保育園，幼保園）
にご所属のお子様は何番目のお子様ですか.

該当する選択肢に○をして下さい.

1. 第１子　　2. 第２子　　3. 第３子　　4. 第４子　　5. 第５子　　6. それ以上

問 16-2 お子様は全部で何人ですか.

（　　　　）人

問 17 あなたがお住まいの地域や市町村の子育て支援策に関して，何かご意見がご
ざいましたら，ご自由にご回答下さい（自由回答）.

ご協力ありがとうございました.

社会福祉法　第106条の3

第106条の3

市町村は，次に掲げる事業の実施その他の各般の措置を講じ，地域住民等及び支援関係機関による，地域福祉の推進のための相互の協力が円滑に行われ，地域生活課題の解決に資する支援が包括的に提供される体制を整備するよう努めるものとする

一　地域福祉に関する活動への地域住民の参加を促す活動を行う者に対する支援，地域住民等が相互に交流を図ることができる拠点の整備，地域住民等に対する研修の実施その他の地域住民等が地域福祉を推進するために必要な環境の整備に関する事業

二　地域住民等が自ら他の地域住民が抱える地域生活課題に関する相談に応じ，必要な情報の提供及び助言を行い，必要に応じて，支援関係機関に対し，協力を求めることができる体制の整備に関する事業

三　生活困窮者自立支援法第二条第二項に規定する生活困窮者自立相談支援事業を行う者その他の支援関係機関が，地域生活課題を解決するために，相互の有機的な連携の下，その解決に資する支援を一体的かつ計画的に行う体制の整備に関する事業

表 2-6-① SC の地域差に関する

		地域内信頼 12_345	地域内信頼_互酬性 12_345	地域内愛着 12_345	政治関係の団体や会 12345_6	業界団体・同業者団体 12345_6	老人クラブ 12345_6	宗教関係の団体や会 12345_6	町内会・自治会 12345_6	ボランティアのグルー プ12345
地域内信頼 12_345	Pearson の相関係数	1	.878**	.893**	.457*	.158	.757**	.217	.282	.41
	有意確率(両側)		.000	.000	.013	.404	.000	.259	.130	.02
	N	30	29	29	29	30	30	29	30	
地域内信頼_互酬性 12_345	Pearson の相関係数	.878**	1	.791**	.523**	.016	.671**	.144	.513**	.32
	有意確率(両側)	.000		.000	.004	.933	.000	.465	.004	.08
	N	29	30	30	28	30	30	28	30	
地域内愛着 12_345	Pearson の相関係数	.893**	.791**	1	.293	.031	.734**	.286	.110	.0
	有意確率(両側)	.000	.000		.130	.870	.000	.141	.563	.70
	N	29	30	30	28	30	30	28	30	
政治関係の団体や会 12345_6	Pearson の相関係数	.457*	.523**	.293	1	.771**	.492**	.564**	.745**	.662
	有意確率(両側)	.013	.004	.130		.000	.007	.001	.000	.00
	N	29	28	28	29	29	29	29	29	
業界団体・同業者団体 12345_6	Pearson の相関係数	.158	.016	.031	.771**	1	.036	.474**	.228	.18
	有意確率(両側)	.404	.933	.870	.000		.849	.009	.217	.3
	N	30	30	30	29	31	31	29	31	
老人クラブ 12345_6	Pearson の相関係数	.757**	.671**	.734**	.492**	.036	1	.260	.267	.533
	有意確率(両側)	.000	.000	.000	.007	.849		.173	.147	.00
	N	30	30	30	29	31	31	29	31	
宗教関係の団体や会 12345_6	Pearson の相関係数	.217	.144	.286	.564**	.474**	.260	1	.516**	.3
	有意確率(両側)	.259	.465	.141	.001	.009	.173		.004	.0
	N	29	28	28	29	29	29	29	29	
町内会・自治会 12345_6	Pearson の相関係数	.282	.513**	.110	.745**	.228	.267	.516**	1	.563
	有意確率(両側)	.130	.004	.563	.000	.217	.147	.004		.00
	N	30	30	30	29	31	31	29	31	
ボランティアのグルー プ12345_6	Pearson の相関係数	.418*	.320	.072	.662**	.183	.533**	.314	.563**	
	有意確率(両側)	.022	.084	.704	.000	.324	.002	.098	.001	
	N	30	30	30	29	31	31	29	31	
スポーツ関係のグルー プやクラブ 12345_6	Pearson の相関係数	-.076	-.349	-.456*	.194	.045	-.108	-.013	.060	.2
	有意確率(両側)	.690	.059	.011	.314	.809	.561	.947	.748	.19
	N	30	30	30	29	31	31	29	31	
趣味関係のグループ 12345_6	Pearson の相関係数	-.382*	-.604**	-.620**	-.059	.037	-.350	-.124	-.142	.0
	有意確率(両側)	.037	.000	.000	.762	.842	.054	.520	.445	.72
	N	30	30	30	29	31	31	29	31	
近所づきあい_程度 12345_6	Pearson の相関係数	.593**	.731**	.670**	.597**	.140	.641**	.505**	.579**	.42
	有意確率(両側)	.001	.000	.000	.001	.462	.000	.006	.001	.02
	N	29	30	30	28	30	30	28	30	
近所づきあい_人数 12345_6	Pearson の相関係数	.676**	.797**	.686**	.569**	.382*	.689**	.387*	.546**	.472
	有意確率(両側)	.000	.000	.000	.002	.041	.000	.042	.002	.01
	N	29	29	29	28	29	29	28	29	
地域_かぎ 345_12	Pearson の相関係数	-.676**	-.797**	-.686**	-.569**	-.382*	-.689**	-.387*	-.546**	-.472
	有意確率(両側)	.000	.000	.000	.002	.041	.000	.042	.002	.01
	N	29	29	29	28	29	29	28	29	
よそ者 12_345	Pearson の相関係数	.149	.122	.140	-.105	-.086	.304	-.001	-.072	.33
	有意確率(両側)	.459	.536	.477	.611	.665	.116	.995	.715	.08
	N	27	28	28	28	28	28	28	28	
等価所得 2010	Pearson の相関係数	-.511**	-.748**	-.527**	-.469*	-.056	-.522**	-.144	-.456*	-.2
	有意確率(両側)	.005	.000	.003	.012	.770	.003	.465	.011	.14
	N	29	30	30	28	30	30	28	30	
可住地人口密度	Pearson の相関係数	-.499**	-.568**	-.569**	-.650**	.013	-.577**	-.471**	-.473**	-.35
	有意確率(両側)	.005	.001	.001	.000	.943	.001	.010	.007	.05
	N	30	30	30	29	31	31	29	31	
都市	Pearson の相関係数	-.469**	-.507**	-.486**	-.553**	-.424*	-.510**	-.353	-.456*	-.2
	有意確率(両側)	.009	.004	.006	.002	.017	.003	.061	.010	
	N	30	30	30	29	31	31	29	31	
準都市	Pearson の相関係数	.051	-.047	.079	-.136	-.027	.000	-.097	-.050	-.18
	有意確率(両側)	.788	.807	.679	.482	.885	.999	.616	.788	
	N	30	30	30	29	31	31	29	31	
農村	Pearson の相関係数	.389*	.502**	.382*	.605**	.407*	.463**	.394*	.454*	.38
	有意確率(両側)	.034	.005	.037	.001	.023	.009	.034	.010	.0
	N	30	30	30	29	31	31	29	31	

相関分析表（都市部・農村部）

スポーツ関係のグループやクラブ 12345_6	趣味関係のグループ 12345_6	近所づきあい_程度 12345_6	近所づきあい_人数 12345_6	地域_かぎ 345_12	よそ者 12_345	等価所得 2010	可住地人口密度	都市	準都市	農村
-.076	-.382*	.593**	.676**	-.676**	.149	-.511**	-.499**	-.469**	.051	.389*
.690	.037	.001	.000	.000	.459	.005	.005	.009	.788	.034
30	30	29	29	29	27	29	30	30	30	30
-.349	-.604**	.731**	.797**	-.797**	.122	-.748**	-.568**	-.507**	-.047	.502**
.059	.000	.000	.000	.000	.536	.000	.001	.004	.807	.005
30	30	30	29	29	28	30	30	30	30	30
-.456*	-.620**	.670**	.686**	-.686**	.140	-.527**	-.569**	-.486**	.079	.382*
.011	.000	.000	.000	.000	.477	.003	.001	.006	.679	.037
30	30	29	29	29	28	30	30	30	30	30
.194	-.059	.597**	.569**	-.569**	-.105	-.469*	-.650**	-.553**	-.136	.605**
.314	.762	.001	.002	.002	.611	.012	.000	.002	.482	.001
29	29	28	28	28	26	28	29	29	29	29
.045	.037	.140	.382*	-.382*	-.086	-.056	.013	-.424*	-.027	.407*
.809	.842	.462	.041	.041	.665	.770	.943	.017	.885	.023
31	31	30	29	29	28	30	31	31	31	31
-.108	-.350	.641**	.689**	-.689**	.304	-.522**	-.577**	-.510**	.000	.463**
.561	.054	.000	.000	.000	.116	.003	.001	.003	.999	.009
31	31	30	29	29	28	30	31	31	31	31
-.013	-.124	.505**	.387*	-.387*	-.001	-.144	-.471**	-.353	-.097	.394*
.947	.520	.006	.042	.042	.995	.465	.010	.061	.616	.034
29	29	28	28	28	26	28	29	29	29	29
.060	-.142	.579**	.546**	-.546**	-.072	-.456*	-.473**	-.456**	-.050	.454**
.748	.445	.001	.002	.002	.715	.011	.007	.010	.788	.010
31	31	30	29	29	28	30	31	31	31	31
.241	.066	.421*	.472**	-.472**	.333	-.275	-.354	-.256	-.187	.381*
.192	.724	.021	.010	.010	.083	.141	.051	.165	.313	.035
31	31	30	29	29	28	30	31	31	31	31
1	.872**	-.575**	-.607**	.607**	-.215	.511**	.289	.331	-.052	-.260
	.000	.001	.000	.000	.272	.004	.115	.069	.780	.158
31	31	30	29	29	28	30	31	31	31	31
.872**	1	-.652**	-.715**	.715**	-.213	.739**	.489**	.458**	.028	-.438*
.000		.000	.000	.000	.276	.000	.005	.010	.880	.014
31	31	30	29	29	28	30	31	31	31	31
-.575**	-.652**	1	.946**	-.946**	.222	-.591**	-.799**	-.709**	.119	.555**
.001	.000		.000	.000	.256	.001	.000	.000	.532	.001
30	30	30	29	29	28	30	30	30	30	30
-.607**	-.715**	.946**	1	-1.000**	.245	-.729**	-.687**	-.759**	.096	.625**
.000	.000	.000		.000	.218	.000	.000	.000	.622	.000
29	29	29	29	29	27	29	29	29	29	29
.607**	.715**	-.946**	-1.000**	1	-.245	.729**	.687**	.759**	-.096	-.625**
.000	.000	.000	.000		.218	.000	.000	.000	.622	.000
29	29	29	29	29	27	29	29	29	29	29
-.215	-.213	.222	.245	-.245	1.000	-.021	-.046	.104	.019	-.113
.272	.276	.256	.218	.218		.915	.816	.600	.923	.568
28	28	28	27	27	28	28	28	28	28	28
.511**	.739**	-.591**	-.729**	.729**	-.021	1	.558**	.546**	.229	-.683**
.004	.000	.001	.000	.000	.915		.001	.002	.224	.000
30	30	30	29	28	30	30	30	30	30	30
.289	.489**	-.799**	-.687**	.687**	-.046	.558**	1	.720**	-.088	-.584**
.115	.005	.000	.000	.000	.816	.001		.000	.639	.001
31	31	30	29	29	28	30	31	31	31	31
.331	.458**	-.709**	-.759**	.759**	.104	.546**	.720**	1.000	-.313	-.661**
.069	.010	.000	.000	.000	.600	.002	.000		.086	.000
31	31	30	29	29	28	30	31	31	31	31
-.052	.028	.119	.096	-.096	.019	.229	-.088	-.313	1.000	-.506**
.780	.880	.532	.622	.622	.923	.224	.639	.086		.004
31	31	30	29	28	30	31	31	31	31	31
-.260	-.438*	.555**	.625**	-.625**	-.113	-.683**	-.584**	-.661**	-.506**	1
.158	.014	.001	.000	.000	.568	.000	.001	.000	.004	
31	31	30	29	29	28	31	31	31	31	31

表 2-6-② SC の地域差に関する

		地域内信頼	地域内信頼互酬性	地域内愛着	政治関係の団体や会	業界団体・同業者団体	老人クラブ	宗教関係の団体や会	町内会・自治会	ボランティアのグループ
地域内信頼	Pearson の相関係数	1	.850**	.904**	.416**	.756**	.368*	.651**	.491**	.443**(cut)
	有意確率（両側）		.000	.000	.007	.000	.018	.000	.001	.004(cut)
	N	41	41	41	41	41	41	41	41	4(cut)
地域内信頼互酬性	Pearson の相関係数	.850**	1	.831**	.575**	.770**	.539**	.602**	.701**	.666*(cut)
	有意確率（両側）	.000		.000	.000	.000	.000	.000	.000	.000(cut)
	N	41	41	41	41	41	41	41	41	4(cut)
地域内愛着	Pearson の相関係数	.904**	.831**	1	.448**	.719**	.481**	.651**	.437**	.420*(cut)
	有意確率（両側）	.000	.000		.003	.000	.001	.000	.004	.000(cut)
	N	41	41	41	41	41	41	41	41	4(cut)
政治関係の団体や会	Pearson の相関係数	.416**	.575**	.448**	1	.728**	.524**	.588**	.747**	.310(cut)
	有意確率（両側）	.007	.000	.003		.000	.000	.000	.000	.041(cut)
	N	41	41	41	41	41	41	41	41	4(cut)
業界団体・同業者団体	Pearson の相関係数	.756**	.770**	.719**	.728**	1	.472**	.580**	.680**	.463*(cut)
	有意確率（両側）	.000	.000	.000	.000		.002	.000	.000	.002(cut)
	N	41	41	41	41	41	41	41	41	4(cut)
老人クラブ	Pearson の相関係数	.368*	.539**	.481**	.524**	.472**	1	.617**	.452**	.629*(cut)
	有意確率（両側）	.018	.000	.001	.000	.002		.000	.003	.000(cut)
	N	41	41	41	41	41	41	41	41	4(cut)
宗教関係の団体や会	Pearson の相関係数	.651**	.602**	.651**	.588**	.580**	.617**	1	.455**	.405*(cut)
	有意確率（両側）	.000	.000	.000	.000	.000	.000		.003	.00(cut)
	N	41	41	41	41	41	41	41	41	4(cut)
町内会・自治会	Pearson の相関係数	.491**	.701**	.437**	.747**	.680**	.452**	.455**	1	.481*(cut)
	有意確率（両側）	.001	.000	.004	.000	.000	.003	.003		.00(cut)
	N	41	41	41	41	41	41	41	41	4(cut)
ボランティアのグループ	Pearson の相関係数	.443**	.666**	.420**	.310*	.463*	.629*	.405**	.481**	(cut)
	有意確率（両側）	.004	.000	.006	.048	.002	.000	.009	.001	(cut)
	N	41	41	41	41	41	41	41	41	4(cut)
スポーツ関係のグループやクラブ	Pearson の相関係数	.084	.344	.176	.673**	.328*	.421**	.250	.677**	.26(cut)
	有意確率（両側）	.601	.027	.270	.000	.036	.006	.115	.000	.09(cut)
	N	41	41	41	41	41	41	41	41	4(cut)
趣味関係のグループ	Pearson の相関係数	.239	.376*	.330*	.694**	.393*	.483**	.407**	.641**	.27(cut)
	有意確率（両側）	.133	.015	.035	.000	.011	.001	.008	.000	.08(cut)
	N	41	41	41	41	41	41	41	41	4(cut)
近所づきあい_程度	Pearson の相関係数	.713**	.723**	.617**	.461**	.819**	.551**	.496**	.522**	.490(cut)
	有意確率（両側）	.000	.000	.000	.002	.000	.000	.001	.000	.00(cut)
	N	41	41	41	41	41	41	41	41	4(cut)
近所づきあい_人数	Pearson の相関係数	.593**	.664**	.497**	.173	.638**	.420**	.325*	.303	.435(cut)
	有意確率（両側）	.000	.000	.001	.286	.000	.007	.041	.058	.00(cut)
	N	40	40	40	40	40	40	40	40	4(cut)
居住年数_50年以上	Pearson の相関係数	.531**	0.255	.615**	-0.157	0.200	0.116	.387*	-0.247	.06(cut)
	有意確率（両側）	.000	.107	.000	.324	.208	.469	.012	.118	.69(cut)
	N	41	41	41	41	41	41	41	41	4(cut)
居住年数_10年以下	Pearson の相関係数	-.577**	-.511**	-.713**	-.203	-.250	-.289	-.538**	-.147	-.18(cut)
	有意確率（両側）	.000	.001	.000	.204	.115	.067	.000	.360	.23(cut)
	N	41	41	41	41	41	41	41	41	4(cut)
等価所得2010	Pearson の相関係数	.429**	.392*	.577**	.443**	.338*	.224	.465**	.334*	.00(cut)
	有意確率（両側）	.005	.011	.000	.004	.031	.159	.002	.033	.98(cut)
	N	41	41	41	41	41	41	41	41	4(cut)
教育_13年以上	Pearson の相関係数	-.378*	-.306	-.407**	.211	-.151	-.119	-.335*	.181	-.2(cut)
	有意確率（両側）	.015	.052	.008	.185	.346	.459	.033	.257	.10(cut)
	N	41	41	41	41	41	41	41	41	4(cut)
女性	Pearson の相関係数	-.050	-.044	-.208	-.469**	-.116	-.108	-.128	-.199	.28(cut)
	有意確率（両側）	.756	.784	.193	.002	.470	.501	.425	.213	(cut)
	N	41	41	41	41	41	41	41	41	4(cut)
地域での役割の有無	Pearson の相関係数	-.067	.020	.020	.561**	.311	.408**	.169	.511**	-.08(cut)
	有意確率（両側）	.682	.902	.901	.000	.051	.009	.298	.001	.60(cut)
	N	40	40	40	40	40	40	40	40	4(cut)

相関分析表 （準都市部）

スポーツ関係のグループやクラブ	趣味関係のグループ	近所づきあい_程度	近所づきあい_人数	居住年数_50年以上	居住年数_10年以下	等価所得2010	教育_13年以上	女性	地域での役割の有無
.084	.239	.713**	.593**	.531**	-.577**	.429*	-.378*	-.050	-.067
.601	.133	.000	.000	.000	.000	.005	.015	.756	.682
41	41	41	40	41	41	41	41	41	40
.344*	.376*	.723**	.664**	.255	-.511**	.392*	-.306	-.044	.020
.027	.015	.000	.000	.107	.001	.011	.052	.784	.902
41	41	41	40	41	41	41	41	41	40
.176	.330*	.617**	.497**	.615**	-.713**	.577**	-.407**	-.208	.020
.270	.035	.000	.001	.000	.000	.000	.008	.193	.901
41	41	41	40	41	41	41	41	41	40
.673**	.694**	.461**	.173	-.158	-.203	.443**	.211	-.469**	.561**
.000	.000	.002	.286	.324	.204	.004	.185	.002	.000
41	41	41	40	41	41	41	41	41	40
.328*	.393*	.819**	.638**	.201	-.250	.338*	-.151	-.116	.311
.036	.011	.000	.000	.208	.115	.031	.346	.470	.051
41	41	41	40	41	41	41	41	41	40
.421**	.483**	.551**	.420**	.116	-.289	.224	-.119	-.108	.408**
.006	.001	.000	.007	.469	.067	.159	.459	.501	.009
41	41	41	40	41	41	41	41	41	40
.250	.407**	.496**	.325*	.387*	-.538**	.465**	-.335*	-.128	.169
.115	.008	.001	.041	.012	.000	.002	.033	.425	.298
41	41	41	40	41	41	41	41	41	40
.677**	.641**	.522**	.303	-.248	-.147	.334*	.181	-.199	.511**
.000	.000	.000	.058	.118	.360	.033	.257	.213	.001
41	41	41	40	41	41	41	41	41	40
.268	.272	.490**	.435**	.064	-.189	-.003	-.260	.284	-.085
.090	.085	.001	.005	.690	.237	.986	.101	.072	.601
41	41	41	40	41	41	41	41	41	40
1	.850**	.086	-.242	-.500**	-.197	.495**	.409**	-.606**	.681**
	.000	.591	.133	.001	.218	.001	.008	.000	.000
41	41	41	40	41	41	41	41	41	40
.850**	1	.148	-.132	-.228	-.331*	.509**	.419**	-.585**	.728**
.000		.355	.417	.151	.034	.001	.006	.000	.000
41	41	41	40	41	41	41	41	41	40
.086	.148	1	.829**	.224	-.079	.020	-.263	.141	.142
.591	.355		.000	.159	.624	.901	.097	.380	.383
41	41	41	40	41	41	41	41	41	40
-.242	-.132	.829**	1	.217	.299	-.443**	-.280	.470**	-.070
.133	.417	.000		.180	.061	.004	.080	.002	.666
41	41	41	40	41	41	41	41	41	40
-.500**	-.228	.224	.217	1	-.605**	.157	-.622**	.184	-.390*
.001	.151	.159	.180		.000	.326	.000	.250	.013
40	40	40	40	40	40	40	40	40	40
-.197	-.331*	-.079	.299	-.605**	1	-.655**	.425**	.361*	.187
.218	.034	.624	.061	.000		.000	.006	.021	.249
41	41	41	40	41	41	41	41	41	40
.495**	.509**	.020	-.443**	.157	-.655**	1	.047	-.679**	.355*
.001	.001	.901	.004	.326	.000		.772	.000	.025
41	41	41	40	41	41	41	41	41	40
.409**	.419**	-.263	-.280	-.622**	.425**	.047	1	-.315*	.533**
.008	.006	.097	.080	.000	.006	.772		.045	.000
41	41	41	40	41	41	41	41	41	40
-.606**	-.585**	.141	.470**	.184	.361*	-.679**	-.315*	1	-.549**
.000	.000	.380	.002	.250	.021	.000	.045		.000
41	41	41	40	41	41	41	41	41	40
.681**	.728**	.142	-.070	-.390*	.187	.355*	.533**	-.549**	1
.000	.000	.383	.666	.013	.249	.025	.000	.000	
40	40	40	40	40	40	40	40	40	40

表 3-4　C 地区相関

		地域内信頼 12_345	地域外信頼 12_345	近所づきあい12_34	自治会_町内会 12345_67	政治団体_業界団体 12345_67	宗教団体 12345_67	趣味の会_地域内 1234_567	趣味の会_地域外 1234_567	スポーツの会_地域内 1234_567
地域内信頼 12_345	Pearson の相関係数	1	.547**	.178**	.029	-.047	.017	.045	.051	.08!
	有意確率（両側）		.000	.002	.671	.541	.818	.511	.493	.218
	N	312	300	297	216	174	178	215	185	21
地域外信頼 12_345	Pearson の相関係数	.547**	1	.173**	-.004	.169*	.053	.099	.209**	.185*
	有意確率（両側）	.000		.003	.953	.026	.483	.148	.004	.00
	N	300	305	294	214	174	177	214	184	20
近所づきあい12_34	Pearson の相関係数	.178**	.173**	1	.067	.014	-.040	.099	.110	.04!
	有意確率（両側）	.002	.003		.333	.859	.597	.151	.139	.51
	N	297	294	303	212	171	174	211	181	20
自治会_町内会 12345_67	Pearson の相関係数	.029	-.004	.067	1	.291**	.283**	.505**	.391**	.364*
	有意確率（両側）	.671	.953	.333		.000	.000	.000	.000	.00⚫
	N	216	214	212	220	175	174	195	171	19
政治団体_業界団体 12345_67	Pearson の相関係数	-.047	.169*	.014	.291**	1	.454**	.336**	.289**	.331⚫
	有意確率（両側）	.541	.026	.859	.000		.000	.000	.000	.00⚫
	N	174	174	171	175	178	169	166	157	16
宗教団体 12345_67	Pearson の相関係数	.017	.053	-.040	.283**	.454**	1	.273**	.218**	.170⚫
	有意確率（両側）	.818	.483	.597	.000	.000		.000	.005	.02
	N	178	177	174	174	169	183	166	161	16
趣味の会_地域内 1234_567	Pearson の相関係数	.045	.099	.099	.505**	.336**	.273**	1	.731**	.431⚫
	有意確率（両側）	.511	.148	.151	.000	.000	.000		.000	.00
	N	215	214	211	195	166	166	221	179	20
趣味の会_地域外 1234_567	Pearson の相関係数	.051	.209**	.110	.391**	.289**	.218**	.731**	1	.388*
	有意確率（両側）	.493	.004	.139	.000	.000	.005	.000		.00
	N	185	184	181	171	157	161	179	189	17
スポーツの会_地域内 1234_567	Pearson の相関係数	.085	.185**	.045	.364**	.331**	.170*	.431**	.388**	
	有意確率（両側）	.218	.007	.517	.000	.000	.028	.000	.000	
	N	211	209	205	191	166	168	203	178	2
スポーツの会_地域外 1234_567	Pearson の相関係数	.094	.161*	.126	.295**	.341**	.132	.405**	.505**	.714
	有意確率（両側）	.201	.028	.087	.000	.000	.093	.000	.000	.00
	N	188	187	184	176	159	163	183	176	18
ボランティア団体_地域内 1234_567	Pearson の相関係数	.050	.095	.022	.345**	.417**	.290**	.470**	.412**	.386
	有意確率（両側）	.486	.188	.765	.000	.000	.000	.000	.000	.00
	N	196	195	191	185	166	167	194	178	18
ボランティア団体_地域外 1234_567	Pearson の相関係数	.030	.166*	.118	.308**	.480**	.206**	.314**	.389**	.360
	有意確率（両側）	.691	.025	.115	.000	.000	.009	.000	.000	.00
	N	183	182	179	173	155	157	182	173	18
地域での役割	Pearson の相関係数	.008	.101	.019	.277**	.396**	.171*	.269**	.306**	.350
	有意確率（両側）	.895	.103	.757	.000	.000	.000	.000	.000	.00
	N	267	263	263	209	169	170	202	178	20
性別	Pearson の相関係数	-.005	-.041	.041	-.219**	-.313**	-.075	-.112	-.161*	-.356
	有意確率（両側）	.925	.483	.485	.001	.000	.319	.100	.028	.0
	N	301	295	292	216	176	181	217	185	2
教育年数 45_123	Pearson の相関係数	-.096	-.054	.073	.089	.140	.042	.023	.135	.03
	有意確率（両側）	.100	.356	.214	.196	.065	.572	.733	.066	.63
	N	297	291	289	213	174	180	216	185	20
前期高齢者	Pearson の相関係数	-.036	-.095	-.010	.265**	-.019	.004	.063	.073	.0
	有意確率（両側）	.543	.106	.870	.000	.810	.957	.365	.332	.3
	N	293	288	284	206	168	172	207	178	20
主観的健康感 123_45	Pearson の相関係数	.194**	.116	-.083	.090	.014	-.091	.022	.078	.0
	有意確率（両側）	.001	.050	.162	.197	.856	.231	.751	.303	.5
	N	288	283	282	206	168	174	206	178	2
転倒歴 3_12	Pearson の相関係数	.111	.039	-.028	.117	.044	.024	.005	.032	.0
	有意確率（両側）	.061	.521	.647	.092	.567	.757	.937	.665	.0
	N	285	279	276	209	170	175	208	180	2
認知症の傾向 123_45	Pearson の相関係数	.111	.138*	.046	.068	.128	-.015	.013	.027	.0
	有意確率（両側）	.053	.016	.432	.315	.090	.838	.850	.711	.3
	N	307	302	300	219	177	182	218	188	2

分析の結果

スポーツの会_地域外 1234_567	ア団体_地域内 1234_567	ア団体_地域外 1234_567	地域での役割	性別	教育年数 45_123	前期高齢者	主観的健康感123_45	転倒歴3_12	認知症の傾向123_45
.094	.050	.030	.008	-.005	-.096	-.036	.194**	.111	.111
.201	.486	.691	.895	.925	.100	.543	.001	.061	.053
188	196	183	267	301	297	293	288	285	307
.161*	.095	.166*	.101	-.041	-.054	-.095	.116	.039	.138*
.028	.188	.025	.103	.483	.356	.106	.050	.521	.016
187	195	182	263	295	291	288	283	279	302
.126	.022	.118	.019	.041	.073	-.010	-.083	-.028	.046
.087	.765	.115	.757	.485	.214	.870	.162	.647	.432
184	191	179	263	292	289	284	282	276	300
.295**	.345**	.308**	.277**	-.219**	.089	.265**	.090	.117	.068
.000	.000	.000	.000	.001	.196	.000	.197	.092	.315
176	185	173	209	216	213	206	206	209	219
.341**	.417**	.480**	.396**	-.313**	.140	-.019	.014	.044	.128
.000	.000	.000	.000	.000	.065	.810	.856	.567	.090
159	166	155	169	176	174	168	168	170	177
.132	.290**	.206**	.171*	-.075	.042	.004	-.091	.024	-.015
.093	.000	.009	.025	.319	.572	.957	.231	.757	.838
163	167	157	170	181	180	172	174	175	182
.405**	.470**	.314**	.269**	-.112	.023	.063	.022	.005	.013
.000	.000	.000	.000	.100	.733	.365	.751	.937	.850
183	194	182	202	217	216	207	206	208	218
.505**	.412**	.389**	.306**	-.161*	.135	.073	.078	.032	.027
.000	.000	.000	.000	.028	.066	.332	.303	.665	.711
176	178	173	178	185	185	178	178	180	188
.714**	.386**	.360**	.350**	-.356**	.033	.070	.041	.113	.067
.000	.000	.000	.000	.000	.634	.318	.567	.111	.329
186	189	180	201	212	209	203	202	202	212
1	.299**	.340**	.323**	-.370**	.048	.018	.048	.065	.073
	.000	.000	.000	.000	.514	.810	.523	.381	.314
192	180	176	179	189	188	181	181	183	191
.299**	1	.748**	.427**	-.147*	.097	.178*	.078	.071	.066
.000		.000	.000	.039	.175	.014	.285	.328	.355
180	201	181	185	198	196	189	189	192	199
.340**	.748**	1	.373**	-.172*	.125	.095	.084	-.011	.053
.000	.000		.000	.020	.093	.214	.273	.881	.474
176	181	187	175	185	183	172	174	180	185
.323**	.427**	.373**	1	-.351**	.174**	.248**	.166**	.154*	.085
.000	.000	.000		.000	.004	.000	.008	.014	.159
179	185	175	278	269	267	263	258	253	273
-.370**	-.147*	-.172*	-.351**	1	-.042	-.100	-.012	-.053	.060
.000	.039	.020	.000		.461	.083	.831	.367	.292
189	198	185	269	325	307	302	300	290	314
.048	.097	.125	-.174**	-.042	1	.066	.046	.015	-.059
.514	.175	.093	.004	.461		.257	.435	.801	.306
188	196	183	267	307	318	296	295	284	308
.018	.178*	.095	.248**	-.100	.066	1	.185**	.143*	.082
.810	.014	.214	.000	.083	.257		.002	.017	.155
181	189	172	263	302	296	314	290	279	306
.048	.078	.084	.166**	-.012	.046	.185**	1	.210**	.196**
.523	.285	.273	.008	.831	.435	.002		.000	.001
181	189	174	258	300	295	290	311	276	301
.065	.071	-.011	.154*	-.053	.015	.143*	.210**	1	.192**
.381	.328	.881	.014	.367	.801	.017	.000		.001
183	192	180	253	290	284	279	276	297	293
.073	.066	.053	.085	.060	-.059	0.081	.196**	.192**	1
.314	.355	.474	.159	.292	.306	.155	.001	.001	
191	199	185	273	314	308	306	301	293	325

表 3-5　F 地区相関

		地域内信頼 12_345	地域外信頼 12_345	近所づきあい12_34	自治会_町内会 12345_67	政治団体_業界団体 12345_67	宗教団体 12345_67	趣味の会_地域内 1234_567	趣味の会_地域外 1234_567	スポーツの会_地域内 1234_567
地域内信頼 12_345	Pearson の相関係数	1	.511**	.334**	.186**	.103	.034	.102	.075	.114
	有意確率(両側)		.000	.000	.003	.156	.645	.131	.276	.098
	N	322	315	301	255	189	188	221	212	212
地域外信頼 12_345	Pearson の相関係数	.511**	1	.259**	.187**	.159*	.102	.154*	.157*	.227**
	有意確率(両側)	.000		.000	.003	.029	.162	.022	.022	.001
	N	315	319	298	255	189	189	221	212	212
近所づきあい12_34	Pearson の相関係数	.334**	.259**	1	.292**	.164*	.171*	.187**	.185**	.176**
	有意確率(両側)	.000	.000		.000	.026	.020	.006	.008	.012
	N	301	298	306	246	184	184	213	202	202
自治会_町内会 12345_67	Pearson の相関係数	.186**	.187**	.292**	1	.232**	.315**	.263**	.215*	.258*
	有意確率(両側)	.003	.003	.000		.001	.000	.000	.002	.000
	N	255	255	246	259	188	190	208	201	200
政治団体_業界団体 12345_67	Pearson の相関係数	.103	.159*	.164*	.232**	1	.554**	.242**	.275**	.385**
	有意確率(両側)	.156	.029	.026	.001		.000	.001	.000	.000
	N	189	189	184	188	193	185	178	175	171
宗教団体 12345_67	Pearson の相関係数	.034	.102	.171*	.315**	.554**	1	.364**	.213**	.144
	有意確率(両側)	.645	.162	.020	.000	.000		.000	.005	.061
	N	188	189	184	190	185	192	178	174	171
趣味の会_地域内 1234_567	Pearson の相関係数	.102	.154*	.187**	.263**	.242**	.364**	1	.607**	.422**
	有意確率(両側)	.131	.022	.006	.000	.001	.000		.000	.000
	N	221	221	213	208	178	178	227	207	204
趣味の会_地域外 1234_567	Pearson の相関係数	.075	.157*	.185**	.215*	.275**	.213**	.607**	1	.379**
	有意確率(両側)	.276	.022	.008	.002	.000	.005	.000		.000
	N	212	212	202	201	175	174	207	216	199
スポーツの会_地域内 1234_567	Pearson の相関係数	.114	.227**	.176**	.258**	.385**	.144	.422**	.379**	1
	有意確率(両側)	.098	.001	.012	.000	.000	.061	.000	.000	
	N	212	212	202	200	171	171	204	199	216
スポーツの会_地域外 1234_567	Pearson の相関係数	.104	.196**	.112	.226**	.236**	.203**	.352**	.530**	.646**
	有意確率(両側)	.138	.005	.116	.001	.002	.007	.000	.000	.000
	N	207	208	199	197	170	172	201	198	202
ボランティア団体_地域内 1234_567	Pearson の相関係数	.142*	.138	.101	.208**	.403**	.314**	.256**	.238**	.418**
	有意確率(両側)	.046	.052	.165	.004	.000	.000	.000	.001	.000
	N	198	199	189	192	166	169	195	192	199
ボランティア団体_地域外 1234_567	Pearson の相関係数	.076	.105	.119	.180*	.508**	.257**	.209**	.385**	.370**
	有意確率(両側)	.281	.132	.095	.012	.000	.001	.003	.000	.000
	N	205	206	197	195	169	169	198	196	196
地域での役割	Pearson の相関係数	.093	.103	.108	.242**	.377**	.260**	-.009	.040	-.11?
	有意確率(両側)	.114	.080	.071	.000	.000	.000	.892	.565	.087
	N	289	287	278	245	189	188	225	213	215
女性	Pearson の相関係数	.015	-.039	-.008	-.117	-.190**	-.144*	-.031	.025	-.01?
	有意確率(両側)	.785	.493	.888	.062	.008	.048	.654	.718	.810
	N	317	314	301	256	191	190	218	208	20?
教育年数 45_123	Pearson の相関係数	.106	.057	.011	.080	.087	.018	-.005	-.032	-.07?
	有意確率(両側)	.065	.321	.850	.210	.238	.814	.942	.642	.312
	N	304	302	290	247	184	183	220	210	20?
前期高齢者	Pearson の相関係数	.009	-.004	.123*	.166**	-.042	.011	.052	.131	.10?
	有意確率(両側)	.881	.945	.035	.008	.565	.886	.437	.055	.13?
	N	312	308	295	252	189	188	227	216	21?
主観的健康感 123_45	Pearson の相関係数	.087	.129*	.064	.217**	-.002	.001	.092	.182**	.10?
	有意確率(両側)	.121	.021	.265	.000	.977	.990	.177	.009	.15?
	N	322	319	306	259	193	192	218	209	20?
転倒歴 3_12	Pearson の相関係数	-.027	.070	.008	.083	.005	-.069	.035	.035	.05?
	有意確率(両側)	.642	.226	.893	.192	.948	.353	.602	.615	.41?
	N	304	302	289	250	185	185	224	213	21?
認知症の傾向 123_45	Pearson の相関係数	-.027	.023	.293**	.176**	.078	.002	.174*	.171*	.273**
	有意確率(両側)	.630	.684	.000	.005	.286	.980	.010	.013	.00?
	N	316	312	300	254	190	189	218	210	20?

分析の結果

スポーツの会_地域外 1234_567	ア団体_地域内 1234_567	ア団体_地域外 1234_567	地域での役割	女性	教育年数 45_123	前期高齢者	主観的健康感123_45	転倒歴3_12	認知症の傾向123_45
.104	.142*	.076	.093	.015	.106	.009	.087	-.027	-.027
.138	.046	.281	.114	.785	.065	.881	.121	.642	.630
207	198	205	289	317	304	312	322	304	316
.196**	.138	.105	.103	-.039	.057	-.004	.129*	.070	.023
.005	.052	.132	.080	.493	.321	.945	.021	.226	.684
208	199	206	287	314	302	308	319	302	312
.112	.101	.119	.108	-.008	.011	.123*	.064	.008	.293**
.116	.165	.095	.071	.888	.850	.035	.265	.893	.000
199	189	197	278	301	290	295	306	289	300
.226**	.208**	.180*	.242**	-.117	.080	.166**	.217**	.083	.176**
.001	.004	.012	.000	.062	.210	.008	.000	.192	.005
197	192	195	245	256	247	252	259	250	254
.236**	.403**	.508**	.377**	-.190**	.087	-.042	-.002	.005	.078
.002	.000	.000	.000	.008	.238	.565	.977	.948	.286
170	166	169	189	191	184	189	193	185	190
.203**	.314**	.257**	.260**	-.144*	.018	.011	.001	-.069	.002
.007	.000	.001	.000	.048	.814	.886	.990	.353	.980
172	169	169	188	190	183	188	192	185	189
.352**	.256**	.209**	-.009	-.031	-.005	.052	.092	.035	.174*
.000	.000	.003	.892	.654	.942	.437	.177	.602	.010
201	195	198	225	218	220	227	218	224	218
.530**	.238**	.385**	.040	.025	-.032	.131	.182**	.035	.171*
.000	.001	.000	.565	.718	.642	.055	.009	.615	.013
198	192	196	213	208	210	216	209	213	210
.646**	.418**	.370**	-.117	-.017	-.071	.103	.100	.056	.273**
.000	.000	.000	.087	.810	.312	.132	.152	.417	.000
202	199	196	215	207	216	208	213	208	
1	.474**	.608**	-.059	-.006	-.001	.070	.074	.023	.309**
	.000	.000	.395	.931	.991	.314	.290	.741	.000
211	197	196	210	204	204	211	205	208	205
.474**	1	.645**	-.090	.023	-.040	-.047	-.035	-.036	.371**
.000		.000	.205	.746	.579	.510	.623	.617	.000
197	202	195	201	195	196	202	196	199	195
.608**	.645**	1	-.091	.117	-.018	.059	.107	.035	.500**
.000	.000		.193	.098	.799	.392	.131	.617	.000
196	195	209	208	202	203	209	202	205	204
-.059	-.090	-.091	1	-.261**	.156**	.092	.149**	.121*	.105
.395	.205	.193		.000	.009	.119	.010	.042	.072
210	201	208	300	297	283	289	300	285	294
-.006	.023	.117	-.261**	1	-.164**	-.014	-.028	-.047	-.045
.931	.746	.098	.000		.003	.799	.610	.402	.414
204	195	202	297	335	316	323	334	314	326
-.001	-.040	-.018	.156**	-.164**	1	.048	.027	.034	-.019
.991	.579	.799	.009	.003		.404	.634	.551	.741
204	196	203	283	316	321	309	320	304	313
.070	-.047	.059	.092	-.014	.048	1	.103	.144*	.244**
.314	.510	.392	.119	.799	.404		.062	.011	.000
211	202	209	289	323	309	329	327	308	320
-.074	-.035	.107	.149**	-.028	.027	.103	1	.223**	.124*
.290	.623	.131	.010	.610	.634	.062		.000	.024
205	196	202	300	334	320	327	340	318	330
.023	-.036	.035	.121*	-.047	.034	.144*	.223**	1	.187**
.741	.617	.617	.042	.402	.551	.011	.000		.001
208	199	205	285	314	304	308	318	319	310
.309**	.371**	.500**	.105	-.045	-.019	.244**	.124*	.187**	1
.000	.000	.000	.072	.414	.741	.000	.024	.001	
205	195	204	294	326	313	320	330	310	332

表 3-13　Ｉ地区の相関

		q1_1	q2_1	q3	q4	q5	q6	q7_町内会・自治会	q7_政治団体・業界団体	q7_宗教団体	q8_1_地域内	q8_1_地域外
q1_1	Pearson の相関係数	1	.342**	.202**	.048	.193**	.123	.067	.037	.023	.104	.067
	有意確率（両側）		.000	.001	.443	.002	.051	.297	.575	.726	.104	.304
	N	259	252	259	259	257	252	242	227	229	243	238
q2_1	Pearson の相関係数	.342**	1	.355**	.105	.288**	.152*	.051	.063	.032	.031	.056
	有意確率（両側）	.000		.000	.096	.000	.017	.433	.347	.636	.632	.395
	N	252	254	254	254	252	248	237	223	225	237	233
q3	Pearson の相関係数	.202**	.355**	1	.387**	.511**	.305**	.136*	.095	.023	.113	.089
	有意確率（両側）	.001	.000		.000	.000	.000	.034	.153	.731	.077	.168
	N	259	254	263	263	260	256	245	229	232	246	240
q4	Pearson の相関係数	.048	.105	.387**	1	.286**	.218**	.108	.063	.122	.062	.084
	有意確率（両側）	.443	.096	.000		.000	.000	.091	.341	.063	.331	.193
	N	259	254	263	263	260	256	245	229	232	246	240
q5	Pearson の相関係数	.193**	.288**	.511**	.286**	1	.244**	.180**	.118	.106	.178**	.196**
	有意確率（両側）	.002	.000	.000	.000		.000	.005	.075	.110	.005	.002
	N	257	252	260	260	261	254	243	228	230	244	238
q6	Pearson の相関係数	.123	.152*	.305**	.218**	.244**	1	.281**	.105	.105	.221**	.240**
	有意確率（両側）	.051	.017	.000	.000	.000		.000	.118	.115	.001	.000
	N	252	248	256	256	254	257	240	224	227	240	234
q7_町内会・自治会	Pearson の相関係数	.067	.051	.136*	.108	.180**	.281**	1	.193**	.145*	.278**	.254**
	有意確率（両側）	.297	.433	.034	.091	.005	.000		.003	.027	.000	.000
	N	242	237	245	245	243	240	246	230	232	242	236
q7_政治団体・業界団体	Pearson の相関係数	.037	.063	.095	.063	.118	.105	.193**	1	.675**	.331**	.278**
	有意確率（両側）	.575	.347	.153	.341	.075	.118	.003		.000	.000	.000
	N	227	223	229	229	228	224	230	230	230	230	225
q7_宗教団体	Pearson の相関係数	.023	.032	.023	.122	.106	.105	.145*	.675**	1	.331**	.281*
	有意確率（両側）	.726	.636	.731	.063	.110	.115	.027	.000		.000	.000
	N	229	225	232	232	230	227	232	230	233	233	228
q8_1_地域内	Pearson の相関係数	.104	.031	.113	.062	.178**	.221**	.278**	.331**	.331**	1	.679**
	有意確率（両側）	.104	.632	.077	.331	.005	.001	.000	.000	.000		.000
	N	243	237	246	246	244	240	242	230	233	247	239
q8_1_地域外	Pearson の相関係数	.067	.056	.089	.084	.196**	.240**	.254**	.278**	.281**	.679**	
	有意確率（両側）	.304	.395	.168	.193	.002	.000	.000	.000	.000	.000	
	N	238	233	240	240	238	234	236	225	228	239	241
q8_2_地域内	Pearson の相関係数	.008	.013	.083	.022	.153*	.158*	.356**	.145*	.507**	.448*	
	有意確率（両側）	.905	.840	.200	.733	.018	.015	.000	.030	.026	.000	
	N	238	234	242	242	240	236	237	225	228	240	232
q8_2_地域外	Pearson の相関係数	.083	.085	.093	.045	-.136*	-.173**	-.272**	.213**	.127	-.455**	-.466*
	有意確率（両側）	.205	.199	.154	.487	.037	.008	.000	.001	.056	.000	.000
	N	235	231	238	238	237	232	234	226	229	239	232
q8_3	Pearson の相関係数	-.012	.055	.008	.113	.039	-.184**	.177**	.499**	.513**	-.408**	.404*
	有意確率（両側）	.849	.403	.904	.082	.546	.005	.006	.000	.000	.000	.000
	N	236	231	239	239	238	233	235	227	229	239	236
q9_1	Pearson の相関係数	.255**	.172**	.133*	.102	.183**	.162**	.111	.053	.048	.116	.098
	有意確率（両側）	.000	.006	.032	.100	.003	.010	.082	.427	.466	.070	.131
	N	256	251	260	260	258	254	244	229	232	245	240
q9_2_1	Pearson の相関係数	-.032	.025	-.090	-.070	-.100	-.384**	-.306**	-.043	.003	-.225**	-.174*
	有意確率（両側）	.610	.695	.150	.265	.113	.000	.000	.522	.964	.000	.008
	N	252	247	255	255	254	249	238	223	225	239	233
q9_2_2	Pearson の相関係数	.083	-.036	-.067	-.146*	-.024	-.214**	-.111	.105	.098	.056	-.061
	有意確率（両側）	.190	.576	.284	.019	.700	.001	.087	.117	.141	.391	.354
	N	252	247	255	255	254	249	238	223	225	239	233
q9_2_3	Pearson の相関係数	-.083	-.073	-.019	-.007	-.018	-.014	.082	.015	.100	.047	-.038
	有意確率（両側）	.191	.255	.769	.907	.770	.830	.209	.829	.135	.469	.59
	N	252	247	255	255	254	249	238	223	225	239	233
q9_2_4	Pearson の相関係数	-.054	.029	-.018	.039	-.102	-.232**	-.056	.005	-.064	-.237**	-.199*
	有意確率（両側）	.391	.653	.769	.539	.103	.000	.388	.937	.337	.000	.002
	N	252	247	255	255	254	249	238	223	225	239	233
q9_2_5	Pearson の相関係数	-.094	.042	-.063	-.081	-.144*	-.188**	-.010	-.020	-.049	-.231**	-.188*
	有意確率（両側）	.137	.515	.317	.195	.021	.003	.877	.764	.464	.000	.004
	N	252	247	255	255	254	249	238	223	225	239	233
q9_2_6	Pearson の相関係数	.099	-.024	.074	-.024	-.028	.063	.087	.022	.051	.046	-.002
	有意確率（両側）	.118	.710	.238	.701	.659	.320	.183	.746	.447	.475	.978
	N	252	247	255	255	254	249	238	223	225	239	233
q11	Pearson の相関係数	-.101	.095	-.249**	-.218**	-.074	-.152*	-.198**	-.103	-.185**	-.149*	-.06
	有意確率（両側）	.104	.130	.000	.000	.232	.015	.002	.118	.005	.019	.34
	N	259	254	263	263	261	257	246	230	233	247	241
q12	Pearson の相関係数	-.057	.031	.055	.096	.087	-.004	-.269**	-.274**	-.102	-.101	-.00
	有意確率（両側）	.363	.621	.373	.119	.161	.948	.000	.000	.122	.113	.93
	N	259	254	263	263	261	257	246	230	233	247	24
q13	Pearson の相関係数	.012	.000	.032	-.053	.040	.044	.063	-.069	-.063	.052	.04
	有意確率（両側）	.844	.996	.607	.391	.516	.483	.329	.298	.341	.418	.54
	N	258	253	262	262	260	256	245	229	232	246	24

分析の結果

q8_2_地域内	q8_2_地域外	q8_3	q9_1	q9_2_1	q9_2_2	q9_2_3	q9_2_4	q9_2_5	q9_2_6	q11	q12	q13
.008	.083	-.012	.255**	-.032	.083	-.083	-.054	-.094	.099	-.101	-.057	.012
.905	.205	.849	.000	.610	.190	.191	.391	.137	.118	.104	.363	.844
238	235	236	256	252	252	252	252	252	252	259	259	258
.013	.085	.055	.172**	.025	-.036	-.073	.029	.042	-.024	.095	.031	.000
.840	.199	.403	.006	.695	.576	.255	.653	.515	.710	.130	.621	.996
234	231	231	251	247	247	247	247	247	247	254	254	253
.083	.093	.008	.133*	-.090	-.067	-.019	-.018	-.063	.074	-.249**	.055	.032
.200	.154	.904	.032	.150	.284	.769	.769	.317	.238	.000	.373	.607
242	238	239	260	255	255	255	255	255	255	263	263	262
.022	.045	.113	.102	-.070	-.146*	-.007	-.039	-.081	-.024	-.218**	.096	-.053
.733	.487	.082	.100	.265	.019	.907	.539	.195	.701	.000	.119	.391
242	238	239	260	255	255	255	255	255	255	263	263	262
.153*	.136*	.039	.183**	-.100	-.024	-.018	-.102	-.144*	-.028	-.074	.087	.040
.018	.037	.546	.003	.113	.700	.770	.103	.021	.659	.232	.161	.516
240	237	238	258	254	254	254	254	254	254	261	261	260
.158*	.173**	.184**	.162**	-.384**	-.214**	.014	-.232**	-.188**	.063	-.152**	-.004	.044
.015	.008	.005	.010	.000	.001	.830	.000	.003	.320	.015	.948	.483
236	232	233	254	249	249	249	249	249	249	257	257	256
.356**	.272**	.177**	.111	-.306**	-.111	.082	-.056	-.010	.087	-.198**	-.269**	.063
.000	.000	.006	.082	.000	.087	.205	.388	.877	.183	.002	.000	.329
237	234	235	244	238	238	238	238	238	238	246	246	245
.145*	.213**	.499**	.053	-.043	.105	.015	.005	-.020	.022	-.103	-.274**	-.069
.030	.001	.000	.427	.522	.117	.829	.937	.764	.746	.118	.000	.298
225	226	227	229	223	223	223	223	223	223	230	230	229
.147*	.127	.513**	.048	.003	.098	.100	-.064	-.049	.051	-.185**	-.102	-.063
.026	.056	.000	.466	.964	.141	.135	.337	.464	.447	.005	.122	.341
228	229	229	232	225	225	225	225	225	225	233	233	232
.507**	.455**	.408**	.116	-.225**	.056	.047	-.237**	-.231**	.046	-.149**	-.101	.052
.000	.000	.000	.070	.000	.391	.469	.000	.000	.475	.019	.113	.418
240	239	239	245	239	239	239	239	239	239	247	247	246
.448**	.466**	.404**	.098	-.174**	-.061	-.035	-.199**	-.188**	-.002	-.061	-.006	.040
.000	.000	.000	.131	.008	.354	.593	.002	.004	.978	.349	.931	.540
237	237	236	240	233	233	233	233	233	233	241	241	240
1	.719**	.332**	.071	-.222**	-.171**	.106	-.181**	-.128*	.037	-.072	.019	.054
	.000	.000	.270	.001	.009	.106	.005	.049	.574	.262	.772	.400
243	236	236	241	235	235	235	235	235	235	243	243	242
.719**	1	.399**	.105	-.124	-.100	.050	-.164*	-.118	-.001	-.013	-.022	.086
.000		.000	.107	.060	.128	.450	.013	.073	.983	.838	.732	.187
236	239	236	238	231	231	231	231	231	231	239	239	238
.332**	.399**	1	-.057	-.119	-.125	-.016	-.285**	-.146*	.064	-.094	.010	-.032
.000	.000		.379	.069	.058	.804	.000	.026	.330	.146	.884	.621
236	236	240	239	232	232	232	232	232	232	240	240	239
.071	.105	-.057	1	-.050	-.039	-.157*	-.009	-.030	-.035	.048	.127*	-.154*
.270	.107	.379		.431	.537	.012	.887	.629	.582	.438	.041	.013
241	238	239	261	253	253	253	253	253	253	261	261	260
-.222**	-.124	-.119	-.050	1	.194**	.018	.179**	.095	-.208**	.084	.009	-.141*
.001	.060	.069	.431		.002	.774	.004	.129	.001	.181	.888	.025
235	231	232	253	256	256	256	256	256	256	256	256	255
-.171**	-.100	-.125	-.039	.194**	1	-.101	.102	-.074	-.137*	-.057	-.043	-.043
.009	.128	.058	.537	.002		.108	.104	.238	.029	.363	.492	.493
235	231	232	253	256	256	256	256	256	256	256	256	255
.106	.050	-.016	-.157*	.018	-.101	1	-.105	.137*	-.174**	-.150*	-.138*	.072
.106	.450	.804	.012	.774	.108		.093	.029	.005	.016	.027	.251
235	231	232	253	256	256	256	256	256	256	256	256	255
-.181**	-.164*	-.285**	-.009	.179**	.102	-.105	1	.077	-.011	.003	-.035	-.049
.005	.013	.000	.887	.004	.104	.093		.220	.855	.965	.575	.432
235	231	232	253	256	256	256	256	256	256	256	256	255
-.128*	-.118	-.146*	-.030	.095	-.074	.137*	.077	1	-.053	.051	-.035	.069
.049	.073	.026	.629	.129	.238	.029	.220		.397	.421	.581	.273
235	231	232	253	256	256	256	256	256	256	256	256	255
.037	-.001	.064	-.035	-.208**	-.137*	-.174**	-.011	-.053	1	-.016	.098	-.004
.574	.983	.330	.582	.001	.029	.005	.855	.397		.795	.120	.953
235	231	232	253	256	256	256	256	256	256	256	256	255
-.072	-.013	-.094	.048	.084	-.057	-.150*	.003	.051	-.016	1	.144*	-.054
.262	.838	.146	.438	.181	.363	.016	.965	.421	.795		.019	.385
243	239	240	261	256	256	256	256	256	256	264	264	263
.019	-.022	.010	.127*	.009	-.043	-.138*	-.035	-.035	.098	.144*	1	-.079
.772	.732	.884	.041	.888	.492	.027	.575	.581	.120	.019		.201
243	239	240	261	256	256	256	256	256	256	264	264	263
.054	.086	-.032	-.154*	-.141*	-.043	.072	-.049	.069	-.004	-.054	-.079	1
.400	.187	.621	.013	.025	.493	.251	.432	.273	.953	.385	.201	
242	238	239	260	255	255	255	255	255	255	263	263	263

表 3-15　L 町の相関

		q1_1	q2_1	q3	q4	q5	q6	q7_町内会・自治会	q7_政治団体・業界団体	q7_宗教団体	q8_1_地域内	q8_1_地域外
q1_1	Pearson の相関係数	1	.308**	.215**	.115*	.181**	.033	-.049	-.059	-.003	.053	.003
	有意確率（両側）		.000	.000	.049	.002	.576	.429	.344	.967	.386	.959
	N	295	288	294	295	288	287	264	256	256	265	263
q2_1	Pearson の相関係数	.308**	1	.262**	.189**	.303**	.091	-.057	.074	.037	.059	-.068
	有意確率（両側）	.000		.000	.001	.000	.128	.362	.242	.561	.344	.277
	N	288	288	287	288	281	280	258	251	251	259	257
q3	Pearson の相関係数	.215**	.262**	1	.508**	.479**	.338**	.096	.040	.018	.195**	.142*
	有意確率（両側）	.000	.000		.000	.000	.000	.119	.517	.774	.001	.021
	N	294	287	298	298	291	290	266	258	258	267	265
q4	Pearson の相関係数	.115*	.189**	.508**	1	.367**	.189**	.052	.071	.070	.142*	.146*
	有意確率（両側）	.049	.001	.000		.000	.001	.399	.253	.260	.020	.017
	N	295	288	298	299	292	291	267	259	259	268	266
q5	Pearson の相関係数	.181**	.303**	.479**	.367**	1	.218**	.101	-.001	-.011	.195**	.108
	有意確率（両側）	.002	.000	.000	.000		.000	.104	.981	.863	.001	.082
	N	288	281	291	292	293	287	262	254	254	263	261
q6	Pearson の相関係数	.033	.091	.338**	.189**	.218**	1	.392**	.176**	.089	.329**	.200**
	有意確率（両側）	.576	.128	.000	.001	.000		.000	.005	.154	.000	.001
	N	287	280	290	291	287	293	263	256	256	263	262
q7_町内会・自治会	Pearson の相関係数	-.049	-.057	.096	.052	.101	.392**	1	.302**	.276**	.406**	.375**
	有意確率（両側）	.429	.362	.119	.399	.104	.000		.000	.000	.000	.000
	N	264	258	266	267	262	263	269	260	260	262	260
q7_政治団体・業界団体	Pearson の相関係数	-.059	.074	.040	.071	-.001	.176**	.302**	1	.517**	.369**	.341**
	有意確率（両側）	.344	.242	.517	.253	.981	.005	.000		.000	.000	.000
	N	256	251	258	259	254	256	260	261	261	259	258
q7_宗教団体	Pearson の相関係数	-.003	.037	.018	.070	-.011	.089	.276**	.517**	1	.328**	.257**
	有意確率（両側）	.967	.561	.774	.260	.863	.154	.000	.000		.000	.000
	N	256	251	258	259	254	256	260	261	261	259	258
q8_1_地域内	Pearson の相関係数	.053	.059	.195**	.142*	.195**	.329**	.406**	.369**	.328**	1	.730**
	有意確率（両側）	.386	.344	.001	.020	.001	.000	.000	.000	.000		.000
	N	265	259	267	268	263	263	262	259	259	270	266
q8_1_地域外	Pearson の相関係数	.003	-.068	.142*	.146*	.108	.200**	.375**	.341**	.257**	.730**	1
	有意確率（両側）	.959	.277	.021	.017	.082	.001	.000	.000	.000	.000	
	N	263	257	265	266	261	262	260	258	258	266	268
q8_2_地域内	Pearson の相関係数	.001	.012	.076	.032	.157**	.239**	.349**	.413**	.313**	.433**	.421**
	有意確率（両側）	.982	.850	.218	.606	.011	.000	.000	.000	.000	.000	.000
	N	263	257	265	266	261	262	260	258	258	268	268
q8_2_地域外	Pearson の相関係数	-.058	-.098	.097	.091	-.100	.186**	.358**	.299**	.282**	.437**	.526**
	有意確率（両側）	.347	.116	.114	.140	.105	.002	.000	.000	.000	.000	.000
	N	263	257	265	266	261	262	260	258	258	267	265
q8_3	Pearson の相関係数	.010	.107	.033	.055	.084	.133*	.185**	.665**	.471**	.360**	.451**
	有意確率（両側）	.867	.087	.598	.370	.177	.032	.003	.000	.000	.000	.000
	N	263	257	265	266	261	262	260	259	259	267	266
q9_1	Pearson の相関係数	.109	.122*	-.148*	.027	.065	.117*	-.014	-.083	-.134*	.024	.000
	有意確率（両側）	.062	.038	.011	.645	.270	.045	.814	.182	.031	.699	.996
	N	294	287	296	297	292	292	268	260	260	269	267
q9_2_1	Pearson の相関係数	-.054	-.038	-.139*	-.068	-.160**	-.347**	-.229**	.008	-.125*	-.236**	-.149*
	有意確率（両側）	.363	.529	.018	.247	.007	.000	.000	.896	.046	.000	.016
	N	287	280	290	291	286	286	262	254	254	264	262
q9_2_2	Pearson の相関係数	.015	-.036	-.095	-.133*	-.067	-.106	-.053	.054	-.006	-.138*	-.113
	有意確率（両側）	.796	.545	.107	.023	.257	.074	.391	.392	.918	.025	.067
	N	287	280	290	291	286	286	262	254	254	264	262
q9_2_3	Pearson の相関係数	-.141*	-.147*	-.129*	.049	-.064	-.096	.013	-.063	-.014	-.028	-.020
	有意確率（両側）	.016	.014	.028	.408	.283	.105	.830	.316	.824	.647	.753
	N	287	280	290	291	286	286	262	254	254	264	262
q9_2_4	Pearson の相関係数	c	c	c	c	c	c	c	c	c	c	c
	有意確率（両側）											
	N	287	280	290	291	286	286	262	254	254	264	262
q9_2_5	Pearson の相関係数	-.005	-.049	-.104	-.087	-.093	-.101	.020	-.078	-.013	-.115	-.119
	有意確率（両側）	.931	.416	.076	.140	.116	.089	.748	.213	.831	.062	.054
	N	287	280	290	291	286	286	262	254	254	264	262
q9_2_6	Pearson の相関係数	-.013	.115	.057	.063	.056	.052	.105	.104	.062	-.131*	-.149*
	有意確率（両側）	.826	.054	.335	.281	.346	.380	.089	.100	.324	.033	.016
	N	287	280	290	291	286	286	262	254	254	264	262
q11	Pearson の相関係数	.056	.101	-.124*	-.103	-.089	-.173**	-.164**	-.119	.011	-.046	-.051
	有意確率（両側）	.341	.088	.033	.076	.128	.003	.007	.055	.855	.457	.407
	N	293	286	296	297	292	292	268	260	260	269	267
q12	Pearson の相関係数	.066	-.090	.087	.010	.043	.059	.030	-.040	.055	.011	.051
	有意確率（両側）	.256	.128	.136	.861	.466	.314	.621	.520	.379	.862	.403
	N	294	287	297	298	293	293	269	261	261	270	267
q13	Pearson の相関係数	.096	.031	-.118*	-.105	-.137*	-.188**	.011	-.067	-.003	-.042	.025
	有意確率（両側）	.104	.608	.044	.071	.020	.001	.859	.166	.957	.498	.680
	N	290	283	293	294	289	289	266	258	258	267	265

分析の結果

q8_2_地域内	q8_2_地域外	q8_3	q9_1	q9_2_1	q9_2_2	q9_2_3	q9_2_4	q9_2_5	q9_2_6	q11	q12	q13
.001	-.058	.010	.109	-.054	.015	-.141*	0	-.005	-.013	.056	.066	.096
.982	.347	.867	.062	.363	.796	.016		.931	.826	.341	.256	.104
263	263	263	294	287	287	287	287	287	287	293	294	290
.012	-.098	.107	.122*	-.038	-.036	-.147*	0	-.049	.115	.101	-.090	.031
.850	.116	.087	.038	.529	.545	.014		.416	.054	.088	.128	.608
257	257	257	287	280	280	280	280	280	280	286	287	283
.076	.097	.033	.148*	-.139*	-.095	-.129*	0	-.104	.057	-.124*	.087	-.118*
.218	.114	.598	.011	.018	.107	.028		.076	.335	.033	.136	.044
265	265	265	296	290	290	290	290	290	290	296	297	293
.032	.091	.055	.027	-.068	-.133*	.049	0	-.087	.063	-.103	.010	-.105
.606	.140	.370	.645	.247	.023	.408		.140	.281	.076	.861	.071
266	266	266	297	291	291	291	291	291	291	297	298	294
.157*	.100	.084	.065	-.160**	-.067	-.064	0	-.093	.056	-.089	.043	-.137*
.011	.105	.177	.270	.007	.257	.283		.116	.346	.128	.466	.020
261	261	261	292	286	286	286	286	286	286	292	293	289
.239**	.186**	.133*	.117*	-.347**	-.106	-.096	0	-.101	.052	-.173**	.059	-.188**
.000	.002	.032	.045	.000	.074	.105		.089	.380	.003	.314	.001
261	262	263	292	286	286	286	286	286	286	292	293	289
.349**	.356**	.185**	-.014	-.229**	-.053	.013	0	.020	.105	-.164**	.030	.011
.000	.000	.003	.814	.000	.391	.830		.748	.089	.007	.621	.859
260	260	260	268	262	262	262	262	262	262	268	269	266
.413**	.299**	.665**	-.083	.008	.054	-.063	0	-.078	.104	-.119	-.040	-.087
.000	.000	.000	.182	.896	.392	.316		.213	.100	.055	.520	.166
258	259	259	260	254	254	254	254	254	254	260	261	258
.313**	.282**	.471**	-.134*	-.125*	-.006	-.014	0	-.013	.062	.011	.055	-.003
.000	.000	.000	.031	.046	.918	.824		.831	.324	.856	.379	.957
258	259	259	260	254	254	254	254	254	254	260	261	258
.433**	.437**	.360**	.024	-.236**	-.138*	-.028	0	-.115	.131*	-.046	.011	-.042
.000	.000	.000	.699	.000	.025	.647		.062	.033	.457	.862	.498
268	267	267	269	264	264	264	264	264	264	269	270	267
.421**	.526**	.451**	.000	-.149*	-.113	-.020	0	-.119	.149*	-.051	.051	.025
.000	.000	.000	.996	.016	.067	.753		.054	.016	.407	.403	.680
265	266	266	267	262	262	262	262	262	262	267	268	265
1	.549**	.344**	-.014	-.155*	-.168**	-.009	0	.047	.156*	-.062	.045	.107
	.000	.000	.826	.012	.007	.885		.449	.011	.313	.466	.083
268	266	266	267	262	262	262	262	262	262	267	268	265
.549**	1	.370**	-.003	-.128*	-.115	-.060	0	.005	.115	-.069	.002	-.005
.000		.000	.963	.038	.064	.332		.930	.062	.259	.975	.934
266	268	267	267	262	262	262	262	262	262	267	268	265
.344**	.370**	1	.038	-.044	.082	-.004	0	-.111	.040	-.009	.052	-.011
.000	.000		.537	.475	.185	.953		.072	.516	.883	.395	.858
266	267		267	262	262	262	262	262	262	267	268	265
-.014	-.003	.038	1	-.049	-.041	-.237**	0	-.038	-.047	-.023	.332**	-.054
.826	.963	.537		.406	.482	.000		.521	.423	.692	.000	.359
266	267	268	267	262	262	262	262	262	262	267	268	265
-.155*	-.128*	-.044	-.049	1	.317**	.085	0	.025	-.149*	-.009	-.075	.002
.012	.038	.475	.406		.000	.145		.670	.011	.876	.202	.975
262	262	262	292	293	293	293	293	293	293	292	293	289
-.168**	-.115	.082	-.041	.317**	1	-.040	0	-.043	-.161**	-.059	.037	-.037
.007	.064	.185	.482	.000		.498		.461	.006	.317	.527	.527
262	262	262	292	293	293	293	293	293	293	292	293	289
-.009	-.060	-.004	-.237**	.085	-.040	1	0	-.039	-.202**	-.018	-.043	.087
.885	.332	.953	.000	.145	.498			.503	.001	.761	.461	.142
262	262	262	292	293	293	293	293	293	293	292	293	289
0	0	0	0	0	0	0	0	0	0	0	0	0
262	262	262	292	293	293	293	293	293	293	292	293	289
.047	.005	-.111	-.038	.025	-.043	-.039	0	1	-.066	-.007	-.042	.181**
.449	.930	.072	.521	.670	.461	.503			.260	.908	.475	.002
262	262	262	292	293	293	293	293	293	293	292	293	289
.156*	.115	.040	-.047	-.149*	-.161**	-.202**	0	-.066	1	.041	.014	.066
.011	.062	.516	.423	.011	.006	.001		.260		.482	.811	.260
262	262	262	292	293	293	293	293	293	293	292	293	289
-.062	-.069	-.009	-.023	-.009	-.059	-.018	0	-.007	.041	1	-.066	.131*
.313	.259	.883	.692	.876	.317	.761		.908	.482		.256	.025
267	267	267	298	292	292	292	292	292	292	299	299	295
.045	.002	.052	.332**	-.075	.037	-.043	0	-.042	.014	-.066	1	.030
.466	.975	.395	.000	.202	.527	.461		.475	.811	.256		.612
268	268	268	299	293	293	293	293	293	293	299	300	296
.107	-.005	-.011	-.054	.002	-.037	.087	0	.181**	.066	.131*	.030	1
.083	.934	.858	.359	.975	.527	.142		.002	.260	.025	.612	
265	265	265	295	289	289	289	289	289	289	295	296	296

表 6-1　京極小学校区

		q1_1	q2_1	q3	q4	q5	q6	q7_町内会・自治会	q7_政治団体・業界団体	q7_宗教団体	q8_1_地域内	q8_1_地域外
q1_1	Pearson の相関係数	1	.259*	.233*	.011	.210	.108	-.021	.040	.050	-.016	.006
	有意確率（両側）		.025	.042	.928	.071	.365	.865	.750	.690	.898	.957
	度数	76	75	76	76	75	73	71	66	66	69	71
q2_1	Pearson の相関係数	.259*	1	.377**	.276*	.245*	.320**	.259*	.084	.038	.127	.050
	有意確率（両側）	.025		.001	.015	.034	.006	.028	.499	.763	.300	.674
	度数	75	77	77	77	75	73	72	67	67	69	72
q3	Pearson の相関係数	.233*	.377**	1	.369**	.371**	.432**	.194	.018	-.027	.114	.036
	有意確率（両側）	.042	.001		.001	.001	.000	.100	.887	.824	.348	.760
	度数	76	77	78	78	76	74	73	68	68	70	73
q4	Pearson の相関係数	.011	.276*	.369**	1	.083	.155	.245*	.329**	.256*	.069	.099
	有意確率（両側）	.928	.015	.001		.475	.187	.036	.006	.035	.571	.407
	度数	76	75	78	78	76	74	73	68	68	70	73
q5	Pearson の相関係数	.210	.245*	.371**	.083	1	.323**	.275*	.069	-.002	.308*	.113
	有意確率（両側）	.071	.034	.001	.475		.006	.020	.584	.990	.011	.349
	度数	75	75	76	76	76	72	71	66	66	68	71
q6	Pearson の相関係数	.108	.320**	.432**	.155	.323**	1	.273*	.132	.306*	.134	.399**
	有意確率（両側）	.365	.006	.000	.187	.006		.023	.298	.014	.280	.001
	度数	73	73	74	74	72	74	69	64	64	67	69
q7_町内会・自治会	Pearson の相関係数	-.021	.259*	.194	.245*	.275*	.273*	1	.128	.057	.433**	.352**
	有意確率（両側）	.865	.028	.100	.036	.020	.023		.298	.644	.000	.003
	度数	71	72	73	73	71	69	73	68	68	68	71
q7_政治団体・業界団体	Pearson の相関係数	.040	.084	.018	.329**	.069	.132	.128	1	.461**	-.045	.161
	有意確率（両側）	.750	.499	.887	.006	.584	.298	.298		.000	.720	.190
	度数	66	67	68	68	66	64	68	68	68	65	68
q7_宗教団体	Pearson の相関係数	.050	.038	-.027	.256*	-.002	.306*	.057	.461**	1	-.058	-.118
	有意確率（両側）	.690	.763	.824	.035	.990	.014	.644	.000		.648	.336
	度数	66	67	68	68	66	64	68	68	68	65	68
q8_1_地域内	Pearson の相関係数	-.016	.127	.114	.069	.308*	.134	.433**	-.045	-.058	1	.545**
	有意確率（両側）	.898	.300	.348	.571	.011	.280	.000	.720	.648		.000
	度数	69	69	70	70	68	67	68	65	65	70	70
q8_1_地域外	Pearson の相関係数	.006	.050	.036	.099	.113	.399**	.352**	.161	-.118	.545**	1
	有意確率（両側）	.957	.674	.760	.407	.349	.001	.003	.190	.336	.000	
	度数	71	72	73	73	71	69	71	68	68	70	73
q8_2_地域内	Pearson の相関係数	.085	.206	.248*	.125	.269*	.198	.302*	.520**	.180	.269*	.059
	有意確率（両側）	.484	.083	.035	.292	.023	.104	.010	.000	.142	.024	.623
	度数	71	72	73	73	71	69	71	68	68	67	70
q8_2_地域外	Pearson の相関係数	.032	.069	.196	.106	.109	.295*	.149	.262*	.008	.168	.373**
	有意確率（両側）	.795	.570	.099	.374	.367	.015	.220	.032	.950	.163	.001
	度数	70	71	72	72	70	68	70	67	67	67	72
q8_3	Pearson の相関係数	.053	.111	.025	.273*	.082	.150	.148	.969**	.458**	-.028	.201
	有意確率（両側）	.658	.352	.836	.020	.497	.217	.218	.000	.000	.816	.088
	度数	71	72	73	73	71	69	71	68	68	70	73
q9_1	Pearson の相関係数	.219	.329**	.193	.074	.205	.099	.138	.033	.048	.079	.094
	有意確率（両側）	.058	.004	.091	.521	.076	.402	.243	.787	.700	.518	.429
	度数	76	77	78	78	76	74	73	68	68	70	73
q9_2_1	Pearson の相関係数	-.027	-.162	-.220	-.203	-.163	-.582**	-.269*	-.247*	-.277*	-.234	-.318**
	有意確率（両側）	.821	.168	.058	.081	.169	.000	.024	.047	.026	.056	.007
	度数	73	74	75	75	73	71	70	65	65	67	70
q9_2_2	Pearson の相関係数	-.133	-.010	.029	-.063	-.020	-.168	-.066	-.007	.041	-.159	-.162
	有意確率（両側）	.263	.932	.808	.591	.866	.160	.587	.954	.743	.200	.179
	度数	73	74	75	75	73	71	70	65	65	67	70
q9_2_3	Pearson の相関係数	-.010	.221	.024	.008	.163	.156	-.007	.267*	.064	-.014	.245*
	有意確率（両側）	.935	.058	.840	.945	.170	.194	.957	.032	.615	.909	.041
	度数	73	74	75	75	73	71	70	65	65	67	70
q9_2_4	Pearson の相関係数	-.040	-.094	-.007	.065	.182	-.080	-.005	.028	.040	.067	.080
	有意確率（両側）	.734	.423	.951	.581	.124	.506	.965	.823	.749	.592	.511
	度数	73	74	75	75	73	71	70	65	65	67	70
q9_2_5	Pearson の相関係数	-.058	.004	.087	-.010	.173	.063	.305*	.041	.058	.096	-.011
	有意確率（両側）	.626	.975	.459	.935	.144	.604	.010	.748	.645	.440	.930
	度数	73	74	75	75	73	71	70	65	65	67	70
q9_2_6	Pearson の相関係数	.269*	-.117	-.026	.028	.036	.120	.195	.098	.062	.064	.005
	有意確率（両側）	.022	.321	.822	.813	.764	.320	.105	.436	.621	.610	.970
	度数	73	74	75	75	73	71	70	65	65	67	70
q11	Pearson の相関係数	-.348**	-.227*	-.213	.047	-.256*	.039	-.094	-.008	.192	.069	.034
	有意確率（両側）	.002	.047	.061	.681	.026	.743	.430	.948	.116	.569	.775
	度数	76	77	78	78	76	74	73	68	68	70	71
q12	Pearson の相関係数	c	c	c	c	c	c	c	c	c	c	c
	有意確率（両側）											
	度数	76	77	78	78	76	74	73	68	68	70	71
q13	Pearson の相関係数	.017	-.061	-.096	-.099	-.066	.034	-.085	-.008	.161	-.061	.028
	有意確率（両側）	.883	.602	.407	.393	.578	.776	.480	.950	.196	.621	.816
	度数	74	75	76	76	74	72	71	68	68	70	71

相関分析の結果

q8_2_地域内	q8_2_地域外	q8_3	q9_1	q9_2_1	q9_2_2	q9_2_3	q9_2_4	q9_2_5	q9_2_6	q11	q12	q13
.085	.032	.053	.219	-.027	-.133	-.010	-.040	-.058	.269*	-.348**	ᶜ	.017
.484	.795	.658	.058	.821	.263	.935	.734	.626	.022	.002		.883
71	70	71	76	73	73	73	73	73	73	76	76	74
.206	.069	.111	.329**	-.162	-.010	.221	-.094	.004	-.117	-.227*	ᶜ	-.061
.083	.570	.352	.004	.168	.932	.058	.423	.975	.321	.047		.602
72	71	72	77	74	74	74	74	74	74	77	77	75
.248*	.196	.025	.193	-.220	.029	.024	-.007	.087	-.026	-.213	ᶜ	-.096
.035	.099	.836	.091	.058	.808	.840	.951	.459	.822	.061		.407
73	72	73	78	75	75	75	75	75	75	78	78	76
.125	.106	.273*	.074	-.203	-.063	.008	.065	-.010	.028	.047	ᶜ	-.099
.292	.374	.020	.521	.081	.591	.945	.581	.935	.813	.681		.393
73	72	73	78	75	75	75	75	75	75	78	78	76
.269*	.109	.082	.205	-.163	-.020	.163	.182	.173	.036	-.256*	ᶜ	-.066
.023	.367	.497	.076	.169	.866	.170	.124	.144	.764	.026		.578
71	70	71	76	73	73	73	73	73	73	76	76	74
.198	.295*	.150	.099	-.582**	-.168	.156	-.080	.063	.120	.039	ᶜ	.034
.104	.015	.217	.402	.000	.160	.194	.506	.604	.320	.743		.776
69	68	69	74	71	71	71	71	71	71	74	74	72
.302*	.149	.148	.138	-.269*	-.066	-.007	-.005	.305*	.195	-.094	ᶜ	-.085
.010	.220	.218	.243	.024	.587	.957	.965	.010	.105	.430		.480
71	70	71	73	70	70	70	70	70	70	73	73	71
.520**	.262*	.969**	.033	-.247	-.007	.267*	.028	.041	.098	-.008	ᶜ	-.008
.000	.032	.000	.787	.047	.954	.032	.823	.748	.436	.948		.950
68	67	68	68	65	65	65	65	65	65	68	68	66
.180	.008	.458**	.048	-.277	.041	.064	.040	.506	.062	.192	ᶜ	.161
.142	.950	.000	.700	.026	.743	.615	.749	.645	.621	.116		.196
68	67	68	68	65	65	65	65	65	65	68	68	66
.269*	.168	-.028	.079	-.234	-.159	-.014	.067	.096	.064	.069	ᶜ	-.061
.024	.163	.816	.518	.056	.200	.909	.592	.440	.610	.569		.621
70	70	70	70	67	67	67	67	67	67	70	70	68
.059	.373**	.201	.094	-.318**	-.162	.245*	-.080	-.011	.005	.034	ᶜ	.028
.623	.001	.088	.429	.007	.179	.041	.511	.930	.970	.775		.816
73	72	73	73	70	70	70	70	70	70	73	73	71
1	.344**	.493**	.100	-.296*	.086	.130	.085	.122	.021	-.124	ᶜ	-.121
	.003	.000	.401	.013	.479	.283	.485	.315	.864	.295		.313
73	72	73	73	70	70	70	70	70	70	73	73	71
.344**	1	.305**	.096	-.280*	-.194	-.048	.082	.117	.077	.059	ᶜ	.040
.003		.009	.423	.020	.110	.697	.506	.338	.532	.623		.740
72	72	72	72	69	69	69	69	69	69	72	72	70
.493**	.305**	1	.040	-.230	-.063	.262*	.034	.048	.124	-.010	ᶜ	.020
.000	.009		.740	.055	.605	.028	.783	.693	.308	.935		.868
73	73	73	73	70	70	70	70	70	70	73	73	71
.100	.096	.040	1	ᶜ	ᶜ	ᶜ	ᶜ	ᶜ	ᶜ	-.139	ᶜ	.123
.401	.423	.740		0.000	0.000	0.000	0.000	0.000	0.000	.224		.291
73	72	73	78	75	75	75	75	75	75	78	78	76
-.296*	-.280*	-.230	ᶜ	1	.211	-.001	-.107	-.023	-.256*	.046	ᶜ	-.091
.013	.020	.055	0.000		.069	.994	.362	.847	.027	.694		.445
70	69	70	75	75	75	75	75	75	75	78	78	73
.086	-.194	-.063	ᶜ	.211	1	.065	-.090	.297**	-.326**	-.201	ᶜ	.208
.479	.110	.605	0.000	.069		.580	.445	.010	.004	.084		.077
70	69	70	75	75	75	75	75	75	75	78	78	73
.130	-.048	.262*	ᶜ	-.001	.065	1	-.306**	-.013	-.394**	-.031	ᶜ	.109
.283	.697	.028	0.000	.994	.580		.008	.910	.000	.792		.360
70	69	70	75	75	75	75	75	75	75	78	78	73
.085	.082	.034	ᶜ	-.107	-.090	-.306**	1	-.039	-.100	.080	ᶜ	-.257*
.485	.506	.783	0.000	.362	.445	.008		.738	.394	.493		.028
70	69	70	75	75	75	75	75	75	75	78	78	73
.122	.117	.048	ᶜ	-.023	.297**	-.013	-.039	1	-.009	-.101	ᶜ	.018
.315	.338	.693	0.000	.847	.010	.910	.738		.939	.390		.877
70	69	70	75	75	75	75	75	75	75	78	78	73
.021	.077	.124	ᶜ	-.256*	-.326**	-.394**	-.100	-.009	1	-.146	ᶜ	.053
.864	.532	.308	0.000	.027	.004	.000	.394	.939		.211		.658
70	69	70	75	75	75	75	75	75	75	78	78	73
-.124	.059	-.010	-.139	.046	-.201	-.031	.080	-.101	-.146	1	ᶜ	-.148
.295	.623	.935	.224	.694	.084	.792	.493	.390	.211			.202
73	72	73	78	75	75	75	75	75	75	78	78	76
ᶜ	ᶜ	ᶜ	ᶜ	ᶜ	ᶜ	ᶜ	ᶜ	ᶜ	ᶜ	ᶜ		ᶜ
73	72	73	78	75	75	75	75	75	75	78	78	76
.121	.040	.020	.123	-.091	.208	.109	-.257*	.018	.053	-.148	ᶜ	1
.313	.740	.868	.291	.445	.077	.360	.028	.877	.658	.202		
71	70	71	76	73	73	73	73	73	73	76	76	76

索　引

著者紹介

川 島 典 子 (かわしま のりこ)

1962年　島根県松江市生まれ.
2007年　同志社大学大学院文学研究科社会福祉学専攻単位取得満期退学.
2018年　同志社大学大学院総合政策科学研究科総合政策科学専攻公共政策コース博士課程後期退学. 博士（政策科学）.
同志社大学ソーシャル・ウェルネス研究センター研究員，新見公立大学准教授などを経て,
現在，福知山公立大学地域経営学部医療福祉経営学科教授.
専門は，社会福祉政策，地域福祉，高齢者福祉，子育て支援，ジェンダー，など.

主要業績

編著『人口減少社会の地域経営政策』晃洋書房，2022年.
編著『地域福祉政策論』学文社，2019年.
編著『アジアのなかのジェンダー』第2版，ミネルヴァ書房，2015年.
編著『地域福祉の理論と方法』学文社，2013年など.

ソーシャル・キャピタルに着目した包括的支援
——結合型SCの「町内会自治会」と
橋渡し型SCの「NPO」による介護予防と子育て支援——

2020年9月20日　初版第1刷発行　　＊定価はカバーに
2023年4月5日　初版第2刷発行　　　表示してあります

著　者　川　島　典　子ⓒ

発行者　萩　原　淳　平

印刷者　田　中　雅　博

発行所　株式会社　晃　洋　書　房

〒615-0026　京都市右京区西院北矢掛町7番地
電話　075(312)0788番(代)
振替口座　01040-6-32280

装丁　野田和浩　　　印刷・製本　創栄図書印刷㈱

ISBN 978-4-7710-3321-4

THE UNICORN PROJECT

A NOVEL ABOUT DEVELOPERS, DIGITAL DISRUPTION, AND THRIVING IN THE AGE OF DATA

The**DevOps**

勝利をつかめ!

技術的負債を一掃せよ

ジーン・キム 著／榊原彰 監修　長尾高弘 訳

日経BP

The Unicorn Project
A Novel about Developers, Digital Disruption,
and Thriving in the Age of Data
By Gene Kim
Copyright © 2019 by Gene Kim
Japanese Translation rights arranged with
C.FLETCHER & COMPANY, LLC
through Japan UNI Agency, Inc., Tokyo

読者へのメモ

　本書『The DevOps 勝利をつかめ！』は「現在」起きていることであり、同じく「現在」起きていることを描いた前書『The DevOps 逆転だ！』の姉妹小説です。両小説の事件は同時並行で発生していますが、本書の場面設定の一部は、IT 産業の最近の変化に合わせて変えてあります。

　どちらもパーツ・アンリミテッドという会社を舞台としていますが、本書は独立した本として読めるように書かれています。先に前書を読んだり、読み返したりする必要はまったくありません（前書に出てきたのと同じ人々がいることに気づかれる方がいらっしゃるもしれませんが、気づかなくても全然かまいません）。

　この2冊は6年の歳月を隔てて書かれているため、疑問を感じる部分についてちょっと目をつぶっていただかなければならない場合があります。たとえば、前書が書かれた頃よりも、「リテールアポカリプス」（小売業の最後の日）と呼ばれるリテールの衰退は誰の目にも明らかになっていますし、ウーバー（Uber）やリフト（Lyft）などのライドシェアは広く使われるようになっています。

　具体的な対応関係が知りたいという方のために、次ページの登場人物一覧では、前書にも登場していた人物にはその旨の印（⇒）を付けてあります。また、巻末には2冊のタイムラインの大雑把な比較表がついています（ただし、ネタバレになるので注意してください）。

訳注：相乗り。多人数で乗ってコストを割り勘にするので安く移動できますが、新型コロナ流行後は苦境に立たされています。ウーバーイーツという食事の宅配サービスで知られるウーバーは、もともと運転者と乗車希望者をマッチングするサービスとして起業しています。

パーツ・アンリミテッド社員名鑑

⇒は『The DevOps 勝利をつかめ！（フェニックス・プロジェクト）』にも登場

赤シャツ^{訳注}

赤シャツ（訳注）

マキシン・チェンバース	主任プログラマー、アーキテクト
カート・レズニック	品質保証部マネージャー
" クランキー " デーブ・ブリンクリー	主任プログラマー
シャノン・コーマン	セキュリティーエンジニア
アダム・フリン	QA エンジニア
ドウェイン・コックス	主任インフラストラクチャーエンジニア
パーナ・サトヤラージ	品質保証およびリリースマネージャー
⇒ブレント・ジェラー	主任運用エンジニア

ジュニアオフィサー

ランディ・キーズ	開発マネージャー
リック・ウィリス	QA マネージャー
⇒ウィリアム・メイソン	品質保証部長
⇒ウェス・デービス	分散テクノロジー運用部長
⇒パティ・マッキー	IT サービスサポート部長

ブリッジクルー

⇒スティーブ・マスターズ	CEO 兼 CIO
⇒ディック・ランドリー	CFO
⇒サラ・モールトン	リテール営業担当 SVP
⇒クリス・アラーズ	アプリケーション開発担当 VP
⇒キルステン・フィングル	プロジェクトマネジメント室長
⇒マギー・リー	リテールプログラム管理本部長
⇒ビル・パーマー	IT 運用担当 VP
⇒ジョン・ペッシュ	最高情報セキュリティー責任者（CISO）

スターフリートコマンド

アラン・ペレス	新取締役、経営パートナー、ウェイン―ヨコハマ・エクイティパートナーズ
⇒ボブ・ストラウス	代表取締役、前会長、前 CEO
⇒エリック・リード	取締役候補

訳注：赤シャツなどのカテゴリーは『スタートレック』を参照したものです。

給与システムの障害

From: スティーブ・マスターズ（CEO）
To: パーツ・アンリミテッド全従業員
Cc: ディック・ランドリー（CFO），ローラ・ベック（人事担当 VP）
Date: 11:50 p.m., September 2
Subject: 給与システムの障害

パーツ・アンリミテッドの社員のみなさん、

　今朝早く、技術的な障害により、数千人分のタイムカードデータが壊れ、主として工場、販売店の社員、契約社員に影響が出ています。

　できる限り早く全員に給与が支払われることを目標として事態に対処しています。給与遅配となった方には今後 24 時間以内に給与をお届けします。

　CEO たる私の職務は、日々の営業を支えてくださっている従業員の皆様に対する義務を果たすことです。皆様がいらっしゃらなければ、私たちはお客様に商品を提供することができず、お客様は日々の生活に欠かせない車を使えなくなってしまいます。

　今回、給与システムの障害により、ご不便、ご迷惑をおかけする皆様とご家族の皆様に心からお詫び申し上げます。支払先、銀行などとの交渉を含め、必要な支援はすべてさせていただくことをお約束します。

　メールの最後の部分に人事部と事業運営部が作成した FAQ リストがありますのでご覧ください。支援が遅くて待てないという場合には、いつでも私にメール、お電話をしてください。

　それと並行して、私たちはこの障害の原因を究明し、再発防止のために必要な措置を取ることにも力を尽くして参ります。

パーツ・アンリミテッド CEO　スティーブ・マスターズ

From: クリス・アラーズ（アプリケーション開発担当 VP）
To: IT 部門全員
Cc: ビル・パーマー（IT 運用担当 VP），スティーブ・マスターズ（CEO），
ディック・ランドリー（CFO）
Date: 12:30 a.m., September 3
Subject: 給与システム障害への対処について

みなさん、

　給与システム障害という問題の重大性に鑑み、私たちは根本原因の徹底的な分析を進めてきました。今回の事態はヒューマンエラーと技術的な障害の両方に起因するものだというのが結論です。再発防止のため、断固たる措置を取りました。責任者は、本番システムに決して影響を及ぼすことのない職務に配置転換しました。

　ご質問のある方は、私にメールしてください。

クリス

エルクハート・グローブ・ヘラルド・タイムズ

パーツ・アンリミテッドが給与支給ミス、地域の労組幹部は不当と抗議

　内部文書によると、自動車部品製造のパーツ・アンリミテッドでは、工場の時給労働者に対する給与が本来の額を下回り、一部の社員には給与がまったく支払われていない。同社は、資金繰りの悪化との関係を否定し、給与システムの障害のためだとしている。

　かつては年商40億ドルを誇った同社だが、近年は売上が落ち込み、業績が悪化していて、その原因について経営陣の問題を指摘する声も上がっている。同社の業績悪化のため、雇用は不安定化しており、地域の労働者たちは生計を立てるために苦労している。

　内部文書によれば、支給ミスの原因が何であれ、給与の支給は数日から数週間遅れる恐れがあるという。

　ネスターマイヤーズの主任産業アナリスト、ケリー・ローレンス氏は、「今回の事態は、近年繰り返されてきた同社経営陣の失態のひとつに過ぎない」と指摘している。

　ヘラルド・タイムズは、今回の給与システムの障害、業績悪化、経営陣の能力の問題について電話で問い合わせたが、パーツ・アンリミテッドCFOのディック・ランドリー氏からの返答はなかった。

　ランドリー氏は、パーツ・アンリミテッドが発表した声明のなかで、今回の「システム障害」について遺憾の意を表明し、ミスの再発防止を誓った。本紙は、今後も事態の進展があり次第、続報を入れる予定である。

目次

献辞

本書の完成を文字通り心待ちにしていた父、ビョン・キム（1937-2019）に

同じく本書の完成を文字通り心待ちにしていた妻のマルグリット、リード、パーカー、グラントの3人の息子たちに

本書のヒントとなり、本書が祝福する DevOps エンタープライズの俊才たちの達成に

第 1 部

どん底へ

9月3日〜9月18日

島流し

　「一体どういうつもり？」アプリケーション開発担当VPのクリスを不信感に満ちた目で睨んでいたマキシンの口から思わず飛び出した言葉だ。

　机の向こう側のクリスは、弱々しい笑みを返した。〈彼も自分が言っていることのばかばかしさがわかってるのかもしれないわ〉とマキシンは思った。

　「マキシン、今回のことは本当に申し訳ないと思ってるよ。休暇から帰ってきたばっかりでこんな仕打ちにあうんじゃたまらないよな。でも、この給与システムの一件はほんとうに大騒ぎになっちゃってさ、CEOとCFOが厳罰を要求してきたんだよ。これでも何日も悩んだんだ。結構いい解決策だと思うんだけどなあ。だって、誰もクビにならなかったんだよ」

　マキシンは、クリスのメールが印刷された紙をクリスの机に叩きつけた。「あなたは今、原因は"ヒューマンエラーと技術的な障害"だって言ったわよね。で、今度はその"ヒューマンエラー"とやらは私だって言うの？ コンプライアンス監査の指摘をどうやってクリアするかは、あなたと私でずっといっしょにやってきたわよね。で、責任は全部私に背負い込ませようって言うの？ これは一体どういう仕打ちなのよ！」マキシンは怒りに満ちた目でクリスを睨みつけた。

　「わかってる、わかってる、悪いと思ってるよ」マキシンに睨まれて小さくなりながら、クリスは言った。「君のすばらしいスキルと才能はここにいる誰もが高く買ってるし、この8年間、君が会社にどれだけ貢献してきたかも知ってる。今回の件が君のせいだなんて誰も思ってないさ。でも、給与遅配は新聞の一面に載っちゃったんだよ。組合に苦情を申し立てられないようにするためにディックも何かしら手を打たなきゃならなかったんだ。こういうとんでもない状況だってことを考えたら、最高の解決策なんじゃないかなってことだよ」

　「だからって、休暇で抗弁できない人間に罪をなすりつけるわけ？」マキシンは吐き出すように言った。「クリス、それはずいぶんご立派な考えね。どんなリーダー本にそんなことが書いてあるの？」

クリスは答えた。「おいおい、待ってくれよ、マックス。俺がどんなに君のことを買っていてどんなに君の後ろ盾になってきたか知ってるだろ？ 今回のことだって、大きな称賛の表れなんだよ。君は IT のなかで特に輝かしい評価を獲得してるひとりなんだからさ」

〈給与遅配の犯人として非難されることがどうして人を褒めることなのよ〉とマキシンは思った。

フェニックス・プロジェクト

クリスはさらに言葉を連ねた。「本当は君が悪いわけじゃないってことは**誰だって**知ってるさ。休暇のようなものだと思うことだよ。何でもやりたい仕事ができるし、いやなら責任を負う必要もない」

マキシンは、今聞いたばかりのことについての考えをぶつけた。「ちょっと待ってよ。**何を**休暇のようなものだと考えろって言うの？」

マキシンに睨まれたクリスはうつむいて「うー」とうなっていた。マキシンはそんなクリスに構おうとしなかった。未だに男ばかりが目立つ職場で働く女性として、マキシンはクリスが自分のストレートなところに不快感を持っていることを意識していたが、自分はいつもひとりで戦う気でいる。

クリスは、おっかなびっくりという様子で話した。「…実は、もう本番システムに変更を加えない仕事に君を配転するってことをスティーブとディックに約束したんだ。そういうわけで、君には工場の ERP（企業資源計画）システム担当から外れてもらい、フェニックス・プロジェクトのドキュメンテーションのヘルプに回ってもらう。今すぐにだ」

マキシンは息を呑んだ。「フェニックス・プロジェクトですって？」今聞いたことが信じられなかった。

クリスは言った。「いいかい、マックス、君はこれから 4 か月間、ただじっと鳴りを潜めてればいいんだ。そうしたらカムバックして、何でもやりたいプロジェクトを選んでいいよ。わかったかい？」そして弱々しく笑みを浮かべながら付け加えた。「ほら、まるで休暇だろ？」

マキシンは天を仰いだ。「嘘でしょ、あのフェニックス・プロジェクトに行けですって？」ほとんど絶叫しそうになったが、すぐに自分を立て直した。大きく深呼吸し、ブレザーを直し、クリスを指さして言葉を投げつけ

た。「冗談じゃないわ、クリス、何を言ってるかわかってるわよね」

　マキシンはフェニックス・プロジェクトについて知っていることをすべて思い浮かべた。何ひとつよいイメージはなかった。フェニックス・プロジェクトは、何年も前から社内で有名なデスマーチプロジェクトになっていた。無数のプログラマーがこの罠に落ち込み苦しんでいた。悪名の高さはいまだかつてないレベルに達していた。何ひとつうまくいっていないのは、単純にやり方が間違っているからだ。マキシンにはそれがはっきりとわかっていた。

　フェニックス・プロジェクトは、明らかに失敗しながらまだ続いていた。e コマースが成長し、リアル店舗が落ち込んでいる状況を見れば、どんどんデジタル化していく時代の流れについていくためにパーツ・アンリミテッドも何か手を打たなければならないことは誰の目にも明らかだ。

　パーツ・アンリミテッドは、国内に千近い支店を展開しており、この業界では依然として大手の一角を占めている。しかし、マキシンには、この会社がついこの間迎えたばかりの創立百周年を越えて、どうやって生き残っていくのだろうかと疑問に思うときがある。

　フェニックス・プロジェクトは、この会社を未来に導く輝かしい希望になるはずだった。しかし、もう３年（以上）も遅れ、２千万ドルが泡と消えた。プログラマーたちを消耗させた以外見るべきものはまったくない。このプロジェクトは破綻が差し迫っている。そういう臭いがプンプンする。しかし、このプロジェクトの破綻は、この会社にとって重大な意味を持つだろう。

　マキシンの不満は頂点に達した。「あなたは、給与システムの障害のために生贄が必要だからって、部下のなかでも最良の人間を引っこ抜いてフェニックス・プロジェクトに追放しようって言うの？ これのどこが褒美よ！ 私に『地獄に落ちろ』って言うようなもんじゃないの！ フェニックス・プロジェクトに記録するに足るようなものなんかあるわけないわよ！ それとも、無能ぶりを記録しろって言うの？ 映画の『タイタニック』に出てきたデッキチェア全部にラベルを付けてくような仕事じゃない！ もう言ったわよね！ 冗談じゃないわ！」

　クリスはお手上げだというジェスチャーをしながら言った。「ごめん、マキシン、君のためにできることはほかになかったんだ。さっきも言ったよう

に、誰も君が悪いとは言ってない。ちょっと時間を潰しててくれ。すぐに元に戻るはずだから」

　マキシンは座って目を閉じ、深く息を吸った。胸の前で両手を合わせて考えようとした。「ええ、ええ、わかったわ。生贄が必要だったのね。そこはわかったわ。今回の大失態の責任を一身に引き受けられるかって？　大丈夫、引き受けられるわよ。そうよ、そうよ、ビジネスの世界ではそういうことがあるものよ。大丈夫、大丈夫。カフェテリアで働く？　それともベンダー管理？　ぜーんぜん問題ない。フェニックス・プロジェクト**以外**なら」

　マキシンは、自分の声を聞きながら、わずか２分足らずの間に自分の気持ちが否認から怒り、そして今や本格的な取引モードに移っていることを感じていた。キューブラー・ロスの死の受容へのプロセスのなかのどこかを吹っ飛ばしていたことは間違いなかったが、そのときにはそれがどれかなど考えていられなかった。

　マキシンは口を開いた。「クリス、ドキュメンテーションに異論はないわ。あらゆる人が記録される価値を持っていると思うわよ。でも、フェニックスよりもずっとドキュメンテーションを必要としているものが山ほどあると思うの。別のプロジェクトでもっと大きなインパクトのある仕事をしたいわ。ちょっと時間をくれない？　１、２時間でいいわ。アイデアを出してくるから」

　クリスが答えた。「ねえ、マキシン、８年前に君を採用したのは、君のスキルと経験がすばらしかったからだよ。君がソフトウェアの力で不可能を可能にしてきたことは誰もが知ってる。俺が君のために戦ったのも、すべてのサプライチェーンと全部で23か所もある直轄工場の製造プロセスを担当するソフトウェアチームのリーダーに君を据えたのも、みんなそのためさ。君にどれだけ力があるかは十分わかってるつもりだよ。でも、マキシン、俺だってできる限りのことをしたんだ。なのにあんな決定が下ってしまった。波風を立てずにちょっと時間を潰しててくれよ。そして、すべてが吹っ飛んだときに戻ってきてくれ」そう言っているときのクリスは、本当に申し訳ないという様子に見えた。マキシンはクリスを信じることにした。

　クリスの話はまだ続いた。「重役たちも軒並みにやられててさ、その理由は今回の一件だけじゃないみたいなんだ。スティーブ・マスターズは取締役会から会長の肩書を奪われて今はただのCEOさ。で、昨日はCIOとIT運

用担当の VP が釈明もできずにいっぺんにクビになって、スティーブが CIO の仕事を代行してる。もっと多くの血が流されることになるんじゃないかって**みんなが**びくびくしてるよ」

クリスはドアが閉まっていることを確かめてから声を潜めて言った。「**もっと大きな波がやってくるんじゃないか**って噂もあるんだ」

まるでちょっと言い過ぎたかのようにクリスは一瞬黙ってから、さらに言葉を連ねた。「準備ができたら、いつでもいいからフェニックスの開発マネージャーのランディと顔合わせしておいて。いいやつだよ。さっき言ったように、これは 4 か月の休暇だと思うことさ。自分のために役立つと思うことをすることだよ。いや、違った。何もしなくていいんだ。ただ頭を下げていればいい。波風立てるなよ。で、何をしても、スティーブとディックのレーダーにつかまらないように。いいかい？」

マキシンは、クリスがパーツ・アンリミテッドの CEO と CFO であるスティーブ・マスターズとディック・ランドリーの名前を口にしたときに、目を細めてクリスの顔をじっと見た。彼女は 2 か月に 1 度、社内のタウンホールミーティング^{訳注1}でふたりの顔を見ていた。2 週間の休暇でクアラルンプールのすばらしい風景を楽しんできたのに、帰った途端急に呼び出された挙げ句、クリスに損な役回りを一身に押し付けられた。〈一体どうなってるのかしら〉

「マキシン、よく聞いてくれよ。鳴りを潜め、波風立てず、アウテージ（障害によるサービスの停止）から距離を置けよ。そうすれば大丈夫だ。去年のふたりみたいに給与システムのせいでクビにならずに済んで運がよかったと感謝するんだ」クリスは懇願するような口調になっていた。

マキシンは、立ち上がって言った。「はいはい、わかりました。波風立てないようにします。それじゃあ 4 か月後に。クリス、あなたも自分のポストを守るためにせいいっぱいだったんですよね。**わかってますよ**」

マキシンは、早足でドアに向かいながら、〈クリスも年々根性なしになってきたもんだわ〉と思った。ドアをバタンと閉めてやろうかと思ったが、考え直してそっと閉めた。「マキシン、頼むから波風立てるなよ」というクリ

訳注 1: もとは政治家と市民の対話集会。タウンホールは街の公会堂のことです。ここでは重役と一般社員の対話集会という意味です。

スの声が聞こえた。

　クリスの視界から外れると、マキシンは壁にもたれかかった。涙がこみ上げてきた。キューブラー・ロスの死の受容プロセスで取引の次に来るものを思い出した。抑うつだ。^{訳注2}

　マキシンはゆっくりと自分のデスクに向かって歩みを進めた。〈前のデスクだ。ずっとそこで仕事をしてきたんだわ〉

　マキシンは、自分の身にこのようなことが降りかかってきたことが信じられなかった。頭のなかで飛び交っている否定的な言葉に対抗するために、自分の能力を思い出そうとした。

　この25年の仕事は、自分の手際のよさ、正確さ、クリエイティビティ、嗅覚、そして何よりもまず自分の能力を駆使して、自分の指示に従うようにテクノロジーを飼いならすことだった。不利な環境、いや敵対的な環境でもきちんと動くシステムを構築する本物の経験ということでは誰にも負けないものがある。与えられた課題を達成するためにもっとも適したテクノロジーがどれかを見分けるすばらしい力もある。仕事に対する責任感は人一倍強く、いつも細心の注意を払っており、周囲の人々にも自分と同じレベルの能力と真剣さを求めてきた。〈なにしろ、フォーチューン50に入る企業からの依頼がもっとも多いコンサルタントのひとりだったのよ〉

　マキシンは立ち止まった。細部にこだわり、正しいことをしていても、ミスを起こし、エントロピーに振り回されるのが人生というものだ。ミスを犯した人が日常的に処罰され、スケープゴートが解雇される恐怖の文化が腐食効果を生み出すところも見て知っている。失敗を処罰し、悪い知らせを持ってきた人を撃ち殺すようなことをすれば、人々はミスを隠すことに懸命になり、イノベーションを起こそうという気運は消え果ててしまう。

　コンサルタント時代でも、人々が本当に思っていることを言いたがらない空気があるかどうかは現場に入って数時間でわかった。人々が言葉の選び方に慎重になり、遠回しな言い方を使ったり、**禁句**を避けるために長ったらしい説明をしたりするのを感じると本当にイライラした。彼女はこの手の仕事を嫌い、手を尽くしてクライアントを説得し、プロジェクトを諦めさせたも

訳注2: 精神科医エリザベス・キューブラー・ロスの著書『死ぬ瞬間』に書かれている死にゆく患者が死を受容するプロセスで、否認、怒り、取引、抑うつ、受容の5段階。

のだ。それは、時間とお金を節約して犠牲者を出さないようにするためである。

　パーツ・アンリミテッドでこのような赤旗を見るようになるとは信じられない思いだった。

　〈リーダーというものは、政治的官僚主義的なごたごたに部下を投げ込むのではなく、そういったものから部下を守る緩衝材の役割を果たすべきではないのかしら？〉

　彼女が家族とともにクアラルンプールから飛行機で24時間近くかけて帰ってきたのは、つい昨日のことだ。スマホの電源を入れると、受信メッセージが洪水のように押し寄せてきた。空港内で夫のジェイクとふたりの子どもたちに食べ物を探してもらっている間に、ようやくクリスに連絡を入れることができた。

　クリスは給与システムの障害のことを話し、彼女を打ちのめした。彼女はじっと話を聞いていたが、クリスが「…で、給与データベースの社会保障番号のフィールドが全部壊れていることがわかった」と言ったときには、心臓が止まるかと思った。

　冷たい汗がどっと吹き出し、両手がチクチクと痛み、血が凍った。一生が終わるかと思うほど長い間、彼女は息ができなかった。思い当たることがあったのである。「それって、セキュリティーのためのトークン化アプリケーションですよね」

　彼女は大声で汚い言葉を吐いた。空港のコンコースにいた親たちは、全員、小さな子どもたちを彼女の近くから引き離した。クリスの声が聞こえた。「そうだ。厄介なことになるぞ。できる限り早く会社に出てこい」

　障害の規模の大きさのことを考えると、彼女は今でもぞっとする。おおっぴらに言ったりはしないものの、エンジニアというものはえてして大きな障害の話を聞くのが好きで、マキシンもその例外ではない。ただし、それは自分が物語の主役ではない場合に限られる。「ばかなクリス」そうつぶやきながら、彼女は8年ぶりに履歴書を引っ張り出して、転職先がないか探りを入れてみようかと考えていた。

　職場に着く頃には、なんとかしてかき集めてきた平常心はなくなっていた。なかに入る前に立ち止まった。彼女の脇の下は汗ばんでいた。恥ずかし

い思いをするような臭いがないことを確かめた。ちょっと気にしすぎかもしれない。今朝、大量のデオドラントを塗っており、脇の下は真っ白になっている。そうしておいてよかったと思った。

　マキシンがフロアに入っていったときには、すでに彼女が配転になったことは全員が知っていたが、誰もそのことに触れようとはしなかった。3年前から彼女の上司になっているグレンがつらそうな表情で歩み寄り、彼女の肩に手を置いて言った。「マキシン、心配ないよ。あっという間に戻ってきてるさ。俺たちのなかでこういうやり方に納得している人間はいない。みんな君のために大きな送別会を開きたいところなんだけど、大げさなことは嫌だろ」

　マキシンが「ええ、そうね。ありがとう、グレン」と答えると、グレンは苦笑いの表情で「とんでもない。何かできることはないかな」と答えた。

　マキシンは無理やり笑顔を作って言った。「別にもう死にそうだとか、地球外の宇宙に追放されるとかじゃないんだから。逆に、今回のことを企んだ本社に近づくのよ。善良すぎて陰謀渦巻く権力中枢などに決して近寄らないあなたたち無知な村人たちにあれこれ情報を送ってあげるわ」

　グレンはマキシンに冗談半分にジャブを打つ仕草をして「その調子だよ。俺たちはみんな、すべてがうまくいくように君の後ろに並んで見守ってるよ」と言った。マキシンは「すべてがうまくいくように」というところで眉間にかすかにしわを寄せた。その部分は初耳だったのである。

　グレンは会議に出かけ、マキシンは自分のデスクで荷造りを始めた。追放期間中、もっとも大切になるはずのものを手に取った。綿密に調整したラップトップ（彼女はキーボードとRAMの容量にはとてもうるさい）、家族の写真、タブレット、年数をかけて選び、集めたUSBメモリーとラップトップの充電器、これら全体の前に置かれた「触ったら死刑」の大きなサインボード…。

　すると誰かが「お帰り、マキシン、なんで荷造りしてるの？」と声をかけてきた。見上げるとイブリンがいた。コンピューター科学専攻の将来が期待されるインターンだ。彼女を採用したのはマキシンである。夏の間ずっと、誰もが彼女の飲み込みの早さに圧倒されてきた。マキシンは、〈卒業するときには、彼女は引く手あまただろう〉と思っていた。だからこそ、マキシンは、ひと夏をかけて職場として学びの場としてすばらしいところだとパー

ツ・アンリミテッド売り込んできた。実際、今朝まで彼女もそうだと思っていたのだ。〈ここは職場としてそれほどすばらしい場所ではないかもしれないわね〉

マキシンは「一時的にフェニックス・プロジェクトの担当になったのよ」と答えた。

イブリンは、「え、嘘、それは大変。お気の毒に…」と言った。

それを聞いてマキシンは、〈インターンでもお気の毒と思うような災難に遭っているということね〉と思った。

マキシンは段ボール箱を持って建物を出た。刑務所に出頭するような気分だった。〈フェニックス・プロジェクトってのはそういうものよ〉と自分に言い聞かせた。

5 号館のコーポレート IT

本社キャンパスまでは 4 マイル（約 6.4km）だ。車を運転しながら、マキシンは会社に留まることの長所と短所について考えていた。夫は終身地位保障を獲得した大学教授だ。一家がエルクハート・グローブに引っ越してきたのはそのためである。子どもたちは学校と友だち、それらをめぐるさまざまな活動に満足している。

仕事は好きだし、仕事の難しさにやりがいも感じている。全社を覆っている無数の複雑なビジネスプロセスを相手にするのも好きだ。ときに難解、さらには不可解なこともあるこういったビジネスプロセスはどの大企業にもあるものらしいが、そういうものとうまく折り合いをつけるためには、ビジネスに対する理解、圧倒的な問題解決スキル、辛抱強さ、政治的に洗練された立ち回りが必要とされるのだ。そして給料と福利厚生がいい。長所はこんなところだが、短所はどうか。

フェニックス・プロジェクト、クリスの下で働くこと、社内の空気が悪い方向に向かっていること。〈私が給与システムの障害のスケープゴートにされたように〉

構内を見回すと、成功とステータスを誇示するような建物が並んでいる。パーツ・アンリミテッドは、7 千人の従業員を抱える、州で最大クラスの企業のひとつとなってこのような名声を築いた。支店はほぼすべての州にあ

り、数百万のロイヤルカスタマーを抱えている。しかし、これらの数字はどれも減少に向かっている。

　何しろウーバーやリフトの時代だ。若い世代は車を持たないようになってきており、持つ場合でも自分で修理したりはしない。企業戦略の天才でなくても、この会社がこれからも繁栄していくためには、何か新しい今までとは違うものが必要だということは明らかだ。

　構内をいくら走っても５号館は見つからなかった。３周目に入ってやっと駐車場の標識が見つかった。気持ちが萎えた。その建物は、ほかの建物と比べて汚かった。〈まるで牢獄のようだわ〉と思った。

　５号館は、「古巣」のMRP-8と同様に、もともとは工場だったところだ。しかし、MRP-8が今でも会社にとって自慢できる場所のひとつであるのに対し、５号館は彼女のように問題を起こしたITの人間を放り込み、出られなくする場所らしい。

　〈フェニックス・プロジェクトが会社でもっとも重要な戦略的プロジェクトだっていうなら、そのプロジェクトのためのチームにはもっといい建物をあてがってもいいんじゃないかしら〉とマキシンは思った。しかし、コーポレートITはほとんどの会社で冷遇され、もっとも冴えない建物に置かれていることが多いということを思い出した。

　これは奇妙なことだ。MRP-8のERPテクノロジーチームは、工場の運用担当の人々と隣り合って仕事をしている。両者はパートナーで、ともに働き、ともに食べ、ともに不平不満を言い合い、ともに飲む。

　それに対し、コーポレートITは、ラップトップで何か障害が起きたときや何かが印刷できないときに電話をかける名前のない存在のように見られている。

　マキシンは、５号館を見つめながら、フェニックス・プロジェクトというのは、評判通りに、いやそれよりもはるかに輪をかけてひどいところなんだろうということを感じていた。

　マキシンのとてつもない楽観主義は、彼女を知る誰もが彼女のもっとも魅力的なところのひとつだと認めている。マキシンは、持ち物が詰まった段ボール箱を持って５号館に向かいながら、自分に向かってそのことを言い聞かせていた。

退屈そうな守衛がマキシンのIDカードをチェックし、エレベーターを使うとよいと言ったが、マキシンは階段を歩いて上っていくことにした。自分の荷物はこんなただの箱ではなく、もっと明るい気持ちになれる袋に入れられればよかったのにと思った。

　ドアを開けるとさらに気持ちが萎えた。くすんだ灰色のパーティションで区切られたキュービクルが延々と広がっている。キュービクルの迷路を見て、昔のテキストアドベンチャーゲームの「ゾーク」を思い出した。彼女はもうどれも同じように曲がりくねった通路のなかで迷子になっていた。

　マキシンは、〈このビルからはすべての色が消えてしまっている〉と思った。実家の古いカラーテレビを思い出した。そのテレビは、弟が輝度、コントラスト、色合いのダイアルをいじっているうちに、画面全体がグレーと緑だけになってしまった。

　その一方で、どのデスクにも巨大なLCD画面がふたつずつ置かれているのはうれしいことだった。これこそソフトウェア開発者のデスクだ。新しいモニター、表示されているコードエディター、ヘッドフォンをつけている人の割合の高さは、彼らがプログラマーだという決定的証拠だ。

　しかし、部屋は針が落ちる音が聞こえそうなほど静かだった。まるで大学の図書館だ。〈じゃなければ墓場ね〉とマキシンは思った。人々が問題解決のために集まって仕事をしている活気のあるスペースはなさそうだ。ソフトウェア開発は、活発に討論しながら進める共同作業であるべきだ。顧客のために新しい知識と価値を生み出すためには、一人ひとりが互いに触発し合う必要がある。

　この静寂のなかでまわりを見回すうちに、自分のこの先の運命がさらに暗いもののように感じられてきた。

　「ランディさんはどちらにいらっしゃいますか？」マキシンは一番近くにいた人に聞いた。彼はヘッドフォンを外すことさえせずに、部屋の反対側の隅を指さした。

　しーんとしたキュービクルの横をいくつも通り過ぎていくと、ホワイトボードの前に人々が集まって声を落としながら話しているのが見えた。高さ1メートル20センチ、幅9メートルほどの巨大なガントチャートが壁に貼ってあった。よく見ると、それは40枚以上の紙をテープでつないで作られていた。

ガントチャートのまわりには、緑、黄、赤のボックスが無数に含まれた現状報告のプリントアウトが並んでいた。チャートの前には、襟付きワイシャツにスラックス姿の人々が立っていた。腕組みをして難しそうな顔をしている。

彼らは予定日に間に合わせるために、棒を縮めて間を詰めようと頭のなかであれこれ考えているのだろう。マキシンにはその人たちの気持ちが手に取るようにわかった。彼女は心のなかで〈グッドラック！〉と声をかけた。

ランディがいると教わった反対側の隅に向かうと、ある臭いが鼻をついてきた。間違いない。オフィスで寝た人の臭いだ。この臭いには記憶がある。長時間労働と不十分な換気と絶望の臭いだ。

この臭いは IT ではほとんど日常茶飯事だと言ってよい。機能を早く市場に届けなければならないとか、市場でチャンスをつかまなければならないとか、ライバルに追いつかなければならないといったときには、長時間労働はエンドレス労働になり、帰ると同時に会社に戻ってこなければならないくらいなら、自分のデスクの下で寝た方が早い。ポップカルチャーでは長時間労働が英雄視されることもあるが、マキシンは非常にまずい状況になっている兆候だと考えている。

何が起きているのだろうか。市場に対する約束が多すぎる？ 技術面での指導に問題がある？ 製品面での指導に問題がある？ 技術的負債のたまり過ぎ？ アーキテクチャーやプラットフォームがお座なりでプログラマーの仕事がはかどらない？

マキシンは、着ているものが極端にきちっとしていることに気づいた。長年に渡って職場で着てきたスーツだが、場違いすぎて悪目立ちしている。このビルでは、襟付きシャツよりも T シャツ短パンの人の方が圧倒的に多く、ジャケットを羽織っている人など**いない**。

〈明日はジャケットを家に置いてこよう〉と思った。

ランディ・キーズ

ランディは隣のキュービクルで書類の山に埋もれながら、ひたすらキーボードを叩いていた。髪の毛が赤く、白の縦縞入りシャツにカーキ色のズボンという管理職にありがちな服を着ていた。年齢は 30 台後半ということころ

だろうか。おそらく自分よりも10歳は若い。脂肪太りしていないところから見て、毎日ランニングをしているのだろう。しかし、いくらランニングをしても抜けないストレスが溜まっているように見えた。

ランディはにっこり笑って立ち上がり、マキシンの手を握った。マキシンは、段ボール箱を床に下ろした。半端ではない腕の疲れを感じた。マキシンが手を握り返すと、ランディが言った。「あなたがここに来られた経緯はクリスから聞いています。気の毒なことでしたね。でも、ご本人がいらっしゃる前からあなたの名声は届いてますよ。このチームにあなたのような経験を積んだ方をお迎えできて、私たちはとても喜んでいます。あなたのスキルからすればここでの仕事は物足りないでしょうけど、できる限りのサポートをさせていただきます。あなたはきっと大きな仕事をしてくださると思っています」

マキシンは努めて笑顔を作ろうとした。ランディは十分感じがいいし、仕事熱心でさえある。マキシンは、同じように本気でがんばるというところを示そうとして、「ランディ、お手伝いできて光栄です。まず何から取り掛かりましょうか」と返した。本気で役に立ちたいと思った。

ランディが答えた。「私はドキュメンテーションとビルド^{訳注3}に関わっています。正直なところ、状況はぐちゃぐちゃです。ここには、プログラマーが使える標準的な開発環境がありません。新人のプログラマーが自分のラップトップでビルドできるようになり、戦力になるまで数か月かかります。ビルドサーバーでさえ、ドキュメントがおそろしく不備な状態です。実際、何週間も前からオンサイトで新しい契約プログラマーを入れてますが、まだコードをチェックインできてません。彼らが実際に何をしているのかは神のみぞ知るです。それでもまだ報酬は払ってます。基本的に何もしてませんけどね」

マキシンの表情が険しくなった。彼女は、ただ座っているだけの偉そうな人にお金を払うのは大嫌いだ。しかも、これはプログラマーの話。やる気のあるプログラマーが仕事をさせてもらえないのにと思うと、非常に不愉快になる。

訳注3: さまざまなプログラミング言語で書かれるプログラム（ソースファイル）は、人間なら読み書きできますが、コンピューターはそのままの形では実行できません。ソースファイルを機械が読める形に変換し（これをコンパイルと言います）、変換後にできたファイル（ある程度の規模のシステムでは複数あります）とライブラリーと呼ばれる共通機能のファイルを結合して（これをリンクと言います）、最終的に実行されるプログラムを作ります。このコンパイル、リンクの作業全体をビルドと呼びます。

マキシンは「どこでもお力になれるところがあれば喜んでさせていただきます」と言った。言いながら言っていることの意味の大きさに驚いた。どん底のフェニックス・プロジェクトのようなところでも、プログラマーの生産性を引き上げることはとてつもなく重要なのである。

「では、席にご案内しましょう」

ランディはキュービクルをいくつも通り過ぎてマキシンに空のデスク、キャビネット、ラップトップにつながったふたつの大型モニターを示した。自分の好みからすると小さく、平凡なものだったが、悪くないとマキシンは思った。しかも、ここにいるのは数か月間だけなのだ。〈いずれにしても、ここにいるのはほんのわずかよ。刑期が終わるか、どこか別のところで新しい職を手に入れるかだわ〉と思っていた。

ランディはラップトップを指さして「プログラマー向けの標準的なセットアップを用意してあります。パーツ・アンリミテッドに新しく入ってきたプログラマーのマシンと同じです。今までの認証情報^{訳注4}でメールアドレス、ネットワークシェア、プリンターがセットアップしてあります。午後にはウェルカムメールをお送りします。ジョシュにマシンのセットアップのお手伝いをするように言ってあります」

「ありがとう」マキシンは微笑みながら言った。「入ってきた新人のための今までのドキュメントを見せていただいて、たぶんなにかご提案をさせていただくことになると思います。私のラップトップでもフェニックスをビルドしてみましょう」

ランディが答えた。「それはありがたい。わくわくしてきましたよ、マキシンさん。今まで経験のあるエンジニアにこの問題に取り組んでもらえたことがなかったんです。適任だと思うエンジニアはいつもほかのチームに取られちゃってましてね。退屈なインフラよりもお客様から見える機能を作る仕事の方が魅力的らしくて…」そして、あたりを見回しながらつぶやいた「あれ、ジョシュはどこかな? このフロアは契約やコンサルタントがいっぱいいて、うちの社員がなかなか見つからないんですよ」

ちょうどそのとき、若い男の子がラップトップを抱えてやってきて隣の席

訳注4: ID とパスワードなどのシステムにログインするために必要な情報。

についた。「ランディ、遅くなってすみません。昨晩のビルドエラーのチェックに行ってたんですよ。書き換えたコードをマージしたときにビルドを壊したプログラマーがいたみたいで。まだその調査が終わってないんですよ」

ランディが答えた。「わかった、すぐに合流するよ、ジョシュ。でもその前にマキシン・チェンバースさんを紹介しておこう」

マキシンはジョシュを思わず二度見した。自分の娘たちよりもちょっと年上というところだろうか。同じ高校の同級生だったと言われても不思議ではない。ランディがチームに若いメンバーがいると言っていたが本当だったのか。

ランディの話は続いていた。「マキシンはこの会社のベテランエンジニアで、ほんの数か月間だけど、ここで仕事をすることになっている。MRP（資材所要量計画）システムの主任アーキテクトだ。ここで仕事をしやすくするために知っておくべきことを教えてさしあげてくれ」

ジョシュは戸惑った様子で片手を上げて言った。「えーと、チェンバースさん。お会いできて光栄です」マキシンは〈母親ぐらいの年の人のお世話をしろと言われて困っちゃったのね〉と思った。

マキシンは、にっこり微笑んで「よろしくね」と言った。そして「ただマキシン、と呼んでいいのよ」と付け加えた。娘たちの友だちにファーストネームで呼ばれるのは不愉快だが、ジョシュは同僚だ。しかも、このまわりを案内してくれる地元のガイドでもある。〈まだ運転免許は取れないかもしれないけど〉頭のなかで自分だけに聞こえるジョークを言った。

ランディが言った。「では、わからないことがあったら言ってください。それから、チームのほかのメンバーにもあなたのことを紹介したいと思います。来週、最初のスタッフミーティングがありますので、よろしくお願いします」

そして、ジョシュに言った。「ビルド障害について詳しく教えてくれ」

マキシンはふたりの話に耳を澄ませた。フェニックス・プロジェクトでは本当に石器時代のようなやり方をしているようだ。ビルドが不安定になるとまもなく大きな障害が起きるというのは、マキシンがソフトウェア開発者としてのキャリア全体で学んできたことだ。

彼女はフロア全体を見渡した。百人以上のプログラマーたちがそれぞれのラップトップで担当として与えられたシステムのなかのごく一部のコードを

書き換えるためにせっせとキーボードを叩いている。一元管理のビルド、インテグレーション、テストシステムで絶えずフィードバックがなければ、自分のコードをほかのみんなが書いたコードにマージしたらどうなるかまったくイメージできないはずだ。

「チェンバースさん、私はちょっとここを出てランディに見せなきゃならないものがあるんですけど、新人プログラマー向けのドキュメンテーション関連で今あるものについてメールしときました。今までに私たちが書いたリリースノートを集めたウィキページと開発チームが作ったドキュメントがあります。

書かなきゃならないことがわかってるものへのリンクもあります。そのあたりから仕事を始めていただけますか？」

マキシンはジョシュに向かって親指を立てて見せた。彼らが出ていってから、マキシンが新しいラップトップにログインすると、うまくシステム内に入り、メールを開くことができた。最初から動くとは奇跡的だ。しかし、ジョシュが送ってきてくれたものを見る前に、マキシンは新しいラップトップで何ができるかを確かめるためにあちこちをつついてみた。

すぐにマキシンはつまずいてしまった。人事システムへのリンク、会社のリソースへのネットワークシェア、経費報告システム、給与／タイムカードシステムへのリンクは見つかった。マイクロソフトワード、エクセル、その他のオフィススイートも見つかった。

マキシンの顔が曇った。〈これは財務部門の人にはいいかもしれないけど、プログラマー向けではないわ〉開発ツール、コードエディター、ソース^{訳注5}コントロールシステム^{訳注6}といったものは一切インストールされていなかった。ターミナルウィンドウを開いてみたが、コンパイラー、Docker（ドッカー）、Git（ギット）といったものが一切ないことがわかった。Visio（ビジオ）やOmniGraffle（オムニグラフ）さえない。

訳注5: プログラムを入力するためのツール。ワープロのようにフォントや文字の大きさを変えることはできません（そんなことをしてもプログラムでは無意味なので）が、関数名を途中まで書くと推測して選択肢を出してくれるなど、プログラムを書くために便利な機能がついています。

訳注6: 複数のプログラマーがひとつのソースコードを書き換えるための調整ソフトウェア。ここからコードをコピーして（チェックアウトと言います）自由に変更、確認してから、変更後のコードをソースコントロールシステムにコピーします（これをチェックイン、あるいはコミットと言います）。別々の部分をチェックアウト、チェックインするようにすれば大きな矛盾は起きないはずですが、実際には矛盾が起き、あとの章で出てくるような混乱のもとになります。

〈おやまあ、新人プログラマーに何をさせようと思ってるのかしら。メールを読んでメモを書けとでも？〉

配管工や大工を雇う場合なら、道具は本人が持ってきてくれるだろう。しかし、プログラマーがふたり以上いるソフトウェア開発組織なら、効率よく仕事をするために、チーム全員で共通のツールを使うはずだ。でも、このフェニックス・プロジェクトの道具箱は明らかに空っぽではないか。

マキシンはメールを開いてジョシュが送ってきた内容を見てみた。部内のウィキページに入ることができ、ドキュメンテーションの共同作業のために多くのエンジニアが使っているツールにアクセスできた。ウィキページをスクロールしようとしてみたが、ドキュメントはスクロールバーがいらないほど短いものばかりだった。

マキシンは、長い間ほとんど空の画面を見つめていた。〈クリスめ、ただじゃおかないわよ〉と思っていた。

ソースコードリポジトリーはどこに？

マキシンは、病的なほどの好奇心にかられて、それからの 30 分間、システムのあちこちをほじくりかえした。あちこちをクリックしまくったが、ドキュメントはほんのわずかしかなかった。アーキテクチャー図が入ったパワポスライド、大量の会議記録、アジャイルスプリントのレトロスペクティブ、3 年前に書かれた製品管理仕様といったものを読んだ。面白そうなテストプランへのリンクが見つかったときには胸が躍ったが、いざリンクをクリックしてみると、ID とパスワードの入力を求める認証画面に遮られた。

QA（品質保証）サーバーへのアクセスが必要なのは明らかだった。

マキシンは、ラップトップで新しいメモファイルを作り、自分にアクセス権を与えられる人を探すこと、という自分用のメモを入力した。

ドキュメンテーションのことはさしあたり諦めることにして、ソースコードリポジトリーを探すことにした。〈プログラマーはコードを書く。書いたコードはソースコードリポジトリーに収められる。フェニックスの作業をしているプログラマーがいるからには、この辺のどこかにフェニックスのソースコードリポジトリーがあるはず〉と思ったのである。

ところが、驚いたことに、10 分近くも探したのにそういうものはなかっ

た。メモを書き足した。

フェニックスのソースコードリポジトリーを見つける

　チーム内の SharePoint（シェアポイント）ドキュメンテーションサーバーのリンクが見つかり、それを見ればもっと手がかりが得られそうだが、これらのサーバーのアカウントも与えられていなかった。
　メモはさらに一行増えた。

DEVP-101 SharePoint サーバーにアクセスできるようにする

　そのあとの１時間も同じようなものだった。検索する、ない、検索する、ない、検索する、クリックしてみる、認証画面、クリック、認証画面…。
　そのたびにメモを書き足していったので、リストはかなり大きなものになった。

QA-103 SharePoint サーバーにアクセスできるようにする
PUL-QA-PHOENIX ネットワークシェアにアクセスできるようにする
PUL-DEV-PHOENIX ネットワークシェアにアクセスできるようにする

　メモと TODO リストはさらに増えていった。必要なユーザーアカウントのリスト、QA、パフォーマンスエンジニアリング、モバイルアプリチーム、そのほかよくわからない略語で表されたさまざまなグループのウィキサーバー…。
　ネットワークアカウント、言及されているすべてのツールのインストーラー、ライセンスキーも必要だ。
　そこまで終わったところで時計を見たらもう１時近くになっていて驚いた。**必要**なものの名前を 32 個書いた以外、2 時間かけて何もできなかった。しかもまだ開発ツールやソースコードリポジトリーのありかはわからない。
　〈設定済みのフェニックス開発マシンが製品だとすれば、史上最悪の製品ね〉
　何か食べなければならない。まわりを見ると、フロアはほとんど空だっ

た。昼食メニューの争奪戦に出遅れたのだ。

　彼らのあとについていけばよかったのだが、あいにくフェニックスのドキュメンテーション探しの迷路にはまりすぎてしまった。どこに行けば食べ物にありつけるのかもうわからない。それもリストに書き加えるべきだろうか。

　「履歴書を書き直して送ること」のすぐ後ろに。

From: アラン・ペレス（経営パートナー、ウェイン - ヨコハマ・エクイティパートナーズ）
To: スティーブ・マスターズ (CEO)
Cc: ディック・ランドリー (CFO), サラ・モールトン（リテール営業担当 SVP）, ボブ・ストラウス（取締役会議長）
Date: 6:07 a.m., September 4
Subject: 経営不振打開方策、1月の取締役会の議題 ** ㊙ **

スティーブ、

　二日前エルクハート・グローブでお会いできて満足しています。新しく選出された取締役として、多くのことを学ぶことができました。私に必要なことを教えてくれた経営陣の皆様に感謝しています。特に CFO のディック、リテール営業担当 SVP のサラには好感を持ちました。

　私は新参者ですが、パーツ・アンリミテッドが株主価値の引き上げに失敗しているため、株主からの信用が下がり、対策を必要としていることは明らかです。私たちは一丸となって四半期ごとに繰り返されてきた約束違反の連鎖を破らなければなりません。

　あなたのプランにおけるソフトウェアの重要性を考えれば、CIO と IT 運用担当 VP を更迭した判断は正しかったと思います。これにより説明責任が果たされるようになり、緊張感が強まることを期待しています。

　取締役会レベルでの戦略見直しについての私の考えを繰り返すことになりますが、株主に報いる方法は収益向上だけではありません。私たちはパーツ・アンリミテッドを「デジタル企業」に変身させることに力を注ぐあまり、リストラと重要度、収益性の低い資産の処分というあまりリスクを背負

わずに企業価値を高められる方法を軽視してきたと思います。このふたつは収益性向上のための当然の方法であり、株主価値を引き上げ、改革のための運転資金を提供してくれます。

　取締役会のために見直し、検討案を早急に取りまとめる必要があります。取締役会議長は、執行部が現在の戦略に時間をかけすぎてきたことを踏まえ、部内の少数の主要メンバーの力を借りて取締役会の議案を作ることを提案してきました。私は、在職年数が長く、広く経験を積んできているディック、サラと仕事をしようと思います。私たちは隔週の電話連絡を通じてアイデアを練り、1月の取締役会で提案する戦略オプションを用意するつもりです。

　私たちがパーツ・アンリミテッド株を買い集めたのは、引き出せる株主価値が豊富にあると考えるからです。生産的なビジネス関係を築き、パーツ・アンリミテッドのために私たち全員が誇りに思えるような成果を生み出しましょう。

よろしくお願いします。
アラン

スティーブの涙

マキシンは TODO リストを眺めながら、不満そうに頭を振った。ここに来て 2 日たった。新人プログラマーに求めているのと同じように、自分のラップトップでフェニックスをビルドできるようにしようとしている。それが自分のミッションになった。しかし、彼女が作ったリストによれば、足りないアイテムが 100 個以上ある。そして、どこでそれを探せばよいのかを知っている人はいないようだ。

TODO リストのなかに実施済みのマークがついたものはなかった。「履歴書を書き直して送ること」だけは別だが。多くの友人がすぐに返信メールを送ってきて、彼女のために面白そうなポストを探すと約束してくれた。

マキシンは、ガイド役のジョシュにビルドのために必要だが見つからないものについて尋ねたが、彼はそれらについて何も知らなかった。以前はビルドチームがこういったことを把握していたのだが、細部は情報が古くなっているかまったくわからなくなっていた。必要な知識が組織全体に散在しているのである。

何をしても行き止まりにぶち当たってしまうので、彼女のイライラは溜まっていた。このチャレンジには面白いところがまったくなかった。自分がしていることは面白いことの対極だと彼女は思っていた。

ビルドすらできない

マキシンは根っからのエンジニアであり、難しい課題とその解決は大好物である。彼女は、おそらく会社の歴史全体でもっとも重要なプロジェクトの真っ只中に放り出された。コードはどこかにある。数百人のプログラマーが 3 年近くかけて書いてきた数百万行のコードが間違いなくあるはずだ。しかし、そのコードはどこにもまったく見つからなかった。

マキシンはコーディングが好きで、得意でもある。しかし、彼女はコードよりも大切なものがあることも知っている。それは、プログラマーたちがしっかりと仕事できるようなシステム、体制だ。そういうものがあれば、プログラマーたちは重要なビジネス課題の解決を妨げるあらゆるものから解放され、すばやく快適に品質の高いコードを書くことができる。

　ここにはそういうものがまったくない。マキシンはこのゲームのもっとも優秀なプレイヤーのひとりだが、4日たってもまだその力の片鱗を示すことができないでいる。必要なものを手に入れるために、あれこれのリンクをクリックし、ドキュメントを読み、チケットを起票し、人と会う予定を立てているが、最悪の成果しか挙げられていない。

　こんなことで困っているのは自分だけなのだろうかと一瞬自分を疑いかけたこともあったが、まわりのプログラマーたちも全員苦労している。だからすぐに彼女は自分を否定するような考えを押しのけた。

　彼女は自分の腕が大したものだということを**知っている**。キャリアを通じて絶望的でどうにもならないように思える問題を解決しなければならなくなったことが何度もある。そういった問題は真夜中に起きることが多い。ドキュメントもソースコードもない場合さえある。彼女が見せた離れ業のひとつは、「マキシンのポストホリデーセーブ」^{訳注1}と呼ばれて今でも語り草になっている。この時期は、いらないクリスマスプレゼントを返品して本当にほしいものを買う人たちが来店する1年でももっとも売上の多い時期のひとつだが、クリスマス後の金曜日に返金処理用の店内システムがすべて派手にクラッシュしたのである。

　土曜の午前0時から早朝にかけて、マキシンは自分のチームを率いて問題の対処に当たり、データベースベンダーのODBCドライバーのマルチスレッドコードがデッドロックを起こしていることを突き止めた。そして、ベンダーのライブラリーを手作業で逆アセンブルし、バイナリーパッチを当てたのである。

　誰もがそんなことはとてもできないと言っていたことだ。彼女はそれを見事にやってのけ、7時間以上に渡ってその障害に振り回されていた人々の度肝を抜いたのである。データベースベンダーのプロフェッショナルサービス

訳注1: ポストホリデーセールと呼ばれるクリスマス後の大売り出しに引っ掛けてあります。

チームはその技量に感嘆し、転職を持ちかけてきたが、マキシンは丁重に断った。

その後も彼女をめぐる伝説は増えていった。彼女はソフトウェア開発者として正統的な教育を受けており、それまでにも画像をつなぎ合わせてパノラマイメージを作るソフトウェアや CAD/CAM アプリケーションのチップレイアウトアルゴリズム、大規模なマルチユーザーゲームのバックエンドサーバーといったものを作っていた。最近では、数千社に上るサプライヤーに対する発注、補充、日程管理を統括し、MRP システムのための製造スケジュールを組み立てるプログラムを書いている。

彼女は、難しくて多項式時間では解けない NP 完全問題の世界を日常的に楽しんでいる。『楽しい論文』シリーズを愛し、数学やコンピューター科学のお気に入りの学術論文を何度も読み返している。

しかし、彼女は自分の仕事のことをアプリケーションのコードを書くだけのことだとか、デプロイ前で終わる仕事だとは思っていない。理論が現実に直面する本番システムでも、派手に誤動作を起こしたミドルウェアサーバー、過負荷のかかったメッセージバス、間欠的にエラーを起こす RAID ディスクアレイ、どういうわけか半二重モードに入ってしまうコアスイッチなどの問題を解決した。

さまざまなコンポーネントが真夜中にコアダンプを起こしてディスクとログサーバーを埋め尽くし、何が起きたのかわからなくなったときにも、それらのコンポーネントをフィックスした。そのときには、長年に渡って本番エラーと戦ってきた経験と直観に基づき、関連するサービスを系統的に隔離、診断、修復する作業を指揮した。

アプリケーションサーバーが火事を起こしたときには、放水、消化器、緊急停止スイッチなどですべてが破壊される前に、サーバーのスタックトレー^{訳注2}スを解読し、無事バックアップした。

しかし、根の部分ではやはり自分はソフトウェア開発者だと思っている。純粋関数と合成可能性は思考の道具として優れていると感じているため、関数型プログラミングを支持している。宣言的な思考モードを評価し、命令型

訳注 2: エラーが起きたときにどの関数がどのような情報を渡してどのような関数を呼び出していたかを調べること。呼び出された関数がさらに別の関数を呼び出すのはごく普通のことなので、それが何層にも重なって膨大なデータになることがあります。エラーの原因を突き止めるためにとても役に立ちます。

プログラミングを避けている。状態の書き換えと非参照透過性には嫌悪感と健全な恐怖感を持っている。チューリングマシンよりも数学的に純粋なラムダ計算を支持する。データとしてのコードが好きなので LISP が好きであり、LISP が好きなのでデータとしてのコードが好きだ。

でも、彼女のこういった好みは、単なる理論的なこだわりではない。手を汚したくない、思いがけないところからビジネス価値を生み出したい、絞め殺しパターンで安全確実に年代物のモノリスを分解したいというだけのことである。

vi から最新最強のエディターまでのあらゆるキーボードショートカットを知っているのは彼女だけだが、Git では未だにほぼすべてのコマンドラインオプションを調べながら使っていると臆面もなく言える。それは Git がときにとてつもなく難しく恐ろしいものになるからだ。UI の一部としてSHA-1 ハッシュを使うようなツールがほかにあるだろうか。

数十年かけてそれだけのスキルと能力を築き上げた彼女が、フェニックス・プロジェクトに来て 2 日たってもまだフェニックスをビルドできないでいる。4 つのソースコードリポジトリーのうちのふたつは見つかった。プロプライエタリなソースコントロールシステムとコンパイラのための 3 つのインストーラーも見つかった。

しかし、ソースコントロールシステムは未だにライセンスキー待ちで、ほかの 2 つのビルドツールに至っては誰にライセンスキーをもらいにいけばよいのかさえわからない。3 つのネットワークシェアと 5 つの SharePointのアカウントが必要で、ドキュメントで触れられている 10 個の謎めいた設定ファイルがどこにあるかを知っている人がいない。そのドキュメントを書いた人にメールを書いたら宛所不明になった。もうずっと前に会社を辞めていたのだ。

マキシンは立ち往生を余儀なくされている。彼女のメール、チケット、ボイスメールにすぐに反応してくれる人はいない。ランディに支援を求めたり、要求を上の人に回してもらったりしても、誰もが忙しいため、2、3 日待ってくれと言われてしまう。

もちろん、ノーという答えをもらってマキシンはただじっと座っているわけではない。ビルドできるようにするためにできることは何でもしている。彼女に何かを約束した人はほぼ全員把握している。どこに座っているかを把

握し、しつこく催促している。彼らのデスクまで出かけていって必要なものを手に入れるまでそこで粘るようなことさえしている。

　URL、SharePoint ドキュメント、ライセンスキー、設定ファイルといった必要なものが手に入る場合もある。しかし、つかまえた相手が必要なものを持っていないこともよくある。そういう場合、彼らはほかの人にものを頼まなければならないので、マキシンのためにチケットを起票する。そしてふたりで待つことになる。

　行った先で次にどこに行くべきか、または誰のところに行くべきかについて手がかりが得られることもあるが、たいていの場合、そこには何もなくて、出発点に戻らなければならなくなる。

　フェニックスをビルドできるようにするのは、まるでサディストが作った「ゼルダの伝説」をプレイするようなもので、王国のあちこちに隠されているカギを探すために遠い地の果てまで冒険の旅をしなければならないが、やっと目的地に着いても愛想のない NPC からちっぽけな手がかりをもらえるだけだ。やっとの思いでレベルをクリアしても、すぐには次のレベルに進めない。メーカーにクーポン券を郵送し、何週間もアクティベーションコードが届くのを待たなければならない。

　これが本物のテレビゲームなら、マキシンはそんなクソゲーはとっくに止めていただろう。しかし、フェニックスはゲームではなく重要なプロジェクトだ。マキシンは重要なものを止めたり放り投げたりはしない。

増えるばかりの TODO リスト

　マキシンは自分のデスクの前に座り、プリントアウトして壁にピンで留めたカレンダーを見ている。

　振り返ってコンピューターに向かい、どんどん増えていく TODO リストに新しい項目を追加する。どれもビルドのために必要な依存ファイルだ。

　今追加したのは、ふたりの別々の開発マネージャーから入手しなければならないふたつの新たな SharePoint アカウントだ。彼らはどういうわけか専用の Active Directory（アクティブディレクトリー）ドメインを持っている。そのドメインには、マキシンが探している情報の一部が書かれた重要なビルドドキュメントが含まれているという噂がある。

ランディはワード文書、Visioダイアグラム、パワポのマーケティング用プレゼンといったものを山ほど送ってくれる。彼女はそれをすばやくななめ読みして手がかりを探る。これらはマーケティング部門の人々やアーキテクトには役に立つのかもしれないが、彼女はエンジニアである。作ることを約束している車のパンフレットなどいらない。見たいのは技術プランと作るはずの車で使う実際の部品だ。

　それでも、こういったドキュメントが役に立つ人はいるのかもしれない。そう思って彼女はウィキにドキュメントをポストした。しかし、それからまもなく、彼女が知らない誰かから機密情報が含まれているかもしれないので、そのファイルは削除してくれという要請が入った。

　TODOリストのさらに下の方を見ると、次のように書かれている。

開発、またはテスト環境にアクセスできるようにしてくれる人を見つける。

　これらは昨日読んだドキュメントの一部で参照されていたのだが、誰に頼んだらいいのかまだわからない。

　項目をひとつ消した。

~~**統合テスト環境のアカウントを手に入れる。**~~

　これは思っていたほど役に立つものではなかった。フェニックスの手がかりを得ようとして2時間かけてこの環境をつつき回してみたが、かえって途方に暮れてしまった。巨大なビルのレイアウトを知るために、地図や懐中電灯なしにエアダクトをはいずりまわるようなものだったのである。

　新しい項目を追加した。

実際に統合テストをしている人を見つけて肩越しに仕事の様子を見る。

　誰かがフェニックスアプリケーションを使っているところを見れば、手がかりがつかめるかもしれない。しかし、フェニックスを実際に使っている人を誰も知らないので驚いた。〈一体誰のためにこのコードを書いているのか

しら？〉

　TODO リストを改めて眺めてみたが、実際にできることは何もないことを再確認した。今日もすでに関係者全員にやいのやいの言って、返答待ちになっているのだ。

　今は金曜の午後1時32分である。このビルを離れられる5時まで3時間半もある。またため息をつきそうになるのを必死でこらえた。

　TODO リストを見る。時計を見る。

　自分の爪を見る、マニキュアしなくちゃと思う。

　マグカップを持ってデスクの前から立ち上がり、給湯室に歩いていく。身を寄せ合うようにしてひそひそ声で何か切羽詰まった様子で話しているフード付きのパーカーを着た人々がいる。手持ち無沙汰を紛らわすために、コーヒーをもういっぱいいれる。マグカップを覗き込み、今日は**手持ち無沙汰を紛らわすために**もうコーヒーを5杯もいれたことに気づく。いれたコーヒーを流しに捨てる。

　マキシンは、どんどん大きくなる TODO リストを書くほかに、自前のラップトップに10年分の作業日記をつけている。そのなかには手掛けたすべての仕事とそのために使った時間、仕事から学んだ意味のある教訓、二度としてはならないことのリストを書いている（最近書いたのは、「メイクファイル内のファイル名のスペースをエスケープするために時間を無駄にしないこと。エスケープは大変なので、ほかの手段を使う」）。

　マキシンは膨大な TODO リストの山と最近の作業日記を見て信じられない気持ちになる。今まで勝てないシステムなどなかった。〈何もできないまったく凡庸なフェニックス・プロジェクトについに負けることになるのかしら？　そうはさせないわよ〉固く誓って作業日記を読み直した。

水曜日

午後4時：今日の午後は、ジョシュがセットアップするところを見せてくれて私も同じことができるようにするはずだったが、彼は夜のビルド問題にかかりきりなので、暇を持て余している。

　ビルドサーバーにアクセスするためのチケットを起票したが、セキュリティーから上司の許可が必要だと言われ、ランディにメールを書く。

プログラマーによる設計ドキュメントのうちの見つけられた部分を読んでいるが、どれも同じように見えてきた。設計ドキュメントではなくソースコードが見たい。

午後4時半：設計ドキュメントのひとつのなかにフェニックスについてのもっとも簡潔な説明が書かれていた。「プロジェクトフェニックスは、顧客が900の支店でできるのと同じことをオンラインでできるようにして、競合他社に追いつく。最終的には、シングルカスタマービューを実現し、支店の社員が顧客の好みや発注の履歴を見られるようにして、より効果的なクロスチャネルプロモーションを展開できるようにする」

フェニックスが関わるシステムの範囲の広さにはちょっとギクッとさせられる。全社の数百ものアプリケーションとやり取りしなければならない。問題が起きないわけがない。

午後5時：終わり。クリスが波風立てるな、注目を集めすぎるな、本番システムへのデプロイは決してするなということを言うために立ち寄っていった。

はいはい、大丈夫。なんと言ってもビルドできない上にネットワークシェアにログインすることもできない。どうすれば本番システムにコードを突っ込めるのか。

うんざりするほど退屈。家に帰って新しい子犬と遊ぼう。

木曜日

午前9時半：やった。新しくふたつのウィキのアカウントが手に入った。さあ、つついてみよう。これは前進だよね？

午前10時：なんだこれ、まじか？ QAのドキュメントはあったけど、これで全部のわけがない。テストプランはどこ？ 自動テストスクリプトはどこ？

午後0時：QA部長のウィリアムと会った。いい人のような感じがする。時

間がわずかで、QA のネットワークシェアのユーザーアカウントがもらえた
だけだった。ここには手作業のテストプランが書かれたワード文書が無数に
ある。

　ウィリアムにテストチームの人々と会いたいとメールした。彼らはこれら
すべてのテストをどうやって実行しているのだろうか。小さな軍隊が必要な
くらいに見える。そして、テスト結果を誰に知らせているのだろうか。ウィ
リアムが日程を入れてくれた。2 週間後。やった。

午後 3 時：毎日行われる大きなスタンドアップ[訳注3]の場所がわかった。午前 8
時ホワイトボード横だ。今日は出そこなったが、明日はきっと出る。

午後 5 時：2 日間でできたことはあまりにも少ない。私がやってみようと
思うことは、すべてメールかチケットが必要だったり、誰かを探さなければ
ならなかったりする。今は、いっしょにコーヒーでもいかがと誘っている。
もっと返事がもらえるようになるかもしれない。

金曜日

午前 10 時：「15 分のスタンドアップミーティング」は、さまざまな緊急事
態のために 90 分近くになった。昨日はなぜこのミーティングに気づかなか
ったのだろう。これだけの大騒ぎに気づかないとは信じられない。

　なんとまあ、ほかの人たちもほとんどはそれぞれのラップトップでフェニ
ックスをビルドできない。2 週間以内に本番システムにこのシステムをデプ
ロイしなければならないはずなのに！（しかも、誰も大変だと思っていな
い。信じられない。どうせまた遅れると思っているのだろう）。

　私が彼らの立場なら、いたたまれない気持ちになるだろう。うーむ。

午後 2 時：2 か月前に導入された契約プログラマーのグループがわかった。
彼らもビルドできていない。ショッキングな話だ。彼らを昼食に誘ったが、

訳注3: 立ったまま短時間で終わらせる会議で、作業の進捗状況、今日の作業の予定などを報告します。世紀
の変わり目に提唱され、普及したアジャイル開発運動によって導入されました。

がっくりきた。彼らは私よりもシステムのことを知らない。少なくともサラダはおいしかったが。

　私は自分が知っていることを全部彼らに教えた。彼らはとても感謝してくれた。いつでも、もらうよりも多くのものを与えるべきだ。将来誰が助けてくれるかわからない。ネットワークは大切だ。

　自分へのメモ。コーヒーの量を抑えなければならない。昨日はたぶん7杯飲んでいる。これはよくない。動悸が起きている気がする。

　4時45分になって、帰り支度をした。金曜のこの時間に彼女に何かをさせることは誰にもできないところだ。階段のすぐ手前まで来たところで、ランディと鉢合わせになった。

　「こんにちは、マキシンさん。開発環境について前進がなくて申し訳ありません。多くの課題の解決を担当部署にお願いしましたよ。今日は帰る前に何本か電話をかけるつもりです」

　マキシンは肩をすくめた。「ありがとうございます。あなたのおかげでやる気になってくれる人もいるでしょう」

　ランディは微笑んだ。「何でもやりますよ。で、もうひとつお願いがあるんですけど」

　マキシンは**参ったな**と思ったが、「ええ、何ですか」と答えた。

　ランディが言った。「実は、フェニックス・プロジェクトのメンバーは全員タイムカードを押さなきゃならないんです。稼働率を示さないとプロジェクトマネジメント室に人員を減らされちゃうんですよ。タイムカードシステムへのリンクをお送りしておいたので、帰る前に書いていただけますか。数分で済むはずです」

　そして、左右を見てから囁いた。「あなたの勤務時間は特に大切なんです。来年の予算編成のときに、あなたの位置に入る人を要求しやすくなるので」

　マキシンは、「お安いご用です、ランディ。帰る前にやっておきましょう」とは答えたものの、本心では不満だった。予算がどうこうという問題があることは理解できるが、自分とは関係のない話だ。この1週間、自分が何の仕事をしたのかは自分で十分わかっている。何しろ、あれだけ細かく日記を書いているんだから。本物の成果と言えるものはない。全然まったく何にも

なしのゼロだ。

マキシンは自分のデスクに戻り、タイムカードシステムにログインした。自分の名前の横には数百ものプロジェクトコードが並んでいた。プロジェクト名ではない。飛行機の予約番号のようなプロジェクトコードであり、大文字が混ざった 10 文字のコードである。

ランディのメールを見て、書かれているプロジェクトコード（PPX423-94-10）をコピーしてフィールドにペーストし、水曜から金曜までの各フィールドに律儀に 8 時間と書き込み、送信ボタンをクリックした。マキシンの顔が歪んだ。毎日何をしたのかを書かないとデータを送ってくれないのである。

マキシンはぶつぶつ文句を言った。毎日何かしらのことを書いたが、基本的には「フェニックスのビルドについての仕事をしたが、基本的にさまざまな人から何かを与えてもらうのをずっと待っていた」というような内容のものだった。5 分かけて文章に手を入れ、一つひとつがはっきりと違うものになるようにした。

最大限の努力をしたものの、今週は座って待つばかりでほとんど何もできていないので嫌な気分になった。しかし、それを隠して嘘を書かなければならないことの方がもっと嫌な感じだった。

タウンホールミーティング

マキシンは週末の休みの間じゅう、スマホでチケットの更新状況をこまめに見ていたが、誰かから誰かにたらい回しにされているだけだった。夫のジェイクがなぜそんなに塞いだ様子なのかを尋ねてきたが、週末に書いたタイムカードのせいだということは言えなかった。それでは、仕事ができていないという痛みに塩を塗り込むようなものだ。彼女は新しく来た子犬のワッフルズで気を紛らわせ、子どもたちがジェイクと遊ぶのを見ていた。

月曜の朝、スティーブ・マスターズ CEO が隔月で開催するタウンホールミーティングのために大講堂に入る頃には、十分陽気に明るく前向きな感じになれていた。入社した当時から、このイベントに出るのは好きだ。初めて参加したときに、重役たちが社員全員に向かって直接言葉を発し、7 千人近くの社員から直接質問を受けるのを見て、とても感動したのである。

スティーブは CFO のディックにも話をさせるのが普通だが、１年前から
リテール営業担当 SVP のサラ・モールトンも話すようになった。彼女は、
年間７億ドル以上の収益を上げる社内で２番目に大きな事業部であるリテー
ル販売の責任者である。スティーブとディックには嘘のない信頼できる感
じを受けたが、それと比べてサラには信用、信頼できない感じがした。昨
年、彼女はタウンホールミーティングのたびに言っていることのニュアンス
を変え、以前に言っていたのとはまったく異なる改革を約束したため、多く
の混乱が起き、全社にダメージを与え、最終的に嘲笑の的になった。

　スティーブがステージ脇で綴じられた紙束にメモを書いているのが見え
た。やがて、彼はマイクを渡され、拍手を受けながら登壇した。

　「みなさん、おはようございます。ご出席いただきありがとうございまし
た。今日は私が主催者になってから 66 回目のタウンホールミーティングで
す。

　ご存知のように、私たちは忙しく仕事をされてるお客様たちがいつも車を
使えるようにして、日々の生活を安心して営めるようにすることに一世紀も
前から取り組んで参りました。ほとんどのお客様にとって、それは車で通勤
し、給料をもらい、子どもたちを学校に行かせ、家族の生活を守ることで
す。パーツ・アンリミテッドは、さまざまな形でお客様を支えています。私
たちは世界でもっとも評価の高いメーカーのひとつであり、高品質でお手頃
な部品を提供して、お客様がいつも車を使えるようにしてます。千近くの支
店をこの偉大な国の隅々まで展開し、７千人を越えるワールドクラスの社員
たちが直接お客様を支援しています。お客様の車がコストのかかるサービス
ステーションに入るのを防ぐ唯一の手段が私たちだということもよくありま
す」

　マキシンは、こういったセッションでスティーブがこのような言葉を発す
るのを 50 回近くも聞いている。彼にとっては、自分たちの顧客がどういう
人たちかを全社員に思い出してもらうことがとても大切だということがよく
わかる。マキシンは、自分の車で不具合が起きれば、まだ保証期間中なので
ディーラーのもとに車を持っていく。しかし、この会社の顧客の大多数は、
そんな贅沢はできない。彼らの車は古く、子どもたちよりも年上だったりす
ることもある。実際、顧客のなかには、マキシンが十代の頃運転していたの
と同じモデル年式、同じ製造年の車に乗っている人もいる。彼らには自由に

使える収入がほとんどないことが多い。車で不具合が起きたら、貯金（そういうものがあれば）をすべて吐き出さなければならなくなることがある。そして、車を修理に出すと、貯金が激減するだけでなく、車で通勤できなくなる。それは、家族を養えなくなるということだ。

マキシンは、こうやって顧客の実相を思い出させる話を聞くのはすばらしいことだと思っている。エンジニアが現実にいる人ではなく、抽象的な存在として"顧客"を考えると、まず正しい結果を生み出せない。

スティーブの話は続いている。「このように、私たちの使命は一世紀近くに渡って変わっていませんが、事業環境は大きく変わっています。製造面では、私たちよりもコストのかからない強力なライバル企業が海外に生まれています。販売面では、そういったライバル企業が私たちと同じ市場で数千の店舗を展開しています。

しかも、私たちは経済のとてつもない創造的破壊の時代に生きています。アマゾンなどのeコマースの巨大企業が経済再編を進めています。トイザらス、ブロックバスター（レンタルビデオ）、ボーダーズ（書店）といった私たちが子どもの頃から馴染んできた有名な販売店チェーンが消えていきました。本社から車で少し走っていけば、かつてブロックバスターが店を出していた場所を通り過ぎますが、そこは10年以上も空き地のままです。

私たちもこういった動きと無関係ではありません。私たちの同じ店舗での売上は下がり続けています。お客様の多くは、たとえばワイパーを買うときでも、私たちの店に行って店員と話をするのではなく、スマホで別の会社にオーダーするようになってきています。

しかし、私は、お客様たちがただ自動車部品が手に入ればいいと思ってるわけではないと信じています。信頼する人から助言してもらいたいはずなのです。私たちにとってお店のパートナーが大切なのはそのためです。だからこそ、私たちは訓練に大きく投資してるのです。そして、フェニックス・プロジェクトは、リアル店舗、オンラインのいずれであれ、お客様が使いたいチャネルで私たちの専門的な能力と信頼をお届けするための重要な手段になります。

フェニックス・プロジェクトの進展状況とこのプロジェクトが私のもっとも重視する社員の士気、顧客満足度、キャッシュフローの3つをどのように支えるかついてはあとでサラの方から話があります。社員が毎日生き生き

と仕事に励み、コンスタントなイノベーションとすばらしいサービスでお客様に喜んでいただくことができれば、キャッシュフローはおのずと向上します。

　しかし、今年の最大の目標について説明する前に、みなさん全員の頭のなかで引っかかってるあることについてお話ししたいと思います」

　ここでスティーブはしばらく間を置いた。「最近、みなさんには、ボブ・ストラウス氏がパーツ・アンリミテッドの会長、すなわち取締役会議長に復帰したことをメールでお知らせしました。多くの方がご存知のように、私は11年前からこの会社にいますが、最初の8年はボブのもとで働くという特権を享受していました。ボブは、私がほかのメーカーの営業部門を統括していたときに私をこの会社に呼び戻してくれた人です。この会社のCOOになるというチャンスを与えてくれ、何年もの間私を指導してくれたボブにはいつも感謝しています。私がCEO兼会長になったのは彼が引退したときでした。しかし、先週から、取締役会はボブを再び議長に選出しています」

　そう言うスティーブの声は震え始めていた。彼が目から涙を拭うのを見て、マキシンは驚いた。

　「もちろん、私はこの決定を支持しており、再びボブとともに仕事をすることを楽しみにしています。ここでボブに登場していただき、挨拶の言葉を頂戴するとともに、今回の人事がこの会社にとってどのような意味があるかを話していただこうと思います」

　マキシンは、今回のことがスティーブにとっていかに大きな敗北だったかをこの瞬間に思い知った。確かにこれは降格だという話は聞いていたが、マキシンは経営陣の人事のことなどあまり興味がなく、どういう意味があるかもわかっていなかった。役員は出たり入ったりするものだが、たいていは彼女や彼女の日常の仕事に大きな影響を与えるようなものではない。しかし、今は目の前で繰り広げられているドラマに目が釘付けになった。

　白髪で少し腰の曲がったおじいさんが苦笑いした様子で登壇し、スティーブの横に立った。

　「みなさんこんにちは。ずいぶん久しぶりにみなさんの前に立てて光栄に思います。ここから見ると、懐かしい顔もちらほらあって、とてもうれしくなります。私のことを知らない人のために自己紹介させていただきましょう。私は、ボブ・ストラウスと言います。この会社で15年間CEOを務め

ました。まあ、恐竜が跳梁跋扈していた時代のことです。その前は、このすばらしい会社で30年近く社員として働いてきました。スティーブが先ほど言っていたように、ずっと昔に彼をほかの会社からヘッドハンティングしてきたときには、大きな希望と自負がありました。

　引退後も、私は取締役会のメンバーを続けてきました。取締役会の仕事は非常に単純です。会社の株主、そのなかにはみなさんのほとんども含まれるわけですが、そういった人々の利益を代表することです。私たちはみな、会社が将来も安泰であり続けるようにしたいと思っています。年金に加入していたり、ストックオプション制度を利用していたりする方にとっては、これは私と同じように大切なことでしょう。

　私たちはこの目標のために、主として説明責任を取れる人々を経営陣に据えます。つまり、CEOを採用したり、…まれに解雇したりするということです」

　ボブはさらりと言ってのけた。マキシンは息を呑んだ。その瞬間まで、ボブはやさしいおじさんのように見えていたからだ。彼にはもっと厳しい側面が間違いなくある。

　「株価を見るだけでも、市場が私たちの業績に不満を感じてることがわかります。競合他社の株価が上がってるのに我が社の株価が下がってるときには、何かを変える必要があります。

　私は、会社には平時と非常時のふたつの経営モードがあると思っています。平時とは、あらゆることがうまくいってるときです。会社として成長しており、いつもと同じように事業を続けていけるときです。こういう時期には、CEOが取締役会議長も兼ねることがよくあります。しかし、今の私たちのように、会社が縮小したり、完全に消滅したりする危機に陥ったときは非常時です。

　非常時とは、消滅を避ける方法を探さなければならない時期です。そして、非常時には、取締役会がCEOと議長を分けることがよくあります」

　ボブは少し間を置き、強い光に目を細めながら黙って聞いている聴衆全体を見渡した。

　「みなさんには、私がスティーブと彼のリーダーシップに全幅の信頼を置いてることを知っていただきたいと思います。そして、すべてがうまくいったら、彼を再び議長に戻し、私は本来の引退生活に戻ることになるでしょ

う」

　聴衆はぴりぴりした感じで笑い、ボブは手を振り演壇から下りていった。スティーブが再び1歩前に進んで言った。「みなさん、ボブ・ストラウス氏に大きな拍手をお願いします」

　拍手が鳴り止むと、スティーブが再び話し始めた。「今年の会社の目標は、経営を安定させることです。収益の3分の2は製造部門が上げています。成長はありませんでしたが、利益は上げています。製造はほぼ一世紀間、私たちの事業の主軸であり続け、アジアの競合他社の非常に大きな脅威にも耐え続けています。

　しかし、リテール販売は下降線をたどり続けています。この部門の収益は昨年よりも5%近く下がりました。私たちにとってもっとも大きな四半期はまだこれからであり、希望は残っています。しかし、希望があるというだけでは戦略になりません。そして、ウォールストリートが私たちの業績にどのような反応を示してるかはみなさんもご存知のことでしょう。それでも、私たちはフェニックス・プロジェクトを足がかりにして市場の新しい条件に適応していけるという自信が私にはあります。

　それでは、私の話はこれくらいにして、なぜフェニックス・プロジェクトがこの会社の未来のために重要なのかについて、リテール営業担当SVPのサラ・モールトンに話してもらうことにしましょう」

サラの宣言

　演壇に上ったサラは、ぱっと目をひくロイヤルブルーのビジネススーツに身を包んでいた。サラに対する評価はともかく、サラがいつもぱっと目を引く存在であることはマキシンも認めている。実際、知的で攻撃的で野心的な彼女は、フォーチュン誌の表紙になってもしっくりくるだろう。

　サラの話が始まった。「今スティーブとボブが触れたように、リテールの世界はデジタルディスラプション、デジタルによる創造的破壊の時代に突入しています。私たちの顧客層でさえ、スマホからオンラインで発注してきます。フェニックス・プロジェクトの目標は、オンラインであれ、直営店、代理店であれ、お客様が好きな形で注文できるようにするとともに、注文方法にかかわらず、商品を自宅まで配達してもらうか、どこかの店舗で受け取る

かを選べるようにすることです。

　これは、私たちが何年も前から実現しようとしてきたことです。今はまだ、私たちの販売店は暗黒時代を抜け出していません。これはパーツ・アンリミテッド1.0です。フェニックス・プロジェクトはパーツ・アンリミテッド2.0を作り出します。eコマースの巨大企業との競争に勝つために効率化できることは多数ありますが、イノベーションとアジリティ（敏捷性）がなければなりません。私たちが生き残っていくためには、新しいビジネスモデルを作ってるマーケットリーダーだと見られるようにならなければなりません。最初の一世紀でうまくいってきたことでも、次の世紀ではそうはいかないものがあります」

　サラが言うことにある程度の真実が含まれていることは、マキシンも認めざるを得ないが、どうも態度が大きすぎるように感じる。

　サラの話は続く。「フェニックス・プロジェクトは、私たちの会社にとってもっとも重要な取り組みです。私たちはこのプロジェクトに生き残りをかけてるのです。私たちはこのプロジェクトに3年以上に渡って2千万ドルをつぎ込んできましたが、まだその価値をお客様に示すことができてません。しかし、私は決めました。私たちもついにゲームに参戦します。今月中にフェニックス・プロジェクトをリリースします。もう遅れは許されません。もう延期は許されません」

　聴衆全員が息を呑んだ音が聞こえた。そして大きなざわめきが会場を包んだ。サラはかまわず続けた。「これでやっと私たちも競合他社と同じ地点に立ち、マーケットシェアを奪い返す態勢に入ることができます」

　マキシンはがっかりしてため息をついた。サラが急かす気持ちはわかるが、本来の力を発揮できているとはとても言えず、プロジェクトのビルドにも苦労しているプログラマーが百人いて、必要以上に会議に時間を取られ、必要なものが与えられるのを待っている現状は、急かしたからといって変わるわけではない。提督はこの戦いに勝利することの重要性を説いているが、兵士たちはみな3年間も港に釘付けになっている。サラの演説はそのように聞こえた。

　裏返せば、今日サラは新しいことをまったく言っていない。

　スティーブはサラに謝辞を述べてから、会社の財務状況を振り返り、先月工場のひとつで起きた事故について説明した。その事故でハナがスタンパー

で指を潰したことを受け、現場は、危険な場所に誰かがいるときにはプレートを閉じないようにするセンサーが付いたものにスタンパーを交換したのである。スティーブは、予算がつくのを待つことなくチームがマシンの交換のために動いたことを称賛し、「安全のない仕事はあり得ません」と言った。

マキシンはすばらしい報告だと思った。スティーブが社員の安全をいかに大切にしているかについてはいつも感銘を受けるし、心を動かされる。

そしてスティーブが「私たちからの報告はそろそろ終わりです。質疑応答の時間があと15分あります」と言った。

社員たちが売上予測、リアル店舗の業績、工場の最近の問題などについて質問している間、マキシンはぼんやりしていた。しかし、給与システムのアウテージについての質問が飛び出すと、彼女ははっとして席のなかで縮こまり、一つひとつの言葉に聞き耳を立てた。

スティーブが答えた。「この事故で影響を受けたすべての人々にお詫びしたいと思います。みなさんにとってこの事故がいかに重大な意味を持っていたかは承知してるつもりです。このようなことが二度と起きないように、私たちは非常に具体的な行動を取りました。この事故は、技術的な問題にヒューマンエラーが重なって起きたものです。そして、私たちはその両面で対策を施しました」

マキシンは、ほほが赤くなるのを感じながら目を閉じた。誰にも見られたくなかった。自分がフェニックス・プロジェクトに飛ばされたことが対策になるとはどうしても思えなかった。

システム開発のあるべき姿

　タウンホールミーティングが終わり、マキシンは自分のデスクに戻ってきた。そして、カレンダーを見ている。フェニックス・プロジェクトに島流しになり、ビルドできるようにしようと準備を始めてから 4 日目だが、まるで 1 年ぐらいたったような気がする。時間はゆっくりと過ぎていく。

　スマホの通知音が鳴り、はっと我に戻った。

フェニックス・プロジェクト：関係者に対する現状報告（15 分後）

　彼女にとって新しい会議だ。状況を深く知るために、彼女はどんな会議でもいいから誘ってくれと誰彼となく頼んで歩いている。スマホはまだ机で鳴っている。彼女はまだ状況をつかむために四苦八苦している。必要なものを与えてくれる人を見つけたいと思っている。彼女は、アクション項目を割り振られたり、面白そうな機能の開発に志願したりしないように注意していた。フェニックスのビルドから目をそらすわけにはいかないのだ。

　まわりの人たちはみな、アプリ、ウェブページ、API という形で目に見えるからか、大切なのは機能だと思っている。しかし、ビルドプロセスがいかに大切かを理解している人はいないようだ。しっかりとしたビルド、インテグレーション、テストプロセスがなければ、プログラマーは力を発揮できない。

漏れた「心の声」

　会議室には早めに着いたはずだが、部屋はもういっぱいで、後ろに立つしかない。彼女はほかの 5 人とともに壁を背にして立った。まわりを見回して彼女はびっくりした。この会社の有力者がひと通り揃っている。マキシン

は、キルステン・フィングルが会議の司会進行をしているのを見てにっこり笑った。キルステンはプロジェクトマネジメント室のトップである。マキシンは、キルステンの部下のプロジェクトマネージャーたちが担当した大きなプログラムのサポートを担当したときにキルステンの仕事ぶりに好感を持ったことがある。そのプロジェクトマネージャーたちは、社内のさまざまな部門の間の調整が必要なもっとも重要なプロジェクトのための要員である。彼らは何かを実現する能力が非常に高い。多くはショートメッセージ1本で課題をすばやく上層に上げ、解決していく。

部屋の前の方にクリスがいて、マキシンに向かって素っ気なく首を振った。彼は主としてフェニックス・プロジェクトを担当している200人以上のプログラマー、QAエンジニアを率いている。クリスは、自分の反対側にいる映画『アポロ13』のエド・ハリスのような人を睨みつけている。マキシンがあの人は誰と隣の人にそっと尋ねると、「新しいIT運用担当VPのビル・パーマーだよ。先週重役たちがクビになったあとに昇進したのさ」という答えが返ってきた。

マキシンは、〈へー、そうなんだ〉と思いつつ、会議室にいる幹部たちの様子を見て楽しんでいた。まるでスタートレックの宇宙船エンタープライズ号のブリッジに上ってあれこれやり取りしているクルーたちを見るようだと思った。

会議の最初の15分は楽しく見ていた。会議はカオスになっていた。サラがタウンホールミーティングで「今月中にリリース」と言った真意は何かを全員が懸命に探っていた。キルステンは、「リリース日はまだ検討中で、具体的なことはまだ何も聞いていません」ときっぱり言った。しかし、マキシンは〈誤警報なんてことがあるかしら〉と懐疑的に思っていた。ビジネスの優先順位、上層部で注目、検討すべき重要事項、調整が必要な優先事項を見直す過程で、フェニックスの緊急性が浮上してきたのではないだろうか。

マキシンの期待に反して会議はずるずると長引いていった。意味のないささいなことが話題の中心になり、議論が熱を帯びてきた。飛び交っている略語のなかには意味がわからないものが混ざっていたが、彼女はリストに自分にとって重要なものを追加し、社内政治のつまらないものは省略した。〈OEPはオーダー入力プロトコルかしら。それともオーダー入力プログラム？ それともまたOPAの話をしているのかしら。ひょっとしてそれは同じ

こと？ それって私にとって大切なことかしら？〉

　40分後、マキシンの目はどんよりしていた。会議は、「現状確認」の段階に入っていた。彼女は会議に完全に興味を失った。ほかにしなければならない仕事があれば、会議から抜け出していただろう。

　長い間立っていたので足が痛くなってきた。改めて会議から抜け出そうかどうしようかと考えていたところに、必要なものを手に入れるまでどれぐらい待てばいいのかという不満の声が耳に入ってきた。彼女はにやりと笑って、〈あら、私がいつも思ってることだわ。ちょっと話に混ざろうかしら〉、と思った。

　室内の"若手"グループのなかから開発マネージャーのひとりが声を上げた。「うちでも明らかに作業が遅れてるので、今週から新しくプログラマーに来てもらってますが、彼らには1、2週間のうちに職場に慣れてもらってバリバリ仕事をしてもらわなきゃいけません」

　床を見ながらマキシンは思った。〈私だって本当ならこういうことは得意なはずなのに、ほとんど前進してないのよ〉そして自分をあざ笑った。〈まあがんばってね〉

　室内に長い奇妙な沈黙が流れた。マキシンは顔を上げた。恐ろしいことに、全員が彼女のことを見ていた。自分が大声で何かを言ってしまったらしいことに気づいた。

　クリスを見た。彼は参ったなあという表情で彼女に向かって「ダメダメダメ」と手を振っていた。

　部屋の前方からキルステンが声をかけてきた。「あら、マキシン、あなたがフェニックスに関わっていたとは知らなかったわ。あなたのようなベテランがこの仕事を手伝ってくれてるなんてうれしいわ。最高のタイミングね」

　クリスは両手で顔を覆った。壁を背にして立っているのでなければ、さっさと発言を撤回していただろう。マキシンは、クリスを真似するように顔の前で手を横に振って言った。「あ、あ、違うんです、ごめんなさい。私がこっちに来たのはほんの数日前で、みなさんはすばらしい仕事をしてらっしゃいます。どうか話を続けてください。私はここでドキュメンテーションとビルドのお手伝いをしてるだけです」

　しかし、仕事熱心なキルステンは許してくれなかった。彼女が頭角を現したのは、その仕事熱心なところからだ。彼女は前のめりになって言った。

「いやいや、そんなことはないでしょう。あなたは『まあがんばってね』って言ったはずよ。工場ですばらしい成功を収めてきたあなたの意見をぜひ聴きたいわ」

マキシンは答えた。「笑ったりして済みません。先週の水曜から自分のラップトップでフェニックスをビルドできるようにしようとして悪戦苦闘してまして、ほかに何もできてないのです。認証情報、ライセンスキー、環境、設定ファイル、ドキュメントといったものをもらえるのをずっと待っているんです。みなさんがそれぞれやるべき仕事を抱えていることはわかっていますし、フェニックスはあれだけ大規模なアプリですから、すべての部品を揃えてビルドするのはそれだけでひと仕事だと思います。でも、プログラマーにバリバリ仕事をしてもらおうと思うなら、職場に入った最初の日からビルドできるようにしておかなきゃいけないんじゃないでしょうか。本番システムとまったく同じような環境でコードを書き、自分のコードがシステム全体のなかでちゃんと動作するかどうかのフィードバックが早く得られるようにしたいものです。何日たっても、私はシステム全体からは遠くかけ離れたものしか作れてません。足りない部品がたくさんある仕掛り品の山はできました。本来、私はこういうことは得意なはずなんですけど」

マキシンは部屋を見回し、クリスに向かって肩をすくめてみせた。言いたいことをすべて言って、マキシンは胸のつかえが下りた思いだった。クリスは愕然としていた。

マキシンは急いで話を締めくくった。「お話のような新人エンジニアたちが私よりも幸運に恵まれればと思うだけです」

そこからまた長くて気まずい沈黙が流れた。ランディはよく言ったとばかりに腕を組んでうなずいていた。反対側の誰かが笑って大声で言った。「いやあ、まったくの正論だ。幸運以上のものが必要なんだよ。ここで開発環境を整えるのは、免許の更新に行くようなもんだな。番号札を取って帳票を埋めて延々と待たされるのさ。でも、免許はまだいい。一日でもらえるからな。免許の更新というより、新しい建設プロジェクトの認可をもらいに行くようなもんかもしれないぜ。いつになったらもらえんのかわかんねえんだからな」

部屋のなかの半分が意地悪く笑い、残りの半分が明らかにむっとした。

マキシンは冗談好きなその人物の方を見た。ちょっと太った「元スポーツ

マン」というような体つきで45歳ぐらいだろうか。顎が角張っていて、やけにきれいにひげを剃ってあって、いつもしかめっ面をしているようだ。スケートボードのTシャツを着て、大きい四角い眼鏡をかけていた。

マキシンは、彼の不機嫌そうな様子から、きっとベテランのプログラマーなのだろうと思った。フェニックスみたいな環境に長い間いればこんな風になるのだろう。

部屋の前の方の誰かが反論を始めた。彼女のために**無理をしてくれたとてもすばらしい**QA部長のウィリアムだ。「うちのチームはテストのためにさらに作業が遅れてます。そこで、日程を守るために環境の優先順位を下げることに私たち全員が賛成しました。完全にテストされた機能を外に出すことを優先させたのです。こうすれば、チームに環境を届けるためのリードタイムが延びることは全員わかっていました。うちのチームだってみなさんと同じように苦労してるんですよ。QAだってテストのために環境が必要なんですから」

気難しいプログラマーがすぐに反論した。「ウィリアム、お前は騙されたんだよ。あれはひどい決定だった。これは大きな災難だよ。正しいのはマキシンだ。プログラマーの仕事をはかどらせるためには環境が必要だ。お前は環境の作成プロセスを改善するために専門の**チーム**を作るべきなんだよ。俺はステージング環境が必要なプロジェクトを3つ抱えてる。どれも何か月も待たされてる。これはとても大切なことだから、ボランティアで助けてやりたいくらいだ」

クリスが部屋の前の方からげんなりして言った。「やめてくれよ、デーブ。車線から外れるなよ。機能に集中してもらわなきゃ困るよ」

ウィリアムが口を挟んだ、「ちょっと待ってくださいよ。うちが環境のボトルネックだなんて思ってもらっちゃ困りますね。うちにはすぐ使える環境がいくつもあるんですよ。でも、セキュリティーからログインアカウント、運用からストレージとマウントポイントをもらわなきゃならないんです」

クリスは非難するようにIT運用のビルを指さしてからキルステンの方に向き直り、「うちのニーズを運用に上げてられるように力を貸していただけませんか」と言った。

ビルがすぐに反論した。「うちがボトルネックなら、実態を把握する必要があります。ウィリアムが必要なものを手に入れるためにどうしているのか

をはっきりさせましょう」

キルステンはうなずいたが、少し苛立っているように見えた。マキシンは、依存関係がもっと出てくるからなのだろうと思った。

「ビル、いいアイデアですね。でも、リストの次の工程に移りましょう」キルステンがそう言う間、クリスはマキシンの方を見て、〈マキシン、『鳴りを潜めて』のどの部分がわかんなかったんだ〉という口の形を作った。マキシンは〈ごめんなさい〉という口の形を返した。

マキシンの視界の外から若い男性がキルステンの方に近づいてきて膝をつき、マキシンの方を指さしながらキルステンに耳打ちをした。彼はカーキ色のズボンではなくジーンズをはいて、モレスキンのノートを抱えていた。

キルステンはうなずき、彼に微笑みかけ、マキシンを指さしながら、文ふたつ分の内容をささやき返した。若い男性はうなずきながらすごい勢いでメモを書いた。

マキシンは、ほかに馬鹿げたことをする前に、できる限り早くドアに向かって室外に出ようと思った。

差し出された救いの手

マキシンは暑く息苦しい会議室から解放され、涼しい廊下に出てきた。さらに給湯室に向かうと、そこはさらに涼しかった。コーヒーを飲もう、今日5杯目かしらと思ったとき、後ろから声をかけられた、「こんにちは、マキシンさんですよね」

マキシンは振り返った。それは会議室でキルステンに話しかけていた若い男性だった。彼は満面の笑顔で手を広げて言った。「こんにちは、私はカートです。ウィリアムの部下のQAマネージャーのひとりです。今の会議で、ビルドを実行するためには、ライセンスキーと環境とその他もろもろが必要だとおっしゃいましたよね。私ならお役に立てますよ」

マキシンは、彼の言葉を正しく聞いたかどうか確信が持てず、一瞬ただ彼を見つめてしまった。ここ数日、彼女はフェニックスをビルドするために必要なコンポーネントの盲点や抜け穴をずっと探し回っていた。そして、不親切で顔の見えない官僚主義に向かって矢継ぎ早にチケットを投げ込んでいた。だから、自分のために本当に力になりたいという人がいてびっくりした

のである。

　マキシンはカートが差し出した手をただじっと見つめていた自分に気づいて我に返り、その手を握った。「お会いできて光栄です。私がマキシンです。フェニックスのビルドを手伝っていただけるのなら、大歓迎です」

　そして付け加えた。「会議室でほかの人を怒らせるようなことをして申し訳なく思っています。こうやってすべてが動いてるんですから、みなさんが全力を尽くしてることは間違いないと思ってます」

　カートはさらに笑顔になり、親指で彼らがいた会議室の方を指しながら言った。「あの連中ですか？　気になさらないでください。みんなとてもやばいことになってるので、自己防衛に走り、互いに足を引っ張り合ってるんですよ。たぶん、今日帰る頃には、あなたが何を言ったか覚えてませんよ」

　マキシンは笑ったが、カートはビジネスライクに話を勧めた。「で、あなたはフェニックスをビルドできるようにしなければならないんでしたよね。手に入れたものは何でまだ手に入らないものは何ですか？」

　マキシンは沈み込んだ。「全然足りていません。それは、手をこまねいていたからではないのです」彼女は、今までにしてきたこと、まだ残っているすべての項目をかなり細かく説明した。タブレットでチェックリストを開き、まだチェックがついていない TODO をカートに見せ、何を待っているのかを説明した。

　カートは「すごいじゃないですか。ほとんどの人はあなたがたどり着いた場所よりもはるか手前で諦めてますよ」と言った上で、タブレットを指さし、「見せていただいていいですか」と付け加えた。

　「もちろんです」マキシンはそう言ってタブレットをカートに渡した。カートはリストを指でスクロールしながら、うなずいたり、自分が持っている別のリストと見比べたりしていた。

　カートは、「大丈夫です。ここに書かれてるものはほとんど私が準備できますよ」と言ってから、微笑み混じりに付け加えた。「あとで必要になるだろうと思われるほかのものもちょっと追加しておきましょう。気になさらないでください。あなたには知るよしもなかったんですから。私たちも同じことをいやってほど思い知らされましたよ。誰もビルド環境をしっかりとドキュメントしてないんですから」

　カートは、スマホでマキシンのリストの写真を撮り、タブレットをマキシ

ンに返して言った。「一両日中にメールします。フェニックス・プロジェクトはまだ石器時代に留まっています。数百人ものプログラマー、QAエンジニアがこのプロジェクトに関わっていますが、ほとんどの人はコードベースのなかの自分の担当部分しかビルドできません。定期的にテストすることはおろか、システム全体をビルドしていないのです。私は上にいつもそのことを言ってるんですが、上はすべてアンダーコントロールだなんて言うんです」

カートは彼女の顔をまじまじと見ながら言った。「工場を支援してた古巣のMRPグループにいらっしゃった頃はこんなことには我慢できなかったんじゃないですか?」

マキシンは急いで答えた。「とんでもない。会議でどなたかがおっしゃった通りです。プログラマーには、自分のコードの品質についてすばやく継続的なフィードバックが得られるようなシステムが必要です。問題をすぐに見つけてなければ、その問題は数か月後に見つかることになります。その頃には、ほかのプログラマーが加えた変更のために問題は隠れてしまって、因果関係はわからなくなってます。どんなプロジェクトでも、それでは回っていきません」

カートはうなずいた。「会社でもっとも重要なプロジェクトであるフェニックス・プロジェクトを動かしてるここでも、1970年代のようなやり方でプログラムを実行しています。プログラマーは一日中コーディングしてて、プロジェクトの最後の段階まで自分が書き換えた部分をシステムに統合してテストするということをしません」彼はニヤリと笑った。「いつも言われるんですよ。何がまずいんだ? って。そういうことを決めるのは、お前よりも資格給が上の人間だってね」

ふたりは笑った。

カートは毒舌的にも皮肉屋にも見えない。世界をそのままの形で受け入れるという温厚な空気を発散させている。カートはさらに続けた。「製造チームがこなした仕事の量の多さ、サポートしてるプラットフォームの多さが羨ましいですよ。フェニックスには十倍の人員がいますけど、あなたの古巣の方が私たちよりも多くの仕事をしてると思いますよ」

マキシンはうなずいた。古巣が本当に恋しくなった。

「ですよね。ところで、あなたの興味を引きそうな噂があります」カート

はそこまで言うと、立ち聞きを警戒するように当たりを見回してから続けた。「サラはフェニックスを今週ローンチすることを強く主張し、スティーブはそれに従ったっていう噂があります。地獄絵図になりますよ。リリースチームが作られたときについていくおつもりなら、教えてください。すごい見ものになりますよ」

　この奇妙なやり取りのあと、マキシンは自分のデスクに戻り、自分がまた待っていることに気づいた。デスクにいつも貼ってあるテープの言葉をぼんやり見ていた。お気に入りのドクター・スースの本『きみの行く道』からの引用だ。
　この本には、恐ろしい待機場所のことが書かれている。人々はそこで魚が餌に食いつくのを待ち、凧を飛ばすための風を待ち、ジェイクおじさんを待ち、やかんのお湯が沸くのを待ち、いいチャンスを待っている。誰もがただ待っているのである。

だめだ！
そこにいちゃいけない！
じっと待ってるそこから
何がなんでも逃げろ。
陽気なバンドが曲を奏でる
明るい場所が見つかるはずだ。

　フェニックスに関わっているすべての人が待機場所に引っかかっている。彼女はみんなをそこから救おうと決心した。

　今は午前11時45分である。マキシンは自分のカレンダーを見た。追放されてからまだ4日目だ。カートからの返事があったわけではないが、彼女は4つのソースコードリポジトリのなかの3つ目へのアクセスを手に入れた。今日、彼女はもうほかの人を待たないことにした。
　彼女は何かをビルドしようとしている。
　それからの4時間、マキシンはMakefile、Mavenのpom.xml、Bundler、pip、ant、build.sh、build.psh、その他ビルドスクリプトに見えるすべての

ものを実行してみた。ほとんどが実行と同時にエラーを起こした。驚くほど長いエラーメッセージを吐き出すものもあった。

彼女はあらゆるエラーログをじっくり読み、何らかのコードを実際に動かすための手がかりを探した。ピーナツに似たあらゆるものをふるいにかける面倒で骨の折れる仕事だ。必要な依存コードや実行可能ファイルが少なくとも 20 個あることを突き止めた。チケットを起票したり、メールを送ったりして、これらがどこで手に入るのかを知っている人を何度か探してみたが、誰も知らなかった。3 時間かけてインターネットでグーグルと Stack Overflow（技術的な問題についての Q&A システム）をじっくり読み、手がかりを探した。

GitHub（ギットハブ）で見つけた同じような名前のコンポーネントから必要なコンポーネントの一部をビルドしてみようと思ったのは、判断力が非常に衰えているときだった。5 時間後、彼女はストレスとイライラが溜まり疲れ切っていた。入ってはいけないうさぎの穴に入り、一日を無駄に過ごしたことは明らかだった。

彼女は、アルミ缶を融かしてエンジンの欠損部品をでっち上げようとしただけだった。〈まったく馬鹿なことをしたものだわ〉と思った。

夜になって家に帰ってきたとき、マキシンは職場のイライラがそっくり自分にくっついてきたことを感じていた。夫と子どもたちに今声をかけるとろくなことがないよと警告してから、冷蔵庫を開けると、ヴーヴ・クリコ・ロゼのミニボトルが 2 本入っているのが見えた。10 代の子どもたちは、様子を見てすぐに彼女を避け出した。マキシンは「ママの精神状態は最悪」という顔をしていたのである。

子どもたちが夕飯の支度をしている間、彼女はベッドに潜り込んで映画を見ていた。

〈完全に無駄な一日だったわ〉、そう考えただけで腹が立った。

彼女は最高の日と最低の日の違いを考えた。最高の日は、ビジネスの重要な問題を解決したときだ。集中して仕事が楽しいので時間はあっという間に過ぎる。していることが仕事だと感じられないくらいフローの状態に入っている。

最低の日には、モニターに頭をぶつけたり、別に知りたくないものの手元の問題を解決するために必要なことを調べるためにインターネットでサーチ

しまくったりしている。眠りに落ちようとする間、彼女はエラーメッセージを取り除くためのインターネット検索で人生のどれだけの時間を潰しているかを考えないようにした。

チケットシステム

さあ、新しい日だ。よく寝てすっきりした状態でデスクの前に座っている。昨日の過ちを繰り返すまい。忙しく感じたからといって、意味のあることができたとは限らない。ターミナルウィンドウで昨日の仕事を引っ張り出し、中身を見ずにまるごと捨てた。

次に、チケットシステムを引っ張り出して未解決のチケットの状況を見た。無力だとか、遠くにある権力に翻弄されているとか、自分の目標、意志、願望、必要を妨害する冷たい官僚主義に捕らわれているといったことを考えないようにした。

マキシンのチケットシステムとの付き合いは長い。いいことも悪いこともあった。

去年、彼女はいつまででも珈琲や紅茶を一定温度に保温してくれるマグカップの KickStarter^{訳注1} プロジェクト^{訳注2}に出資した。このマグカップにはブルートゥース接続まであるので、スマホで飲み物の温度を設定したり確認したりすることができる。彼女はこのアイデアが気に入って早速発明者の支援のために 500 ドルを提供した。

このプロジェクトでは、通知をもらうたびにワクワクした。目標の出資額に到達したとき、メーカーが決まったとき、最初の生産ラインが動いたとき、そして何よりも彼女のマグカップが出荷されたとき。共同プロジェクトの一員となり、最初に生産された 500 個のマグカップのひとつを手に入れるまでの流れはとても満足できるものだった。

しかし、開発で使っているチケットシステムの印象はまったく異なる。魔法のマグカップで感じた楽しみや期待とは真逆だ。1990 年代に初めて高速 DSL ブロードバンドパッケージを買ったときの悪夢を思い出す。DSL モデ

訳注1: 実在します。以下を参照。
訳注2: クリエイティブなプロジェクトの資金集めのためのクラウドファンディングサイトです。
https://www.facebook.com/twinzstudio/photos/a.990741727771612/1126868277492289/

ム自体はすぐに届いたが、インターネットサービス再販業者（DSLサービスの販売者）と電話会社（彼女の自宅とインターネットをつなぐより対線の所有者）のふたつの会社を相手にしなければならなかった。

　彼女の自宅で誰がセットアップしても、モデムは使いものにならなかった。どちらの会社に電話をしても、問題解決の責任はもう一方の会社にあると言われた。彼らは、彼女とのやり取りに関連したチケットを見つけられるときもそうでないときもあった。彼女は冷酷で残虐なカフカめいた官僚主義の虜になってしまった。4週間もの間、彼女のDSLモデムは赤いライトを点滅させる以外何もしなかった。モデムはレンガと同じくらい役に立たず、彼女は両社に対して数限りなくチケットを起票した。

　ある日、マキシンはDSL回線の開通だけのために仕事を一日休むことを決心した。彼女は、相手側の担当を上位者につないでいって、3時間後にはついに両方のチケットシステムにアクセスできるレベル3のサポート担当者にたどり着いた。彼は非常に優秀で、この分野の知識を明らかに豊富に持ち、適切なキーワードを使ってマキシンの要求を適切な部門につないだ。そのため、電話に出た両社のふたりのスーパーバイザーは、必要な仕事をすべて手配してくれた。

　それから何十年もたったが、彼女はそのサポート担当者がどんなにありがたかったかを覚えている。彼女は彼に「あなたがしてくださったことがどんなにすばらしかったか、私があなたのサポートにどんなに感謝しているかを然るべき人にお伝えしたいのですが」と言い、10分間電話をつないだまま上司が出てくるのを待って、さらに10分間かけてサポートのすばらしさを詳しく話した。

　そのレベル3サポート担当者がしてくれたすべてのことが英雄的にさえ思えるほどすばらしかったこと、彼のサポートを高く高く評価していることは、マキシンにとってとても重要なことだった。彼が昇進の対象になっており、彼女の電話によってその昇進が確かなものになりそうなことを聞いたとき、マキシンはとてもうれしく思ったものだ。

　その後、マキシンは点滅する緑のライトを見ながら、目が覚めるほど高速なダウンロードを楽しんだ。

チケットの行方

　マキシンは、その優れたサポート担当者のことを思い出しながら、問題解決や難問は自分の好物だということと自分の仕事がいかに重要かということを反芻した。すべてのプログラマーがもっといいペースで仕事をこなせるようにすることが彼女の仕事なのである。

　マキシンは深呼吸をした。いつもは非難の的となる楽観主義を集められるだけ集めて、受信箱からチケットの状態変更を知らせるメールをていねいに探していった。チームの状態変更のメールはほとんど無視したが、すべて大文字で相手を非難し合っているものは見た。短気なのは誰かを知り、避けようと思ったのである。

　スクロールを続けているうちに、次のようなタイトルのメールが出てきた。彼女の胸は高鳴った。

通知：チケット No.46132 に対する変更：フェニックス開発環境

　ついにマキシンの開発環境の準備ができたのだろうか。

　だまされたことがあるので、彼女は期待しすぎないように注意した。昨日通知がふたつ届いたが、それはチケットのごくささいな状態変更でしかなかったのだ。最初は、誰かが彼女のチケットをついに見たというもの、次は、それが誰か別の人の担当になったというものだった。

　マキシンはメールに書かれているリンクをクリックした。すると、ブラウザーにチケットの履歴全体が表示された。彼女は目を細め、画面の方に身を傾けた。チケットを起票したのは6日前のことだ（ウィークエンドも数に入れれば）。そして、7回の状態変更があったが、それはいずれも担当者替えのときだった。

　今朝8時7分の時点でチケットは処理済みになっていた。

　やった。長く待ったけど、ついに運用がやってくれた。これでビルドできる。

　しかし、どうも変だ。自分の環境はどこにあるのだろうか。どうやってログインするのだろうか。IPアドレスは何なのだろうか。ログインアカウントはどこに書いてあるのだろうか。

彼女は画面の一番下のメモ、コメントの部分までスクロールダウンした。そこには、個々の担当者がチケットに対して何をしたかが書かれている。チケットはボブからサラ、サラからテリー、再びサラに戻って最後にデレックに渡っていた。メモの最後の部分でデレックは次のように書いていた。

開発環境を手に入れるためには上司からの承認が必要です。正しい方法は下に書いた通りです。チケットを却下します。

　マキシンの顔は真っ赤になった。
　〈デレックがチケットを却下した？　これだけ待たせた挙げ句、上司からの承認がなかったからってチケットを却下した？　だいたいデレックってのはどこの馬の骨よ？〉マキシンは心のなかで吠えた。
　彼女はチケットシステムのなかでカーソルを動かし、クリックできるものを探した。クリックできるものは、デレックが残したポリシードキュメントへのリンクだけだった。デレックが誰でどのようにして連絡を取ればよいかの手がかりはなかった。チケットを改めて起票するためのボタンが見つかったが、無効化されて薄い色になっていた。
　マキシンは怒りに震えながら、〈やってくれたわね、デレック、このどアホ〉と心のなかで怒鳴っていた。
　腹を立てながらも、気持ちを落ち着けなければと思った。建物を飛び出し、オフィスの前のベンチに腰掛け、深呼吸してから目を閉じて50まで数えた。そしてオフィスの自分のデスクに戻った。
　マキシンは新しいチケットを起票するためのボタンをクリックした。記入項目がたくさんある空のチケットが表示されたときには、諦めて家に帰りそうになったが、そこで踏みとどまった。無理に微笑んで、もっとも優しいモードの自分を呼び出した。

デレック様。お世話になっております。私の開発環境のためにご尽力いただきありがとうございます。開発環境は、フェニックス・プロジェクトのためにどうしても必要なものです。チケット No.46132（下記リンク）をご覧いただければ幸いです。このチケットには、上司（ランディ・キーズ）の承認を間違いなくペーストできます。これから 30 分以内にランディからの承認

メールを受信します。今日中に処理していただくためにお電話を差し上げて
もよろしいですか？

　マキシンは送信ボタンをクリックし、ランディに開発環境作成に対する承
認を求める短いメールを書き、彼のデスクに走った。ありがたいことに、ラ
ンディは自分のデスクにおり、会議には出席していなかった。マキシンは彼
に用件を言い、「承認」とだけ書かれた返信メールが送られるのを彼の背後
から確認した。
　自分のデスクに戻ってくるまでに、マキシンは残忍なまでの強い決意と集
中力が身体中にみなぎってくるのを感じた。開発環境を手に入れるためには
何だってしてやる。彼女は座り、メールに書かれたランディの承認をサービ
スデスクチケットにコピペして、次のメモを追加した。

デレック様。大変お世話になりありがとうございます。こちらに上司の承認
をいただいて参りました。今日中に開発環境を手配していただけますでしょ
うか。

　マキシンは送信ボタンを押した。
　彼女は社内電話帳を引っ張り出し、IT 部門のすべてのデレックを探し出
した。デレックは 3 人おり、ヘルプデスク部門にいるデレックがもっとも
それらしい感じだった。
　彼女はそのデレック宛に礼儀正しくしっかりとしたメールを書き、ランデ
ィに CC した。まず、彼の尽力に感謝の言葉を並べ、フェニックスをビルド
できるようにしてもらえたら彼にいくら感謝しても感謝しきれないと言いつ
つ、このチケットを予定表の最後に入れてもう 1 週間待たなければならな
いようなことがないようにと釘をさした。
　送信ボタンを押すと、5 秒後に返信が来た。

これは自動応答です。サービスデスク関連のご依頼は、すべてサービスデス
クにお申し込みください。私はすべてのメールを読み、72 時間以内に応答
するよう、最大限の努力を払うつもりです。緊急の場合は、こちらの番号に
お電話ください。…

マキシンはデレックを呪った。きっと自分のデスクに足を乗せてみじめな私をあざ笑っているに違いない。彼女はチケット No.46132 関連のすべてのもの、メール、3 人のデレックの名前をプリントアウトし、それぞれがどこにいるかを調べた。ヘルプデスクのデレックは、ふたつ先のビルの下の方の階にいることがわかった。

マキシンは、デレックがいるフロアでエレベーターを下りてなかに入っていった。ヘッドセットを着けた人がコンピューターの前に座っている小さなキュービクルの行列が見えた。窓はなく、天井は驚くほど低かった。電灯がパチパチ言う音が聞こえるくらい、奇妙に静かだった。〈もっと換気扇を増やさなきゃ空気が淀んじゃうわね〉と思った。多くの人々はタイピングしており、一部の人々が電話の相手に丁寧に応対していた。

このような光景を見て、彼女は急に先ほどのデレックに対する怒りがとてもとても申し訳ないことのように思えた。彼女はデレックの席がどこにあるかを尋ねた。迷路のようなキュービクルの列をたどっていくと、インクの足りないインクジェットプリンタで印刷されたデレックの名札が見つかった。そして、デレック本人もわかった。

彼は面の皮の厚い官僚主義者というようなものではなかった。まだ 20 代前半でアジア系であり、小さな液晶画面に表示されているものを熱心に読んでいた。マキシンのラップトップの画面は、彼の PC よりもずっと大きい。彼女は、デレックについて悪いイメージを想像したことも申し訳なく思った。

予備の椅子はなかったので、マキシンはデレックの横にひざまずいた。そして、もっとも警戒感を与えないような朗らかな声で言った。「こんにちは、デレックさん。私は、先週開発環境についてのチケットを送ったマキシンです。そのチケットは、上司の承認がないということであなたが今朝却下しましたね。さっきそれを知りました。あなたがチケットを却下されたので、改めてチケットを起票しなければなりませんでした。この件についてお手伝いいただけないかと思って来ました」

「あ、どうも、チケットを却下してしまったことは申し訳ありませんでした。こんなことは初めてです」デレックは明らかに何かしくじったかと狼狽しており、一所懸命わびた。「私としては、承認が必要なリクエストに承認があることを確認せよと言われているだけでして、チケットを改めて有効に

することはできません。それができるのは上司だけです。そして、新しいチケットはキューに入り、そこで次の担当者が決まります。私の上司ならお力になれると思いますが」

　マキシンはがくっときて、これから先どうなるのかとても心細くなった。しかし、まわりに広がる人の波を見ると、今この問題を片付けなければ、自分の開発環境は永遠に手に入らないだろうという感じがした。

　「わかりました。よろしくお願いします」彼はにっこり微笑み、ふたりは外付けのオフィスのひとつに入っていった。

　それからの15分間、マキシンはデレックの上司が慣れた様子で膨大なチケットの山をかきわけて履歴をチェックしているところを見た。マキシンが机を離れてからそれまでの間に、サマンサという名前の誰かがすでにマキシンの新しいチケットを却下させていた。「注記」フィールドに承認を入れて提出することはできないというのである。

　マキシンは必死に冷静さを保とうとした。こういった人たちは、自分を助けようとしているのだ。上司がこのような不便さを申し訳ないと言った。そして、マキシンの2枚のチケットをひとつにまとめ、承認者フィールドにランディの名前を入れてチケットを有効な状態に戻した。「あとはランディがツールのボタンをひとつ叩くだけで先に進めますよ。リクエストの認可までできなくて済みません。そこは指定された管理職だけができるのです」

　マキシンは努めて明るい顔を作って尋ねた。「ランディは今すぐスマホで承認を出せますか？」もちろんダメだ。ヘルプデスクツールは、スマホが生まれる前、"移動電話"がLEDによる7個の数字しか表示できず、スーツケースくらいの大きさだった頃に作られたものだ。

　マキシンはため息をついたが、ヘルプデスクのふたりには大げさなくらいにありがとうと言った。ついに目標達成に近づいたのである。彼女がその場を離れようとしたとき、デレックがためらいがちに「ちょっと馬鹿みたいな質問をしてもいいですか？」と尋ねてきた。

　「もちろんですよ。質問に馬鹿げたものなんてありません。言ってみてください」マキシンは興奮した感じに見えないように注意しながら微笑んだ。

　「開発環境っていうのは何なんですか？　私はラップトップの問題、パスワードのリセットといったことは扱ったことがありますが、今まで"環境"とかいうものは聞いたことがないんですよ」

マキシンはすっかり申し訳ないという気持ちになった。〈なんてざまだ。今週、忍耐、親切心、共感能力についての課題を与えてくれたのは、デレックとヘルプデスク部門だったわ〉

マキシンは、冷静で思いやりがあり、他人の気持ちがよくわかると評価されていることを誇りに思っている。しかし、今の自分はこういったものを何ひとつ持ち合わせていなかったように感じる。フェニックス・プロジェクトの担当になって自分はいやな女になっちゃったのだろうか。

マキシンは、デレックに怒りの矛先を向けたのがいかに筋違いだったかを思い知った。この気の毒な男性は、彼女がプログラマーだからといって彼女に反感などまったくもっていなかった。ただ単に経験が浅かったために、与えられたルールに盲従して、彼女のチケットを却下してしまっただけなのだ。今示して見せてくれたように、彼はただ自分の仕事を果たそうとしただけなのだ。

ストレージ管理者からのメッセージ

マキシンがデスクに戻ってきたのは2時間後だった。彼女は、デレックと彼の上司をランチに招待していた。彼らのサポートへの感謝とデレックのことを悪く思っていたことへの埋め合わせのためだ。ランチは、デレックにソフトウェア開発の世界を説明するいい機会になった。デレックがとても熱心に話を聞いてくれたことはしっかりと伝わってきた。マキシンは、IT系の人々がヘルプデスク以外にさまざまなキャリア開発の選択肢を持っていることを説明した。デレックにそのなかのどれかを追求しようと思ってもらうきっかけになればうれしいことだ。

マキシンはリクエストを承認してもらおうとしてランディを探したが、彼は外出中だった。マキシンはすぐにランディの携帯を呼び出した。

ランディは、「席に戻るまで承認を出せませんが、会議が終わって戻ったらきっと承認します。5時までには終わるはずです」と言った。

マキシンは割り切れない思いで自分のデスクに戻った。ワークフローの自動化が必要なことはわかっている。工場では、彼女が書いたMRPシステムが、ほぼ一日中数千の人々の取るべき行動を制御している。厳格なプロセスがなければ、数千ドルかけて製品を大量生産することはできない。

ヘルプデスクのプロセスもそれと同じで、数千人のスタッフでサービスを提供してもほとんど一定の顧客サービスを提供するための方法として優れている。この会社でも、何十年も前に彼女の DSL モデムをインストールするためにやり取りしなければならなかったクライアント企業でも、それは変わらない。

　マキシンは考えた。〈それなら、この会社のチケットシステムでこんなに嫌な気分になるのはなぜかしら。私たちはみなパーツ・アンリミテッドの社員なのに、なにもかもが政府の官僚主義や不親切なベンダーを相手にするような感じになっちゃうのはどうしてなのかしら。友だちが友だちのために何かするときには、最初にチケットを起票しろなんて言わないわよね。たぶん、理由はそこよ〉

　翌日、マキシンはランディが約束を果たしてくれたことを確認した。開発環境のチケットを承認してくれたのである。ただ、時間が遅かったので、その日のうちに何かを始めることはできなかっただろう。

　この快挙にもかかわらず、マキシンはまだ開発環境が使えるようになるのを待っていた。がっかりした彼女は、あてもなくあっちの会議、こっちの会議に出ていた。デスクでぼんやりしていたくなかったのだ。

　新たなコーヒーが入るのを待って給湯室で時間を潰していたときにスマホが震えた。チケット No.46132 の状態変更の通知メールがいくつも届いていた。分散システムグループに対する仮想マシン割当リクエスト、別のグループに対するストレージ割当リクエスト、また別のグループに対する IP アドレス割当リクエスト、さらに別のグループに対するネットワークマウントポイント作成リクエスト、さらにそれ以外の 3 グループに対するアプリケーションインストールリクエストである。

　マキシンは歓声を上げた。ついに前進した。彼女にとって何がなんでも必要だった開発環境を作るために、サンタクロースがようやく妖精の軍隊を動かしてくれた。工作部隊がやってくる。

　マキシンは高揚した気分ですべてのチケットを読んでいった。まるで運用が全部門を挙げて取り組んでいるかのように多くの作業が行われていた。ここで急に不安になった。ひとつの環境を作るためにいったい何人の人が必要なのだろうか。

新しい開発環境でまず何をするかを自分のデスクで考えていると、スマホの通知が止まらなくなった。メールアプリを開けてみると、受信箱に 40 通もの通知が届いていて驚いた。画面上部には、すべてのチケットを却下する新しい通知が溢れかえっていた。

　マキシンの口から「嘘でしょ、あり得ない」という声が漏れた。そして、彼女はチケットの履歴を最初からたどっていった。ユーザーアカウントが作成され、マウントポイントが設定されたのを確認したが、ストレージ管理者から次のようなメッセージが入っていた。

　申し訳ありませんが、あなたのチケットは却下せざるを得ません。信じられないかもしれませんが、私たちの部門では 3 か月前から割り当てられるストレージスペースがなくなっています。1 月まで処理できないような大きなストレージ要求が入っている上に、すべてのコントローラーがすでにいっぱいになっています。購買部から、量販割引率を最大にするために、発注は年 2 回に制限すると言われています。あなたのリクエストはリストの前の方にあるので、2 月には割り当てられるはずです。

　マキシンは目をぱちくりさせた。
　今はまだ 9 月よ。
　フェニックスはこの会社でもっとも重要なプロジェクトのはずだ。3 年以上の間に 2 千万ドルを費やしている。にもかかわらず、サポートを受けようとすると、担当部門はディスクスペースを広げるための 5 千ドルが使えないと言う。5 か月も待たなければ、彼女は開発環境を手に入れられない。彼女は手で顔を覆い、キーボードに向かって無音で叫んだ。

プログラミングの楽しさ

　マキシンはすっかり滅入ってどこともなく歩き始めた。午後 2 時半だ。カレンダーには面白そうな会議はもう入っていなかった。会議は人々が待たされることに文句を言う場になっている。何かを待ち、誰かを待つ。全員がただ待っている。もうそんな人々のなかにはいたくない。
　マキシンは自分のデスクに戻り、ジャケットとラップトップバッグを手に

して会社から離れることにした。どこに行こうというあてはなかったが、今日はもうここにはいたくなかったのである。

　ハンドルを握るまでに、行き先は子どもたちが通っていた学校に決まっていた。娘たちを見ようというのではない。もう彼女たちは学校で親に会いたくないと思う年頃になっている。行こうとしているのは、5、6年生が課外活動をしている小学校である。3年前、先生たちがコーディングクラブを作ったときにマキシンも協力している。今そのクラブはとても人気を集めている。中学高校に上がる前から科学、技術、工学、数学といったものに興味を持つ子どもたちが多いのはうれしいことだ。

　マキシンはこれらのスキルを習得するのはとても大切だと考えている。これからの時代、コーディングはプログラマーだけのものではなくなり、どのような職業に就いても必要とされるスキルになるはずだ。

　教室に入っていくと、マイアとペイジがいた。どちらもマキシンが目を掛けている子どもたちだ。ふたりは親友だが激しく競い合う仲で、ときには宿命のライバルにもなる。どちらも賢く、意欲的で問題解決能力に恵まれている。

　マキシンが学校に行ったのは、学年が変わってから最初だった。[訳注3]誰もが大きく成長し、コーディングスキルも大きく上達しているのを見て彼女は驚いた。JavaScriptでゲームのようなものを書いている者もいれば、ウェブサーバーを操作している者もいる。ふたりでスマホアプリを書いているような生徒もいた。

　各グループが取り組んでいる課題を教わり、彼らが作ったものを見て気持ちよく笑い、質問に答えているうちに1時間がたっていた。マイアとペイジちょっと手伝ってほしいと言ってきたので、マキシンはすぐにそちらの方に椅子を持っていった。

　ふたりは、Pythonで数値配列の平均、中央値、四分位範囲を計算するという宿題に取り組んでいた。ふたりが同じインデントミスを繰り返ししていることはすぐにわかった。

　もちろん、ふたりがプログラムを実行しようとすると、Pythonパーサー

訳注3: アメリカの新学年は4月ではなく8月末から9月に始まります。

はインデントエラーを指摘してくる。彼女たちは、エラーを一掃するためにできることは何でもしようと思っており、自分たちのどこが間違っているのかを正確に把握しようと苦闘していたのである。

マキシンは、「ちょっとヒントを言ってもいいかしら」とふたりに尋ねた。

「もちろんです。チェンバースさん」とマイアが答えた。マキシンはちょっと戸惑った。10代の子どもたちにどのように接してもらいたいのかが自分でもわからなくなってくる。

マキシンは、ほかのプログラミング言語とは異なり、Python ではインデントが大きな意味を持つことを説明してから言った。「でもね、どんな言語を使う場合でも、いちばん大切なのは、プログラムを何度も実行してみることなのよ。私の場合、何か新しいプログラムを書こうと思ったら、ちょっと書き換えるたびにプログラムを実行するようにしてるわ。それは単にプログラムがまだコンパイル、実行できるのを確かめるためよ。そういう風にしていると、何かミスしたのに何時間も気づかないでいるってことがなくなるの。ミスしたらすぐに分かった方がいいでしょ？」

マキシンは、ミスの一部について正しいインデントの方法を教えてふたりに直させてから言った。「これで最初のミスが直ったかどうか確かめてみましょう」

マキシンはふたりのエディターのボタンをざっと見てさらに言った。「プログラムは [Ctrl]-[Enter] を押すだけで動くみたいね。おっと、ちょっと変えなきゃならないところがもう 1 個あるみたいだわ。はい、これで最初のエラーは消えましたと。じゃあ、次のエラーを直してね。エラーを全部消すまで、先に進もうとしちゃダメよ。ちょっと書き換えるたびにチェックするようにしていたら、書き換えが必要な大きな塊ができたりはしないものなの」

自分が今言ったことを反芻してから、説明を付け加えた。「プログラムをひんぱんに動かしていると、もうひとついいことがあるわよ。プログラムが動いてるってことがわかると楽しいしうれしいのよ。プログラミングってそういうことだと思うわ」

ふたりは言われたことを理解してにっこり笑うと、すごい勢いでほかのエラーも修正していった。教えたキーボードアクセラレーターをふたりが使っているのを見て、マキシンはにやりとした。

ふたりの少女は、プログラムが実際に動くようになったので笑顔になった。出力を見ていたマイアは、何かがおかしいことに気づいた。計算された平均が突拍子もない値になっていたのである。

　マキシンは言った。「たぶんこれは『オフバイワン』エラーね。オフバイワンていうのは 1 個違いってことよ。プログラマーがよくやるミスのひとつでね、配列のすべての要素をループで処理するときに、どれが最後の要素かを間違えちゃうわけ。このコードもそうよ。最後の要素を入れそこなってるみたい。でもね、要素を 1 個多く処理しちゃうともっと大変で、プログラムがクラッシュしたり、ハッカーにそこを突かれてとんでもないことになっちゃったりすることもあるのよ」

　マキシンは話していて楽しくてしょうがなくなってきた。この数十年間、状態変更とループがいかに危険で正しく直すのが難しいかということは、骨身に染みて知っている。10 年前にマキシンが深夜にフィックスして彼女の名前を轟かせたデータベースの ODBC ドライバーも、この種のバグを抱えていたのである。

　マキシンが関数型プログラミングの原則に熱心に従っている理由もここにある。今気に入っている Clojure 言語の学習は、今まででもっとも大変だったが、それはこの言語が変数をまったく書き換えられなくしているからだ。しかし、習得によって得られたものもとても大きかった。自分がよく犯していた誤り（今、この子たちがやってしまっていたような誤り）の 95% が完全に消えたのだ。

　関数型プログラミングは、思考の道具として間違いなく手続き型プログラミングよりも優れている。

　マキシンは少女たちに「もっとすごいことを教えてあげようか」と言った。ふたりがうなずくと、彼女は続けた「私ならね、こういう風にやるのよ。ちょっと奇妙な感じかもしれないけど、イテレーターを使ったらループを完全に取り除けるの。ループの書き方としては、この方が簡単だし、ずっと安全なのよ」

　マキシンはインターネットにある Python のドキュメントをちょっと見て、少女たちのエディターで 1 行のコードを書いた。何度か [Ctrl]-[Enter] を押してミスを取り除き、正解にたどり着いた。

　「できたわ。これを見て。これでもあなたたちが書いたコードと同じこと

ができるの。でも、ループや配列の最後の要素のチェックのような条件文は
いらないのよ。こんな風にたった1行だけなのに、『オフバイワン』エラー
を起こすリスクもないのよ」マキシンは今書いたコードを誇らしく思いなが
ら言った。

少女たちはマキシンのコードに目を見開き、「へー」とか「わー」と言っ
てマキシンを喜ばせた。たったこれだけのことでも、世界から不必要な複雑
さをひとつ取り除けたと考えると、マキシンもうれしくなった。これで彼女
たちは数十年分のイライラを取り除くことができ、世界は安全な場所にな
る。

マキシンは、それからもさらに1時間、チームの間を渡り歩き、子ども
たちが問題を解くところを見て、ちょっとしたテクニックを教えて彼らの力
を伸ばし、彼らを楽しませた。子どもたちが今日の作業を終え、大きくて重
いバックパックに荷物を詰め込むのを見ながら、マキシンは自分の精神状態
がとてもよくなっていることを感じた。

人が学びたいと思っていることを教える喜びはとてつもなく大きい。しか
も、ここにいる子どもたちは本当に優れている。マキシンは、ここではすべ
てが簡単だということについて考えていた。[Ctrl]-[Enter] を押せば、プログ
ラムはビルド、実行される。バグがあれば、直してキーを押せばすぐに試せ
る。

自分が今いる地獄のような職場とは正反対だ。彼女はまだフェニックスシ
ステムを一切ビルドできていない。どうしたものか、ビルドはすべての人々
の日常作業の一部ではなくなっている。

マイアとペイジは30分に渡って同じインデントミスを繰り返していた
が、パーツ・アンリミテッドには、おそらくもっと大きなミスを犯している
百人のプログラマーたちがいる。そして、彼らが間違えたことに気づくため
には何か月もかかる。

子どもたち全員が、マキシンのサポートに感謝してマキシンにさよならと
手を振っている。意外にも、彼女は悲しくなり意気消沈してしまった。自分
の職場には、今経験したような喜びと学びがない。フェニックス・プロジェ
クトに関わる人々はみな、いつもそのように感じているのではないだろう
か。

前進するために

マキシンが車を発進させようとしたときに、スマホが震えた。それは、彼女が自分のために書いたオープンソースの個人用作業管理プロジェクトのコラボレーターのひとりからのショートメッセージだった。彼女が作業日誌の管理のためにこのプロジェクトをスタートさせたのは5年以上も前のことだ。彼女は、いつも自分がどのようにして時間を使ったかを事細かに記録してきたのである。

もともとは、メール、Trello（トレロ）、Slack（スラック）、ツイッター、参考文献リスト、その他無数の場所から生まれた仕事に優先順位を付けて（トリアージして）、効率よく仕事ができるようにするためのものだった。彼女のアプリを使えば、GitHub、Jira（ジラ）、Trello、その他彼女がほかの人々やチームとやり取りするために使っている場所に完成した仕事を簡単にプッシュできる。

マキシンは、もう何年もの間、毎日このプログラムを使って自分の職業人としての生活と個人としての生活をうまくさばいてきた。このプログラムはすべての仕事の送り先であり、送られてきたすべての仕事が見られ、関連システム間で仕事を移動できるマスター受信箱である。

彼女のプログラムを使っている人はほかにもたくさんいて、自分が必要とするほかのツールにつなげるためのアダプタープログラムを書いた人もいる。世界中の無数の人々が毎日自分のプログラムを使い、20人以上のコントリビューターたちがそのプログラムのためのコードを書いてくれているということにはいつも驚いてしまう。

マキシンはショートメッセージの新しいプルリクエストを見た。このプログラムに対する新しいアダプターを書いた人がいる。提案された変更はすばらしいものに感じられる。何年も前から自分でもしたいと思っていたことだ。マキシンは、彼の変更がほかの部分に障害を起こさずに正しく機能することを示すために書かれた自動テストに承認を与えた。彼は自分の変更の内容とその理由について数段落分のドキュメントも書いている。マキシンは、そのドキュメントをチュートリアルに組み込むことも承認した。これでほかの人々も同じようなことができるようになる。

マキシンは、ほかの人々のアイデアを見るのが好きであり、彼らがアプリ

を改良しようと思ってくれることをうれしいことだと思っている。そして、コントリビューターが仕事をしやすくすることがプロジェクトオーナーとして自分が果たさなければならない第1の責任だとも思っている。

　2年ほど前、動いているプルリクエストが20を越えたことがあったが、さまざまな理由からそれをマージすることができなかった。変更が既存部分と矛盾を起こすとか、マキシンのAPIがプルリクエストで必要とされていることに対応できないといったことである。ほかの人のプロジェクトに変更を提案したのに、誰もそれを見てくれなかったり、採用できないと言われたりすればがっかりすることはマキシンにもよくわかっている。あまりそういうことが頻発すると、人々は最終的に諦めるか、フォークして新しいプロジェクトを立て、コミュニティを分裂させてしまう。

　そこで、自分のプロジェクトでも同じことが起きそうになったときには、人々がすばやく簡単、安全に加えたい変更を加えられるようなアーキテクチャーになるように、何週間もの間毎晩のように作業を続けた。大変な労力だったが、コントリビューターたちが同じ仕事を繰り返さなくても済むように、すべてのプルリクエストを自分で書き換えて組み込んだ。プルリクエストを送ってきた人たちは、自分の変更提案がプログラムに組み込まれたのを見てとても喜び、彼女に感謝した。しかし、彼ら以上の喜びを感じたのはマキシンだった。

　マキシンは、このようなアジリティ（敏捷性）を保つことが容易ではないことを知っている。ソフトウェアは、マキシンがしたような作業がなければ、どんどん書き換えにくくなっていくものだ。確かに、40年間も書き換えられていない浮動小数点数演算ライブラリーのような例外はある。浮動小数点数演算ライブラリーの変更が不要なのは、数学が変わらないからだ。

　しかし、ほかの分野、特に顧客がいる分野では、変更は日常茶飯事である。健全なソフトウェアシステムは、面倒な手順を踏まずに必要なペースで変更できるシステムである。これはプロジェクトを楽しく、コントリビュートのしがいがあるものにするためのコツであり、もっとも活発なコミュニティの多くで実現されていることである。

　家に帰ってくると、夫がすでに夕食の準備をしてくれていた。娘たちが昔通っていた学校に行って、新世代のすごいギークたちに会ってきた話をすると、彼女たちも喜んだ。

娘たちがそれぞれの宿題のために自分の部屋に入ると、マキシンは自分の
ラップトップを開いてさっきの新しいプルリクエストを見た。そのラップトッ
プを使ってコードを組み込み、新バージョンを実行してみた。ログインし
てあちこちをクリックし、いくつかの境界条件をテストして、彼が細部を正
しく処理していることを確認した。

　マキシンは満足したという様子で、ブラウザーで彼のプルリクエストを開
き、ボタンをひとつクリックして、コードベースにマージした。彼の巧妙さ
と独創力を褒め称えながら感謝のコメントを書いた。

　送信ボタンを押そうとしたところで彼がまだ何か書いていることに気づい
た。「マキシン、誰かがこのプロパティを書き換えるたびに、デスクトップ
に通知が表示されるようにしてくれたら、あなたのために大きなパーティー
を開きますよ」

　マキシンは〈いいアイデアだわ〉と思った。コードエディターを立ち上げ
ると、それから15分かけてこのアイデアを実装した。初めて動作したとき
には自分への祝福に思わず笑みがこぼれ、両手を叩いて大声で笑った。とて
もいい気分になった。技術には奇跡を起こせる力があり、ごくわずかなこと
をするだけでとても大きなことが実現できる。

　マキシンは、プルリクエストを送ってきた人へのコメントをさらに書き足
した。

繰り返しになりますが、本当にすばらしい変更ですね。きっと、すべての人
が私と同じようにこの機能が気に入ると思います。どうもありがとう！
(今、あなたのおっしゃる通知機能を追加したところです。私のためにパー
ティーを開いてくださるというご提案は、ありがたく採用させていただきま
した)。

　送信ボタンを押しながら、彼女は世界が自分にメッセージを送ってきてい
るような気がした。コーディングを覚え始めた小学生たちとの午後の時間と
自分のアプリ(フェニックス・プロジェクトよりも何年も前からある)への
機能の追加の容易さから、彼女はコーディングとはどういうものでなければ
ならないかを学んだ。

　マキシンは、集中し、フローを意識して、楽しくプログラムを作ることが

できる。自分のアプリへのフィードバックはすぐに反映される。人々は、ほかの多くの人々の許可を待たずに自分がしたいことをすることができる。アーキテクチャーが優れていれば、こういうことを実現できる。

　マキシンが追放されたのは、会社の戦略上もっとも重要で、会社の生き残りがかかっているとされているプロジェクトだ。そのように言われながらも、そのプロジェクトの数百人のエンジニアたちは、必要とされることをクリアできず、立ち往生している。

　マキシンは、フェニックス・プロジェクトでも、小学生たちのコーディングを手伝ったときや自分のオープンソースプロジェクトのプルリクエストに答えたときのようにテンポよく前進できるようにしようと決心した。たとえそのために短い期間苦労することになったとしても。

ブリッジクルーの
シュールな登場

　翌朝になっても、マキシンは前日味わった勝利の感覚に浸っていた。しかし、カートが予言したように、誰もがおかしくなっていた。リリースは中止されず、延期もされなかった。関係者全員がショックを受け、信じられないという思いでいっぱいになった。フェニックス・プロジェクトは、明日の夕方5時にローンチされることになった。

　スコット機関長にもうダイリチウムの結晶が持たないと言われているにもかかわらず、カーク船長はワープボタンを押してしまった。そのため、今朝は退屈な現状報告会議は省略された。その代わり、ほかの会議はすべてパニック寸前の人々の罵り合いになった。ある会議は、疑問、反論、不信が渦巻きあっという間に大混乱に陥った。人々はスマホやラップトップに狂ったように文字を打ち込み、室内の三分の一の人々は電話をかけていた。まるで40年代の古い映画でどこよりも早く第一報を打とうとして法廷から公衆電話やそれぞれのオフィスに競うように走って出てくる記者たちを見ているようだった。

　マキシンは隣の人に向かって怒鳴るような大声で尋ねた。「フェニックスは本番環境にデプロイされたことがあるんですか」

　「あるもんか」彼は怒鳴り返した。

　マキシンはさらに尋ねた。「もうリリースチームはできてるんですか？」

　「ねえよ。クリス、キルステン、ビルが正式なリリースチームを召集したのは今日のことだ。でも、誰が関わるのかは俺にはまったくわかんねえよ」彼はピリピリしながら神経質そうに指の爪を噛んだ。

　マキシンは無言で彼の顔を見返した。

　マキシンは他人の不幸を喜ぶわけではなかったが、誰かが自分のチケットを処理してくれるのを待つよりも、フェニックスをめぐる大騒ぎを見ていた

方がずっと興奮する。しかし、こんな状況では、自分のチケットの面倒を見てくれる人などいないだろうと思うとがっくりくる。

午前中のその後の時間になって、クリスはQA部長のウィリアムがリリースチームの指揮を執ると発表した。ウィリアムの目標は、同じく不意打ちをくらった運用と協力してすべてをリリースできる状態に持っていくことだ。

マキシンは〈しょうもない連中だわ〉と思った。フェニックスの現場が大きな問題を抱えていることを彼女は知っている。フェニックスのプログラマーたちは、自分たちのコードをひとつに結合することすらできない。結合しようとすると、うっかり一部を取りこぼしたり、ビルドを飛ばしてしまう。本番環境へのデプロイを成功させようだなんて、楽観的過ぎる。〈いや、まったくの支離滅裂よ〉

マキシンは、ウィリアムが横を走りすぎようとしたときに、「ウィリアム、リリースチームの会議はいつになりますか？」と尋ねた。遅れないように彼女も走った。「お役に立ちたいのですが」

「最初の会議は1時間後だ。猫の手も借りたいよ」スピードを緩めることすらなく、ウィリアムは答えた。マキシンは喜んだ。〈ついに自分のスキルと経験を活かすチャンスが来たわ。きっと面白い会議になるわよ〉

マキシンは、フェニックスをめぐって開発と運用がどのようなやり取りをしているかを見ている。彼らはともに仕事に取り組むチームというよりも、大使、議定書、正式な手続きといったものを交換し、外交官たちが不安定な関係をなんとか安定させようと苦労している戦争直前の主権国家のような動きをしている。これらふたつの部門の間では、トップと弁護士が出席しなければ、会議の日程さえ決まらない。

とは言え、マキシンはゲームに参加できるので喜んでいる。ひねくれた見方だが、これは彼女がフェニックス・プロジェクトでもっとも面白がっている部分だ。彼女は自分が満面の笑顔になっていることを感じている。〈私は嫌なやつになっちゃったかしら？〉そうは思ったが、臆せず笑顔に戻った。

戦略会議

早く行くつもりだったが、マキシンは戦略会議に出遅れた。入ろうとする

人が多すぎて、2回も会場を替えなければならなかったのだ。

　室内は廊下と比べて8度も高く、空気がむっとしている。25人ほどを想定して作られた部屋に50人近くの人が詰め込まれている。クリス、キルステン、ウィリアム、その他多くの主任プログラマーやマネージャーの顔が見える。ウィリアムの横に座ったカートがマキシンに手を振ってきた。

　反対側のテーブルには、ビル・パーマーを囲んでマキシンが知らない面々が集まっている。どうも彼らには何か違う感じがあることにマキシンは気づいていた。

　ビルの左側に立っているそのなかでももっとも大きな男性は腕組みをして、不機嫌そうな顔をしていた。彼は信じられないというように首を横に振って言った。「自分たちのどこがまずいのかだって？　少数のLinux（リナックス）サーバーに加えてウィンドウズサーバーが何台必要になるかわからないとか言っただろう。もういちど言ってみろよ。『少数のサーバー』ってのは正確なところ一体何台なんだ。メートル法の少数なのかヤードポンド法の少数なのか。そこがわかったとしても、Kumquat（カムクワット）サーバーだのTandem（タンデム）サーバーだのはいったいいくついるんだ？」

　彼の横には女性と若い男性が立っていた。彼らがくすくす笑うのを見て、マキシンはすぐにクラッブとゴイルを思い出した。スリザリン寮に住むハリー・ポッターのライバル、マルフォイの親友のふたりのことだ。

　開発マネージャーのひとりが答えた。「えーとですね。Kumquatサーバーでなきゃ実行できないコンポーネントがひとつあります。これは既存のメッセージバスから作らなければならない拡張版ですが、変更はごくわずかです。これが問題の原因になるはずはなく、追加される負荷も無視できる程度で…」

　マキシンの耳には、あーあという不満の声が入ってきたが、それは反対側のスリザリンからのものだけではなかった。マキシンが大きなマルフォイだと思っている大男の隣にいる若い男性もため息をついた。大きなマルフォイが言った。「技術的には、Kumquatには何も問題はないよ。Kumquatサーバー上での本番ワークロードの実行には10年の経験があるし、Kumquatの特徴はよく理解してるさ。問題は、そのクラスターのリブートにほとんど8時間もかかることだよ。セキュリティーパッチの適用のようなリスタートを起こすことには注意が必要だな。変更によっては複数回のリブートが必要

になるところが気になるんだよな。そうすると、一日中ダウンタイムってことになるじゃないか。いや、もう戻ってこないかもな」

なるほど、これが運用の人間というものかとマキシンは思った。まわりにこういう人を見かけないのも不思議なことではない。

さっきの開発マネージャーが反対側のテーブルから言った。「ウェス、私たちもそのシナリオは君と同じように恐れてる。嘘じゃない。こちらも、この3年間このアプリのプラットフォームを取り換えようとしてきたんだ。でももっと重要なものが出てきてプラットフォームの話はいつもあとまわしになっててね」

「そうだよな、お前らプログラマーってやつらはいつも機能優先だからな。作った技術的負債、まあただのゴミだけど、それを全然掃除しねえんだ」

ビルが顔の向きを変えもせずに大きなマルフォイに言った「やめろ、ウェス。問題について考えるんだ。集中しろ」

「はいはい、わかりましたよ、ボス」ウェスが答えた。「少数のLinuxサーバー、少数のウィンドウズサーバー、1台のKumquatサーバーですね。わかりましたよ。で、誰が『少数』ってやつを定義してくれるんだ？」

開発部のマネージャーたちが全員集まってそれぞれのコンポーネントの計算ニーズを表にまとめている。しっかりとしたキャパシティプランニングを行っておらず、勘で話をしているのは明らかだ。

マキシンは、思っていた以上にこのリリースには問題があると感じた。プログラマーたちは、まだコードを全部ひとつにまとめていない。それに、彼らはアプリケーションが必要とする本番環境がどのようなものかを絞りきれていない。環境を「少数の」という言葉で表現しているところにそれが表れている。

マキシンは、声を上げて尋ねた「本番システムが商品の表示、発注のために実行するトランザクションは毎秒何個になるんですか？ それから、現在のビルドが処理できるトランザクションは毎秒何個なんですか？ これらがわかれば、水平スケーリングできる部分でどれだけのサーバーが必要か、データベースみたいに垂直スケーリングされるコンポーネントのためにサーバーがどの程度必要かがわかります」

室内がシーンと静まり返った。全員がマキシンの方を見た。彼らはマキシ

ンの常識的な質問にびくっとしたようだった。ウェスの左側に座っていた女性が言った。「ありがとう。私たちが知らなければならないのはまさにそれよ」

マキシンは軽くうなずき返した。

クリスが立ち上がった。「これはこの会社の歴史全体でもっとも注目されてるリリースなんだぞ。マーケティングは全開で動いてるんだ。フェニックスのローンチの宣伝には百万ドル近く使うはずだし、店長たちは全員、すべてのお客様にアプリをダウンロードして土曜にサイトにアクセスしてくださいって言うように指示されてる。それどころか、モバイルユーザーの新規登録数の競争までしてるんだ。業界紙、ビジネス誌全部に広告も打ってる。全部の報道バラエティにサラかスティーブを出演させようとまでしてるんだ。あのグッドモーニングアメリカもだぞ」

クリスは自分のノートをめくってさらに言った。「マーケティングから手に入れた計算の上限を言っとくと、パーツ・アンリミテッドのウェブサイトとモバイルアプリに来る人が百万人、問題が起きなければ、少なくとも1秒に200の注文が切れ目なく届くはずなんだ」

マキシンには、部屋のあちこちから不満と罵りの声が聞こえた。

ウェスは部屋中を眺め回してから、クリスに向かってジョーク抜きで言った。「わかった。それは知っておいて損のないことだな」それからマキシンの方を指して言った。「でも、つい今さっき、鋭いアーキテクトが現時点のフェニックスはいくつのトランザクションを処理できるのかと尋ねたわけだ。いいか？」

クリスはウィリアムを見据えたが、ウィリアムはプリントアウトを引っ張り出していた。「今朝の最新情報ですが、うちのテストによると、フェニックスは1秒に5トランザクション前後しか処理できません。それ以上になると、モバイルアプリを含むデータベースクライアントがタイムアウトのためにクラッシュし始めます…それから、データベースのインデックスがかなり大量になくなっているみたいなんですが、まだそれがどれなのかがわかってません…」

ウィリアムが顔を上げた。「クリス、これはとてもとてもまずいことですよ」

ウェスはしばらく憮然としてじっと座っていたが、やがて愛想のない疲れ

切った声でクリスに言った。「リリースは成功しないんじゃないかな」

　誰も何も言わなかった。しばらくしてビルが尋ねた。「ウェス、どういう支援が必要なんだ？」

　ウェスが答えた。「…それすらわかんないよ。仕事に集中できるように上空から援護射撃してもらうことかなあ」

　そのとき、戸口のあたりから大声が聞こえた。「パーツ・アンリミテッドの生き残りのためには成功させなきゃいけないのよ。だから当然成功させるわ」

　マキシンは頭を抱えた。それはサラ・モールトンだった。

　彼女は高そうな明るい黄色のスーツを身にまとい、その顔はギラギラと光り輝いていた。マキシンはどうすればあんな風になれるのだろうと思った。普通なら、オフィスの蛍光灯のもとでは人は色を失い幽霊のように見えてしまうものだ。1950年代にベッド脇に置かれていた時計のように、自分を光り輝かせるために化粧品にラジウムでも入れているのだろうか。サラにはちょっと危険な感じの色気があり、室内の誰もがそれに圧倒されているように見えた。

　サラが言った。「この業界は縮んでてる上に、恐ろしい競合がうちからシェアを奪ってってるのよ。アマゾンみたいな巨大IT企業はもちろん、新しいスタートアップ20社がこのカテゴリー自体を押しつぶそうとしてるわけ。スティーブがタウンホールミーティングで言ったように、うちはこの日のために3年も準備してきたんだからね。今こそ戦いに打って出て、もともとうちのものだった領土を守るのよ」

　サラは、抵抗や反抗の芽を押しつぶすように部屋じゅうを睨みつけてさらに続けた。「これは、この会社の経営陣が決めた戦略よ。誰か文句でもある？」サラは挑発的に言った。

　信じられないことに、マキシンには自分の笑い声が聞こえてきた。ぎょっとして彼女は自分の口を覆った。〈マキシン、正気になりなさい〉何かまずいところを見られた高校生のように、彼女は自分の顔から表情を消した。〈私はいつから権力者が自分のことをどう思っているかを気にするようになったのかしら？〉という思いが頭をよぎった。

　答えはすぐにわかった。〈ああ、それはクリスが頭を下げてろと言ったときからだわ〉マキシンは、感情をはさまず、クールで論理的な雰囲気のサー

ヴィック中尉風の表情を無理やり作って穏やかにサラを見た。

　サラが冷たい目でマキシンを見ながら言った。「あなたには何かがとてもおかしかったようね。失礼だけど、お名前は？」

　穏やかに答えた。「マキシンです。私が笑ってしまったのは、あなたがフェニックスを重要だと思う**理由**を私たちに話されたからです。しかし、ここで私たちが話していたのは、どうすればフェニックスをデプロイできるかという**方法**です」

　ウェスが神経質そうに笑いながら大声で「どうもそれはとてもいい感じというわけじゃなさそうだけどな」と合いの手を入れた。

　サラは、価値を見積もるような目で部屋の全員を眺め回しながら言った。「ここには私たちのミッションに批判的な人がいるようね。タウンホールミーティングで言ったように、私たちをここまで引っ張ってきたスキルと、私たちを目的地に連れてってくれるスキルは同じじゃないわ。私たちはリーダーとしてバスに乗っているのが適切な人かどうかを見極めなきゃならないの。このことはスティーブに知らせておくわ。今回のリリースは、スティーブにとってとっても大切なものなのよ」

　スティーブの名前が出てきたところで、クリスは怒った顔でマキシンを睨んでから両手で顔を覆った。〈ちゃんと目立たないようにできたわよね〉マキシンは心のなかで自分に向かって言った。

　ここでビルが言った。「わかった、サラ、もうその辺でいいだろう。今出てきた問題点をスティーブに報告してくれ。こちらは、リリースをどうするかの究明に戻る。我々がここにいるのは、そのためだ」

　「そうね、スティーブにはここで聞いたことを報告する必要があるわ」、サラはそう言ってドアに向かったが、急に振り返ってマキシンに言った。「思ってることを言ってくれてよかったわ。今週、あなたの都合がよければ、ランチに行きましょう。あなたのことをもっと知りたいわ」

　〈うわっ〉マキシンはヘッドライトを浴びた鹿のように凍りついた。

　サラはウィンクしながら「女同士、もっと仲良くならない？」と言った。

　マキシンは硬い笑顔で「あ、はい。ありがとうございます。喜んで」と答えた。マキシンは、非常に多くの人たちの前で大胆な嘘をついてしまったことに当惑し、自分のことが嫌になった。

　サラは温かい笑顔で「きっとよ」と返し、さらに「あなたがメンターを探

しているなら私が喜んでなるわよ」と言った。ここでサラはスマホを見て言った。「あら、スティーブだわ。何か私に用があるみたい。じゃあ失礼するわね。いい、必要なのは未来を明るく考えることよ」

最高情報セキュリティー責任者

　サラが出ていくと、マキシンは今起きたことに信じられないような思いをしながら、息を長く吐いた。すばらしい人脈を作り、重要なことの実現のために力を貸してくれる人を見つけることがいかに大切かはわかっている。でも、いかにサラに影響力があっても、サラと親しくなることにはあまり気乗りがしなかった。マキシンは、仲良く付き合う相手をかなり選り好みするのである。

　それからの１時間、マキシンはフェニックスのリリースをサポートするために何が必要かを完全に理解しようとして、巨大なリリースチームを構成しているさまざまなグループの間を歩き回った。デプロイしなければならないテクノロジースタックは 12 種類ある。これはマキシンがビルドの考古学に勤しんでいたときに推計していたよりも多い数だ。

　ウィンドウズと Linux の上で実行されるさまざまなアプリケーションサーバーやウェブ上で動作するフロントエンドアプリケーションのことは把握していたが、iPhone と Android の２種類のモバイルアプリケーションのことと、それらすべてが社内のあちこちの部門の少なくとも 10 種類のバックエンドシステムを叩くことをすっかり忘れていた。これらもすべてフェニックスに対応するために書き換えなければならない。

　マキシンはまた、この塊のなかに運用チームを放り込むと、リリースに関わるチームが倍以上になることも忘れていた。これらすべてのアプリケーションを本番稼働させるためには、サーバー管理チーム、仮想化チーム、クラウドチーム、ストレージチーム、ネットワークチームが必要になるのだ。

　マキシンは、こういったことを知るうちに、本番環境へのデプロイが IT 部門の仕事のなかでももっとも複雑なもののひとつだと言われる理由を改めて噛み締めていた。それは、組織のさまざまな部分の間で調整が必要になることだ。そして、フェニックスはただのデプロイではない。フェニックスは、会社のさまざまな部門と顧客の間のやり取りの形を変えることを目的と

したシステムなのだ。

マキシンは、話を聞けば聞くほど悲観的になっていった。これだけ多くの可動部品があるシステムを最初から正常に動かすことなどとても不可能だ。マキシンは、自分の開発環境を手に入れるために無数のチケットを起票したが、その環境は未だに手に入っていない。フェニックスのデプロイには、数百、いや数千のチケットが必要になるのではないかと思っている。

マキシンが同席したグループのプロジェクトマネージャーは、「ファイアウォールもかなり書き換えなきゃならなくなるんじゃないか？ 外部トラフィックだけじゃない。システムの一部が相互通信するなんて考えてなかった…」と言った。

マキシンはえっという顔をした。グループ全体でうめき声が上がった。パティという名前だと教わった女性が、「ええ、そうね。ファイアウォールチームは、変更リクエストの処理のために普通は4週間以上かかるわ。うちの変更管理プロセスを遅いと思う？ 情報セキュリティーと比べりゃスピード狂なぐらいよ」

突然、マキシンの背後でドアがバタンと開く音がして、パティが目を上げた。「ほら、悪魔の登場よ。あれがジョン、最高情報セキュリティー責任者（CISO）よ。面白い話になるわ」とパティが言った。

ジョンは30代後半、20ポンド（約9kg）ほど太り過ぎという感じだが、着ているものはぶかぶかだった。古い西部劇のように、ジョンは両脇にふたりのお供を従えていた。ひとりは男性で、もうひとりは女性だが、何となく見覚えがあるような気がした。ジョンは、無法者の集団をつかまえた保安官のようにニヤリと笑って言った。「ついに見つけたぞ。ここに来たのは、フェニックスアプリケーションをデプロイするという悪巧みを聞きつけたからだ。このデプロイが実現するのは、私の死体を乗り越えてからだ」

ジョンの後ろの女性が、まるでジョンのこのセリフを前に聞いたことがあるかのように気まずそうな顔をした。ジョンの話は続く。「フェニックス・プロジェクトには数百万行もの新しいコードがあるだろう。私のチームが脆弱性を検査するまで、そんなものは責任を持ってデプロイできるわけがないんだ。私は監査人たちも参加するとっても面白い会議に出てきたところだ。コンプライアンス指針に違反するようなものを本番環境に送るようなことをすれば、監査人たちは黙ってないぞ。嘘じゃないからな。

CIO と IT 運用担当 VP がクビになったのは、コンプライアンス監査で以前ならまかり通っていたけど今はもう認められない問題が見つかったからだってことは**確かな**筋から聞いてるぞ。これはキミたちに対する警告だ。コンプライアンスは単なる倫理的な義務じゃないんだ。契約上の義務であり…法でもあるってことだからな」

ジョンはこの文句を言うために何回リハーサルをしたのだろうか。マキシンは、〈いやあ、この文句はなかなかいい出来だわ〉と思った。

キルステンが部屋の一番前から言った。「あなたもご存知のように、フェニックスのリリースは、CEO のスティーブ・マスターズとリテール営業担当 SVP のサラ・モールトンというトップ直々の決定です。実際、ついさっきサラが来て、私たちにそれを念押ししていきましたよ。リリースは明日の夕方５時に開始することになってます。土曜の朝に店が開いたときにフル稼働しているようにするためです」

ジョンが言った。「キルステン、それはキミの思い込みだろう。今すぐスティーブと話してくる。こんなとんでもないことは**きっと**私が止めてやるからな」

そして、ウェスに向かっていった。「キミは監査人との会議に出てただろう。これがいかに深刻なことか、明日の本番リリースなどあり得ないのはなぜか、みんなに話してやったらどうだ」

ウェスがすぐに答えた。「ジョン、悪いけど俺は当てにしないでほしいな。列車はもう駅を出発したんだ。歯磨きをチューブに戻すことはできない。俺たちにできることと言えば、ロケットが発射台で爆発して俺たち全員を道連れにしないようにするにはどうしたらいいかを考えることだけだぜ。隠喩混じりで悪かったな」言い終わるとウェスは大声で笑って部屋じゅうを見回し、同調者を探していてが、唐突に戸惑ったような表情になり、「あれ、これは直喩だっけ?」と言い出した。

ジョンの後ろにいた女性が、真面目くさった声で「ウェス、それは隠喩です。何かのことを『ゴミの山』と言った場合には隠喩ですが、何かのことを『ゴミの山のようだ』と言った場合には直喩です」と答えた。

ウェスは満足そうに笑みを浮かべて「ありがとう、シャノン。どうもいつもごっちゃになっちゃうんだよなあ」と言った。

ジョンはシャノンを睨みつけてから怒った口調でウェスに言った。「ウェ

ス、そんなことは許さないぞ。キミにはこのリリースを止める倫理的な責任がある！」そして部屋全体に向かって言った。「このリリースを止める倫理的な責任はキミたち全員にある。私はこの通り立っている。さっきも言ったとおり、フェニックスがデプロイされるなら私の死体の上だ」

ウェスが「希望ならいつでも言えるさ」と文句を言った。

ジョンとそのお供が出ていくと、引きつったような笑い声が聞こえた。キルステンは、少し気まずそうな様子で立ち上がった。「えー、私たちはフェニックスを金曜にデプロイすることに全力を注ぎますと宣言する前にちょっと時間を設けたいと思います。このなかに、このリリースに参加しない倫理的な義務があると思う方がいれば、私に申し出てください」

ウェスが声に出して笑った。「キルステン、この方向に進むのは、ほぼ確実に俺のキャリア全体を通じて一番アホな道だな。でも、チームをサポートするために、俺たちはできる限りのことをするって約束するぜ」疲れ切って諦めたという感じで彼はさらに続けた。「さあ、仕事を片付けようぜ」

マキシンは、サラとジョンの突然のシュールな登場の仕方について考えながら、あたりを見回した。彼女は、ジョン・スコルジーの『赤シャツ』[訳注1]を思い出していた。スタートレック的な世界をもとにした面白い本だ。赤シャツ、すなわち舞台の後ろの方にいる階級の低い無名の人物の視点から書かれていて、彼らはブリッジクルーと関わるとまずいことになることを学んでいく。ブリッジクルーとともに惑星にビーム着陸する任務を与えられた赤シャツは、変性血虫、精神ウイルス、肉食植物、誤ったクリンゴン妨害者爆破といった変死を遂げていく。この本では、赤シャツプラントがあたり一帯を監視しており、カーク船長やスポック副長に当たる人々がデッキから下りてくるとそれを検知して彼らが隠れられるようにするのである。

彼女は、パーツ・アンリミテッドの重役たち、すなわちブリッジクルーたちが、IT部門の「赤シャツ」たちの日常の仕事からあまりにもかけ離れていることにがっかりしていた。サラが「宇宙を守れるかどうか」はフェニックスにかかっていると念押ししても、ジョンが「正しさについての倫理的感覚」に訴えても何の役にも立たない。

訳注1: 翻訳版のタイトルは『レッドスーツ』ですが、スタートレックでも赤シャツ、赤服などと呼ばれているので、本書ではすべて赤シャツとします。

マキシンは〈私たちはみんなこの会社が直面している現実の脅威のことはわかってるわ〉と彼女は思った。ブリッジクルーの仕事は、私たちに戦略を念押しすることやマイクロマネジメントで私たちをがんじがらめにすることではなく、会社の戦略を実現可能にすることだ。私たち全員がそれぞれの仕事をできるように保障することだ。

　どうすればそれを実現することができるだろうか。

本当に必要だったもの

　サンドイッチを手に、マキシンは重い足を引きずって自分のデスクに戻ってきた。延々と続くフェニックスリリース関係の会議で、同じようにローンチの渦に飲み込まれようとしている多くの人々に囲まれて疲れ切っていた。ところが、まるでいつもの日と同じように、自分のデスクで普通に仕事をしている人もいた。

　マキシンは好奇心からそういった人々のなかのひとりに、なぜ不安そうになっていないのかを尋ねた。彼は困惑した表情で答えた。「私はプログラマーで、機能を作る仕事です。作ったものは、QAと運用に渡してテスト、デプロイしてもらいます。私の方は、次のリリースのための機能の開発に取り掛かります。それだけでもう手一杯なほど忙しいんですけど」

　マキシンは、この返事に驚いてその場を離れた。自分のキャリアでテスト、デプロイを誰かほかの人に丸投げしたことは一度もなかった。〈どのように使われてるのかのフィードバックがなけりゃ価値のあるものなんか作れるわけがないはずだけど〉と思った。

　マキシンがデスクに戻ると、3つのリングつきバインダーを持ったカートが待っていた。マキシンに気づくと、カートは満面の笑みを浮かべた。「あなたにプレゼントを持ってきましたよ」

　それは、表が満載された80ページのドキュメントだった。各節の見出しをざっと見ただけで、彼女は心臓が高鳴るのを感じた。これは、精魂込めて作られたフェニックスのビルド方法のマニュアルで、ドキュメント、ライセンスキー、ステップバイステップチュートリアルへのリンクが満載され、さまざまな動画へのリンクさえ含まれていた。動画は「うちの（とても）クレージーでハチャメチャなウェブクラスターでuberjar（ウーバージャー）を

実行する方法（8分）」、「うちの運用グループのもとでもアプリを監視できるようにするための方法（12分）」といったタイトルのものだ。

マニュアルには、20個の16進数値によるアクティベーションコードやライセンスキーが書かれており、ネットワークシェアのためのユーザー名と一時的なパスワードが書かれていた。何よりかによりうれしいのは、管理者特権のある4ノード仮想マシンクラスターへのリンクが含まれていることだ。これ以上サービスデスクチケットを起票することなく、やりたいことが何でもできるということである。

マキシンは言葉が出なかった。涙があふれるのを感じた。**ライセンスキー以上だ。**

一瞬、遠近感がなくなったような感じがした。フェニックス・プロジェクトのなかに放り込まれて以来、自分が本当に必要とするものを気にかけてくれる人がいるとはとても思えなかった。それだけにとてもありがたかったのである。

マキシンは、亡命してきたばかりの家族たちを支援するために家族全員で一日ボランティア活動をしたときのことを思い出した。亡命家族たちは、食料、石鹸、洗濯洗剤を与えられたときに涙を流し、当時10歳と8歳だった娘たちはそれを見て多くのことを学んだ。

本当に助けを必要としている人に何らかの形で支援できることほどやりがいがあることはない。彼女は助けを必要とし、助けを与えられたのだ。

マキシンは大喜びでドキュメントをめくった。ウィンドウズレジストリキーの長いリストがあった。設定しなければならないものだ。マキシンの動揺を無視してカートがていねいに説明した。「心配しなくても大丈夫ですよ。あなたのメールの受信箱にこれの電子バージョンがありますから。こういったものは全部コピペできます」

カートは目をキラキラさせながら付け加えた。「それから、何か足りない部分があったらコメントできるようなウィキページへのリンクもあります。あなたがしてくれたことにとても感謝している人がたくさんいるんです。実は、私たちは何か月も前からフェニックスのビルドというパズルを解こうとして悪戦苦闘してたんですよ。でも、その仕事をフルタイムですることはできませんでした。あなたのメモはすべての部品をひとつにまとめ上げるためにとても役に立ったんです。数か月分の仕事が一気にはかどったんですよ」

マキシンは眉をひそめた。カートが何を言っているのかよくわからなかったがそれはどうでもよかった。「本当にありがとう。私にとってどれだけうれしいことか、言葉ではとても言い尽くせないわ。お返しに何ができるかしら」

　カートは笑いながら「それじゃあ、ほかのエンジニアの仕事をしやすくするためにがんばってる私以外の誰かの力になってやってください」と答えてから真顔に戻って付け加えた。「こういった大仕事をしようとすると、とかく敵意を持たれ、邪魔が入るものですが、そういったものを乗り越えてこれを作り上げた人たちがいます。彼らに会ってみたいと思うなら、夕方の5時にドックサイドバーに来てください。私たちは毎週木曜にそこで集まることにしてるんです」

　マキシンは急に不審になって言った。「え、ちょっと待って。これでうまくいくなら、どうして誰もこれを使わないの?」

　カートが答えた「もっともな疑問です。答えはかなり意外な感じかもしれません。一言で言うと、『公式ビルドチーム』は、こういったものを認めたことがないのです。彼らは私たちがこういうことをしているのを邪魔だとか、もっと悪ければ敵対行為だと思ってます。我が社の歴史で一番大きく、たぶん一番リスキーなアプリのローンチの前日にこんな話をするのは変な感じですけど。

　でも、これが気に入っていただけたら、必要な人にはシェアしていただいてかまいませんよ。詳しいことは今晩説明しましょう。ぜひ5時にいらしてください。あなたに会いたくてしかたがない人がたくさん待ってますから。では、ビルドの成功を祈ってます」

延々と続く…

　マキシンは、ラップトップのターミナルウィンドウを開き、カートのマニュアルの指示に従って操作を始めた。何よりもうれしいのは、これが成功したら本物の使える開発環境になることだ。

　ログインできてコマンドラインに **make** と入すると、画面に次々に出力が表示された、マキシンはうれしくてしょうがなかった。

　ファイルがコンパイルされ、バイナリファイルがリンクされ、プログラ

ムがコピーされ、ビルドツールがインストール、実行され…出力が延々と、延々と続く…。

　驚いたことに、10分たってもまだビルドは続いている。15分…30分…まだ続いている。彼女はエラーなしでビルドが続いているのを見てほっとしたが、フェニックスのビルドの大きさに警戒感も持ち始めた。これは**大きすぎる**。

　45分後、マキシンはトイレが我慢できなくなってきた。でも、席を外すと何か重要なものを見過ごすのではないかと心配になる。急いでトイレに行き、駆け戻ってくると、ビルドはまだ失敗せずに続いていてほっとした。ターミナルウィンドウにはまだ延々と出力が続いている。

　彼女はスクロールバックして以前の出力も見たが、見過ごした大切な情報はなかった。マキシンは、次のリリースチーム会議には出ないでビルドをずっと見続けることにした。ちょっと無責任な感じもするが、彼女は優れたビルドプロセスを用意することは、優れたデプロイ、リリースプロセスを用意するための重要な基礎だということを知っている。そして、この謎の支援者たちのおかげで、フェニックスのビルドをついに成し遂げられるような気がする。

　ビルドの出力は眠気を誘うが、初めて見るコンポーネントもあるので勉強になる。Java（ジャヴァ）のJar（ジャー）^{訳注2}ファイル、.NET（ドットネット）バイナリー^{訳注3}、PythonやRuby^{訳注4}のスクリプト、非常に大量のシェルスクリプトがある。

　〈あれ、ポップアップしたのはリモートシェルとインストーラー？〉それが何かがわかる前に画面はスクロールアップしてしまった。マキシンは、フェニックスのサイズと使われているテクノロジーの多様性に終わりがないことに驚くとともに、まずいぞとも思っている。

　どこかからEclipse（エクリプス）^{訳注5}がダウンロードされているのを見たと

訳注2: Java言語で書かれたプログラムをコンパイルすると、機械語コードではなくJarファイルが出力されます。さまざまなマシン/OSのためにこのJarファイルをそれぞれの機械語コードに変換して実行するJava仮想マシン、略してJVMが作られています。そのため、JarファイルはJVMが作られているあらゆる機種で実行できます。Javaが生まれた当時、これは画期的なことでした。
訳注3: .NETはWindows版のJavaのようなシステムで、.NETバイナリーは.NET版のJarファイルのようなものです。
訳注4: どちらも、CやJavaとは異なり、コンパイルせずに実行できるプログラミング言語です。なお、Rubyを生み出したのは、日本のまつもとゆきひろ氏（通称：Matz）です。

きには、もう少しでスクロールバックするところだった。〈あれは一体何？〉訳注6
20分後、今度は InstallShield（インストールシールド）のインストーラー
を間違いなく見たはずだが、だんだん疲れてきて、記憶に想像が混じってき
ているような気もする。

　正直なところ、それから1時間ビルドの出力を見たあとは、画面に集中
しづらくなってきた。それでも、フェニックスの仕事をしているさまざまな
チームにはさまざまな個性があり、さまざまなテクノロジースタックがある
ことはわかった。それがここまで多いとまでは思わなかっただけだが。

　マキシンは思った。〈これは大変だわ。こんなに多くのチームがフェニッ
クスに関わってるってのはまずいんじゃないの？ 使われているテクノロジ
ースタックの多さからしても、システムの全体像を理解できる人はいないん
じゃないかしら？〉

　マキシンは、本当なら厳格な標準化は好きではない方だが、全員がそのと
きにいいと思ったものを選ぶという無秩序なやり方もよくないと思う。個々
の決定は、それを何年、いや何十年もサポートするという態度表明であり、
ひとつのチームを大きく越えるものだ。

　たいていのプログラマーと同様に、マキシンはビルドを見るのをやめると
失敗するという験（げん）をかついでいる。ビルドを始めてから3時間近くたった
ところで、ついにビルドウィンドウのスクロールが止まった。表示されたメ
ッセージを見て、彼女はがっかりしてしまった。

builder: ERROR: missing file: credentials.yaml
　（builder: エラー : credentials.yaml ファイルがありません）

　〈くそっ〉どうやら彼女が持っていないログイン名とパスワードが必要ら
しい。

　マキシンがカートにショートメッセージを送ると、すぐに返事が返ってき

訳注5: もともと Java の統合開発環境、すなわちコードを書いてコンパイルするためのプログラマー用ツール
だったものです。最近は Java 以外のプログラミング言語にも対応しています。
訳注6: プログラムをシステムにインストールするためのプログラムであるインストーラーを簡単に作るため
のプログラム。

た。

わかりました。そのエラーを消すためには、あなたのログインアカウントと
アクティブディレクトリーアカウントを紐付けるためのチケットを起票する
必要があります。それを発行できるのはスーザンだけです。連絡先を送りま
す。

　マキシンはメールではなく直接スーザンのデスクに向かった。このファイ
ルには暗号めいた認証情報が含まれており、それを発行するのは遠くにある
セキュリティーグループだということがわかった。スーザンは、数年分のメー
ルをサーチして、新しい認証情報の取得方法を見つけた。メールが見つか
ったとき、マキシンはスマホでメールアドレスの写真を撮った。
　マキシンは、あと少しでフェニックスのビルドに成功するというところま
でやってきた。

第 5 章

反乱軍

　フェニックスのビルド成功にかなり近づいたという高揚した気分のまま、マキシンは自分の車に乗り込み、5 分でドックサイドの駐車場に着いた。カートの謎めいた集会にちょうど間に合う時間だ。

　駐車場に止まっていた真新しいレクサスの IS300 はたぶんカートのものだろうと思った。彼女の隣に止まっていたのはダットサン 300 だろうか。会合がドックサイドで行われているというのは意外な感じだった。ここはエンジニアのたまり場というより、昔から工場労働者が好んで集まる場所だったはずだ。

　昼間、マキシンはカートがどんな人なのか何人かに尋ねていた。3 人は、優秀で力になってくれる人だと熱烈に支持していた。古巣の開発マネージャーのひとりは、技術部門全体でももっとも優秀な人のひとりだとまで言った。面白いことに、同僚のひとりが送ってきたショートメッセージは次のようなものだった。

カートだって？　一番切れる男だってほどじゃないと思うよ。だから QA から離れられないのさ。おまけに詮索好きで困る。なんであいつのことなんか聞いてきたの？

　このメッセージを見て、マキシンはさらに興味をそそられた。〈カートはいったい何を企んでるんだろう？〉彼がくれたバインダーのおかげで、待ちぼうけの時間は何か月分も短くなったはずだ。でも、彼はなぜそんなことをするのだろうか。彼は人が必要とするものを手に入れられる有利な立場にいることは間違いない。別に会社の資源を盗んでいるわけではないはずだ。もしそうなら、なぜそれを自分に与えてくれるのかがわからない。

" クランキー " デーブとアダム

　ドアを開けると、ホップの匂いがつんと鼻をついた。ここに来たのは数年ぶりだ。自分の記憶よりもずっときれいで明るい場所だったのでほっとした。床の上にのこぎり屑が落ちていることはないし、外見よりもずっとゆったりとしている。

　椅子は半分埋まっているだけだがうるさい。たぶん、きれいに掃除されたセメントの床のためだろう。

　カートは、彼女を見つけるとにっこり笑って手を振り、部屋の反対側のテーブルがいくつか並んでいるところに招き入れた。「みなさん、ご紹介しましょう。うまくいけば反乱軍の新しいメンバーになるマキシンです。いつもみなさんにお話ししていた人です」

　フェニックスの現状報告会議で助け舟を出してくれた気難しいプログラマーにはすぐに気づいた。それから、今日、ジョンの後ろに控えていたシャノンという小さな女性がいたのには驚いた。さらに30代後半の別の男性がいて、その隣には50代でボウリング用のシャツを着た場違いな感じの人がいた。さらにその隣には、今朝のフェニックスリリース会議で見かけたブレントがいた。そのテーブルで一番若いのが彼とシャノンだった。

　全員がラップトップを広げている。マキシンは、自分も持ってくればよかったと思った。最近、あまり使わなくなったのでいつもラップトップを持ち歩く習慣がなくなってしまったのだ。

　カートが気難しいプログラマーを指して言った。「デーブは覚えてますか？ 開発チームの主任プログラマーのひとりです。口を開けば文句ばかりだけど、技術的負債の返済とアーキテクチャー、プラットフォーム、プラクティスのモダナイズってことでは、誰よりも熱心に、やれ、やれって言いますよ」

　カートは笑った。「デーブのいいところは、決して許可を求めないところです」

　" クランキー "（気難し屋の）デーブは、マキシンに向けてグラスを上げた。笑うと肉体的に苦痛を感じるのかと思うほど最小限の笑顔を作ってから、ビールをすすった。近くで見ると、デーブは自分よりも年上のように見えた。「この会社で何かを成し遂げようと思ったらルールを破るしかない

さ。20 も会議をしなきゃ何もできないなんてやってらんねえよ」"クランキー"デーブは毒を吐いてからひと呼吸入れてさらに続けた。「さっきのは、カートが俺について言ったなかで最高の褒め言葉さ。あいつが会社のなかでブラックマーケットを開いているのは薄々気づいてただろ？」

カートは笑った。明らかにデーブに言われたことは全然気にしていない。「ぼくはみんなの問題を解決しようとしてるだけさ。ぼくに罪があるって言うなら、それはフェニックスと会社の成功を祈るあまり、官僚主義が会社をぶっ潰すのを許せないことだな。それが犯罪だって言うなら、堂々と罪をかぶってやろうじゃないか。ぼくたちの偉大な功績を誰も認めようとしないのは情けないことだよ。喜んで人助けしてるんだ。十分褒め称えるに値することじゃないかい？」

一斉にブーイングの声が上がり、テーブルの斜向いに座っていた誰かが「よく言うぜ、カート」と大声でわめいた。

それを無視してカートはベンダーの T シャツを着ている 30 代後半の男性を指さした。「彼はアダム、うちの QA エンジニアのひとりですが、肩書にだまされちゃいけません。彼はプログラマーのマインドを持ってるし、ぼくが会ったなかで最高のエンジニアのひとりでもあります。

あなたが手に入れた仮想マシンと構築済みコンテナのことでは彼に感謝しなきゃですよ。あれは全部彼が作ったんです。でも、それは彼がやってることのほんの一部に過ぎません。普段やってるのは、アウトソーサーから受け継いだ長ったらしいテストスイートの塊の自動化です」

アダムが照れくさそうに笑顔を作って言った。「実際にはあっちのブレントがほとんどやってくれたんです。彼はインフラのエースですよ。ぼくたちは 1 年以上前から環境作成を自動化するために組んできたんです。公式に認められた仕事じゃないから、夜とか週末にやってて大変でしたよ。何度も壁にぶつかったけど、今まで成し遂げてきたことには自負があります。

マキシンさん、あなたのビルドについてのメモはすごいと思いましたよ。ここにいるブレントなんか、あれを読み通したときにほとんどひっくり返りそうになってましたからね。ブレントはあの内容をまとめようとして何か月もかかってたんです」

ブレントがマキシンに向かって笑顔を見せた。「マキシンさん、あれは本当によく調べましたね。環境変数があれだけまとめてドキュメントされてる

と本当に助かります」

アダムが話を続けた。「あの環境、どうでした？　運用から正規のルートでものを提供するのは本当にやっかいなんで、私たちはあちこちから十分な量のハードウェアをかき集めてきてふたつのチームのニーズをまかなえるくらいのクラスターを作りました。もうチケットなんか起票しなくても、必要なだけの環境を手に入れられますよ」

マキシンは思わず答えた。「まあ、本当にありがとう。環境はばっちりでしたよ。あの環境で３時間かけてフェニックスをビルドしました。最後に認証情報が足りなくてエラーになっちゃったのが残念ですが」

ブレントが言った。「おお、それはすごい」

マキシンが尋ねた。「じゃあ、あのハードウェアは運用じゃなくてどこから来たんですか？」

アダムがにやっと笑った。「カートには特別なルートがあるんですよ。あっちからちょっと、こっちからちょっとってね。カートはいつも言ってますよ。どこから来たかなんて聞くのが野暮だって。たぶん、みんなが本気でチェックしたら、サーバークラスターがなくなってる人がけっこういるんじゃないかなって思ってますけどね」

アダムに向かってこらという顔を作ってからカートが言った。「サーバーの抱え込みは大問題なんですよ。運用から環境をもらおうと思ったらとても時間がかかるんでね、みんな必要以上のものを要求しちゃうわけです。おかげで運用の仕事が面倒になって、部外向けの仕事のリードタイムが長くなる。そのせいでさらに環境不足が深刻になる。まるでかつてのソ連ですよ。何でも行列して待たなきゃなんない。私たちは、そういう使われてない環境の一部を必要とされてるところに融通する第２の市場を作ってるってことです。需給の不一致を改善しようってことですよ」

カートが教授が講義するようにペラペラ話すので、"クランキー"デーブが「また始まったよ」と水を差した。

アダムが付け加えた。「でもデーブが言ってることは本当ですよ。カートはブラックマーケットを動かしてるんです」

シャノン、ブレント、ドウェイン

　カートが続けた。「マキシン、あいつらは放っといて続けましょう。あっちのテーブルにいるのがシャノン、自動セキュリティーツールを作る仕事をしてるセキュリティーエンジニアです。その前は5年近くデータウェアハウスチームにいました。今はブレントといっしょにこれからきっと広まるマーケティング戦略の一部を先取りする形で、機械学習とデータ可視化ツールキットを試すとともに、ビッグデータインフラを立ち上げようとしてます。去年の本格的なレッドチーム演習（実際にシステムを攻撃して脆弱性を洗い出す手法）の主催者ってことでたぶんご存知だと思いますが」

　マキシンは会釈しながら、だから見覚えがあったんだと思った。もちろん、あのときのことはよく覚えている。禁じ手なしの侵入テストのターゲットになったのは初めてだった。彼らは、危険なリンクが入ったメールを送ったり、重役や特に重要なベンダーのひとつのふりをしたりして、工場のシステムに侵入し、マルウェアを注入しようとした。

　マキシンは、〈この手の演習をするには相当の度胸がいるはずだわ〉と思って感心していた。同じようなことをして多くの人の顔に泥を塗ることになってクビになった人もいた。

　シャノンは、ラップトップから顔を上げると、「マキシンさん、お会いできてうれしいです。あなたのグループのことはよく覚えていますよ。全体のなかでも一番訓練されてる方でしたね。あなたの部門では、いかにもっともらしく見えても、メールのなかのリンクをクリックしないってことが全員に徹底されてました。どなたかがしっかりと訓練されたんでしょうね」と言った。

　マキシンは敬意を示しながらうなずき、「シャノンさん、お会いできてうれしいです。あなたが見つけてくれた問題箇所を何週間もかけて直しましたよ。感謝してます」と言った。

　シャノンはまたラップトップを見て何かタイピングしていたが、急に顔を上げてみなに向かって言った。「そう言えばみなさん、ジョンのあれは本当にごめんなさい。あいつはそういう奴なのよねえ、私の上司なんだけど」

　みんなが大笑いした。何人かは、昼間のシャノンの表情を真似たりした。

　カートが続けた。「その次がさっきも名前が出たブレントで、インフラ関

係のことは何でもやってる人です。マシンが AC 電源につながるなら、それはきっとブレントがやってくれたことです。ネットワーク、ストレージ、CPU、データベース、みなそうです。でも、単にドライバー仕事が得意なだけではなく、先頭に立ってオートメーションを引っ張ってるのも彼なんです。ただ、あまり優秀なもので、彼の電話はみんなの短縮ダイアルに入っちゃってるみたいなんですね。それにポケベルで呼び出されることもちょっと多すぎる。みんなでなんとかしようと努力してるんですが」

ブレントはただ肩を落として見せた。そのとき、スマホのフラッシュが光って画面に通知がどっと流れ込んできた。ブレントはスマホを取り上げると、「あーあ、またアウテージの呼び出しだよ。たぶん行かなきゃなんないんだろうな」と嫌そうに言った。彼は残ったビールをのどに流し込み、電話をかけ始めた。

出ていくブレントの背中を見ながらカートが言った。「これは本当に問題だよ。彼のワークライフバランスはどうにかしないと。確かに凄いやつなんだけど、みんながあいつに仕事を押し付けちゃうから、もう何年も前から休暇に入るときもポケベルを持たされちゃってるんだ」

少し間をおいてから、カートが紹介の続きに戻った。「最後になったけど、こちらがドウェイン」そう言ってこのテーブルでもっとも年長の人を指さした。彼はファッションだけでなく、持っているラップトップも特徴的で、画面が大きな化け物だった。「彼は運用のデータベース、ストレージの主任エンジニアで、このグループにブレントを連れてきた人でもあります。ふたりはインフラをもっといい感じに管理するためにはどうしたらいいかをいつもひそひそ相談してます」

マキシンは会釈した。フェニックス・プロジェクトのほとんどのメンバーにとって、中央集権的な運用部は単にチケットの向こう側の人に過ぎない。彼らはいつもみんなが悪口の対象にしている相手だ。しかし、カートやここにいる多種多様な人々は、それとは違う動き方をしている。通常の組織的なコミュニケーションのラインを外れ、非公式な形でつながっている。

ドウェインは、テーブルの反対側から手を伸ばしてきてマキシンと握手した。「お会いできて光栄です、マキシンさん」

マキシンは、ドウェインが本物のボーリングシャツを着ていることに気づいた。DM というイニシャルが縫い付けられそのすぐ横には消えかかったか

らしの染みがついている。

カートは話を続けた。「ドウェインは何年も前からオートメーション戦略を推進しようとがんばってきたんですが、彼とブレントの提案はいつも却下されてるんです。そういうわけで、彼らはアダムと組んで独自インフラを作ろうと動いてきたわけです。彼は運用部のほぼ全員を知っているので、彼らには何でもやらせることができます。今週の始めも、ふたつの社内ネットワークをつなぐためにファイアウォールポートを開かなきゃならなかったんですが、ドウェインがやってくれました」

ドウェインは人懐っこい笑顔で言った。「全部一日で終わる仕事だよ。でもね、不可能なことを可能にしている本物のリーダーはカートだよ。私は彼から学ぶ一方さ」

マキシンは、ドウェインが誇張した言い方をしていると思っている。ドウェインは50代半ばくらいに見える。カートみたいな若い人からいったいどれだけのことを学ぶというのだろうか。

打倒！官僚主義

カートは自分の椅子に座って後ろに寄りかかり、両腕を伸ばして言った。「マキシン、フェニックスのビルドコードを解析したあなたの手腕には、私たち全員がうなりましたよ。フェニックスの環境のほぼすべての部品を突き止めることに成功したあなたの技術的、社交的スキルは大したものだ。きっとノーと言われても決して引き下がらない、とてつもない我慢と集中が必要だったはずです」

マキシンは戸惑ってしまってあたりを見回したが、誰もが純粋に彼女の仕事に感銘を受けとばかりに彼女にうなずき返してきた。カートはさらに言葉をつないだ。「私たちは社内サークル"反乱軍"の一員としてあなたをご招待したいと思っています。私たちは社内でもっとも優秀、有能なエンジニアを勧誘し、帝国軍を撃退する好機のために秘密裏に訓練、準備を行ってます。帝国軍とは、権力を握ってアナクロで不正な秩序を形成している、何がなんでも打倒しなきゃならない勢力のことです」

誰もがくすくす笑い出し、"クランキー"デーブなどはグラスを上げて大笑いで「帝国軍の打倒のために」と叫んだ。

マキシンはさらに困惑してテーブルを囲む人たちを見回した。彼らは開発、QA、セキュリティー、運用に所属する人たちだ。仲良くなることなどまずない人たちであり、まして協力し合うことなど考えられない。そして、彼らのラップトップには、スター・ウォーズの反乱軍の小さなステッカーが貼ってあることに気づいた。まるでＸウィングのパイロットのヘルメットのようだ。彼らの目立たないが反体制的な団結の印に彼女は表情を崩した。

　マキシンの飲み物がないことに気づいて、カートが立ち上がった。「飲み物は何がいいですか？」

　「じゃあ、ピノ・ノワールを」

　カートはうなずいてバーに向かって行こうとしたが、３歩も歩かないうちに白髪で背の高い少々体重オーバー気味の男性が歩み寄って強烈にハグしてきた。彼は、大声でひどくうれしそうに、「カート、よく来たな。注文はなんだい？」

　バーのスタッフがカートのグループに接する様子を見て、マキシンは、彼らがひんぱんにここにやってきていることを察した。彼女は笑顔になった。フェニックス・プロジェクトに異動してきて初めて、マキシンは同じような思いを抱える同志たちと会えたような気がした。

　カートがバーに行っている間に、マキシンは急いで尋ねた。「あなた方はどういう人なんですか。なぜみんなここに集まってるんですか？　何を成し遂げようと思ってるんですか？」

　みんなが笑うなかで、ドウェインが口を開いた。「うちは巨大な Kumquat データベースショップだよね。私も Kumquat でがんばってきた。でも、横暴なベンダーに毎年数百万ドルも貢ぐのは嫌でさ、できる限り MySQL（マイエスキューエル）みたいなオープンソースのデータベースに切り替えたいと思ってるよ。どうやって自分の道を切り開いていくかがわかってきたんだ」

　ドウェインはみんなの顔を順に見ながら続けた。「ほかの会社はもうこれをやってる。まだ Kumquat データベースのメンテナンス料を払ってる会社は、バカすぎてほかのデータベースに変えられないだけだ」

　マキシンはその通りだとうなずいた。「賢明な考え方だと思います。私がいたグループではそれをやって数百万ドルの経費節減を実現しました。今、その分はイノベーションなど、ビジネスが必要とするほかのことのために使

っています。お金だけじゃなくて楽しかったですよ。でも、このオープンソース十字軍はどういう理由でできたんですか？」

アダムが口を開いた。「その理由は私が説明しましょう。5年ほど前、私がまだ運用にいた頃のことですが、使っていたあるミッドウェアのために決まって午前2時にポケベルを鳴らしてくるチームがありました。ごくわずかの例外を除いて、それはミドルウェアが使っているデータベースドライバーのためでした。そのドライバーにはバイナリーパッチが必要で、私がその担当だったんです。パッチを当ててシステムが動くようになっても、ちょうど6か月後にまた同じ問題が起きます。ベンダーが6か月ごとに自分のパッチをリリースするんですけど、自分のコードに私のフィックスを組み込んでくれたりするわけがありませんよね。そうするとまた午前2時に叩き起こされるわけです。同じことを何度もさせられるのです」

マキシンは〈アダムもなかなかの使い手ね〉と感心した。ここにいる全員がそうだ。

"クランキー"デーブがしかめ面になって言った。「俺はパーツ・アンリミテッドに来て5年くらいになるけど、どうしてこんなに官僚主義とサイロが幅を利かしてんだろうね。最初に山ほどあるなんとか委員会とアーキテクトたちを説得しなきゃなんなかったり、帳票を何枚も書かなきゃなんなかったりするだろ。で、優先順位がまちまちな3、4個のチームと付き合わなきゃなんない。なんでも委員会だ。誰も決断を下せない。ちょっとしたものを作るんでも、全員の同意が必要とか言い出す。ほとんど何をやるにも、2段階上がって上と話をしてから2段階下がって同僚と話さなきゃなんない」

「官僚主義だ！」アダムが叫び、みんなが笑った。

ドウェインが入ってきた。「運用では、ふたりのエンジニアが協力して何かをするためには、リターンパスが必要になることが多いんだ。上がって、横に回して下がり、また上がって、横に回して下がるってな感じでね」

"クランキー"デーブが言った。「プログラマーが困ってる誰かのためにすぐ簡単に意味のある仕事をすることができた時代に戻りてえよ。技術的負債を引きずりながら"今日の機能"をリリースするんじゃなくて、長持ちするものを作ってメンテナンスしてんだよ」

"クランキー"デーブはノッてきたようだ。「この会社を動かしてるのは、ITのことが全然わかってない重役たちと俺たちに厳格なプロセスを守

らせたがるプロジェクトマネージャーだ。PRD（製品要求仕様書）を書かせたがる隣のやつに言ってやりてえよ」

　全員が笑って叫んだ「PRD！」マキシンの顔が曇った。プログラマーの時間を浪費する前に書面による言い訳が必要だった数十年前ならわかる。しかし、今ならPRDを１ページ書く間にほとんどの機能のプロトタイプを作れる。以前なら数百人ものプログラマーが必要だったものが今なら１チームで作れる。

　戻ってきたカートがマキシンの前に赤ワインのグラスを置き、隣に座って「俺たちはスタートレックの赤シャツみたいなものさ。実際に仕事をしてるのは全部俺たちさ」と言った。

　マキシンは笑顔になって「私も前から同じことを考えていたわ」と言った。

　カートが言った。「本当に？　あなたはブリッジクルーの妄想をじかに見てるからね。あいつらはフェニックス・プロジェクトが重要だってことはわかってるけど、プロジェクトの実現のために組織をどう動かしたらいいかがわかってない。ITをアウトソーシングしたかと思うとまた社内に戻す。ひとつとかふたつの仕事をアウトソーシングしてぐちゃぐちゃにする。多くの分野で俺たちはまだアウトソーシングされてるみたいな扱いで、指揮系統の３、４段上の許可がもらえないと何もできないんだ」

　“クランキー”デーブが口をはさんだ「カートの言う通りだ。俺たちなんかただのコストセンターって扱いさ。大きな機械のなかのちっぽけな歯車で、世界のどっか適当なところにアウトソーシングできる。交換可能な道具ってことさ」

　シャノンが言った。「マキシン、私がここに来てるのはそのためなの。私たちならワールドクラスのIT組織とITカルチャーを作れるわ。私たちが生き残り、お客さんのためにイノベーションを起こし続けたいならそうするしかない。私の夢は、**社員全員**に会社のデータを守るガードマンになってもらうことよ。データ保護は、ひとつの部門だけがやる仕事じゃないわ。

　タウンホールミーティングでスティーブが言ってたでしょ。我が社は創造的破壊に打ちのめされ、eコマースの巨大企業と戦っていかなきゃなんないって。その通り、私たちはお客さんのことを知ってイノベーションを起こさなきゃ勝てない。でもそのためにはデータをマスターする以外ないのよ。私

たちが確立しようとしてるものこそが会社の未来なのよ」

全員が歓声を上げ、グラスを高く掲げた。

これからのプラン

みんなが互いにグラスを合わせて中身を飲み干すと、ドウェインがカートに向かって尋ねた。「そう言えば、お前のボスとの話はどうなったんだ？　自動テストのために予算をつけてくれってウィリアムに言ったんだろ？」

全員が耳を傾けた。

「いやね、本気でウィリアムは自動化に賛成してくれると思ってたんだよ。ふたりの開発マネージャーとひとりのプロダクトオーナーから、そうしてくれるとうれしいって言葉ももらってたんだ。そのうちのひとりなんか、『自動テストがなければ、コードを書くだけテストにかかるコストが高くなる』なんて名言まで吐いてくれたんだぜ。さすがのウィリアムも震え上がってわかりましたって言うと思ったよ」マキシンは、テーブルの空気がしぼんでいくのを感じた。

「もったいぶるなよ、カート、ウィリアムはなんて言ったんだ？」ドウェインが続きを催促した。

カートがびっくりするほどウィリアムを真似て言った。「キミ、ちょっと説明させてもらってもいいかい。キミは若い。明らかに、このゲームがどういう風に動いているかを理解してないね。私たちは QA だ。プログラマーから組織を守る役割なんだ。どうもキミは付き合ってるプログラマーが多すぎるようだが、あいつらを信用しちゃいかんし、あいつらと仲良くなっちゃいかん。プログラマーに 1 インチ与えようとすると、あいつらは 1 マイル持ってく、そういう種族だ」

マキシンは、カートの見事な物真似に大笑いした。

カートはノッてきた。「ねえキミ、キミは 50 万ドルの予算を持つとても優秀な QA マネージャーだ。ちゃんと仕事をすれば、300 万ドルの予算を持つ私のようになれるはずだぞ。私が自分の仕事をちゃんとすれば、2,000 万ドルの予算を持つ幹部に昇進できる。QA の自動化なんてことにかまけてると、キミの予算は増えるどころか減っていくぞ。キミのことを愚かだなんて言わないさ。でも、キミはこのゲームがどういう風に動いているかは明らか

にわかってないようだね」

マキシンもほかの全員と同じように大笑いした。カートが誇張していることはわかっていた。

シャノンが言った。「ウィリアムってビジネスリーダーって言うより組合のリーダーみたいね。ビジネスのために何が正しいかじゃなくて、組合の会費を上げることに力を入れてるみたいだわ」

ドウェインの温和な表情が曇った。「いやいや、運用はもっとひどいよ。少なくとも、開発はプロフィットセンターだと見られてるけど、運用はコストセンター扱いなんだよ。インフラのための予算は、新しいプロジェクトをつかまなきゃ手に入んない。金づるが見つかんなきゃお手上げさ。でもって、予算を使い切らないと、翌年の予算は削られちまう」

「ああ、プロジェクト資金調達モデル…、パーツ・アンリミテッドのもうひとつの大問題だね…」カートが言うと全員がうなった。

そこでドウェインが尋ねた。「カート、君の今のプランはどうなってるんだ？」

カートが自信ありげに答えた。「心配はいらないよ、ドウェイン。別のプランも用意してあるんだ。目立たないようにして今していることを続ける。つまり、新しくお客さんやメンバーになってくれそうな人を探すってことだな。それと、目を凝らし、耳をそばだててゲームに参加できるチャンスを探すってことさ」

ドウェインが呆れたように言った。「カート、そりゃあすばらしいプランだな。バーにたむろして、ぶつぶつ言いながらビールを飲む。すごいじゃないか」

ドウェインがマキシンの方に身体を傾けて説明した。「実はそれほどおかしな話じゃないんだ。『未来世紀ブラジル』って映画があるだろ？ セントラルサービスが来ないからって他人(ひと)の家のダクトを勝手に直しちゃう非合法の修理屋がナンバーワンのテロリストだってやつ。俺たちはその修理屋さ。俺たちはいつも人助けできるところを探ってるんだ。友だちを作り、反乱軍の新しいメンバーになってくれそうな人を探したければ、これが一番だね」

「え？」マキシンは信じられない思いで「そんなんでうまくいくわけがないでしょ」と言った

ドウェインは満面笑顔で「君がここに来たのはそういうことじゃなかった

っけ？」と答えた。

カートが話を引き継いだ。「ぼくは全方位的に活動してるよ。ウィリアムと彼の上司であるクリスとで話をしてみないってウィリアムに言ってみようかとも思ってるんだ。ぼくにとってはクリスにぼくの提案を聞いてもらうのがとても大切で、ウィリアムにもその場にいてほしいって言うのさ」

マキシンは〈うわあ、それはずいぶん大胆だし、抜け目ない感じもするけど、たぶん破滅的だわ〉と思った。

「情報はちゃんと伝えるからね」とカートが言った。「で、シェアすべき新しい情報、機密情報はあるかな？」

シャノンが今いっしょに仕事をしているマーケティング部で新しくできたデータアナリティクスグループの最新情報と、彼女が彼らとカートの打ち合わせを準備していることを報告した。「彼らは、販促活動によるお客さんのコンバージョン率を上げるためにいろいろなプロジェクトをやってるんだけど、本当に助けてあげないといけないの。ソースコントロールシステムさえ使ってないんだから。初歩的なデータ技術の問題で苦労していて、未だにデータウェアハウスの人たちから必要なものを手に入れようと思ってるのよ」彼女は、彼らの苦労が本当に気になるという様子で話した。カートがすぐに自分のラップトップで組織図を開いた。

カートはシャノンに尋ねた。「新しいデータアナリティクスプロジェクト？ スポンサーはどこ？ 予算はどれくらいあるの？ リーダーは誰？」シャノンが答えるとカートはそれをメモに書いていった。

ドウェインが自分の番になったときに言った。「俺のは悪い話なんだけどね。フェニックスのリリースのおかげで運用はみんな参ってる。先週まで誰も知らなかったし、サポートのための予算もない。みんな十分な計算、ストレージインフラを見つけるためにてんてこ舞いさ。これはこの20年ほどで一番大きなローンチだし、必要なものはいっぱいあるけど、すべて足りない。最悪だよ」

アダムが「ひでえなあ」と言った。

ドウェインが続けた。「まったくだ。俺は何か月も前からみんなに言うようにしてきたんだけど、誰も気にしてなかったんだ。今はみんな気にしてるし、フェニックスのローンチをサポートするためにほかの仕事は全部捨ててるよ。規則破りで年間の発注プロセスの枠外で発注できるように誰かが購買

に働きかけてるって聞いたよ」

マキシンは、〈数字相手の人は、危機が忍び寄ってきてもそれとは関係なしにずっと数字のことしか考えてないのね〉と思った。

ドウェインが言った。「みんな明日のリリースのための環境を準備するためにまだ駆けずり回ってるよ。開発と運用の両方が納得したビルド仕様がないってことだったんで、俺たちで書いたものを上げたら飛びついてきて早速使ってるよ。でも、今回のリリースは慌てすぎでひどいことになるだろうな」

マキシンが言った。「おっしゃる通りだと思うわ。この件のことなら私はよく知ってるけど、フェニックスのビルドを成功させようとしてもう1週間近くかかってるのよ。カートがくれた環境がなければ、まだ振り出しから抜け出せなかったはずだわ。今日発足したばかりのリリースチームで明日ローンチさせようと思ったら、とんでもないことになるわよ」

カートが真剣な顔で前のめりになり「もっと教えてください」と言った。

マキシンは、自分が誘われた理由が急にわかった。やっぱりカートは馬鹿じゃない。

支援の申し出

それから20分、マキシンは作業日誌を見ながら自分が経験したことを説明した。作業日誌はスマホからも見られる。彼女は自分のラップトップを持ってこなかったことを改めて後悔した。全員、特に帰ってきたブレントが熱心にメモを取っていた。マキシンはCIAに捕まって事情聴取されている秘密工作員のようにブレントとアダムから質問攻めに遭った。マキシンがほかの誰よりも早くフェニックスのビルドというパズルのピースをつなぎ合わせられたのはなぜかということに誰もが興味を持っていた。彼女が誰と話をしたのか、それらの人がどのチームにいるのか、どこでつまったのかについて彼らはいくつも質問してきた。

"クランキー"デーブが言った。「マキシン、とてもいい話だったよ。何年か前、自分のチームが毎日使えるようなビルドサーバーを作ったことがあったんだが、それはフェニックスのチームがまだふたつだけだった頃のことさ。今は20以上もあるだろ。ビルドチームは、アプリケーション開発者と

しての経験が足りないような連中ばかりになっちまってもうまったく役に立たねえ。情けねえことだぜ」

アダムが言った。「本当にあとちょっとですね。支払い処理サービス用の署名された認証情報が足りないだけだと思います」

ブレントが言った。「アダムが言う通りです。マキシンさん、ビルドログを見せてもらえませんか。その証明書は自前で作れるはずですよ。本物じゃないかもしれませんが、開発、テスト環境として十分であればいいわけですから」

マキシンは、自分のデスクトップにあるラップトップのことを頭に思い浮かべながら、改めて後悔した。そして、ため息をつきながら、「最初のものは明日お見せします」と言った。

カートが言った。「みんな、いい感じになってきたね。必要なものがまだ出てきたよ」そして指で数えながら続けた「環境を作ってコードをビルドできるようにすることだろ。それから、どうにかしてテストを自動化する方法とビルドを本番環境にデプロイする自動化された方法だな。それに、プログラマーが仕事らしい仕事をするためのビルド手続きだ」

カートが全体に向かって尋ねた。「じゃあ、時間を少し割いてボランティアでマキシンのフェニックスのビルドがうまくいくように協力できる人はいるかな？」全員の手が上がり、マキシンはびっくりした。

そしてマキシンの方に向き直って言った。「このやる気があって有能なボランティアたち全員が協力します。この仕事のリーダーを引き受けてもらえますか？」

マキシンは、これだけの人たちから突然支援の申し出を受けて圧倒されていた。先週は誰からも助けてもらえず、ほかの会社の面接に行くことを考えていたのだ。急に彼女は自分がどうしたいのかわからなくなった。

しかし、気を取り直して言った。「わかりました。喜んでさせていただきます。みなさんどうもありがとう。みなさんと仕事をするのが楽しみです」

マキシンは興奮した。このグループが今までしてきたこと、自分がその活動の支援者に選ばれたことに純粋に驚いていた。〈やっと同類が見つかったわ。意味のある人脈ってこういうものなのね。正式な組織図に載っているようなものとはまったく違うけど、やる気があって大きな問題を解決できる人々のグループってこうやってできるのね。サラとランチするよりも、この

グループといっしょにいた方が多くのことを学んで実現できるはずだわ〉と思った。

マキシンは、こんなことを考える自分のことを了見が狭いんじゃないか、人間が小さいんじゃないかと思った。サラと会うべきか、サラが自分のことを忘れてくれるのを待つかまだ迷っていた。

カートが一同に向かって言った。「すばらしい。ぼくにしてもらいたいことがあったら何でも言ってくれ」それからマキシンに言った。「ぼくたちは毎週会うようにしています。普通、話すことはふたつだけです。ひとつは、ぼくらの支援を必要としている人、誘ってみたい人についての情報交換、もうひとつは、パーツ・アンリミテッドの IT のあり方を変えられるような新技術や最近学んだことのシェアです。でも、ここで第3のテーマを追加しようと思うんですが、どうでしょう。それはフェニックスのビルドの進捗状況を話すことです」

全員がうなずいた。

カートが時計を見た。「みなさん、散会のまえにもうひとつ。リリースチームがフェニックスの本番実行に成功するのはいつか賭けませんか？」

もっとも楽観的な予想は "クランキー" デーブのもので、デプロイ開始後きっかり9時間後の土曜午前2時だった。ほとんどは午前3時から9時に集中しており、マキシンも午前6時ということにした。

マキシンは「だって、土曜朝8時までに店舗の POS システムは立ち上げておかなきゃならないでしょ」と言った。

全員が驚いたのは、日曜夜というドウェインの予想だ。「君たちは運用にとって今回のリリースがどれだけ不意打ちだったかわかってないな。今回のリリースは記録に残るものになるよ」

From: アラン・ペレス（経営パートナー、ウェイン - ヨコハマ・エクイティパートナーズ）
To: ディック・ランドリー (CFO), サラ・モールトン（リテール営業担当SVP)
Cc: スティーブ・マスターズ (CEO), ボブ・ストラウス（取締役会議長）
Date: 3:15 p.m., September 11
Subject: 株主価値最大化について ** ㊙ **

サラ、ディック

　今日は電話で戦略とフェニックス・プロジェクトのことを説明してくれてありがとうございました。リテーラーが e コマースの脅威にさらされているこの時代を生き残るためにオムニチャネル戦略が必要だということは賛成です。内製の商品を安売りするというのも面白いと思います。

　しかし、この 3 年で製造からリテールに投資として 2 千万ドルのキャッシュを回していますが、その効果ははっきりと出ていません。この額を会社のほかの部分に投資するか、株主に還元していれば何が得られたかが問題になります。現状では、宝くじを買った方がまだ経済的な意味があると言わざるを得ません。

　イノベーションとオムニチャネルはいい話ですが、取締役会では、お話よりもパワポのスライドの方が大切です。

　明日のフェニックスのリリースが成功することを祈ります。このリリースが重要なことはわかっています。

　アラン

大惨事

　リリース準備の緊急事態が続くなか、マキシンにとって金曜はぼんやりと
過ぎていった。開発、QA、運用がデプロイのために数百の部品を準備しよ
うとして延々と悪戦苦闘しているのがわかった。マキシンは〈正解はドウェ
インね〉と思った。しかし、自分の賭けを日曜に変えることはもうできな
い。

　フェニックスのリリースは午後 5 時に予定通りに始まった。ウィリアム、
クリス、ビルがどこにもいないので、リリース中止のために土壇場の交渉を
しているのだろうという噂が流れたが、サラとスティーブからリリースを予
定通りに進めろというメールが来て、一縷の望みは打ち砕かれた。

　マキシンは夜の 10 時になってもオフィスにいた。事態はどんどん悪化し
ており、その頃には文字通りのパニックがやってくることがひしひしと伝わ
ってきていた。いかにひどいかは、賭けでもっとも悲観的な予想をしたドウ
ェインでさえ、「こいつは私の予想よりもひどいことになるな」とマキシン
に囁いていったことからもわかる。それを聞いて、マキシンが本気で恐ろし
いと思った。

　深夜 0 時までにデータベースのマイグレーション（移行）に 5 分ではな
く 5 時間かかることがはっきりした。もう止めることもやり直すこともで
きない。マキシンはできる限り協力しようとしたが、まだフェニックスシス
テムのことをそれほど知らないので、どこに行けば役に立つことができるか
はわからなかった。

　それとは対照的に、ブレントはあちこちでひっぱりだこで、進行中の巨大
なデータベースのメルトダウンから設定ファイルの修正の支援まで、あらゆ
る問題で呼び出されている。マキシンは、これを見てブレントの作業が中断
されないようにゴールキーパー的な役割を果たすチームを作った。ブレント
でなくても解決できる問題は、このチームで解決した。

マキシンが気づいたことはほかにもあった。リリースの一部に対して責任のある人々が 200 人はいるはずだが、そのうちのほとんどの人々の仕事は 5 分ほどで終わる。そのため、この息苦しくなるほど長くて複雑で危険なオペレーションでごくわずかな作業をするために、これらの人々は何時間も待たなければならない。出番以外の時間は、見て…待つことに費やされる。

危機の真っ只中でも、人々はただ座って待っている。

すべての道はブレントに通ずる

午前 2 時までに、ほぼ 1 千軒あるすべての店舗のすべての POS レジスターが壊れる非常に現実的なリスクがあることに全員が気づいていた。パーツ・アンリミテッドは石器時代に逆戻りだ。マーケティングが展開してきた販促活動につられて約束の買い物をしに来た山のようなお客さんたちが店で大騒ぎするのが目に見えるようだ。

ブレントがマキシンに SWAT チームに入ってくれと言ってきた。朝になって店を開いたときに予想される負荷からすると、データベースへのクエリー（問い合わせ、処理要求）にかかる時間はまだ千倍も遅い。それをどうすればスピードアップできるかをいっしょに考えてくれというのだ。

マキシンは、自分の IDE とブラウザーを開き、フェニックスのプログラマー、運用のデータベース管理者の一群のなかでもう何時間も仕事をしている。商品カテゴリドロップダウンボックスをクリックすると、データベースに 8,000 件の SQL クエリーが押し寄せるのを見て、彼らはショックを受けている。

彼らがまだこの問題の解決に当たっていたときに、ウェスが顔を出し、「ブレント、ちょっと頼みたいことがあるんだが」と言った。

ブレントは、ラップトップから顔を上げさえしないで、「ウェス、ぼくは忙しいんだ」と答えた。ウェスが言った。「いや、こっちは深刻じゃない。e コマースサイトとモバイルアプリで、商品のうち少なくとも半分の価格情報が消えたんだ。価格が表示されるべきところに何も表示されないか "null" と表示される。#launch チャネルにスクショを上げてある」

マキシンは真っ青になってスクショを開いた。彼女は、データベースクエリーが遅いことよりもこっちの方がずっと深刻だと思った。

ブレントは画面をちょっとの間じっと見て言った。「クソ、また価格チームが困ったアップロードをしてくれたみたいだ」ブレントがさまざまな管理画面や商品テーブルを開くのをマキシンは前屈みになってブレントの頭越しに見た。フェニックスのなかにあるものも、マキシンが知らないシステムのものもあった。

　ブレントがログファイルを開き、商品データベースに対してSQLクエリーを送り、さまざまなアプリでその他のテーブルを開くのを見て、マキシンはメモを取っていった。ブレントがターミナルウィンドウを開きサーバーにログインしようとしたときに、初めてマキシンが尋ねた。「今は何をしてるの?」

　ブレントが答えた。「価格チームがアプリにアップロードしたCSVファイルを調べる必要があります。アプリケーションサーバーのどれかの一時ディレクトリのなかにあると思います」マキシンはうなずいた。

　ブレントが目を細めて画面を見ると、マキシンも同じようにした。第1行に商品SKU(最小管理単位)、卸売価格、定価、特売価格、特売開始日といった列名が入っているカンマ区切りのテキストファイル(CSV)である。ブレントが、「問題なさそうだけど」とぶつぶつ言っている。

　マキシンも同じように思った。「そのファイルをチャットルームにコピーしてもらえる? 私もなかを見てみたいわ」

　ブレントは「それ、いいですね」と言った。マキシンはCSVファイルをエクセルやその他のなじみのツールにインポートした。問題なさそうに見えた。

　ウェスが電話で開発マネージャーのひとりを呼び出そうとする一方で、ブレントは何がまずいのかを考えていた。ほとんど30分後、ブレントは腹が立った様子で言った。「なんてこった。BOMじゃないか」

　マキシンが戸惑ったような顔をしたので、さらに言った「バイトオーダーマークですよ」

　マキシンは「嘘」とつぶやくと、今度はバイナリーファイルエディターでこのファイルを開いた。画面を見つめ、今まで気づかなかったBOMに気づいて驚いた。BOMというのは、ビッグエンディアンかリトルエンディアン^{訳注1}かを示すために一部のプログラムがCSVファイルに書き込む非表示の先頭文字のことである。マキシンもこれに悩まされたことがあった。

116

何年か前、同僚から SPSS 統計解析アプリからエキスポートされたファイルをもらったが、自分のアプリではどうしても思ったようにロードできないということがあった。その理由は半日かかってようやくわかった。このファイルには BOM が埋め込まれており、それが最初の列名の一部だと解釈されてしまったために、ロードが失敗していたのだ。マキシンは、〈ここでも同じようなことが起きてるのね〉と思った。

　このパズルが解けたことによる知的満足はあっという間に消えた。彼女はブレントに尋ねた。「こういうことは今までにもあったの?」

　ブレントが呆れて言った。「何も知らないんですね。誰がファイルを作ったかによって毎回いろんな問題が起きるんですよ。最近よくあるのは、長さ 0 のファイルとか行なしのファイルとかです。これは価格チームに限ったことじゃなくてしょっちゅうあります」

　マキシンは愕然とした。彼女なら、すべての入力ファイルが正しい形式になっており、正しい行数が含まれていることをチェックして、本番データベースを壊すことがないのをチェックする自動テストをすぐに書くところだ。

　マキシンがブレントに尋ねた。「ひょっとして、こういった問題のあるアップロードの修正方法を知っているのはあなただけなの?」

　後ろからウェスが言うのが聞こえた。「そうだ。すべての道はブレントに通ずる」マキシンは、あとでこれについて調査、対処しようと思ってメモを書いた。

くっついたままのロケット

　価格テーブルの修正には 2 時間近くかかった。ブレントが言ったことから、マキシンはファイルをダブルチェックし、かなりの数の本番エントリが足りないという確信を得た。価格チームはリリースに参加していないので、深夜(あたりを見回すともう早朝という感じだったが)に誰も彼らと連絡を取ることができなかった。マキシンは、こういうことが再発しないような体制の構築を主張することという項目を TODO リストに書き加えた。

訳注 1: 4 バイトなどの複数バイトのデータを上位バイトから 4 個並べるのがビッグエンディアン、下位バイトから並べるのがリトルエンディアンです。1234ABCD という 4 バイトデータの場合、ビッグエンディアンなら 12 34 AB CD と並べますが、リトルエンディアンなら CD AB 34 12 のように並べます。

マキシンがデータベースチームに再合流したときには午前7時になっていた。彼らはまだクエリーの高速化に取り組んでいたが、データベースはまだ遅すぎた。東海岸ではまもなく開店だという通知が回ってきた。

フェニックスはまだ万全な状態からはほど遠かった。ドウェインがむっつりとした表情で「発射作業を始めてから14時間かかっているが、ロケットはまだ発射管にくっついてる」と言った。

マキシンは大笑いしたらいいのか、くすくす笑いしたらいいのか、声高に何かを言えばいいのかわからなかった。ロケットが発射管にくっついているというのは非常に危険なことだ。もうロケットには火薬がどっさり積み込まれており、危なっかしくてとても近寄れないのである。

午前8時になってもPOSシステムを稼働できる状態にするためにはまだ何時間も必要だった。サラのチームは、すべての店長たちにカーボン紙の使い方を教えなければならなかったし、一部の店舗は現金か個人小切手しか受け付けないようにしなければならなかった。

マキシンにとって、土曜のそれからの時間はよくわからないままに過ぎた。彼女は家に帰れなかった。フェニックスのリリースは、単なる派手なアウテージでは済まなかった。マキシンが経験したことがないようなひどい本番データ消失の事例になった。

送られてきた顧客の発注データは、どういうわけか壊れていた。数万の発注データが消えているかと思えば、同じくらいの数の発注データがコピーされて重複していた。同じデータが3、4個重複している場合もあった。発注部門の人々が数百人という単位で動員され、店舗からメールやファックスで送られてきた紙の帳票とデータベースの照合に当たった。

顧客のクレジットカード番号が大量にクリアテキスト(暗号化されていない誰でも読める形式)で転送されているという恐ろしい事態をシャノンがショートメッセージで反乱軍の全員に知らせてきたが、起きている事態全体から見れば、フェニックスの大失敗で起きたことのひとつに過ぎなかった。

カートが午後3時に反乱軍全員にショートメッセージを送ってきた。

この大惨事に展望が開けるような話ではないが、賭けにはドウェインが勝った。おめでとう、ドウェイン

ドウェインが返事を送ってきた。

ばかやろう、めでたいもんか！

　彼は燃えているタイヤの画像を送ってきた。

　マキシンは、土曜の夜までになんとか家に向かい、6時間寝てから会社に戻ってきた。〈ドウェインの言う通り、今回のリリースは記憶に残るものになったわ〉

　月曜の朝、マキシンは鏡に映った自分の姿を見て愕然とした。まわりの人々と同じように、目の下に隈ができ、頭がぐちゃぐちゃになっていた。しっかりとプレスしたブレザーは見る影もなかった。しわくちゃのブラウスについた染みをしわくちゃのジャケットで隠しただけだった。はいているのもジーンズだ。今日の彼女は全然スタイリッシュではなかった。みんなそうだったが、彼女も前の晩に着ていた服のまま寝てしまって二日酔いからようやく回復した人のようになっていた。

　土曜の朝以来、会社のeコマースサイトは、今までにない大量のトラフィックによってたびたびクラッシュしていた。現状報告会議でサラはマーケティングがフェニックスの宣伝ですばらしい仕事をしたと自慢した上で、さらにITはちゃんと仕事をしろと要求してきた。

　シャノンが「信じらんない。この災難の元凶はサラじゃない。誰かそう言ってやる人はいないのかしら」とぶつぶつ文句を言った。マキシンは肩を落とした。

　状況の悲惨さは信じられないものだった。店舗内システムの大半はまだ落ちたままだ。POSレジスターだけでなく、店舗のスタッフをサポートするバックオフィスアプリもほぼすべてだめだ。

　どういう理由なのか誰にもわからないが、会社のウェブサイトとメールサーバーにも問題が起きており、情報を必要としている人に重要な情報が届かないでいる。誰もがプログラマーのチャットルームにアクセスできるわけではないのだ。

　このような状況のもとでは、沈んでいく潜水艦に水が流れ込むのと同じように、ITのエラーは組織全体に波及していく。

マキシンは注意力が散漫にならないようにコーヒーを飲もうとして給湯室に出かけた。ドウェインも同じ目的でそこに来ていた。互いにうなずき合うと、ドウェインが言った。「カードキーが使えなくなって社内に入れなくなっている人が何百人もいるらしいよ」

　マキシンは、疲れ果てていながらも笑って「ええっ」と大声を出した。「私も、大量のバッチジョブが動かなくなった理由を調べてた人と話したところなんだけど、また給料が遅配になりそうだって言ってたわ。そこの仕事はほかの人に任せることにしたけどね」ふたりは小さく笑った。

　ドウェインはしばらく考え込んでから言った。「どうにかして人事アプリのインタフェースを叩き壊せればいいのになあ。そうすりゃあれこれの奇妙なエラーの説明がつくだろう。ほかのシステムは全部やっつけたんだからな」

　復旧作業を続ける間、マキシンはあちこちで同じような声を聞いた。「どうしてこのトランザクションはみんなエラーになるんだろう？　どこが壊れてるんだろう？　どういう経緯でこんな状態になったんだろう？　問題解決のアイデアが３つあるけど、どれを試したらいいだろう？　こんなことをしたらもっとひどくなるかな？　直ったと思ってるけど、本当に直ったのかな？

　これらのシステムが互いに複雑に絡み合っているために、マキシンの感覚はたびたびおかしくなりかけた。システムの一部をほかから切り離して理解することが容易ではないのだ。

　うろたえないでいるのが難しいときもあった。その日の割と早い時間に、パーツ・アンリミテッドのeコマースサイトは、クレジットカード番号を盗もうとする外部の敵の標的にされたように見えたことがあった。シャノンとセキュリティーチームがこれはアプリの誤動作だという結論をメールで伝えてくるまで１時間以上かかった。まずいタイミングでショッピングカートをリフレッシュすると、無作為に選ばれた顧客のクレジットカード番号と３桁のセキュリティーコード（CVVコード）が表示されていたのである。

　外部からの攻撃ではなかったのはよかったが、クレジットカード情報の流出事件であることは間違いないので、また新聞の一面に載りかねない。注目され、SNSで炎上を起こせば、全員のストレスが上がる。

　休憩してデスクに戻ってくると、マキシンは先週末に話をしたリリースに無関心なプログラマーがいるのに気づいた。彼は真新しい服を着て、十分休

養も取れているようだった。

　彼はマキシンに、「週末、大変だったんですか」とマキシンに言ってきた。

　マキシンは声が出なかった。ただじっと彼を見つめてしまった。こんなことになっているのに、この男は次のリリースのための機能をせっせと実装している。彼のまわりで大きく変わったことと言えば、ほとんどの人たちがフェニックス危機のために忙殺されているために、会議がすべて中止になったことだけだ。

　彼は自分の画面に向き直ると、パズルの自分のピースの仕事に戻った。パズルのピースはもう噛み合わなくなっているのに。いや、週末の大火災でパズル全体はもちろん、家も近所の家々もみんななくなっているのに。

From: アラン・ペレス（経営パートナー、ウェイン‐ヨコハマ・エクイティパートナーズ）
To: ディック・ランドリー（CFO）, サラ・モールトン（リテール営業担当SVP）
Cc: スティーブ・マスターズ（CEO）, ボブ・ストラウス（取締役会議長）
Date: 8:15 a.m., September 15
Subject: フェニックスのリリースについて ** ㊙ **

サラ、ディック

　フェニックスのリリースについての新聞記事を見ました。芳しくないスタートだったようですね。繰り返しになりますが、ソフトウェアがパーツ・アンリミテッドの競争力になるのか疑問に思います。IT のアウトソーシングを検討すべきではないでしょうか。

　サラ、あなたは強化のために大量のプログラマーと契約を結んだと言ってましたね。彼らが戦力になるまでどれだけかかるのでしょうか。営業チームを育てるときでも、新人たちを一人前のセールスパーソンに育て上げるためには時間がかかりますよね。新人プログラマーたちは、本当に早く一人前になるのでしょうか。それとも、間違ったことのために大きなコストを投げ捨てているのでしょうか。

よろしくお願いします。アラン

From: サラ・モールトン (リテール営業担当 SVP)
To: IT 部門全社員
Cc: 役員全員
Date: 10:15 a.m., September 15
Subject: 本番システム更新の新方針

　お客様にフェニックスシステムをお届けするためにご尽力いただきありがとうございます。これは市場での地位を取り戻すためにどうしても必要なステップです。
　しかし、IT 部門の一部の人々の判断ミスによって予想外の問題を起こし、お客様に大変なご迷惑をおかけすることになってしまいました。そこで、本番システムへの変更は、クリス・アラーズとビル・パーマーだけでなく、私の承認も必要とすることとします。
　承認なしに変更を加えることがあれば、懲戒案件になります。

よろしくお願いします。サラ・モールトン

　マキシンはサラからのメールを読んだ。フェニックス・プロジェクトへの新しい邪悪でさえある直接介入宣言だ。アウテージの呼び出しや危機管理ミーティングのたびに、会社の幹部たちは自己防衛に走り、他人に責任を押し付けようと無理なこじつけをする。ときに目立たなく、ときに大胆不敵に。

クビが危ない

　マキシンは、〈赤シャツたちが船全体の脅威となるエンジン火災の荒れ狂う炎と戦っている最中に、ブリッジクルーたちは相変わらず自己防衛に走っている〉と見ている。なかには、職務怠慢として個々のエンジニアや IT 部門全体に懲罰を加え、災難を自分の政治的な利益のために悪用する者さえいる。

当然ながら、IT部門のトップは誰ひとりとして安泰ではない。開発と運用のトップであるクリスとビルはクビが危ないという噂はマキシンの耳にも入っている。そして、IT全体が再びアウトソーシングされるという噂もある。しかし、ほとんどの人は、QAのトップであるウィリアムのクビが一番危ないと思っている。

　マキシンは、ふざけた話だと思っている。〈ウィリアムがリリースチームのリーダーに任命されたのは、リリース開始が24時間以内に迫ってからよ。災難を回避しようとしたからって、クビにされる人がいていいわけがないじゃないの〉

　シャノンが言った。「まるでテレビの"サバイバー"ね。IT担当の役員は、出番を1回増やすのでせいいっぱい。スティーブが降格になったのをいいことに、サラは会社を救えるのは自分だと見せかけようとしているみたいだわ」

　その日の午後遅く、ブレントがマキシンをミーティングに招待した。「データベースには6万件の誤った注文や重複した注文、誤った上に重複した注文があります。財務経理が正確な収益報告を出すために、ぼくたちはこれを直さなきゃなりません」

　マキシンは、1時間に渡ってこの問題についての議論に参加した。最終的に解決策は見つかったが、マーケティングのマネージャーのひとりが言った。「これは、私の権限を越えていますよ。サラは今、システム変更にめちゃくちゃ神経質になってますからね。彼女の承認を取らなきゃなりません」

　〈"クランキー"デーブが言ってたみたいな官僚主義の発動だわ〉しかも、前なら"立ち上がって1回乗り越え"ればよかったものが、今は"立ち上がって2回乗り越え"なければならない。今やプロダクトマネージャーは、全員サラに従って動かなければならないのだ。誰かが小声で言った。「死ぬなよ。サラが正しく反応することは決してないぞ」

　マキシンは思った。〈まったくだわ。サラはこの部屋にいる全員をさらにひどく麻痺させちゃったわ〉

　その日は一日じゅう緊急のものも含めてすべての決定やエスカレーションが止まった。それはマキシンが予想していなかったことだ。理由はわかっている。すべてのマネージャーがまだ説明の途中だと言うのである。なぜだろうか。先に悪い情報を仕入れておき、その実態を把握していないように見え

る失態を避けながら、メッセージをいいようにアレンジして上に伝えようとするからだ。

　カートの電話が鳴ったときも、彼とそのことを話していたところだった。カートの不機嫌そうな顔を見て、マキシンは「どうしたの？」と尋ねた。

　カートが答えた。「サラだよ。壊れた発注データのことでウェスとぼくの説明が食い違ってるって言ってるんだ。本物の緊急案件がふたつあるのに、30分割いてサラにこのことを説明しなきゃなんない」

　マキシンがカートの幸運を祈る間もなくカートはサラのもとに向かった。マキシンは手を振った。信頼の欠如と流れている情報の過多によって仕事がどんどん遅くなっていく。

　火曜日になり、マキシンはeコマースサイトとPOSシステムの両方で間欠的に発生する奇妙なアウテージについてのウェス主催のミーティングに参加した。

　サラは、これがいかに重大な案件かを思い知らせるために、ときにはすべて大文字のものも交えて何度もメールを送っていた。しかし、これがいかに重大な問題かは誰もがすでに知っている。あらゆるリテーラーにとって、発注処理は最重要課題のひとつだ。

　深刻度1のアウテージであるにもかかわらず、部屋はほとんど空だった。

　誰もが疲れ果てて家に帰らなければならなかったことは明らかだ。フェニックスのリリースのために、人々は昼も夜もぶっ通しで長時間近接して仕事をしなければならず、ほとんど寝ることもできなかった。みんな限界に達していたのである。このアウテージに対処するために必要な人々の健康状態は、全員職場にいられないほど悪化していた。実際、電話会議に出られる健康状態の人はふたりしかいなかったのである。

　「この問題をどうしてくれるのよ？　誰が解決できるの？　店長たちが困ってるのよ！　これがいかに大切なことかわかってないの？」サラが怒鳴り声を聞いてマキシンは顔を上げた。

　マキシンは信じられない思いでサラを見つめた。彼女も疲れ果て、いつものきりっとした姿ではない。3年間の身分保障があり、ほとんど何をしても非難されないテフロン加工のような能力を持つサラでも、フェニックスの大失敗では無傷でいられなかったのだ。

ウェスが両手を上げた。「私たちに何ができるかって？　ありませんよ。ア　プリケーションサポートチームは全員体調が悪くなってここにはいません。ブレントも具合が悪くなって帰ったところです。データベース管理者たちも全員不調です。ここにはめちゃくちゃ有能なマキシンがいますが、彼女とて私と同じようなものです。サービスについて十分な知識はありませんから、システムをリブートするくらいしかできることはありませんが、それはもうサポートチームがしてます」

　マキシンは、ウェスも具合が悪いことに気づいた。うっ血してひどい様子だ。充血した目の下は隈ができており、声はしわがれている。急に自分も彼と同じくらいひどい様子なのではないかと気になってきた。

　サラが言った。「そんなのは許されないわ。ビジネスは私たちにかかってて、店長たちも私たちが頼りなのよ。何かしなきゃ済まされないわよ」

　「これは、あなたがフェニックスのローンチを先に進めようと言ったときに私たちが警告したリスクですよ。しかしあなたは、『卵を割らないとオムレツは作れない』とメールしてきたんですよね。私たちはできる限りのことをしてますが、サーバーをリブートしたいというのでなければ、私たちにできることはないと言ってるんです」

　ウェスはさらに続けた。「しかし、話しておかなければならないことがあります。うちの部下たちの健康を保ち、彼らが本来の仕事をできるようにするためにはどうしたらよいかです。それから、彼らに仕事に満足してもらって、辞めないようにするためにどうするかもです。クリスは、先週重要なエンジニアがふたり辞めたと言ってましたよ。運用サイドでもふたりが辞めました。辞めそうなエンジニアはあと３人いますよ。辞めたいと思ってるのが本当は何人なのかは誰にもわかりません。

　そんなことになれば、もう完全にお手上げですよ。いつもこういうミーティングをしなきゃなりません」ウェスはここまで言うと力なく笑い、その笑いは咳に変わった。

　ウェスは自分のラップトップをつかむと、ドアから出ていった。出ていく前に言った。「サラ、あなたはこの重要な問題を解決するためにベンチにいる人間がいないなんてどういうことだと思うかもしれませんが、これは当然の結果ですよ。助けがほしいなら、医者になるかミドルウェアになってください。そして、どちらかになれるまでは、黙っててください。私たちはベス

トを尽くしています」

　マキシンはウェスのふるまいに好感を持った。彼はものおじせず、いつも
考えている通りのことを言う。

　マキシンは、ウェスを招待しないかと反乱軍に提案してみようと頭のなか
のメモに書いた。

　マキシンは、反乱軍というグループがいかに大切かということを感じてい
た。彼女にとって反乱軍は希望の印だ。睡眠不足で躁状態になっているのか
もしれないが、反乱軍はこの会社にいる最高のエンジニアの一部を組織して
いる。そして彼らなら、エンジニア全体を解放できる。…何から？ …これ
らすべてのものから。

　マキシンは〈私たちは反乱軍の結束を守って、この重要な仕事を先に進め
続けていかなきゃいけない〉と思った。

　マキシンはカートにすぐにショートメッセージを送った。

木曜のドックサイドでの集まりは何がなんでも中止できないわね。

　返事はすぐに来た。

**みんなそう思ってます。実際、みなさんにはとっておきの話があります。2
日後をお楽しみに。**

　木曜までに事態はだいぶ収まってきていた。フェニックスのもっとも目立
つ障害やパフォーマンス問題はほとんど解決できていた。障害のおかげで顧
客からのトラフィックは大幅に下がった。注文できない店やウェブストアに
行こうと思うだろうか。おかげで、全員が徹夜で仕事する必要はもうない。
マキシンも今朝は10時まで寝た。車で出勤しながら、彼女は今晩のドック
サイドでの集会をどれくらい心待ちにしているかを感じていた。

　約束通り、カートは反乱軍の全員にショートメッセージを送ってきた。

**私は少し遅れます。フェニックスのビルドのことも含めて定例の議題につい
てはドウェインとマキシンで話を進めておいてください。私は非常に特別な
お客さんを連れていきます。**

マキシンは、今晩きっとみんなに会えるはずだと思った。

　しかし、ある程度睡眠を取ったはずなのに、マキシンの体調はあまりよくなかった。自分の体調のために同僚の足を引っ張るのはどうしても避けたかった。そんな不安はあったが、彼女は再びフェニックスのビルドに取り組めるようになってとてもうれしかった。

予想外の参加者

　その夜、ドックサイドにたどり着いたマキシンは、ほかのメンバーが揃っているのを見てうれしくなった。やり方を聞いて自分のラップトップにも反乱軍のステッカーを貼り、積もる話をしたいと思っていた。しかし、全員ががっかりした様子で腹も立てているのを見て驚いた。

　自分のジャケットを椅子の背に掛けて、彼女は明るく尋ねた。「みなさん、こんにちは。どうしてそんなに不機嫌そうな感じなんですか？」

　ドウェインがマキシンを見て言った。「今送られてきたばかりのメールを読んでみなよ。あいつら、ウィリアムをクビにしやがった」と言った。

From: クリス・アラーズ（アプリケーション開発担当VP）
To: IT部門全社員
Date: 4:58 p.m., September 18
Subject: 人事異動

　即時実施。ピーター・キルパトリック（フロントエンド開発マネージャー）は辞職し、ウィリアム・メイソン（品質保証部長）は休職に入る。今までの彼らの功績に深く感謝している。

　フロントエンド開発関連のメールはランディに、QA関連のメールは私に送るようにしていただきたい。

　クリス

　マキシンはメールを読んで椅子に崩れ落ちた。魔女狩りが始まった。アダムが怒って頭を振りながら言った。「ウィリアムには言いたいことがいろい

ろあったけど、すべての責任を彼に背負わせるのはおかしい」

　クリスのメールは、フェニックスの大惨事に対する自分の責任には触れていなかった。そして、そもそも懲罰やスケープゴート探しは信じられないが、IT部門だけが責任を取らされて、ビジネス、商品部門では誰も責任を取らされないのは二重に不公平だ。

　"クランキー"デーブがスマホを見ていた顔を上げてうんざりした様子で言った。「ピーターもそうさ。彼はビジネスサイドの重役が要求したことをしただけだ。なんてひどいんだ」

　シャノンが低い声で不満をぶつけた。「こんなの間違ってるわ。嘆願書みたいなものを書いても役に立たないとは思うけど、彼らの処分に抗議しませんか？」

　アダムが言った。「悪いやつは誰も責任を取りゃしない。ぼくたちは…」

　彼はマキシンの後ろのなにものかを見つめて口を開けたまま話すのを止めている。そしてやっとのことで「なんてこった」と言った。アダムのまわりの人々も、マキシンのうしろを見てショックを受けたようだ。

　マキシンが振り返ると、カートが店に入ってくるのが見えた。

　その隣には、なんとプロジェクトマネジメント室長のキルステンがいる。

　「なんてこった」アダムの声が聞こえた。彼はおびえたようにラップトップを閉じ、この場から逃げようとしているかのように立ち上がった。

　マキシンが言った。「アダム、頼むから座ってよ。秘密警察の摘発に遭ったわけじゃないのよ。私たちは誰も悪いことをしたわけじゃないわ。誇りを持って」

　"クランキー"デーブが引きつったように笑ったが、ほかの全員と同じように、彼も何かを隠すようにラップトップを閉じていた。

　キルステンはいいブレザーを着ていた。マキシンのいつものカジュアルな仕事用の服よりも２ランク上、テーブルを囲んでいるほかのエンジニアたちのパーカーだのTシャツだのボーリングシャツだのといった衣装よりも４ランク上だ。

　マキシンは、ドックサイドでは自分が少し場違いに見えるのはわかっていた。しかし、「上級法律顧問のためのイベントに出かける途中でタイヤがパンクし、携帯も使えないので、助けを求めにやってきたような感じ」のキル

ステンは完全に場違いだった。

　カートは笑顔でみんなの顔を見て言った。「知らない人のために紹介しましょう。彼女は、我々 IT の人間との関係はともかく、パーツ・アンリミテッドでもっとも信頼されている部署であるプロジェクトマネジメント室の室長、キルステンです。彼女は CFO のディック・ランドリーに日常的に進捗状況を報告する立場の人です」

　マキシンは〈まったくその通りだわ〉と思った。キルステンは秩序と規律に仕える高位の女神官と言うべき存在だ。社内の主要なプロジェクトに赤、黄、緑のランクを与え、関係者はそのためにポストを失ったりキャリアが終わったりする。タウンホールミーティングの CFO の演説で、サラと営業担当 VP 以外ではもっともよく名前が上がっていたのがキルステンだ。

　キルステンは、座りながらテーブルのピッチャーから自分のビールを注ぎ、カートのグラスにもビールを注いだ。カートはキルステンに全員を紹介してからマキシンの方を差し、「最近反乱軍のエリートグループに加わったマキシンです。彼女は給与システムのアウテージで割を食らってフェニックス・プロジェクトに追放されましたが、それ以来彼女のすばらしい能力は完全に宝の持ち腐れです。つまり、我々が古臭く無慈悲で強権的な既存秩序の破壊のために彼女を誘い…えっと…」カートはキルステンがその秩序の一員であることに気づいて急に気まずそうな様子になったが、なんとか「もちろん、ここにいる仲間は別です」と言った。

　キルステンはそれに対し、ただグラスを上げた。

　カートは話を続けた。「マキシンは、退屈な時間のなかで意味を見つけようとして、フェニックスを繰り返しビルドできるような環境を作ろうと思い立ちました。フェニックスチームが 1 年以上前から放棄していたことです。私たちがこれはいい、ぜひすべきだと思うものはさまざまですが、全員が一致してそうだと思うものもあります。ビルドを何度でも実行できるようにすることもそのひとつです。これは、もっとも差し迫って重要な技術的習慣で、今すぐにでも実現しなきゃいけません。継続的ビルドが実現すれば、自動テストを実現できます。自動テストが実現すれば、膨大な時間のかかる手動テストに頼らなくても、自信を持ってすばやくシステムを変えていくことができます。そして、それこそが、お客様によりよい価値をより安全、よりスピーディに気持ちよく届けるための第 1 歩だと思うのです。

継続的ビルドがなければ、生産ラインのない自動車メーカーのようになってしまいます。工場の目標とは無関係にみんなが思い思いのことをして先に進まなくなくなるということです。問題点はデプロイのときや本番稼働してから見つけるのではなく、ビルド、テストプロセスの過程ですべて見つけるようにしなきゃいけません。

私は1年前からこういう風にしたいと思ってきましたが、私の上司、あ、いや最近去った前の上司はそうは思いませんでした。そこで、私は上司には内緒で自分のチームのメンバーにこのための作業をしてもらいました。それと同時に、この動きを支援したいと思い、その能力のある社内でもっとも優秀なエンジニアを探してきました。マキシンは、驚くほど短い時間でとてつもなく大きなことをしてくれました」

カートはひと呼吸置いてからさらに続けた。「えー、それでは全員でウィリアムに乾杯しましょう。彼と私には考え方の違いはありましたが、フェニックスの大失敗の責任を一身に背負わされるいわれはありません」

マキシンもほかの全員と同じように杯を上げた。そして、テーブルを囲む全員とグラスを合わせた。

マキシンは、キルステンの方を向いて話した。「キルステン、まさかと思われるかもしれませんが、このグループは大きな違いを生み出せると思ってますよ。私は、プログラマーたちが開発環境を手に入れるために何か月も待っているところを見ていますからね。環境がなく、ビルドが中央集権化されていると、さまざまな形で私たちの仕事は遅れていきます。実際、ほとんどの開発チームは、環境やビルドを諦めて、ばらばらにコードを書くだけになっていきました。書いたコードがシステム全体のなかで本当に動作するかどうかなど考えてなかったんですよ。

先週フェニックスのリリースで起きたことを考えてみてください。技術習慣がもっとよければ、あんなことは避けられたはずです。なんてもったいない…と思ってますよ」

"クランキー"デーブが言った。「俺たちはみんなマキシンと同じ考えだよ。でも、キルステン、あんたはいったいなんでここにいるんだ？」

全部自業自得？

　キルステンが笑った。「私は、この会社でのITのマネジメントがうまくいってないんじゃないかって長い間悩んでたんですよ。単にフェニックスのリリースが大惨事になったということだけじゃないんです。プロジェクトのプランとしてはまだ何年も先のことになってますが、我が社がフェニックスに求めるすべてのことを考えてみてください。

　カートは何か月も前から反乱軍がしている仕事について私に話してくれてました。でも、私がなるほどと思ったのは、この会社がいつの間にかとてつもない量の根回しなしでは、数百人のエンジニアたちがごく簡単なこともできないような体制を作ってしまったってカートに言われたときです。確かに、私たちの仕事は、社内で一番重要なプロジェクトを守ることです。でも、本当なら、私たちが何も支援しなくても、しておいてほしいことはなされているっていう状態になるべきですよね。ところが、プロジェクトマネジメント室は、複雑な依存関係のために一つひとつの課題に引きずり込まれてしまって、いつの間にか、書類提出催促軍団になってます。

　私たちは、フェニックスのさまざまな部分の仕事をしている300人近くの人々の仕事を追跡しています。しかし、実際にかけられている労力はそれ以上です。メンバーが10人のチームが30個あって各チームが独立に仕事をするというイメージで捉えられがちですが、実際には、メンバーが300人のチームがひとつしかないようなときもあるし、メンバーがひとりのチームが300個あるようなときもある。どっちにしても、どこかに大きな問題があります」

　キルステンはカートの方に向き直った。「あなたはどんな言葉を使いましたっけ？　スイカプロジェクトだったかしら。外から見ると緑だけど、なかは真っ赤だって。最近の我が社のITプロジェクトはみんなそんな感じです」

　キルステンはさらに話を続けた。「私はこの会社に来て15年になりますが、その間、ITをアウトソーシングしたりインソーシングしたりってことを繰り返してきました。前回は、CIOが『パーツ・アンリミテッドはもう人間を相手にしているような会社じゃない』なんて信じられないことを言って、すべてをアウトソーシングしてしまいました。その後、ほとんどを社内に戻しましたが、そうやって引き戻したものは、すべての面で今までのどん

な時期よりも悪くなってました。このようにして、私たちはもっとも初歩的な能力の一部さえ失ってしまったのです。去年のことですが、データウェアハウスで単純なスキーマ変更をしなきゃならなくなりました。そこで、いつものアウトソーシングパートナー各社にリクエストを送りました。見積もりが返ってくるまで3週間もかかりました。で、完成までに1万時間かかるとか言い出したんですよ。ITをアウトソーシングする前なら、ほんの数時間でできたはずのことです」

　マキシンは暗算してみた。コンサルタント時代の経験から考えると、フル稼働のエンジニアは年間2千時間の仕事をしている。これは、1週間に40時間、1年に休暇なしで52週間働くということだ。彼女は吹き出した。「5人のエンジニアが1年間フルタイムで仕事しなきゃ、データベースの列を変えることもできないですって？　私なら15分でできますけどね」

　カートが寂しげな笑いを浮かべて言った。「嘘じゃないんだ。データウェアハウスの変更のためには、2つだか3つだかの別々のアウトソーサーに関わってもらわなきゃならなくてね。各社の営業担当を集めてミーティングしなきゃいけない。営業担当はそれぞれ実現可能性を検討しますとか言って料金を請求してくる。エンジニアたち全体の間で変更内容を調整するためにさらに数週間かかり、変更内容で一致してもそれからチケットが何週間も行き来することになる。変更を実現するってことは、とてつもなく壮大な事業になっちゃったんだ」

　ドウェインが大声で笑った。「それでひどいってのか？　まだ全然ましな方だぜ。昔は工場全部に3つずつネットワークスイッチがあったんだ。ひとつは工場内の操業用、もうひとつは社員と来客のためのWi-Fi用、最後のひとつは自社への電話が必要な原材料メーカー用だ。

　でも、2年前のたぶん予算策定のときだと思うけど、どっかの数字にうるさいやつがこの3つのネットワークベンダーに目をつけてひとつにまとめることにしちゃったんだ。もっともらしい話だろ？

　だから誰にも話を聞かずにそれをどんどん進めちゃったわけ。それもひとつの工場だけじゃなくて全部の工場さ。3つのスイッチを取り外して、元のやつよりもでかい強力なスイッチに取り換えて、工場のトラフィックをそこに一本化したんだ。でも、そいつらは、3本の違うネットワークを管理してるのが3つの違うアウトソーサーだったことを知らなかったわけ。だか

ら、今まで専用のスイッチを持っていた3つのアウトソーサーがひとつの
スイッチを共有しなきゃならなくなって、そいつらの間でしょっちゅうもめ
るようになったんだ。

　1週間もたたないうちに工場のひとつでネットワークがまるまるつながん
なくなった。工場のなかから外の人に向けて何も話ができなくなったわけ。
工場の製造日程を伝えられなくなり、補充注文が出せなくなり、装置のメン
テナンスができなくなった。インタフェースが全滅したわけだからね！」

　ドウェインの話の続きは、このアウテージがいかに大規模なものだったか
をもっと鮮明に示すものだった。「唯一つながってたのがファックスさ。経
営陣に渡す週間生産報告だの、原材料の発注だのといったものを送るため
に、あちこちの部門のあれこれの人が一列に並んで待たなきゃならなかった
んだ…」

　マキシンが笑い出した。「覚えてる覚えてる、あれはひどかったわ。ネッ
トワークプリンターにつながんない2台のマシンのために近所の事務用品
店でUSBプリンターを買ってこなきゃなんなかったのよ。ほとんど1週間
近く、まるで1970年代に戻ったようだったわ」

　アダムがテーブルの反対側からつぶやいた。「先週末の店舗内システムで
起きたこととまるで同じだな」

　ドウェインはビールを飲んで椅子の背に寄りかかった。話の続きを聞こう
として誰もがドウェインの方を見ていた。「サービスの復旧のためになんで
1週間もかかったかわかるかい？　誰も起きたことの責任を取ろうとしなか
ったんだ。アウトソーサー3社は、どこも自分の責任じゃないと言い張っ
た。アウトソーサーのなかの1社がほかの全員のアカウントを止めたこと
をはっきり示しているログファイルを突きつけてもそう言うんだぜ。結局、
自分が加えた変更がほかの2社に壊されるのに耐えられなくなったどっか
のアウトソーサーが、ほかのアウトソーサーを締め出したんだろうね」

　みんなが大笑いしたが、マキシンだけは顔が真っ青になった。

　ドウェインの話はまだ続いた。「その週はまるまるアウトソーサー3社が
ほかの2社を非難し合い、ネットワークは何日も止まったままだった。解
決要求は次々にエスカレーションされてスティーブのところまで言った。そ
う、CEOのところまでだよ。スティーブがアウトソーサー3社のCEOた
ちを同じ電話に呼びつけても、ネットワークが復旧するまで24時間近くか

かったんだ」

　みなが笑っているなかで、マキシンがゆっくりと話し始めた。「面白い話ね。ネットワークスイッチをひとつにまとめること自体は、悪いことじゃないわ。もともとは、3つのチームが専用ネットワークを持っていてほかのチームのことを考えずに仕事することができた。でも、3つが同じネットワークスイッチに押し込められたおかげで、唐突に3つは密結合になって、ほかの2社のことを考えずに仕事することができなくなった。互いに相手の邪魔にならないようにするために話をして調整しなきゃならなくなったのよね」

　マキシンの声に威厳が感じられるようになってきた。「3つのアウトソーサーは、ひとつのスイッチに押し込められちゃったおかげで、3社の仕事を全部書き込んだマスタースケジュールを作らなきゃならなくなったんでしょう。で、さらに言えば、今までそんなものはいらなかったのに、プロジェクトマネージャーを入れなきゃならなくなったはずよ」

　マキシンの声はさらに熱を帯びてきた。「これはひどい。最初はコスト削減のつもりだったのに、関係者全員のコストが上がってるわ。で、みんなの仕事はそれまでよりも遅くなったはずよ。全員で話をして、調整して、プロジェクトマネージャーが矛盾を起こさないように仕事をさばかなきゃならなくなる」

　彼女は叫んだ。「まあ驚いた。まるでフェニックス・プロジェクトじゃない！」

　テーブル全体が静まり返った。恐ろしさ半分、話が見えてきたのが半分で、全員がマキシンのことを見つめた。

　シャノンが尋ねた。「フェニックス・プロジェクトの問題は全部自業自得だって言いたいの？」

　キルステンは当惑して眉間にしわを寄せていたが、何も言わなかった。マキシンが答えた。「ええ、自業自得だったと思うわ」

　マキシンの後ろから声がした。「マキシン、君は正しいよ。君たちを待ち受ける課題の規模と重大さに気づきかけてる」

見えてきた課題

　聞き覚えのある声は、意外にも前回マキシンがドックサイドに来たときに見たバーテンダーの声だった。

　彼はマキシンの横にドリンクのトレイを置くと、カートの背中をぽんぽんと叩いた。そして、キルステンの方を向き、「いやあ、フィングルさんじゃないですか。本当にお久しぶり。反乱軍本部のドックサイドへようこそ」

　キルステンは相手を見ながら、「まあ」と声を上げた。

　カートがいつもとはうって変わって自信なさそうに「え、おふたりは知り合いだったの？」と尋ねた。

エリック・リード博士

　キルステンが笑った。「こちらはエリック・リード博士よ。あなたは知らないかもしれないけど、スティーブとディックは、何か月も前から彼を取締役会メンバーに入れようと画策してるの。エリックはパーツ・アンリミテッドに何十年もいたのよ。それどころか、80 年代の最初の MRP システムのロールアウトにも参加してたわ。そのあとは、工場がリーンの原則と実践を取り入れるのを手伝ってた。私たちは最初の自動 MRP システムを作った仲間で、彼は工場のなかのヒーローだったのよ」

　カートは親指でバーテンダー氏を差しながら、信じられないように「彼が？」と言った。

　驚いたのはマキシンも同じだ。彼女は、数年前から内製のすばらしい MRP システムの開発と運用を引き継いできたのだ。すばらしいフローを生

訳注 1：リーン（lean）は「贅肉のない、痩せた」という意味の言葉で、主としてトヨタ生産方式（TPS）からヒントを得て提唱された、無駄を削ぎ落とした生産方式のこと。

み出す見事な動作だけでなく、ラインの作業者と生産管理の役職者の両方に学びを与えるコードの書き方を見て常々すばらしいなと思ってきた。

エリックは鼻を鳴らしながら、「聞いたことを全部真に受けちゃだめだよ」と言った。

マキシンはささっとエリックを観察した。50代半ばから終わりくらいに見える。MRPシステムの草創期の人たちの年齢として間違ってない。体の作りが大きく、若い頃はかなり無理が効いたのだろう。肩幅が広く、白髪で、映画『ビッグ・リボウスキ』のデュードのような感じがある。しかし、穏やかで冷静なタイプではなく、明らかに鋭くてよく気が回るタイプだ。

エリックはマキシンの方に向き直って意味ありげな笑みを浮かべた。「工場のみんなに代わって言うけど、MRPシステムを大事に育ててくれてありがとう。単純性と局所性の極みとも言えるソフトウェアを作って、その状態を維持してくれたんだね。ビジネスの期待に見事に応えただけでなく、小規模なエンジニアグループが互いに独立して効率よく仕事を進められるようなシステムを作ったわけだ。コンポーネントがコンプレクトして巨大で醜い塊にならないように、慎重な作業で全体を見事に切り分けてコンポーネントが相互依存しないようにしたんだね」

言いながらエリックは満面の笑顔になった。「本当にエンジニアリングとアーキテクチャーの傑作だよ。君のおかげでプログラマーが効率よく仕事を進められるようになったのも、見事な単純性のいい証拠さ。それにもっと凄いのは、日常の仕事の一部として技術的負債を容赦なく削減していったことだ。君にやっと会えてうれしいよ」

マキシンはエリックをじっと見てしまった。〈何年もかけて骨身を削って書き、守ってきたコードのことをバーテンダーに称賛されるなんて、そうしょっちゅうあるものじゃないわ〉

マキシンは、「ありがとうございます。チームにかならずおっしゃっていただいたことを伝えます」と答えた。困惑しながらも、プライドは隠せなかった。

カートが尋ねた。「その『コンプレクトして』ってのはどういうこと？」

エリックが答えた。「これはリッチ・ヒッキー先生が復活された古語でね、単純明快なものを複雑怪奇なものにしてしまうってことさ。

密結合してコンプレクトしたシステムでは、コードのある部分を書き換え

ると、百箇所、いや千箇所のコードを書き換えなきゃなんなくなっちゃうので、事実上一切書き換え不能になっちゃうわけ。ほんのちょっと書き換えただけでも、システムのなかの聞いたこともないようなかけ離れた部分に予想外の影響が出たりするんだよね。

ヒッキー先生ならこう言うかな。『互いに無関係にぶら下がってる4本の糸について考えてみよう。これはごく単純なシステムだね。じゃあ、同じ4本の糸を束ねてみよう。これで糸はコンプレクトしたってことになる』どっちの状態の糸でも、同じ目標を達成できてるかもしれないけど、片方はもう片方よりばかばかしいくらい簡単に変えられるだろ？　単純なシステムなら、ほかの糸に触れずに1本の糸だけを変えりゃいいんだ。こういうシステムはとてもいい」

エリックは笑った。「でもね、コンプレクトしたシステムで1本の糸をちょっと変えようとすると、ほかの3本も変えないわけにはいかなくなっちゃうんだな。それどころか、全体がぐちゃぐちゃにこんがらがっちゃってるから、こうしたいって思ってもできなくなっちゃうんだよ」

エリックの話はまだ続いた。「そうなっちゃうと、ビジネスの本物の問題を、解決できない蟻地獄みたいな作業システムに絡め取られちゃうんだよ。小さな変更を加えるためにどうすればいいかを考えると、複雑なシステムにいちいち邪魔されちゃうので、一日じゅうややこしいパズルを解いてるだけになっちゃう。ほかのチームとのミーティングを設定して、自分のためにちょっと変更を加えてもらえるように相手を説得し、そのチームのマネージャー、さらにその上って感じでエスカレーションしていかなきゃならなくなるわけ。

こうなると、解決しようとしているビジネス問題からどんどんかけ離れていくだろ。で、工場のルーターを取り換えただけで何が起きたかっていうドウェインの話のようになる。取り換える前は、それぞれのチームが専用で使えるバラバラの糸が3本あったわけだ。それぞれで3個のネットワークスイッチをメンテナンスしなきゃならないってコストはかかってたけど。

でも、3つのスイッチをひとつにしたおかげで、3つのチームのバリューストリームがコンプレクトしちゃって、それまでとは違い、互いに依存し合うようになったわけだ。絶えず連絡し、調整し、スケジュールを立て、交通

整理をし、順序を決め、仕事が妨害し合うのを防がなきゃならなくなった。調整のコストがばかばかしく高くなったためにリードタイムが長くなり、品質が下がり、異常な状態が1週間も続いてビジネスの足を引っ張り、スティーブが介入しなければならないところまでエスカレートした」エリックは言いながら笑っていた。

コードと組織の第1の理想

「ソフトウェアのデリバリーでリードタイムが重要だってことは、ニコール・フォースグレン博士とジェズ・ハンブルの研究でわかったことだ。コードデプロイのリードタイム、コードデプロイの頻度、問題解決時間を見れば、ソフトウェアのデリバリー、運用の能力、組織の能力がわかる。そして、これらは社員の燃え尽き、社員の士気、その他さまざまなものと相関してる。

単純性が大切なのは、単純じゃなきゃ局所性が得られないからだ。システムを疎結合に保ち、機能のデリバリーをスピードアップしたければ、コードの局所性が必要不可欠になる。局所性が実現されていれば、チームはまわりのチームのことを気にせず、お客さんにとって価値のあるものをすばやく開発、テスト、デプロイできる。組織に局所性があれば、チームの外の人々と話し合って調整しなくても決定を下せる。現場の仕事からかけ離れてて、いい判断を下せる基盤がない権威や委員会なんてもんから承認をもらう必要もなくなる」エリックの話し方はいかにもうんざりという感じになってきた。

「ひとつのファイル、ひとつのモジュール、ひとつのサービス、ひとつのコンポーネント、ひとつのAPI呼び出し、ひとつのコンテナ、ひとつのアプリといったものを書き換えれば、価値を生み出せるようにしておかなきゃならないんだ。ロギング、セキュリティー、再試行ポリシーといったシステム全体で横断的に必要とされるものを1箇所にまとめることが大切なのもそのためだよ。そこを書き換えれば、全部がすべて変わる。機能をひとつ作ったら、UIチーム、フロントエンドチーム、バックエンドチーム、データベースチームも変更を加えなきゃならなくなることがあるなんてばかばかしいだろ?」

マキシンが言った。「面白いですね。同じコードがあちこちにばらまかれ

てる今の私たちのシステムとは逆に、コードと組織の局所性がとても大切だってことですね。

エリックが答えた。「その通りだ。散乱はいかんぜ！ で、これは決してただで実現できるものじゃない。日常の仕事の**改善**を重視していかなきゃダメなんだ。日常の仕事以上にそっちに力を入れなきゃならないくらいだ。そこまで徹底して局所性の実現に集中しなきゃ、どんなシステムでも時間とともに劣化し、技術的負債のなかに埋もれちまう。フェニックスのビルドシステムの大障害を見てみろよ」

マキシンが眉間にしわを寄せた。「フェニックスはもともと単純だったのに、今ではコンプレクトしてわけのわからないものになったとおっしゃりたいわけですね。フェニックスにも、かつてはすばらしいビルドプロセスがあったのに、時間とともに機能の追加よりも軽視され、ついには車から放り出されてしまったと」

エリックが答えた。「その通りだよ。ビルドの担当は開発から QA、さらにはインターンに移っていったんだ。フェイスブック、アマゾン、ネットフリックス、グーグル、マイクロソフトといった IT の有名企業では、開発の作業効率に関する仕事は一番経験があり、優秀なエンジニアだけに任せてるけど、パーツ・アンリミテッドでは逆だ」

ドウェインが笑った。「少なくとも、うちのビルドはもうアウトソーシングされてないけどね。ついこの間まで、ビルドするたびに 85 ドルかかってたんだぜ」マキシンを含む全員があきれて大笑いした。

キルステンが言った。「エンジニアたちが技術的負債について文句を言ってることはよく聞くけど、技術的負債ってのは正確なところ何なのかしら。悪いものだってことは別として」

エリックが笑った。「いろんな定義があるけど、私が気に入ってるのはウォード・カニンガムが 2003 年に作った定義だな。彼は、『技術的負債とは、次の機会に書き換えたいと思うもののことだ』って言ったんだ。人々が技術的負債と呼んでるもののなかにはいろんなものがあるけど、たいていはクリーンアップしたいもの、単純にしたいものとか単純さを取り戻したいもののことだね。直せば、自信を持って早く安全にシステムを変更できるようになる部分だ」

エリックは話を続けた。「技術的負債になるのは、たとえばプログラマー

に早くフィードバックを渡せないビルド、テストシステムがそうだし、この手のシステムが動かなくなったときもそうだ。それから、単純なコンポーネントがコンプレクトになって、莫大な労力をかけたり、大事故のリスクを背負ったりしなきゃ何をしてるのかわからず、書き換えることもできないときもそうだね。意思決定プロセスや組織構造に局所性がなくなり、小さな決定を下すために、エスカレーションが必要になる、君たちが罵倒する"官僚主義"もそうだ。

私はこういったものを全部"複雑性負債"って呼ぶことにしている。これは単なる技術的な問題ではなく、ビジネスの問題だからね。で、こういった負債にはあれとこれのどっちを選ぶかって問題がかならずくっついてくる。新しい機能を作るか、複雑性負債を全部返済するかっていうようにね。機能を作ることのために自分の時間を全部使っちゃうバカがいると、簡単な仕事が難しくなり、実行に時間がかかるようになるのは避けられないな。そして、0から始めようとすると、どんなにがんばっても、どんなに部下がいても、最終的には自分の重みのために潰れるだろうね」

ここでエリックはマキシンを見て言った。「君がMRPシステムでしたことがすばらしいのはここのところだ。君のチームは、フェニックスチーム全体が羨むべきスピードで機能を追加していける。これは、君が日常の仕事の一部として技術的負債を返済していったからなんだ。コードと組織の第1の理想、局所性と単純性の見事な実例だ。よくやった、マキシン」

エリックは立ち上がった。「今日はちょっとスタッフが足りなくてね。あとでまた会おう。キルステン、会えてうれしいよ」

エリックは行きかけて振り返った。「あ、ひとつ言い忘れたことがあった。IT系社員とそれ以外の社員の士気スコアとその違いについて考えてみなさい。特にフェニックス・プロジェクトについてね」

エリックがバーに戻っていくと、みんなの口がどっと開いた。

マキシンは、「何が起きたのかよくわからなかったわ」と言うと、キルステンとカートの方に向き直り、「今のはいったい何だったんでしょう？ 第1の理想ってどういうことなんでしょう？」

カートは首を振りながら答えた。「わからない。エリックとは1年以上前からの知り合いだけど、うちの会社の関係者だったなんて全然知らなかっ

た」

ドゥエインがカートに言った。「今までわざわざ君に言わなかったことだけど、まあそれは大切なことだと思わなかったからなんだけどさ、Kubernetes（クーバネテス）クラスターの設定方法について何か知らないかって尋ねられたことがあったよ。それは奇妙な感じがしたけどね」

シャノンが言った。「そりゃ変よね。実は私も、PCI DSS（クレジットカードの会員データのセキュリティー基準）に準拠するためには、カード会員データ環境はどの程度完全にほかの部分から切り離すべきかってことについて議論したことがあるのよ。彼は、PCI DSS 標準の関連部分のリンクさえ送ってくれたわ。彼はずいぶんよく知っているように見えた。って言うか、エキスパートって感じよ。でも、それはこのバーがクレジットカード払いを受け付けてるからかと思ってたわ…」

キルステンが付け加えた。「エリックが新しい IT 運用担当 VP のビル・パーマーとよく話をしてるってことは聞いたことがあるわ。ビルは、エリックに 3 つの道とか仕事の 4 つのタイプとかいったことを教えてもらったって言ってたわ」

マキシンが「3 つとか 4 つとか全部初耳だわ。エリックが今触れたのは第 1 の理想だけだったけど、ほかに理想はいくつあるのかしら」と言った。

カートも「士気スコアってどういうことなんだろう？」と言った。

キルステンが答えた。「私にはわからないわ。でも、うちの会社がいくつかの部門でこの業界の社員満足度スコアの最高点を取ってることは知ってるわよ。IT 部門は違うけど。確かマイナス 27 だったかな」

ドゥエインが「それは悪いの？」と尋ねると、キルステンがきまり悪そうに「とても悪いわ」と答えた。

それはマキシンにとって意外なことではなかった。ただ、まだ引っかかることがある。スティーブは、タウンホールミーティングで社員の士気を重視していると言っていた。会社にとってもっとも戦略的に重要なプログラムを担当している部門がみじめな思いをしているところを見たら、スティーブはどう思うのだろうか。特に気にしていないのだろうか。

5 つの理想

エリックがビールグラスを山ほど抱えて通りかかったときに、マキシンは立ち上がってエリックのあとを追って言った。「エリックさん、先ほどは親切な言葉をありがとうございました。さっきは第 1 の理想について教えていただきましたが、理想はいくつあってどういう内容なんでしょうか」

エリックが笑いながら言った。「はっはっは。あれはそういう話じゃないんだ。実際、ビル・パーマーにあちこち走り回ってもらって 4 つのタイプの仕事を見つけて観察してくるようにって言ってある。でも、…君たちには特別に教えておいてあげよう」

エリックとマキシンはテーブルに戻ってきた。そしてエリックが言った。「理想は 5 つある。第 1 の理想、局所性と単純性についてはもう言ったよね。システムとシステムを作る組織に局所性が与えられるように仕事をデザインしていく必要がある。そして何をするにも単純でなきゃならない。コードのなかであれ、組織のなかであれ、プロセスのなかであれ、内部に複雑さがあるのはだめだ。外部はもう十分複雑なんだよ。だから、自分たちでコントロールできるもののなかに複雑さが持ち込んだら大変なことになっちゃう」

マキシンは座ってラップトップを開き（今日は持ってくるのを忘れなくてよかった）、メモを取り始めた。

「第 2 の理想は集中、フロー、楽しさだ。これはみな日常の仕事で感じるようにしたいことだよ。退屈して自分のためにほかの人が仕事をしてくれるのを待っていないか？ 全体を見ないで全体のごく小さな一部の開発のことだけ考え、デプロイで全体が吹き飛んでいても自分の作業の結果しか見ず、火消し、懲罰、燃え尽きを招いていないか？ それとも、小さなバッチ単位、できればひとつの新機能単位でデプロイし、継続的にスピーディなフィードバックを得ているか？ これらは、仕事に集中とフロー、挑戦、学習、発見、担当分野のマスター、そして楽しみを生み出す条件だ。

エリックは、ちょっと得意気な表情でテーブルのまわりを見渡した。「今日はここまでにしよう。ほかの 3 つの理想は、君たちの準備が整ったときに教えてあげるよ」

マキシンが言った。「御冗談でしょう。ヨーダやミスター・ミヤギみたい

なやり方で私たちに接するつもりですか。それはひどい。少なくともほかの理想の名前だけでも言ってくださいよ」

エリックが答えた。「若い諸君、君たちはついてるね。今日、私はバーのラインの面倒を見なきゃならないから、のんびり議論してる暇はないんだ。だから、特別に簡潔に教えてあげるよ。第3の理想は、日常業務の改善だ。日常の仕事自体よりも日常の仕事の改善を大切にしなきゃいけない。そのことを教えてくれるトヨタのアンドンの紐についてよく考えよう。第4の理想は、心理的安全性だ。問題の解決のためには問題の予防が必要で、問題の予防のためには率直さが必要だ。そして、あとでどうなるかわからないという怖さがあれば、率直になどなれない。工場では、身体的な安全と同じくらい心理的安全性、つまり安心感も大切なんだよ。そして第5の理想は、顧客第一、つまり機能などがお客さんにとって本当に必要なものかどうかを徹底的に批判的に考え抜くことだ。お客さんがこの機能のためにお金を出す気になるか、それとも自分たちの職場の都合からくる自己満足に過ぎないのかってことさ」

エリックは、自分のビールを飲むと、笑顔で「健闘を祈ってるよ。また来週会おう」と言った。

マキシンは、「待ってください、それだけですか？」と言ったがエリックはもういなかった。マキシンは急いでタイプしたメモを見た。

第1の理想 ― 局所性と単純性
第2の理想 ― 集中、フロー、楽しさ
第3の理想 ― 日常業務の改善
第4の理想 ― 心理的安全性
第5の理想 ― 顧客第一

リストをじっと見ると、どの理想もすばらしいものに見える。しかし、フェニックス・プロジェクトの軌道を修正するために、これらをどのように使ったらよいのだろうか。

カートがみんなの考えを言葉にした。「よくわからない話だったなあ」
"クランキー"デーブが付け加えた。「でも、第4の理想は、なるほどと

思うところがあったよ。誰もが悪い話を言いたがらない恐怖政治的な文化だって？　まるで俺たちのことじゃないか」

　アダムがそれに呼応した。「エリックの言う通りだよ。誰も本当の問題について話そうとしないじゃないか。ほとんどの人は、思ってることを言ったり、正しいことをしたりする勇気を持てないんだ。そういった人たちは、賛成かどうかとは無関係に『はい』とだけ言うんだよ。でも、この理想が実現できればチャンスが生まれるかもしれない。今の組織図には大きな穴が空いてる」そしてカートに向かって言った。「上のポストに名乗りを上げましょうよ。ウィリアムのポストでもいいんじゃないですか？」

　みんながアダムとカートの方を向いた。テーブルのまわりがしんと静まり返った。

　シャノンが口を開いた。「カート、それがいいわよ。あなたなら、QA全体を大きく変えられるわ。私たちはみんな応援するわよ」テーブルを囲む面々がみな、うんうんとうなずいた。

　カートがゆっくりうなずいて言った。「たぶんね。でも、本当に現場を変えたければ、別の手があるんじゃないかな。実は、ぼくとしてはピーターの後釜にしてくれってクリスに言うつもりなんだ」

ピーターのチームを手に入れろ

　何人かが息をのんだ。そして"クランキー"デーブが大声で笑い出した。「カート、それはいい。開発チームを手に入れたらもっと大きく変えられるのは間違いないよ。QAのテストの仕方を変えなきゃならないことはみんながわかってることだけど、まず**開発**がどうテストするかを変えるのが一番さ。そのためには開発マネージャーになるっきゃない。でも、この戦略にはごくごく小さな問題があるな。カート、あいつらが君にそのポジションを与えるわけがないだろう。何しろ君は『ただのQAマネージャー』だからな」

　マキシンは顔をしかめた。"クランキー"デーブが口にしたのは、プログラマーがテスターに対して持っているあまりにも凡庸な偏見だからだ。テスト、QAは、開発より下だが、少なくとも運用より上だと見られていることが多い。マキシンは、〈こんな見方はまったく間違ってる〉と思っている。彼女自身、高校で最初にしたのは運用の仕事で、バックアップテープをやり

くりしていた。そして大学院に入る前にはテストをしていた。そういった経験がなければ、今の自分はないと思っている。ITでは未だにカースト制度が幅を効かせていることが多い。

アダムがカートに言った。「ご存知でしょうけど、ぼくはあなたが大好きだし、あなたのもとで働けていてとてもうれしい。でも、デーブと同じ意見です。あの開発マネージャーどもがQAマネージャーを開発マネージャーとして迎え入れるわけがありません。ウィリアムのポストをねらう方がいいんじゃないでしょうか。いずれにせよ、QAを石器時代から引き上げ、フェニックス・プロジェクトに自動テストを導入する人が必要なんですから」

キルステンが言った。「カート、悪いけど私もあなたの友だちたちと同じ意見よ。ウィリアムがあまりあなたを買ってなかったことは、あなたも知ってるわよね。ミーティングでウィリアムがあなたのことを高く評価したことはなかったわ。たぶん、部外から誰かを引っ張ってくると思うわ」

キルステンが言ったことは気にしていないというように、カートはにやりと笑った。そして、得意のウィリアムの物真似で言った。「そうだ、キルステン、君の言う通りだ。カートにも可能性があるとは思うが、私から見れば、あいつはまだテストとは何かがわかってない。たぶん、あと2、3年もすれば、彼も成熟してQAを背負って立てるようになるだろう」

みんなが笑った。カートはいつもの声に戻って話を続けた。「みんな、今はうちのITを変えられるチャンスだと思うよ。でも、この改革はQA主導でできるものじゃないだろう。QAはもう変わり始めてるけど、ぼくたちはもうテストをしてるだけじゃ我慢できない。全体を変えられる場所に行かなきゃダメなんだ。そのためにはなんとかして開発チームに潜り込む必要があるんだよ。実際に機能を作って結果物の品質に責任を負うのは開発だからね。それ以外の方法は時間の無駄だと思うな。

いいかい、もしピーターのチームを手に入れられたら、フェニックス・プロジェクトに関わってるほかのどの開発チームよりもいい仕事ができることを見せつけてやろうと思うんだ。このテーブルには、社内で最高のITタレントの一部が集まってる。そして、ぼくたちは優れた技術習慣を実際に導入できる基礎を作り上げている」

カートは前のめりになって言った。「クリスからチャンスをもぎ取ることができたら、フェニックス・プロジェクトの軌道を変えられることを見せつ

けてやるために、みんなはぼくのチームに入ってくれるかな？」

　"クランキー"デーブが言った「カート、もちろんさ。俺は入るよ」マキシンはデーブが最初に飛び込んでいったので驚いた。

　そのマキシンも続いた。彼女は笑顔で「私もよ。私もこの仕事がしたいわ。私たちならほかの全部のチームを周回遅れで負かすことができるわよ。私だって間近で競争を見てきたんだから」と言った。

　テーブルを囲む全員が開けてくる可能性に胸を躍らせて同調した。"クランキー"デーブが言った。「カート、俺たちはみんなお前のチームに入るよ。でも、俺は気になることは黙ってられない性分でな。アダムが言う通りだと思うんだ。お前が開発チームを手に入れるのはやっぱり難しいんじゃないかな」

　キルステンが言った。「カート、私はあなたの嗅覚は合ってると思うわ。もしよければ、クリスに推薦状を書いてもいいわよ」

　カートはキルステンの提案に明らかに驚くとともに感謝して、顔を輝かせながら「キルステン、それはとてもありがたいです」と言った。そのとき、マキシンは、カートが上層部の援護射撃なしでこの話をしてきたことに気づいた。〈彼は秩序を乱したってことでクビになるかもしれないわ〉

　キルステンが言った。「喜んでお手伝いするわ。でも、はっきりさせておきたいことがあるの。カートの考えを後押しする手紙は喜んで書かせていただくけど、公の場では、私はみんなと徒党を組んでいるように見られるわけにはいかないのよ。少なくとも今はまだ。私は人に不偏不党だと見られてなきゃいけないの」

　"クランキー"デーブが、冗談めかして「なるほど、俺たちがリスクを取ってクビになるチャンスは喜んで差し上げるけど、自分は安全なサイドラインで見てようってわけだ」と言うと、キルステンは無言でデーブに向かってグラスを上げた。

第 2 部

快進撃

9月23日〜11月9日

反転プロジェクト

　翌週の火曜日、マキシンが職場に着くと、カートがにこにこして待っていた。彼は大喜びで「ポストを手に入れたよ」と言った。

　マキシンが「本当？　開発のポスト？」と尋ねると、カートは自分でも信じられないという様子で「そうさ、開発のポストさ」と答えた。「データハブチームに入る。あなたもいっしょだ」

　マキシンも大喜びで「やったね！　ランディは私の異動を認めてくれたの？」と言うと、カートは「彼はあなたを手放したくなさそうだったよ。今までここにはあなた以上の人はいなかったってことをいつまでも言い続けてたからね。でも…こちらの言い分を通してきたけどね」

　マキシンはカートとハイタッチした。

　カートはあたりを見回してから小声で言った。「マネージャーたちがどうもおかしなことが始まってるって言ってるよ。今週初めに IT の幹部たちとスティーブのオフサイトミーティングがあったらしいんだ。そこで決まったことのなかに、1 か月間の機能開発の凍結ってのが入ってるんだってさ。ついにみんなが何年もかけて積み上げてきた技術的負債を全部潰すために、新機能の提供にブレーキをかけたんだね。

　「ホントに？！」マキシンはびっくりしていた。

　カートが言った。「みんな、積み上げてきたゴミをどうにかしなきゃならないってことに気づいたようだ。運用は、フェニックス・プロジェクトと関係のないすべての仕事を中断して、技術的負債の解消と作業の自動化に取り組む。開発と QA も機能関連の仕事をすべて中断して技術的負債の返済に当たる」

　カートは叫んだ。「これは俺たちの見せ場だぜ。技術の偉大さとはどういうものかをみんなに知ってもらうチャンスだ」

データハブの役割と立場

　その日のうちに、カートの新しい肩書を発表するメールが送られてきた。カートを傷つけたくなかったので言わなかったが、マキシンは、カートがこのポストを手に入れた本当の理由は、そのポストに就きたがる人が開発にはいなかったからだと思っている。データハブは、フェニックスのリリース以降、致命的なクラッシュの"根本原因"としてやり玉に挙がってきた部署だ。クリスでさえ、マキシンが参加していたミーティングのひとつでここを名指しで非難していたが、彼女はフェアじゃないなと思って見ていた。

　フェニックスのデプロイという地面に煙の出る穴を作ったとデータハブチームを非難するのは、飛行機の後部座席の客たちがシートベルトをしっかり締めてなかったから飛行機事故が起きたと言っているようなものだ。

　マキシンは、データハブが非難されやすい理由を知っている。社内で最も技術的に魅力的でない分野のひとつだからだ。データハブは、巨大で退屈なメッセージバスシステムの一部だ。商品データベース、価格データベース、在庫管理システム、注文フルフィルメントシステム、販売コミッションシステム、財務会計、その他百種類近い主要アプリケーション、記録システム（これらの大半は数十年前に作られたものだ）が相互通信するために使うもので、マキシンは相互通信というところが気に入っている。

　それに対し、マキシンは、在庫管理システムが実際には3つあることはどうしても気に入らない。そのうちふたつはリアル店舗用（片方は買収した会社から引き継いだもので、引退する気配がない）、ひとつはeコマース用だ。そして、発注入力システムに至っては、少なくとも6個ある。そのうち3つがリアル店舗用、その他の3つはそれぞれeコマース用、OEMの顧客用、サービスステーションチャネル用だ。

　マキシンは、病気の子どもの面倒を見る小児科医のような複雑な仕事が嫌いではないが、データハブがやり取りしなければならないシステムの数を考えただけでちょっと気後れがする。

　データハブがすることを勉強すればするほど、当惑してくる。データハブは、フェニックスの一部とすべきではないような気がする。結局のところ、データハブの大部分は20年以上前に書かれたもので、それはフェニックスのコンセプトさえ生まれていないはるか前のことだ。

当然ながら、かつてのデータハブは社内のあちこちにばらまかれている小さなアプリの寄せ集めだった。一部はERPシステムとともに財務部に、別の一部は工場に、さらに別の一部はクリスが率いる開発部にあった。

フェニックスという巨大システムの計画が動き出すと、それらのチームにとてつもない数の新しい要望が入り、どのチームも人手不足に悩むことになった。データハブに対するさまざまな需要が競合し合い、フェニックスで新しく追加されるはずだった無数の機能が立ち往生し、まもなくフェニックスの開発は月を追うごとにどんどん遅れていった。

最終的に組織再編の一環で、それらすべてのコンポーネントがデータハブという新しいグループに集められ、フェニックスの優先順位がかならずトップになるように、フェニックス・プロジェクトに組み込まれることになった。そして、何かがうまくいかなければみんなでデータハブを非難するという構図ができあがったのだ。

カートのチーム

水曜の午前中、マキシンと"クランキー"デーブがデータハブのエンジニアたちとの最初のミーティングに出席した。マキシンは、"クランキー"デーブがこんなに早くデータハブに合流できたのを見て驚き、デーブにどうすればそんなことが可能になるのかと尋ねた。

"クランキー"デーブは、ただ笑って言った。「俺のありがたい個性が与えてくれる多くのメリットのひとつさ。俺をほかのチームに押し付けるチャンスがあればどんなマネージャーだって見逃さないんだよ。だから、俺はどこでも行きたいところに行けるってわけさ」

マキシンは"クランキー"デーブの隣に立ち、データハブのほかの5人のエンジニアたちは、会議室の中央に固まった。

5人はマキシンと同世代か大学を出たばかりの若い人たちのどちらかで、間の年齢の人がいなかった。年長のプログラマーたちは、チームの立ち上げのときからここにいて、若いエンジニアはもっと面白い仕事を探してすぐにそっちに移っていき、代わりに新しい新卒のエンジニアが入るということなのだろう。

クリスが咳払いをして部屋の全員に向かって言った。「みなさん、おはよ

う。ピーターの後釜としてマネージャーになるカート・レズニックだ」

　カートは、紹介のあまりの短さに驚いたようだったが、明るく挨拶した。「こんにちは、みなさん。ご存知のように、ここは私にとって開発部のマネージャーとして初めて担当するチームです。私は、自分の仕事はごく単純なものだと思っています。みなさんの話を聞き、みなさんの成功のために私に求められることをし、みなさんの仕事を邪魔する障害を取り除くことです」

みんながあまり冴えない顔をしているのは明らかだった。カートの経験不足を意識していたのだ。

　カートはかまわず挨拶を続けた。「私は多数の社内顧客と話をしてきましたが、彼らは口を揃えてデータハブはとても重要だと言いました。しかし、全社を通じて必要なシステム変更でもフェニックス・プロジェクトに関することでも、データハブがとかくボトルネックになるとも言いました。そして私たちなら全員が知っていることですが、私たちのサービスが落ちれば、フェニックスも落ちます。今週中に日程を設定して、私たちのサービスの信頼性と復元力を引き上げるためにはどうすればよいかについてブレインストーミングしたいと思っています」

　すると、年長のプログラマーのひとりが言った。「フェニックスが落ちたことについて、データハブとピーターを非難するのはおかしい」

　カートが答えた。「トム、私もまったく同じ考えです。そして、私はその認識を改めさせるために働きかけていくつもりなので、ご安心ください」

　カートはさらに話を続けた。「私が着任する前にピーターが私と会ってくれたのはとてもありがたいことでした。彼は、ビジネスニーズが増え続け、特にフェニックスの統合まわりが大変なので、何年も前から主任プログラマーの増員を要求してきたと言ってました」

　カートはクリスの方を指して言った。「私は増員のことについてクリスに要請し続けていくことをお約束します」

　クリスは、口を結んだまま少し頬を緩めて、「私もスティーブに要請し続けるつもりです」と言った。カートは笑った。「そこで、増員が実現するまでの間、私はこのチームを志願してくれたふたりのベテランプログラマーを連れてきました。マキシンは、MRPチームでもっとも中心的な役割を果たしてきた主任プログラマーであり、デーブはフェニックスバックエンドサーバーチームの主任プログラマーです。彼らは私がもっとも信頼しているプロ

グラマーたちです」

データハブチームのプログラマーたちはふたりを見て驚いた様子だったが、マキシンとデーブが入ってきたことを純粋に喜んでいるようだった。

カートは話を続けた。「まもなく、クリスから機能開発の凍結という指令が下ります。そういうわけで、私たちはお客さんに悪影響を与えている欠陥やコードのなかの問題含みの部分の修正に取り掛かることができます。しかし、発表を待つ必要はありません。最優先されるのは、みなさんが直すべきだと思っていることを直すことであり、それはこうすれば仕事がはかどるようになるはずだとかデータハブがもっと安定するはずだと思うことなら何でもかまいません。私たちの作業の行く手を阻むものがあれば、私がなんとかします」

マキシンは、データハブのエンジニアたちが嫌々ながらわかったという表情になるのを見て頬を緩ませた。

"クランキー" デーブとマキシンは、新参のエンジニアとしてデータハブチームの日々の儀式に参加している。彼らはスタンドアップに出席し、すぐにさまざまな仕事のヘルプに入るようになった。

マキシンはトムと組んだ。フェニックスの失敗のスケープゴートにされるのはフェアじゃないと言ったあの古参プログラマーである。トムは40代後半でメガネを掛け、ジーンズ、Tシャツという出で立ちだ。マキシンはトムのデスクに張り付き、自分のラップトップを開いて、トムが今している仕事についての説明を聞いている。

トムの話から、マキシンはデータハブが数十年の技術の寄せ集めになっていることを理解した。Javaサーブレット上で実行される大きなコード、Pythonスクリプト、Delphiだと思われるものなどが含まれている。PHPウェブサーバーさえある。

マキシンは、テクノロジースタックをそれだけで判断したり拒絶したりはしない。なんと言っても、それらは何十年も会社のために役に立ってきたものだ。マキシンが見てきたなかでもっともエレガントなソフトウェアでないとしても、20年も本番環境で動作してきたものなどそうたくさんあるわけではない。ソフトウェアは都市のようなもので、絶えず変化があり、リフォームや修理が必要になる。しかし、データハブがもっともかっこいいシステ

ムではないことは認めざるを得ない。もっとも注目され、もっとも望まれている言語やフレームワークを学びたい新卒社員たちを引きつけるのは明らかに難しい。

しかし、データハブはフェニックスビルドシステムと比べればはるかによい状態にある。何しろビルドシステムは放射能廃棄物が投棄された居住不能地か砲撃を受けた戦場跡のようなものだった。

なかなかの難問

マキシンはトムのデスクの前に座り、今取り組んでいる問題についてのトムの説明を聞いている。「今、緊急性の高い問題に取り組んでいます。データハブは、負荷が高くなったときに、ときどき間違ったメッセージトランザクションを生成してクラッシュします。この問題は、店舗の社員がサービスステーションアプリでデータの修正に完了のマークを付けたときにときどき発生します」トムは困った様子で話を続ける。「この問題の解決のために何日も使ってきました。ある程度再現性のあるテストケースは作れました。これを実行すると、10回に1度くらいずつ問題が起きます。競合状態のために起きていることは間違いないと思っています」

マキシンは、〈なかなかの難問ね〉と思った。しかし、難問はマキシンの好物であり、自分たちがこの問題を解決したらチーム全体にとても前向きな気分が生まれるだろうと思っていた。競合状態は、分散システムやソフトウェア工学でもっとも厄介な問題のひとつと考えられている。小学校高学年の少女たちの問題が空手の黄帯レベルだとすれば、トムが説明している問題は、もっとも訓練を積んだ黒帯十段でも苦しみ、絶望に陥るような問題だ。

マキシンは、トムが問題をある程度再現できていることにも感心した。この種の問題は、"ハイゼンバグ"などと呼ばれている。観察することにより現実の性質そのものが代わってしまう量子物理学の現象から来た言葉だ。

この手の仕事は、映画で描かれているコーディングの様子とはかなり違う。若い男性のプログラマーが怒涛の勢いでキーボードを叩いている。彼はもちろんパーカーを着ているが、どうしたものかサングラスもかけている（マキシンは、本物のプログラマーでそんなものをかけている人を見たことがない）。彼はたくさんのウィンドウを開いており、それらすべてでテキス

トがすごい勢いでスクロールアップしている。彼の後ろには、肩越しに画面を見てそのときが来るのを待っている人々が控えている。数秒すると、コーダーは「できた！」と言い、全員が喜ぶ。コードが完成し、機能が使えるようになる。あるいは世界が救われる。そして、そのシーンは終わる。

しかし、プログラマーが実際に仕事をするときには、予想外の副作用でほかの部分を壊さずに問題の箇所を安全に書き換えるために、深く集中して画面をじっと睨み、コードが何をしているのかを理解しようと努めるものだ。相手が重大な意味を持つ部分ならなおさらそうだ。

トムがマキシンに問題を説明している。「同時に処理されてる修正トランザクションが複数あるときに、トランザクションのなかに顧客 ID の間違ったものが混ざったり、データハブ自体がクラッシュしたりします。顧客オブジェクトをロックで保護しようとしてみましたが、そうするとアプリ全体がかなり遅くなってしまうので、それではだめです。すでにパフォーマンスにはかなり問題があります」

マキシンはうなずいている。彼女は以前からマルチスレッドコードの誤りは人間が推論できる極限にあるという考えを持っているが、トムの説明はその確信を深めるものだ。特に、共有状態の書き換えを認めている Java、C#、JavaScript などのメジャーなプログラミング言語を使っている場合は、問題が難しくなる。

マキシンは、〈頼りにしてるデータがプログラムのほかの部分にいつ書き換えられるかわからないんじゃあ、プログラムの挙動を予測するなんてとても無理ね〉と考えている。しかし、彼女には、この問題の解決方法は間違いなく見つかるという確信がある。

マキシンは、「もう 1 度コードパスをたどっていただけますか」と頼んだ。流れをたどりながら、マキシンは頭のなかで自分の仮説を確かめるチェックリストにチェックマークを付けていった。入ってくるメッセージを処理するスレッドプールがあるか？ チェック。複数の並行実行されるスレッドがサービスレコードを処理できるようになっているか？ チェック。スレッドは、メソッドが呼び出されると書き換えが起きるようなオブジェクトをやり取りしているか？ チェック。

〈思った通りね。問題が起きるのは、状態の書き換えがおかしくなるからってことでまず間違いないわ〉と彼女は思った。小学生たちの問題と同じで

ある。

　マキシンは言った。「おっしゃる通り、これは競合状態ですね。で、私には、顧客オブジェクト全体にロックをかけなくても、この問題は解決できるっていう確信があります。思ってることをお見せしてもいいですか？」

　トムがうなずくと、マキシンは、小学生の少女たちに言ったのと同じように、関数型プログラミングの原則を使ってコードパスを書き換えることを提案した。トムのテストケースには、設定サーバー、データベース、メッセージバス、顧客オブジェクトファクトリーなど、本番環境をシミュレートするためのモックやスタブが無数に含まれていた。

　しかし、これらは彼女がテストしたいと思っている部分ではないので、マキシンはそれら全部を取り除いた。入出力や副作用を全部1箇所に押し込み、送られてきた注文修正メッセージがどのように処理されるか、顧客データがどのように書き換えられるか、どのような出力メッセージが送られるかをチェックするユニットテスト[訳注1]を書いた。

　マキシンは、顧客オブジェクトの専用コピーを作らせた。そしてオブジェクトのメソッドを純粋関数に書き換えた。純粋関数とは、副作用、書き換え、グローバル状態へのアクセスを含まず、入力だけで出力を決める関数である。

　マキシンが問題を100%再現するユニットテストと100%正しく動作する完全にスレッドセーフな新コードをトムに見せると、トムは驚き、目を大きく見開いてマキシンを見た。「す、す、すごい。信じられない」

　トムがなぜ驚いているのかマキシンにはわかっている。彼女のコードはごく単純でわかりやすく、テストもしやすい。トムは画面を見て驚きながら、「こんなに単純になるなんて信じられません。これで今までの複雑怪奇なコードと同じことができるなんて」と言った。それからの午後の時間は、トムの質問攻めに費やされた。明らかにそれらの質問は、マキシンのテストケースが問題を完全に捉えていることと、彼女が書き換えたコードが正しいことについてトムが自分のなかで確信を得るためのものだった。最後にトムは、「信じられない思いですが、あなたは正しいと思います。間違いなく動作し

訳注 1: コードの特定の部分だけをチェックする小さいテスト。一つひとつの部品が正しく動作していることを確認するためのテストで、テスト全体を自動化するときに主力になります。

ますね」と言った。

　トムの反応を見て、マキシンは思わずにっこり笑った。関数型プログラミングの方が思考のツールとして優れているという新たな証拠だ。そして、彼らは最初のコードよりもずっとよいコードを手に入れている。新しいコードの方が安全でテストしやすく、理解しやすい。マキシンは、〈これはとても楽しいし、局所性と単純性という第1の理想のすばらしい実例だわ〉と思った。

　トムは、「じゃあこのフィックスをマージしましょう」と言うと、ターミナルウィンドウを開き、コマンドをいくつか入力した。そしてマキシンの方に向き直り、「おめでとうございます。あなたは最初の問題点をフィックスし、最初の変更をチェックインしました」

　マキシンはトムと派手にハイタッチし、満面の笑顔になった。初日に競合状態エラーを取り除いたのはとてつもなくすばらしいことだ。マキシンは、店長たちが喜んでいるところを想像して気分が高揚し、「やりましたね。じゃあ、これをテストして本番システムに入れましょう」と言った。

　するとトムは「えーと…その…」と一瞬ためらってから言った。「テストは月曜にならないと始まらないんです」

　マキシンは愕然として「自分でコードをテストできないんですか？」と尋ねた。

　トムは残念そうに答えた。「昔、再編されてフェニックスの一部になるまではできたんですけどね。QAにテストを取られちゃいまして。で、同時にテスト環境を使ってる別のチームで問題が起きたときに、テスト以外からのアクセスは遮断されてしまいました。今はテストの実行だけでなく、テスト環境にログインできるのもQAだけになってるんです」

　マキシンが「え、ちょっと待って。私たちはテストを書いたのにそのテストを実行できないんですか？」と言うと、トムは笑った。「いやいや違いますよ。テストはQAが書くんです。もうテストプランさえ見せてくれませんよ」

　マキシンはその結果どうなるかがわかってさらに気分が落ち込んだ。「で、本番環境にコードをプッシュできない」

　トムがまた笑った。「そうです。もうできません。確かに以前はできたんですけど、今は誰かほかの人が私たちのためにデプロイをしてくれます。

『はいはい、車線から外れないでくださいねー』って言われましたよ」トム
が肩をすくめてみせた。誰が「車線から外れないで」と言ったかはマキシン
にもわかっている。あのクリスだ。

　問題解決に取り組んでいる間に感じていた喜びはすべて吹っ飛んでしまっ
た。コード、特に機能のためのコードの修正は、仕事全体のなかのごく一部
に過ぎない。書いたコードを顧客が使えるようにならなければ完成ではない
のだ。そして、そうなったあとも、本当はまだ仕事は終わっていない。その
お客さんが最高の形で目的を達成するためにどうすればよいかについては、
いつまでも学習の余地が残されている。

　彼女は小さく「畜生」と言った。〈第1の理想から遠くかけ離れた最初の
場所に引き戻されちゃったわ。私はまだ自分では何もさせてもらえてないの
よ〉。相変わらず、他人を頼らなければ顧客価値を生み出せないのだ。

　トムは彼女の様子にかまわず笑って新しいウィンドウを開いた。「これも
そう悪くないですよ。チケットシステムに行ってこの問題に"終了"のマー
クを付けるだけでいいんですから。そうすればQAがテストして、本番シ
ステムに送られるんです」

　トムは時計を見てからマキシンの方に向き直った。「さっきのはすばらし
かったですよ。今日はたくさん仕事をしました。次の問題点に移ってもいい
ですか？」マキシンは笑顔を作ってうなずきながら〈最低だ〉と思った。彼
女は始めるのではなく終わらせたいのだ。

トムとのペアプログラミング

　マキシンはその日は最後までトムと仕事をした。次に緊急を要する問題点
を取り出して修正した。トムはまたマキシンの問題に対する考え方を褒め、
複雑なインテグレーションテスト環境を使わずに実行できる彼女のユニット
テストの書き方に感心した。

　しかし限界はある。データハブの仕事はシステムとシステムをつなぐこと
だ。1台のラップトップでシミュレートできることには限界がある。マキシ
ンは、〈1台のラップトップでシミュレートできるようにデータハブのアー
キテクチャーを書き換えられたらいいのに〉と物足りなさそうに思った。

　データハブとデータハブがつなぐ部門について新しいことを学ぶのは面白

かったが、この仕事には何か深いところで満足できない部分がある。

　マキシンは、エリックの第2の理想、集中、フロー、楽しさのことを思っていた。彼女が感じていた楽しみは、顧客価値の創出のために必要な仕事のほんの一部が終わったところでトムが自分たちの仕事は終わりだと言ったときに吹っ飛んでしまった。彼女にはそれでは全然物足りない。彼女のMRPチームでは、すべてのプログラマーが自分のコードをテストできるだけでなく、そのコードを本番システムにプッシュできるようになっていた。ほかの人たちが自分たちの代わりにテスト、デプロイするのを何週間も待っている必要はなかった。プログラマーがテスト、デプロイできるようにした方が仕事ははかどり、お客さんを喜ばせられ、コードを書いた人は自分が書いたコードに責任を持つことができ、仕事はもっと楽しくやりがいのあるものになる。

　マキシンは、反乱軍が作ったツールの一部を導入するにはどうすればよいかを考え始めた。〈最小限、標準化された開発環境を作らなきゃね。そうすれば、自分のラップトップでビルドできるようになるわ〉と思った。次のドックサイド集会で話すべきことが増えた。

　マキシンは、引き続きトムの担当の仕事を手伝った。ふたりで2つの欠陥を修正し、喫緊の機能に挑戦することにした。これは、拡張保証プランをめぐるビジネスルールの作成で、機能凍結の対象外となるだけの重要性がある。

　マキシンは、チケットを読みながら、トムに「なぜこの機能はここまで優先順位が高いんですか？」と尋ねた。

　トムが説明した。「この機能を実装すると、莫大な収益が得られるようになるんです。この拡張保証プランは、もっともマージンが高い商品のひとつなんですよ。特にタイヤのような商品では、お客さんは拡張保証プログラムを求めるんですよね。そこで、店舗のスタッフはこの情報を引き出す手段を必要としていまして、そうすれば、修理をした上で第三者の保険会社に請求を回せるんです。お客さんにとっても会社にとってもうれしくて、金融リスクは第三者の保険会社が引き受けてくれます」

　マキシンは、明るくなって、「なるほど、それはいい」と言った。スティーブがタウンホールミーティングで言ったことをすべて備えているのはこういう機能だ。マキシンがビジネスの営利サイドの仕事を最後にしてからかな

り時間がたっている。

　マキシンは、改めて自分の楽観的な気持ちを鼓舞して、トムとともにこの重要なビジネス機能を実現するために必要なものを明らかにするための勉強を始めた。たとえ今日完成しても、QAチームがテストするまでじっと待たなければならないことは、できる限り考えないようにした。

　次の日の午前中、トムとマキシンはホワイトボードを使って拡張保証を実現するために書き換えが必要になるシステムを洗い出していった。範囲が広がっていくので、ふたりのエンジニアが作業に加わった。そのうち、ほかのチームのエンジニアとの話し合いが必要になることもわかった。マキシンは、この機能が影響を及ぼすビジネスシステムの数から考えると、ほかの6つのチームに参加を求めなければならないだろうと思った。

　マキシンは、関わってもらわなければならないチームの数が増えていくにつれて、やる気がなくなっていった。ここでもまた、第1の理想、局所性と単純性の逆になっている。非常に多くの異なるチームが絡み合っているのだ。アマゾンの有名な「ピザ2枚分のチーム」、つまり2枚のピザで全員が腹いっぱいになれる程度のチームで機能を作るという理想からはかけ離れている。

　トムがホワイトボードに新たなボックス群を描くのを見ながら、マキシンは〈この機能をリリースするためにはトラック1台分のピザが必要だわ〉と思った。

　カートが会議室に顔を覗かせた。「邪魔して申し訳ない。運用の人とチャネルトレーニング管理アプリケーションのマネージャーがカンファレンスブリッジにいるんだ。彼らのお客さんたちがログインできないでいるらしい。その人たちはコネクターが動かなくなったって言ってるんだ」

　トムが「またかよ。フェニックスのデプロイ以来、どうも認証がおかしくなっちゃってさ。せっかくいいところなのに…」

　カートがスマホをタップしながら言った。「了解。今全員が参加できるチャットチャネルを作りましたので」

　マキシンはトムの後ろについていってトムのデスクに戻った。トムがブラウザーウィンドウを開き、何かをタイプすると、画面にログインエラーの表示が出た。

トムがつぶやいた。「うーん、たしかに何かがおかしい。原因になってる場所を分離できるかな。データハブコネクターなんじゃないかと思うけど。それとも、エンタープライズカスタマー認証サービスかネットワークの問題かな」

マキシンは、データハブの世界がさらに見えてきたのでメモを取りながらうなずいた。トムが言ったことに疑問を感じてマキシンは提案した。「ネットワークと認証はすぐに候補から外れるんじゃないかしら。どっちかが落ちてるなら、ウェブサイトにアクセスすることさえできませんよ。認証が落ちてたら、すべてのサービスに入れないでしょう…」

トムが言った。「確かに…。それでもネットワークの可能性はまだ残っていますよ。最近いろいろな問題があるんです。先週は、ネットワークの連中が一部の社内IPアドレスを間違ってブロックしてうちで問題が起きたんです」

マキシンが言った。「ネットワーク、ネットワークっていつもネットワークですよね。でも、なんでネットワークが調査を求めてきているんでしょう？」

トムが答えた。「ユーザーから見えるのはデータハブに接続できないってことなんですよ。それはうちじゃなくて、うちが接続しなきゃならないところの問題なんだっていつも説明してるんですけどね。でも。そうは思ってもらえないんですよ」

トムが運用のチケットシステムを引っ張り出して新しいチケットを作っているのを見て、マキシンは「何のためにチケットを書くんですか？」と尋ねた。

トムは無数のフィールドを埋めながら、「データハブとそのコネクターの本番ログを取り寄せて、コネクターがトラフィックを処理してるか、クラッシュしてるかを確かめなきゃならないんです」と答えた。

マキシンは、嫌な答えを予想しながら、「私たちは本番ログに直接アクセスできないんですか？」と尋ねた。

トムは帳票を埋めながら、「運用が認めてくれないんですよ」と答えた。

マキシンは信じられないという思いで、「じゃあ、誰かがチケットを見て、サーバーからログのコピーを取るということですか？」と尋ねた。

トムは入力しながら「ええ、そうです」と答えた。明らかにこの帳票に慣

れているという様子だ。タブキーでフィールドを移動しながら入力し、ドロップダウンリストはマウスで操作する。そして、"送信"ボタンを押して、まだ書いていない必須フィールドが残っていないかどうかをチェックする。

　マキシンはうーんとなった。自分たちが担当しているデータハブアプリケーションは、社外か深い井戸の底で実行されているようなものだ。直接アクセスできず、何をしているのかを見ることができず、実際に何が起きているのかを知りたければ、チケットシステムを使って運用の誰かとやり取りしなければならない。

　このチケットは、ヘルプデスクの友人、デレックのもとを経由するのだろうかということも気になった。

　チケットの送信に成功すると、トムは満足して、「じゃあ、返事を待ちましょう」と言った。

　マキシンが尋ねた。「普通、このチケットはどれくらいで処理されるんですか？」

　トムは、「深刻度２のインシデントですか？　そう悪くないと思いますよ。30分以内には返事が来ます。アウテージと関係ないものだと何日もかかりますけどね」と答えて時計を見、「待ってる間、何をしましょうか」と言った。

　データハブチームに入っても、マキシンは待機からは逃れられないのだ。

　４時間後、彼らは本番ログを見た上で、問題はデータハブではないということを確信した。関係者全員が納得するまでそれから２時間かかった。トムが考えたように、問題の原因は社内のネットワーク設定の変更だった。

　そのあとで、事業運営、マーケティング、IT 各部の間で非難の応酬が続いた。最終的にサラが出てきて厳しい懲罰を要求した。

　トムがテーブルの反対側からマキシンを見て、「あーあ、まずいことになるぞ」と言った。

From: ウェス・デービス（分散テクノロジー運用部長）
To: IT 部門全社員
Date: 7:50 p.m., September 25
Subject: 人事異動

即時実施。ネットワーク運用のチャド・ストーンは辞職したので、メールはすべて上司であるアイリーン・クーパーか私のもとに送られたい。

お願いだから、こういう馬鹿げたメールを書かないで済むようにミスをしないでほしい（私が解雇されたら、メールは IT 運用担当 VP のビル・パーマーに送られたい）。

よろしく、ウェス

ドックサイド集会

やっと一日が終わった。あとはドックサイドバーの集会だ。彼らはデータハブチームの全員を集会に招待した。マキシンは、反乱軍にふさわしい人にうっかり声をかけそびれるくらいなら、声をかけすぎるくらいの方がいいという考えに賛成した。トムのほか 3 人のエンジニアが参加した。マキシンは、彼らが来たのを見てうれしく思っている。この数日の経験から、マキシンはデータハブチームのプログラマーたちの仕事を飛躍的にはかどらせる方法をブレインストーミングしたいと思っていたのだ。

みんなが喜んでいる様子を見て、マキシンは、このグループはいっしょに時間を過ごすのが好きな人々の集まりなんだなと思った。カートが立ってみんなに話し始めた。

「反乱軍の新しいチームメイトのみなさん、ようこそ。メンバーのみんなをご紹介しましょう」マキシンやキルステンのときと同じように彼は新しく来た人たちにメンバー全員を紹介した。そして、「パーツ・アンリミテッドのエンジニアたちのために仕事の喜びを取り戻そうとして私たちが取り組んでいる反体制的な活動についてお話ししました。もし差し支えなければ、こうなれば仕事がしやすくなるのにと思うことを話していただけませんか？」と言った。

まず、トムのふたりの同僚が自己紹介し、今までにしてきた仕事を説明した。ひとりはトムと同じようにもう 10 年近くデータハブチームにいた人だが、「私は満足してます。飲み会に招待してくれてありがとう」と言い、不満については何も言わなかった。

彼にもう言いたいことがないことがはっきりしたところで、トムが口火を

切った。「私もずいぶん前からデータハブにいます。来た当初は、データハブはオクトパスという名前でした。8つのアプリケーションをつないでたからです。今は100以上のアプリをつないでます」

　そしてトムの話は核心に入ってきた。「私はマキシンとすばらしいペアプログラミングをしてきましたが、まだ競合状態のバグが間違いなく解決したとは思えないでいます。私たち全員が使える開発環境を作ろうというマキシンの案はいいと思います。自慢できる話ではありませんが、新人プログラマーを採用したのに、6か月たっても彼らは自分のマシンで完全なビルドをできないということがありました」トムは頭をかいてさらに話を続けた。「いつもそうだったわけじゃないんですよ。私がデータハブに来たときには、ビルドはもっと単純でした。しかし、年月がたつうちに、してはいけないハードコードをいくつもしました。あっちを書き換え、こっちを書き換え、ちゃんとしたドキュメントを残さず…。でどうなったかと言えば、もうぐちゃぐちゃです」

　トムは顔を上げ、テーブルを囲むチームメイトたちに向かって気まずそうに笑いながら、「プログラマーのジョークで『私のラップトップでは動くんですけどねえ』ってのをご存知ですよね？　データハブでは、ほとんどのメンバーのラップトップでも動かないんですよ」

　みんなが笑った。およそプログラマーであれば、1度はこの問題に直面しているものだ。たいていは最悪のタイミングで起きる。本番システムでなにかがクラッシュするが、プログラマーのラップトップでは不思議と完璧に動作する。マキシンも、プログラマーのラップトップと本番環境とで何が違うのかを必死で究明しなければならなかったことが数え切れないほどあったことをよく覚えている。

　「それから悩んでいることでしたっけ」トムはしばらく考えてから言った。「使ってる環境ですかね。以前はかなり自由が利いたんですが、フェニックス・プロジェクトの一部になってから、中央の環境チームが作った環境を使わなきゃならなくなっちゃいまして。

　これがとんでもないものでしてね。データハブはフェニックスのほかのチームと比べれば取るに足らない存在です。でも、今データハブを実行しようと思ったら、どういう関係があるのかわからない依存コードを数ギガバイトもインストールしなきゃなりません。全部をうまく動かす方法を突き止めるこ

となどとてもできません。しかも、偶発的に何かを壊すことがよくあります。冗談じゃなく、私は毎日仕事用のラップトップをバックアップしてますよ。そうしないとビルドできなくなる恐れがあるんです。修正方法を突き止めようと思ったら、何週間もかかっちゃいますからね」

トムは笑った。「10 年前ですけど、emacs^{訳注2}の設定ファイルがなくなっちゃったことがあって、バックアップのなかにもなかったことがあります。ちょっと自力では作れないので、諦めてエディタを変えました」

みんなが笑った。自分がなくして困ったもの、大事に使っていたツールを使うのをなくなく諦めたときのことを口々に言い合った。

トムがマキシンの方に向き直った。「2、3 日かけてチームメンバー全員が日常の仕事をするときに使える開発環境を作れないか試してみたいと思います。それを仮想マシンイメージか Docker イメージ^{訳注3}にすれば、新しく入ってきたチームメンバーがいつでもどのマシンでもビルドできるようになります。そうなればとてもいいと思うんですが」

マキシンが笑顔で答えた。「ぜひやりましょう。プログラマーは、ビルドのやり方じゃなくて機能の構築に集中できるようにしなきゃいけません。私もやる気満々ですよ。いっしょにできればうれしいです」

カートが言った。「そりゃすばらしい。環境がいかに大事かはみんなわかってますからね。当分の間、仕事の時間の半分をそっちに使ってください。タイムカードではわからないようにしておきますから」

遅れてキルステンがやってきてテーブルの上のピッチャーから自分のビールを注いだ。彼女は笑顔で「何か聞きそびれたことはある？」と尋ねた。

カートが答えた。「もちろん、既存秩序がひっくり返るのは避けられないっていう話だけですよ」新しく参加したデータハブチームのメンバーたちは、キルステンが座るのをあからさまに見つめていた。

カートが尋ねた。「キルステン、反転プロジェクトはどうなったの？ 機能は凍結？ ビル・パーマーがスティーブを説得して、すべての機能開発の仕事を停止して全員が技術的負債の解消に専念できるようになったって聞いた

訳注2: 高度な機能を持ち、かなりの知識がないと使いこなせないテキストエディタ。
訳注3: Docker はコンテナを作るためのツール。環境を Docker イメージにすれば、どのマシンでも同じ環境を作れるようになります。

けど」

　キルステンが答えた。「決定よ。サラ・モールトンが怒り狂って、『会社が顧客やウォールストリートに約束したことが"怠け者のプログラマーたち"のためにめちゃくちゃになったのに何言ってんのー』、って文句言ってたけどね。この決定のおかげで助かるのはサラなのになんでわからないのかしらね。でも、反転プロジェクトの実施は間違いなしよ。これから30日間、運用はフェニックスのサポート以外何もしないわ」

　ブレントが言った。「上は本気だと思うよ。ビルには心底感謝してるよ。きっぱりとした口調で、フェニックス関連の仕事だけをしろって言ってくれて、ほとんどすべてのポケベル呼び出しのローテーションからぼくを外してくれた。それだけじゃなくて、メーリングリストからぼくを外し、すべてのチャットルームからの通知をオフにして、誰からの電話にも出るなって言ってくれた。最高なのはアウテージの呼び出しにも出なくていいって言ってくれたことさ。出たらクビにするぞ、だって」

　それを聞いてマキシンはショックを受けた。ビルがブレントをクビにする？　最近クビになった人たちのことを考えると、マキシンはなぜブレントがにこにこしているのかわからなかった。

　ブレントは涙ぐんでいるようにさえ見えた。「最高だよ。ビルはこう言ったんだ。『事業部の役員たちをクビにしたりああしろこうしろと指図したりすることはできないが、そういったことで君が時間を無駄にしないようにすることは**できる**』って。ぼくに何かさせようという人には、ブレントに返事させたらブレントをクビにするからなって言い返すそうだよ」

　明らかに大喜びでそう言ってブレントは笑った。そしてビールを飲み干し、自分でもう一杯注いだ。「ビルは、ぼく宛のすべてのメールや電話をウェスに監視させて、ぼくに接近しようとする人間はみんなウェスに怒鳴られるようにするって言ったよ。人生はすばらしい！　冗談抜きでこれ以上のことはないよ」

　マキシンは、キャリアのなかでエンジニアたちが束縛されるのを何度も見てきた。すべての中心にいるのは面白いかもしれないが、長持ちしない。慢性的に電話で起こされ、疲れがたまり、斜に構えるようになり、しまいには燃え尽きてしまう。

　キルステンが頬を緩めた。「ビルの方針はちゃんと生きてる。ブレントの

名前は何よりも重要な行動課題に入ってて、ビルはみんなにブレントの時間を何が何でも守れと指示してるわ」

キルステンは、さらにスマホを見ながら、「開発の方では、クリスがこれから30日間、フェニックス・プロジェクトに関連する仕事をしてるすべてのチームで新機能を凍結するって約束したわよ。すべてのチームが優先度の高い欠陥を修正し、コードベースを安定させ、必要なアーキテクチャー変更をして、リリースで二度と大きな障害を起こさないようにするってこと」と続けた。

テーブルのあちこちから期待の声が上がった。マキシンはこういうことが必要なんだと思い、これは反乱軍にとってすばらしいチャンスになるぞとも思った。

キルステンの話がさらに続いた。「クリスの直属の部下の間では、これをどのように打ち出していくかについてまだ意見が割れてるみたいよ。彼らはどの仕事をするかしないかの線引きのためにかなりの時間を使ってたわ。大半のチームがいつもの仕事ってことでまだ機能の開発をしてるのよ。もう1週間が過ぎちゃってる。この点については、上からもっとはっきりとさせる必要があるわね。このペースだとあっという間に1か月が過ぎちゃって、前より増えてなくても同じだけの技術的負債が残っちゃうわ」

カートが言った。「環境や自動テストの問題、本番システムにリモート計測がないっていう問題について誰も言わないのに驚いたよ。ぼくたちは、ほかの人たちも使えるすばらしい機能を作り上げてる。でも、問題があることに気づかない人たちにこれが解決方法だって言っても通じないよ」

カートは悩み、苛立っているようだ。

シャノンが手を上げて言った。「この問題は私も手伝うわ。私はあちこちのフェニックスチームと仕事をしてるから、明日はそういったチームを一つひとつまわって、仕事の制約条件になっているのは何か、解決方法はあるか尋ねて回るわよ」

カートがノートにメモを書きながら「いいね、いいね」と言った。

マキシンも「シャノン、私もお手伝いするわ。でも、トムと私は月曜日にはちょっと予定があるの。月曜はテストの日でしょ。QAの人がやっと私のプログラム変更をテストしてくれるのよ。それ以外の時間は協力するわ」と言った。ここで、トレイひとつ分のビールのピッチャーとワイン2杯が届

いた。

　彼らはすぐに技術的負債と反転プロジェクトの活用方法について突っ込んだ話を始めた。マキシンが振り返ると、エリックが隣の椅子に座ろうとするところだった。

巨大 IT 企業の教訓

　エリックはずっと前からいたように会話に入ってきた。「反転プロジェクトは、みんなにとってすばらしい方向に進むための第 1 歩になるね。巨大 IT 企業はどれも技術的負債でつまずきそうになったことがある。フェイスブック、アマゾン、ネットフリックス、グーグル、マイクロソフト、イーベイ、リンクトイン、ツイッター、その他もろもろだ。フェニックス・プロジェクトと同じように、こういった有名企業も技術的負債の重さに耐えかねて、顧客が求めるものをもう届けられないところまで追い詰められた。生き残った会社でも、そのままにしておけば致命的になっていただろう。そして、ノキアのように技術的負債のために頂点からどん底まで落ちて潰れた会社もある。

　技術的負債は、納期と同じ日常のことだ。ビジネスの人々は、納期のことはわかっても、技術的負債もあるということをまったく知らないことが多い。技術的負債は、それ自体ではいいことでも悪いことでもない。技術的負債が生まれるのは、日常の仕事のなかでいつも決断を迫られるからだ。長持ちしないことがわかってても、仕事の都合で近道を通ったり、自動テストを省略したり、特定の条件のためにハードコードしたりすることがあるだろう。日常的に、手作業で環境を作ったり手作業でデプロイをしたりといった次善の方法で我慢する場合もあるよな。こういったことが将来の仕事の進捗にどれぐらい大きな影響を与えるかがわかってないと、大きな問題を起こすわけだ」

　エリックはテーブルのまわりを見回し、全員が一言一句漏らさぬように彼の話を熱心に聞いているのを見て満足し、話を続けた。

　「巨大 IT 企業はどれも社史のどこかの時点で機能開発を凍結して、大々的にシステムのアーキテクチャーを変更してる。2000 年代初期のマイクロソフトの話をしよう。当時はコンピューターワームがしょっちゅうインターネ

ットを混乱に陥れていた。有名なところでは、CodeRed（コードレッド）、Nimda（ニムダ）、SQL Slammer（エスキューエルスラマー）などだ。特にSQL Slammer は 10 分足らずで 10 万台近くのサーバーに感染し、麻痺させた。当時 CEO だったビル・ゲイツはこの事態を深く憂慮し、全社員あてに有名な社内メモを書いた。そのなかで、機能とセキュリティーの向上のどちらを実装するかに迷ったときにはかならずセキュリティーを選べ、何よりも大切なのは会社が生き残ることだって言ったわけだ。こうして有名なセキュリティーキャンペーンが始まり、マイクロソフトのすべての製品が影響を受けた。面白いことに、今の CEO であるサティア・ナデラも、プログラマーが機能の開発か仕事のしやすさの向上かを選ばなければならないときには、かならず仕事のしやすさの向上を選べという文化を維持してる。

　2002 年に戻ろう。この同じ年に、アマゾンの CEO のジェフ・ベゾスは、エンジニア全員に向けて、すべてのデータと機能がサービスによって提供されるようにシステムのアーキテクチャーを根本的に変えろっていう有名なメモを送った。最初のターゲットは 1996 年に書かれた OBIDOS（オビドス）システムだ。この OBIDOS には、ビジネスロジック、表示ロジックなど、Amazon.com を有名にした諸機能がほぼすべて詰め込まれてた。

　でも、時間の経過とともに、OBIDOS は複雑になりすぎて、各チームがほかのチームを気にせずに独立に開発できるようなものではなくなってた。アマゾンは、おそらく 6 年以上の時間と 10 億ドル以上のコストをかけてアーキテクチャーを作り直し、内部サービスをデカップリング[訳注4]し、独立性を上げた。その成果は目覚ましいもので、2013 年までに、アマゾンは毎日 13 万 6 千回近くのデプロイをするようになった。今話題にした CEO たちには、ソフトウェア出身だという特徴がある。面白いことじゃないかね？

　これとは対照的なのが、ノキアの悲劇的な運命だ。iPhone と Android に市場を食い荒らされたときに、ノキアは数億ドルの資金を使ってプログラマーを採用し、アジャイルの展開に投資した。でも、ノキアは本当の問題に気づいてなかった。それはプログラマーがいいペースで仕事を進められないアーキテクチャーという形の技術的負債だ。自分たちのソフトウェア・システムの基礎を根本から作り直すっていう考えがなかったんだ。ノキアのソフト

訳注 4: 相互依存する部分をなくして分割すること。

ウェアチームは、2002年当時のアマゾンみたいに、シンビアンプラットフォームにがんじがらめになってて必要なものをすぐに作れない状態になってた。

リスト・シラスマは、2010年の時点でノキアの取締役だった。彼は、シンビアンコードのビルドに**48時間**もかかることを知って、ハンマーで頭をぶん殴られたような衝撃を受けたって言ってるよ。プログラム変更がうまくいったか、やり直しが必要かを知るために2日もかかるようなアーキテクチャーには、根本的で致命的な欠陥がある。そんなことでは、短期的な収益性と長期的な生き残りが危うい。プログラマーの数を20倍にしても、開発速度は上がらない」

エリックは一息入れてから話を続けた。「信じられないことだよ。シラスマ先生は、ノキアが顧客に見せる希望や約束は幻だってことに気づいてた。だから、シンビアンから抜け出すために社内でさまざまな努力をした。だけど、そういった動きはすべて経営トップに潰されて手遅れになったんだ。

ビジネスの方の人たちでも、機能やアプリは見える。だから、こういうもののための予算は獲得しやすい。でも、そういったものの下には、機能やアプリを支え、システム、チーム、データを結びつける広大なアーキテクチャーという基礎があることは、彼らには見えない。そしてその部分には、プログラマーが日常の仕事を快調に進めるために使うシステムというきわめて重要なものがある。

面白いもんだよ。巨大IT企業はその最下層の部分に最高のエンジニアを集めて、プログラマー全体が恩恵に与れるようにする。パーツ・アンリミテッドでは、最高のエンジニアは最上層の機能の仕事ばかりしていて、プログラマーの作業効率を上げるための土台の仕事はインターン以外誰もやってない。

君たちのミッションはもうわかるよね。誰もが技術的負債の解消を口にするようになった。それによって第1の理想の局所性と単純性と第2の理想の集中、フロー、楽しさの重要性はわかりやすくなるだろう。でも、第3の理想の日常業務の改善のマスターも必要になるだろうな」そこまで言うと、エリックは来たときと同じくらいの早さでぱっと立ち上がって離れていった。

学習する組織

彼が離れていくのをみなが見ていた。そしてキルステンが言った。「エリックは戻ってくるのかしら？」

"クランキー"デーブが降参するときのように両手を上に振り上げて言った。「うちで起きてることは、ノキアで起きたことと同じだな。2年前には2週間から4週間くらいで重要な機能を実装できた。いいものを山ほど作ったよ。あの頃はよかった。いいアイデアがあれば、それを実現できたからなあ。

でも今はどうだ？ 同じような機能を作るために20週から40週もかかる。10倍も遅いんだ。うちの会社の評判が悪いのもしょうがないよなあ。エンジニアの数は増やしたけど、できるものはどんどん減ってる感じがする。ただ仕事が遅いってだけじゃなくて、変更を加えようとすることがとてつもなく危険なんだ」

キルステンが言った。「あなたの言う通りね。どの指標を見ても、生産性は横ばいか下降よ。機能の納期パフォーマンスも落ちてるわ。この間の集会のあと、ちょっと調べてみたの。プロジェクトマネージャーたちにいくつかの機能をサンプルとしてその機能の実装のためにチームがいくつ必要か調べてもらったのよ。必要チーム数は平均で4.2、衝撃的な数字よ。おまけに、8チーム以上との調整が必要なものもたくさんあるって言われたわ。正式な形でこの数字を調べたことはなかったけど、うちの部下の大半は、2年前と比べてこの数字は間違いなく大きくなってるって言ってるわよ」

マキシンはげっそりした。〈いつもほかの8チームと調整しなきゃならないようじゃ何も完成しないわ〉トムと手をつけた拡張保証機能も同じだ。

カートが言った。「反転プロジェクトは、こういった問題を解決し、この状態から抜け出す方法を生み出すためのチャンスだよ。フェニックスの各チームが何をどうしてもらいたいかはシャノンが調べてくれる。じゃあ、ぼくたちはどうなんだ？ 権限が与えられて、ぼくたちは1か月間資源をいくらでも使える。じゃあ、ぼくたちは何をしたらいい？」

矢継ぎ早に提案が出てくるのを聞いてマキシンはうれしくなった。彼らはリストを作り始めた。すべてのプログラマーが共通のビルド環境を使うようにする。すべてのプログラマーが継続的ビルド、インテグレーションシステ

ムのサポートを受ける。すべての人が本番とよく似た環境でコードを実行できるようにする。手作業のテストに代わる自動テストスイートを構築し、QAの人々にはもっと価値の高い仕事をしてもらう。アーキテクチャーをデカップリングして機能チームを解放し、プログラマーたちが独立に価値を生み出せるようにする。各チームが必要とするすべてのデータを簡単に使えるAPIにまとめる。

シャノンは彼らが作ったリストを見て頬を緩めた。「明日チームへのインタビューを終えたら更新されたリストをポストするわ。このリストはいい。プログラマーたちが自分で言葉にできなくてもほしいと思ってるものよ。そして私が手伝えることだわ」

マキシンも〈すばらしいリストだわ〉と思った。みんなの気持ちは明らかに高揚していた。

「シャノン、これは本当にいいリストだ。これがあればエンジニアの仕事のあり方が劇的に変わるよ」エリックがキルステンの横に座りながら言った。マキシンは彼がどこから来たのかと思ってあたりを見回した。エリックはキルステンの方を向いて言った。「でも、君たちに反対する勢力のことを考えてみなさい。プロジェクトマネジメント室は、ずっと前に書かれたルールと約束に忠実に、期限内、予算内でプロジェクトを終わらせようとして総力をかけて襲いかかってくる。クリスの直属の部下たちの動きを見てみろよ。せっかく反転プロジェクトが用意されたっていうのに、納期に遅れるのが恐いばっかりに機能の仕事を続けようとするじゃないか。

どうしてこんなことになったんだ？ 百年前、大量生産が産業界に革命を起こした頃のリーダーの役割ってのは、交換可能な労働者の集団でも正しくできるように作業を設計、分解することだった。労働者たちは頭じゃなくて手を使う存在として雇われていたわけだな。仕事は細分化、標準化、最適化された。そして労働者たちは作業環境をほとんど改善できなかった。

これはおかしくないか？ イノベーションや学びは、中心ではなく周縁で起きるものだ。問題は最前線で解決されなきゃならない。最前線っていうのは、そういった問題にもっともよくぶつかる世界最先端のエキスパートたちが毎日仕事をしている現場のことだ。

第3の理想が日常業務の改善だっていう理由はそれだ。学びによって仕事のやり方を改善していける原動力だ。スティーブン・スピア先生は、『あ

らゆる問題の母は無知であり、無知を克服できるのは学習以外にない』と言ってる」

エリックは話を続けた。「学習する組織としてもっとも研究されたのがトヨタだ。有名なアンドンのひもは、学びを実現するためにトヨタが作り出したさまざまなツールのなかのひとつに過ぎない。誰かが問題にぶつかったら、たとえ生産ライン全体を止めることになっても、全員がその人を助けなきゃならない。そして、それは日常業務を改善するチャンスになったのだから、全員が感謝しなきゃいけない。

問題はこうやってすばやく見つけられ、全員のものとなり、解決される。そして、学習されたことは広く拡散され、全員がそれによって利益を得る。イノベーション、卓越性、学習によって競争から一歩抜け出すことができる。第3の理想の逆を行くのはプロセスの遵守や TWWADI を評価する人間だな」

エリックはくっくっと笑った。「TWWADI ってのは、The Way We've Always Done It、いつものやり方ってことだな。規則と規制、プロセスと手順、段階的な関門と承認といったものがどっさり蓄積されてる上に、最近起きた大きな障害が再発しないように新しいルールが絶えず増えていく。

まあ、これは厳格なプロジェクトプラン、柔軟性の乏しい調達プロセス、強い権限を持つアーキテクチャー評価委員会、ひんぱんとは言えないリリーススケジュール、だらだらと続く承認プロセス、職務の厳格な分離…といったものだと考えればいいな。

こういった一つひとつが何かをするときの調整コストを引き上げ、遅延コストを積み上げていくんだ。でもって、決定を下すところと実際に仕事をするところとの距離はどんどん離れてくから、できたもののクオリティは下がるよな。かつてウィリアム・エドワーズ・デミング先生が言ったように、いつもダメなシステムが優れた人を痛めつけるんだ。

君たちはもう無意味になってる古いルールを変えなきゃいけないだろうな。人間の組織のしかたやシステムのアーキテクチャーの作り方もね。リーダーはもう命令、管理する立場じゃない。人々を導き、障害を取り除き、仕事ができる環境を作る立場にならなきゃならない。スタンリー・マクリスタル将軍は、統合特殊作戦軍の意思決定権を分権化し、米軍よりもはるかに小さいが機動力に勝るイラクのアルカイダに最終的に勝利した。イラクでは、

判断の遅れによるコストは、金額ではなく彼らが保護しなければならない人々の生命と安全によって測られる。

これは従者を引っ張るリーダーシップじゃなくて、**変身を促す**リーダーシップだ。組織のビジョンを理解し、仕事のやり方についての根本的な前提条件を疑うアグレッシブな知性と人の心を動かすコミュニケーション能力を持ち、メンバーの特徴を把握し、支える指導力がなきゃいけない。リーダーはできる人じゃなきゃいけないのかとか思う人がいるかもしれないが…」

エリックは大声で笑った。「まったくナンセンスだ。最高の能力を持たなきゃいけない。とことん完璧を追求し、できる限り早くミッションを達成しようという気概を持ち、現状維持に決して満足せず、組織が奉仕する人々をしっかり支えようという熱意を持たなきゃならない」

第4の理想

エリックは笑いながら話を続けた。「ここで登場するのが第4の理想、安心感だ。人々が上司に都合の悪い話をするのを怖がる恐怖の文化が支配しているところでは、誰もリスクを背負わず、実験は行われず、イノベーションは起きない。恐怖の文化が支配している組織では、新しいことは奨励されず、問題が起きれば犯人探しが始まる。スケープゴートが名指しされ、非難され、辱められる。新しい規則が作られ、承認事項が増え、訓練が増え、必要なら"腐ったりんご"を取り除いて、問題を解決したと錯覚する。

第4の理想は、問題について言及しても後ろから刺されたりしないっていう安心感が必要だってことだ。グーグルの研究者たちはプロジェクトオキシジェン、すなわち酸素プロジェクトと呼ばれるもののために数年間を費やした結果、心理的安全性が優れたチームのもっとも重要な要素のひとつだということを突き止めた。自分のチームは声を上げた人を困惑させたり、拒絶したり、罰したりしないっていう確信が持てるかどうかだ。

誰かが間違えたときには、"誰"がやったのかではなく"何が問題を起こす原因になったのか"を考える。今日よりも明日をよくするためにどうすればよいかに力を注ぐ。ジョン・アルスポー先生が言うように、すべてのインシデントは学びのチャンスであり、承認抜きの予定外の投資なのだ。

ちょっと想像してみよう。全員が意思決定でき、毎日重要な問題を解決し

ていて、学んだことをほかの人たちに教えているような組織にいたらどうだろうか。君の敵は、トップリーダーしか意思決定しないような組織だ。どっちが勝つかって？　君の勝利は間違いない。

　前線で働く人たちの背中を押すために安心感を作り出すなどと口先で言うのは簡単だ。でも、中身のないことを何度言ってもしょうがない。リーダーが模範を示し、周囲を指導して、毎日言葉の内容を体現しなきゃいけない。リーダーがマイクロマネジメントに走ったり、『わからない』って言えなかったり、知ったかぶりのバカを演じたりすれば、安心感は簡単に吹っ飛んじまう。そして、リーダーだけでなく、同僚たちも同じように行動できなきゃならない」

　ここでバーテンダーがエリックのところに歩み寄り、耳元で何やらささやいた。エリックは「またか？」とつぶやくと、顔を上げて「ちょっと行かなきゃならないけど、すぐに戻る」と言ってバーテンダーとともに去っていった。

　みんな歩いていくエリックの背中を見ていた。ドウェインが口を開いた。「第3、第4の理想についての話はまったくその通りだと思うよ。俺たちのまわりの恐怖の文化をどうにかしなきゃ。チャドを見ろよ。あいつは正しいことをしようとしてクビになったんだよ。このなかの誰よりも俺にはチャドに言いたいことがたくさんある。何しろ今日のネットワークのアウテージにはまいったからね。でも、チャドをクビにしたからって、今後こういうアウテージが簡単に起きなくなるわけじゃないんだ。

　何が起きたのか正確に把握しようと思ってあちこち聞いてまわったんだよ。チャドは4日続けて夜まで働いてた。昼間の勤務時間も働いた上でだよ。店舗モダナイゼーション運動の支援なんだってさ。チャドになぜって聞いたら、自分のために店舗チームが現状報告で小言を言われるんじゃ悪いからって言ってたよ」

　キルステンは驚いたようだった。ドウェインはさらに言った。「あいつの上司はあいつに家に帰れってしつこく言って、水曜には本当に定時で帰らせたそうだ。でも、夜中にオンラインに戻ってきた。店舗システムのリリースを失敗させたくなかったからさ。チケットにしてもチャットルームにしても仕事が溜まってくのが気になって、夜中にしっかり寝られたことはなかったんだよ。

そういうわけで、木曜の朝は深夜の疲れが抜けないまま早くに出てきた。で、緊急に必要になった内部ネットワーク変更をした。ラップトップを開けると、ターミナルウィンドウが30個ほどもある。どれもあいつが関わっている仕事のものさ。で、問題のターミナルウィンドウにコマンドを入力してEnterキーを叩いた。で、間違ったウィンドウでそれをやっちまったってわけだ」

　「ボン！ ティア2ビジネスシステムの大半がアクセス不能になった。データハブもそうさ。翌日あいつはクビになった。正しい決定だったと思うか？ 公正で公平だったと思うか？」

　マキシンは怖くなって思わず「ああっ」という声を漏らしてしまった。これは彼女もよく知っている感覚だ。キャリアを通じて何度か経験している。何かを入力してEnterキーを叩く。すぐに大きなミスを犯したことに気づくがもう遅い。テストデータベースだと思ってうっかり顧客データベーステーブルを削除したことがある。間違って本番サーバーをうっかりリブートして、午後いっぱい発注入力システムを落としたこともある。間違ったディレクトリの削除、間違ったサーバークラスターのシャットダウン、間違ったアカウントの無効化もある。

　どの場合も、血が凍るような感覚のあとパニックがやってきた。キャリア初期に本番ソースコードリポジトリをうっかり削除したときには、本当にデスクの下に潜り込みたいと思ったものだ。土台のOSから考えて、犯人が自分だとわかる人はいないことはわかっていた。誰かに言ってしまったら大変だと思っていた。でも、上司にそれを言ってしまった。これは若手エンジニアとしてやってしまったもっとも恐ろしい失敗のひとつだった。

　ブレントが言った。「ドウェイン、それは本当に本当にひどいね。一歩間違えばぼくもそうなってたよ。毎週毎週何かミスしても不思議じゃない状況だったからなあ」

　マキシンが言った。「こういうことは私たちのなかの誰に起きても不思議じゃないことよ。うちの会社のシステムはとても密結合になってて、ちょっと書き換えたら致命的な影響が起きかねないわ。しかも、チャドは明らかに誰かが助けてあげなきゃいけない状態だったのに助けを求められなかった。こんな長時間労働に耐えられる人なんかいないわ。眠ることさえできないのに、ミスなしでいける人なんていないわよ」

ドウェインが「まったくだ」と大声で言った。「オーバーワークのあまり 4晩連続で働いてる人がいるような職場でどうして働けるんだ？ どうしても休みが必要なときに一日休めないような会社に何を期待したらいいんだ？ 本当ならがんばってることに報いなければならないような人間をクビにして、会社はいったい何がしたいんだ？」

「安全は仕事の前提条件」

「ドウェイン、まったくその通りだ」再びテーブルに戻ってきたエリックの声がした。「意外かもしれないけど、こんなことは正義に反するという君たちの気持ちは、スティーブも大きく共感するはずだよ。工場の現場で少しでも時間を過ごせばわかるはずさ」

マキシンが尋ねた。「そうなんですか？」彼女は工場の現場の人たちとも長く仕事をしている。

エリックが穏やかに笑いながら答えた。「君たちは、スティーブがCOO兼製造担当VPに就任したときに、労災事故ゼロを目標にすると公式に宣言することを付随条件にしたことを知ってるかい？ そのおかげで取締役会メンバーたちはもちろん、工場の幹部や組合の幹部からも笑われ、COOになり損ねるところだったんだ。連中は彼のことを幼い、いや頭がちょっといかれてるんじゃないかとまで思ったのさ。おそらく、"本物のビジネスリーダー"かどうかは、収益性か納期パフォーマンスで判断されるんだと思ってたんだろうな。じゃなきゃ品質か。それなのに安全かよってわけさ。

噂では、スティーブは当時CEOだったボブ・ストラウスにこう言ったらしいよ。『製造現場の人たちが仕事で怪我をすることはないと自信を持って言えなければ、私たちが製品の品質目標について、あるいは収益力についてどうのこうの言っても誰が信じるでしょうか。安全は仕事の前提条件です』」

エリックは一拍置いてから言った。「あの頃のようなまともだったと思われてる時代でも、こういうことを言うリーダーはまずいなかった。スティーブは、1980年代から1990年代にかけてアルコアの伝説的なCEOだったポール・オニール先生の仕事をしっかり学んでたんだ。オニール先生は、何よりも職場の安全を重視する人だった。

アルコアの取締役会は、最初のうちこそオニール先生の考えを突拍子もな

いことと思ってたけど、彼がCEOを務めてた15年間に、アルコアの純利益は2億ドルから15億ドル、時価総額は30億ドルから270億ドルに跳ね上がったんだ」

エリックはさらに話し続けた。「これだけ大きな経済的成功を収めても、オニール先生がもっともよく触れるのは安全の遺産のことだ。アルコアは、もう何十年もの間、職場の安全ということでは文句なしの人物がリーダーを務めてる。オニール先生がアルコアに入ったときには、職場の安全性が平均以上だってことを誇りにしてた。でも、毎年9万人の社員のうちの2%が怪我を負うとすると、全キャリアでアルコアに在籍してれば、職場で怪我をする確率が40%もあることになる。

アルコアの作業条件は、君たちの会社の工場よりもはるかに危険だ。アルミニウム精製の仕事では、高熱、高圧、腐食性の化学物質を扱わなきゃならないからね。

オニール先生は有名な言葉を残した。『全員が自分の安全とチームメイトの安全に責任を負わなきゃならない。誰かが怪我するかもしれないようなものを見つけたら、いち早くその問題を解決しなきゃならない』彼は全社員に向かって、安全問題の解決には予算の枠をはめないって言ったんだ。とにかく解決しろ、かかったコストの問題はあとで考えればいいってね。それから、彼は工場で働く全従業員に自宅の電話番号を公開した。そして、安全問題に対してすばやく行動しないマネージャーや安全に真剣に取り組んでいないマネージャーがいたら自分に直接電話してくれって言ったんだ。

オニール先生は、職場で経験した最初の死亡事故の話をしてる。アリゾナ州で18歳の少年が死んだ。彼は材料カスを取り除くために押出成形機のなかに入ったんだ。でも、そのときにブームが開放されて動き回り、彼は一瞬のうちに死んでしまった。

この少年には妊娠6か月の奥さんがいた。その場には生き残った人がふたりいた。オニール先生は、『彼らは少年がそうするところを見てたし、おそらく実際に少年がした通りにするよう、少年に教えていた』と言った。

最後にオニール先生は、工場の全社員の前に立って語りかけた。『私たちは彼を殺した。私たち全員で彼を殺した。私が彼を殺した。私は仕事で人が傷つくことがあってはならないということをきちんと伝えきれてなかったから彼を殺した。どういうわけか、人が傷ついてもかまわないんだと人が考え

る余地が残ってしまった。私たちは全員、自分たちとその他全員の安全を確保することに責任感を持たなければならない』

その後、オニール先生はこうも言ってる。『アルコアは人を非常に大事にする会社だった。けが人が出るたびに、人は嘆き悲しみ、心から後悔した。でも、彼らは自分にも責任があるということに気づいてなかったんだ。人が怪我することに慣れてしまってたのだ』」

エリックは一息置いて目に浮かんだ涙をぬぐった。「スティーブが最初に行ったことのなかのひとつは、パーツ・アンリミテッドの工場のあらゆる側面にオニール先生の労働災害ゼロの絶対真理を取り入れることだった。これは第3の理想、日常業務の改善と第4の理想、心理的安全性のすばらしい例だ」

エリックは壁を見つめてしばらく黙っていた。マキシンは、スティーブがタウンホールミーティングのたびに労災事故について語る理由が急に理解できた。彼は全社員の日常業務に直接影響を及ぼせないことを知っているのだ。しかし、スティーブは自分が大切に思っていることと自分の規範を強調し、そのモデルとなることができる。彼はそれを効果的に行っているのだ。

マキシンは改めてエリックを見つめた。彼女はまだスティーブと話したことはない。エリックがヒントを与えてくれたことをどのようにして実行すればよいだろうか。

From: クリス・アラーズ（アプリケーション開発担当 VP）
To: 開発部全員；ビル・パーマー（IT 運用担当 VP）
Date: 11:10 p.m., September 25
Subject: 反転プロジェクト：機能開発の凍結

即時実施。反転プロジェクトの一部として、フェニックス・プロジェクトの機能開発を凍結する。今後 30 日間、フェニックスとそのすべてのサポートシステムの安定性と信頼性を向上させるために最大限の努力をする。

すべての機能開発の仕事を中断し、コードのなかの欠陥、問題箇所を修正し、技術的負債を解消する。これを実施することにより、開発部の生産性が上がり、機能開発にかかる時間が短縮されるようになる。

この期間中は、緊急変更を除き、フェニックスのデプロイも停止する。そ

して、運用部のチームメイトたちは、デプロイを高速かつ安全にするとともに、本番サービスの回復力、弾力性を向上させる。

　私たちは、我が社がもっとも重要な戦略目標を達成する上でこの作業を行うことが大きな意味を持つことを確信している。疑問点や懸念材料がある場合には、私にメールしていただきたい。

　よろしくお願いします。クリス

From: アラン・ペレス（経営パートナー、ウェイン - ヨコハマ・エクイティパートナーズ）
To: サラ・モールトン（リテール営業担当 SVP）
Date: 3:15 p.m., September 27
Subject: 戦略的オプションについて ** ㊙ **

　サラ、内密に願います。

　昨日はよい会でした。あなたに株主価値の創出についての私の信念をお話しできる機会を作れたのはとてもうれしいことです。一般に、私たちは "成長" よりも "価値" と経営規律を重視します。私たちのファームは、パーツ・アンリミテッドのような企業に投資することにより、莫大な運用益を上げてきました。私は、ほとんどの人が思いもよらないペースで非常に大きく安定したキャッシュフローを生み出そうと思っています。他社では、私たちは投資家たち（そして会社の役員）のために大きな富を生み出してきています。

　お約束したように、私たちのポートフォリオに載っている企業の複数のCEO たちにあなたを紹介しています。あなたにも、彼らとの会談には興味を持っていただけると思います。私たちが株主価値の強化のためにどのようにお手伝いしたかをぜひ尋ねてみてください。

　アラン

PS. 現在、フェニックス・プロジェクトで「機能開発の凍結」が行われてい

るという私の理解は正しいものでしょうか？ そのようなことをすれば、御社はさらに競争で後塵を拝することになりませんか？ 前回あなたが話題にした新しいプログラマーたちはどうしていますか？ 彼らは何の仕事をしていますか？

QA とのパーティー

　月曜日、マキシンが会社の建物に入っていく足取りは軽かった。それはドックサイド集会のためではない。テストデーだからだ。彼女のコードがついにテストされ、本番システムに組み込まれるのだ。

バンダルドーナツ 60 個

　マキシンは、バンダルドーナツの箱を 5 つ持っている。出勤途中で買ったものだ。クロワッサンとドーナツのハイブリッドである「クロナッツ」さえ入っている。これは彼女の好物だ。

　マキシンの気分は最高潮であり、60 個のできたてのドーナツの匂いだけで自分の血糖値レベルが上がりそうだ。〈私のコードをテストしてくれる人々と打ち解けるためにはこれが最高の方法よ〉おいしいおやつを持ってきてくれる人とは友だちになりやすいものだ。

　どこを歩いていても、マキシンは「私（ぼく）に買ってきてくれたの？」と尋ねられた。彼女は上機嫌で「違うわ、テストデー用よ」と言い返した。

　マキシンは、自分のデスクの近くにあるテーブルにドーナツを置き、椅子にバッグをかけた。トムはすでに出社していて、エディターを開きキーを叩いている。

　マキシンは上機嫌で「やった、テストデーよ。やっとこの日が来たわ」と言った。

　トムは、モニターから顔を上げもせずに、「どうしたんですか。ちょっと変ですよ」と言い、くんくんと匂いを嗅いだ。「おや、これはバンダルドーナツですか？」

　マキシンは満面の笑顔で「ええ、テストデーを祝って。私たちの変更が動作するかどうかを最終的に確かめられるのは本当にわくわくするわ」と言っ

た。「で、いつ始まるの？ 様子は見られるの？」

　トムはマキシンの方を向いて時計を見た。「たぶん、今日始まるとは思います。でも、テストは私たちの変更だけじゃないんです。フェニックスに含まれる大きなコードの塊のあれこれに対する変更をテストするわけですから。私たちの変更のテストは、彼らがしなきゃならないことのほんの一部に過ぎません。今日は私たちの変更には取り掛からないかもしれませんよ」

　「え！？」マキシンはショックを受けてトムの言葉を途中で遮った。彼女は週末からずっとこの日を待っていたのだ。「予定に入ってるかどうか見られるの？ 手伝ってやることはできないの？ QA の人はどこにいるの？ このドーナッツは QA の人たちのために買ってきたんだけど」

　トムは驚いたようだった。「QA の人たちにはかなり会いましたよ。オフサイトの人もいればオンサイトの人もいます。でも、彼らと長い間直接話したことはありませんねえ。普通は翌週末に QA のマネージャーと会って、テストの結果はそのときに聞きます。

　マキシンが愕然として言った。「来週？ 来週？！ じゃあそれまで私たちは何をするの？ QA の仕事の状況は見られるんでしょ？ 機能チケットの通知は来るはずよね？」

　トムが眉をひそめて言った。「いや、そこはちょっと違うんですよ。QA チームはこっちとは別のチケットシステムを使ってるんです。そのシステムは、日程調整と報告をして、すべてのテストケースを管理しますが、こちらからはアクセスできません。少なくとも私たちのようなマネージャー以外の人間はそうです。2 週間後に、見つかった欠陥にこちらの機能チケット番号のラベルを付けてリストにしたスプレッドシートが送られてきます。私たちはそのスプレッドシートを見て、こちらのチケットシステムに必要な情報をコピーし、修正が必要なところに修正を加えるわけです」

　マキシンが「…で、それから？」と恐る恐る尋ねた。

　トムは「QA が全員の修正をまとめてもう 1 度テストします」と答えた。

　マキシンはさらに尋ねた。「仮に私たちの変更が完璧に動作したとして、お客さんたちが私たちのコードを実際に使うのは最短でいつになるの？」

　トムは指を折って数え始めた。「テストサイクルがもう 1 回で 2 週間、次に QA がプログラム変更を本番システムにデプロイしてもらうために運用のチケットを起票するでしょ。運用のスケジュールの都合でちょっと余分に

時間がかかることがあるので、デプロイまであと3週間かな」トムは指を見て言った。「今から7週間後ですね」

マキシンは両手で頭を抱え、前に倒れ込んだ。額はテーブルにくっついていた。

〈甘かったわ〉彼女はテーブルに頭をくっつけたまま尋ねた。「で、その間、私たちはほかの欠陥の修正に当たるわけ?」

「そうです」というトムの声が聞こえた。「大丈夫? マキシン」

マキシンは暗くならないようにしながら、「ええ、大丈夫よ」と答えた。マキシンは考えていた。〈これは第2の理想の逆だわ。私たちは、お客さんが喜ぶかどうかわからないウィジェットをバカみたいに作ってる機能工場になり下がってる。仕事は面白くないし、楽しくない。私が知ってる仕事の本当の姿とは違う。フローもなければフィードバックもない。これじゃあ学びなんて全然ない〉

トムが「このドーナツ、ひとついただいてもいいですか?」と言ってきた。

「ダメよ」と答えたときにマキシンにちょっとしたアイデアがひらめいた。少し頭を持ち上げ笑顔でトムの顔を見ながら「QAの人たちにこれを届けるから手伝って」と言った。

QAの人たちを見つけるのは、彼女が考えていたよりも難しいかもしれない。トムも1年以上QAの人間と同じ部屋にいたことがない。トムのQAとのやり取りは、公式の儀式に則ったものだった。本番システムにリリースしてもいいという正式な承認をもらうまで、コードを渡してスプレッドシートの修正点リストを待つことを繰り返すだけだ。

もちろん、実際はそんなに簡単な話ではない。意見の不一致や問題の発生によって、開発とQAの管理職の、階層構造の上がったり下がったりがある。この欠陥は優先度1か優先度12か。プログラマーが問題を再現できなければ欠陥なしとしてチケットを却下してしまうが、それではあとでQAがまたチケットを起票するだけだ。逆に、QAで修正結果を再現できなければ、開発に差し戻しになる。

マキシンとトムは、カートのデスクに行ってやろうとしていることを話した。カートは、「これだけのドーナツがあれば、友だちを作るにはもってこいだね」と言った。そしてトムに「あなたも行くの?」と尋ねた。

「もちろんです」とトムは答えた。「自分の仕事が終わったあと、それがどこに行くのかずっと気になってたんですよね。まるでトイレで水を流すような感じだったんですよ。トイレにコードを放り込んでレバーを引っ張ると、コードが見えなくなる…」

カートはフフンと笑った。「フェニックスでぼくたちが見てきたコードの質を考えると、あなたの比喩は非常に適切だと思うよ。QAの方のデータハブ担当マネージャーはリックだ。やつは少なくとも90分は動けないな」そしてスマホを取り出し、誰かにメッセージを送ってから言った。「リックが動けない間に7号館にこのドーナッツを持っていくといいよ。ウィリアムのアシスタントの、いやアシスタントだったシャーロットに取り次いでおいたから。彼女はQAのメンバー全員にとってお母さんみたいな存在さ」

そしてスマホをあれこれいじってから言った。「シャーロットの方は歓迎だって。3箱でデータハブチームには十分行き渡ると思うよ。あとの2箱をもっとも効果的に利用する方法はシャーロットに聞いてみて。

シャーロットはあなたたちのために会議室を確保して、そこにデータハブ担当チームを呼んでくれる。全員と会えると思うよ。ひょっとすると、助けを求めている人が見つかるかもしれない」

マキシンは笑顔になった。これこそ彼女が求めていたサポートだ。「ありがとう、カート。友だちを作りに行ってきます。あの、もっと長居するための口実に、ランチとしてピザも届けてもらえませんか？」

「それいいね。QA時代のぼくのコードにピザ代を計上するようにシャーロットに言っといて。ウィリアムがいなくなったから、ぼくのコードはまだ残ってるはずさ」カートがニヤリと笑いながら言った。最後に「でも、行く前にひとつぼくにもくれないかなあ…」と言ったが、「だめよ。悪いけど、これはQAの新しい友だちのためのものだから」とマキシンにぴしゃりとはねつけられた。

QAチームの人たち

ドーナッツの箱を持ったマキシンとトムは、中庭を抜けて7号館に入っていった。ふたりで警備員に挨拶してから、マキシンが閉じたドアの横にあるカードリーダーにIDカードを差したが、ランプは赤のままだった。

マキシンは何度も ID カードを入れたが、ランプは赤のままだった。マキシンはため息をついた。まさか建物のなかに入れないとは思わなかったのだ。

　トムが、「プログラマーは QA の建物に入れないようになってるんですねえ。てことは、QA の人も開発の建物には入れないのかな」と言った。

　マキシンがカートに電話しようとしたところで、ドアの開く音がした。陽気で活発でおちゃめな感じの女性がふたりに挨拶をした。マキシンはすぐに彼女に好感を持った。

　「マキシンさんですよね、そしてトムさん？　おふたりのことはカートからよく聞いてます。どうぞお入りください。みなさんの ID カードではこの建物には入れないですよね。カートの ID カードが使えなくなるのも時間の問題ね。私たちは全員、…いやほとんどが彼のためにそれはよかったと思ってますよ。多くの人が、彼は QA チームのマネージャーよりもメジャーでいいポストに就くべき人だって思ってますからね」

　シャーロットの「メジャーでいいポストに就くべき人」という言葉には、QA は劣った仕事だという響きが感じられた。〈カートはまるでゲットーから脱出できたみたいに思われてるのね〉とマキシンは思った。

　「QA のみんなのためにパーティーを開いてくださるなんてとても素敵なアイデアですね。今でそんなことを考えた人はいなかったと思います。みんな喜びますよ。今日は終日一番大きい会議室をとってあります。会議が入ってない時間とかにみんなが立ち寄れるようになってます。それから、食堂に来る全員のためにピザの注文もしときました」マキシンは、シャーロットが細かいところまですべて抜かりなくテキパキと片付けていることに感心した。会議室に入っていくと、シャーロットがすでにホワイトボードに「私たちは QA に感謝してます」と書いていた。文字の両端にはハートマークもついていた。

　マキシンはそれをしばらく見ていたが、ちょっと書き換えてもいいかと尋ねた。

　シャーロットは「もちろん」と答えた。

　マキシンは「私たちは QA チームのみなさんに感謝してます」と書き換えた。

　それから、ボードの下に、データハブ開発チームのトム、自分、カート、

その他5人のメンバーの名前を書いた。

　マキシンの後ろでトムが言った。「いいことを思いつきました。データハブのプログラマー全員をランチに呼んだらどうでしょう。みんなにメールしていいですか？」

　マキシンはすぐに賛成して、「ピザを足さなくっちゃ」と言った。

　シャーロットが笑顔で「大丈夫、やっときますから」と言ってくれた。

　それから数分後、QAチームのメンバーたちがポツポツと会議室に入ってきた。マキシンは一人ひとりに自己紹介をした。QAの人たちはプログラマーたちと人口統計的な特徴がちょっと違うことに気づいた。20代の人はいない。大卒者は開発の仕事に応募してくるからなのだろうか。

　インドなまりの女性が「これは何のお祝いですか？」と尋ねてきた。

　マキシンは聞いてくれてうれしくなり、笑顔で答えた。「今日はテストデーだからです。何週間もかけて作ってきた機能がテストされるのを楽しみにしてるんです。で、パーティーを開けたら楽しいだろうな、そうすれば、この重要な仕事をしてくれる人たちとも会えるし、私たちがどんな形でもいいからお手伝いしたいと思ってることも伝えられる、と思ったわけです」

　女性は笑顔で答えた「まあ、それはとてもうれしいわ。こんなこと今まであったかしら？」

　シャーロットが部屋の反対側から大声で答えた。「私はここに来て7年になるけど、こんなの初めてよ。マキシン、とてもすてきなアイデアよ。みんなのことを紹介させてね。パーナはQAの主任エンジニアのひとりで、ここにいるのは彼女のチームのメンバーたちよ…」

　そこで少し話が途切れた。マキシンは考えた。〈みんな私の挨拶を待ってるのかしら、パーティーのホストとして挨拶はすべきよね〉

　「えーと、それでは改めてみなさんどうもありがとうございます。昼食時にはピザが届くことになってます。そのときには、データハブのプログラマーたちも合流します。いつもどのようなお仕事をされてるのかを教えてください」こういう問いは、緊張を解くためにはもってこいだ。彼らは自分たちが関わっているプロジェクトのことを話し、それが共通の話題になった。話が弾んできたところで、マキシンはテストの作業で一番不満に思うのはどういうところかを尋ねた。

　これで一気に会話が止まらなくなった。QAの人々の悩みや話は自分にも

よくわかるものだった。環境ができるのを待たなければならないこと。与えられた環境が完全な形になっていないこと、どこかに問題があるとほかの問題が次々に出てくること、問題の原因がコードミスなのか環境に間違いがあるのかが区別できないこと…。

マキシンとトムは、QA の人々との間に共通の土台と話題があることに気づいた。要するに、誰でも仕事の不満をぶちまけたいのだ。マキシンはメモを取り始めた。そしてパーティーの盛り上がりは最高潮に達した。

QA チームのお仕事

90 分後、マキシンには状況がはっきりと見えてきた。問題は開発と QA の対立というようなことではなく、フェニックスのビジネス要件がひんぱんに変わり、そのためにほとんどかならず緊急のプログラム変更が必要になることだ。そのため、テストで使える時間が減り、コードの品質が下がる。品質の低さは、この間のフェニックスの大障害でも明らかなことだ。

システムに変更があるのは誰でも当然のこととして受け入れているが、フェニックス・プロジェクトはこのようなペースの早い変更には向かない作りになっているように見える。そして、フェニックス・プロジェクトの品質が下がり、パーツ・アンリミテッドに重大な結果をもたらしかねないことに全員が危機感を持っている。こればかりはほとんどではなく、文字通りの全員だ。誰かが言っていた。「スティーブがタウンホールミーティングで俺たちに何を求めてるかを話してたけど、俺たちは言われたようなものを届けられてない。何かまずい点を見つけても、それを修正できるだけの時間がない」

機能開発の凍結は、何が凍結されるのかがあいまいだが、圧倒的な支持を受けている。みんなが支持しているのは、トップが価値観をはっきりと変えたことがわかるからであり、間違いなくよい方向に向かっているからだ。しかし、多くのマネージャーたちは自分の仕事は凍結の例外だと思っている。

パーティーは食堂に移り、ありとあらゆる種類の 15 個の大型ピザがテーブルに並んだ。その匂いをかぐとマキシンは空腹を感じた。彼女はドーナツばかり食べているうちに少し体調が気になってきていた。心臓がバクバクして少し汗をかいてさえいる。マキシンには低血糖症の気があり、すぐにタンパク質を取らないと、頭痛がしたり、血糖値の急降下が起きる危険がある。

それまでの間に、QAの人々の多くが食堂に来ていた。マキシンには、誰がデータハブの担当で誰がそうでないかはよくわからなかったが、それは気にしなかった。今日の目標は友だちを作ることだ。入口に門番を置いておいたら、友だち作りがぶち壊しになる。

　マキシンはペパロニピザのふたつ目のスライスを食べ終えて、紙皿を堆肥貯蔵所に投げ込んだ。ていねいに手を洗ってから、パーナにデスクに連れていってもらった。マキシンが日常業務をどのようにやっているかを見たいと言ったら、パーナは快諾してくれたのである。デスクは、プログラマーのスペースよりも狭く詰め込まれていたが、デレックと会ったヘルプデスクほどは密集していなかった。

　パーナのデスクには、2台の大きなモニターがあり、ふたりの子どもの写真があり、8年もののシングルモルトスコッチのボトルがあった。マキシンはボトルを指さして、「これはあなたのお気に入り？」と尋ねた。

　パーナは笑って答えた。「全然違うわ。でも、ここでのお祝いにはお似合いね。フェニックス・プロジェクトの仕事にはこれが必要よ」パーナはモニターでウィンドウを動かし、QAのチケットツールで作ったリリースプロジェクトをマキシンに見せた。

　マキシンは、〈ついに見られた〉と思った。彼女は以前からQAチームのワークフローを見たくてしょうがなかったのだ。マキシンはツールを見て一瞬のけぞった。

　マキシンは躊躇しながら「これはIE6？」と尋ねた。最後にこのバージョンのIE（インターネットエクスプローラー）を見たのは、ウィンドウズXPマシンだった。パーナは、にこっと笑うと、まるでもう説明慣れしているかのように話した。「そうよ。10年前からずっと使ってるわ。今の私たちは古いウィンドウズ仮想マシンでクライアントを実行しなきゃならないの。この仮想マシンにテストプロジェクトが全部入ってて、うちの自動機能テストの一部もここで実行してるのよ。10年間でここに構築したテストプランは数千個あるわよ」

　マキシンが尋ねた。「でもIE6なの？」

　パーナが答えた。「ベンダーは、新しいブラウザーをサポートするアップグレード版を作ってるけど、それを使うためには土台のサーバーをアップグレードしなきゃならないの。そのための予算をやっと獲得したんだけど、ま

だ運用がプロビジョニングしてくれるのを待ってるところなのよ」

　マキシンにとって、やむなく IE の古いバージョンを使っている人と会うのは初めてではなかった。彼女の古巣には工場サポートシステムがいくつかあり、そのベンダーはずっと前に廃業している。マキシンたちはそういったシステムの数々をなんとかマイグレートしたが、マイグレートできなかった例外がひとつあった。基幹サーバーのために 6.6.6.6 という完全なエアギャップネットワークを作らなければならなかったのである。このサーバーはSunOS の既知の脆弱性を持つバージョンで実行されるが、このバージョンは完全にパッチ不能だったのである。

　マキシンは、〈いい時代だったわ〉と思った。

　パーナはリリースプロジェクトを一通り案内してくれた。品質管理のワークフローアプリケーションは、古い割にはしっかりと構成されていて使えるツールだった。

　パーナは、テストプランが書かれた 200 個以上のワード文書が入っているネットワークシェアを見せてくれた。マキシンが頼むと、パーナはいくつかをランダムに開いてみせた。そのなかの一部は、特定のユーザーシナリオをテストするためのテスト手続きが書かれたものだった。この URL に行き、この帳票にこの値を書き込み、このボタンをクリックし、前のものとは異なるこの URL で正しい値が表示されるのを確かめるといったものだ。

　別の一部は、入力チェックのテストプランが書かれたものだった。各帳票のすべてのフィールドが不適切な入力を正しく拒絶するのを確かめるのである。こういったものを読むと、何十年も前の記憶が呼び覚まされる。マキシンの最初の仕事はソフトウェアの品質保証だったのだ。優れた QA エンジニアになるためには、どうすればソフトウェアが吹っ飛んだり、クラッシュしたり、固まったりするかを見つけ出すひねくれたセンスとときにはサディスティックな直観が必要だ。

　マキシンはこんなジョークを聞いたことがある。「QA エンジニアがバーにやって来た。ビールを 1 杯注文し、ビールを 0 杯注文し、ビールを999,999,999 杯注文し、トカゲを 1 匹注文し、ビールを −1 杯注文し、"sfdeljknesv" を注文した」

　優秀な QA エンジニアは、ほかの人が書いたコードをぶっとばすのが大の得意だ。彼らは帳票に数千字の長い文を入力し、印刷不能なユニコード文

字や絵文字を入力し、日付フィールドに負数を入力し、その他普通の人が思いつかないような突拍子もないものを入力する。その結果プログラムはクラッシュしたり、ひどい誤動作を起こしたりする。プログラマーは自分の額をたたき、むかつくテストケースに感嘆するわけだ。

　こういったエラーを起こす入力は、ハッカーがシステムにアクセスしたり、全データを抜き取ったりするために悪用できる場合がある。歴史に残る個人情報（PII）漏洩の一部は、このようにして起こっているのだ。

　こういったミスや脆弱性を見つけるのは非常に重要な仕事だ。パーナのチームが手作業でこれをしなければならないことを想像すると、マキシンはとても大変だなと思う。これからの2週間、パーナたちは前のテストのクリーンアップを何回やって、フレッシュな状態のフェニックスアプリケーションを立ち上げ、正しいURLに行き、フィールドに同じ情報を入力することになるのだろうか？

　パーナは、機能が実際に設計通りに動作しているかどうかをチェックする別のテストも見せてくれた。多くの場合、これは本番環境で現在動いているシステムに似せて作った統合テスト環境でほかのビジネスシステムと接続してみるというものだ。

　マキシンは、これらのすばらしいテストのいくつを自動化できるかをずっと考えていた。自動化によって、QAチームは退屈で時間がかかってミスを犯しやすい作業から解放され、コードを破る別の方法を考えるために彼らの才能を使えるようになる。

　しかも、自動テストはプログラマーがコードをチェックインするたびに実行でき、マキシンをはじめとするプログラマーたちが望むスピーディで直接的なフィードバックを実現させられる。ミスはすぐに見つかり、同じミスを毎日毎日、毎週毎週繰り返さなくて済むようになる。

　しかし、マキシンは思っていることを決して口に出したりはしなかった。会ったばかりのプログラマーから自分の仕事を自動化する方法についてのアイデアを聞かされるなんて、QAエンジニアにとって最悪なことだろう。

依存関係だらけ

　1時間近くたってからも、マキシンはまだ熱心にメモを取っていた。パー

ナはとてもよくしてくれているが、マキシンはじりじりしていた。彼女が QA に来たのは、QA の人々の仕事を手伝って自分のコードが正しく動作することを確認するためだ。

パーナがマキシンの方に向き直って言った。「私たちが今できることは、これでほぼすべてです。QA1 環境がまだリセットされてないんですよ。データウェアハウスチームが顧客テストデータセットを作ってくれるのを待ってるんです。それから、フェニックス開発チームがまだマージを始めてませんしね。こういった準備が整わないと、私たちができることはないんです」

マキシンは沈んだ気持ちになって言った。「開発がまだマージを始めていないですって？　どれくらいかかるものなんですか？」

パーナが答えた。「普通は 2、3 日で何かしらのものが手に入ります。開発がベストを尽くしてくれてることは理解してますよ…」

マキシンはうなってしまった。フェニックス・プロジェクトに否応なく放り込まれてからのわずかな間に、マキシンはチケットのやり取りのほぼあらゆる側面を経験した。フェニックスをビルドしてもらうためには、QA と運用の半分くらいのチームに対してチケットを起票し、マキシンが必要とするものを彼らが準備してくれるのをただあてもなく待つしかない。

それでも、データハブの開発チケットは、お客さんが必要とするものに直結しているので、そのための仕事は楽しいものだった。それらの仕事に「テスト可能」のマークを付けて QA に送り、こうして QA に来てみると、彼らはまだ開発で仕事が終わるのを待っているという。

しかも、QA は、使わなければならないテスト環境をほかの人々が明け渡してくれるのも待たなければならない。さらに、運用がサーバーをプロビジョニングしてくれるのを待たないと、テスト管理環境をアップグレードできない。そして、データウェアハウスチームが新しいテストデータを送ってくるのを待っている。この馬鹿げた連鎖はどこで終わるのだろうか。

マキシンは、フェニックスリリース時にブレントが解決しなければならなかったデータの問題やシャノンがセキュリティーチームで 5 年間溜めていた不満のことを思い出しながらパーナに尋ねた。「みなさんがデータウェアハウスチームに作ってもらわなきゃならないものは、具体的にどういうものなんですか？」

パーナが答えた。「データウェアハウスのデータは私たちだけでなくみん

なが待ってるわ。データウェアハウスチームは、社内のほぼあらゆる部署からデータを集めて、ほかの部署でも使えるようにデータをクリーニングして、変換するのよ。匿名化された顧客データはもう1年近く待ってるわ。最近の商品、価格、実施中の販促活動が入っているテストデータもまだ来てないのよ。うちは優先度リストの下の方だから、うちのテストデータは何年も前のものなのよ」

〈へー〉データハブは、データウェアハウスチームがデータを受け取る手段だ。

マキシンは〈見渡す限りの依存関係だわ。この終わってるシステムには、何かを完成させられる場所なんかどこにもないじゃないの〉と思った。チケットを起票しているのか、処理しているのか、処理されるのを待っているのか、チケットシステムを動かしているのか、そんなことはどうでもいい。依存関係の網に絡め取られていて、どこにいても何もすることができない。

マキシンは、大きくため息をつきながら口を開いた。「これはひどいわ。みんながこうやって待たされるのはどうにかならないのかしら」

それに対してパーナが「それでも、以前よりはずいぶんよくなったのよ」と答えるのを聞いて、マキシンはさらに機嫌が悪くなった。

パーナがマキシンを見つめているので、マキシンは自分が怒っている理由を説明しなければと思った。「いや、怒ってるのは開発がガラクタの結合をしてないからよ」

パーナは「いやいや、こっちにも悪いことがあるから」と答えた。

マキシンは、〈しかも、私たちはストックホルム症候群に冒されちゃってるわ〉と思った。
^{訳注1}

ちょうどそのとき、背後の食堂の方から何か大きな声が聞こえてきた。急いで戻ると、背の高い50代初めくらいの男性がシャーロットを怒鳴りつけ、ピザを指さし、さらにトムをはじめとするデータハブのプログラマーたちを罵倒していた。

マキシンは〈まいったな、きっとリックだ〉と思い、急いでカートにショートメッセージを送った。

訳注1: 誘拐、監禁事件などの被害者が加害者と接する時間が長いために過度に加害者に同情的になること。1973年にスウェーデンの首都ストックホルムでの銀行強盗立てこもり事件が名前の由来です。

リックが来てる。すぐ来て！

自動化への抵抗

マキシンは、「ちょっとごめんなさいね」とパーナに言い残して、急いで給湯室に歩いていった。

「うちの仕事を邪魔するような人間をここに入れるわけにはいかない。もちろん、贈り物には感謝するが、こういったことは私を通してもらわなければ困る。シャーロット、次回はまず私の許可を取るようにしろ！」

シャーロットが答えた。「でも、なんてすてきなプレゼントなんでしょうって思いまして。ドーナツにピザですよ。QAのために今までこんなことをしてくれた人なんていないじゃないですか。さすがカートですよ」

リックはかんかんに怒って持っているクリップボードを振り回した。「カートだって？！ 何かにつけてカート、カート、カートだ。これはきっとやつが企んでる何かの陰謀の一部に違いない」その様子を見ていた15人ほどの人々は、目を大きく開いてその場に立ち尽くしていた。怖がってるような人もいれば、面白がってるような人もいた。

「あの野郎、この食べ物の料金を全部うちの部門コードにつけてるんじゃないか」リックは振り返ってシャーロットに怒鳴った。「もしそうだったら、こっちが払わされるんだぞ」

そこにマキシンが余裕のある足取りで食堂に入ってきて手を伸ばした。「こんにちは、リックさん。私はマキシン、データハブチームのプログラマーです。申し訳ありません。悪いのは全部私です。ドーナッツを持っていこうっていうのは、私が今朝思いついたことなんです。みなさんとテストデーを祝い、お手伝いしたいと言おうと思いまして…」

リックはマキシンが伸ばした手を握ったが、怪訝そうな顔をして彼女を見ていた。しばらくしてようやく、「何を祝おうだって？」と言った。

マキシンは「テストデーです」と簡単に答えたが、笑い顔になるのをこらえられなかった。リックの反応は、今朝テストデーを祝おうと言ったときのトムの反応とほとんど同じだった。「データハブの機能の仕事がそれはもう楽しくて楽しくてしょうがなかったので、こちらに伺って自分のコードのテストをお手伝いしたいって言わせていただいたらまた楽しい思いができるん

じゃないかと思ったんです」

マキシンは、後ろの会議室のホワイトボードの方を指さした。食堂からもホワイトボードは見えるのだ。そこには、シャーロットが描いた大きなピンクのハートマークがあった。

リックは何も言わずにマキシンを見た。握手していた手を離して大声で言った。「嘘をつけ。何を企んでるんだか知らないけどな…」そう言ってマキシン、Tシャツやパーカーで目立ってたトムと5人のプログラマーたちを指さし、「例によってカートが何かよからぬことを企んでることはわかってる。開発で自分の地位を上げようとして何か企んでるんだろう。そんなことはお見通しだ。覚えておけよ」

リックが出ていこうとするのを見て、マキシンは「自分たちは仲良くなりに来たんです」ということをどう言おうかと考えていた。

どう言うか決めかねているところに、カートが部屋に入ってきた。「やあ、リック！ まだここにいてくれてよかったよ。話を通しておかなくて申し訳ない。サプライズでパーティーを開いた方が面白いだろうって思っただけなんだ。QA は開発からデプロイまでのラインのなかで開発の次に入る重要なセクションじゃないか。だから何でもお手伝いできることはしたいと思ってるんだ」

カートの声を聞いて、リックが顔を真っ赤にして振り返った。「ほー、こりゃあちょうどいい。お前に言いたいことがある。今すぐにだ」

カートが答えようとしたときに、キルステンが部屋に入ってきてカートの後ろから「こんにちは、カート、こんにちは、リック。私も混ぜてもらっていいかしら。あら、ピザは私の好物よ」

マキシンは、ここでキルステンを見てびっくりした。食堂には面白くなりそうだということでほかの人たちも入ってきた。

「いいところに来てくださいましたね、キルステンさん」カートはそう言うとほかの人々の方を向いて、「こっちに向かって歩いていたとき、QA の仕事がいかに大切か、QA が抱えている問題はもっと重視されるべきだって話をしてたんだ。キルステンさん、あなたが私におっしゃったことをみんなにも言っていただけませんか。みんなが喜ぶと思うんですが」

キルステンは、ソーセージとパイナップルのピザを載せた紙皿を持って、「もちろんよ、カート」と言った。「みなさんもご存知のように、フェニック

ス・プロジェクトは、この会社の歴史のなかでもっとも重要なプロジェクトです。2週間前の大障害でみんなが目を覚まされたわけですが、特に会社のトップが考えを改めました。次のリリースには大きなものがかかってます。3年前から市場に向けてしていた約束がついに果たされるわけですからね。

　私たちは反転プロジェクトの実施を発表しました。品質向上のために初めて機能開発を凍結する試みです。これは、会社の最高責任者が単に正しいことをするだけでなく、正しいことを正しくすることに力を注ぐという意思表示です。コードを納期内にリリースするということもそのひとつです。私は開発部がプログラム変更のマージによく遅れることを知っています。

　開発とQAの管理職全員が集まった会議で、開発は今日5時までにテストできるものを届けることを約束しました。私たちは、テストできる安定したコードが提供されることがQAにとっていかに大切かということも、そのためには優れた開発プロセスが必要になるということも理解しています。開発プロセスの改善も、当然反転プロジェクトの一部になります」

　聴衆は喜んだ。特にQAのスタッフは大きく拍手した。

　「私たちはリレー競技に参加しており、みなさんにバトンを渡さなければなりません」キルステンは空いてる方の手でジェスチャーを交えながら話を続けた。「みなさんの仕事は大切なものであり、私の仕事は、みなさんの仕事を成功させるために必要なものがみなさんに届くようにすることです」

　部屋はまた拍手喝采に包まれ、マキシンもそれに加わった。マキシンは昔シカゴで参加したすばらしいパーティーのことを思い出した。そのパーティーではシカゴの市長が挨拶をした。その挨拶で参加者全員の気持ちがなごんだだけでなく、特別な集まりに参加しているひとりとして大切にされていると感じることができた。市長の気持ちを伝える能力にとても感銘を受けたものだが、〈キルステンにも同じ才能があるのね〉と思った。マキシンは今までキルステンのこのような側面を知らなかったので、とりわけ印象に残った。

　集まった人々は散っていき、一部はキルステンに近づいていった。カートのまわりに集まり、新しい役職への就任を祝福して彼と握手する人々もいた。

　リックは食堂の最後尾でキルステンとカートを睨んでいた。

　ちょうどそのとき、シャーロットがマキシンの隣にやってきた。「カート

のまわりではいつも面白いことが起きるわ。そう思うでしょ？　あとでキルステンに自己紹介しに行くわ。いつもお会いしてみたいと思ってたのよ。かっこいいわねえ。今日はこの QA にこんなにすてきな人たちがたくさん来てくれてうれしいわ」

　リックがカートに近づいていくのが見えた。リックがなんと言うのかが聞こえるところまでマキシンは少しずつ近づいていった。「…これで終わりだと思うなよ。うまくパトロンを見つけたようだが、彼女だっていつまでもお前を守ってはいられないぞ。お前は俺たちよりも自分の方がいいと思ってんだろ？　ここに来てかっこよくふるまって見せて、自動化でみんなの仕事を奪うつもりだろ？　そんなことはさせないからな。お前なんかやっつけてやるから覚えとけよ」

　リックは大股で部屋から出ていった。マキシンはカートを見た。カートは笑顔のままで気にしない様子だった。カートはマキシンとあとから来たトムに言った。「いやあ、面白かった。気にすることはないよ。やつはもうずっと向こうに消えたよ」

　トムが笑いながら答えた。「気にする？　全然気にしませんよ。平均的な一日よりずっと面白いし。次は何が起きるんでしょうね？」

　マキシンが無表情に答えた。「当然、5 時の締め切りに間に合わせるためにプログラマーたちが急いでコードをマージするってことよね」

　トムの笑顔は一気に吹っ飛んだ。「見に行かなくちゃ」カートが笑った。

官僚主義の牢獄

　マキシンは何十年にも渡って IT 関係ではない人たちにコードのマージが
いかに恐ろしいものかを説明しようとして苦労してきた。マキシンが考えた
一番の説明は、「主役や結末が決まってなくて、肝っ玉の据わった探偵の物
語か相棒といっしょに失敗ばかりしてる刑事の物語かも決まってないハリウ
ッド映画のために、50 人の脚本家に同時並行でシナリオの部分部分を書い
てもらおうとしたら大変ですよね」というものだ。

　全員の分担を決めた上で、各人がバラバラに数週間で自分の分担をワード
文書に打ち込む。そして、仕上げの段階になったときに 50 人が一室に集ま
り、それぞれの分担をつなぎ合わせてひとつの物語を作る。

　もちろん、どうやってもシナリオをひとつにまとめる作業は大きな災難に
なる。その時点になっても、誰が主役かは決まっておらず、話に関係のない
キャラクターが数百人もいて、シーンはバラバラ、筋には埋まらない穴がい
くつもある。これらはあまたある問題のごく一部に過ぎない。

　しかも、エグゼクティブプロデューサーが、観客の嗜好が変わったから、
海中に住む巨大怪物のホラー映画のシナリオを書けというメモを回している
のに、大半の脚本家はそれを読んでいない。

マージコンフリクト

　コードのマージ（結合）も同じくらい難しい。グーグルドキュメントな
ら、全員がほかのメンバーによる変更を見ることができるが、コードの編集
はそのようなものではない。互いの仕事を見ない脚本家たちと同じように、
プログラマーたちはソースコードのプライベートブランチ、すなわち自分専
用のコピーを作る。そして脚本家たちと同じように、プログラマーたちは数
週間、ときには数か月もの間、ほかの人たちとは無関係に仕事を進める。

今どきのソースコントロールシステムにはかならずマージ作業を自動化するツールがついているが、変更箇所が多数あると、そういったツールには限界があることがはっきりとわかってしまう。誰かが自分の変更箇所をもとに戻していたり、ほかの全員が依存している部分を自分が変更、削除していたり、コードの同じ箇所に複数の人が矛盾する変更を加えていたりといった問題が出てくる。そして、これらはあまたある問題のごく一部に過ぎない。

　マキシンは、一日に一度のように、全員が「マスターブランチ」にひんぱんに変更を加えていく方法がよいと思っている。そうすれば、マージしなければならない変更の規模が大きくなり過ぎることはない。工場でバッチサイズを小さくしたときと同じように、矛盾する変更でシステムが壊れたり、破滅的な状況を招いたりすることはなくなる。

　しかし、フェニックスのプログラマーたちのやり方はそうではない。百人のプログラマーが１度もマージせずに何週間も自分の仕事を続ける。そして、パーナが言っていたように、マージに少なくとも３日かかる。マキシンは、〈一体誰がそんな仕事の仕方を望んだんだろう〉と不審に思っている。

　マキシンはカート、パーナと５号館の“マージング戦略会議室”に入っていった。彼女はぴったりな名前ねと思った。部屋に入った途端むっとした空気に襲われた。ひとつの部屋に多すぎる人が詰めかけていて熱気がこもっているのだ。マキシンはまわりを見回して、確信を持ってカートに言った。「キルステンがなんと言っても、今日中にリリースブランチがQAに送られることはないわね」

　パーナは部屋の最前列に行って自分のラップトップを取り出した。マキシンは、パーナがインテグレーションマネージャーで、開発が約束した機能と欠陥の修正がすべてのQAに対するリリースブランチに含まれていることを確認する立場だということに気づいた。全員が親しみをこめて彼女のことを“マージボス”と呼んでいた。

　マキシンは、パーナがくれたスプレッドシートのプリントアウトを見た。マージされる開発チケットが392ある。各行には、開発部のチケットツールのチケット番号、問題点の説明、マージされたかどうかを示すチェックボックス、QAテストプランへのリンク、QAチケット番号などが含まれていた。

パーナは、これらすべての変更をシステムにマージしてQAがシステム全体をテストできるようにするとともに、問題点を見つけて報告し、報告した欠陥が修正されるのを確認するところまでを担当している。非常に大規模だが、あまり感謝されない仕事だ。

マキシンは、カートとともに部屋の後ろの方の席に座った。テーブルのまわりには、各チームを代表する25人ほどのプログラマーとマネージャーが集まっていた。彼らは2、3人ずつ固まっており、それぞれの前には少なくとも1台のラップトップが置いてあった。ひとりがラップトップに何かを打ち込み、ほかのメンバーが肩越しにそれを見ていた。

イライラの溜まったやり取りが集まって低音のうなりになっていた。トムがマキシンの隣りに座って、「プログラマーをマージしてるみたいだな」と言った。

マキシンが「あら、冗談がわかるのね。"プログラマー"の複数形はなんだか知ってる？ "マージコンフリクト^{訳注1}"っていうのよ」言った。

トムは自分のラップトップを開きながら笑った。「ぼくも今、うちの全部の変更をリリースブランチにマージしますよ。普通はこんなに早くやらないけど、まわりがこんな騒ぎだからね。普通は全員がマージを終えるまで何日もかかるんですが」

トムはソースコントロールシステムを開き、あれこれのものをドラッグアンドドロップし、あちこちクリックして、何かの入力をしてすると、「終わりました」と言ってラップトップを閉じた。

トムが言った。「普通は長くかかりません。ほかのフェニックスチームと共有してるコードはほとんどないのでね。マージイシューの記憶はないです」

マキシンは、データハブがフェニックスの一部になっているのはおかしなことだなと改めて思いながら、うなずいた。

マキシンはトムに尋ねた。「**あなた**はどう思う？ 今日中にあの人たち全員がマージを終えられるできるかしら？」

トムはパーナのラップトップにつながっている部屋の前方の大型テレビを

訳注1: プログラムをひとつに結合＝マージしようとしたときに、矛盾、食い違い＝コンフリクトが起きること。

指さして笑った。「4つの変更がマージされてますね。うちのマージを数えれば5つ。残ってるのが387個だから、このペースだと明日終わったら奇跡ですね。3日かかるでしょう。少なくともね」

混沌の館

それからの1時間、マージが問題を起こすたびに、援軍のプログラマーたちが部屋に入ってきた。部屋に立錐の余地がなくなると、廊下の反対側に第2戦略会議室が解説された。マネージャーのひとりが「なんで最初から会議室をもっと取っとかないんだ。いっつもこうじゃないか」と文句を言った。

マキシンは、主任プログラマーが自分のラップトップのターミナルウィンドウに"git pull"と入力するのを見ていた。すぐに長いエラーメッセージが吐き出されてきた。マージコンフリクトが43個もある。マキシンはショックを受けて画面から離れた。いったい何時間かければ、このぐちゃぐちゃに絡み合った糸を解きほぐせるのだろうか。

その後も、ほかのチームの人がソースコードのプリントアウトを全員に渡して手作業で変更の調整をしようと言っているのを聞いて、マキシンはコーヒーを吹き出しそうになった。

部屋の前方のテレビのまわりに10人ぐらいの人がいて、ひとつのファイルの同じ部分に対する4種類の変更から取ったコードの差分を検討していた。

カートがマキシンの顔色の悪さを見て「大丈夫？」と尋ねてきた。

マキシンはまわりの混乱ぶりを指さして言った。「プログラマーはビジネス問題を解決すべきなのに…、何よこれ…、狂ってるわ」

カートは笑った。「確かに。開発部のマネージャーたちはみんなマージが大騒ぎになることについて文句を言ってるよ。月に1回じゃなくて四半期に1回みたいにマージの頻度を下げようとあちこちに働きかけている連中もいるくらいだ」

マキシンの顔色が真っ青になった。「冗談でしょ？」

カートがマキシンの反応を純粋に面白がって言った。「マジだよ、マジ。大変なら減らそう。そういう理屈さ」

マキシンは動揺して言った。「ダメダメダメ。全然間違ってるわ。大変になっちゃうのはマージサイズが大きすぎるからよ。楽にしたければもっとひんぱんにやらなくちゃだめ。ひんぱんにやればマージは小規模になってコンフリクトも減るわ」

カートはまた笑い、部屋のまわりを見ながら肩をすくめ、「まったくだ」と言った。

マキシンは笑わなかった。面白いものなど何もなかったからだ。時計を見た。もう4時半近い。パーナのラップトップの画面を見た。マージされたのは35個だけで、359個の変更がまだ残っている。全体の10%が終わっただけだった。

マキシンは〈このペースじゃあと40時間はかかるわ。まる1週間じゃないの〉と思った。

次の日、マキシンは疲れて食堂の椅子に座り込んだ。ピザがまわりを取り囲んでいる。コードマージの第2日が終わろうとしていた。マキシンは、"マージチーム以外立入禁止"と書かれた紙を見ている。紙は部屋中にべたべた貼られていた。

マキシンには、なんでそんな紙が貼ってあるのか理解できなかった。それまでの一日半のうちに、プログラマーは全員マージ戦略会議室のなかのどれかに入っているはずだ。

彼女の物思いの世界は、「マキシン、そこにいたのか」というカートの声で破られた。「おいおい、大丈夫か？ 顔色がひどいよ。話してもいいかな？」

マキシンは唇をかたく結んで微笑み返しただけだった。自分が見たことと自分がいかにそれに悩んでいるかを説明する言葉が見つからなかったのだ。

マキシンは、コードマージが間違っても楽しいものではないことぐらいわかっていたが、この2日間に見たものは想像を越えていた。

たとえば、彼女はマネージャーたちがソースファイルを別のコンピューターに持っていくためにUSBメモリにコピーしているのを見た。そのチームでは、ほかのチームと同じソースコントロールシステムを使っていないのだ。

複数のファイルに散らばった千行を越えるコンフリクトを解決しようとし

ている人々もいた。

　自分たちの変更をマージし忘れて、パーナがスプレッドシートで見つける
まで気が付かない人たちもいた。

　純粋にセマンティクスの部分でマージコンフリクトを起こしている部分に
ついて協議しているチームもあった。これはプログラマーがホラーとして話
題にするだけで、実際に起きることはまずない。自動マージが、正しくコン
パイルできるものの機能的に大きく異なるものにプログラムを書き変えてし
まった結果だ。最悪なのは、それがニアミスだったことである。見つかった
のはほとんど偶然に近い。誰かが「どうもそれはおかしいような気がする」
と言い出したから見つかったのだ。見つけていなければ、その部分は本番環
境に紛れ込み、大事故を起こしていたはずだ。

　見つからずに本番システムに入り込んだそういったミスがいくつあるのだ
ろう。実行されたときに爆発する時限爆弾のようなものがあちこちに眠って
いるのだ。

　マキシンは、カートの方に振り返って言った。「ひどいところをいろいろ
見ちゃったのよ。言葉ではとても言い尽くせないわ。こんな時間と労力の無
駄、起きなくていい災難…プログラマーがこんなことしてちゃいけない…、
まったく…まったく」言っているうちにまた言葉を失った。

　カートが急に心配そうな顔になって言った。「そのピザを捨てて反乱軍の
みんなのところにおいでよ。シャノンがフェニックス開発チームとのやり取
りの結果を披露してくれたところなんだけど、彼女にいいアイデアがあるみ
たいだよ」

　マキシンは、冷えた食べかけのピザを握りしめていることに気づいた。チー
ズは固まって白い脂肪分の塊になっていた。彼女はピザを食べていたのを
忘れていたのだ。

　マキシンはピザを捨てて何も言わずにカートについて歩いていった。

独自のテスト環境

　カートはマージのどたばたから遠く離れた別の会議室にマキシンを連れて

訳注 2:　変数や関数の意味。

いった。そこには、トム、ブレント、シャノン、ドウェインがいた。みんな笑顔になってマキシンに手を振った。シャノンはしばらくマキシンを見つめていたが、カートのようにマキシンのやつれた様子を口にしたりはしなかった。

シャノンが言った。「マキシン、きっと喜んでもらえると思うんだけど、みんなでデータハブのプログラム変更をマージする方法について考えたのよ。でも、プログラム変更をテストするには、ほかのすべてのチームがマージを終わらせるまで待たなきゃならないわけでしょ。

で、データハブをフェニックスからデカップリングして、独立にテストできるようにするにはどうしたらよいかを考えてみたのよ。それができれば、QA の人たちもすぐにデータハブのプログラム変更の仕事に取り掛かれるわけでしょ」

マキシンはマージの現場で受けたショックでまだ頭が混乱しており、シャノンの提案を理解するまでちょっと時間がかかったが、ようやく我に返ると、「それよ！」と叫んだ。「それはとってもいい考えだと思うわ。今すぐほかのフェニックスチームのためにしてあげられることはないけど、だからといって彼らといっしょに苦しまなきゃならないわけじゃないわよね」

カートが言った。「パーナ、キルステンと話し合いをしたんだけどね。データハブがテストを受けられるようにする作業を支援するためにふたりの人をつけてくれたよ。フェニックスのマージが続く限り、ふたりはデータハブの仕事をしてくれる。って言うか、マージよりも**うちのテストが先に終わる**のは間違いない」

マキシンが眉をひそめながら言った。「でも、データハブを実行するためのテスト環境が必要でしょ。うちのクラスターで実行できるデータハブテスト環境を作れたらいいんだけど。フェニックス環境よりもずっと小さくて単純なものになるはずなんだけどなあ。そういうものがあれば、QA グループもいつもみんなで取り合いになる貴重な環境じゃなくてこっちの環境を使えるわ」

カートがくすくす笑いながら言った。「環境チームは嫌な顔をするだろうけどね。で、その環境を作るために必要なのは？」

マキシンはあたりを見回してから言った。「2、3 日ブレントとアダムが手伝ってくれれば、少なくとも月曜までには単純バージョンの環境を作れると

思うわ。ブレントのフェニックス縛りは知ってるけど、厳密に言えば、データハブはまだフェニックスの一部よね？」

　マキシンは急に元気を取り戻した。フェニックス・プロジェクトの泥沼からデータハブを解放するというアイデアはなかなかいい。

　ブレントが笑顔で「第1の理想」と言った。

　その翌日、マキシン、ブレント、アダムは、データハブの実行、テストに使えるスリムダウン化された環境を作るために24時間ぶっ通しで嵐のような勢いで仕事を進めた。

　パーナはこのプランに賛成してくれた。キルステンも同じだ。彼女は、「ルールを作ったのは私たちなんだから、その私たちがルールを破ったってかまわないのよ。これで忌々しい依存関係を永遠に断ち切れるならなおさらだわ。プロジェクトマネージャーたちはみんな大喜びで賛成するわよ」と言った。カートにとってもこれはいい話であり、もっと上の許可をもらいに行ったりせずに始めるように指示した。

　カートは笑顔で「あとで必要になったらぼくが許可をもらいにいくよ」と言った。ブレントは、現時点ではトムのラップトップでしか実行できない環境のビルドを再現すべく、力を注いでいた。マキシンとアダムは、スリム化したフェニックス環境で動作するデータハブの最新リリースを入手するために動いていた。

　マキシンは、フェニックスへの追放以来悩んできたパズルのピースをまたひとつ克服しようとしていることがうれしかった。彼らは、最後のバグが解決されているのを期待しながら、データハブがブートしてターミナルウィンドウがスクロールしていくのを見ていた。マージ戦略会議室の方で騒ぎが起きたのは、まだログメッセージのスクロールを見ているときだった。

　開発部のマネージャーの一人が叫んでいた。「みんな聞いてくれ、eコマースサイトで2時間前から間欠的に本番エラーが出てるんだ。ユーザーがショッピングカートを見てるときに、フェニックスのどっかが間違った特売価格や未公表の特売価格を表示してるみたいなんだ。どこがまずいのかわかる人はいないかな」

ジャレッドの行方

マキシンは、戦略会議室に向かいながら、〈アウテージのタイミングとしては最高ね〉と思っていた。開発マネージャーはほとんど全員がすでに戦略会議室にいるので、コードのどの部分が問題を起こしているかはすぐわかる。心臓専門医が集まっている学会で心臓発作を起こしたようなもので、まわりには優秀な医者がたくさんいる。

マキシンは、戦略会議室で彼らの問題解決能力の高さを認めないわけにはいかなかった。仕事が早く論理的で、ラップトップを用いて問題を再現し、システマティックに問題点を究明していく様子には非難の余地はなかった。

10分後には、ミドルウェア担当のマネージャーが主導権を握っていた。彼女は自分の担当領域に問題があるはずだということについて説得力のある説明をした。それから彼女のチームが修正を作るまで15分しかかからなかった。「1行の変更です。現在のリリースブランチにこの変更をプッシュできます」彼女がそこまで言ったところで雲行きが変わった。「おっといけない。そういうわけにはいきませんでした。古いリリースブランチにプッシュできるのはSCM（ソースコード管理）マネージャーだけです。ジャレッドに来てもらわなければなりません。誰かジャレッドがどこにいるか知ってる人はいませんか？」

誰かが「私が見つけてきます」と大声で言って部屋から駆け出していった。

マキシンはカートに「ジャレッドって誰？」と尋ねた。カートは笑わないように目をこすっていた。

彼らの横にいたミドルウェア開発マネージャーが疲れた声で教えてくれた。「ジャレッドはソースコード管理者です。プログラマーは本番システムへのアクセスが認められてません。プログラマーがリリースブランチに変更をプッシュできるのはP1（優先度1）イシューのときだけです。これはP3イシューに過ぎません。そこで、運用に頼んでこれをP1イシューに格上げしてもらうか、私がジャレッドに一時的なアクセスを認めてもらってフィックスをチェックインするかってことになります。でも、P1への格上げはあり得ないので、あとの方法しかありません」

マキシンは、どんな答えが返ってくるかわかってはいたが、「もしジャレ

ッドがここにいたら、彼は何をするんですか？」と尋ねた。

　ミドルウェアマネージャーは、「私たちのフィックスのコミットIDを確保し、手作業でリリースブランチにフィックスをコピーして、それを本番システムにします」と答えた。

　マキシンが「それだけですか？」と尋ねると「そうです」という答えが返ってきた。

　マキシンは小声で文句を言っていた。自分でも意外なことに、本気で怒っていたのである。実際、あまりにも馬鹿馬鹿しい。

　つい数分前には、アウテージは困ったものだがいいタイミングで起きたと思っていた。〈運のいい患者だ〉などと思っていた。たまたまこの部屋には何がまずいのかを正確に診断できる心臓病の最高の専門家たちが全員揃っていて、緊急治療を施せるのだ。

　しかし、このパーツ・アンリミテッドでは、医者たちは患者に触わることを許されていないのだ。正確には、P1チケットが起票されていれば違うのだが、今のように患者が死にそうになっていない場合には、患者に触れるのはジャレッドだけなのだ。そして、ジャレッドは、医者がしてくれと言ったことをするだけだ。なぜそうかというと、ジャレッドは医者ではなく、医者は患者に触われないからだ。ジャレッドはただの管理者であり、ユーザーを追加、削除したり、コードを確実にバックアップしたりするだけなのだ。

　ジャレッドを探しに出かけた男性が帰ってきて言った。「誰もジャレッドの居場所がわかりません。たぶん、まだ昼食を取っているのでしょう」

　マキシンはまた小声で「なんてことよ」とつぶやいた。彼女は、昨日食堂で感じたことを思い出しながら、またかと思っていた。

　誰もジャレッドを見つけられないので代わりの方法を探した。20分後にランディが現れて、「そういう方法はないがまだジャレッドを探している」と言った。

　みんなはうなずき、プログラム変更のマージ作業に戻った。

　マキシンはもう黙って見ていられなくなり、部屋中に聞こえる大声で、「こんなことでいいの？」と叫んだ。「なんでプログラマーが自分で書いたプログラム変更を本番システムにプッシュできないの？　なんでプログラム変更をプッシュするために**ジャレッド**が必要なの？ジャレッドが担当の仕事を

きちんとしてくれることを疑ったりはしないわよ。でも、なんで自分のことなのに自分でできないの？」

　部屋全体が静まり返った。全員がショックを受けたような顔でマキシンをじっと見ていた。まるで結婚式か葬式で大きくゲップしたかのようだった。しばらくして誰かが言った。「コンプライアンス」ほかの誰かが続いた。「情報セキュリティー」

　部屋中の人々がほかの理由をつぶやくのが聞こえた。

「ITIL」訳注3

「変更管理」訳注4

「SOX 法」訳注5

「PCI」訳注6

「規制機関」

　マキシンはあたりを見回した。これらの人々は全員有能だし、責任感がある。でも…「何言ってるんですか、みなさん。そういった理由はまったく無意味でしょう。私たちが自分でプログラム変更をシステムに送り込めない本当の理由はわかってますよ。彼らが私たちのことを信用してないんです。それを**いやだ**と思わないんですか？ ジャレッドがコードを書いたプログラマー以上にそのコードを知ってるわけがないじゃないですか」

　部屋を見回しても、マキシンの本質的な批判に動揺した人は 10 人ほどしかいなかった。

　「彼らは私たちがわざと変更をさぼっているとでも思ってるんですか？ 私たちが書いたコードをコピペする人の方が私たちよりもいい仕事ができるとでも思ってるんですか？」マキシンは自分が危ない橋を渡っていることを意識していたが、もう自分を止められなかった。「この部屋には、ほぼ全部のプログラマーが集まってます。自分が書いたコードを本番システムにプッシュすることが許されないくらい自分が信用されてないってことに苛立ちを感じる人はいないんですか？」

訳注 3: Information Technology Infrastructure Library。イギリス政府が製作し、1989 年に発表された IT サービスマネジメントの成功事例をまとめた書籍群。

訳注 4: リスクを最小限に抑えながら IT サービスへの変更を成功させるための運用管理プロセス。

訳注 5: 2002 年に制定されたアメリカの法律、サーベンス・オクスリー法。投資家保護のために、財務報告プロセスを厳格化し規制を法制化しています。

訳注 6: PCI DSS：Payment Card Industry Data Security Standard。クレジットカードの世界的なセキュリティー基準で 2004 年に JCB・American Express・Discover・マスターカード・VISA が共同策定しました。

2、3人が肩をすくめ、ほかの数人がこいつは頭がおかしいのか、救いようがないくらいうぶなのかといった目で彼女を見ていた。

　マキシンは、ヘンリー五世の聖クリスピンの祭日の演説をしたわけではないことはわかっていたが、人々がこのような状況に置かれていても特に気にしていないことにあぜんとした。「まったくだ。嫌だと思ってる。もうこんなことはうんざりだ」と叫びだす人がいてもいいはずだと思っていたのだ。[訳注7]

　しかし、実際はどうだ。誰も何も言わない。

　〈もう警備員なんていらないわね。囚人であることにこんなに満足してて、檻は自分を守るためにあるんだと思ってるくらいなんだから〉

デジャ・ブ

　マキシンが部屋を出ようとしたところに、ポニーテールでラップトップを握った若い男性がふたりの人を連れて会議室に入ってきた。

　マキシンはうっかり「えー、うっそー！」と大声を出した。〈この人がジャレッド？〉

　彼は、マキシンがフェニックスに来た初日に手伝ってくれたインターンよりもさらに若く見えた。マキシンは若いエンジニアに文句があるわけではない。むしろ、次世代の人々には期待と希望を感じているし、彼らの目標達成のために手伝えることは何でもしたいと思っている。しかし、この部屋にいるほかの全員よりもジャレッドがこのアウテージの解決にふさわしいとはとても思えない。〈ジャレッドがコードをデプロイできるなら、ほかのみんなだってできるはずだわ〉

　マキシンは、ジャレッドがコードをプッシュするためにラップトップの準備をしているところを見ていた。ログインに成功し、プッシュするコードのリンクを手に入れ、それが正しいコードだということを全員に確認してもらうまで10分かかった。マキシンがあんなの嘘よと思う映画のシーンとまるでそっくりな感じでジャレッドの後ろには人だかりができ、息を殺してジャレッドが作業を終えるのを待っている。ジャレッドが「終わりました」と言

訳注7:『ヘンリー五世』は百年戦争の史実をもとに作られたシェークスピアの劇作品で、第4幕第3場でヘンリー五世が聖クリスピンの祭日に行う演説は感動的なことで有名です。

うと、背後の人々は拍手をした。

マキシンは呆れて腹を立てた。ジャレッドがちゃんと仕事をしたのはよかったが、結局彼は何度かコピペしてボタンをクリックしただけに過ぎない。

マキシンは、ミドルウェアマネージャーにこれで問題は解決したのかと尋ねた。「いえ、まだです。ジャレッドは今最新リリースブランチにプログラム変更をプッシュしただけです。彼は次に運用の人と協力してブランチを本番環境にデプロイしなきゃなりません」

患者はまだ助かっていない。救命のために次の部門に移送してもらわなければならないのだ。マキシンは冒険というよりもあり過ぎる好奇心から、ジャレッドのあとを追うことにした。

ジャレッドを追って戦略会議室を出てから4時間後、マキシンはぼんやりしてどうすればいいかわからなくなっている。データハブ環境の仕事をしていたときの興奮や満足感はまったくなくなっていた。そして、マキシンはほかにも何かがなくなっているのを感じていた。何がよくて何が悪いのか、自分の世界を支配しているプロセスとは何かがわからなくなっていたのだ。

それとは別にはっきりとした気分の悪さがあった。〈熱でも出たのだろうか?〉

それが始まったのは、ジャレッドを追って2階下の運用に向かって階段を下りたときからだ。運用の会議室にはウェスとパティがいたが、ほかの人はほぼ全員知らない人だった。しかし、彼らは不思議と全員同じような雰囲気を醸し出していた。

運用の会議室は、上の階のマージ戦略会議室とほぼ同じように見えた。同じ備品が置かれていて、同じスピーカーフォンがテーブルに置いてあり、天井からは同じプロジェクターが下がっていた。しかし、テーブルのまわりにはまったく異なるタイプの人々が上の階と同じテーマについて話していた。この緊急変更をどのようにデプロイするか。話題になっていたのは、ほんの少し異なる障害のことだった。メンテナンスウィンドウ外の変更はできない、ITIL、セキュリティー、変更管理、コンプライアンス、異なるチケットシステム。

彼らは運用担当VPのビル・パーマーとリテールプログラム管理本部長のマギー・リーに緊急変更の伺書を提出し、上の階と同じように全員がじっと

承認を待っていた。

　5時になると、誰かがピザを注文した。マキシンは上の階と同じようにみんなについて食堂に入った。マキシンは出てきたピザを見てひっくり返りそうになった。昨日のマージで食べたピザと同じ店のものだったのだ。

　違うタイプの人々が同じピザを食べ、同じ問題について文句を言い合っている。マキシンの気分が本格的に悪くなってきたのはその頃からだ。部屋がわずかに回っているような気がする。〈おなかがすいただけなんじゃないかしら〉と思ったが、ピザを見るとすぐに吐き気がした。

　マキシンは6時間前に演じたばかりの映画の同じシーンをもう1度演じているような気分になった。〈映画『恋はデジャ・ブ』のホラーバージョンのようだわ〉ビル・マーレイの役と同じように、自分は同じ日を何度も何度も再現する運命に陥っている。しかし、マキシンの場合、まわりの俳優はそっくり変わっていくのだ。最初は開発、次はQA、その次は運用。でも、中身はまったく同じだ。

　ついさっきまで、プログラマーたちは人の心のない邪悪で冷酷な官僚主義の虜になっていると本気で思っていた。その官僚主義というのは、運用かITIL変更管理を仕切っている謎の集団なのだろうと。しかし、ジャレッドを追って運用の心臓部に潜入してみると、運用もまた、上階の開発と同じ牢獄に閉じ込められていた。

　〈こんな体制で得をするのは誰なの？　IT部門の全員を抑圧して得をするのは誰なのかしら？〉マキシンは、クリスやビルがこの終わりのない牢獄の牢番なんじゃないかと疑っていたが、どちらかと言えば、彼らも同じ囚人なのではないだろうか。

　マキシンは一口も食べないまま持っていたピザを捨てた。会議室に戻ると、緊急変更が承認されたとウェスが発表していた。承認を受けるために必要だったマギーは、自分のバースデーパーティーに出ていたために最初の電話を受けそこねたが、やっと抜け出して会議電話に参加したのである。

　変更のプッシュには40分かかった。マキシンは、運用チームがネットワークシェア、ウィキページ、ソースコードリポジトリを引っ掻き回して必要なものを探しているところを見ていた…そして、パティが問題解決を確認した。

　ウェスが全員に「遅くまでありがとう」と言い、人々は散っていった。会

議室に残ったのはマキシンだけになった。モーションセンサーが動きを感知しなくなり、電灯が消えていった。マキシンは、暗闇のなかで抑圧的な官僚主義はどのようにしてここまで支配を強めてきたのかを考えていた。

〈エリックが言った通りだ。第3の理想とは反対で、プロセスを改善するんじゃなくて、何も考えずにプロセスに従ってる。私たちはみんなプロセスの虜になっちゃってて、日常の仕事からは楽しみや喜びがなくなり、第2の理想から遠くかけ離れたところに押し込められてる〉

マキシンは暗闇のなかでスマホを取り出し、カートと反乱軍のみんなにショートメッセージを送った。

まだ誰かいますか？ ちょっと参っていて誰かと話したいしちょっとお酒を飲みたいです。誰かドックサイドで会ってくれませんか？

自分の力で

　マキシンがドックサイドに入ると、すでにカートが明るい店内にいて、テーブルにはもうピッチャーがふたつとワインのボトルが 1 本来ていた。彼女は、カートとピッチャーを見てほっとした。ピッチャーがあるということは、反乱軍のほかのメンバーも来るということだ。マキシンは仲間のありがたみを感じた。

　セルフメディケーションのために酒を飲むことなどマキシンにはまずないことだったが、彼女は座ると同時にまさにそれをした。明日の朝ひどいことになることがわかっていながら、ピノ・ノワールを立て続けに 2 杯飲んだ。

　しかし、今晩はそんなことは気にしなかった。彼女の気分はワインによって確実にましになった。ジャレッドを追って運用の奇怪な世界に入って以来引きずっていた神経に障る不快な感情は、砂糖とアルコールの力で収まっていった。

　人が集まってくると、テーブルを包む空気は明るく陽気になっていった。トムとブレントはラップトップを開いてテーブルで作業をしていた。スリムダウン化された環境でデータハブを実行できるようにする作業はとてつもないペースで前進していた。彼らは長居していられなかった。データハブのテストを早く始められるようにするために、明日の朝、QA チームとのミーティングで環境を立ち上げてみせるのだ。パーナのチームもあとで立ち寄っていくだろう。

　シャノンはフェニックスチームとの面談をまとめたメモを書き上げていた。それによれば、日常的に直面する問題の解決のために反乱軍が作ったツールを使いたいというプログラマーが 10 人近くいる。そして反転プロジェクトが全面的に展開されているので、そのための時間はある。

誰のせいでこんなひどいことに？

　みんながそれぞれの成果を話すのを聞いているうちに、マキシンの笑顔は

ぼんやりしてきた。カートが全員に飲み物をもう1杯ずつ注いで、マキシンに向かい「で、何があったの？」と尋ねた。

マキシンは不機嫌そうに両手で髪の毛をかきむしりながら、「カート、私たちは本当にひどいことになってるわ」と言った。

彼女は思っていることをきちんと説明しようと努力した。いつもなら非常に正確、明快に話せるのに、今日の自分は支離滅裂なことを言っていることがはっきりと感じられた。

最初は、今日の午後のできごとのためにどんなにひどい気分になったかを伝えようとした。「フェニックス・プロジェクトに追放されてきてからね、仕事をしようと思ってさ、山のようにチケットを起票してきたわけですよ。でそのチケットがどうなるか、ずーっとあとを追っかけました。チケットの大部分は運用、一部はQAに行くわけ。で、データハブチームに来てからはもっとチケットを起票したわ。いやもっと大事なことだけど、チケットの行き先の方にも出てって、そっちの人のために必要な仕事もしましたわよ。でも、その仕事をしようと思うとさ、もっとチケットを起票しなきゃになるでしょ。カート、起票したチケットはあっちに渡されこっちに渡されしてね、巨大な円を作っちゃってるわけですよ。それが繰り返されてて終わりがないのよね」

そして最後に「誰がこんなことさせてるんでしょうね？」とみなに問いかけた。

アダムが寂しそうに微笑んだ。「うちは自分からやってましたよ。ずっと前、QAは開発の一部だったでしょ。でも、ぼくが入ったときにはもうQAは独立してました。で、QAは開発の問題に引きずり込まれないようにルールをたくさん作りました。めちゃくちゃで見境のないプログラマーたちから仕事を守るためにね。何か問題が起きると、それを言い訳にして、"プログラマーにもっと責任感を持ってもらうために"ルールを増やしてってたわけです。でもそれで仕事はどんどん遅くなっていきましたね。反乱軍がいいなと思ったのは、こういうことを全部ひっくり返そうとしてるからです」

ドウェインがうなずいた。「アダムの言う通りさ。運用も自分からやってたよ。最初はまっとうな理由だった。うちではITILプロセスを導入して、ちょっとした秩序が生まれたんだ。そりゃあ、以前のカオスと比べれば間違いなくよかったよ。運用ってのはさまざまな専門分野があるから、カオスの

度合いがひどかったしね。デプロイのような複雑な仕事は、そういった専門分野を全部なめていくからね。サーバー、データベース、ネットワーク、ファイアウォール…、この10年の間にストレージ、VLAN、オートメーション、仮想化、ハイパーコンバージド・インフラストラクチャーみたいな新しいサイロまでできてるし、これからさらにどんなものができるか誰もわからないからな。

　新しいテクノロジースタックでは、コンテナ、ロギング、シークレット管理、データパイプライン、NoSQLデータベースといったものの深い専門知識を持っている人も必要だ。これら全部のエキスパートになれる人間なんていないよ。だから、こういった複雑な作業の流れを管理するためにチケットシステムが必要になったわけさ。でも、人はこういった仕事の目的が何だったかを簡単に忘れちゃうんだよな。だから、反乱軍のような存在がとても大切なのさ。データハブの力になるためにこれだけの人間が遅くまで働いてるんだぜ」

　マキシンのまわりの人々がそろってグラスを掲げ、「そうだそうだ。古い強力な秩序を打ち倒すために乾杯」と声を上げた。マキシンもグラスを高く上げたが、何も言わなかった。

　ITは組織全体の神経中枢だという言葉をよく聞く。それは、この30年のうちに、ほぼすべてのビジネスプロセスがITシステムによって自動化されてきたからだ。しかし、どういうわけか、企業はその神経系が劣化するのを許してきた。硬化症を多発させ、脳のなかでも脳と身体の間でも情報の流れがぶつ切れになっている。

　マキシンはワインをもう1杯注いだが、ひと口すすっただけで急に気分が悪くなってきた。それはアルコールを飲んだのとは関係がなかった。何かの病気にかかったようだ。マキシンは自分のために集まってくれたことに対して礼を言い、そそくさと帰っていった。

　家に着くと夫とハグし、子どもたちにお休みを言って、シャワーを浴びてからベッドに潜り込んでほっとひと息ついた。

悪夢からの目覚め

　深夜になって、マキシンは手がつけられないほど汗をかき始め、そうかと

214

思うと今度は寒気がして歯がガタガタ震え、そうかと思うとまた熱くなった。マキシンは病気になり、フェニックスリリース後のチームメイトたちに迷惑をかけることになった。

　その夜、マキシンは官僚主義に悩まされる夢を延々と見た。デスクからデスクへたらいまわしにされ、待たされ、帳票を書くように言われ、別の部門に行かされ、さらに帳票を書くために新しい行列に並ぶ。帳票は広大なデータウェアハウスに送られ、でたらめなバイトオーダーマークを付けられたカンマ区切りのテキストファイルというべたべたした毒気を吐く気持ち悪いものに置き換えられる。

　心を持たない官僚主義の機械が動きを止めず、助けを得られない人々が無数の歯車のなかに閉じ込められる。彼らの叫び声が聞こえるが、すべての力が吸い取られ、周期的にタイムカードを押すために生き返るだけになるとその声もなくなる。

　紙のチケットの山を上の階に押し上げ、キュービクルの隙間を通って部屋の反対側まで運び、下の階に下ろす。給与システムを止めた罰として、このシジフォスのような虚しい作業を繰り返さなければならない。

　マキシンが起きたのは、日が上る頃だった。枕は汗でびっしょり濡れていた。気管と肺はうっ血していた。激しい咳を繰り返したため、胸が痛い。彼女はほとんど動けなかった。

　マキシンは無理やりベッドから出てシャワーを浴びた。熱い湯気に包まれているときは気持ちよかったが、浴室から出ると再び止めどのない汗と悪寒の繰り返しになった。よろよろと階段を下りてトーストのかけらを食べ、水を飲んだが、感じたのはのどの痛みだけだった。

　夫が子どもたちは時間通りに学校に行かせるからベッドで休むようにと言ってくれたので、マキシンは小さな声でありがとうを言った。階段を半分上がったところで休まなければならなかったが、なんとかベッドに潜り込んだ。

　スマホの画面はかろうじて読めたので、仕事に戻れないということをショートメールでみんなに知らせた。1度は眠ったが、タイムカードを押さずに会社を出てきたことを思い出してすぐに目が覚めた。しかし、体調が悪すぎてタイムカードどころではなかった。結局、身体じゅうの痛みにうめき声を上げながら、彼女は再び眠りに落ちた。

翌日になって、マキシンはやっとの思いでベッドから這い出した。なんとか歩くことはできたが、病気のためか官僚主義のためかはたまた待機場所のためか、とても仕事などできなかった。

　風邪薬をどうしても買いたいと思い、5枚重ねで服を着込んで外に出て、スーパーの通路を歩き回った。家族に風邪を移さないように、地下鉄で通勤する日本のサラリーマンのようにサージカルマスクを買った。夫はマスクをかけている彼女の様子を見て笑った。

　金曜の昼までに少し体調が戻り、昼間は1時間以上起きていられるようになった。もう2日近くスマホには触れていない。それどころか夫にイエス、ノーを言う以外話すこともままならなかった。ベッドで小説を読むことに飽きて、1回に下り、カートとパーナにショートメッセージを送った。

開発のマージはもう終わった？

　数秒のうちにカートから返事があった。

笑わせるなよ。残念ながらまだだ。たぶん月曜になるだろうな。でも、データハブとデータハブの環境はあとちょっとでテストできる。QAの作業はたぶん今日のうちに始まるよ。詳しいことが知りたかったら電話して。お大事にね。

　マキシンはカートに電話した。カートは「もしもし」も言わずに本題に入った。「ブレントとトムはぶっ通しで仕事してるよ。あとちょっとで新しい小型の環境でデータハブを実行できる。データハブのプログラマーたちは、QAチームと共同で自動テストを書いてる。アダムとプログラマーたちがコーディング教室をやってて、QAのなかにも自力でテストを書く人が出てきたよ。会社に来れていれば、ソースコードリポジトリにこういったテストがチェックインされるのを見られたのになあ。

　それから、シャノンがセキュリティーの方をやってくれてる。環境イメージには毎日自動的にパッチが当てられ、たぶんまもなく依存コードの方もそ

うなるよ」

　マキシンは笑顔になろうとした。自分が病気で休んでいる間にみんなが多くのことを実現していることをありがたく思った。チャットチャネルを覗くと、作業の進展を伝えるうれしいメッセージがいくつも並んでいた。開発とQAの両方のチームがコードをコミットしているのを見るのもうれしいことだった。

　ついにプログラマーたちが責任を持って自分のコードをテストするようになり、QAは開発の相談に乗り、指導に当たるという戦略的な役割を果たすようになった。これはマキシンが見ても明らかなことだ。中央でビルド、継続的インテグレーション（CI）サーバーが動くようになれば（それも近いうちだろう）、彼らが書いた自動テストはチェックインのたびに実行されるようになる。両者はそれだけ近い存在になったのだ。

　マキシンはしゃがれ声で「これはすごい」と言った。言ったことにより歯がとても痛くなったので、来週には行くと言って電話を切った。

　マキシンはベッドに戻り、目を閉じて次の段階について考えた。運用が賛成してくれれば、本番環境のデータハブサービスへの自動デプロイも可能になる。それだけでも大きな成果だが、さらに独自クラスターを使って本番データハブサービスを実行できるようになるだろう。

　そうすれば、運用も含め、みんなの仕事が楽になる。もう次のテストサイクルのために2週間待たなくても、コードを書いたらすぐにテストしてプログラム変更をデプロイできる。

　マキシンは、本当の問題はどの機能を開発対象に選ぶかだと思っている。データハブの機能のなかでビジネスにとってもっとも重要なものはどれだろうか。そして、どの部門の仕事に力を注ぐべきだろうか。データハブは、パーツ・アンリミテッドのさまざまな部門との間に接点があり、それぞれの部門が細かいニーズと優先順位を持っているという点で開発部のなかでも特殊である。

　マキシンはまた寝ようとしたが、データハブにとってもっともビジネス価値が高い仕事は何かを考え続けていた。ついにはベッドの上に起き上がり、ラップトップを開いてチケットシステムを立ち上げていた。もっとも、新しいチケットを起票したり、今あるチケットのどれかの仕事をするのではなく、ただどんな状況になっているかを見ただけだ。フェニックスへの追放以

来、こういうことをしたのはこれが最初だ。

　何度かクリックするうちに、完了していないすべてのデータハブチケットを見る方法はわかった。そういうチケットは数百あり、どのビジネスシステムとつながっているかによって色分けされている。マキシンは、これらのチケットのなかに起票されてから1年以上たっているものが多数あることに眉をひそめた。みんなイライラしていることは間違いない。

　マキシンは、こういったバックログになっている機能のなかで会社にとってもっとも重要なものは何だろうかと考えた。この最後の部分は簡単だ。タウンホールミーティングでスティーブが、もっとも会社が重視する仕事のことを全員に話している。お客様の車をいつでも使える状態に保ち、お客様が必要とするものを簡単に買えるような仕組みを用意することが大切だということは、スティーブとサラが繰り返し言っていることだ。これをしっかりとやれば、顧客あたり収益、平均発注額は上がり、会社全体の収益と利益も上がる。

　このことを念頭において、彼女は機能のページをスクロールしていった。チケット名を見たり内容を読んだりしても、その機能が実際のところ何なのかは容易にわからなかった。機能が何でどのように動くのかは書いてあっても、なぜその機能が必要なのかは書かれていない。

　マキシンは、最終的に「販促商品」という単語が繰り返し出てくることに気づいた。

　バッテリー交換、エアコンと冷却システムのメンテナンスを組み合わせて値引きしたサマーキャンペーン関係のチケットがたくさんあることがわかった。それらのチケットは着手されたことがなかった。マキシンはため息をついた。今は秋だ。このキャンペーンによるビジネスチャンスはもう過ぎてしまっている。

　マキシンは、〈意味がなくなった機能追加要求はどうやって削除してるのかしら〉と思った。将来に渡ってずっと果たされていない無数の約束を残しておいたのでは、精神的にも認知的にも負担が重い。誰もがいつでも「私の機能はどこ？」と尋ねられるようにしておくべきだ。

　気になって"冬季販促活動"を探してみると、チケットがずらりと並んだ。マキシンはその中身を見てみた。ワイパーブレードとアイススクレーパーのセットのSKU^{訳注1}を作ってほしいというチケットは完了のマークがついて

いたが、このセットの割引価格を作ってほしいというチケットは完了になっていなかった。

　冬タイヤとチェーン、チェーンとフロントガラス用デフロスターなどでも同じパターンのものがあった。「サンクスギビング販促活動」でも同じようなチケットがあった。^{訳注2}これらのキャンペーンがあると、データハブは2回のデプロイをしなければならない。ひとつは商品データベースに新商品を追加するデプロイ、もうひとつは価格データベースに特売価格を追加するデプロイである。

　そのため、割引のセット商品を作るためにはいつも2か月かかるということになる。ある核心に近づいてきた感じがしてきた。マキシンは、販促活動のカテゴリーでほかにどのような機能がリクエストされているかをスキャンした。目を引くものがひとつあった。それは7か月前に作られたもので、「ワンステップ実行：新しいセット商品のSKUと販売価格の作成」というタイトルだった。

　マキシンは、チケットの内容を読み、マーケティングがデータハブを通さず、新しいSKUとその価格を完全セルフサービスで作れるように従っていることがよくわかった。

　〈やっぱりそうか。思った通りだ〉機能の説明では、現在のプロセスでは新しい割引商品を提供するために90日近くかかることが指摘されていた。

　チケットの作成者は、マギー・リー、リテールプログラム管理本部長だ。マキシンは急にデータハブが会社組織のなかのボトルネックになっているのではないかと気になってきた。カートとマギーにメールをした。5分ほどしてからカートから電話がかかってきた。

　マキシンはしゃがれ声で「メール見てくれた？」と言った。

　カートが答えた。「もちろん。送ってくれたリンクを調べてみたよ。面白いじゃないか。君が休んでる間、こっちも一番大切なお客さんは誰なのかを調べてみようとしたんだ。で、データハブがフェニックスから抜け出すときに応援してくれた人がもっとも大切な人だろうって睨んでたんだよね。マギ

訳注1: stock keeping unit、在庫管理の単位となる商品のこと。セット商品は全体でひとつのSKUになります。
訳注2: サンクスギビングデーは、アメリカとカナダの祝日で、アメリカは11月の第4木曜日、カナダは10月の第2月曜日。アメリカの場合、翌日の金曜をブラックフライデーと言い、最大の特売日になります。

ーの名前が繰り返しでてきたよ。

マギーはサラの部下で、店舗とeコマースの商品オーナーは全員彼女の部下だ。ぼくが掘り出してきた組織図を送るよ。もう彼女の秘書に会って、近いうちにミーティングの日程を設定したよ」

マキシンは、「カート、すごいわ！」と言ったが、笑おうとしたときに痛みが走った。早く仕事に復帰したい…、病気を治してからだが。

マキシンはうめきながら電話を切った。ベッドに潜り込んで寝た。

本当の敵

マキシンは月曜に職場復帰し、会議室でドウェイン、トム、カートとデータハブについて話をした。トムが部屋の前方のスクリーンに自分のラップトップの画面を表示しながら言った。「この週末、ずっと手を入れてこうやって見せられるくらい安定したものになりましたよ。やった！って感じさ。これでDockerイメージのなかで実行できるデータハブ環境が完成したわけです。誰だって使える。ブレントとぼくのベースは、病気になる前にマキシンがしてくれたことだよ。マキシン、ありがとう！」

トムがターミナルウィンドウに入力しながら話を続けた。「これで週末まで待って貴重なQA環境のひとつにアクセスしなくても、ラップトップでこのDockerイメージを実行すればよくなります。ダウンロードには数分かかるけど、数秒で起動します。信じられないよ。で、ブレントに手伝ってもらってこの環境とうちのCIサーバーを結んだんで、CIサーバーでデータハブのテストを実行できます。これで、うちもビルドアンドテストの世界の仲間入りです。今は、最後のリリースのあとで完成させた4つの機能のテストのためにQAといっしょにこれを使ってるところだよ」

トムがマキシンの方を向いて言った。「CIサーバーは使いたい人が誰でも使えるだけの能力があります。マキシン、あなたのすばらしい仕事がなければ、これは実現できなかったよ」

トムは笑顔で首を振った。「何年も前からこういうことをしたかったんだけど、時間がなかったんだ。これでデータハブのプログラマーの時間の使い方が根本的に変わるってことを考えるとわくわくするよ。みんな仕事がはかどるようになるだろうね」

カートが両手を突き上げて歓声を上げた。「これは凄いサクセスストーリーだぞ。ついにみんなにぼくたちがどんなものを作れるかを見せられるようになったんだ！」

マキシンは、すばらしい達成だと思っていた。つい数週間前に初めて会ったばかりのブレントとトムが自分なしでこれだけのことをやってのけたのだ。すごい人たちだ。

しかし、カートは顔をしかめた。「でも、さっき言ったことはちょっと訂正しなきゃいけないな。これは開発と QA のサクセスストーリーってだけだ。必要な機能を作ってもらえてないビジネス部門の人たちはまだ満足してない。機能をどんどん本番環境に追加していくにはどうすればいいかな」

ドウェインが頭をかき、指でテーブルをトントン叩きながら言った。「うーん、それは全然別の話になるんだよね。マキシンが言う通りさ。プログラマーに本番環境に直接コードを突っ込ませないってやり方にはけっこう長い歴史がある。そうさせないことだけを目的とした部門があるくらいだし」

カートが「もっとも強力な敵はどこなの？」と尋ねると、ドウェインが皮肉っぽい笑みを浮かべながら答えた。「最大の強敵はセキュリティーだよね。本番環境に入れる前にコードのセキュリティー評価をしたいって言うだろう。これは会社の方針でもあるしね。それから、運用もいい顔はしないだろうな。あと、この件については、まずいプログラム変更で煮え湯を飲まされてきたビジネス部門の連中だって、お前の提案に喜んで飛びつくってことはない…。つまりね、プログラマーが本番システムに直接プログラム変更をデプロイするって言うと、基本的に全員が反対すると思うよ」

マキシンがうなずいた。「セキュリティーはデータハブのことをもうよく知ってるわよね。まったく新しいアプリケーションを差し出すのとはわけが違うわ。ただ、フェニックスとは切り離した形でデータハブのセキュリティー評価のスケジュールを設定しないといけないわね」

カートが言った。「セキュリティーと会おうじゃないか。彼らが言える最悪のことはノーで、そんなのはもう何度も経験してることだろ。だから、セキュリティーは措いといて、運用の承認をもらうための正式なプロセスはどうなんだろう？」

ドウェインはため息をついてしばらく答えなかったが、やっと言った。「たぶん、TEP-LARB を突破しなきゃならないな」

マキシンはげっと言い、カートは蜂か何かに刺されたように身体を縮めた。カートは目の前のテーブルに空いた穴を見つめながら「確かに TEP-LARB の突破はかなり大変だな…」と言った。

ドウェインが言った。「カート、TEP-LARB ってのはちょっと陰険なところだよ。本当は TEP-LARB の突破以上に難しいものは**ない**な。TEP と LARB を通過できるものなんてない。ちなみに、俺は LARB にいる」

マキシンが言った。「ドウェインの言う通りよ。この会社に来てからずっと TEP-LARB を通過できたことなんてないわ。申請書を書くだけでもめちゃくちゃな仕事量だし、TEP-LARB が何かを通過させたところなんて見たことがないもん。TEP-LARB は、否定を自己目的化した的外れ大委員会だわ」

言ってしまったあとで、マキシンはドウェインの方に向き直り、「あ、悪気はないのよ」と言い訳をした。ドウェインはにっこり笑って「気にしてないよ」と答えた。

トムが「TEP-LARB って何？ なんでいつもノーって言うの？」と尋ねた。

ドウェインが説明した。「LARB ってのは主任アーキテクト評価委員会 (Lead Architecture Review Board) の略で、何十年だか前に IT であれこれの不祥事が起きたあとに作られた委員会のことだよ。俺が会社に入るずっと前のことさ。なんであれ新しいものがかならず"適切に評価される"ようにするために、あれこれのルールを決めた人がいたんだ"適切に評価される"というところで、ドウェインは人差し指と中指を2回折り曲げて、皮肉っぽくそれは引用だよということを示した。

説明はさらに続く。「LARB は委員会の委員会でね。運用アーキテクトが7人、開発アーキテクトが7人、セキュリティーアーキテクトが2人、エンタープライズアーキテクトが2人参加するんだ。まるで1990年代だよ。古臭いったらありゃしない。大きな IT プロジェクトは、みんな LARB の承認が必要なんだ。

で、LARB に提案するためには、まず TEP、すなわち技術評価プロセス (Technology Evaluation Process) っていう申請書を書かなきゃならないんだよね。マキシンが言う通りでこれが大仕事でさ、今どき50ページも書かなきゃなんないんだぜ」

マキシンは目を丸くした。最後に挑戦したときも TEP を書くために必要

な情報を集めるだけでもとてつもなく大変だったが、そのときのボリューム
は今聞いたページ数の半分くらいだった。マキシンは「あなたがいるのになんでプロセスをもっと簡単にしとかなかったの?」と尋ねた。

ドウェインが答えた。「いい? LARB は委員会なんだぜ。メンバーはみんな自分の仕事はノーって言うことだって思ってんだ。俺ひとりでイエスって答える方向に持ってったり、委員として若いメンバーを引っ張り込んだりすることはとてもできないよ。ずっとチャンスは狙ってきてるんだぜ」

カートは指でトントンテーブルを叩きながら言った。「ドウェインの言う通りだな。大きな IT プロジェクトはみんな TEP-LARB を通過しなきゃならない。そうしないと、ぼくたちが手を付ける前にぼくたちがやろうとしてることは潰されちゃうよ」

カートは大きく息をした。「こんなことは言いたくないけど、TEP を準備して LARB にかけなきゃならないだろうな。セキュリティーにお伺いを立てなきゃならないのと同じで、ノーって言われることは最初からわかってるけど」

マキシンが答えた。「私たちなら自前でデータハブを実行できるわよね。じゃあさ、私の前の部署で MRP システムを自前で実行してたように、運用の助けを借りずに完璧に動かしちゃえば? それからさ、データハブで何か問題があっても、最終的にうちに話が来ないのも変よね…」

みんながショックを受けた様子でマキシンを見ていた。特に、ドウェインとシャノンは、マキシンが違法なこと、いや何か非道徳的なことをしようと言ったかのように、それはいけないでしょうという顔をした。ブレントが口を開いた。「でもどうやって? 情報セキュリティーは? コンプライアンスは? TEP-LARB は?」

マキシンは、ジャレッドだけがコードをデプロイできるのはなぜかと尋ねたときの反応とまったく同じだと思ってふふんと笑った。

ドウェインはうなずいたり首を振ったりしていた。彼の頭のなかでは、ふたつの大きく異なる考えが激しく戦っているようだ。「それ、いいかもしれないな。この手のエンタープライズクラスのサービスをうちが自分で実行することなんて**決して**認められないだろうけどさ。うちにそういうスキルがないわけじゃないじゃん。データに対して責任を負わなきゃならないだけのことさ。かならずバックアップして完全な状態にすりゃあいいんだ。なんてっ

たってうちの好きなように実行できるわけだから、これはいいぜ」

ドウェインの声は次第に小さくなっていった。マキシンはドウェインが迷っているのを見て言った。「それでいいのよ。私たちは自前で MRP システムを実行して、工場はみんなそれに頼ってたわ。これ以上の基幹業務はないのよ。でも、私たちはバックアップに予防的なメンテナンス、パッチ当てまで、全部やってたし、今もやってるわよ。簡単でも単純でもないけど、ロケット工学ってわけじゃないのよ。それに、この部屋には社内最高の運用エンジニアがいる。できるわよ」

ブレントが言った。「そりゃそうだ。本番環境だからって恐いものなんかないよ」

ドウェインもゆっくりうなずいた。「わかった。俺もその話に乗るよ。どうしてもこうするしかないし、もちろん、俺たちで全部完璧にできることは**間違いないし**」

カートが満面の笑顔になった。「よし、これでプラン B ができた。プラン A が失敗したら、自分たちでデータハブを運用しよう。もちろん、そのためにはクリスを味方につけないといけないけどな」

マキシンはコーヒーにむせていたが、全員がうなずいた。

トムは、自分がビルドを手伝ったものがもうすぐ本番実行されるということを考えるとうれしくてしょうがないようだったが、急に顔をしかめた。「いや、ちょっと待った。てことは、ぼくたちはみんなポケベルを持たないといけないの?」

ブレントがきっぱり言った。「当たり前じゃん。ビルドして実行するんだから」

トムの興奮はみるみるうちに冷めていった。

マキシンが笑った。

継続的インテグレーション

データハブ開発チーム全体が新しい環境を使い始めるまでの早さにはマキシンでさえ驚いた。環境は燎原の火のように広がり、今や全員が何らかの形で新環境を使っている。ラップトップの Docker イメージをそのまま使っている人もいれば、vagrant、Git、terraform の設定で開発とテストの両環境

をシミュレートして使っている人もいる。

　もっと重要なのは、パーナたちの QA チームも同じようにデータハブ環境を使っていることだ。機能に「テスト可」のフラグが立てられると、それらの機能は数時間のうちにテストされる。そして、テストはコード本体とともにソースコントロールシステムにチェックインされるため、プログラマーたちも問題をすぐに再現、修正できる。

　この新しい仕事の進め方のもとでは、多くの欠陥はもちろん、ちょっとした機能などは、一日で完全に実装、テストされるようになった。マキシンには未だによくわからない報告体制の都合により、チケットツールは依然としてふたつの別々のものを使わなければならなかったが、開発、QA チームは今までよりも密接に共同作業をするようになった。実際、QA エンジニアの多くは、5 号館か 7 号館で毎日プログラマーと隣り合って座って仕事をしていた。

　このような仕事のしかたを見ていると、マキシンはスタートアップ時代を思い出す。当時は、全員が同じ目標に向かって力を合わせていたものだ。マキシンは、データハブの人々のあり方があっという間に変わったことに舌を巻いていた。

　以前なら数か月かかってしていたフィックスよりも多くのフィックスが 3 日で「デプロイ可能」の状態になるようになった。全員がエネルギッシュになり、夢中で仕事に取り組んでいた。何よりも、マキシンはみんなが楽しそうに仕事をしているのを感じていた。

　ちょうど今、マキシンとトムは新しい問題点を解決し、チケットシステムで完了のマークをつけたところだ。数分後、チャットルームのエンジニアたちが、それを 1 時間以内にレビュー、テストすると言ってきた。

　マキシンが立ち上がって言った。「みんながよければ、“クランキー”デーブとパーナの様子を見てきたいんだけど」

　トムが、「ぼくもいっしょに行って、ぼくたちのフィックスのテストを手伝うよ」と言ってラップトップをつかんだ。

　パーナと“クランキー”デーブはデータハブのもうひとりのプログラマーといっしょにパーナのモニターをじっと見ていた。

　マキシンが「今は何をしてるの?」と尋ねると、パーナが「やっと余剰在庫機能のテストをしてるところよ」と答えた。この機能は、フェニックスで

実現しようとしていた最重要機能のひとつで、これがあれば、販促部は、店頭在庫システムでいつまでも店晒しでほこりをかぶっているような商品を調べ、それを地域の倉庫に移して、e コマースサイトで宣伝できるようになる。

パーナは話を続けた。「初めて動かすことができたわ。この機能は 6 か月以上前に完成してたんだけど、それからの 2 度のリリースでは動かせるようにできなかったのよ。1 度目は在庫、顧客プロフィールシステムとつながらず、2 度目は購入履歴システムとつなげなかったわけ。どっちも環境とか設定の問題だったんだと思うけど、何が問題なのかを探り当てる時間がなかったのよね。リリースからこの機能を取り除かないと、ほかの機能もみんな遅れるところだったの」

マキシンは、話を聞きながら〈これは Docker コンテナの長所のひとつね〉と思っていた。コンテナはイミュータブル（変更不能）であり、作ったあとは変更できない。そのため、開発で使えるコンテナは、テストでもほぼ確実に動作する。

マキシンは笑顔になり、〈イミュータブルっていうのも関数型プログラミングの概念ね。これのおかげで世界はそれまでよりも予測可能で安全な場所になったわ〉と思った。

"クランキー"デーブが、「80 ステップのテストのうちの 20 ステップまで来たよ」とトレードマークの気難しさを感じさせずに言った。「こうなって気持ちよく仕事できるようになったよ。今日は最初の方で 1 個問題があったんだけど、そこは俺が 5 分もかからずに直して、あとはずっと問題なく進んでる。いやあ、こいつはいいね！」

マキシンは、〈機能がうまく動けば"クランキー"デーブでも気難しくなくなるのね〉と思った。

デーブが話を続ける。「プログラマーはみんな、次のインターバルでは機能を書いてからじゃなくて、機能を書くのと同時に自動テストを書かなきゃいけないってことがわかってるよ。それを考えると、QA チームの一部の人にずっと俺たちといっしょに仕事してもらわなきゃいけないなと思うよ。小さな問題をいっしょに考えるために別の建物まで歩いていかなきゃならないなんて馬鹿げてるよ」

「それはいい考えね。カートに提案しましょうよ。オフィス空間と設備の配置は間違いなく彼の得意分野よ。でも、私もそれは本当にいいと思うわ」

「それはそうと、アダムとシャノンが会議室でやってることは見といた方がいいと思うよ。きっと気にいると思うんだ」“クランキー”デーブが、秘密めかして言った。

アダムとシャノンは、6人のプログラマー、QAエンジニアといっしょに大きなテーブルを囲んでラップトップを広げていた。テレビにはアダムのラップトップの画面が映し出されていた。

「おっと、これは私の予想通りってこと？」マキシンが途中で立ち止まり、画面を見ながら言った。

アダムが満面の笑みで言った。「あなたの予想っていうのは、あなたが構築に貢献した環境で実行され、チェックインごとにデータハブのコードをビルドして自動テストする継続的インテグレーション（CI）サーバーがここにあるようだってこと？　もしそうなら、お見事正解よ」

マキシンはすぐにCIツールに気づいた。データハブは古臭くて後ろ向きだと誰もが思っていたが、そのデータハブが今は継続的インテグレーションをしている。フェニックスの大半のチームよりも優れた技術実践をしている。

マキシンは、目が潤んでくるのを感じながら尋ねた。「これはとてもすばらしいわ。データハブは全員アクセスできるの？　ほかのチームはいつになったらこれを使えるの？」

シャノンが自分のラップトップから目を上げて言った。「データハブは全員入ってるわよ。ご存知の通り、コードをCIに流すのは、フェニックスチームの最重要要求のひとつだったわ。アダムと私は、最初のチームの研修を始めてるのよ。これを成功させるためには何でもやるわ。ここの人たちがCIサーバーを立ち上げて実行できるようになったら次に研修を受けたいってチームが行列して待ってるわ」

マキシンは、今この瞬間の喜びをじっくり味わっていた。これは彼女がフェニックス・プロジェクトに来た最初の日から望んでいたことだ。仕事がはかどるインフラと最初の壁を乗り越えるための専門家チームによる講習は、すべてのプログラマーに当然与えられるべきものだ。

マキシンは画面を見た。過去4時間にデータハブの5人のプログラマーがプログラム変更をチェックインし、そのうちの2回はテストが失敗した

ものの、10分以内に訂正されていることがわかった。

　マキシンは、〈エリックが知ったら喜んでくれるだろうな〉と思った。このようなスピーディでひんぱんなフィードバックは、第2の理想、集中、フロー、楽しさを実現するための重要な構成要素だ。そしてこれが実現したのは、第3の理想が指示する通りに日常業務以上に日常業務の改善を重視したからだ。

　カートがドックサイドに集まったみんなに挨拶をしている。「ぼくはQAと開発が同じ場所で仕事をするってアイデアが気に入ってる。でも、ほかの開発マネージャーの一部にこのアイデアを紹介したら、連中は何かとってもやばい話のように思ったみたいだ」そう言ってにやりと笑った。

　「ここに来る直前に設備担当部長に間取り図の案を見せたんだけど、彼はほとんど怒りを爆発させそうになったよ。きっとみんなを監禁しておきたかったんだろうね」カートはまた笑った。

　「彼は人事が作ったスペースのガイドラインを持ち出して、設備がこのガイドラインに従うために作ったルールを延々と講釈し出しちゃってさ。肩書によって使えるスペースはこれだけっていうルールがあるんだねえ…」

　"クランキー"デーブが「牛舎のサイズについての農務省のルールみたいだなあ」などと言ったので、みんなが彼を見た。「あれ？　俺は農家の出だって知らなかったっけ？　農務省の監査の相手もしたんだよ」

　シャノンが「みんな聞いた？　デーブはエンジニアのことを家畜だって言ったわよ」と言った。

　アダムが、「で、予定はいつなの？」と尋ねると、カートは「9か月だ」と答えた。

　何人かが「9か月だって？」と繰り返し、何人かがどっと笑った。

　カートがメモを見ながら言った。「えーと…、まあ、設備がやることは何でも無限に時間がかかるんだ。購買を通して正式な椅子とデスクを発注し、設備の担当者と備品の設置の予定を立てなきゃいけないんだけど…」

　ドウェインが口を挟んだ。「この週末に俺たちで片付けちゃえばいいじゃん。チーム以外の人には何の影響もないんだしさ。オフィス用品店か家具屋に行って必要最小限のものを買って建屋のなかに入れちゃえばいいじゃん。俺のトラックを出すよ」

"クランキー"デーブが尋ねた。「でも、設備がバッジを着けてやってきて、許可を与えてないだのルール違反だの言い出したらどうするのさ？」

　カートが爆笑した。「設備が自分で放り出すことなんてできないよ。そんな予算はねえもんな」そしてしばらく考えてから言った。「やっちまおうぜ。でも、そう簡単に運べない什器を入れるようにしよう。本棚を何本か買って本を詰め込んじゃうとか。金魚を泳がせる水槽でもいいや。どうだい？」

　"クランキー"デーブとシャノンが笑った。アダムが考え込んだ様子でうなずいた。「占有があれば裁判には9割方勝てるって言うもんな。でも、先にクリスを味方につけておかないといけないんじゃないか？」

　カートがくすくす笑いした。「いらないいらない。クリスが賛成するわけがないよ。実力行使だ」

　シャノンが「スペースには限りがあるでしょ。QAの一部に開発に来てもらって、プログラマーの一部がQAに行ったらどう？」と提案した。

　「シャノン、いいアイデアね」とマキシンが言った。エリックの予言通り、チームが自力でまとまっていくのを感じてマキシンは喜んだ。

分離独立

　前週の経験から、データハブが従来よりも早く、安全に、価値の高いシステムを気持ちよく提供する方法を見つけたことは明らかだ。しかし、明らかに新しい制約条件も表に出てきている。最初の制約条件は環境の入手だった。誰も環境を入手したことがなく、入手できたとしても何らかの問題があった。次に制約条件になったのはテストだ。テストは、開発がすべての機能を完成させてからでなければ始まらなかった。欠陥を見つけて修正するために何週間もかかっていた。それが今では数時間から数日に縮まった。

　今の制約条件は明らかにデプロイだ。本番環境で使える機能はすぐに完成するようになったが、完成したコードを運用が本番環境にデプロイするまでは何週間も待たなければならない。

セット商品を迅速に作るには？

　データハブをもっと早く本番環境に送り込む方法は、もう学術的な問題ではなくなっている。今、会議室でトムがデータハブチームのメンバーたちの前に立ってプレゼンをしている。「マキシン、あなたが病気で寝ている間に感じていた疑問点は、まさに正鵠を射るものでした。マギーとプロダクトオーナーたちによると、販促のために効果的なセット商品を作ることは、フェニックスシステムへの要望のなかでも特に重要で緊急性を要するものでした。

　カート、マギーとのミーティングは明日に予定されており、私は事前研究をしておくようにと指示されました。私が学んだことは以下の通りです。マーケティングは、売上増のためにひんぱんに販促キャンペーンを実施します。この販促活動は、祝祭日、つまり売上がピークを迎える時期にはとてつもなく重要になります。たとえば、多くの地域で雪が降る時期になってるの

で、マーケティングはタイヤチェーン、融雪用の砂、ウィンドウスクレーパーの冬季販促用セット商品を作りたいと思ってます。また、こういったセット商品は、20% 割引などの特売価格を設定できるようにする必要があります。マーケティングは、顧客セグメントごとのプロモーションも望んでます。たとえば、ワイパーをたくさん買ったお客さんは、ちょっと購買意欲をそそられれば、ワイパー液とガラスの曇り止めのセット商品も買っていくでしょう。

　コンセプトとしては簡単なことのように見えます。しかし、マーケティングがこのようなセット商品を作ろうとするととてつもなく面倒な手順が必要になります。まず、新しいセット商品を作るたびに、ほかの商品と同じように新しい SKU が必要になります。この SKU は、ほぼすべてのアプリで使われます。在庫管理システム、サプライチェーン、店舗のレジスター、e コマースサイトはもちろんですが、モバイルアプリなども含まれます。

　新しい SKU は、まとめて 6 週間ごとに作るだけです。で、新しい SKU セットを作ったら、それに合わせてアプリとビジネスロジックを書き換えなきゃなりません。これらは、新 SKU に関連する知識が必要なすべてのアプリにプッシュされます。そういったアプリを拾い上げていくと、さまざまなバックエンド、フロントエンドアプリが含まれることがしょっちゅうです。みなさんも、たぶん金曜の夜 8 時にこういったものが出てくるのにぶつかったことがあるでしょう。そういう場合には、手作業で一部の本番データベースをリフレッシュしなければならない場合もあります。

　第 1 の問題はここにあります。新しい SKU は 6 週間おきにしか作りませんが、これでは遅すぎます。サンクスギビングデーはもう来月に迫ってますが、もうこういうセット商品の SKU の作成が手遅れになる危険があります。

　しかも、本当は 6 週間以上かかることがよくあるのです。作業中には非常に多くのアプリを書き換えなきゃならないので、テスト中に問題が起きると、リリースそのものが取りやめになります。一部のアプリが新 SKU の処理方法を知らないので、その SKU を使えなくなるわけです。テスト中にこれらの問題を修正しようと思うと単純に時間が足りなくなることがあります。オールオアナッシングになっちゃうわけです。

　しかも、販促部は、お客さんが実際に興味を示すセット商品はどれか、ど

231 分離独立 | 231

んな要因が実際の購入を促すかをすばやく反復実験して見つけ出さないといけません。現状のように 6 週間に 1 度ずつしか実験できないのでは、学習して修正するには遅すぎます。e コマースのライバル企業は、一日に何度も実験できるようにしています」トムの報告は以上だった。

マキシンは、トムがホワイトボードに描いたボックスを見て、「これは本当に大変ねえ」と言った。「これじゃまるでフェニックスのアーキテクチャー図だわ。これじゃあ、各チームが独立してお客様のために価値のあるものを開発、テスト、デプロイするのは難しいでしょ。あなたが今ホワイトボードに描いたばかりの販促のバリューストリームをサポートするアーキテクチャーを目指すと、どんな仕事もすばやく目的の状態に持ってけないわ」

マキシンは図の方を指した。「ほら、ステップごとにほかのたくさんのバリューストリームと絡み合ってるでしょ。これじゃあ、こういったもの全部のリリーススケジュールとタイミングを合わせなきゃならなくなるわ。**どれかひとつ**でもリリースできなきゃこっちもリリースできない。それじゃあ大変よ」

トムが言った。「まったくです。データハブがフェニックスと BWOS にひどく密結合してるのは頭痛の種です」

マキシンが BWOS とは何なのかと尋ねると、トムが「えーと、それはぼくたちが大きな塊（big wad of）って呼んでるやつです。何の塊かって言うと…ゴミかな。データハブって百個以上のアプリと接続するじゃないですか」と答えた。

マキシンが笑った。「私は本気でデータハブのプログラム変更をオンデマンドで本番環境にデプロイできるようにして、フェニックスのリリーススケジュールから切り離せれば、ずっとよくなると思ってるわよ。そうすれば、リリースを取り消さなきゃならなくなっても、少なくとも翌日にはまた試せるでしょ。やり方次第で一日二日で SKU を作れるようになるはずだわ」

トムが「まったく賛成です」と言ったので、マキシンはみんなが正しい方向に向かっていることに満足して笑顔になり、〈これをする意味はとても大きいわ〉と思った。

トムがさらに言った。「これは関係ないかもしれませんが、言っておいた方がいいと思うんですけど、フェニックスと密接に結びついているためにほかにも大きな問題があります。フェニックスがときどきメッセージを山のよ

うに送りつけてくることがあって、データハブがつながってるバックエンドシステムを痛めつけます。トランザクションの大きな波はよくあって、信頼性とスループットに大きな問題が出ます。データ完全性の問題にさえ発展することがあります。データハブがクラッシュすることもありますが、大半はデータハブが呼び出しているシステムがクラッシュしてます」

"クランキー"デーブが口をはさんできた。「こういう SoR[訳注1] の扱いにはうんざりするよ。うちには、まともな API 戦略がねえんだよね。どんな API があるのか誰も知らねえ。で、仮に知ってるやつがいたとしても、どうやってアクセスするかとか、ややこしい認証やページ分割をどうやったらいいかがわかってるやつはいねえのよ。ドキュメントはどれも糞の役にも立たねえ。なかには API が口上通りに動かなくても気にしねえチームまであってさ。

で、まともに動いてる API があったとしても、バージョンをちゃんと管理してねえんだろうね、担当チームがいつでもどんな風にでも中身を変えちゃうんだよ。だから、お客さんのところでトランザクションが変になって、こっちに文句を言ってくるわけ。必要なデータを全部揃えて出してくれるところがねえもんだから、本当に API 変更が必要になっても、なんちゃら委員会かんちゃら委員会に承認をもらわなきゃならねえ。もうそれだけでうんざりだ」"クランキー"デーブは、最後には本当に疲れ切った様子だった。

マキシンはきっぱりと「こんなこときっと終わらせてみせるわ」と言った。

リテール営業のマギーとのミーティング

翌日、カート、マキシン、その他データハブチームのメンバーたちはマギーとのミーティングに臨んだ。いつものように、カートがデータハブチームのメンバー全員をマギーに紹介し、マギーに自己紹介してくれるよう頼んだ。

訳注1: SoR は system of record の略で，記録のシステムということです。関連語として SoE（system of engagement）＝働きかけのシステムがあります。自社中心の SoR から顧客を意識した SoE へという流れがあります。

マギーは笑みを浮かべて言った。「みなさんの多くはもうご存知でしょうけど、私はマギー・リーと言います。リテールプログラム管理本部長です。これは、リアル店舗、eコマース、モバイルを含む販売ルートのすべての商品とプログラムの損益の責任を負ってるという意味です。部下のプロダクトマネージャーたちは、戦略、顧客と市場の研究、顧客のセグメンテーション、顧客が抱えていて私たちが解決しなければならない問題の特定、価格決定とパッケージング、ポートフォリオに載ってるすべてのものの収益性の管理を担当しています。

　私たちは、ビジネスの目標とその達成のために必要なすべてのものの間の橋渡しをしています。ここには事業運営、業務アナリスト、クリスのITチームとやり取りするプロダクトマネージャーが含まれます。それから、私のチームの営業、財務、経営関係の処理をする管理スタッフもいます。

　カートが販促用セット商品の作成をスピードアップするアイデアがあると言ってくれたときには、もちろんこれはいい話だと思いました。もっと早く話し合いをすることができなくてごめんなさい。でも、私たちが今いろんなことに埋没していることはわかっていただけると思います。この四半期は私たちにとって伸るか反るかがかかってます。私たち全員にとってです」

　マキシンはここまでですでにすごいなと思っていた。年齢は40代半ばくらいだろうか。見間違いようのない意志の強さが伝わってくる。マキシンと背の高さは同じくらいだが、明らかに優秀だ。飾り気のないタイプで、表情にはいつも真剣さが漂っている。10億ドルの収益を稼ぐリテール部門を切り盛りするために必要な無数のことを処理しており、サラの力のように見えるものは、本当は彼女の力なのではないかとマキシンは思った。

　カートが今の取り組みを説明すると、マギーはカートに向かって言った。

　「つまり、eコマースの競合がしてるように、うちのマーケティングも完全セルフサービスで販促商品を作れるようになるってことですね。そしてほかの変更も同じ日に本番システムに移せるかもしれないの？　これはすごい。おっしゃる通りのことが実現すれば、私たちにとっては奇跡のようなものです。私はあまり大げさな物言いをしない方ですが、この四半期の救世主になるかもしれないと本気で思います。ひょっとするとこの会社の救世主にさえなるかもしれません」

　マキシンは笑顔で言った。「私たちが調べたことを総合すると、現状で

は、手順が難しすぎ、時間もかかりすぎて、販促用セット商品は作成不能になっています。いつでも好きなときに新しい販促用セット商品を作り、数時間以内にすべてのセールスチャネルに反映させるために必要なことをして、あなたのチームのお役に立ちたいと思います。私たちが理解してないことはまだたくさんあると思いますが、実現は可能だと考えています。私たちとしては、これがあなたにとって意味があるかどうかを知りたいのです」

マギーがうなずいた。「それはとても大きな意味があります。ご存知のように、スティーブは、このホリデーシーズンには収益を回復基調に乗せるとアナリストたちに約束しました。約束しただけの成果を上げられないことがもう何年も続いてます。すべては販促部が営業を活性化できるかどうかにかかってるんです。本当に実現できるとお考えなら、私たちもできることは何でもしますよ」そして「何が障害になってるんですか?」と尋ねてきた。

「誰が障害になってるかですって?」カートが笑った。「明日情報セキュリティーと会合を持ちますが、あそこはきっとこのアイデアをあっさり否定してくるでしょうね。でも、本物の脅威は TEP-LARB です。提案作成チームを結成しましたが、ここにたどり着くまでに普通は6か月から9か月かかります。もちろん、強力なスポンサーがいて、緊急のニーズがあれば話は別ですが」

マギーがついに折り目正しいとばかりは言えないような笑みを浮かべた。「そのためには、大物を引っ張り込む必要があるわね」

「それは誰ですか?」マキシンが、マギーよりも強力なスポンサーとは一体誰なのか、興味にかられて尋ねると、マギーはニヤリと笑った。

「サラよ。不都合な障害を叩き壊すってことでは、サラ以上の人はいないわ。間違いない。バッタバッタと木を切り倒すチェーンソーみたいなものよ」

「…そして手も切っちゃうわけね」カートが小さくつぶやいた。

セキュリティーマネージャーのロン

翌日、カートとマキシンはシャノンが紹介してくれたセキュリティーマネージャーのロンと会った。彼らが会議室に入っていくと、シャノンがもう先に来ていた。

シャノンが笑顔で言った。「私が来ないわけないでしょ。ポップコーン持ってくればよかった」

ロンが部屋に入ってきて席に座った。30代半ばくらいだろうか。カートが自己紹介してからデータハブをフェニックスのその他の部分から切り離す話をした。

ロンが感想を言った。「面白いアイデアですね。データハブがまだオクトパスって名前だった頃のことを覚えてますよ。どうしてそんな大きな変更が必要なんですか？ 今でも十分ちゃんと動いているように見えますが」

カートが理由を説明すると、ロンが肯定的な感じでうなずいているのを見て、マキシンは驚いた。〈思ったよりうまくいくかもしれないわ〉とマキシンは思った。

ロンは肯定的に「それはすばらしい」と言ってから、持っていたコップをテーブルに置いた。「お手伝いしたいのは山々ですが、私にはできません。私の仕事は、担当のアプリが関連するすべての法規や規制を遵守し、セキュアであることを確認することです。あなたたちがなさろうとしてる変更のラディカルさから考えると、完全な形でデューデリ^{訳注2}をしなきゃならなくなると思います。そして、行列を飛び越すわけにはいきません。あなたがたの前に20人が並んでいます。飛ばしたら血を見ることになりますよ」

シャノンが口を出した。「でも、販促機能はフェニックスのなかでももっとも重要な機能と言ってもいいものよ。私たちの案件の方が、優先度が高いってことはわかってもらえるでしょう？」

「うん、だけどさ…」ロンが頭を書きながら言った。「アプリの優先度とか順番はぼくが決めるわけじゃないんだよね。それはビジネスの方から指示が来るわけ。お客さんが決めるんだよ」

「でも、私たちは"ビジネス"の方で、あなたが言う"お客さん"は私たちのお客さんじゃなくて同僚よ！ 本当のお客さんは、お金を支払ってくれる人たちのことだわ」シャノンは怒って顔を真赤にしながら言った。「会社の第1の目標は誰でも知ってるわ。スティーブがいつもタウンホールミーティングで言ってるじゃない。データハブとフェニックスの分離を成功させ

訳注2: 投資対象に投資するだけの価値があるか、なにか重大な問題はないかを調査する作業のこと。正式にはデューデリジェンス（due diligence）と言います。

て、販促チームがホリデーセールの目標を達成できるようにすることよりも大切なことがあるって言うの？」

ロンは肩を落とした。「順番を変えたけりゃ、ぼくたちのボス、ジョンに話を通さないとね」

カートは、この会合からは何も得られなかったと判断してラップトップを閉じた。

「はいはい、わかったわ」シャノンも諦めてそう言ったが、すぐに笑顔を作って言った。「あなたがデータハブの認証に使うはずのテストプロシージャとスキャンで使うツール一式をちょうだいよ。それならできるでしょ？私たちは全力でデータハブの自動テストスイートでそれと同じことができるようにするわ。うまくすると、あなたのためにオンデマンドでセキュリティー監査報告書を作れるようになるわよ」

ロンは、「シャノン、そりゃあいい考えだ。ぼくのデスクまで来てよ。前の監査で使った書類一式を見せるよ」

マキシンは、あらゆるチャンスを逃さず他人を味方につけるシャノンに感心していた。

カートはふたりが出ていくのを確かめてから、マキシンの方に向かって肩を落とした。「かえって面倒になっちゃったかもな。LARB で検討しよう」

マキシンはため息をついた。本当に緊急性が高いという感じを出すためには何が必要なのだろうか。２年前、父親が脳卒中を起こしたときには、病院でのややこしい手続きのことで医者の友だちのひとりにぐちをいった。

友だちは、「あなたは運がよかったわよ。脳卒中の病棟は、１分の差が生死を分けるってことをみんなが知ってるから、その点では一番まともよ。最悪なのは精神科とか老人介護よ。緊急性がない上に、患者支援もないことが多いから。何年も待たされることがあるわよ。何十年になることさえあるわ」と答えた。

マキシンは、父を病院に入れるために必要なことは何でもした。父の患者支援に入ったときの感覚がどのようなものだったかは覚えている。今、彼女は、自分のチームが会社の官僚主義を突き破るために必要なことを一所懸命している。データハブチームにもあのときと同じような使命と緊急性がある。

〈徹底的な楽観主義よ〉と自分に言い聞かせている。

LARB での議論

　マギーが約束したとおり、データハブは木曜日の LARB の議題になった。サラが裏からどんな手を回せばこんなに早くお呼びがかかるのだろうとマキシンは驚き、不審に思った。

　マキシンは、LARB での売り込みが政治的に必要だということは理解していても、チームが TEP を書くために時間を使っていることが面白くない。エンジニアは帳票ではなく、コードを書くべきだ。

　TEP には、アーキテクチャーやセキュリティーについての真っ当な問いも多数含まれていたが、何十年も前の TOGAF^{訳注3} のアーキテクチャー図を思わせるような古臭いものも含まれていた。ソフトウェア開発とテストのフェーズゲート^{訳注4}、データセンター仕様、HVAC 仕様^{訳注5}、チェックポイント社のファイアウォールルール（もちろん、当てはまる場合だけだが）といったもので、明らかに別の時代のものだ。

　提案を共同提出するデータハブグループのメンバー、トム、ブレント、シャノン、ドウェイン、アダム、パーナ、マキシンは全員この会議室に集まってドウェイン以外は部屋の後ろの方に座っている。開発、エンタープライズアーキテクトがひとつのテーブル、運用、セキュリティーアーキテクトがもうひとつのテーブルを囲んでいる。彼らは全員マキシンと年齢的には近いが、主として白人男性で、アジア系とインド人の男性が混ざっている。どちらのテーブルにも女性はひとりもいない。

　データハブは、第 2 の議題だった。最初に取り上げられたのは、アプリケーションの土台を市販製品からアパッチ Tomcat に置き換えようというグループだ。Tomcat は、実績のあるフルオープンソースの Java アプリケーションサーバーだ。若い女性が自信を持って根拠を説明した。彼女の話しっぷりはよく練られたもので、優秀さを感じさせた。しかし、彼らが求めているのが Tomcat を**使う**ことへの許可だということがわかると、マキシンは愕然とした。

訳注 3: the open group architecture framework、エンタープライズアーキテクチャーのひとつ。
訳注 4: 開発、テストのふたつのフェーズの間に置かれる関所的なもの。開発からテストに進むために満足させなければならない条件。
訳注 5: Heating, Ventilation, and Air Conditioning、すなわち、暖房、換気、空調の略。

本番環境で Tomcat を使うために許可をもらわなければならないのは、電気を使うために許可をもらうのと同じようなものだ。かつて危険だと思われていたかもしれないが、今は当たり前に使われているものだ。しかも、これは LARB に対する 2 度目のアプローチだ。Tomcat がリスキーで論争を呼ぶようなら、マキシンたちのデータハブの提案など笑い飛ばされて終わってしまうだろう。

　止めた方がいいんじゃないかという立場からの質問が 20 分間続いたあと、若いエンジニアは激怒して言った。「うちの会社はなんで自分が書いたソフトウェアを実行することをこんなに恐れるんですか。うちはメーカーですよね。独自の MRP を書いて自力で実行してるじゃないですか。Tomcat について言えば、これで市販のベンダーソフトウェアを使わなくて済むようになるんですよ。世界的な大企業のなかにもこれを使っているところはあります。数十万ドルのコストを削減できるだけでなく、今のベンダーではできなかったことができるようになるんですよ。お客様のためによりよいサービスを提供するために必要な機能がたくさん含まれてるんですよ」

　マキシンは鳥肌が立った。プレゼンターが古巣の MRP システムのことを持ち出したからではなく、彼女が明らかに優秀なエンジニアで自分が必要だと思うことを果敢に実行し、本番環境での実行を恐れなかったからだ。

　若いエンジニアが LARB からの疑問に答えている間に、マキシンは反乱軍のチャットチャネルにショートメッセージを送った。

今プレゼンしてるこのエンジニアは誰？　彼女はいい！　間違いなく反乱軍向きき。誘うべきよ。

　アダムが返事を送ってきた。

エレンです。運用でも一、二を争う優秀なエンジニアです。

　みながマキシンのメッセージにうんとうなずき、アダムの評価に賛成した。ブレントがチャットチャネルに入ってきた。

了解です。彼女がこの件に関わっていたのは知りませんでした。最高のプレ

ゼンです。

　ドウェインの声が聞こえてきたのでマキシンは顔を上げた。「みなさんは私のことをからかってるんですか。私たちが TEP-LARB を作ったのは、新技術を評価して採用しやすくするためでしょう。アパッチ Tomcat は何十年も前に作られていて、アプリケーションサーバーとしては２番目か３番目によく使われています。Tomcat を実行する勇気がないようでは、うちの会社は IT の世界についていけなくなります。私は賛成に投票します。みなさんが賛成しないなら、理由をお聞きしたい」

　運用アーキテクトのなかのひとりが言った。「Tomcat に反対する理由は私にはありません。今のスタッフのレベルから考えて、うちに Tomcat をサポートする能力があるかどうかが気になるだけです。うちは限界に近い状態で、このテクノロジーが最先端でないのはいいんですが、それでもこれを運用、メンテナンスする人が必要です…」

　ドウェインが割り込んだ。「でも、エレンが今自分のチームでサポートするつもりだと言いましたよね！」

　ドウェインのコメントを無視してセキュリティーアーキテクトが入ってきた。「それからセキュリティーリスクがあります。Tomcat が今までに出した脆弱性情報とそれらに対するパッチがどの程度の早さで発表されたか、パッチにどのような問題が報告されたかについての報告をしてください。決定を下すのはそれを見てからですね」

　ドウェインがぶつぶつ言った。「何言ってんだよ。エレンはセキュリティーパッチのガイドラインを書いてもいいくらいの人物なんだけどなあ」

　さっきの運用アーキテクトが、メモを書きながら顔も上げずに言った。「ご提案ありがとうございました。次の審査では、今求められた情報を提出してくださることを期待してます」

　エレンのチームは怒りに震えて下を見ていた。エレンは自分のラップトップを閉じると、アーキテクトたち全員に向かってていねいに会釈してから、部屋の後ろの自分の席に戻った。

　マキシンは、エレンのチームにこれ以上ないほど熱烈に親指を立ててみせた。

　先ほどの運用アーキテクトが言った。「次は、マキシンとアダムで、提案

はデータハブをコンテナ内で実行される新しい環境に移し、コードのビルド、テスト、デプロイを自動化する…ですか？」

アダムが立ち上がったが、ひとつ前のプレゼンターを見たマキシンには、自分たちも承認されないことは明らかだった。いかにしっかりと準備しても、LARB の支持をもらうことはできない。

「…そういうわけで、販促チームには、社内顧客のためにもっと早くデータハブの機能を使えるようにしてもらえないと困るという喫緊のニーズがあります。そのためには、今までと根本的に異なる方法でデータを読み書きできるようにして、データハブとその他のフェニックスチームをデカップリングしなければなりません」

マキシンのプレゼンは締めに入った。「私たちはこれを実現するために利用できる技術を見つけてきました。これらの技術は、グーグル、ネットフリックス、スポティファイ、ウォルマート、ターゲット、キャピタルワンなど世界最大のインターネット企業の一部で 10 年以上本番使用されているものです。この数週間実際に試してみましたが、私たちにはこのシステムをサポートする能力が十分にあります。必要ならぜひ自分たちでサポートしたいと思っています」

マキシン、アダムとともに前に並んでいたブレントがさらに付け加えた。「データハブの本番環境をサポートするチームは、うちの運用のなかでももっとも経験を積んだ人々を集めたものになります。私は個人的にこの試みには言葉で言いつくせないほどの期待をかけています。これらの技術には、データハブを大きく越えて、うちでサポートしてるほぼすべてのアプリを大幅に改善できる応用性があります。私たちは何か問題が起きるようなことがあれば、責任を持って喜んで解決に当たるつもりです。このテクニックを使えば、パーツ・アンリミテッドのすべてのプログラマーと運用エンジニアのためになります」

カートが部屋の後ろからチームを笑顔で見守っているのが目に入った。マキシンはみんなを誇りに思っている。しっかりとしたプレゼンだった。エレンが明らかに感心した様子で目を丸くしているのも見える。しかし、マキシンには、すべてが無駄になることがわかっている。LARB は、危険な変更を阻止するための組織の免疫システムとして作られている。ただ、強力すぎて

保守的すぎるだけだ。

　ドウェインは支持を集めようと努力してくれた。「LARB はこのようなイノベーティブな試みを後押しして、市場で勝利を収めるために役に立つ技術を取り入れていくべきです。かつての我が社は、大胆な選択によって競合他社をふるい落とし、業界の方向性を決めてきました。私たちが独自の MRP システムを作ったときには、人々は私たちをバカ呼ばわりしてあざ笑っていましたが、これが正しい方向だったことは歴史が示す通りです。この業界で初めて工場でシンクライアントを使ったのも我が社です。我が社がこの国でももっとも効率的で仕事のできるメーカーになれたのは、このように IT に関して無数の優れた判断を下してきたからです」

　マキシンは部屋を見回した。開発アーキテクトの間には刺激を受け興味を新たにする人々が含まれていたが、運用とセキュリティーアーキテクトは首を横に振っていた。そのなかのひとりが言った。「ドウェイン、君が言うことはわかるけど、うちではこれとちょっとでも似通ったことをしたことはないでしょう。Tomcat さえサポートできないのは困ったことだけど、そこから考えれば、これをサポートできない理由はわかってもらえるでしょう」

　ドウェインが声を荒らげた。「いいえ、私はボランティアでサポートしますよ。サポートを引き受けてデータハブチームを手伝いたいと言っている人間を何人も知ってますから、その人たちもサポートできますよ」

　部屋の後ろからエレンが「お手伝いしたいです。みなさんが触れた Docker その他のツールは何年も前から使ってます。こういった技術を扱える能力は、この会社で必要とされているものです」と言った。

　マキシンは笑顔で「歓迎します」と言った。

　議長の運用アーキテクトは驚いたようだったが、「みなさんの熱意はすばらしいと思いますが、現時点では私たちはこのプロジェクトをサポートできないと思います。6 か月後にもう 1 度取り上げて、条件が変わったかどうかを確認しましょう」と返した。

　カートが立ち上がって部屋全体に向かって言った。「みなさんはビジネスコンテキストをお聞きになってないんですか？ マギー・リーとサラ・モールトンのふたりが、この会社の生き残りはこれにかかっていると明言してるんですよ。それだけ重要なものですから、みなさんがサポートできないのであれば、開発で私たちが自分でサポートしなきゃなりません」

議長の運用アーキテクトが答えた。「ビジネスサイドの人々のそういった言葉はしょっちゅう聞いてます。6か月後にもう1度議論しましょう。次のテーマに移りたいと思います…」

組織変更

データハブチームは敗北を喫し、会議室を出て、カートがあらかじめ予約しておいた近くの別の会議室に集まった。マキシンは、Tomcatの提案をしたエレンと彼女の同僚の3人のエンジニアも誘った。

エレンはまわりの人々のがっかりした様子に染まらずにマキシンに耳打ちしてきた。「とてもいい話だったわ。本当に決定に逆らって自分たちで全部やるつもりなの？　もしそのつもりだったら、私も入れてね。あ、私はエレンです」エレンはマキシンと握手し、自分のチームを紹介した。

アダムがにこにこ笑って「エレン、ここで会えるなんてうれしいね。陽気な反乱軍にようこそ。ぼくの予想が正しければ、ぼくたちはきっと近いうちに君たちの力を必要とするはずだよ」

エレンがにっこり笑った。「もうブレントが入ってるってだけで私には十分よ。みなさんのプレゼンはすばらしかったわ。このパーツ・アンリミテッドでこういうことをやってる人がいるとは思わなかったわ」

ブレントが控え目に頬を緩めた。「でも、結局潰されちゃったけどね」

カートが言った。「ブレントの言う通りだ。しかし、すべてが計画通りに進めば、今日中にクリスとサラの名前で小規模な組織改編が発表されるはずだ。データハブは、通常の運用、QAのプロセスを踏まずに運用できるようになる。それがしなければならないことをするための正式なゴーサインだ」

データハブチームの全員がいい知らせに驚いて歓声を上げた。エレンが「すごいわね。みなさんにはとてつもなく強力な味方がいるのね」と小声で言った。

ブレントが小声で「わけがわかんないだろうけど、詳しいことはあとで話すよ」と返した。アダムもそうそうという表情で笑った。

ほぼ全員が喜んでいたなかで、ドウェインだけは不機嫌だった。マキシンが理由を尋ねると、「LARBがこういった試みを支持できないってことが信じられないんだ。みすみす全部却下しちまった。このままじゃ深刻な事態を

迎えるってことはわかってたはずなんだぜ。LARB は俺たちが説明したことを支持しなきゃいけなかったんだ。『指輪物語』のガンダルフが白の会議の支援を受けたように俺たちを支援すべきなんだ」

　マキシンは、ドウェインが両手でこめかみを押さえながらうめいているのを見て驚いた。「でも、LARB はそのようには機能しなかったんだ」

　ブレントが笑った。「ドウェイン、そうじゃないよ。"指輪の仲間"は白の会議に正式に認められたわけじゃないんだ。ガンダルフは"一つの指輪"が行方不明になってることをみんなに警告したんだけど、サルマンはもう冥王サウロンの手下になってたから支援を拒否したんだ。だからガンダルフは地下に潜ったのさ。ひとりで反乱したんだよ。ぼくたちがしようとしていることと同じさ」

　「その通りだ」とカートが言った。そしてエレンのチームの方に向き直り、「仕事のあと用がなけりゃぼくたち行きつけのバーがあるんだけど…」と言った。

　クリスがカートに腹を立てて「どうして俺を巻き込んだんだ？」と言った。「お前が開発のなかに独自の運用組織を作ることを提案したってマギーとサラが言ってたぞ。で、クラウドの何かの新しいティア２サービスを運用するために、何やらの例外的な権限放棄を手に入れたそうだな。なんで俺に最初に相談しないんだ？」

　マキシンは、カート、ドウェイン、マギーとともにクリスのオフィスにいる。クリスは明らかに不機嫌だったが、マギーが達成しなければならないビジネス目標とそれが達成できない場合の重大な結果について長々と説明した。

　クリスはしばらく窓の外を見つめていたが、マキシンの方に向き直って言った。「こういったものが俺たちの目の前でどかんと爆発しないように維持する力がうちのなかに本当にあると思ってるのか？」

　マキシンは確信を持って答えた。「運用のドウェインとブレントに手伝って貰えれば鉄壁です。私はありったけの力を振り絞って、ことがスムーズに運ぶようにするつもりです。クリス、私たちはもうこれについては大丈夫だって本気で思ってますよ。そして、起きてしまったことに対する非難は甘んじて受けるつもりです。約束しますよ」

ドウェインとブレントの名前を出したときに、クリスの表情に苦いものが走った。クリスはマキシンの顔を見た。〈"波風を立てるな"と"車線から外れるな"はどこに行っちゃったんだ。お前、わかってんのかよ〉と思っているのは間違いない。

　マキシンは肩をすくめた。20年以上前、クリスがエンジニアとしてのキャリアの始めの頃に基幹サービスをサポートしていたことは、マキシンも知っている。しかしそれ以来、クリスはずっとコードだけを相手にしており、コードを動かす実際のサービスを動かしていない。クリスはこれを認めることによる不都合や、まずくなる危険があるあらゆることを並べ上げ、逆にこれを拒んだら自分がどうなるかを計算し、両者を天秤にかけている。マキシンにはそれが手に取るように見えた。

　クリスは嫌そうに言った。「わかった、わかった、わかりましたよ。やるよ、やりますよ。いずれ君たちのために心臓発作を起こすことになりそうだぜ、まったく」そう言うと、みんなをオフィスから追い払った。

　クリスは約束通り全員に組織変更を発表するメールを送った。データハブチームはクリスの直属になり、ひとつの実験として、データハブはプログラム変更をめぐる通常のルール、規制の対象外となり、自分自身でコードをテストし、自力で本番環境にデプロイ、運用するということだ。

　カートがしてやったりという笑顔で言った。「メールが出たぞ。デプロイ、運用の世界に進出だ」

　マキシンは、まだスマホのメールを見つめながら、「やったわね、嘘みたいよ。できる限りのことをやったけど、絶対うまくいくわけないって思ってたもん」

　カートが笑った。「クリスにはこの件で選択の余地はあまりないと思ってたんだ。抵抗すれば、マギーとサラが揃ってスティーブのとこまで持ってくからね」

　データハブの組織変更により、チームはフル稼働で仕事をしていた。本番デプロイを自動化し、中央の運用なしで本番システムを運用する方法を究明するために、猛烈に仕事を進めた。運用との分離をどこまで進めてバックアップなどをどちらがどこまで担当すべきかはまだ不透明であり、調整中だった。

課題が大きい分、かえってやる気が出てくる。目標は明確だ。本番環境に対するスピーディで安全なデプロイを実現し、その際に、ここ数年では初めて開発、テスト、本番で同じ環境を使うことだ。そして、フェニックス・プロジェクトのほかの部分がテストサイクルさえ終わらせられないうちに、すべてを立ち上げて稼働させられることを証明したいとチームの全員が思っていた。

　彼らは再びフェニックス・プロジェクトのほかの部分との間で想像上の競争をしていた。

　マキシンはドウェイン、アダム、シャノン、ブレントとともに、データハブの本番サービスをもっとも高価でもっとも高速なベアメタルサーバー…ただし10年前の話だが…以外のマシンでも実行できるようにするための作業をしており、仕事はゆっくりとだが着実に進んでいる。データハブの多くの部分は、当時の10年後である現在のバージョンのOSにインストールすると飛んでしまった。ソースコードが見つからないバイナリーの実行可能ファイルがいくつかあった。データハブは、このようなもろくて再現不能なものになり果てていたのである。マキシンは〈アートコレクターならこういうものはすばらしいかもしれないけど、会社の基幹サービスとしては完全に許容範囲外ね〉と思った。

　彼らはもとのサービスと同じように動作するものの、コンテナ内ですぐに起動できるテスト、本番サービスを作るために、ていねいに仕事を進めていった。マキシンはもう何日もの間、インフラのごちゃごちゃした沼地に足を突っ込んでいる。メイクファイル、YAML、XMLの設定ファイルやDockerファイルを操作し、ソースコードリポジトリから機密情報を取り除き、経験に基づいてビルド、テストにかかる時間を短縮していくという作業だ。

　マキシンは、PowerShellを開発したジェフリー・スノーバーの「bash（バッシュ）は死ぬまでひきずる病気だが、死因になる病気ではない」という言葉を思い出していた。マキシンも同じ感じを持っている。インフラは、マキシンが愛してやまない純粋関数型プログラミングの対極といえるようなぐちゃぐちゃとした仕事だ。インフラの世界では、ひとつのことをするとほとんどかならず環境内の**何か**の状態を変える副作用が起きる。そのため、ほかの部分への影響を考えずに済むような形で変更を加えるのが難しく、変更がテストしにくく、何か障害が発生したときにどこがまずいのかを診断するのが

難しい。

　しかし、マキシンはこの仕事がいかに大切かを知っており、これらの環境やCI/CDプラットフォームに自分の知識や経験を詰め込んでいけば、パーツ・アンリミテッドのすべてのエンジニアの仕事がはかどることも意識している。

　まわりを見ると、この会社でもっとも優秀なエンジニアの一部が、ほかのすべてのエンジニアの仕事をはかどらせるための仕事を進めている。マキシンは、〈これが本来あるべき姿だあわ〉と思っている。

　次の木曜までに、さまざまな制約を乗り越えてどれだけのことを達成できるかを考えるとわくわくする。しかし、マキシンには何か腑に落ちないところがある。データハブのエンジニアたちが全力で仕事をしていることは感じている。彼らの仕事っぷりはすばらしいものであり、反転プロジェクトが機能に関する仕事を禁止していることももちろんわかっている。しかし、どうしたものか、無視して通るわけにはいかない緊急性の高い機能の仕事が次々に出てくるのだ。

　マキシンは、不思議に思ってトムに何が起きているのかを尋ねた。

　「技術的には、まだとりかかれる機能の仕事はないはずだから、変な感じでしょ。嘘みたいだけど、こうやって出てくる機能は、商品管理の作業待ちで止まっていたものでね。プログラム化するためには明確にしなければならない部分が残ってる顧客からの要望、ワイヤーフレームに関する疑問[訳注6]、複数の選択肢の間での選択、優先順位といった理由で作業が中断してたやつなんですよ。ボタンをどこに置くかみたいなごくささいな問題から、こちらで作った機能のデモに商品開発が欠席するという大きな問題までいろいろあってね。連中はこっちがボトルネックだと思ってるけどさ、こっちこそいつも連中に待たされてんだよね」そう言ってトムは笑った。

　マキシンは、「実際のところを見せてもらえる？」と言った。トムの説明から感じられることはどれもろくでもないことだったが、プロダクトマネージャーがデモに出てこないというところでマキシンの堪忍袋の緒が切れた。作ってくれと言われたものを作ってくれたエンジニアに対してなんと失礼な態度なのだろうか。

訳注6: ウェブページのレイアウトを示した図。

トムは、マキシンが今まで使ったことがないツールを引っ張り出してきた。プロダクトマネージャーが顧客から得たアイデアを管理するためのツールである。顧客が通る理想的な道筋、価値仮説、実験の管理といったことができる。

　マキシンが「この青いカードは何？」と尋ねると、トムが答えた。

　「いいところに目をつけるなあ。そこここが問題のある部分でね、どれもこっちで仕事を進めたけど、商品管理からのアクションが必要なために足止めを食らってるところですよ。理由はさっき言ったようなことだけど。ああ、それからこっちに黄色いカードがついてるものがあるけど、これはこっちでは完成させたものの、ビジネスサイドのステークホルダーがまだ承認してないもの。これなんか40日もこの状態のままですよ」

　マキシンは怒りで顔が真っ赤になるのを感じた。商品管理は、早く新機能を世に問わなければ意味がないと文句を言ってくる。でも、この青や黄色のカードは、開発ではなく商品管理が障害になっていることを示している。マキシンは〈商品管理に責任のある態度を取らせるためにはどうすればいいかしら。ここはカートの出番だわ〉と思った。

　10分後、カートがやって来て青いカードの海を見つめて言った。「わかった。これはよくないね。でもいい考えがあるよ。それはそうと、サラが大きなデザイン会社と契約して、この会社からほかのチームの一部にワイヤーフレームがどっさり送られてるらしいよ。まあそういうのは放置されたままになるんだろうけどね。で、開発マネージャーたちがワイヤーフレームを送ってくるのを止めてくれってどんなに言っても、止めてくれないんだって。知ってた？」

　マキシンが理由を尋ねるとカートが答えた。

　「たぶん、サラは自分が作りたいアプリはこうだって言いたかったんじゃないの。でもさ、デザイナーがうちみたいなクライアントに来て一番やりたくないのはワイヤーフレームだろ。笑っちゃうじゃん。デザイナーはうちの顧客について知りたいと思い、うちで使ってるペルソナで目標をもっと明確にするために何度かセッションをしたらしいよ。**うち**の方でワイヤーフレームを描くセッションまであったんだってさ」カートは笑いながら答えた。

　デザイナーと仕事をするのはマキシンにとって魅力的な話だった。マキシンがこの仕事を始めた頃、^{訳注7}UXとデザイナーの人数に対するプログラマーの

人数は 1:70 だった。しかし最近、コンシューマー向けのシステムを手掛けている優れたチームは、比率を 1:6 まで上げている。気に入ってもらえるシステムを作るためには、デザインがそれだけ重要だということだ。今どきの消費者は、プロが作ったアプリはどういうものかをよく知っている。優れたデザイナーがついていないアプリは、"エンタープライジー"訳注8だとバカにされることが多い。

チームのなかにはデザイナーが割り当てられるのをまだ待っているところがあり、そういうチームでは、ただ機能が動くようにするために、自分でワイヤーフレーム、HTML訳注9、CSS訳注10さらにはアイコンを自力で作っている。こういうチームのプロジェクトは、他人に見せるのがためらわれるような代物になる。

サラが優秀なデザイナーをたくさん使えるようにしてくれたのはいい話だ。しかし、デザイナーが不要なところに彼らを配置し、どうでもよいことのために開発チームのバックログをあふれさせて重要な開発作業を送らせているのは困ったものだ。

「青いカード」が示す問題

その夜、夕食後に家族といっしょに犬のワッフルズと遊んでから、マキシンはラップトップを開いた。昼間にトムに見せてもらった青いカードの海にちょっと引っかかるところがあったので、詳しく調べようと思ったのである。

青いカードの海は、プロダクトマネージャーたちがアイデアを煮詰めていってビジネス上の成果を生み出すために使っているツールに含まれている。これは、開発部のチケットシステムに機能が入ってくるよりもずっと前にスタートするプロセスだ。トムに教わった ID、パスワードでツールにログインした。このツールをじっくり見ると、アイデアが最初に生まれ、ブレインストーミングされて、その他さまざまな段階を経て、開発することが認めら

訳注 7: ユーザーエクスペリエンスのこと。システムを使ったユーザーが感じるすべてのことを表します。
訳注 8: enterprise は (大) 企業のことで、エンタープライジーはそれっぽいということ。痒いところに全然手が届かない感じを意味します。
訳注 9: ウェブページのレイアウトを定義する言語。
訳注 10: ウェブページの表示を細かく制御するための言語で HTML と組み合わせて使われます。

れた機能になる過程がわかる。

　マキシンは、トムといっしょに取り組んだ最初の機能である拡張保証プランを探した。見つかったものを見て、マキシンは愕然とした。この機能についての議論が初めて行われたのは約2年前だった。最初は小さな機能だったが、次第にもっと大きな保証プログラムになり、運営委員会の議題になった。承認を受けると、担当者たちは詳細仕様を書き、それが6か月後に提出された。この案が2度目の承認を受けて予算が配分されたのはそれからだ。

　このアイデアは、マーケティングとプロジェクトマネジメントの間で2年間も行ったり来たりしていたのに、突然優先順位がきわめて高い機能にのし上がり、年末までにリリースしなければならなくなったのだ。

　〈それだけ重要なものなのに、2年近くも浪費したのか〉と思うとマキシンは愕然とした。本来なら、このアイデアにはプログラマーを含むチームをつけ、アイデアの可能性を探りながら、同時にソリューションも構築すべきだ。ひとりのプロダクトマネージャーがこの仕事にかかりきりになるのではなく、5人で仕事をすればよかった。そうすれば、時間を無駄にせずに学ぶことができたはずだ。

　マキシンは、2年前に書かれた仕様書が今どの程度古臭くなっているのだろうかと考えてしまった。

　マキシンは開発とQAのチケットシステムを立ち上げ、いくつかの日付をスプレッドシートにコピペした。日付変換と日付計算の正しい方法を思い出しながら、グーグル検索に10分近く使った。

　マキシンは画面を見てびっくりした。複数の異なる公式を使ってみたが、答えの数値は同じだった。

　マキシンはカートにショートメッセージを送った。

明日ミーティングを設定してください。見せたいものがあります。

　会議室には、マキシンのほか、カート、トム、キルステンがいる。そして、スクリーンにはマキシンのラップトップのディスプレイの内容が表示されている。見ている全員が信じられない思いでいるが、マキシンもその気持ちは100％わかる。マキシンは一晩中この数値について考えていたのだ。

しばらくしてカートが「これは本当に本当なの？」と口火を切った。

マキシンが「残念ながらそうなのよ」と答えた。カートはキルステンの方を見た。彼女はまだ数値をじっと見つめていた。

キルステンはやっと「機能のために開発が使った時間は、コンセプトが生まれてから顧客に届けられるまでにかかった時間のうちのたった 2.5% だってのは本当に本当なの？」と言ったが、信じられないという気持ちは声にありありと出ていた。キルステンは立ち上がり、大きなテレビ画面の方に歩き、スプレッドシートをもっとしっかりと確かめていた。

マキシンが答えた。「開発に届くずっと前に、機能のリクエストは予算承認プロセスを通過しなければなりません。これは 1 年以上かかることがたびたびあります。そして、機能が作られても、すぐに仕事に使われるわけではありません。プロダクトマネージャーが質問に答えるのを待つことになります。ここでまた官僚主義の出番がやってきます。開発チームは、プロダクトマネージャーから必要な回答をもらうまで長過ぎる待ち時間を過ごします。

そしてやっと機能が完成すると、QA とデプロイを待つことになります。これはひどいものです。この間、プログラマーを採用して増やしてますが、すぐに取り掛かれる仕事はないことがよくあります。そして機能が完成したとしても、本番環境にデプロイされ、お客様が使えるようになるまで永遠に近い時間が必要になります。そして、私たちがもらうフィードバックは、多くの場合、年に 1 度のフォーカスグループだけです。

うちには速いバリューストリームがありません。あるのは汚いものがいっぱい浮き、マラリアの感染源となる淀んだバリューポンド（流れではなく水溜り）です」

カートが「マギーを呼ぼう」と言った。

その日の午後、マギーは見事な解決方法を用意してきた。月曜以降、データハブのプロダクトマネージャーをマーケティングの建屋からマキシンの横の席に移すというのである。

会議室でマギーがそのプロダクトマネージャーに言い渡した。「あなたがボトルネックになってるのよ。これからは、IT チームの質問にすぐに答えることを最優先にしなさい。決してほかの仕事をそれよりも優先させること

がないように」

　彼はすぐには応じず、ほかにしなければならない仕事を並べ立てた。顧客との対話、交渉を通じた営業の支援と営業の悪習の打破、役員に対するブリーフィング、事業運営との作業、ビジネスステークホルダーとの商品ロードマップについての合意形成、緊急課題の承認を得るための上層部との交渉といったものだ。そして、プログラマーからの質問への回答は、優先事項リストのずっと下の方だと言った。

　マキシンは、面白いと思いながら彼の話を聞いていた。さまざまな方向から引っ張られていると、人は何もできないものだ。マギーも、うなずいたり、ときどき質問を挟んだりしながら、その長い話を辛抱強く聞いていた。

　彼の話が終わると、マギーが言った。「忙しすぎてITチームの相手なんかしてられないってことなら、あなたを純粋な商品マーケティングの仕事に異動させるわよ。そうすれば、デスクを動かす必要はないわ。私は、うちにとってもっとも重要なビジネス目標を達成するシステムを作ってくれるチームと仕事してくれるプロダクトマネージャーが今すぐ必要なの。まだプロダクトマネージャーでいたいと言うなら、あなたがやってるっていうその他諸々の仕事をはっきりさせて、ほかの誰かにそれを任せるわ。今すぐ答えないで。よく考えて月曜の朝一番で答えて」

　マキシンはすごいなと思った。〈マギーはちゃんと話を聞いてるわ〉

　月曜の昼までに、プロダクトマネージャーはマキシンの横に自分のデスクを持ってきた。動線はすぐに変わった。チケットを待たずに答えが返ってくるようになった。エンジニアたちは椅子を回すだけでプロダクトマネージャーに質問できる。今まで何日もかかっていたことが、数分で解決するようになった。しかも、エンジニアたちは今までよりもずっとよくビジネスドメインを理解するようになった。

　マキシンは満足している。さまざまなチームを集めたチームは成長を続け、いい感じになっている。

From: アラン・ペレス（経営パートナー、ウェイン - ヨコハマ・エクイティパートナーズ）
To: ディック・ランドリー (CFO), サラ・モールトン（リテール営業担当 SVP）
Cc: スティーブ・マスターズ (CEO), ボブ・ストラウス（取締役会議長）
Date: 7:45 p.m., November 5
Subject: 戦略的オプション

ディック、サラ

　次のミーティングでは、うちで以前使ったことのある投資銀行の方に、パーツ・アンリミテッドのリテールと製造について市場がどのように見ているかをブリーフィングしてもらえるよう頼んであります。そのときに、投資銀行にフェニックスについての考えを聞かせてもらおうと思っていますので、そちらでフェニックスのコンセプトを説明していただけるでしょうか。

　これは、近日に迫ったホリデーセールでの業績の重要性から、投資銀行にはもっとあとではなく今のうちに我が社を紹介しておいた方が好都合だと思ったからです。大きな問題が起きる前に推定評価額を固めておきましょう（銀行は本当に必要なときには話ができません。銀行は危ないところには敏感です）。

よろしくお願いします。
アラン

新たな世界へ

　木曜の午後 6 時半、マキシンは拡張データハブチーム全員とともに会議室にいた。全員がデータハブサービスのテスト、本番環境の健全性を示す本番テレメトリー（遠隔測定指標）とダッシュボードが表示されている大きなスクリーンを見ている。マキシンはみんなが自分と同じように息を殺しているのを感じている。

　データハブチームは何週間か前にテスト環境へのデプロイを済ませていたが、本番環境へのデプロイを開始する自信が持てたのはそのあとだ。そして、本番環境にデプロイするためには、会社のほぼすべての部門との調整に数日間が必要になる。本番環境へのプッシュは、営業時間が終了し、社内のビジネスユーザーが帰宅したあと、深夜に無数の社内バッチジョブが実行される前に行われることになった。

　それまでの 2 日間は、毎日同じ時刻にテストとして本番環境に "空白変更" をプッシュしてきた。HTML ファイルや設定ファイルの末尾に空行を追加したのである。この変更は、理論的には何も変えていないはずだ。

　もちろん、現実は理論よりもずっとずっと複雑だ。空白変更は、"想像の世界" と "実際の世界" の激しい衝突だった。初日には、彼らはコンテナイメージにいくつかの重要なファイルをうっかり入れ忘れたことに気づいた。これのために、データハブは 30 分近くつながらなくなった。3 時間後、粘り強い調査の結果、彼らは何も壊すことなく、空白変更のデプロイに成功した。

　翌日、彼らは空白変更の 2 度目のデプロイに挑戦したが、まったく何も起きなかった。その日の早い時間に彼らが加えた設定ミスがパイプライン全体を壊していたことがわかるまで 1 時間かかった。このようにデプロイはぐちゃぐちゃしていて不完全なものだったが、これらの問題をすばやく解決できたことから、マキシンには正しい方向に向かっているという自信があっ

た。

　そして今日、トムとブレントは、データハブアプリケーションのコードを
初めて本番環境にプッシュしようとしている。

本番環境へのデプロイ

　トムが「いいですか。それでは始めます。デプロイ開始！」と言ってボタ
ンをクリックした。CI/CD（継続的インテグレーション / 継続的デプロイ）
パイプラインページにデプロイが始まったことを示す複数のボックスが新し
く表示された。みんな息を殺してログがスクロールし始めるところを見てい
る。

　それからの 10 分間、テスト実行、テスト合格、本番システムへのファイ
ルのコピー、データハブの再起動の通知が表示され、データハブの起動にと
もなうログメッセージが表示されたが、突然ログメッセージが止まった。

　画面前方のデータハブの健全性を表す大きな丸が緑から赤に変わり、赤く
なったままになった。

　トムが「うわ、起動のところでクラッシュしちゃったよ」と言い、あわて
てターミナルウィンドウへのタイピングを始めた。

　みんなが悔しがるなか、マキシンはトムのラップトップを見て何が問題を
起こしたのかをいっしょに探そうとした。終わりがないように見える Java
のスタックトレースをトムがスクロールするのを見ながら、データハブがク
ラッシュした手がかりを探そうとした。トムは「何かの例外のキャッチミス
かなあ、でも手がかりになるようなエラーメッセージがないなあ」などとぶ
つぶつ言っている。

　シャノンがテーブルの反対側で声を上げた。「みんな、データベースへの
生きた接続が見つかんないんだけど」

　ブレントが真っ青になって「しまった、ぼくがデータベース接続文字列の
変更を忘れたのかも」と言った。

　ブレントは天を仰いだが、マキシンは穏やかに尋ねた。「ブレント、いい
仮説よ。あなたが考えてるのは何のことなの？　どうすればあなたのアイデ
アを試せるかしら？」

　ブレントはトランスから戻ってきたかのようにマキシンの方に向き直っ

た。「データベース接続文字列がどこに格納されていたか思い出せないんだ。環境変数だっけ、設定ファイルだっけ、誰かわからないかな？」

パーナが「環境変数よ、今、設定されてる場所をチャットルームにペーストしたわ」と言った。チームは躍動感にあふれていた。

長い長い20分が過ぎ、必要な修正が加えられ、データハブは再び動き出した。全員が安堵の息をついた。ブロックされていたトランザクションが全部処理され、すべてが緑に戻った。トムが口を開いた。「よし、ほかにも2か所環境変数の設定が抜けてたところが見つかったけど、全部ソースコントロールに入れた。今度こそうまくいくはずだ。もう1度試してみるよ、いいかな？」さっきほどの自信はなかったが、全員が親指を立てた。

彼らは再びデータハブのデプロイ開始を見つめた。テスト環境でテストが実行され、ファイルが本番サーバーにプッシュされる。データハブが停止され、新しいファイルがサーバーにコピーされる。データハブが実行を再開する。起動メッセージがスクロールし始める。

さっき止まった場所は、0.5秒ほど立ち止まっただけで、目にも留まらぬ速さでログメッセージがスクロールしていった。トムは歓声を上げたが、画面からは目を離さない。データハブが再び正しくリクエストを処理するようになるまで、まだ山はたくさんある。

しばらくすると、データハブの横の赤いインジケーターが緑に変わった。何人かが拍手したが、ほとんどの人々はまだ喜ぶのは早いことを知っており、すぐに本番テレメトリーに目を移した。マキシンはログメッセージのスクロールがだんだん遅くなり止まるのを見た。そして、本番システムの処理グラフが再び上がり始めた。

部屋中の全員が歓声を上げ、拍手した。いや、正確に言えばほぼ全員だ。ブレントだけは最初のデータベース接続エラーのことで自分に腹を立てているように見えた。

トムが宣言した。「データハブが再びトランザクションの処理を始めました。デプロイ成功です」トムは満面の笑顔でみんなの顔を見た。「ドックサイドで祝杯を上げたい人！」

祝杯と課題

カートが満面の笑顔で言った。「みんなが集まったので、みなさん全員とそのすばらしい仕事に乾杯することにしましょう。みなさんはある非常に重要な人物に注目されていました。今日はその方がここに来てくださっています」

キルステンがグラスを掲げた。「みなさん、おめでとうございます。みなさんは私のチームのプロジェクトマネージャーなしでこの偉業を達成しました。これはさらにすばらしいことです」

誰もが歓声を上げて笑った。ブレントでさえ、今は笑顔になっていた。

カートがこちらに向かっている誰かに向かってグラスを掲げながら、「おっと、絶好のタイミング」と言った。

振り返ったマキシンは、その人を見てびっくりした。

マギー・リーだ。ドックサイドに来る客がどんどん一流どころになっていく。カートがにっこり笑って言った。「もっとも新しい VIP のお出ましです」

マギーはマキシンの隣に座って「みなさん、こんにちは。データハブのコードプッシュの成功を祝う会に参加できて光栄です」と言った。

カートがマギーにデータハブチームのメンバー全員を紹介すると、マギーは立ち上がって自己紹介をしてから言った。「みなさんがデータハブで実現したことは本当にすばらしいことです。うちのプロダクトマネージャーたちは、みなさんが新しいセット商品をすぐ作れるようにするために尽力してくださったことをとても喜んでいます。私たちはお客様のことをよく知ってますから、その知識を活用してお客様の問題解決に役立てたいと思ってます。私たちがしっかりと仕事をすれば、当然これは収益目標の達成につながります。お約束します。まもなくやってくるサンクスギビングとクリスマスの商戦がいかに大事かは言うまでもないでしょう。

私たちを支援するためにがんばっていただき本当にありがとうございます。みなさんと仕事をするのが本当に楽しみです。みなさんがなさってる仕事は重要であり、この会社が生き残ってくために必要不可欠なものだと考えてます」

マギーはグラスを掲げ、全員が拍手喝采した。

マギーは座ってからも、ピッチャーとワイングラス越しにマーケティングの苦闘の話をデータハブチームに披露していた。そのなかにはマキシンが驚き、心配になるような内容も含まれていた。彼らが実現したのは、ふたつのSoRとの統合だけだが、これから商品、価格、販促、購買など20近くのAPI統合が待っている。

　マーケティングは、より効果的な商品を作るためにデータサイエンティストを採用したが、データウェアハウスチームがさまざまなシステムから集めた購入履歴、カーサービスの履歴、顧客ロイヤリティプログラムといったものを作るのを待っている。重役が取締役会でのプレゼンで使うデータを要求してきた場合でもない限り、もっとも単純なデータリクエストでも、データウェアハウスの開発、QAプロセスを通過するために6か月はかかる。そして、ブレントが明らかにしたように、データウェアハウスが取ってきたデータは、形式がおかしかったり、読めなかったり、不完全だったり、ひどい場合には不正確だったりする。

　マギーたちのチームが苦情を言っても、データウェアハウスのマネージャーは、自分たちが与えられたデータリクエストを納期通りに処理していることを示すグラフをメールで送ってくる。しかし、納期に間に合っているように見えるのは、人々が諦めてデータウェアハウスに何も要求しなくなっているからだ。

　カートは、目の前にある課題がどのようなものかが明らかになると、マキシンに向かって言った。「マギーはすでに販促活動のサポートのために多数の開発チームを確保しているけど、支援が必要なのは明らかだ。今までに聞いたことから考えて、最高の結果を生み出そうと思ったら誰を連れて行こうと思うかな」

　カートはテーブルのまわりのみんなの方をちらりと見て話を続けた。「このなかではあなたが選りすぐりのなかの選りすぐりだ。データハブの開発、QAチーム、もとい反乱軍のなかから誰でも連れてっていいよ」

　マキシンはふふんと笑って「カート、何言ってんのよ」と答えたが、社内で選りすぐりのエンジニアたちを見て、動物愛護協会の子犬たちが入れられたバスケットを連想しないように苦労した。^{訳注1}

　マキシンは、頭のなかのリストをチェックしながら言った。「アーキテクチャーの心得があって、こんがらがったコンポーネントのデカップリングの

経験がある人が必要ね。それから、一元管理の巨大なフェニックスデータベースや今出てきた SoR への依存度をたぶん下げなきゃなんないので、データベースのことをとてもよく知っている人が必要だわ。それと、新しいデプロイと運用モデルをサポートする本格的なインフラのスキルの持ち主も必要ね。で、今回も自分たちで本番実行するようになるだろうから、セキュリティー運用の卓越したスキルの持ち主が必要だわ」

マキシンは少し考えてから言った。「開発とアーキテクチャーで"クランキー"デーブ、アダム、パーナ、データベース、インフラ、運用でドウェインとブレント、セキュリティーデータでシャノンね」

マキシンが名前を言うと、彼らは笑顔になって立ち上がった。マキシンは、さらにドウェインとブレントに向かって言った。「インフラとデータベースではあと 2、3 人必要だと思うわ。たぶんクラウドでいろいろと新しい物を使うことになるはずだから。心当たりの人はいるかしら?」

ドウェインとブレントは顔を見合わせた。そして、ドウェインが笑顔になって答えた。「優れたエンジニア数名のリストを用意するよ」

マキシンはカートに言った。「私は販促担当のプログラマーには会ったことがなく、スキルレベルもわからないわ。でも、サンクスギビングに間に合うように結果を出さなきゃならないなら、すぐにコードの仕事に入らなきゃいけないし、販促チームの仕事がはかどるようにしなきゃいけない。私たちが作ったプラットフォームを彼らにも使ってもらうか、彼らが必要とするものを私たちで作るか買うかしなきゃいけない」

マキシンはトムに言った。「販促チームと一体化するために、プログラマーを 3、4 人連れていきたいわ。トム、選んでくれる?」

トムがうなずくと、今度はカートに言った。「これで 12 人になるわ。でも、私たちが戦力を奪ってくことを上司たちにどうやって納得してもらうの? 誰だって自分の最高の戦力を手放したいとは思わないでしょう」

カートはマギーに向かって言った。「あなたの目標を達成するためには、上層部にすばやく大胆な投資が必要だと思ってもらわなきゃなりません。見

訳注 1: 「選りすぐり」の原語は『pick of the litter』ですが、このタイトルの盲導犬のドキュメンタリー映画があり、同じ母親から生まれた子犬たち（litter にはそういう意味もあります。litter の意味としてもっともよく知られているのは「ゴミ」ですが、pick of the litter というと逆に選りすぐりという意味になります）を入れられたバスケットが出てきます。

込みはありますか?」

　マギーが急に信じられないという様子になって言った。「ちょっと待って。私のためにそれだけのことをするつもりなの? 何のためにそんなことをするの?」

　カートが笑って言った。「あなたの前にいるのは、ビジネスにとって本当に大切な大きな問題を解決したいと思う異端派のエンジニアたちなんです。正規のルートを通じて志を果たそうとしてもうまくいきませんでした。ITの中間管理職ではなく、会社の上層部と直接手を組めるのは私たちにとってチャンスなんです。成功すれば、私たちは信頼を獲得できます。あなたがこういった新しい仕事のしかたを支持して認めてくだされば、私たちは感謝します」

　それからちょっと肩をすくめて言った。「認めていただけなければ、私たちは何ごともなかったという素振りに徹して、二度とあなたを困らせるようなことはしません」

　マギーは少し考えてから言った。「取引成立よ。で、いい話があるわ。この件で私は誰の許可ももらう必要はないの。自分で決められるのよ。サラはもうこっちの味方になってる。この会社が生き残れるかどうかは、これにかかってると私は思ってるわよ」

　マギーはちょうどそのタイミングでスマホを見た。「ちょっと待ってて、サラからだわ」と言って返事を書いた。「データハブが今日一度落ちたでしょ。あれで誰かに焚き付けられてカンカンになってるわ。何が起きてるのか、誰が問題を起こしたのか、誰かを見せしめに処罰すべきかどうかを知りたがってるわ」

　マキシンは、〈参ったな〉と思った。マギーと仕事をすると、自分たちはサラの領土に深く入り込むことになる。

非難なしのポストモーテム

　翌朝、カート、マキシン、キルステン、マギーが再びクリスの前に集まっていた。カートが一時的に販促チームの仕事のために人員を結集させることを提案すると、当然ながらクリスは嫌な顔をして言った。「カート、君は私のポストを狙ってるのか? まるで開発担当VPのようなふるまいじゃない

か」

^{訳注2}
　しかし、マギーはブラックフライデーのホリデーセールで急激に大きな成果を出して見せることと、それをサポートする開発作業の加速化の必要性と重要性を強調してクリスを説得した。キルステンも、一時的な配置換えによってほかの作業も消化できることを説明してクリスを安心させようとした。

　クリスは眉間にしわを寄せていた。前と同じようにマキシンに言った。「マキシン、君はどう思う？ 本当にこういうことが必要なのかな？」

　マキシンはクリスを研究しており、彼がフェニックス・プロジェクトのように決まったプランで進むものとは違って、絶えずプランが変わっていくものには落ち着かない気持ちになることを見抜いている。

　マキシンは、「クリス、間違いないですよ。会社のためにプログラマーを集めなけりゃならないのはここです。私たちは組織図を無視するわけにはいきませんが、それを言うなら、昨年立てた年間プランも同じです」とクリスが安心するような言い方をした。

　クリスはマキシンをもう1度見て、渋々承認を出し、今度もまた彼らをさっさとオフィスから追い払った。

　マキシンとカートは、オフィスを出るときにそれぞれ親指を立てた。

　サラが昨日のデータハブの一時的なアウテージについて犯人を差し出せと強く要求してきたが、カートはその件についてはまったく動かず、代わりに全員を会議室に集めた。

　カートはミーティングを始めるにあたってその方針を述べた。「アウテージを起こすたびに、私たちはこれと同じような非難なしのポストモーテムを開くことにしたい。このセッションの精神と目的は、記憶が失われる前に何が起きたかを記録することだ。予防のためには正直になることが必要だし、正直になるためには怖がらなくてよい空気が必要だ。ノーム・カースがアジャイルの最優先事項で言ってるように、「何が明らかになったとしても、その時点で知り得たこと、それぞれが持つスキルと能力、利用できたリソース、その場の状況から考えて、全員がそれぞれのベストを尽くしたことを理解し、信じること」が大切だと思う。

訳注 2:　アメリカのサンクスギビングデーの翌日の金曜日。

では、まずタイムラインを描いて、何が起きたかについて細部の情報を集めよう。この作業のために、マキシンがこのときの本番テレメトリーとログ、チャットルームの内容を集めてくれた。これを議論の枠組みとして使うことにしよう。目標は、この問題の近くにいた人たちに、何に気づいたか、システムをより安全にするために何ができるかを発言してもらうことだ。ルールは簡単で、『私はXをすべきではありませんでした』とか『それがわかっていれば、私はYをしていたはずです』みたいなことを言ってはいけない。後知恵ではなんとでも言えるものだ。しかし、危機に直面したときには、本当に起きてることは何かなんてわからないし、以前と同じように世界の理解が不完全であれば未来に備えることはできない」

　ここで彼はマキシンに目で合図をして、先を進めるように促した。マキシンは、今のカートの話に感心するとともに、あらかじめエリックの指導を受けてきたのかとちらっと思った。そうだとしてもうれしいことだ。しかし、人々が話すことを恐れないようにカートが苦労して方針を言ったにもかかわらず、みんなそれに応えようとはしなかった。反乱軍のメンバーでさえそうだった。恐怖と非難の文化が締め付けを強めていくなかで、マキシンは、本物の安心感—エリックの第4の理想が実現している環境でどのような行動をすべきかの模範を示す準備をしてきた。

　しかし、マキシンがそれを披露する前に、ブレントが後悔の言葉を口にしてしまった。「みなさん、本当に申し訳ありません。あれは全部ぼくが悪いんです。データベースの接続文字列を忘れてたなんて、自分でも信じられません。もうあんな間違いはしません。でも、ぼくはとても急いでたんで…」

　ブレントはこのような懺悔の告白をする機会を待ち望んでいたかのように取り乱していた。カートはブレントの肩に手を置いて言った。「ブレント、アジャイルの最優先事項の立場に戻ろうよ。誰も悪くない。その時点で知り得たことに基づき、全員がそれぞれのベストを尽くしたんだ。タイムラインを組み立てるってことに集中しようよ。マキシン、そういう風に話を進めて」

　マキシンは、ブレントにウィンクしながら「もちろんです」と言って、自分のラップトップの表示を大画面に映して言った。「タイムラインの先頭は午後6時37分にしたいと思います。これはトムがデプロイを始め、すべてのテストが成功したあと、アプリが起動できなかったときです。健全性のイ

ンジケーターが赤になり、トムが最初にそれに気づきました。トム、あなたが実際に何を見たのか説明してください」

　危機を思い出したために表情を暗くしながらトムが答えた。「デプロイツールでログがスクロールしていくのを見ていました。そして予想通りに起動メッセージが表示されたのを見た直後からエラーメッセージとスタックトレースがどっと表示されました」

　マキシンは「わかりました」と言ってメモを書いた。その内容は、部屋の前方の大画面で全員が見られるようになっていた。マキシンがさらに言った。「私はほとんどパニックになりかけていました。あれだけしっかり準備したのに、おかしなところに来ていることがはっきりしたわけですから」彼女はここで苦笑いを入れてもう一言付け加えた。「まあつまり、『あんまり怖くてうんこちびっちゃった』状態ですね」

　テーブルを囲む全員が大笑いした。そして、トムが言った。「ぼくもまったくそうでした。ぼくはスタックトレースを何十年も見てきましたが、デプロイツールであんなのを見たのは初めてでした。ウィンドウのスクロールを止められなかったので、内容を読む時間はありませんでしたが」

　トムはとても穏やかで、ログの意味を理解することではとても優秀に見えたので、マキシンは特に疑問を感じなかった。トムが「ぼくはこの新しいツールのログの見方を練習しておくべきだったと思います」と言ったとき、マキシンはそれをそのままタイピングしていた。

　カートが答えた。「その気持ちはよくわかる。自分もあそこにいたわけだからね。でも、そういう捉え方をしちゃいけないな。いいかい、今こういうミーティングをしてるのは、次に危機が発生したときに今回よりもいい対応ができるように準備しておくためだ。そのときも、同じように重要なまったく新しいものに対してぼくたちは今回と同じように無知だろうし、後知恵では同じように自明なことにひっかかるわけだ。…でも、トム、いい材料を提供してくれたと思うよ。話を続けよう。次は何が起きたっけ？」

　それからの1時間で、マキシンたちは、実際に起きたことについて驚くほど詳細でいきいきとしたタイムラインを作り上げた。マキシンは、自分たちの日常業務にさまざまな欠陥や危険がこれだけ潜んでいるのに、本番環境でシステムが実行できていることに改めて驚いた。ログファイルのスクロー

ルは速すぎて読めないし、設定はあちこちにばらまかれていて、エラーを起こす可能性がある場所はありとあらゆるところに隠れている。マキシンは、〈それを考えると、データハブがほぼ10年以上大したインシデントなしで動いてきたのはすごいことね〉と思った。

マキシンは、データハブが実際にどのように動いているかについて全員が何かしら学んだことは間違いないと思った。このように動いているのだろうと**思っていた**メンタルモデルとの間には大きな違いがあるということだ。マキシンは、将来のアウテージの予防やある種の問題のより早い解決のために今すぐ変えるべき5項目のリストを記録に残した。

ミーティングを締めくくろうというところで、マキシンはカートに笑顔で「ミーティングの進行、お見事でしたね」と言った。このミーティングは、エリックが第3、第4の理想として語った日常業務の改善と心理的安全性が得られる文化の育成の完璧なお手本だ。

マキシンは、ミーティングの経験から、心理的安全性を実現する条件がいかに薄弱ではかないものかを強く感じるようになった。心理的安全性は、リーダー、同僚の行動、雰囲気、自尊心、過去から引きずっている心の傷といったものによって左右される。〈これらすべてを乗り越えて心理的安全性を実現できるとすれば、それはとてもすごいことだ〉と彼女は思った。

ボトルネック

カート、マキシン、その他新しく選抜されたチームのメンバーは、その日のうちにマギー、販促チームのリーダーたちとミーティングを行った。

それぞれの自己紹介で、マキシンは、もともとの販促チームに属する20人の大半がフロントエンドプログラマーだということに注目した。彼らはモバイルアプリ、eコマースサイトの商品ページ、店舗用アプリ、その他マーケティングスタッフが販促活動のライフサイクルを管理するために使うあらゆるアプリケーションを担当している。

マギーがプレゼンを始めた。「カート、マキシンをはじめとするデータハブチームのエンジニアのみなさん、私たちにとって死活的に必要な短期的成功の達成のために、志願して支援に駆けつけていただきありがとうございます。このチームが結成された理由であるビジネス目標を大づかみに理解して

いただくためにスライドを何枚か作ってきました。

　我が社の市場シェアは下降線をたどってますが、それは主として我が社がeコマース市場で大きなプレゼンスを示せてないからです。eコマースは、広くさまざまな市場を見てももっとも急成長を遂げてる部分ですが、ここで私たちは競合他社やeコマースの巨大企業にシェアを奪われ続けてます。私たちにはきわめてロイヤリティの高い顧客を抱えてるという強みがありますが、顧客の平均年齢がどんどん上がってきてるという弱点を抱えてます。ウーバーやリフトといったライドシェアの成長により、そもそも自動車を所有すること自体がはやらなくなってきてますが、競合他社は、若い顧客層というリアルな市場セグメントを獲得してます。そして、運転してるのは誰かということで大きな変化が起きてても、年間の車による移動距離数は成長を続けてます。自動車のメンテナンスの需要は、縮小ではなく拡大してるのです。

　私たちを選んでくださるお客様たちについては、何を買われてるか、その頻度はどれくらいかがわかってます。そこで、私たちは販促活動の活性化のために、パーソナライゼーションを実現し、現在の在庫を把握することに力を注いでます。つい最近まで、私たちはこの情報を使ってお客様に見逃せないご提案をすることができませんでした。

　顧客調査から、私たちのコアマーケットの人々はスマホアプリを多用してることがわかってます。（スライドを指しながら）この方は、市場調査の一部としてインタビューしたトーマスというお客様です。52歳の公立学校の先生で、何十年も前からご自身の車のメンテナンスは自分でなさってます。メンテは、かつてお父様とともにされたことであり、今は10代のお嬢様、ご子息様とされてることです。お子様たちには理工系の勉強に集中してもらいたいと思いつつ、機械の基本を理解し、独立独歩の精神を学ぶために自動車のメンテナンスを手伝ってもらうことにこだわりをお持ちです。

　トーマス様は奥様の車もメンテナンスし、時間があればご両親の車のメンテナンスもなさいます。ご自身ではあまりハイテクが得意だとは思っておられませんが、ご自宅には6台のコンピューターがあり、家族全員のためにメンテナンスをなさってます。

　今はスパイラルノートとこのようなファイルフォルダーを使ってメンテナンスしている車の記録をつけてます。しょっちゅうスマホを使ってて、その

主目的はメッセージングですが、アマゾンにもアクセスしてます。メンテナンスルーチンをもっと体系化したいという気持ちがおありです。パーツ・アンリミテッドの商品は気に入っていただいてますが、部品を見るときには店に電話をしなくて済むアプリを使うとおっしゃってます。店舗の人々は気に入っているし、多くは名前も知ってるけれど、人間につないでもらうためにどのボタンを押さなきゃならないかをじっと聞いてなければならない我が社の自動電話システムは嫌だそうです」

　ここでマキシンは笑った。誰だってそんなことは嫌だ。

　マギーのプレゼンは続く。「サンクスギビングとクリスマスの商戦では、過剰在庫を見つけ、それとパーソナライゼーションデータを組み合わせて、魅力的な販促商品を作り、ｅコマースサイト、メール、モバイルアプリで販売したいと思ってます。この販促活動を通じて収益を大幅に拡大させるとともに、アプリの平均利用数を上げて、お客様がいいと思うものを作ってることを証明したいのです。

　フェニックスチームは、すでにこのデータが格納されてるすべてのシステムに対するすべての必要なインタフェースを特定してます。顧客および注文データベース、ＰＯＳトランザクション、フルフィルメントシステム、ｅコマースウェブサイト、マーケティングチームの広告キャンペーンデータなどです。

　もっとも重要なデータソースのひとつが各店舗の在庫システムです。私たちは過剰在庫の商品の販売促進をしたいわけで、その地域ですぐに入手できない商品を販促にかけないように注意しなきゃいけません。

　我が社は数年前についに顧客関係管理システム、いわゆるＣＲＭシステムを立ち上げましたが、昨夜説明したように、お客様の車が何で、人口統計学情報がどうなってるかといったお客様についてのデータと私たちが持ってるその他の膨大なデータをつなげるのは非常に大変です。

　何を実現したいかはおわかりいただけたのではないでしょうか。お客様の全貌を１か所で見られればということなんです。ファネルの上部、ファネルの下部、我が社との関係の完全な履歴情報。お客様が何を購入したかだけでなく、私たちのサイトでお客様が何をしたか、何をブラウズしたか、何をサーチしたか、クレジットカードでの取引は何か、修理の履歴はどうなってるか…。可能性は大きく広がってます。

この情報を全部組み合わせることができれば、お客様が何を必要とされてるかについて多くのことを知ることができ、今までよりもずっとよくお客様のお役に立てるようになります」マギーはどうしてもほしいという様子で一気に話した。

　マキシンはなるほどと思ってうなずいた。マギーはさらに続けた。「今まで組み合わせることができたごくわずかなデータを分析しただけでも、その行動からお客様のプロフィールはある程度描けてます。私たちが今まで作ったお客様の典型的なタイプとしては、レースマニア、節約的メンテナー、几帳面メンテナー、手遅れになりがちなメンテナー、陽気な趣味人などです。

　今、私たちが重点を置いてるのは几帳面メンテナーと手遅れになりがちなメンテナーです。私たちが考えてるようなキャンペーンでお買い上げいただける可能性が高い人々はこのグループの人々だからです。几帳面メンテナーの方々は、オイル交換関連商品のようなものをほぼ毎月お買い上げになります。一方、手遅れになりがちなメンテナーの方々の購入履歴を見ると、さしあたりの目的を達成するためにということでひと押しすると、高めの工具やエンジン部品をお買い上げになる傾向があります。

　この画面には、私たちが立てたさまざまな仮説が詰め込まれてます。こういった顧客セグメントで大きな成功が見込まれる商品の提示のしかたということです。また、完全に逃げられてしまうリスクを抱えた顧客セグメントの属性もまとめてあります。問題は、こういったアイデアを実行に移すために数か月もかかってしまうことです。何かをしようとすると、フェニックス全体の無数の箇所を変更しなければならなくなります。フェニックスの話が始まってから3年になりますが、まだターゲットプロモーションを1度も打てたことがありません。実験ができなければ、学ぶこともできません」

　マキシンは驚いて尋ねた。「こういったプロモーションのアイデアをまだひとつも試せてないんですか？　どうしてそんなことになるんでしょうか」

　すると部屋のあちこちで販促チームからの不満の声が上がった。そうできない理由を言っているのだ。

　あるプログラマーは「まだそういったバックエンドシステムにアクセスできるようになるのを待ってるんですよ。アクセスできるのは在庫管理システムだけなんです。TOFU、つまりファネル上部のデータはあるんですが、BOFU、ファネル下部の顧客の生涯価値についての情報が必要なんです」と

言った。

　別のプログラマーは「インテグレーションチームが新しいインテグレーションを作るまで6か月から9か月もかかるんです」と言った。

　第3のプログラマーは「在庫管理システムにクエリーを送っても、CPUの負荷がどうとかコピーするデータの量が多いとかで要求が止められることが多いんです」と言った。

　「多くのバックエンドシステムのAPIは、こちらで必要なデータを渡してくれません。必要なAPI変更が実装されるまで何か月も待たなければなりませんでした」

　「データウェアハウスチームのレポートはいつも間違ってるので、まだ正しいデータが来るのを待ってるんですよ。前回は、郵便番号のフィールドに人の名前の姓の方が入ってました」

　「うちのために新しいデータベースインスタンスが作られるのをまだ待ってるんです」

　販促チームには20人のプログラマーがいて、フェニックスの多くの約束を実現できるすばらしいアイデアがたくさんあるのに、それらはみなバックエンドシステムがボトルネックになって実現できていない。

　マキシンは、自分たちなら状況を打開できることをすぐに確信した。その一方で、仕事を完成させられなかった販促チームのプログラマーたちがいかに無念な思いをしてきたかを考えると愕然とした。

　マキシンをはじめとするデータハブチームのエンジニアたちは、にっこり笑って互いの顔を見てうなずきあった。これを見て、カートは笑顔で体の前で手を組んで「お力になれると思います」と言った。

　90分近くに渡って活発に議論を交わし、ブレインストーミングしてミーティングは散会した。マギーはカートとマキシンをそばに呼び寄せて言った。「本当にすばらしいミーティングだったわ。ずっとなんとかしてくれって言い続けてきたけど、こんな風に話が噛み合ったのは初めてよ」

　カートが答えた。「いやいや、我々はまだ何もしてませんから。でも、来週末までには、前進したといえるようなものを作りますよ」

　マキシンもきっぱりと首を縦に振った。それからしばらくマギーの顔を見ていたが、思い切って昨晩から尋ねたいと思っていた疑問をぶつけてみた。「優れた商品を組み立てるために必要なものは何でしょうか？　私たちプログ

ラマーはどのような形でお力になれるのでしょうか？」

マギーが言った。「どこから始めるかってこと？　普通はお客様がどういう人かってことを理解することね。現状のお客様、理想のお客様の両方よ。次に、顧客ベースをセグメントに分割して、それぞれのセグメントがどのような問題を抱えてるかを知るわ。それがわかったら、市場の大きさ、リーチのしやすさといった条件に基づいてそれらの問題のなかでどれを解決するかを考えるわね。で、それもわかったら、価格やパッケージングを考えて、商品開発を要請するわ。それから、商品ポートフォリオ全体の収益性とか戦略的目標の達成にどれだけ貢献できるかといった戦略的な問題を考えるわね。

うちのプロダクトマネージャーたちには、この分野で生きていけるようになってもらってるわ。ほとんどすべての優れたメーカーはお客様のペルソナを作って、社員たちが商品を作ってる対象の人たちの理解を深め、共感を持てるようにしてるの。UX や人工統計学的な調査に力を入れてるのはこのためよ。こういったペルソナに目標や願望を結びつけ、ごく普通の日に彼らがどういったことで悩み、困っているかを考え、彼らが日常の仕事をどのように進めているかをはっきりさせていくわけ。その辺の作業がうまくいけば、私たちが望むビジネス上の成果という枠組みのなかでユーザーストーリーを組み立てられるわ。でも、こういった仮説はすべて市場で検証、評価しなきゃいけないの。で、絶えず学習を積み重ねていくのよ」

マギーの説明を聞いて、マキシンは「お客様を理解するためのこの飽くなき探求はすばらしいですね。第5の理想を思い出します」と言った。

マギーが怪訝そうな顔をしたので、マキシンは「それについてはいずれご説明します」と言った。

マキシンの反応を聞いてマギーは言った。「あなたがそんなにお客様に興味があるなら、うちの社員やマネージャーが全員する店舗実習に参加してみる？　2週間前にも、新任の営業マネージャーたちが全米各地から飛行機でこの本社に来て、この辺のお店で1週間の研修を受けたところよ。それはもう終わっちゃったけど、やってみたいってことなら、この土曜から新入社員研修が始まるわよ。参加してみる？」

マキシンはあっけにとられていた。彼女はずっとこの研修に参加できる人たちを羨ましく思っていたのだ。マギーがその研修に参加してみないかと言ってくれている。マキシンは「本当ですか。ぜひお願いします。この会社に

きてもう７年近くなりますが、誰も参加してみないかって言ってくれないので、ちょっと残念に思ってたところなんですよ」と答えた。

マギーが言った。「うちではプロダクトオーナーとマネージャー以上の全員にかならずこの研修を受けさせるのよ。喜んで調整するわ」

「登録お願いします！」

実習一日目

そして土曜の朝がやってきた。マキシンは洗面台の鏡の前で「こんにちは、私の名前はマキシンです。ご用を何なりとお申し付けください」の名札が曲がっていないことを確かめた。

マキシンは、ついにこの研修に参加できることになってとても興奮していた。パーツ・アンリミテッドでは、部長以上のリーダーは、全員年２回ずつ店員として前線の店舗で働かなければならないことで有名だ。お高く構えた店長のような形ではなく、レジスターの向こうやフロアに立っている普通の店員として働くのである。これは、パーツ・アンリミテッドが1914年に設立されてからずっと続いていることだ。

リビングルームでさまざまなものに寄りかかってくつろいでいる家族のみんなに「行ってきます」と言うと、車に駆け込んだ。店舗実習の初日に遅刻するわけにはいかない。マキシンは時間にうるさい人間だが、研修先の店長もそうだろうと思っている。

前の晩には、子どもたちと車のメンテナンス方法のユーチューブ動画を３時間も見た。1984年モデルのトヨタ・ターセルのオイル交換が20年前と同じだということを知ってほっとしていた。内燃機関エンジンの発明以来、オイル交換はオイル交換なのである。マキシンは、家族の車のウィンドウウォッシャー液を他人に入れてもらってお金を払うのは嫌だと言って今でも自分で入れているが、オイルやオートマフルードはもう何十年も自分では交換していない。

店に入っていくと、すぐに自分が場違いなことを感じた。若い男の子が４人、女の子がひとりいて、全員20代、それに40代の年長の男性がひとりいた。

マキシンは、自分が最初に出社した人間ではないことに若干いらだちなが

ら、人々の輪のなかに入って店長のマットと対面した。この人は前もこの店で見たことがある。30代前半くらいで、鬼軍曹といった風情だ。マットはちらりと時計を見ると、マキシンに軽く会釈した。

マットが挨拶をした。「おはようございます。私が店長のマットです。私は新入社員のみなさんのオリエンテーションのお手伝いをします。みなさんは、この店か、60マイル（約97km）圏内の4店舗のなかのどれかで働いていただくことになります。みなさんは運がいい。ここエルクハート・グローブは我が社の本社があるところなので、ちょっとしたアメニティ施設があります。ほかの千軒ほどの店舗にはそういうものはありません。

パーツ・アンリミテッドは1914年創業で、自分で自動車を整備しようとする人たちのニーズに応えるということでは随一の会社だという誇りを持ってます。金持ちや有名人のための贅沢品は販売してません。毎日の通勤のために車に乗る人、子どもたちを学校に送り迎えする人など、日常生活を営む上で信頼できる輸送手段を必要とする人々、つまり私たちのような人々のニーズに応える会社です。

私たちのお店では、お客様の車がまだ走るようにするために必要なパーツを提供しています。私たちはよく、車が快適に動くか、ガレージやサービスステーション行きになって何日も戻ってこなくなるかの境目で頼りになる唯一の存在になります。私たちの仕事は、ガレージ行きを避けられるようにすることです」

マキシンは聞いていて鳥肌が立ってきた。マットが会社のビジョンを忠実に話していることに心を打たれたのだ。スティーブがタウンホールミーティングで同じことを言ってもおかしくない。店長からこのような言葉を聞けるのは本当にすばらしい。重役や工場の管理職が言うのとはぜんぜん違う。何しろ、ここはもっとも重要な営業の最前線なのだ。

マットの話はまだ続いている。「これからの2日間でパーツ・アンリミテッドの店で働くことの責務とは何かについて、お客様を助けるプロになるために必要なすべての道具について教えます。そして、最後にテストをするので、注意してください。この訓練を受けた人たちの1/4近くは、1度目には合格できていません。自分のためにメモを取り、テストの準備をしてください。ここにパーツ・アンリミテッドのマニュアルとノートとペンがあります。最高点を取った人には賞があります。

マキシンはまわりの生徒たちを見回し、彼らをライバルと考えそうになるのを必死にこらえた。〈あの子たちはまだ子どもよ〉

　マットは店のフロアの解説を始めた。商品の大分類と店でそれらを在庫させている理由を説明した。彼は大きく分厚い本が収められたラックを指さして言った。「ここにあるのは、みなさんがお客様のお手伝いをするために使う本です」マキシンが子どもの頃に見た電話帳のようだった。新聞紙のように薄い紙を使っているのに、厚さが４インチ（約10cm）もある。

　マットが説明する。「お客様は、交換用のパーツを探してたり、問題を抱えてたりして、みなさんが診断しなきゃならない場合がよくあります。みなさんの仕事は、お客様が必要としてるものを見つけるために力になることです。その商品の在庫があれば、それをお売りします。在庫がなければ在庫を持っている店を見つけるために必要な作業をします。パーツ・アンリミテッドには誰でも使えるウェブサイトがありますが、実際に必要なパーツを調達するのはとても大変です。答えを見つけるための最良の方法は、これらの本のなかに書かれてます」

　マキシンは、こういうのはよくないんじゃないかという目で並んでいる本を見ている。ITの方が本の山よりも劣っているという話を聞くのは嫌なものだ。そしてノートに今のアプリが使いにくい理由を究明することと書いた。

　マットの説明は続いている。「この部分で正しい答えを出すことはとても大切です。お客さんに間違ったブレーキパッドを売ってしまったとします。そのお客さんは、車をジャッキアップして、ホイールを全部外して、なんでパーツが合わないんだろうと思うまで、間違ったものを買ったことに気づきません。いや、高速道路を走ってて減速しようとしたとき、あるいは車が止まらなくて木にぶつかったときまでわからないかもしれません。

　私たちは自分のことをお医者さんのようなものだと思ってます。お客様を傷つけるようなことはしたくありません。そういった事態を避ける最良の方法は、最初の時点で正しいパーツを見つけ出すことです。私たちはこれらの本を使ってそうしています」

　マットは１冊を取り出し、全員に同じことをするように指示した。「2010年モデルのトヨタ・タコマに乗ってるお客様が来られて、バックシートのフロアマットを買いたいとおっしゃったとします。どのパーツ番号の商品をお

売りしたらよいでしょうか」

　マキシンはいやいや1冊を取り出した。〈この世紀のまともな営利企業で紙の本で情報を調べてるようなところがどこにあるのだろうか。図書館でカード目録を使ってるようなものじゃないの。うちの子はカード目録なんて聞いたこともないのに〉

　彼女は本をひっくり返した。メーカーのアルファベット順、そのなかのモデルのアルファベット順、さらにそのなかの年式順という構成で並んでいる。本の3/4を飛ばして、トヨタ、タコマ、2010年のページを開けた。

　出てきたものを見てがっくりきた。同じ2010年モデルのなかでも、エンジンシリンダー数、エンジンサイズ、キャブレターが標準か拡張か、ホイールベースが長短どちらかなどの仕様の違いによりいくつも表が並んでおり、たくさんのパーツがある。

　若い男性のなかのひとりが言った。「トラックの仕様によって答えが違います。キャブレターの種類はどうなっているのでしょうか」

　マットは、「その通りです。正しいパーツの見つけ方には、ポイントがいくつもあります。そして、お客様はそれを知らないことが多いのです。そういう場合には、お客様といっしょに車を見に行き、必要な情報の見つけ方をお教えします。一番手っ取り早いのは、この小さな紙にすべての情報を記録する方法です」と言って1枚の紙を掲げた。「この紙を使えば、車を2回以上見なくても済むようになります」

　ここでマキシンが手を上げ、マットは発言を許した。

　マキシンは、パーツ・アンリミテッドで今まで働いてきた意味がなくなるのは嫌だと思って、「コンピューターを使ってこの情報を見つけることはできないんですか？」と質問した。

　マットが声を立てて笑った。「さっき言った通りです。こっちの方がずっと簡単です。紙のやり方を説明してから、コンピューターも使いますが、みなさんに手作業の方を勧める理由がわかると思います」

　マキシンは、〈これは恥ずかしいことだわ。社員のためになるように苦労してシステムを作ってるのに、私たちが作ったものでは不十分で、社員は未だに古臭い紙のシステムを使ってるなんて〉と思った。

疲労の真の原因

　マキシンは、その日の仕事が終わるまでに疲れ果ててしまった。車のメンテナンスと診断について予想よりもずっと多くのことを学んだ。車が始動しないのはなぜか、エンジンからの変なノイズが何なのかを明らかにするために、店舗の社員たちがどれだけの時間を使うのか、今まではまったく知らなかった。

　しかし、問題の正確な診断は、サービスステーション行きを避けられるかどうかがかかっているのでとても大切だ。サービスステーションが不必要な作業の料金を取って客をカモにする例は無数にある。

　店員が力を貸して顧客が自分で問題を解決できれば、その顧客は数千ドルものお金を使わずに済むようになる。その一方で、店員たちは、エンジンが実際に損傷しているときや、電子エンジン管理システムが関係しているときのように、DIY ではどうしようもない問題はどれかも見分けなければならない。

　しかし、マキシンが疲れたのはそれだけが理由ではなかった。コンピューターシステムが不十分で店員の役に立っていない場面を繰り返し見なければならなかったのである。マットが言ったことは正しく、システムは恐ろしく役に立たなかった。車両識別番号（VIN）と必要なパーツが何かがわかったら、一部の在庫切れのパーツは、3270 端末にコマンドを入力してどこにあるかを調べなければならない。これはメインフレームにアクセスするための有名な"緑色の画面"だ。ほとんどの人が見たことがあるが、実際に使ったことのある人はほとんどいない。

　空港でもっとも優秀なゲート担当のグランドスタッフがこの種のシステムを使って複雑なフライト変更を処理しているのを見るたびに、マキシンはすごいなと思ってしまう。フライトがキャンセルになったので、改めてボストン行きのフライトを予約したいが、座席変更料を払わずに家族が並べる席を確保したいというような客が来たとき、ベテランのゲート係は、長いコマンドをすばやく打ち込んでこの条件を満たす空席を見つけ、"モダンな GUI"を使っているほかのゲート係を周回遅れにする。

　店舗用アプリケーションのなかには、少し練習すれば非常に役に立つものが含まれているのは間違いない。マキシンは、メインフレーム時代に生ま

れ、何十年にも渡って現場で鍛え上げられてきた SPSS 統計パッケージを高く評価しており、これを使えば、Jupyter（ジュパイテル）ノートブック、Python、R、Tableau（タブロー）などの新しいツールを使っている人を周回遅れにすることができる。しかし、マキシンがいかに SPSS の優秀性を説明し、客観的な証拠を見せても、ほかの人々は SPSS を奇妙で扱いにくいものだと思ってしまう。

　店員や店長が効率的な店舗経営の方法を習得するために余計に時間がかかってしまうのは、こういった一部の店舗システムのせいだということは、マキシンも知っている。そして、多くのメインフレームチームの人々が UX を向上させたいと思いつつ、何年も予算をもらっていないことも知っている。

　在庫切れパーツの発注はさらにひどい。ほかの店舗の在庫情報を引き出すことになるが、その情報は数か月分遅れている。そのため、各店舗に電話をかけ、11 桁の商品コードを読み上げて、そのパーツの在庫があるかどうかを調べる必要がある。

　そのパーツの在庫が確認できたら、電話の相手側の店員がシステムにパーツの輸送オーダーを入力する。システム全体でもっとも簡単なのはパーツを搬出口に移すところで、搬出口に来た部品は配達用のトラックに積み込まれて 1、2 日で送り届けられる。

　マキシンは我慢の限界に達したところでマットに尋ねた。「アマゾンみたいにパーツの在庫を調べられて、輸送オーダーを実行できるシステムシステムがあれば便利だと思いますか？」

　マットはすぐに答えた。「もちろんですよ。店員たちが在庫探しのために 20 分かけてさらにほかの店の社員と電話で話さなきゃならないようなやり方はいいと思いません。店員はお客様に寄り添わなければ。地域の業務会議では、何年も前からこのシステムについて苦情を言い続けてますが、会社側からは取り組み中だという答えしか返ってきません。そういうものがあれば、店舗業務はまったく違うものになりますよ。サービスにかかる時間は短縮され、お客様は満足し、適切な在庫管理ができるようになります」

　マットはレジスターの後ろのカウンターを指さした。「あのキャビネットには、会社が店舗に支給したタブレットが入ってます。タブレットのアプリには、入力しなきゃならないフィールドが多すぎて、コンピューターよりも使いづらいという難点があります。少なくとも、コンピューターには本物の

キーボードがついてますからね。もう何か月もこのタブレットは誰も使ってません」

　マキシンは、これはひどいと思った。エンジニアたちが、自分の作ったシステムの出来を店舗で十分確かめていないことは明らかだ。

　家に帰ると、マキシンは2匹目の犬、マシュマロと遊んだ。大きくてかわいい白い綿毛のボールのような犬だ。2匹目の犬を飼おうというのは意外にも夫のジェイクのアイデアで、昨日は子どもたちといっしょに2時間かけてドライブし、この犬を買ってきたのである。

　子どもたちがそれぞれの部屋に入り、夫が2匹の犬を散歩に連れて行くと言い張って出ていったあと、マキシンはラップトップを取り出し、1時間かけて出張報告を書いた。店員の日常業務の分野別に感じたことと店員が操作しなければならないアプリについて書いた。書き終わったときには12ページ近くになっていた。

　マキシンはいつもたくさんメモを残す。「明快に話すためには、明快に考えられなければならない。明快に考えるためには、明快に考えを書けなければならない」というようなことをどこかで読んだことがある。人々に自分が見て感じたことを理解してもらえるように、時間を割いて記録を書き出すのはそのためだ。マキシンは、スマホで撮った写真を添えながら、自分が見たことを客観的に説明するとともに、こうするとよいという提案も書いた。

　マキシンは、パーツ・アンリミテッドに入る前に自分でホワイトペーパーを書くCEOのもとで働いたことがある。そのホワイトペーパーは、顧客や社員に広く読まれていた。マキシンは、そういう仕事を任せられるマーケティングのスタッフがいるのに、時間を割いて自分でホワイトペーパーを書いているのはなぜかとCEOに尋ねたことがある。

　彼の答えは、問題を明快に考えることはとても大切で、考えを書き出すことにより、論理的な厳密さがともなうようになる、リーダーには論理的厳密さがとても大切だと思うというものだった。「戦略が持つあらゆる意味を考え尽くさずに会社の戦略的方向性を示すことができるわけないだろう」

　マキシンはその言葉に深く影響を受けた。それ以来、特に指導的な立場に進むにつれて、彼女は時間を割いて見たことや考えたことを書き出すことを心がけている。それにより、彼女は影響力を広げることもできている。

マキシンは、昨日見たことのなかには今まで考えたこともないことが含まれていたことを意識している。店舗の社員たちが使うアプリを書き、メンテナンスすることを日々の仕事としている人たちにはそれを伝える必要がある。

1時間後に草稿を書き上げると、マキシンはラップトップを閉じた。誰もが自分の記録を読んでくれるわけではないことはわかっていた。だから、プレゼンが必要になる。幸い、彼女は今日たくさん写真を撮ったが、いつもと比べるとかなり少ない。ほかの実習生で写真を撮っている人はいなかったし、あまり目立ちたくなかったからそれはしょうがない。

マキシンは、急いでチャットルームのカートとマギーにメモを送った。

実習一日目の報告を送ります。今まで考えつかなかったことを山ほど目にしました。私たちが対処でき、販促の目標達成に役立つ簡単な課題がたくさんあります。

草稿段階の報告を添付します。カート、明日の朝いっしょに実習に参加できますか？ たとえ今すぐ手を着けられなくても、私たちができることがたくさんあります。

実習二日目

翌朝、マキシンは、乾燥機から昨日着ていたシャツを取り出したときに、アイロンをかけ忘れたことに気づいて不機嫌になった。〈しわだらけのシャツでみんなの前に出るわけにはいかないわ〉

店には、自分のやり方通りに15分前に着いた。うれしいことに、カートが少し遅れるものの午前中に顔を出せると言ってくれている。

実習生が揃うと、マットは全員を整備工場に連れていった。パーツ・アンリミテッドは、何年も前から試験的に一部の大規模店舗に整備工場を設けている。顧客はこの試みを熱烈に支持している。

今朝の実習は、バッテリーの診断である。エンジンが始動しないというトラブルは、顧客が店に来る理由の上位に入るものだ。

マットが「今日の実習は基本中の基本です。訓練を受け、資格を取った人

といっしょに仕事をするようになるまで、これをひとりですることはできません」と言った。実習生たちは15年前のホンダ・アコードとパーツ・アンリミテッドのつなぎの制服を着た整備士の横に立った。彼女は、バッテリーにケーブルを挿し、さまざまな機器に接続していた。

マットが整備士の作業に合わせて手順を説明した。「今、彼女はコンピューターにデータを入力しています。このコンピューターでお客様に渡す診断レポートを作ります」マットが説明を続けるなか、マキシンはときどき整備士に仕事について質問しながら興味津々で入力の様子を観察していた。

カートが整備工場に入ってきたのは、実習生たちが整備士の作業を見ていたときだった。カートもマキシンと同じようにパーツ・アンリミテッドの制服を着ており、「こんにちは、私の名前はカートです」の名札を付けていた。彼のシャツには少ししわがあった。普通ならカートは細かいところにとても気を配る人だ。今朝はよほど急いで来たのだろう。

カートはマキシンの横に立ち、マットはカートに軽く会釈した。

マキシンは整備士の仕事をじっと見ていたが、しばらくして我慢できなくなり、「どうしてそんなにたくさんのデータを入力しなきゃならないんですか？ 常連のお客さんでもこれを全部入力しなきゃならないんですか？」と尋ねた。マキシンは、できる限りほかの実習生と同じような感じで質問するように心がけた。彼女は彼らの新入社員研修にお邪魔している立場であり、彼らの邪魔になるようなことは避けたかったのである。

マットが笑って整備士に向かって言った。「診断のために重複して入力しなきゃならないものってどれくらいかな？」

「こんにちは、私の名前はエミリーです」の名札を付けた整備士は頭をかきむしった。「たくさんという感じがしますね。お客様の住所の入力は時間がかかりますが、最悪なのは車両識別番号、いわゆるVINです。VINは17文字でとても入力ミスしやすいのです。しかも、メーカー、モデル、年式を別に入力しなければなりません。我が社のほかの大半のシステムは、VINからそういったものを拾ってくれるんですけどね。そんなわけでVINフィールドにゴミを入力してしまう人がいますが、それはよくないと思います」

もっとも若い実習生が尋ねた。「まだわからないんですが、なぜそんなに多くの情報を入力しなきゃならないんですか？」

マットが「会社が望むからさ」と言って実習生を笑わせた。20代の若い

人たちがすでに官僚主義と渡り合ったことがあるかのように世の中を斜に見ているようだ。

　マキシンは、フェニックス開発の牢獄に送られたときの辛さを思い出しながら、〈あの子たちは会社のなかで本物の官僚主義に絡め取られることがどういうことなのか知らないだろうに〉と思っていた。

　マットが話を続けた。「まじめな話をすると、会社はお客様のプロフィールを研究するのでこういう情報を必要としてるのです。いずれ、お客様が店に来られたら、その人がどういう人で、どういう車に乗ってて、車のメーカーやモデルがどうといったことがわかるようになるでしょう。そうすれば、こういった情報をいちいち打ち直す必要はなくなります。会社には、何年も前から、店舗にポータブルスキャナーを置き、VIN をスキャンするだけで済むようにしようという取り組みがあります」

　来てからまだ5分もたたないのに、カートが不満そうに口を尖らせているのが見えた。マキシンは〈よかった。これで不満に思ってるのは私だけでなくなる〉と思った。カートのことだからきっとその不満をどこかで何らかの形で行動として示してくれるだろう。

　マキシンは診断台のコンピューターを覗き込んだ。LCD ディスプレイが接続されたデスクトップ PC のようだが、USB/ シリアルポートを持つ周辺機器ベイもあり、マキシンからはよく見えないほかの装置もつながっているようだ。

　マットが説明を続けている。「バッテリーの不調でたびたび来店されるお客様がいらっしゃる場合、そのお客様はあまり車を運転してなくて、バッテリーの電圧が車の始動に必要なレベルを下回ってるのだろうと考えることができます。このような様子を見かけたら、バッテリーの電圧レベルを高いまま保つことができる自動車用バッテリー充電器をお勧めしてください。私も自分で持っていますが、これを持つようになってからは、自分の車をジャンプスタート^{訳注3}しなきゃならなくなったことはありません。25 ドルから 100 ドルくらいでさまざまなタイプのものを用意してます。私が買ったのはこの 49 ドルのモデルです」

　マキシンは、マットが顧客の行動から必要としていると思われるパーツを

訳注 3: バッテリーが上がってしまったときに、他の車の電気を借りてエンジンをスタートさせること。

導き出すことを繰り返していることに注目した。顧客満足度、社員の作業効率のよさ、リテンション（顧客維持）だけでなく、単位面積あたりの営業成績でも、群を抜く数字を出す店長がいる理由がわかった。マットは、店舗の人間が取るべき行動をすべて新入社員たちに教えているのだ。

カートが、「コンピューターシステムでどのお客様が複数のバッテリーを買ってるかがわかって、積極的に充電器をお勧めできるようになればいいですね」と言った。

マットが「それはすばらしい」と返した。実習生たちを議論に巻き込むために向き直り、マットはさらに続けた。「ご存知のように、我が社では販売コミッション[訳注4]を出しませんが、それはこういうものを出すと、お客様にとってもっともいい結果になるわけではないことをする人間が出てくることがわかったからです。しかし、売上目標を越えれば、かなり大きなボーナスが出ます。お客様にとって正しいことをすれば、自然にそうなります」

マットは、最後に7ページのレポートを見せながら、「以上です。みなさんもバッテリーの検査についてなにがしかのことを学べたはずです。みなさんがお客様に差し上げるこのレポートにはそれが詰まっています」と言った。

マキシンの2日目の実習が終わった。マキシンは、自分たちが作ったシステムを使うときに店員たちがどういうところで苦労するかについて考えた。がっかりするよりもむしろやる気がでてきた。これらの難点を解決すれば、店員たちの仕事は楽になり、お客様の車を走れる状態に保つためにもっといい仕事ができるようになる。

この週末を通じて、マキシンは反乱軍のみんなからの新しい情報も絶えず受け取っていた。彼らは、間近に迫ったビッグフライデーの大規模なホリデーセールで販促チームが必要とするデータを手に入れられるようにするために、猛烈に仕事を進めてきた。しかし、サイロ化した社内各部門のデータ定義の矛盾、販促活動のサポートにもっとも適したデータベースの選定、データサイエンティストやアナリストとの直接の共同作業から見えてきた予想外の問題など、さまざまな課題にも直面していた。

訳注4: 販売成績に基づく報奨金のこと。

明日みんなに会い、仕事の進行状況を直接見るのが待ち遠しく感じられた。やりがいのある仕事はたくさんある。

第 3 部

結実のとき

11月10日〜現在

ユニコーン・プロジェクト

　月曜の朝が来てマキシンは驚いた。チームが達成したことはまたも彼女の予想をはるかに越えていたのである。彼らは手短に状況を確認し、支援が必要な部分を明らかにするために会議室に集まった。

名前が必要

　マギーが口火を切った。「ミーティングを始める前に、しなければならないと思ってることがひとつあります。それは、この活動のコードネームを決めることです。何か大きな目標を立ててそれに向かって仕事をするときには、名前が必要です。多くのことを達成すればするほど、自分たちがしてる仕事を話題にしなければならなくなります。いつまでも自分たちのことを反乱軍と呼ぶわけにはいきません」

　誰かが「『販促』では何がまずいんですか」と尋ねると、マギーは「それはチームの名前ですよね」と答えた。「しかし、データハブの友人たちが参加してからチームは大きく変わってます。新しい取り組みもたくさんスタートさせてます。私たちの仕事のしかたは今までとは大きく違うんだってことを示すために名前が必要だと思うんです」

　すごい勢いでアイデアが飛び交った。まずはユリシーズ、パエトン、イリアスといった重厚な感じの名前、続いてマーキュリー、アポロ、ジェミニといったアメリカの宇宙開発計画の名前が提案された。

　それに対してシャノンが言った。「何か本格的すぎてフェニックスみたいな感じがするわ。私たちがしてることとフェニックス・プロジェクトが晒した醜態が似てるように思われたくないわよね」

　ブレントが「まったくそうだ。これからもう"フェニックス"なんて名前が付くようなプログラムが作られないようにするための地固めができれば、

何でもいいんだけど」と言った。

　シャノンが「映画の名前はどう？ キル・ビル、ブレードランナー、スター・ウォーズみたいな」と提案すると、音楽バンド、ポケモン、ボードゲーム、「ダンジョンズ＆ドラゴンズ」の武器名などが提案された。そうしたなかで、ドウェインが明らかに冗談交じりに「ユニコーン・プロジェクトはどうよ？ フェニックスとの違いははっきりするぜ」と言った。

　マキシンが声を立てて笑った。とてもいい名前だと思ったのだ。"ユニコーン"は、評価の高いIT系スタートアップ企業やエリックが話題にしたFAANG，すなわちフェイスブック、アマゾン、アップル、ネットフリックス、グーグルを引き合いに出すときによく使われる言葉だ。パーツ・アンリミテッドは一世紀前から走っている馬だが、正しい文化、正しいIT実践、それをサポートする正しいアーキテクチャーを確立して、ユニコーン（一角獣）ができることなら何でもできることを証明しようとしている。実際、ユニコーンのどこが馬と違うかと言えば、1本の角と虹色のたてがみとしっぽを持つように描かれることくらいではないか？

　〈私たちの場合、ライバルはFAANGじゃないわ。同じ業界にいるほかの馬たちやこの市場に潜り込もうとうごめいている小さなソフトウェアスタートアップよ〉マキシンは自分の経験からスタートアップにはさまざまなことができる可能性があることを知っているが、その可能性を実現できるだけのリソースが慢性的に足りないことも知っている。

　これは小が大を打ち破る物語ではない。速いものが遅いものに勝つ物語だ。マキシンから見て、この2か月ではっきり証明されたことは、偉大なものでも行き詰まることがあるということであり、それでも立ち直れるということだ。

　マキシンが言った。「とてもいいと思うわ。スティーブがタウンホールミーティングのたびに"ユニコーン"って言うところを想像してみてよ」

　全員が笑うなかで、ドウェインが「え、本気でいいと思っているの？ 承認してもらえるかな？」と言った。

　マキシンが声を立てて笑った。「承認？ いつから承認が必要だなんて思う

ようになったの？　私たちが決めたらそれでいいのよ」と言うと、サイズを確かめるような仕草で「そう、ユニコーン・プロジェクトよ。これでいきましょう」とさらに言った。

　彼らは、今取り組んでいるカスタマイズされた商品オススメ機能と販促機能にユニコーン・プロジェクトという名前を付けることにした。何よりもまずブラックフライデーとホリデーセールの販促で活用しようというものだが、将来はもっと大きく使っていけるようにしたいという期待がかかっている。ユニコーンの販促システムと並行して仕事を進め、ユニコーンの支援もしているアナリティクスとデータサイエンスのチームの名前はオルカ（シャチのこと。角のような背びれがある）、ユニコーンのために作成中の新しいデータベース、API ゲートウェイプラットフォームの名前はナーワル（角のような牙を持つクジラ）、データハブチームとフェニックスから厳選されたチームが使う継続的インテグレーション／継続的デプロイメントプラットフォームの名前はユニキャット（アメリカのテレビアニメ、プリンセスユニキャットの主人公で、角のある猫）となった。

　マキシンは喜んだ。あとから考えれば、チームにほかとは違うユニークな名前を付けるのは長い間持ち越されてきた懸案だった。ブルース・タックマンがチームの成長を表すために使った形成（form）、混乱（storm）、統一（norm）、機能（perform）という言葉は彼女のお気に入りだ。マキシンたちは、規範（norm）を打ち立て、機能する段階に入ったのである。

　チーム名は、個々人だけでなくチーム全体のアイデンティティを生み出すためにも役立つ。個人の目標よりもチームの目標の方が大切だという気持ちも強くなる。

　マギーが不満そうに「それでは、私もみんなの前ではこのプロジェクトを“ユニコーン”と呼ぶことにします」と言った。しかし、マギーはひそかに気に入っているのではないかとマキシンは見ている。

タウンホールミーティング再び

　その後、マキシンは隔月開催のタウンホールミーティングのために再び大講堂に入った。追放後2度目、1か月前の破滅的なリリースからは初めてのタウンホールミーティングだ。スティーブがフェニックスのリリースについ

てどう言うかに特に興味があった。マギーは、ブラックフライデーキャンペーンを迎えるに当たっての期待と決意を全社に示すためにプレゼンをする予定だと言っていた。

　前回と同じように、できる限りステージに近い席を手に入れた。しかし、今回はまわりにチームメイトがいる。彼女のすぐ後ろにはカートがいる。そして、マギーがマイクを付けてバックステージにいるのを見てうれしくなった。

　9時ちょうどになると、スティーブが登壇して67回目のタウンホールミーティングへの歓迎の言葉を述べた。そして、会社のビジョンとミッション、そして年間目標について話すことを約束した。「それから、フェニックスのリリースに関する問題点とまもなくやってくるブラックフライデーキャンペーンに向けての期待にも触れたいと思います」

　今までの毎回のタウンホールミーティングと同様に、スティーブは、力を尽くして働いているお客様のために車がいつも使えるようにして、お客様が日常生活を円滑に送れるようにするというパーツ・アンリミテッドの使命を熱く語った。店舗で店長や新入社員たちとともに週末を過ごした直後ということもあり、マキシンは、会社の目標を社内の多くの人々の日常業務に反映させることを倦むことなく説き続けるスティーブの姿に大きな感銘を受けた。

　「私たちのビジネスは、提供する商品とサービスの質の高さが命です。私たちがお客様に約束していることはごく単純なことで、優れたパーツとサービスをご提供して、お客様の車がいつでも使えるようにするためのお役に立つことです。しかし、フェニックスをリリースしたときには、あらゆる人々の期待を裏切ってしまいました。お客様、社員のみなさん、投資家の方々を裏切ることになりました。

　私たちはお客様との約束を守れませんでした。販売した商品は在庫切れだったり品切れだったりしました。あげくの果てに大量のクレジットカード番号を漏洩してしまいました。お客様の期待を裏切ったために、数百万ドルという単位で収益を諦めることになりました。しかし、失った信頼を買い戻すことはできません。

　裏切ったのはお客様だけではありません。社内の基幹システムの多くが落ちたために、数千人の社員が日常業務を遂行できなくなりました。この会社

のCEOとして、私はこの件に関する責任を取らなくてはなりません。

　私は、この部屋にお集まりのみなさんがお客様に対する義務を遂行するためにできる限りのことをしてくださったことを認め、感謝したいと思います。さて、みなさんの多くは、この2か月間、私がITの責任者でもあったことをご存知でしょう。ITのことでは私は多くのことを教えてもらわなければならない身ですが、だからといって笑わないでください。そして、この間にITチームがすばらしい仕事をしてくれたことに感謝したいと思います。

　ITの責任者になって以来、私はアプリケーション開発担当VPのクリス・アラーズとIT運用担当VPのビル・パーマーとともに今までとは根本的に異なることをしてきました。そのひとつが30日間の機能開発の凍結です。このときには、IT部門の全員が問題点の解決と技術的負債の解消のために全力を注ぎました。

　IT部門以外のみなさんのために説明しておくと、"技術的負債"とは、コードのなかの難点、苦痛を感じる点で、我が社のソフトウェアエンジニアたちはそれらのために機敏に動くことができなくなります。何年も使ってるうちに膨れ上がって、もう書き換えられなくなったスプレッドシートのようなもので、書き換えれば式が壊れるなどの何かのエラーが起きてしまいます。技術的負債はこれがもっともっと大規模に発生している状態で、社内のもっとも複雑なプロセスを実行するシステムを蝕んでます。

　私はさまざまな人から全社でこの技術的負債の解消がどうしても必要だという意見を聞きました。私が以前所属してた製造と同じように、持続可能な作業ペースを維持し、仕掛りの仕事を制限して、作業が工場全体で滞りなく動くようにすることが大切なのです。私たちが開発凍結で行ったのはそういうことです。

　この四半期は、私たちにとってのるかそるかの重要な時期です。私たちは社外に向けて9月にフェニックスをリリースすることを約束しましたが、機能開発が遅れたために、私たちが期待したような収益性は得られませんでした。今、私たちは四半期の中盤に差し掛かり、ホリデーセールの時期が間近に迫ってます。私たちに時間はありません。

　ここで私たちが今回のことから学んだことをリテールプログラム管理本部長のマギー・リーに説明してもらいます。マギー、お願いします」

　マギーは、マキシンが今まで見たなかでもっとも緊張しているように見え

たが、ほとんどの人は気づかないだろう。マギーが話を始めた。「ご存知のように、フェニックスは、お客様が我が社から今までよりも早く、安く、簡単に必要な高品質パーツを買えるようにするためのシステムをずっと目指してきました。ここ数年をかけて、私たちはこの目標を実現するための基礎を築いてきましたが、まだ予定の能力を発揮することができないでいます。

スティーブ、クリス、ビルのおかげで、私は財務経理、マーケティング、販売促進、リテール営業、そしてもちろん優秀な IT 要員から構成された全社選りすぐりの部門横断チームを編成し、フェニックスのさまざまな目標のなかでも特に重要な一部を実現する方法を検討できることになりました。私たちは、お客様のためにすばらしいオススメ商品を提案できるようにするとともに、販促部が在庫商品をもとに収益性の高いセット商品を販売できるようにしたいと思っています。私たちは数年分のお客様の購入データを持っており、ブランドクレジットカードのおかげでお客様の人口統計データや好みもわかります。このような販促活動を実現できれば、今までとはまったく異なる成果が得られ、お客様のために非常に大きな価値を生み出すことができると思っています。

そういうわけで、この場を借りてユニコーン・プロジェクトをご紹介できることは私にとってこの上ない喜びです。ここで特に強調しておきたいのは、少し前にカート・レズニックとマキシン・チェンバースが私に声をかけてきて、今までとは根本的に違うアイデアを示し、支援する意思のあるエンジニアグループを連れてきてくれたことです。私たちは全員、1 年のなかでも特に高い売上が得られるブラックフライデーで効果的なキャンペーンを実施するという目標のもとに、フェニックス・プロジェクト全体のサポートをしてきました。私たちの目標は、社史のあらゆる記録を塗り替え、今年のブラックフライデーに史上最高の売上額を計上することです。

私たちは、ブラックフライデーに数百万人のお客様に向けて効果的にキャンペーンを展開するために、これから 2 週間に渡ってさまざまなテストを実施します。私の話を聞いていただき、ありがとうございました。私たちの成果にご期待ください」マギーは笑顔になり、聴衆全員に手を振って、スティーブと握手して演壇から下りた。

スティーブが「ありがとう、マギー」と言って、さらに話を続けた。「長年に渡ってフェニックス・プロジェクトを推進してきた人々の一部などか

ら、どうせうまくいかないという声もありますが、私はマギーのチームを見て確信を得ました。私は、キャリアを通じて、ミッション達成のために情熱的に取り組み、適切なスキルと能力を持つ人々のチームがすることに反対するのは危険だということを学んできました。そういうチームは、ミッション達成のために天地を動かしてしまうのです。ユニコーン・プロジェクトの成功に期待しましょう」

　マキシンは歓声を上げ、大きく指笛を吹いた。スティーブが遠回しにサラを批判し、今日彼女がいないことにも気づいた。まわりを見回してみたが、サラはどこにもいなかった。これはよい前兆なのか、それともその反対なのか。

退路を断って一本化

　チームはそれからの２日間、ブラックフライデーまでに勝利を呼び込む販促機能を完成させるために必要な作業に集中した。全員が緊急の仕事に没頭した。マキシンはもっと経験豊かな人々に支援を求める必要があると言った。

　カートは、「もう先に手を打ってあるよ」と答えた。「クリスにウィリアムの休職を解いてもらってユニキャットチームを支援してもらうことになってる」

　マキシンは疑うような目つきで「うっそー」と言ってから、クリスの反応を想像して笑った。「どうやって無期限の休職からウィリアムを呼び戻してきたの？」

　カートが笑った。「長年に渡っていいことをして築いてきた支援者のみなさんの力をお借りしたとでも言っとこうか。その人たち全員にウィリアムを復職させるようクリスに働きかけてもらったのさ。ぼくたちがこの環境を動かすために彼以上に力になってくれる人はいないよ。それに、あの不当な追放から彼を呼び戻せたのはとてもうれしいことだよね」

　マキシンは心からその通りだと思った。そして、チームが必要とするものを確保し、組織図から想像されるのとはまったく異なる形で組織を動かす彼の力量に改めて感心した。

　一方、ナーワルチームは、さまざまなチームのあらゆる条件を満たすAPI

ゲートウェイとデータベースは何かを検討していた。賭け金は大きい。扱うデータ量は膨大であり、うまく機能しなければ重大な結果をもたらす。

非常に意欲的な試みだが、マキシンからするとめまいがするような試みでもある。ナーワルは、"クランキー"デーブが激しく批判していたAPIのほぼすべての問題を見えないところに封じ込める。しかも、バックエンドシステムには一切変更を加えなくて済むことが多い。ナーワルは、すべてのプログラマーが必要なデータに簡単にアクセスするための中心エリアになる。自分が抱えているビジネス問題の解決に役立つデータなら、遠くかけ離れたところにある部門のデータでも簡単に見つけられる。そして、認証、個人識別情報（PII）の匿名化などのポリシーを徹底させ、すべてのデータをセキュアに保つための作業をシャノンが担当している。

ナーワルの重要な特徴のひとつは、社内の主要なSoRシステムのコピーを抱え込むことだ。バックエンドシステムがスローダウンしたり、書き換えられなくなったり、コストがかかりすぎたりして、必要なトランザクションを処理できなくなったときのために備えるのである。

ドウェインが、水曜の午後遅くに自ら招集した大きなミーティングで「決定を下さなければならない」と言った。そして、マキシンに向かって言った。「まさかと思うかもしれないけど、俺たちは全員、純粋NoSQLを強く^{訳注2}支持してる。必要なすべてのデータを俺たちの管理下のスペースに読み込み、ユニコーンチームで必要な性能を出すために一番手っ取り早いのがNoSQLだ。

ブレントとチームはふたつのNoSQLクラスターを動かしてる。ひとつはテスト用でもうひとつは本番用に考えてるものだ。データETL、つまり抽出、変換、ロードは、思っていたよりいい感じだ。市販ツールと自家製ツールを組み合わせたさまざまな方法で20個近いSoRから我々のデータベースにデータをコピーする拡大チームも作ってある。思ったよりも高速で、すぐに作れそうなのはいいんだが…、難問がひとつある。

訳注2: 長年使われてきたリレーショナルデータベース（RDBMS)は、データ変更に厳しい条件を設けてデータが矛盾を起こさないようにしていますが、NoSQLデータベースはコンピューターの処理能力の限界に挑むようなビッグデータに対処するために、あえてRDBMSの制限を一部緩めた新しいタイプのデータベースです（さまざまな種類があります）。SQLはほとんどのRDBMSで使われているデータ操作のための言語の名前ですが、RDBMSへのアンチテーゼとしてNoSQLという言葉が登場しました。しかし、最近はNoSQLとはNot Only SQLのことだとして、RDBMSとの共存、役割分担が強調されるようになってきています。

もともと、NoSQL が問題を起こしたときのために、データは全部 NoSQL と MySQL の両方で管理しようと思ってたんだが、ETL の UX テストと大規模なスケールテストをした結果、退路を断って、純粋 NoSQL でいくことにしたんだ。ふたつのバックエンドデータベースをサポートしようとすると俺たちの動きが遅くなり、目指していた効率性のメリットが得られなくなるからだ」

　マキシンは驚いて「うわあ」という声を出した。これはマキシンが予想していたよりもはるかに大胆不敵なアプローチだ。実際、昔の人たちが TEP-LARB のようなものを作ったきっかけになったのは、このような決定だろう。

　この会社では、まだ誰も本番環境で大々的に NoSQL を使ったとはない。それをいきなりこのような大規模基幹システムで使おうというのだ。普段のマキシンなら、慎重に現実的に考えて、このように重要なプロジェクトでこのようにリスキーな方法を取ることは認めないだろう。しかも、本番環境での実績を調査し、実際に体験する時間もほとんどないのだ。マキシンは思った通りのことをチームに言った。

　マキシンの困惑した表情を見ながら、ブレントが口を開いた。「マキシン、普通ならぼくもそう思います。あなたがイメージしてる最大のリスクは運用なんじゃないかと思うけど、ぼくがそれよりもずっと大きなリスクだと思ってるのは、社内のあらゆる部門からコピーしてくるあれこれのテーブルの間に整合性がないことなんです。ご存知のように、NoSQL データベースは、ぼくたちが慣れ親しんできたほとんどのデータベースとは違って、整合性を強制しません。でも、ぼくはデータベースレベルじゃなくて API レベルで整合性を取った方が安心できるんです」

　神経にはこたえるが、技術の達人たちが緊急性の高いビジネス問題の解決のために最高レベルの思考を巡らしているのを見るとマキシンとしても刺激を受けることは否定できない。マキシンはさまざまな質問をときには繰り返し投げかけ、彼らの思考を精査した。しかし、最終的には NoSQL 一本で行くということで双方とも納得するに至った。

　マキシンが「わかったわ、退路を断ちましょう」と言うと、ほかの選択肢には検討の余地がなくなった。このようなレベルで不確実性が残るのは気持ち悪いが、マキシンはチームを信頼している。

これによってプログラマーが機敏に動けるようになるのは間違いないが、マキシンは自分たちがいかに技術に制約されているかを今まで以上に感じていた。相手にするシステムが増えれば、大きなチームが必要になる。マキシンは、カートと次にミーティングするときにこれもまず議論すべきテーマだということを自分の頭に刻んだ。

　それからの2日間、各チームはユニコーン・プロジェクトのそれぞれの担当部分の仕事を進めた。マキシンは、全体のなかでもっともリスクが高い部分だと思っている部分でほとんどの時間を過ごした。その部分とは、ナーワルチームのNoSQLデータベースにすべてのデータを取り込み、すべてのチームが必要なデータにアクセスできるようにする部分である。マキシンは、自分たちが操り方を知っている船を沈めて退路を断ち、あと戻りできる最後の地点を通り過ぎてしまったことを意識していた。
　もっとも難しい部分は、20種類の異なるビジネスシステムからデータをインポートするメカニズムではなかった。本当に難しいのは、統一的な用語法を作ることだった。ほとんどすべてのビジネスシステムが同じようなものに異なる名前を付けていたのである。
　リアル店舗の店頭売上には、数十年前に買収した会社から引き継いだものを含む5種類の定義があった。商品をカタログに載せるときの方法は6種類あった。商品カテゴリーと価格は揃ってなかった。価格設定と販売促進をめぐるビジネスルールは、法人類学のテーマのようになっていた。彼らはそれらの意味を明らかにするために全社からビジネスアナリストを呼び出して、これらをどのように表現すべきかを決めていった。
　マキシンは、自分が"さしあたり今はこれで十分"と言える程度の正確性を保証するために明確性と一貫性を強調してみたり、パーツ・アンリミテッドの今後数十年に影響するからと言って合意形成のために日数が必要な決定を先延ばししてみたりの間を行ったり来たりしてきたことに気づいた。企業システム開発の経験の蓄積がなければ、特にこのようにタイトな締切が決まっているような場合、この種の決定のために必要な判断力はなかっただろうと思う。

緊急ミーティング

　全員が近くやってくる大規模なデモデーに向けて作業に集中していた。各チームは、ブラックフライデー直前にシステムのそれぞれの担当部分を見せることになっていた。その指揮を執るのはマギーであり、ほぼすべてのステークホルダー[訳注3]とIT関係の重役が集まり、最終的なローンチの可否を決める。

　重要度がきわめて高いことから、マキシンは技術チームの日々のスタンドアップにはすべて出席していた。スタンドアップでは、チームメンバーがそれぞれの進行状況と、もっと重要なことだがどのような支援を求めたいかについてを手短に説明する。マキシンは、これらのミーティングが短時間で効率よく進められ、チームリーダーが障害を手際よく処理していることを高く評価している。

　これだけタイムラインがタイトだと、一日一日が重要だ。サンクスギビングデーは、わずか一週間後である。ユニコーンのスタンドアップに出席したときには意識を集中させて話を聞いている。販促チームから入っているふたりのもっとも経験を積んだデータサイエンティストのなかの片方が明らかに苛立っている。「データウェアハウスチームからきた顧客リストの1%のサブセットでまだ必要なフィールドが揃ってない。それにリアル店舗の発注データの半分近くがまだ照合できてない。

　私たちのデータ分析ということでは、ナーワルデータベースは、今までのシステムと比べて信じられないほど速いけど、しなければならない結合から考えると、クエリーにかかる時間が数桁分遅すぎる。デッドラインから考えて、これは1、2回しかできないから、結果が今のようなものなら、ブラックフライデーのローンチには間に合わない。で、今あるデータをそのまま使ったら、販促活動は確実にドツボにはまる。今日の午前中も、テキサスの人にスノータイヤ購入の提案を送りかねない事例を見つけた」

　マキシンは、これはまずいと思った。データサイエンティストを技術ミーティングに呼ぶタイミングが遅くなりすぎたからだ。マキシンは大声で言った。「わかりました。この午前中のうちにこのひとつのテーマに議題を絞っ

訳注3: いわゆる利害関係者のこと。この場合は、IT は当然のこととして、システムを使う営業、販促などの部署の人々を指しています。

たミーティングを緊急に招集します。カートとマギー、それからナーワルチームがかならず出席するように手配します。今の問題と解決方法についてのアイデアについて10分ほどのブリーフィングを用意しておいてください」

データサイエンティストがうなずくと、マキシンはスマホを取り出してカートに電話をかけた。

2時間後、アナリティクスチームと販促チームが抱える問題を聞くために関係者全員が会議室に集まった。15分後、マキシンは抱えている問題の大きさに純粋に圧倒された。

アナリティクスチームがほとんど前に進んでいないのは決して不思議なことではなかった。彼らが築いたインフラでは、彼らがしたいと思っていることは単純にできないのだ。データセットは彼らが処理できる量と比べて数桁分も大きかった。マキシンは、データサイエンティストたちが構築しようとしているクエリーは、ナーワルデータベースを構築した目的からは完全にずれていることにすぐに気づいた。ナーワルは、全社のさまざまなチームが送ってくるAPIリクエストの処理では非常に優れているが、アナリティクスチームがしなければならないタスクではあまり優れていないことが今になってわかった。

さらにまずいことに、ユニコーンチームはまだ必要なデータを入手できていなかった。データウェアハウスチームが20行のSQLを開発環境からQA環境、QA環境から本番環境に移すまで4か月もかかる。そして、いつも報告書作成に失敗するか間違ったデータが入る。先月は、何らかのスキーマ変更のために社内のほぼすべての報告書が壊れた。マキシンにとっては、フェニックス・プロジェクトのときと同じ問題だったが、ユニコーンチームで必要なのはコードではなくデータなのだ。

さらに、データウェアハウスチームは、まだリアル店舗とeコマースショップの間で商品、在庫、顧客データの定義の違いを解消していないかった。新しく作られたナーワルチームの方がデータウェアハウスチームよりもずっと先に進んでいたのである。

マキシンは指先でテーブルをカタカタ鳴らしていた。フェニックス規模の官僚主義の泥沼に踏み込んでしまったことに信じられない思いだった。彼らにとって必要な多くのものの前にデータウェアハウスが立ち塞がっている。

人々が話している最中も、マキシンはホワイトボードの数値を見つめてい

た。これではダメだと思った。彼女はカートに合図を送って廊下に出てもらい、販促システムのプランは現在の構想通りにはとても実現できないことを言おうとした。ふたりは計画を大幅にスケールダウンするようユニコーンチームを説得しなければならない。でなければ、反乱軍はこのプロジェクトを捨てて、ビジネスを勝利に導く別のプログラムを見つける必要がある。

　ユニコーンチームが成功するためには、巨大なデータウェアハウス、あるいはナーワルとさえデカップリングし、これらから解放して、実行しなければならない計算とクエリーをサポートしなければならない。

　マキシンがカートに合図を送ろうとしたときに、シャノンが口を開いた。「みなさんが考えていることはわかります。これは無理だってことですよね？　でも、私はこのことについて考えながらデータウェアハウスチームと5年近くも付き合ってきてるんですよ。その間に私がしたいと思っていたことを言わせてください」

シャノンの提案

　それから30分間、シャノンは長い間考え、深く研究してきたことがはっきりとわかる見事なプランを説明した。彼女が提案したのは、Spark（スパーク）風のビッグデータと計算のプラットフォームで、データはまったく新しいイベントストリームパスから供給される。巨大IT企業が大規模なデータの処理という問題を解決するために構築したものをモデリングしたものだ。この形なら、数百いや数千のCPUコアを計算に投入し、従来は数日、数週間もかかっていた分析を数分、数時間という単位で実行できる。

　マキシンもこういうテクニックについてはよく知っていた。この方法は、2004年にグーグルの有名なMapReduce（マップリデュース）の研究論文が発表されてから爆発的に使われるようになったものだ。論文は、関数型プログラミングの特徴的なテクニックを使って、コモディティハードウェアによる大規模な並列処理でインターネット全体をインデクシングするためにグーグルが使ったテクニックを説明している。この考え方からは、Hadoop（ハドゥープ）、Spark、Beam（ビーム）など、大量処理の分野を一変させる多くの優れたテクニックが生み出された。NoSQLによってデータベースの世界に革命が起きたのと同じようなものだ。

シャノンは、この新しいイベントストリーミング技術によって新しいデータプラットフォームにデータを供給する方法を説明した。「データハブでは、ビジネスルールが変更されるたびに、データハブチームもシステムを変更しなければならなくなるけど、この新しい方式なら、サービスとデータをきっぱりとデカップリングできます。中央にデータを媒介するためのコードを書くチームを作らなくても、プログラマーは独立にシステムの動作を変えられます。そして、中央集権的なデータウェアハウスを設けなくても、データをクリーニング、インジェスト、分析して他部門に正確なデータを供給する仕事は、データの本当の意味が一番わかってる個々のビジネス、アプリケーションチームに任せられるようになります。

このデータのセキュリティーを確保することはきわめて緊急かつ重要な問題です。PII（個人識別情報）が盗まれるようなことがあれば、パーツ・アンリミテッドにとって大きなリスクになります。そのため、格納すべきでないPIIを格納しないようにするとともに、PIIを永続化するときにはかならず暗号化することが必要になります」このプラットフォームは、データ全体のセキュリティーに細心の注意を払い、個々のチームに丸投げしていない。シャノンがその部分を高く評価しているのは明らかだ。

マキシンにとって、この提案のもっとも魅力的な部分は、イミュータブルなイベントソーシングデータモデルもサポートすることだ。数十年かけて築き上げてしまった現在の泥沼のような複雑さと比べれば、圧倒的に単純になる。

スピードも早くなる。データバスと社内のほぼすべてのアプリケーションが、いずれこのメッセージバスにあらゆる出力を投げ込むようになるのだから、間違いなく高速になる。顧客によるあらゆる発注データ、CRMでの顧客のアクティビティ、eコマースサイトやマーケティングキャンペーン管理システムでの顧客のあらゆる動き、リアル店舗やサービスガレージでの顧客の行動がすべて新しいメッセージバスに集まる。

シャノンがプレゼンを終え、チームからの質問に答えると、カートが真っ青になった。カートはホワイトボードを指しながら、「おいおい頼むよ。ま

訳注4: インジェスト（ingest）は、もともとは摂取する、食べるという意味ですが、特に大量のデータを読み込む場面で、「読み込む」ではなく「インジェストする」と表現することが増えてきています。

だナーワルをスタートさせる承認だってもらってないんだぜ。その上こんなことをすれば、計算とストレージのフットプリントが４倍になっちゃうじゃないか。おまけにクラウドに出す機密データがもっと増えるよね。クリスがぶっ壊れちゃうよ。絶対オーケーを出すはずがない」

ブレントでさえ、少し不安げだ。「ぼくだっていつもこんなものを動かしてみたいと思ってきたけど…、一度に構築するインフラがちょっと多すぎるんじゃないかな。ぼくでもちょっと無謀な感じがするよ」

マキシンはカートが言ったことについて考え、それからシャノンと彼女がホワイトボードをまるまる２枚使って書いた内容を見た。そして、カートやブレントでさえ不安を口にしたことがおかしく思えて笑った。もちろん、彼らがどのように感じているかはマキシンにもわかる。カジノで無一文になったギャンブラーだって、その前にこのようにじっくり慎重に考える瞬間があったはずだ。

マキシンが口を開いた。「私たちは勝利を収め、ビジネスのニーズの変化についていけるだけの技術的優位性を確立しようとしているのかしら？ それとも、数十年前に作ったものに縛られてふらふらになり、経営トップにタオルを投げてくれと言っていいアイデアを封印するつもりなのかしら？」

マキシンは、自殺行為になるかもしれないものの、シャノンのアイデアはすばらしいと思っている。「私の直観と経験から言って、私たちのデータアーキテクチャーは、会社のあらゆる分野に影響を及ぼすボトルネックになっちゃってるわ。これはプログラマーに留まらないもっとずっと大きい問題よ。日常業務の一部としてデータを必要とするすべての人が、その必要なものを手に入れられないんだから」

マギーが何かに打たれたように言った。「そうよ。まったくその通りだわ。私は５つのチームで25人のデータサイエティストとアナリストに来てもらったけど、彼らには必要なデータが渡ってない。でも、それは彼らだけの問題じゃない。マーケティングではほぼ全員がデータにアクセスしたりデータを操作したりしてる。営業活動だってたいていデータを扱ってるし、販売企画や販売管理なんてまるまるデータの仕事よ。そして、何年も前から、すべてのデータがデータウェアハウスチームを経由しなければならないっていう体制が手かせ足かせになってきたわ」

それから少し言いにくそうな様子になりながら言った。「正直なところ、

うちはみなさんのようなプロの力を借りなきゃいけないと思うの。うちには部内で管理しているデータ可視化プラットフォームがあるけど、私たちはソフトウェアのプロじゃないわ。実際、今年の初め、ベンダーがサーバーのタイムゾーンを変えるようにいってきたときには、思いがけず発注データをすべて壊しちゃったし」

ブレントがうなったが、マキシンは、ブレントがベンダーやマギーの下のサーバー管理者の顔をつぶすようなことを言わないようにこらえていることを感じてほっとした。カートが話に興味を示してあれこれ計算している様子もいいなと思った。カートは、このように苦労したことや困ったことを聞くと、行動に駆り立てられるのだ。

マキシンが言った。「小さいところから始めましょう。最初はユニコーンチームを成り立たせるためにもっとも大切な機能からということです。すでにナーワルを使って行っている ETL を活用するとともに、クラウドのすでに多くのシステムで実際に使われているフルマネージドのデータプラットフォームサービスを使うことにしましょう。そうすれば、運用リスクがかなり解消されるはずです。私の考えは…」

うれしいことに、それからの4時間、部屋から出ていったり、そのまま辞めてしまったりする人は出なかった。彼らはホワイトボードを前にして議論したり、全員で暫定的に進めることにしたプランのアウトラインを考えたりした。イベントストリーミングプラットフォームの導入は先送りすることになったが、マキシンとシャノンは、もっとしっかりとしたデータ変換を提供できる機能の作成をリードし、さまざまなもののバージョン管理を進め、自動テストを作ってインジェストされるデータの形とサイズが正しいものになるようにし、今までに見聞きしてきたデータに関連するあらゆる事故を防ぐためのさまざまな方策を立てることになっている。

カートとマギーは、脅威を感じるだろうデータウェアハウスチームとの政治的な衝突を避けるために、クリス、ビルとの難しい折衝を始めることを約束した。マキシンは〈どちらの方が不合理じゃないかしら〉と思った。データウェアハウスチームは、もう何十年も前からデータの門番を務めている。それに対し、今私たちはデータを開放しようとしている。チケットを登録しなくてもオンデマンドで誰でも必要なデータを見られるようにしている。

これだけ綿密にプランを立てても、大失敗に終わる可能性があることを全

員が意識している。ブレントがホワイトボードのところで「これがいいと思うけど、サンクスギビングデーまでに全部仕上げるのは無理だよな」とつぶやいているのが聞こえた。

ブレントは間違っていないし、マキシンも十代の頃ならそう言っていたはずだ。しかし、データに関する今のポリシーは明らかに機能しておらず、ここにもっといい方法があることを示すチャンスがある。〈勇気と徹底的な楽観主義の出番があるとすれば今よ〉とマキシンは思っている。

ブレントがついに「これをパンサー・プロジェクトと呼ぼう」と言ったとき、マキシンはこれを全部動かすチャンスはあると思った。

デモデー前夜

デモデーの前の夜は、多くのチームが遅くまで仕事を続けた。翌朝、全員がブラックフライデー販促のデモを行う食堂に集まった。カートがマギーにキックオフスピーチを求めるが、ブラックフライデーが数日先に迫っていることはもちろん全員が知っている。ユニコーン・プロジェクトの仕事をしている人々は全員、自分の仕事次第で会社の生き残りが左右されると言っても誇張ではないことを知っている。

ユニコーン・プロジェクトは、今や社内外の注目を浴びるようになっている。そしてマキシンは、今日のデモがうまくいかなければ、会社にとってよくないだけでなく、マギー、カート、自分自身にとって非常によくないことを知っている。

マギーがスピーチを始めた。「みなさんご存知のように、ブラックフライデーの商戦はすぐ目の前に来てます。私たちの目標は、オルカ、ナーワル、パンサー、モバイルアプリチームの力でユニコーン・プロジェクトにより大きく収益を引き上げることです。ポイントは、在庫情報とパーソナライゼーションデータを駆使して販促活動を展開するとともに、在庫の有無などの役に立つ情報をアプリに与えることです。そして、モバイルアプリとｅコマースサイトへの反復的なユーザーエンゲージメント、販促キャンペーンによる収益の上昇、収益全体の上昇に直接影響を及ぼしたいと思ってます」

マギーはここで間を置いてからさらに話を続けた。「今日は、スペシャルゲストとして、反転プロジェクトの実施のために活躍されたIT運用担当

VPのビル・パーマーさんをお迎えしてます。私たちが販促活動に重点的にエネルギーを注ぎ込むことができたのは、反転プロジェクトのおかげです。運用からは、ユニコーン・プロジェクトの迅速な実現のために大人数の支援もいただいてます。それでは、まずジュスティーヌにオルカチームの取り組みを説明してもらいます」

「こんにちは、ジュスティーヌです。販促キャンペーンを企画するためのデータ作成を担当するチームに所属してます。マギーの説明にもあったように、私たちの目標は、私たちがお客様について知ってるすべてのことに基づいてマーケティングが最高の販促キャンペーンを展開できるようにすることです。

データは企業が生きていくための生命線です。マーケティング部のほぼすべての部員は、我が社の方向性を示すためにデータにアクセスしたりデータを操作したりします。まず最初に、パンサープラットフォームを作ったシャノンたちのチームに感謝したいと思います。私たちはついに必要なデータを手に入れ、そのデータの正しさを信頼できるようになりました。そして、ありとあらゆる統計テクニックに加えて機械学習まで使ってお客様が必要とするものは何かを予測できるようになりました。私たちはこれを使って販促キャンペーンを企画し、お客様にオススメ商品を提案します。私は、お客様を理解し、お客様が必要とするものをご提供することが、我が社の未来を生み出す基礎になると信じてます。これを実現するためには、そしてお客様についてのデータを深く理解することが必要になります」

シャノンはジュスティーヌの説明を聞いてうれしそうな表情をしている。ジュスティーヌはさらにオルカの成功の概要説明に入っていった。「今日までの2週間、私たちは、もっとも重要なユースケース[訳注5]をサポートするために必要なクエリーを揃えてきました。私たちは、一番売れてる商品は何か、どの顧客セグメントがそれを購入してるかを明らかにするとともに、個々の顧客セグメントについて、そのセグメントがもっともよく買ってる商品を明らかにしなきゃなりません。

優れた販促キャンペーンに求められることは、手持ちの在庫を適切な価格で販売することです。お客様がこの額なら出してもいいと思ってる額を知ら

訳注5: 利用者とシステムのやり取りの具体的な定義。

ずに、それよりも安い額で商品を売るようなことではだめです。そして、その額がいくらなのかは、実験しなければわかりません。

　私たちは、誰でもこういうクエリーを実行でき、販促キャンペーンの候補を作り、互いにシェアできる簡単なウェブアプリを作りました。画面には、よく売れてる商品の名前がすべてずらりと表示されます。これはすばらしいアプリですが、見た目がぱっとせず、これらの SKU が実際にどのようなものかがすぐにわからないという問題がありました。e コマースサイトには、これらの商品の画像があります。そこで、マキシンとナーワルチームにこちらのアプリにも画像のリンクを付けられないかとお願いしてみました。彼らは 1 時間足らずでそれを実現してくれました。チケットを起票する必要もありませんでした。このわずか 10 行のコードのおかげで、私たちはその日のうちにアプリに画像を表示できるようになり、チームの全員が売れそうな商品を早く効果的に作れるようになりました。みんなが喜んでます」ジュスティーヌは笑顔になっている。

　データハブでマキシンのコーディングパートナーだったトムがジュスティーヌの横にやってきて、話し始めた。「販促チームが何をしようとしてるかが理解できれば、アプリを作るのは簡単なことでした。ナーワルチームが API を用意してくれたので、私たちは最新のウェブフレームワークのひとつを使ってそれを表示するだけでした。ナーワルデータベースの API のすばらしさは、ジュスティーヌが言う通りです。しかもめちゃくちゃ速い。大きなサーバーへのクエリーが数分、数時間で終わることにすっかり慣れてしまいました。ナーワルチームには脱帽ものです。本当にすばらしい。彼らなしでは、私たちはこれを実現できなかったでしょう」

　マキシンは思わず顔をほころばせたが、ブレントとドウェインも満面の笑顔になっているのが見えた。

　ジュスティーヌのスライドは最後の 1 枚になった。「私たちは、マーケティングチームとともに、優先順位の高い 2 種類のペルソナ、几帳面メンテナーと手遅れになりがちなメンテナーを対象とする販促キャンペーンの仕上げ作業に入ってます。それぞれのペルソナについてパンサーデータと計算クラスターを使ってオススメ商品とセット商品の候補を作り、評価と修正を続けてます。この作業が終わったら、商品と価格のふたつのデータベースへのロードを手伝い、キャンペーンを実施できるようにします」

予定外のことだったが、ここでマーケティングのベテランが前に出てきて
言った。「みなさんのすばらしい仕事に感謝したいと思います。あまりにも
見事な仕事ぶりに驚き、感動しました。このチームがわずか２週間で成し
遂げたことには本当に頭が下がる思いです。私たちはこの仕事に２年近く
携わってきましたが、今以上に期待に沸き立ったことはありません。私たち
はナーワルチームからもらったデータをもとに、サンクスギビングの週末に
打ち出す商品、キャンペーンを調整してるところです。数百万ドルもの売上
を上げることも夢ではないと思います」

モバイルアプリの更新

マギーが彼とジャスティーヌに感謝の言葉を送り、会場は拍手に包まれ
た。マギーは、次にモバイルアプリの主任プログラマーのマークを呼び出し
た。マークは30代半ばほどで、背が高い男性だった。彼のラップトップは
さまざまなテクノロジーやベンダーのステッカーで埋め尽くされていて、ど
このどういうモデルかもわからないくらいだった。「おはようございます。
私はここでみなさんがたぶん考えられている疑問にお答えしたいと思いま
す。答えはイエスで、今のふたつのモバイルアプリはどちらも私たちが作っ
たものです。とても自慢できるとは思ってませんし、アプリの評価に星なし
ってのがなくてほっとしてます」

みんなが笑った。パーツ・アンリミテッドのモバイルアプリは、数年前か
らどうもぱっとしない状態だった。「直したい部分はたくさんありますが、
私たちは全員ほかのプロジェクトに投入されておりまして、つい最近までモ
バイルアプリにはフルタイムの担当プログラマーがいませんでした。しか
し、マギーが言ったように、状況は一変しました。モバイルはお客様が我が
社に何かを求めるときにまず使うものです。そこで、私たちはお客様が望む
ものに重点を置くペルソナ主導のアプローチを取るようにチームを再編しま
した。私たちは、プロダクトオーナーと密接に連携しながら、すぐに結果を
出せるものを作ってます。そして、ナーワルチームが実現してくれた機能を
フルに活用させていただいてます。

私たちは今まで店舗の在庫水準にアクセスしたことがありませんでした。
特定のパーツを在庫していて、お客様の現在位置からもっとも近い店舗がど

こかを表示するというアイデアはとてもすばらしいと思います。お客様の現在位置としては、スマホの位置情報をそのまま使うことも、郵便番号を入力して指定することもできます。今のページはこのようになってます…」

　マークがiPhoneシミュレータを起動すると、パーツ・アンリミテッドアプリが表示された。「ナーワルから在庫情報を引き出すのは、驚くほど簡単です。商品ページをタップすると、周囲の全店舗の在庫状況が見られます。店舗は商品の予約も受け付けられるようになったので、そこに行けばかならずパーツを入手できます。これもナーワルによって初めて実現したことです。パーツの在庫が購入にどれだけの影響を与えられるかについての情報も集めるようになりましたから、在庫の売上への効果も計算できます」

　マキシンは感心した。今までこういった機能は見たことがない。いい機能を作ったものだ。

　そして、マークはモバイルアプリの出来の悪さを謝ったが、マキシンはそのようには思っていない。マキシンはほとんどのモバイルアプリの表示が洗練されていて、非常に多くの情報を伝えていることに感心している。それはパーツ・アンリミテッドのアプリでも変わらない。マキシンは、自分やほかのプログラマーが作った開発用プロトタイプに慣れているが、それはまるで1990年代のウェブサイトのような代物だ。モバイルアプリチームが、表示に心を砕いているプロのデザイナーを抱えているのは明らかだ。今の顧客は、このような洗練された表示を求めている。アプリの見かけが貧弱なら、顧客はそれだけでアプリを使わなくなる。

　マークの話は続いている。「これらの変更を加えたアプリはすでにアップストアにプッシュしてあり、スイッチをひとつ入れるだけでお客様はこれを使えるようになってます。また、ナーワルには非常に多くのデータを書き戻しており、マーケティングチームの実験に役立つはずです。私たちが特に関心を持っているのは、コンバージョン率を上げるために、検索結果や商品ページで何をユーザーに見せるべきか、何を見せないようにすべきかです。ナーワルの性能はすばらしいもので、ナーワルのためにUXが遅れることは一切ありません。

　私たちはチーム内でもう数百回のイテレーションを済ませており、ユーザーに関するテレメトリーを駆使して実際の顧客で実験できる状態になってます。以前はこのようなことはまったくできませんでした。私たちのチームに

とってこれはすばらしい経験でした。これからもすばらしい仕事を続けていただければと思ってます」

マギーがマークに感謝の言葉を送り、みなが拍手すると、マギーが再び話し始めた。「みなさんには、私たちがどこまで来たかを示すデモを見ていただきました。私たちは、これらのデモから、サンクスギビングで非常に素晴らしい販促活動を展開できるという自信をつかんでます。

私たちは、この1か月間、さまざまな角度からデータを料理して最高の販促活動を展開するために努力してきました。私たちはクラウドの計算リソースを使って必要な計算を実行できるようになりました。毎晩オススメ商品のレポートを作成するために数百もの計算インスタンスを実行し、処理終了とともにそれらのインスタンスを止めてます。これを始めたのは4日前からですが、うまくいってます。とてもうまくと言っていいでしょう。そうですよね、ブレント、そうですよね、シャノン」

ブレントとシャノンは前列に座っていたが、ともに顔を輝かせた。マキシンは、この成果を生み出すためにブレントが特に献身的に貢献したことを喜んでいる。彼がここまでうれしく、楽しそうに仕事をしているのは見たことがない。マキシンは、第2の理想とはこういうことかと思っている。そしてシャノンは、パンサーを実現したことを誇りに思っていい。この新プラットフォームがなければ、各チームがこのような販促キャンペーンを作り出すことはとてもできなかった。

パンサーはすでに各チームのデータ処理を大きく変えている。アップロードデータの誤りは自動テストによってすぐにキャッチされる。各チームは、全社のあらゆるデータに簡単にアクセスできる。また、新しいデータを簡単に追加して、全社の集合知を豊かにすることができる。その集合知は、新しいアイデアを試したり実験したりするために活用できる。マキシンが名前すら知らないような多様なツールを活用して、新しい報告書を作ったり分析を進めたりすることができるようになった。

マキシンが特に素晴らしいと思うのは、これらの発見や実験の結果もパンサーデータプラットフォームに書き戻すことができ、データが豊かになっていくことだ。学習の結果が可視化され、拡散していくのは、エリックの第3の理想、日常業務の改善を地で行くものだ。

マギーはさまざまな商品が入っているスライドを示して言った。「これ

は、私のアカウントのために作られたユニコーンのオススメです。ご覧のように、私の購買履歴を見て、スノータイヤとバッテリーが15%割引だということを知らせてきてます。私は実際にウェブサイトに行って両方とも買いました。必要でしたからね。これらは過剰在庫になっていた上に利ざやの大きい商品なので、我が社は利益を得てます」

マギーは笑顔で次のスライドを表示して言った。「そしてこれがウェス向けのユニコーンのオススメです。レーシングブレーキパッドと燃料添加剤の割引のお知らせがきてます。興味ありますか?」

ウェスが大声で「いいねえ」と答えた。

マギーが話を続けた。「この初期実験のすばらしい成功をもとに、私の提案を言わせていただこうと思います。私は予定通りお客様の1%に対するメールキャンペーンを実施し、どのような結果が得られるかを見てみたいと思ってます。そして、すべてがうまくいけば、ブラックフライデーで新システムを本格稼働させたいと思います」

マギーは、運用の責任者の方を見た。ビルは、「いいプランだと思います。ウェス、うちに止めた方がいい理由はあるか?」

ウェスが部屋の前方から「運用の立場からは、止めるべき理由は思いつかないな。大変な部分はもう終わってるし。クリス、ウィリアム、マーケティングにうまくいくって自信があるなら、俺はゴーサインだ」

マギーが歓声を上げて「みなさん、予定が決まりました。ぜひ成功させましょう!」と言った。

ほかの全員とともにマキシンも歓声を上げた。急に気になってあたりを見回したが、サラはいなかった。サラは何でも自分の手柄にしようというタイプであり、このようなときにはかならず顔を見せていてよいはずだ。彼女がいないことは逆に目立つ。マキシンは気になってしょうがない。

テストランからブラック
フライデー当日へ

　デモデーは祝賀ムードに包まれたが、ブラックフライデーの販促キャンペーンの準備が完全に整ったとはとても言えないことは全員がよくわかっている。マギーが言ったように、予定では、金曜日に本格的なキャンペーンを打つ準備が整っていることを確かめるために、ごく一部の顧客を対象としてテストランを実施することになっている。全顧客のちょうど 1% を対象として午前 11 時にキャンペーンを実施する。テストランは、全員が出社していて緊急事態が発生してもすぐに対応できる日中に行うことになる。テストランを通じてプロセスの脆弱性や弱点を見つけて金曜までに修正するのだ。

　マキシンからすれば、この決定ひとつを見ても、会社の仕事のしかたが大きく変わったことがわかる。2 か月前には、テストランは一切なかった。キャンペーン開始は深夜に予定され、チームは徹夜で出社していなければならなかった。

テストランに向けて

　午前 9 時に全員が戦略会議室に集まり、1% の顧客を対象とするミニローンチの準備のために細部の最後の調整を猛烈な勢いで進めていた。オルカチームは、顧客への提案の微調整をまだ終わらせていない。マキシンは、彼らがターゲットとなる顧客層の 1% をどのように選ぶかをまだ決めていないということを知って少し警戒モードに入っているが、オルカチームがパニックになっていないのに、彼女がパニックになるわけにはいかない。この数週間で彼らの間にはその程度の信頼感は育まれていた。

　顧客メーリングリストの 1% だけにメールを送るだけでも、大きな賭けだ。几帳面メンテナーや手遅れになりがちなメンテナーだけでなく、各セグメントの反応を知るためにすべてのペルソナに当てはまる 10 万人近くの顧

客にメールを送る。

　今でもまだ無数のことが問題を起こし得る。反応率が初期実験と比べてかなり低いということであれば、ユニコーン・プロジェクトに懸かっている希望や夢は消える。オススメに不適切な商品を入れたり、商品が在庫切れになっていたり、フルフィルメントで失敗したりすれば、顧客の怒りを買うことになる。

　このキャンペーンでは、パーツ・アンリミテッドで初めて行うことがたくさんある。メールがスマホで読まれたときにモバイルアプリが起動されるのは初めてであり、アプリで販促キャンペーンを展開するのも初めてだ。アプリをインストールしている人には、この期間限定のキャンペーンの通知が送られる。販促チームは、綿密に準備したメールよりもアプリの方が反応率が高くなるだろうと見ている。

　先週は、写真の内容やサイズ、フォント、コピー文を使ってオススメ商品のプレゼンのしかたを変えるなど、コンバージョン率を最大化する方法に焦点を絞ってモバイルアプリでさまざまな実験を繰り返した。実験から得られた教訓、学びは、メールキャンペーンでも考慮される。

　こういった実験の結果は、アプリ内での顧客のアクティビティとともにパンサーに記録され、次の実験や試行に反映される。こういったデータの量は膨大だが、アナリティクスチームはもっと多くのデータをほしがっている。データプラットフォームとしてのパンサーの評価はうなぎ登りだ。

　モバイルアプリチームは、表示やボタンの機能が適切であることを確認するため、また購入プロセスをできる限り簡略化するために、徹夜の作業を続けていた。彼らはクレジットカード番号の入力を求めたときに多くのユーザーが先に進むのを止めることを知っているので、スマホのカメラを使ってこの情報を入力するテクノロジーのライセンスを購入したり、ペイパル、アップルペイなどのカード以外の支払い方法を提供したりして、発注操作が途中で止まる割合をできる限り下げようと努力している。

　これだけの投資をしたことにより、モバイルアプリによる売上がモバイルブラウザーによる売上を大きく上回るかどうかは大きな賭けだ。もっとも、絶えず当然のこととして学習を続けている会社がする賭けなので、十分な情報を集めた上での賭けにはなる。

　〈でも、準備と練習の時間はもう終わり。実戦が始まる〉とマキシンは気

持ちを引き締めている。多くの技術チームがメンバーを招集し始めているが、ナーワルチームはすでに画面の前に全員が集まり、チェックリストの確認を始めている。ひそひそ声でひとりが項目を読み上げるのに対して、別のひとりが確認を返していく。こうすることにより、すべての部分が予想されるトラフィックを処理できることを確かめているのだ。ブレントのチームは、先週いっぱいかけてシステム全体のストレステストを実施した。そのため、システムの各所を絶えず壊していたが、そのあとに非難なしのポストモーテムを開き、全員で協力して修正方法を突き止めていた。これは、実際のローンチで問題を起こさないようにするための準備である。

　このような"カオスエンジニアリング"を実践した結果、意外なところが壊れることがあった。しかし、大きなローンチのためにできる限り万全な状態を作ろうとして全員が献身的に努力してきた。数日前には、提案生成プロセスの小さなテストランがクラッシュを繰り返したが、それは使っていた外部サービスの制限を増やしていなかったからだ。コスト節約のためにあらゆるものをスケールダウンする習慣が身についており、テスト前にそれをスケールアップするのを忘れたのである。

　マキシンは、〈まだいろいろなことを学ばないとエキスパートにはなれないわ〉と思った。

　人々がさまざまなチームの間を流動的に行き来しているため、ときどき誰がどのチームの仕事をしているのかが容易にわからなくなることがあった。エリックが予言していたように、どこに目標があるかを全員が熟知しているので、それらの目標を達成するためにもっとも適した形でチームが自然に組織されていくのである。マキシンは、人々がほかの人にどのように働きかけ、どのように対応するかを見ていてとても感心した。特につい2か月前のフェニックスの大々的なローンチのときと比べると大きな違いがある。開発、QA、運用、セキュリティーにデータとアナリティクスまで加えて、さまざまな部門の違いを越えて、敵ではなく仲間として、チームメイトとして日常的に共同作業をしている。彼らは共通の目的のために仕事をしている。かれらは学びと探求の長い道のりの途中にいることを理解し、ミスを犯すのはやむを得ないことだということを理解している。より安全なシステムを作り、継続的に改良を加えていくことが日常業務の一部と考えられるようになっている。

マキシンは、〈何週間も前にエリックが言っていた第3の理想、日常業務の改善とはこういうものだわ〉と思って見ている。

　データハブの開拓者的な実践のおかげで、コードは一日に何回もすばやくスムースに本番環境にデプロイされるようになった。ほとんどの場合、インシデントは起きず、何か問題があっても、すぐに解決される。問題に対して誰かが非難されたり、不当な懲罰を受けたりすることはない。ミニローンチ直前の今でも、成功を確実にするために最後の変更が加えられて本番環境にデプロイされている。

　20分前に、あるAPIがHTTPエラー"500"を大量に返してくることに誰かが気づいた。昨日、ユーザーに原因のあるエラーを表す"400"とサーバーに原因のあるエラーを表す"500"をうっかり取り違えたコードを誰かがコミットしたことは明らかだ。ウェスが関係者を招集し、ミニローンチまで1時間を切っているのに、修正のプッシュを決断したことにマキシンは驚いた。

　ウェスは、「修正しないままだと、このエラーのために本物のアウテージの重要な兆候を見落としかねないだろ。こういった1行の変更を安全にプッシュできることは、繰り返し証明されてるからね」と言った。

　この一件で特によかったのは、エラーに気づいたのがプログラマーで、修正をデプロイしたのも彼だったことだ。マキシンは、〈ついにプログラマーが信頼されるようになった〉と思った。1か月前なら、ウェスがこのようなことを指示したという話を聞いても決して信じられなかっただろう。

　何よりもよかったのは、プログラマーが調子に乗ってナーワルプラットフォームのデータの完全性を損ねるというマキシンが一番恐れていた事態がとうとう起きなかったことだ。開発チームは、放っておくと自分の周囲にあるものをよけて近道を通ろうとすることが多い。チームが偏狭で自己中心的だとそのようなことになる。マキシンはアーキテクトが必要になるのはそのためだと考えている。

　プログラマーたちが手抜きせずにバージョン管理されたAPIを使ってデータにアクセスしているので、システムはきちんと統制が取れた形に収まっており、チームは互いに独立して仕事を進められている。マキシンはほっとしただけではない。非常に満足している。彼らは、全体としてのシステムを最適化し、組織全体の安全を守りセキュリティーを確保することを考えてプ

ラットフォームを設計している。

ローンチ、そして…

　マーケティングのローンチコーディネーターが落ち着いた声で「メールとモバイルアプリへの通知を送ります。3、2、1、スタート。みなさん、始まりました」と言った。マキシンは時計を見た。午前11時12分。10万人の顧客にメールとモバイルアプリ通知が送られた。

　ローンチが12分遅れたのは、新たにふたつの問題が見つかったからだ。ひとつはナーワルシステムの設定上の問題で、もうひとつはキャンペーン対象のメールアドレスが多すぎたことだ。そのため、再計算とパンサーからのメールリストの再生成が必要になった。それでも、ユニコーンチームが、記録的な速さで新しいデータを生成、アップロードし、マキシンは親指を立ててシャノンをねぎらった。

　マキシンは、こういった小さな問題がローンチプロセスの最終段階で見つかったことに軽く苛立ちを感じながらも、リハーサルを設け、全員が戦略会議室に集まっているのはこういうことのためだとも思っている。この種の緊急呼び出しで必要な人は全員戦略会議室に集まっており、全員がそのことに納得している。ウェスと運用の主要なメンバーだけでなく、マギー、カート、各チームリーダー、その他多くの関係者がこの会議室に集まっている。

　マキシンはまわりを見回したが、今回もサラはいない。〈サラが何かよからぬことを企んでいるのでは？と思っているのは自分だけなのだろうか〉

　マキシンは、部屋のほかの全員が見ているものに視線を移した。壁にかかっている大きなモニターである。みなが固唾を飲んでそれを見つめていた。画面にはメールの数と注文ファネルをはじめとするさまざまなグラフが表示されている。商品ページを見た人、ショッピングカートに商品を追加した人、"レジに進む"ボタンを押した人、注文を処理した人、注文が届いた人の数が表示される。画面下部には、どこでもっとも多くの脱落者が出たかと注文数、計上した売上が表示される。

　これらのグラフの下には、技術的な性能指標が表示される。さまざまな計算クラスターのCPUの負荷、サービスとデータベースが処理したトランザクションの数、ネットワークトラフィックなどだ。

パンサーによって実現された膨大計算によるスパイクがいくつか見られるものの、まだほとんどのグラフはゼロである。CPU のグラフのなかには 20% に達しているものもあるが、それはマシンがスリープ状態にならないようにするためのサービスによるものだ。何度も行ったローンチのリハーサルのなかで、主要システムがスリープに入り、再度目覚めてスケールアウトするまで 6 分もかかってひやりとしたことがある。

何も起きない。1 分経過、2 分経過。今回のローンチはまったくの失敗に終わったのだろうかと心配になってきた。インフラでなにか恐ろしいことが起きたのか。それとも、何かの間違いでメールが届かなかったのか。的外れの商品を勧めるというもっとも恐れていた事態が発生し、雪が降らない地域の人々にスノータイヤを勧めてしまったのか。

商品ページのグラフが急に 10、20、50 と伸びだしたのを見て、マキシンは安堵の息をついた。

みなが歓声を上げた。もちろん、マキシンもだ。マキシンは、今はインフラがフェニックスのリリースのときのように崩壊しないようにと祈りながら技術指標の方を見ている。CPU の負荷がすべてのクラスターで上昇し始め、処理が実際に進んでいることがわかるとまたほっとした。

数分後、注文ファネルのさまざまな段階に約 5 千人の人々がいることが表示された。数値が上がっていくのを見て、マキシンはここまではまずまずだと思った。発注数が 10、20 と伸びていくのを見て、また人々が歓声を上げた。このキャンペーンによる売上が千ドルを越えたのだ。マキシンの気持ちも高揚した。

すべてが設計通りに動いている。マキシンは、部屋のあちこちから散発的に小さな拍手喝采が起きるのを笑顔で聞いているが、ずっとグラフを見つめている。そして額にしわを寄せた。処理が終わった注文のグラフが 250 で止まって動かない。注文のグラフも止まっているかどうかを見たが、こちらはまだ上昇している。テレビのまわりに多くの人が集まり、止まったグラフを指さしている。

なにか問題が起きたことは間違いない。

ウェスが大声で「ちょっと静かにしてくれ」と大声で怒鳴った。数秒黙っていたが振り返って「誰かウェブとモバイルアプリで商品を注文して何が起きているか教えてくれ。何かの原因で注文が先に進まなくなってる」と言っ

た。マキシンはもう自分のスマホでアプリを開いていた。"カートに入れる"ボタンを押すと驚いて目をぱちくりさせた。すぐに「iPhoneでカートに商品を追加しようとするとモバイルアプリがクラッシュします…、クラッシュして消えます」と叫んだ。

部屋の反対側からも声がした。「ちくしょう、Androidではエラーメッセージが出る。"エラーが起きました"っていうダイアログが表示されてる」

マキシンの隣りにいたシャノンが叫んだ。「ウェブのカートがエラーを起こしてます。ボタンを押したあともウェブページは残ってますが、中身が空です。商品が出荷可能かどうかを問合せてるときにバックエンドの何かがエラーを起こしてると思います」

ウェスが部屋の前方から「ありがとう、シャノン。画面を #launch チャネルに入れてくれ。いいか、みんな、よく聞いてくれ。クライアントプラットフォーム全部でエラーが起きてる。シャノンの考えでは、バックエンドの呼び出しでエラーが起きてる。たぶん、"契約可能"APIか"出荷可能"APIあたりだろう。ほかに何かあるか?」

マキシンは戦略会議室を仕切ってるのがウェスでよかったと思いながら、すぐに行動に取り掛かった。〈確かにウェスは気難しいけど、この部屋の誰よりもたくさんアウテージを処理してる。こういう風に重大な意味を持つローンチだと、経験を積んでるかどうかがとても大きいわね。私たちプログラマーはプログラミングなら得意だけど、運用の人たちからすれば、こういった危機を相手にするのは日常の一部なんだもんね〉

シャノンの仮説が正しいことはすぐに確認できた。問題を起こしていたのは、注文入力バックエンドシステムだった。このクラスターのすべてのシステムのCPU使用率が100%になっていたのだ。しかも、壊れたシステムは、会社の主要な財務処理を行っているメインERPの一部だった。このシステムは30年以上前から使われており、15年近く前のバージョンで固定されていた。かなりカスタマイズしたのでアップグレードできなくなったのだ。少なくとも5年ごとには新しいハードウェアに入れ替えていたが、CPUコアを増やして高速化するのは容易ではない。

わずか1%の顧客を対象とする販促活動でもこのシステムが止まってしまうことは明らかだ。クエリーの処理に時間がかかるようになると、クライア

ントのリクエストはタイムアウトになる。するとそういったクライアントは
クエリーを再送し、バックエンドデータベースにはさらに多くのリクエスト
が送られてくる。

ウェスが「サンダーハード問題か」とつぶやいた。サンダーハード問題と
は、クライアントからのクエリーの再送によってサーバーが落ちることだ。
「バックエンドには手を付けられない。クライアントに再送をやめさせる方
法はないかな」

ブレントが「モバイルアプリは変えられないけど、e コマースサーバーな
ら再送までの待ち時間を伸ばせるよ」と答えた。ウェスはブレントとマキシ
ンを指さして「そいつをやってくれ」と言った。

マキシンとブレントは、e コマースチームと協力してすべてのウェブサー
バーに新しい設定ファイルを送り込んだ。これらの変更を本番環境にデプロ
イするまで 10 分もかからなかった。

幸い、これで障害は回避された。マキシンは、データベースのエラー率が
下がり始め、処理が終わった注文の数は再び増え始めた。それからの 2 時
間の間にもいくつかの問題が起きたが、マキシンとブレントが処理しなけれ
ばならなかった " 契約可能 " API を処理するサーバーの問題よりも重大なも
のはなかった。

ハッピーサンクスギビング

それから 45 分後、発注数 3000、収益 25 万ドルという目標に到達した
が、注文はまだどんどん増えていた。マギーはいつの間にか抜け出していた
らしい。2 時間後、マギーはシャンパンのボトルを抱えた人を多数引き連れ
て部屋に入ってきた。マギーがそのなかの 1 本の栓を抜き、グラスに注い
でいった。そして最初のグラスをマキシンに渡した。

全員の手にグラスが渡るとマギーはにこにこして自分のグラスを掲げた。
「みなさん、本当にありがとう。すばらしい日、すばらしいチームに感謝し
てます。ここで早い段階での成果をご紹介しましょう。とてもすばらしいで
す。お客様は今も続々とキャンペーンにやって来てます。しかし、現時点で
の集計でも、1/3 くらいのお客様がキャンペーンに参加してます。これは間
違いなく史上最高のコンバージョン率で、今までの最高と比べて少なくとも

5倍の数字です」

　マギーはスマホを取り出して画面を覗き込んだ。「我がチームが計算した早い段階での集計がここに届いてます。メールや通知を受けた人々の20%以上がオススメ商品を見に来ており、そのうちの6%以上が購入しています。こんな数字は見たことがありません。この成果を実現するために力を注いでくれたここにいらっしゃるすべてのみなさんに感謝したいと思います。

　しかも、私たちのオススメ商品はどれもマージンが高く、売れなければ倉庫の棚でホコリをかぶっていたはずのものです。ですから、今日の一つひとつの売上は、我が社の利益に大きく貢献します」マギーは歓声を上げ、グラスを飲み干した。全員が笑って同じようにグラスを飲み干した。

　マギーが言った。「以上の結果から、顧客ベース全体に向けたブラックフライデーのユニコーン販促キャンペーンは当然ゴーサインです。今紹介したテストキャンペーンと同じような結果が得られれば、万々歳のホリデーシーズンになります。

　おっと、今の話はインサイダー情報ですからね。この情報を知りながらパーツ・アンリミテッド株の売買をすれば、刑務所行きですよ。CFOのディック・ランドリーが言ってました。就業規則に従い、彼はインサイダー取引の当事者の訴追に協力するから覚えておくようにと」

　そこまで言ってマギーは笑顔になった。「しかし、こういう話をするくらいですから、ブラックフライデーは圧勝間違いなしです」

　マキシンを含む全員が再び歓声を上げ大きく笑った。マギーがみんなに静かにしてくれというサインを送り、カートとマキシンにあいさつをするよう促した。マキシンは笑ってカートに行けというサインを送った。カートが「みなさん、すばらしい仕事をありがとう。とても誇りに思います。マキシン？」

　マキシンは何も言いたくなかったが、逃げられないところまで追い詰められてしまったので、立ち上がってグラスを掲げた。「昔ながらの強力な秩序ですばらしい技術力を見せつけた反乱軍のみなさんに乾杯！」

　全員が再び歓声を上げ、笑った。その声が落ち着いたところで、マキシンが言った。「今日の喜びはこれまでとしましょう。ブラックフライデーには、間違いなく今日の100倍の負荷がかかることが予想されます。今まで経験したことのないような問題が山ほど出てくるでしょう。それまでは、無

理せず身の丈に合った仕事をしましょう。どうすればもっともいい状態でブラックフライデーを迎えられるか考えませんか」

カートが付け加えた。「明日はできる限り多くの人に定時で帰ってもらうようにしたいと思います。木曜はサンクスギビングデーですからね。それじゃあ仕事に戻りましょう。それから、金曜日はローンチのサポートのためにみなさん早く出社してください」

彼らは予想外にデリケートなバックエンドサーバーを守るために、システムにアクセスが集中しないよう、メールとモバイルアプリの通知を少しずつずらして送ることにした。ブレントがトランザクションのレート制限をするようにロードバランサーを設定し直すというアイデアを出した。こうすると、モバイルアプリやeコマースサーバーにエラーが出るが、バックエンドシステムを再びクラッシュさせるぐらいなら、この方がまだよいということで全員が納得した。

ブレントが言った。「これで行こう。うまく仕事を終わらせて、サンクスギビングに間に合うように帰れると思うよ。ハッピーサンクスギビング！」

ブレントの予想通り、翌日の仕事は5時までに終わった。ごくわずかの例外を除き、人々は帰宅し始めた。マキシンは帰りそびれた人たちを家に向かわせようと職場を巡回した。何しろサンクスギビングの前日であり、マキシンも5時半までには帰宅したいと思っていた。あのブレントさえ帰宅させられたのは自慢できることだ。

データアナリティクスチームは帰れないでいた。1%を対象とするテストで大成功が証明されたので、彼らは金曜までに数百万の顧客のためのオススメ商品の生成を終わらせなければならなくなった。パンサーに対する計算負荷は上がる一方で、彼らはナーワルデータベースの販促データを更新し続けていた。マキシンは、笑いながら〈クラウドコンピューティングプロバイダーからはすごい額の請求書が来るだろうけど、それ以上に大きな売上が上がればマーケティングで文句を言う人などいないはずだわ〉と思った。

マキシンはカートにさよならを言うために部屋に入りかけたが、サラがカートにがんがん文句を言っているのを見て足が止まった。

「…5時を過ぎてからこの建屋を歩いてみたけど、ほとんど誰もいないじゃないのよ。カート、うちの会社はなくなるかどうかの瀬戸際なのよ。そういう状況がわかってるのかしら？ 全員に全力で働いてもらわないと困るの

よ」サラは義憤にかられているという風情でまくしたてている。

「強制的に残業させなさいよ。ピザを買ってやれば喜んで会社に残って仕事するはずよ。それだけじゃないわ。座って本を読んでる連中も見かけたけど、あれは何? 本を読ませるために給料を払ってるわけじゃないのよ。仕事させなさいよ。そういうことをはっきりさせなさいよ。わかった? カート!」

カートは無表情なまま答えた。「それはクリスに言ってください。私の権限では、職場で本を読むことを禁止できません」サラは憎々しげにカートを睨むと、嵐のように去っていった。

カートはマキシンに気づき、首をつって死にたいよというジェスチャーをした。「まったく何を考えてんだろうね。プログラマーはただタイプしてろって思ってるみたいだ。考えて業績を上げてもらうために給料を払ってるんじゃないのかね。会社は社員が学ぶことによって勝利を収めるんだよ。給料を払って学んでもらって何が悪いんだ? 職場で本を読むことを禁止するなんて考えられるかい?」カートは笑って頭をかきながら言った。

マキシンはただカートを見つめていた。サラの考え方は、第3の理想の業務改善や第4の理想の心理的安全性に対するアンチテーゼのようだ。マキシンは、安心して冒険できて、間違えながら学習し、発見、イノベーション、学習のための時間が作れるような文化を築かなければ、彼らが勝ち取ったものは勝ち取れなかったはずだと思っている。

マキシンは笑顔で「カート、私には異論はないわ。サラを納得させられたら教えてね」と言い、「ハッピーサンクスギビング」と言ってカートに手を振った。

マキシンはすばらしいサンクスギビングを過ごした。こんなことは父親が亡くなってから初めてのことだ。ブラックフライデーの準備作業の状況を知るためにこっそりスマホを覗いてはいたものの、家族全員との時間を楽しんだ。

サンクスギビングで一番のできごとは、大きくなって18キロ近くなったワッフルズがみんなの目の前でテーブルの上の大きな七面鳥をつかんで食べたことだ。マキシンはそれを見てぞっとした。ジェイクがこんなことは初めてだと言った。

パーティーのあとはみんなで後片付けをして、マキシンは早く寝た。翌日は早朝に出社しなければならない。

いよいよ本番

　午前3時半には、マキシンはほかのチームメンバーとともに出社していた。ITチームは、数時間後に始まるアクセスのサージに備えて、すでにローンチのチェックリストを潰す作業に入っていた。第1会議室に入りきれないITメンバーのために第2会議室も手配してある。今回は火曜に行った1%の顧客に対するテストよりもずっと大規模なイベントだ。会議室はどれも、テーブルをU字形に並べて30人ほどの人が座るという同じような形になっていた。マキシンはまず第2（IT）戦略会議室に入った。

　第2戦略会議室には、ナーワル、オルカチーム、その横にモニタリングチーム、さらにウェブフロントエンドチームとモバイルチームが並び、商品、料金、発注、フルフィルメントを担当するさまざまなバックエンドサービスチームが並んだ。チャットルームにはその他非常に多くのITチームがスタンバイしている。

　顧客に商品を示し、注文を受けるという一連の流れのなかでこれらのサービスはシームレスに（サービスの境界を感じさせることなく）連動しなければならない。壁の大きなテレビモニターには、ウェブサイトへの訪問者数、商品のトップページのアクセス数などの統計、部屋にいるすべてのサービスが報告する健全性チェックと最新のエラー情報が表示される。

　第1戦略会議室には、これらの技術指標の一部が表示される第2のテレビが設置されている。そして今日は、ビジネスとITのリーダーの一部、ユニコーン、販促チームの全メンバー、さらには財務、経理の人々も集まっている。関係のあるすべての人々がここでキャンペーンの推移を見つめている。

　午前4時半になり、マキシンは、カート、マギーと第1戦略会議室のなかを巡回した。困っているメンバーを探したが、みんな自分がすべきことをしているようだった。関わっても邪魔になるだけだ。キャンペーン開始まであと30分に迫っていた。

　ここにはサラもいた。マキシンからわかる範囲では、彼女はあるオススメ

商品の料金と宣伝文について誰かにくどくどと文句を言っているようだった。

マギーがそのなかに入って、困ったという表情で「提案は完全なものにすべきだということは私も同じですが、変更していいのは昨日までです。非常に多くの人々に送り出そうとしている提案の文面に手を入れるのはリスクが高すぎます。ローンチが1時間遅れかねません」と言った。

「あなたにはこれでいいのかもしれないけど、私にはいいとは思えないわ。直しなさい、今すぐに」サラがそう言って話は終わった。

マギーはため息をつき、そこから離れてカート、マキシンのもとに再び合流した。マギーはあきれた様子で「文面に変更を加えなきゃならなくなったわ。ローンチは少なくともあと1時間、間違いなく遅れるわ」と言った。

カートは「隣のITチームに言ってくる」と言って険しい表情で部屋を出ていった。

1時間後、キャンペーンの準備は再び整った。マギーが部屋の前方から「異論がなければ午前6時にローンチしましょう。15分後です」

いよいよローンチが始まり、マキシンはほかの人々とともに第1戦略会議室で大きなテレビモニターを見ていた。2分もたたないうちに、1万人を越える人々がウェブサイトにアクセスし、注文ファネルに入っていった。サイトへのアクセス数はどんどん増えていった。CPUの負荷は上がりだし、テストローンチのときよりもずっと高くなった。

成約数が500を越えたところで拍手が沸き起こった。マキシンは、このローンチによって動いている顧客層の規模に驚いていた。

マキシンは固唾を飲んでモニターを見ていた、システムをハードニングするための身を削るような努力が実を結び、このローンチが退屈なものになることを願いながら。注文数がだんだん上がっていく…そしてまっすぐな横線になった。火曜と同じように。

マキシンは、「まずい、まずい」とつぶやいた。またどこかが問題を起こしている。注文ファネルの同じところだ。何かのためにカートの注文を確定できなくなっている。

ウェスが大声を上げている。「ショッピングカートでどんな問題が起きているのか誰か言ってくれ。関係のあるデータかエラーメッセージを持っているやつはいないか？」

今回も最初に声を上げたのはシャノンだった。マキシンは、いつもシーンの最初に現れるシャノンの異能に感心していた。「ウェブのショッピングカートがエラーを起こしてます。フルフィルメントのオプションが表示されません。フルフィルメントサービスにエラーが起きてると思います。チャットルームにスクショをポストしました」

　部屋の反対側から、「iPhone もまたクラッシュしてます」と叫んだ。ウェスとモバイルアプリの開発マネージャーが確認した。

　突然、マキシンの耳に何も入らなくなった。データハブが問題を起こしているのではないかが急に気になりだしたのだ。マキシンがこの可能性について考え尽くす前に、モバイルチームの誰かが声を上げた。「ウェス、"レジに進む"ボタンを押したらアプリがクラッシュしました。買った商品の明細を表示しなければならないところです。バックエンドサービスへの呼び出しがタイムアウトを起こしたんじゃないでしょうか。こういうことが起きそうな場所はすべてフィックスしたはずでしたが、何か見落としがあるに違いありません。どのサービスコールが問題を起こしているのかを調べてます」

　マキシンがトムにひそひそ声で「それがデータハブへの呼び出しってことはあるかしら」と尋ねた。

　トムは考えながら、「うーん、わかりませんね。モバイルアプリからの直接呼び出しはないと思いますが」と言った。

　マキシンは自分のラップトップで本番環境のデータハブサービスのログを見た。自分で見られるようになってよかったと思いながら、異常なところを探した。注文イベントがふたつ入ってきており、それらはほかのビジネスシステムに対する 4 つの呼び出しを生成しているが、どれも成功しているようだ。

　何もないということがはっきりしたところで、マキシンは騒がしい部屋の前の方に注意を引き戻した。そこではウェス、カート、クリスが議論している。議論がヒートアップしているのを見て、マキシンもそこに混ざった。ウェスが「…じゃあ、どのサービスがエラーを起こしてるんだ?」と言っている。

　クリスとカートがしばらくああでもないこうでもないと言っているので、ウェスはしびれを切らしたらしい。部屋全体に向かって誰よりも大きい声で言った。「みんな聞いてくれ。ショッピングカートを引っ張り出して注文を

確定させるまでのトランザクションパスのどこかで何かが壊れてる。マキシン、トランザクションとサービスコールの名前を言ってくれ」

急に指名されてびっくりしたが、マキシンはすぐに思いついた 11 個の API とサービスコールをすらすらと答えた。ブレントがさらに 3 個を追加した。「ありがとう。マキシン、ブレント」ウェスが言った。

そして部屋全体に向かって「みんな、今挙がったサービスコールがそれぞれ動作してることを証明してくれ」

数分後、彼らは問題が起きている場所を見つけた。顧客がショッピングカートを表示しようとすると、注文明細、支払い方法、配送方法が表示される。顧客は、これらが正しければ注文ボタンを押す。

モバイルアプリやウェブでこのページを表示するとき、注文者の位置情報に基づき、翌日到着の航空便か陸送か、UPS やフェデックスなどの配送業者をどこにするかなど、どの配送方式が使えるかを判定するために、バックエンドサービスが呼び出される。

このバックエンドサービスは、配送業者の外部 API を呼び出すが、そのうちの一部がエラーを起こしているのだ。ブレントの推測によれば、配送業者は今までパーツ・アンリミテッドから今日のように多くのクエリを受け取ったことがないので、そういった業者のどこかが呼び出しにレートリミットをかけているのではないかということだ。

マキシンは、ごく簡単なものに見えていたサービスがローンチ全体をめちゃめちゃにしていることが信じられなかった。彼女は笑顔に戻り、このことをメモに書いた。〈ミッションクリティカルなシステムでは、決して外部サービスに依存してはならない。外部サービスが落ちているときや外部サービスに切られたときに穏便に処理できる方法が必要〉マキシンは、きっとこれが新しい標準になると思っている。

マキシンは部屋の前方に集まっている IT チームのリーダーたちのグループに混ざった。「出荷 API がエラーを起こしたときには、陸送オプションだけに絞ってみたらどう？ この方法ならいつも使えるわよね？」

フルフィルメントサービスチームのリーダーがうなずき、ウェス、マギーと細部を調整した。彼らは、一部の配送業者からの情報が得られない場合には、陸送だけを表示するということを即時実施で決定した。

顧客からすれば、エラーページが表示されるくらいなら、注文が受け付け

られてゆっくり送られてくる方がましだ。

チームリーダーが「プログラム変更をプッシュするまで10分から15分ください。状況は細かく報告します」と言って、外に駆け出していった。

相次ぐ問題

10分後、フルフィルメントチームがフィックスを本番システムにプッシュすると報告してくるのを待ってマキシンは同じところを行ったり来たりしていた。報告が届いたら、全員がハイタッチして喜び合うはずだ。しかし、まだその報告を待っている間に、誰かが声を上げた。「ウェス！ウェブサーバーのページリクエストがタイムアウトを起こして、フロントエンドサーバーがクラッシュしています。"404"エラーじゃありません。2台のサーバーがリブートしてクライアントが"接続不能"エラーを起こしています」

マキシンはダッシュボードを見て、起きていることにショックを受けた。ウェブサーバーファーム全体でCPUの使用率が100%になり、一部はハードクラッシュを起こしてまったく機能しない。ページのロード時間は700m秒から20秒以上に延びた。これは永遠にロードされないのと同じだ。そして、ロード時間はまだまだ延びている。

こうなると、ページリクエストが処理されず、ウェブサイトに来た人の一部には何も表示されなくなる。

ウェスもグラフを見つめていたが、自分のスマホでウェブページのロードを試した。そして「確認した。俺のモバイルブラウザーには何もロードされない。ウェブサーバーチーム、何が起きてるんだ？」と大声で言った。

カートが「彼らは隣の部屋」と言い、マキシンが「行って聞いてくるわ」と言った。

それからの10分間、彼らは問題がどれくらいひどいかを検討した。記録的な数の人々がeコマースサイトに来ているが、彼らはそれを予測していた。ブレントが手製の爆弾でサイトを壊していたのは、システムが重い負荷に耐えられるようにするためだ。

しかし、何か重要なものを見落としていたことは間違いない。彼らは、実際のユーザーがサイトに来るところをテストしてなかった。彼らはプロフィール情報からオススメ商品を見せられてサイトにやってくる。この部分は、

先週作ったばかりの新しいコンポーネントだった。このコンポーネントはロボットからは見えず、システムにログインした本物の顧客だけがアクセスする。

　本物の顧客がサイトに来ると、このコンポーネントがフロントエンドサーバーから大量のデータベースクエリーを実行する。そして、この部分はこのような規模ではテストされていなかった。今、そのフロントエンドサーバーが今までに経験したことのない負荷により、砂上の楼閣のように崩れ落ちている。

　ウェスが部屋の前の方から言った。「このフロントエンドサーバーを生かしておくためのアイデアを出してくれ。どんなに突拍子のないものでもいい」

　問題の大きさは誰の目にも明らかだった。外部からのトラフィックの70% はウェブ経由でやってくる。注文ファネルの最大の部分は依然としてウェブであり、ウェブが落ちたままならブラックフライデーの売上目標は達成できなくなる。

　誰かが「ローテーションにサーバーを追加しましょう」と言うと、ウェスはすぐに「やろう！　いや、ブレント、お前じゃない。お前はここにいろ。誰かほかの人間がやってくれ。…ほかにアイデアはないか？」と言った。

　ほかにもアイデアがいくつも出されたが、ほとんど全部はすぐに却下された。ブレントが「この異常なまでのサーバー負荷の原因はオススメコンポーネントだから、トラフィックが落ち着くまで無効化してみたらどうだろう」と言った。

　マキシンは言葉には出さなかったが不満だった。自分たちががんばったのはこのコンポーネントを動かすためだった。なのに、今はサイトを落とさないようにするために、このコンポーネントを落とさなければならないという。

　ウェスが「面白い。できるかできないか、どうだ？」と言った。

　マネージャー、テクニカルリーダーたちとマキシン、ブレントが集まってブレーンストーミングした。結論は、HTML ページのオススメコンポーネントの部分をコメントアウトしてアクセスできないようにすることだった。力ずくの方法だが、プログラム変更が不要なので、マキシンはいいと思っている。フロントエンドチームのリーダーが「10 分未満で HTML ページを書

き換えて、全部のサーバーにプッシュしてみせましょう」と言うと、ウェス
が「頼むぞ」と言った。

　マキシンは、ふたりのエンジニアが慎重にHTMLファイルを書き換える
ところを肩越しに見ていた。彼らが慎重に作業していたのは、HTMLでミ
スを犯すと、プログラム変更と同じくらいウェブサイトが破壊されてしまう
からだ。作業が終わると、いっしょに内容をチェックし、変更後のHTML
ページをソースコントロールシステムにコミットし、本番環境へのプッシュ
を始めた。

　ところが、意外にも3分たってもフロントエンドサーバーのパフォーマ
ンスはまったく変わらなかった。変化が起きるのをずっと待ち続けたが、サ
ーバーは死んだままだった。「どうしたんだろう」HTMLを書き換えたエン
ジニアたちは、明らかに平静を保とうと努めながら、繰り返し変更後の
HTMLファイルがブラウザーにロードされているのを繰り返し確かめた。

　マキシンが大声で言った。「あなたたちが書き換えたHTMLがサイトから
送られて来ているのは間違いないわ。きっとオススメコンポーネントが表示
される別ルートがあるのよ」

　ウェスが彼らの後ろで様子を見ながら言った。「みんな、新しいHTMLフ
ァイルが本番システムにプッシュされたけど、まだCPUの負荷が下がらな
い。どこか別の場所でまだオススメコンポーネントが表示されてないかどう
か確かめてくれ。仮説とアイデアを出してくれ！」

　それから4分後に、オススメコンポーネントにつながっている場所がも
うひとつあることがわかった。マキシンは別のHTMLファイルが書き換え
られて本番システムにプッシュされるのを見守っていたが、60秒後にCPU
の負荷が30%下がったのを見てほっとした。

　ウェスが「みんなおめでとう！」と言ってから、笑顔を作り直して続きを
言った。「でも、サーバーを活かし続けるためにはこれだけじゃ不十分だ。
負荷を減らすためにほかにできることはないか？」

　さまざまなアイデアが出され、大半はすぐに却下されたが、一部はすぐに
実行に移された。よく表示される画像をローカルウェブサーバーから外して
CDN（コンテンツデリバリーネットワーク）訳注1に移すと、サーバーの負荷は
さらに50%下がった。この作業にはほとんど1時間もかかったが、サイト
が落ちるのを防ぐためにはこれで十分だった。

その後も同じような感じで一日が過ぎていった。大小さまざまな問題が起き、複数の問題が同時に起きていたときもあった。彼らは自分たちが作り、極端な条件のもとでも運用し続けなければならなくなった巨大で複雑なシステムに対する自分たちの理解がいかに不完全なものだったかを思い知らされた。まるでもうポストモーテムを開いたかのように。

時間はどんどん過ぎていった。英雄的な行動でシステムを動かし続けることができたときには、疲労のなかにも笑顔が戻り、ハイタッチが起きた。成約した注文の数はどんどん増え続けた。午後3時頃をピークとして送られてくる注文の数が減り始めると、最悪の事態はもう起きないのではないだろうという空気になり、マキシンもほっと一息ついた。

マキシンは、奇妙なことに苦々しげなサラが傍観者的な位置にいるのをちらりと見かけたが、あまり気にならなかった。マキシンは、自分たちのチームがさまざまな危機に直面しても、すばやく軌道修正してうまく乗り切り、学習を深めたことを誇りに思っている。そして、これらの試練は、ユニコーン・プロジェクトがブラックフライデーの販促キャンペーンを大成功に導いた結果生まれたものであり、むしろすばらしいことなんだということを全員が理解している。

4時までに最悪の事態はもう来ないことがはっきりした。注文関連のトラフィックは相変わらず非常に大きかったが、ピーク時と比べれば50%以下だった。緊張感が消えた証拠に、ウェスはユニコーンと大きな炎が描かれたパーツ・アンリミテッドの野球帽をかぶっている。大声で笑いながら、まわりの人々と冗談を言い合って、通りかかる人々に帽子を配っている。

祝杯のワイン

5時少し前にマギーが部屋の前に出てきた。そして、彼女の部下たちがプラスチックのコップを配ってシャンパンを注いでいった。全員にコップが行き渡ると、マギーは「みなさん、すばらしい一日でした。成果は見事なものです」と言った。

訳注 1: ウェブコンテンツの効率的な配信のために最適化されたネットワーク。各地のサーバーにコンテンツのコピーを置き、利用者をもっとも近いサーバーに接続させるなどの方法でコンテンツが効率よく配信されるようにします。

みな歓声を上げ、マキシンはグラスを飲み干した。彼女は疲れ切っていたが、今日達成されたビジネス上の成果を聞くまで待っていられなかったのだ。

マギーが挨拶をした。「今回は我が社としては今までで最大のデジタルキャンペーンでした。今日以上に多くのメールを送ったことはありません。モバイルアプリの通知もそうです。反応率は最高で、コンバージョン率も最高でした。ほかのどの日よりもこの一日の売上から得られたマージンは最高額に達するはずです。ユニコーン・プロジェクトがこれを成し遂げたのです」

マキシンは、まわりの全員とともに笑って大きな歓声を上げた。

マギーの話は続いている。「最終的な数字が確定するのは数日先になりますが、私の後ろの画面に表示されているように、今日だけで2900万ドルを越す収益が得られています。昨年の記録を大きく上回りました」

マギーは部屋を見回した。歓声が再び上がる。そして、ゆったりとした口調で話を続けた。「今日はパーツ・アンリミテッドにとって大きな分水嶺になります。私たちが何年も前から目指してきたところに今日やっとたどり着くことができました。今回わかったのは、馬でもユニコーンになれるということです。今回の快挙は多くの人々の注目を集め、私たちのビジネスは夢のように大きくなるでしょう。私たちは優れたビジネスチームとIT チームが力を合わせればどんなことが実現できるかを示し、経営陣の夢と目標、志を大きく引き上げました。

もっと大きなこと、もっとすばらしいことが実現するのは、これからです。しかし、とりあえず私たちは全員、祝福する権利を獲得しました。ウェスがもう祝賀会をしても大丈夫だよと言ってます。カートとマキシン、こっちに来て何か言ってください」

カートがマギーの横に合流し、笑いながら前の方に出ておいでとマキシンを手招きしている。カートは「私たちが販促チームをサポートしたIT チームです。私たちは大きなリスクを背負い、この会社で今まで成し遂げられなかったことを成し遂げました。マギーが今言ったように、私たちは会社の業績を大きく左右する可能性を秘めています」

カートは何か話せというようにマキシンの方を向いた。マキシンはしばらく部屋全体を見回してから言った。「私はこの取り組みに参加できてとても光栄に思っています。カートが言った通り、私たちはここに来るまでに大き

なリスクを背負ってきましたし、その過程で非常に多くのことを学んだと思います。私がフェニックス・プロジェクトに放り出されてきたのはわずか2か月前のことですが、私たちがこの2か月の間に成し遂げてきたことの大きさには信じられない思いがします。ユニコーン・プロジェクトは、私が今までにしてきた仕事のなかでももっとも実り多く楽しいもののひとつです。

　今日、みなさんと成功を祝福するのが待ち遠しくてしかたありません。カートがドックサイドで飲み物を買ったという話も聞いてますからね。でも、その前にひとつ言わせてください」

　マキシンは、人々の歓声が止むのを待ってから話を続けた。「今日私たちが成し遂げたことは最高ですばらしいことですが、まだまだしなければならないことがたくさん残っています。私たちは基本的にクーポン券による販促活動を覚えたブロックバスター[訳注2]に過ぎません。これだけでパーツ・アンリミテッドを救えると思ったら、大間違いです。

　マギーが言ってる通りだと思います。私たちは本当の戦いを始めたばかりなんです。まだデス・スター[訳注3]を吹っ飛ばしたわけじゃありません。全然違います。デス・スターはまだあるのです。今日、私たちはやっとXウィングの操縦方法を覚えたといったところです。この世界にはまだ山ほど危険があります。しかし、私たちはついにこの戦いに勝つための道具、文化、技術的優位性、リーダーシップを手に入れました。私たちが決してブロックバスター、ボーダーズ（書店）、トイザらス、シアーズ（百貨店）[訳注4]ではないことを証明したいと思います。そのために早く第2章に進みましょう。私たちはリテールアポカリプスの新たな犠牲者ではなく、勝者だということを証明する第2章です」

　言いたいことを言ってマキシンが顔を上げると、みんなが青ざめた顔で彼女を見ていた。〈しくじった、こういった話はドックサイドのプライベートなやり取りですべきものだった〉と後悔していると、マギーの声が聞こえた。「みんな、マキシンの言う通りよ。スティーブやサラとともに、私も同じことを言いたいと思います。ラウンド2が待ち遠しいわ！」

　みんなに笑いが戻り、拍手と歓声が沸き起こった。マギーがとりわけ大き

訳注2: 倒産したビデオ・DVD レンタルチェーン。
訳注3: スターウォーズに出てくる敵の宇宙要塞。
訳注4: これらは全部大会社ですがすべて倒産しています。

な声を出していた。サラが話題に上ったので、マキシンはまわりを見回した
が彼女はどこにもいなかった。マキシンは〈これはとても嫌な兆候だわ。普
通なら、サラは自分の手柄を主張するか、何かがうまくいかなかったことに
ついて誰かを攻撃するはずよ〉と思ったが、気持ちがとても浮き立っていた
ので、それ以上気にしなかった。

　ドックサイドに最初に着いたのはカートとマキシンだった。ここにすぐに
集まる大人数のために、彼らはテーブルをくっつけ、ビールのピッチャーを
たくさん注文した。カートはマキシンをまっすぐに見て言った。「ところ
で、ちょうどいいタイミングだから言うけど、あなたが今までにしてくれた
すべてのことにとても感謝してるよ。あなたがいなけりゃ今回のことは実現
しなかった。あなたが現れて反乱軍は変わったんだ」
　マキシンは笑顔になって答えた。「カート、とんでもないわ。私たちはす
ばらしいチームになったわね。この流れに呼び込んでくれたあなたに感謝し
てるわ」
　人々が列をなして店に入ってくる頃には、彼女は席について心からワイン
を楽しんでいた。エリックが、マキシンには友人のワイン工場のとっておき
のワインを出すようにバーテンダーに指示していたのを2週間前に知った
ばかりだ。
　マキシンはこのボトルを何本も買おうと思ったことがあったが、値段を知
って止めた。ここで彼女に出すときにはエリックが思い切り割引してくれて
いたのだ。マキシンは、特別な日に夫と飲むためにボトルを1本買った。
　マキシンがワインのことを考えていたのを知っていたかのようにエリック
が近づいてきて、彼女の隣りに座って言った。「おめでとう。今日はいい仕
事だったね。今度は、実験と学習が全員の日常業務の一部になってる躍動的
な学びの会社にならなきゃ未来はないってことをスティーブとディックに教
えなきゃならないね。製造担当VPだった頃のスティーブは、数百人の行員
たちの提案が現場に取り入れられて、安全性が向上し、苦痛が減り、品質が
上がり、フローがよくなったことをとても自慢してたもんだけど、それを考
えると何か面白いね。あれも継続的な実験の一形態だからね。プロジェクト
マネジメント室の横暴とサイロ化した組織から解放されたんだから、これか
らはこれがもっと大きなレベルで必要になるよ。

第5の理想は顧客第一を貫き通すことだ。社内の数値目標とか自分の部門の評価といったお客さんとは無関係なみみっちい目標じゃなくて、お客さんにとっての最善を本気で求めるってことだよ。自分の日常の行動によってお客さんが暮らしやすくなり、お客さんのために価値が生まれるかどうか、お客さんがお金を出して買う気になるかどうかを考えなきゃならない」

　エリックが立ち上がり、バーテンダーが新しいワインボトルを持ってきた。エリックはウィンクしながらそれをマキシンの前に起き、「おめでとう、マキシン。今晩はゆっくり楽しんでってね」と言った。

　6人のチームメイトが入ってくるのと同時にエリックは出ていった。マギーがマキシンとカートに「あれは何だったの？」と尋ねた。

　マキシンは、「自分でもどういうことなのか考えてるところです。でも、来週まで待てないようなことではありません。ひょっとすると今晩遅くなったらお話しできる時間があるかもしれませんが、それまでは今日の成功を祝いましょう」と答えた。

　翌朝起きたとき、マキシンの頭はひどく痛くなっていた。ドックサイドでの祝賀会に加え、彼女と夫のジェイクはお気に入りのテレビシリーズを見ながら夜中までさらに飲んでいたのだ。いつ眠ったのかも覚えていない。それくらい極度に疲れていたのだろう。

　この土曜の朝はまた眠りに戻りたいところだったが、スマホをざっと見た。店舗で今起きている問題のことがチャットルームで話題になっていた。販促の対象になっていた商品の引き合いが激しすぎて店長たちがパニックになっているのだ。完全に品切れになった商品の予約注文のために、顧客ひとりに15分もかかっている。内製の発注システムの出来が悪く、一つひとつの注文をいちいち入力しなければならないのだ。

　予約注文のスピードアップの方法を突き止めるために、店内アプリチームのメンバーが店舗に派遣されている。作業を単純化するための簡単なタブレットアプリを作る案が出されている。マキシンはいいアイデアだと思った。店内アプリチームは、店長と店員たちが喜ぶようなアプリを作れるだろう。

　この問題は自分抜きで解決できるはずだという見込みが立ち、マキシンは満足して笑顔になった。この1か月でマキシンもチームメイトを信頼、尊敬し、彼らの仕事を正当に評価できるように成長した。

マキシンはジェイクが昨日自分と家族のために買ってきたコミコンのチケットを見てにっこり笑った。

　〈ベーコンエッグの匂いがするわ。きっとジェイクが朝食を作ってくれているのね。食べたらまた寝られるわ。こうやって人生は少しずつよくなってくのね〉

2 号館の会議

1 週間後、マキシンは今まで見たなかで一番立派な会議室にいた。彼女がいたのは、最高経営陣がそれぞれのオフィスを構えている 2 号館である。この建屋は 70 年近く前のもので、本社キャンパスでももっとも古く、もっとも高い建屋のひとつで、壁にはウッドパネルが貼ってある。

マキシンからすると、テーブルに向かって座っている面々はシュールなものだった。これだけ多くの最高経営陣が集まった会議に参加したのはマキシンにとっては初めてだった。テーブルの上座には、スティーブ、ディック、サラ、そしてマキシンがよく知らない重役が 3 人座っていた。タウンホールミーティングは別として、スティーブ、ディックと同じ部屋にいるのもマキシンにとっては初めてだった。

マキシンは、この席にエリックもいるのを見て驚いた。スティーブとディックは、エリックをあまり意識していないようだ。彼らはエリックが近くにいるのに慣れているらしい。

マギーが部屋の前方でプレゼンを始めようとしていたが、マキシンは過ぎ去りし時代のこの会社の豊かさを体現している部屋を見回していた。壁にかかっている絵に触ったり、ちょっとしたものを持ち帰ったりしないようにカートに言いたくなるような気分だった。

まるでブリッジクルーたちが、宇宙戦隊の配備方法^{訳注1}についてアドバイスを求めるために、船長室の茶会に機関室の赤シャツたちを招待したかのような風景だった。

マキシンの身に起ころうとしていたことはまさにそれだった。マギーは会社の最高経営陣に対し、ユニコーン・プロジェクトが成し遂げたとてつもない成功とマキシンが祝賀会で警告した差し迫った脅威について説明し、自分

訳注 1: 英語では「配備する」は deploy です。

たちの提案を伝えようとした。

マギーのプレゼン

スティーブが合図すると、マギーはプレゼンを始めた。まず、ブラックフライデーのキャンペーンが記録した数値を振り返った。マキシンはマギーのプレゼンを見たことがあるが、今回はまたさらに感心した。マギーは熱を込めてチームが成し遂げた仕事と生み出されたビジネス上の目覚ましい成果を見事に説明した。

「…この活動の成果が、皆様にお示ししたこの正式な売上の数値です。今回のブラックフライデーキャンペーンにより、私たちはランレートビジネス（直近の実績から予想される数値）に加えて3500万ドル近い収益を上げることができました。これらの注文はほぼすべてウェブかモバイルアプリからのものです。さまざまな理由から、これは主として追加収益だと考えていいと思います。つまり、キャンペーンがなければ得られなかった収益だということです。私たちが今までできなかったような形で顧客ベースを分析し、無数の実験を行った成果がこれです。これが可能になったのは、新たに5つの素晴らしいテクノロジープラットフォームを作り、社内システムに眠るすべてのデータを活用して、売上増のためにもっとも効果的な販促活動を予測できたからです。

私たちは、多くは1年以上棚の上で止まっていた在庫を動かし、死活的に必要な運転資本^{訳注2}を獲得しました。今後も、ホリデー期間に同じような販促活動を実施していければ、7,000万ドルの収益上昇を見込む事ができると思います。そうすれば、アナリストやウォールストリートに示してきた予想を20％上回ります」

最高経営陣は笑顔になり、ディックを中心として活発な発言が生まれた。ディックは、「スティーブ、これで過去4年間に見られなかったような水準まで純利益が上がりますよ。いい意味でアナリストたちを驚かせるのは久しぶりになりますね」と言った。

テーブルのまわりの人々は笑顔になった。スティーブも満足気だったが、

訳注 2: 事業活動を進めるために必要な資金。

口を閉ざしたまま頬を緩ませるというような様子だった。マキシンは、場がいい空気になったことを感じた。ただし、サラだけは例外で、しかめっ面でときどきスマホを取り出しては、誰かに向けて盛んにタップしていた。マキシンはスティーブとサラの様子に注目していたが、ふたりの間に奇妙な空気が流れていることに当惑した。

マギーの話は続いた。「いい話はもっとあります。私たちは店舗内システムの改善に力を注ぎ、我が社の最優秀店長たちが実践していることをすべての店長が簡単に取り入れられるようにしました。また、店員たちが使うタブレットにも多数の新機能を組み込み、パーツの在庫の有無の確認や他店からの出荷などの作業をしやすくしました。

しかし、もっと重要なのは、店舗の社員たちがお客様をサポートするときに邪魔になってた入力を省略したことです。以前は、まず顧客名か電話番号を入力しなければ先に進めませんでした。これでは店員たちがタブレットを使わなくなるのは当然です。

最近の60日間を見ると、パイロット店の売上は7%ほど上昇してます。それに対し、パイロット店以外の店舗では、売上は増減なしか減少になってます。これは、顧客サービスの向上というパーツ・アンリミテッドが常にコアバリューとしてきたことが売上を上昇させることを示しており、特に注目すべきことだと思います。

我が社もほかの多くの企業と同様にNPS（ネットプロモータースコア）を使って顧客満足度を測ってます。お客様に私たちの店舗を友人に勧めるかどうかを0から10までの値で表していただくようお願いしてるわけです。9、10に評価される方は推奨者、7、8に評価される方は中立者、それ以外が批判者となります。そして、推奨者の割合から批判者の割合を引くとスコアが計算されます。NPSが30なら良好、50を越えるなら優秀ということになります。

我が社は、ここ10年近く、15前後を漂ってました。これは競合他社の平均前後で団子状態になってるということです。しかし、これはほとんどの航空会社と同じぐらいだということであり、あまり自慢できることではありません。私たちはブラックフライデーの販促活動のあと、ちょっとした実験を行いました。オススメ商品を購入したお客様と普通のお客様を比較したのです。キャンペーン中にお買い上げをいただいたお客様のスコアは、それ以

外のお客様よりも 11 ポイントも高くなりました。そして、店舗への出荷と新しい店舗アプリがあるパイロット店は、その他の店舗よりも 15 ポイントも高くなりました。

　私は自分のキャリアでこのような現象を見たことがありません。パイロット店の NPS スコアは、どの競合他社よりも高いスコアを示してます。パイロット店のスコアは、イケアのような優秀なリテーラーと匹敵するほどになってます。ウォッシャー液を売ってるような店舗がこの数字を叩き出したのは驚くべきことだと思います」

達成したことと新たな目標

　マギーは次のスライドに移った。「店長たちは、店員たちの士気が上がり仕事に熱心になったとも言ってます。私が何度も読み返しているある店長からの言葉をご紹介したいと思います。『当店のスタッフは、新しい店舗システムを気に入ってます。ひとりなどは本当に歓声を上げました。彼女に言わせると、古いシステムでは、自分が孤立無援な愚か者のような感じだっただけでなく、お客様のお役に立てないのでイライラが溜まったそうです。私のチームとお客様を大きく変えてくれて、あなたをはじめとするあなたのチームの皆さんにとても感謝しています！』」

　テーブルのあちこちから感心する声が聞こえた。スティーブは満面の笑顔になった。「何百年、いやたぶん何千年も前からそうだ。社員の士気とお客様の満足以外に大切なものなどない。私たちが正しいことをして、キャッシュフローを効果的に管理すれば、ほかの財務目標はおのずから達成できる」

　マキシンは自分を抑えられなくなってディックに尋ねた。「財務経理を預かる立場として、スティーブが今言われたことを本当だと思われますか？かなり大胆な発言だと思いましたが」

　ディックは、質問に対して我が意を得たりというような笑顔になって、「私は数字を預かる身だからこそ、今の言葉をその通りだと思ってますよ。ゼロックス、P&G、ウォルマート、モトローラといったかつて尊敬され称賛を集めていた企業も、最盛時にはみなそうしてました。今ならトヨタ、テスラ、アップル、マイクロソフト、アマゾンかな。数字を獲得するためのやり方は変わっても、数字の重要さは変わりません」

エリックが「ディック、その通りだ。マギー、カート、マキシン、よくやったね」と言った。

マギーがマキシンとほとんど同じくらいの笑顔になって言った。「今起きてることを見てるととてもわくわくしてきて、私たちは本当に大きな変化を起こそうとしてるってことを感じます。最後にとっておきの話があります。6か月前には、私たちのモバイルアプリは業界内でも最低レベルのものでした。たぶん、皆様もアプリをインストールしたものの、ほんの数分動かしただけでもう触っておられないでしょう」

マギーは、照れ笑いしている人々の顔を見渡しながら言った。「そんなに気になさらないでください。私も同じですから。これが大きな問題だってことはみんなが認めてました。どうしてもアプリを使いたいっていう理由を作れず、お客様にとって気になる問題を解決できなければ。そんなものを作る意味は最初からなかったのです。

私たちはお客様が望み、必要としているものを探り当てるために、多くの時間を費やしてお客様を研究しました。私たちが作れるもののなかでお客様がまたアプリを使おうっていう気になるような機能は何かを考えて、ふたつの賭けをしました」

マギーは次のスライドに進んだ。1954年以降に作られたすべての車に貼られているVIN（車両識別番号）ステッカーの写真が載っている。

マギーが「このVINを入力しなきゃならないってことがほとんどすべてのパーツ・アンリミテッド社員の頭痛の種でした」と言うと、そうだねというクスクス笑いがあちこちで巻き起こった。

マギーが言った。「皆様も店舗の仕事を経験されてますよね。これがいかに大変で間違いやすいかはよくご存知だと思います。私たちは、お客様がアプリを使ってすべての車のプロフィールを作れるようにしました。と言っても、スマホのカメラで車のVINをスキャンしていただくだけです。すると、メーカー、モデル、年式はもちろん、カーファックス（CARFAX）などのサービスが管理している記録さえ引き出すことができます。

お客様が歩いて店舗に入ってきても、店員たちはお客様のスマホのQRコードをスキャンしてお客様のレコードを引き出すことができます。外に出れば雨や雪が降ってることもありますが、お客様の車を見て17桁のVINをメモに書き取るために外に出る必要はなくなりました。

店長のひとりがこう言ってます。『これは画期的だ。お客様にとってすばらしいだけでなく、店員にとってもすばらしい。私たちは初めて患者のカルテを持ってるお医者さんのようになれた。お客様の購入履歴やお客様にとって何が大切かがわかるので、お客様の車を走れる状態にメンテしやすくなった。あなたたちには、この1か月でそれまでの数年分以上ありがとうを言ってるよ』」

　マギーは次のスライドに進みながら、「これを利用すれば、すばらしいビジネスチャンスを作り出せます。お客様のためにあらゆるタイプのメンテナンスプログラムを作ることさえできるでしょう。消費状況に合わせて自動的に部品を受け取れるサブスクプログラムという方法もあります。サービスステーションと提携して必要な作業のスケジュールを立てることもできますし、我が社だけでそうすることもできるでしょう」と言った。

　そして、今までになく真剣な面持ちで続けた。「こういったプログラムの成功を見て、私はパーツ・アンリミテッドの未来を大きく変えるような新しいチャンスが見つかるのではないかと思ってます。ブラックフライデーキャンペーンの成功のあと、マキシンが戦いの勝利をつかむのはまだずっと先のことだと言いました。クーポン券の改良ではブロックバスターが助からなかったように、私たちは“デジタルディスラプション”や“リテールアポカリプス”の嵐のなかで生き残る方法を見つけたとはまだとても言えない状態にあると思います。この四半期はいい結果になるかもしれませんが、私たちはまだデス・スターを吹っ飛ばしたわけではありません。デス・スターはまだ残っており、デス・スターを戦いの場に引き出し、破壊する方法を見つける必要があります。それができなければ、私たちはどうでもいい存在に後退し、悪くすれば消えてなくなるでしょう」

　マキシンは自分の顔が紅潮していくのを感じながら、最高経営陣の様子をじっと見ていた。マギーは提案の部分にさしかかっていた。

ホライゾン1、2、3

　「ユニコーン・プロジェクトは、ほかの誰よりもお客様のことを理解することによって市場を支配する方法を学習する第1歩だったと思います。私たちは、何と言っても、一世紀前にこの市場を作った会社なのです。私たち

は、ユニコーン・プロジェクトのような次の勝利を見つけるために、可能性が感じられるビジネスアイデアを追究するチームを増やして予算を与えることを提案したいと思います。

　私が販促部で学んだことは、販促とは探っては学ぶというきわめて実験的なプロセスだということです。すべてのアイデアが勝利を呼び込めるわけではありません。勝利を収めたアイデアの背後には、敗北を喫した無数のアイデアの死骸があります。そして、勝利を収めたアイデアのなかにはクレイジーに感じられて、普通の中間管理職や委員会がとても承認しそうになかったものが含まれてます。文献によれば、一般に３つの戦略的アイデアのなかのひとつだけがプラスの結果を生み出し、本当に大きな変化を生み出すのはそのなかの 1/3 だけです。

　これは大きな戦略的なアイデアの話です。フィーチャープロモーション、A/B テスト、アルゴリズムテストなどでは、成功するのはテストの 5% ほどでしかありません。

　私たちは、市場における我が社のユニークな立ち位置を活用して広い範囲のビジネスアイデアを追究する権限を与えられた専門部署を作る必要があると思います。そして、勝ち目のない方向からはただちに撤退し、勝てそうなアイデアへの投資を強化する何らかの方法を用意すべきです。

　ユニコーン・プロジェクトは、私たちにもそういう能力があることを証明しました。しかし、これからは会社の最高経営陣の支持と資金提供によってこういったことを進めていく必要があると思います」

　マキシンはスティーブの笑顔を見た。彼は単に興味を持っただけではなく、提案に喜んでいるようだった。彼は、大きく拍手したが、言葉を発するということでは、エリックに先手を越された。

　エリックはいたずら書きがいっぱい書き散らされているように見えるノートから顔を上げて言った。「スティーブ、リーさんがおっしゃることはまったく正しい。君は、一世紀前から続いてるが、マギー、カート、マキシンの起死回生の働きでようやくスランプから脱出できそうな会社の経営に携わってる。君のまわりのすべてのものは、ホライゾン 1、すなわちドル箱ビジネスの成功によって得られたものだ。そして、マギーが指摘したように、君にはホライゾン 2、3 がない」

　マキシンは、まわりを見回して、エリックが今言ったことの意味がわから

ないのは自分だけではないことを確認した。スティーブはエリックの唐突な発言にひるむことなく、「ホライゾン１、２、３とは何で、なぜ重要なのか説明していただけますか」と言った。

エリックは立ち上がって「すばらしい質問だ」と答えて説明を始めた。「ホライゾン１、２、３の概念は、『キャズム』で有名なジェフリー・ムーア先生が広めた概念だ。『キャズム』は、現代の経営計画に顧客層への普及曲線を取り込んでる。顧客層が新しいものを採用する時期は、正規分布曲線に従い、顧客層はイノベーター、アーリーアダプター、アーリーマジョリティ、レイトマジョリティ、ラガードの５つに分かれるっていう考え方だ。この考え方も見事だったが、ジェフリー・ムーアは４つのゾーンの人として記憶されるようになるはずだ。４つのゾーンは、３つすべてのホライゾンで勝利を収めるための自己マネジメントを助ける考え方だ。

ホライゾン１は、成功を収めてるドル箱ビジネスであり、顧客、ビジネス、戦略モデルがよくわかってて予測可能になってる。パーツ・アンリミテッドの場合、それぞれ収益の60％と40％を構成する製造、リテール事業がこれに当たる。どちらの事業も年間で10億ドル以上の収益を上げてるが、競合他社や創造的破壊者から激しい攻撃を受ける。

利益を上げられる事業は競合他社を引きつけるので、ほぼあらゆる事業は時間とともに色あせてく。取引コストの削減分を売るって経済ロジックに抵抗できなくなり、かならずそういう方向に走ることになる。会社の未来を描くホライゾン２の事業が重要なのはそのためだ。ホライゾン２は、会社の力を新しい顧客、隣接する市場、異なるビジネスモデルに広げていく。こういった試みは利益を生み出さないかもしれないが、大きな成長が見込める分野でもある。企業のリーダーたちは、この分野から次の時代のホライゾン１事業を作り出していく。パーツ・アンリミテッドの場合、収益が１億ドルを越えたホライゾン２事業は、ホライゾン１事業に転換していく。

今までの話からすると、ホライゾン２の事業はホライゾン３から生まれるってことになる。ホライゾン３で重視されるのは、学びの速さと追究できるアイデアのプールを大きくすることだ。ここでの勝負はプロトタイプ的なアイデアであり、市場リスク、技術リスク、ビジネスモデルリスクの３つの問いにできる限り早く答えることが大切になる。このアイデアは、顧客の本物のニーズを解決するか、技術的に実現可能か、財務的に見込みのある

成長力があるかってことだ。これらの問いに対する答えのなかにひとつでもノーが含まれていれば、アイデアの方向性を変えるか、完全に捨ててしまうかになる。

　すべての答えがイエスなら、ホライゾン3を卒業してホライゾン2に入る力を持つまでアイデアを継続的に育てていくことになる。ホライゾン2に入ったアイデアはビジネスビルダーの手に渡る」

　エリックはここで一呼吸をおいてから言った。「パーツ・アンリミテッドの問題はホライゾン2ビジネスがほとんどなく、ホライゾン3がまったくないことだ。

　スティーブ、君の直観は正しい。君はホライゾン3の可能性を追求する必要があることを知っており、ホライゾン1とホライゾン3がどう違うかを知っている。ホライゾン1に力を与えるのはプロセスと一貫性、ルールとコンプライアンス、そして官僚主義だ。これらがとてつもない回復力を生み出す。優れたものが何十年も一貫して売り物になるのは、こういったメカニズムによる。

　それに対し、ホライゾン3ではスピードが必要だ。いつも実験をしてなきゃいけないし、ホライゾン1を支配してるルールやプロセスをすべて破ることを認めなきゃならない。マギーが言うように、イテレーションを短縮し、多くのものに賭け、勝者にはホライゾン3を卒業してホライゾン2ビジネスになるまで、敗者の分まで資金を投入する。企業が次の世紀まで生き残るために力になる新しいものはこのようにして作られ、その会社のものになる。

　この時代では、ホライゾン3以上にスピードが大切な場所はない。製薬業界の場合、市販製品を作るには莫大な資本が必要だ。新薬の開発には10年以上に渡って数十億ドルが注ぎ込まれる。アイデアが生まれたらすぐに特許を取る。そうすると、わずか20年の知的財産保護が得られる。20年たったらジェネリック薬品というコピーの製造が認められ、価格プレミアムを付けられなくなってしまう。

　スティーブン・スピア先生は、市場にたどり着く日が早ければ早いほど、数百万ドルという単位で収益が増えると言ってる。最初に市場を作れば、その商品カテゴリーが生み出す収益の50％を握れる。市場到達が2番目になれば25％、3番目になれば15％だ。それ以降になれば、時間と資金は無駄

になる。

　大切なのはスピードだ。もっと正確に言えば、アイデアから市場に打って出るまでのリードタイムが大切だ。そして、どのホライゾンでも、今はソフトウェアの時代だ。ほぼすべての投資にソフトウェアが絡んでくる。そのためには、マキシンが見事にやってのけたように、プログラマーの作業効率を引き上げなきゃならない」

　エリックは時計を見て話のまとめに入った。「最後にひとつ警告しておく。ホライゾン１とホライゾン３の間には摩擦が起きることが多い」そう言ってサラを意味ありげに見ながら、話を続けた。「放っとくと、ホライゾン１のリーダーが会社の資源をすべて使いつくしちまう。彼らは自分が会社の生命線だっていう認識を持っており、それはそれで正しいんだが、短期的にしか正しくない。収益性を最大限に引き上げても、連中には、キャッシュを再投資するんじゃなくて引き上げようとする本能がある。それじゃあ“価値のための経営”であり、“成長のための経営”の対極だ。スティーブ、成長しようと思うなら、ホライゾン２、３を守り、そこで学んだことを全社に拡散しなきゃだめだ」

　エリックはマキシンを見て言った。「君は、データハブとユニコーン・プロジェクトからの学びによって、フェニックス・プロジェクトのもともとの目標が達成可能になったことを身をもって体験した。もっと多くの学びが必要だ。実際、私は学びの組織を作ることが中心的な課題として前面に出てくると思っている」

　エリックは再びスティーブを見て言った。「君は組織の全員が身体的安全性を重視するユニークな学びの文化を作って、世界でもっとも安全でもっとも尊敬を集める製造組織を作り上げた。しかし、躍動的な学びの組織では、身体的安全性と同じように心理的安全性も必要だとしたら、君はどう考える？」

　エリックは再び時計を見て、ドアに向かって歩きながら言った。「諸君、私は行かなきゃならない。どうしても外せないランチの約束がある。みなさんの幸運を祈る。会社が生き残れるかどうかはまさにそれにかかってる」

　エリックがスーツケースを引っ張って部屋を出ていくところを全員が見つめていた。マキシンはそのあとでスティーブを見た。彼は深く考え込んでいるようだった。マキシンは、IT組織を覆う恐怖の文化を変えていくために

はスティーブの支援が必要だとエリックが言ったことを思い出した。〈エリックは私にそれをやれって言ってるの？〉

サラの逆襲

　マキシンが自分は何をしなければならないかを考えようとしたときに、サラが立ち上がった。サラは、「スティーブ、私はマギーと彼女の小さなチームが成し遂げたことを評価してますが、この提案が向かってる先は敗北だと思います。あなたの上司であり議長であるボブ・ストラウスは、この会社の将来に深い疑念を抱いてます。"ホライゾン3"とかいう無謀な冒険のために研究開発費を引き上げるわけにはいきません。ローエンドでスタートアップに対抗するDNAなどないことは繰り返し明らかにしてきたはずです。そして、ハイエンドで製造とリテールの両面作戦を同時に続けていくこともできません。

　我が社のふたつのホライゾン1ビジネスは悪戦苦闘してます。ボブは、このような現状認識のもとに、会社をふたつに分割してそれぞれを売却する以外、株主価値を守る方法はないと考えてます。両方をまとめて買う会社はないということです。1月の取締役会の準備を進める過程で、私はボブと新取締役のアランから成長パスはリスキー過ぎるってことを学びました。それだけでなく、利益確保のためにただちに再度の人員削減に取り掛からなければならないと思ってます。

　これこそが株主のためにできる正しいことです。こういう準備をしておけば、投資銀行と組んで買収元を探し始めたときに私たちは間違いなく魅力的な存在になります。私が取締役会の特別小委員会でボブとアランに提案したのはこのことです」

　最後にサラはマキシンからすれば陰険としか言いようのない表現でスティーブに言った。「あなたは特別小委員会に呼ばれてませんよね。お気の毒様。会議がどのように進み、何を決めたかは私が教えてあげますよ」

　〈スティーブはなぜサラをクビにしないんだろう〉と思いながら、マキシンはサラがドアを開けて出ていくのをほかの人々ともに見ていた。彼はなぜ彼女のふざけた行動を許しているのだろうか。マキシンがついさっき感じた喜びと誇りは吹き飛んでしまった。いったいどうしてサラは、ユニコーン・

プロジェクトが成し遂げたことをすべて無視できるのだろうか。マキシンは、すべての人々がブラックフライデーのローンチの成功を祝福していたときに、なぜかサラだけが姿を消したことを思い出していた。

ドアが閉まるところを見ながら、マキシンは、サラが自分たちの努力の成果を認めず、攻撃してくるのではないかという懸念があながち的外れではないことを感じていた。

スティーブはドアが閉まるのをしばらく見つめてから、長い溜息をついた。そして部屋に残っている人々に向かって言った。「サラとは違い、私は成長パスに賭けてます。成長しなければ私たちは小さくなっていきます。私がパーツ・アンリミテッドにいるのはそうならないためです。ホライゾン3の賭けをしなければならないことに疑問の余地はありません。ディックと私はすでにこのシナリオを描いています。私は、マギーが提案したイノベーションの取り組みに500万ドルを捻出することを提案します」

マギーの提案にまだチャンスがあることを知って、マキシンの胸は躍った。そのあとでスティーブは、「ただし、サラがボブに人員削減と経費削減を決意させれば、この試みは頓挫させられるかもしれませんが」と付け加えた。

スティーブが気弱なことを言ったので、ディックが横から口を出した。「ボブもほかの取締役たちもそんなに近視眼的にはならないと思いますよ。万一そんなことになったら、そのときにどうすべきかを考えましょう。今はその500万ドルをどのように使うかを考えませんか。どうすれば活かせられるか」

それから3時間以上活発な議論を交わした結果、計画のアウトラインが見えてきた。カート、マギー、マキシンがイノベーションチームのメンバーになり、ビル・パーマーに直属する。カートとマギーは"二頭体制"で組織図の同じ位置を占め、ビジネスと技術の両方の成果に対して責任を共有する。

スティーブが決まったことをまとめた。「君たちふたりには、見込みのある新しいアイデアを育て、市場リスク、技術リスク、ビジネスモデルリスクを探ってもらう。個々の取り組みでは、顧客獲得率、リピート利用率、顧客満足度といったビジネス成果指標を明確にする。四半期末には個々の取り組みの進捗状況を評価し、プロジェクトの継続、プロジェクトの打ち切りと次

の最良のアイデアへのチームメンバーの配置転換、プロジェクトの予算倍増、ホライゾン2への移動を決める。同時にこのプログラム自体を発展させるか縮小するかも決めることとする。

君たちの使命は、お客様たちがいつも車を使えるようにして日々の生活を安心して営めるようにするという私たちの一世紀前からのビジョンをさらに発展的に実現するために、ITを活用した斬新な方法を見つけることだ」

スティーブがビルに対して言った。「最高のアイデアを拾い上げるために、イノベーション委員会を立ち上げよう。全社の店長、営業課長、工員、技術者、そしてもちろんITエンジニアのなかから特に信望の厚い人々を50人集めてくれ」

ビルがうなずき、クリップボードにメモを書いた。まわりの人々は全員うなずいて賛成している。

会を締めくくるに当たって、スティーブが全員に言った。「私は、この取り組みのリーダーになってもらうビルに全幅の信頼を置いている。これは私たちが今までしたことのない取り組みであり、ほぼ全員にとって慣れないことだ。そこで、君と君の取り組みを支援するために私たちにどんなことができるのかをはっきりさせておこう」

ビルが「わかりました」と答え、クリップボードを指しながら、「支援していただきたいもののリストはすでに作ってあります」と言った。そしてビルがリストを読み上げると、スティーブがすぐに全社の資源を動かした。マキシンは、ビルがスティーブから必要なものを効率よく手に入れたことと、スティーブがビルの求めに応じて効率よく資源を動かしたことに感心した。

会議が終わったあと、ビルがカート、マギー、マキシンに5号館までいっしょに歩こうと言ってきた。カートとマギーは、会議の進み方にいかに勇気づけられたかということで意見が一致した。マキシンは、ビルと仕事をすることに大きな期待を寄せていた。ビルはいつも冷静でまっすぐな感じに見えるし、大きな取り組みを効果的にリードする能力をすでに実証している。

マキシンから見て、反乱軍の勝利は視界に入ってきている。勝利のために必要なスポンサー、資金、支援、エネルギーはすべて揃った。

しかしまだサラという懸念が残っている。〈サラが会社の分割、売却案にボブ・ストラウスの同意を取り付けるようなことがあれば、悪の帝国が勝利

しちゃうわ。けれど、いかにサラでも、そんなことを成功させられるかし
ら？〉

第 17 章

12 月 12 日（金）

コスト削減計画

　カートが愕然とした様子で「人が奪われてるって一体どういうことなんだ？」と言った。

　それは、スティーブ、ディックとの会議から 1 週間後のことだ。マキシンは、会議で合意されたことが迅速に実現していくのを見て喜んでいた。ビル、マギー、カートはイノベーション委員会の委員の人選を始めており、ユニコーン・プロジェクト内部の仕事は、クリスマスキャンペーンの大規模ローンチに備えて以前にも増して早く進んでいた。

　オルカチームは、サンクスギビングキャンペーンで得られたデータの分析を進めており、そこから学んだ内容を組み込んで今回はさらに高いレスポンス率を獲得するという確信を深めていた。オルカの実験とその結果はパンサーデータプラットフォームに還流する。取り組みの成果である猛烈なアクセスに対処するために、インフラの強化も続けられていた。

　しかし、スティーブ、ディックとの金曜日の素晴らしい会議以降当たり前だと思っていたことの多くが不確実な感じになってきていた。クリスがカートとマキシンを自分のオフィスに呼び出したのはそのためだ。

　クリスが言った。「カート、彼らは"君の部下"じゃないんだ。ユニコーン・プロジェクトのために一時的に大勢のエンジニアたちを借りてきただけなんだよ。彼らは新しい会計年度（数週間前から始まっていた）では、ほかのプロジェクトにもう配置されてる。新しい配置先はみんな重要なビジネスプロジェクトで、欠員があると困る人がいるんだ。そういったビジネスマネージャーたちは、俺たちがそういった要員に手を出したって大騒ぎしてる。徒党を組んで反抗してるんだ」

　カートが信じられないという様子で尋ねた。「でもなぜ今？ みんな何にそんなに怒ってるんだ？」

　クリスが真顔で笑って答えた。「サラが焚き付けてるのさ。ビルはサラの

煽動にどう対処するかを検討するためにスティーブ、ディックとミーティングを準備してるよ」

「サラが俺たちの反乱に対抗するために反反乱軍を焚き付けてるなんて嘘だろ」カートはサラにおはこを取られてむかついたような様子でつぶやいた。

その日のうちにビルがメッセージを送ってきた。

予定通り作業を続けよう。空席の埋め戻しの方法はこっちで考える。私たちは大きな政治闘争にはまり込んでいる。サラと取締役の一部があっち側にいて、私たちはスティーブ、ディックとこっち側にいる。

その日を通じて彼らはサラが企業ゲリラとしてとてつもなく優秀で、先週いっぱいで彼らに歯向かう反反乱軍の立ち上げに成功したことを知った。

マキシンは、サラにむちゃくちゃに腹を立てつつも、サラの能力の高さを認めないわけにはいかなかった。サラにはただ諦めて消えてもらいたいだけだ。

夕食を食べながら、マキシンは夫のジェイクに言った。「サラってのはいろいろな意味で注目すべき人間なのよ。ちょっと違う宇宙に行けば、サラはいいことのためにとてつもない力を発揮してたかもしれないわ。ヒーローものの映画だったら、サラは何かトラウマになって残るようなできごとのために悪者になっちゃった有能な人って役どころね。今のサラは、道を踏み外して、見つけられる楽しみをすべて叩き壊しているって感じよ」

新たなボトルネック

月曜の朝、カートとマギーはサラの妨害を払いのけるためにビルとミーティングを開いた。マキシンは背後に退き、"クランキー"デーブとともにユニコーンの販促キャンペーンとフェニックスのコアアプリケーションの両方に影響のある技術的な問題を解決する仕事に戻っていた。ふたりは先月いっぱいかけて、コードをもっと安全に改良するために、フェニックスの自動テストを山ほど作っていた。この取り組みは大成功を収めたが、テストがあまりにも多かったので、それらを全部実行しようとすると何時間もかかるよう

になってしまった。そのため、プログラマーたちはテストが終わるのを延々と待つのを嫌い、プログラム変更をチェックインしなくなってしまった。

　さらに悪いことに、自動テストのなかに間欠的にエラーを起こすものがあった。先週、彼女はテストを失敗させたプログラマーとして看過できなくなり、テストをもう１度実行してみたが、また失敗してしまった。そこで、テストを３度目に実行すると、今度は成功した。まるでカジノのスロットマシンのようだ。マキシンは当惑し、嫌になりながら、〈こんなことでは開発チームとしてやってけないわ〉と思った。

　これはまもなくプログラマーたちにとって新しいボトルネックになると思ったので、マキシンは複数のサーバーで実行できるようにフェニックスのテストを並列化する作業にチームとして取り組むことにした。しかし、並列テストを実行すると、フェニックスはときどきデッドロックを起こしたり完全にクラッシュしたりすることがわかった。テスト中にクラッシュするなら、本番環境でもクラッシュするだろう。

　"クランキー"デーブが言った。「マキシン、フェニックスの注文フルフィルメントモジュールのどこかに未処理例外があるってところまで範囲を絞り込んだよ」マキシンは自分のラップトップの蓋を開いた。"クランキー"デーブのほかにもうひとりのエンジニアがそばにいた。ラップトップにコードを呼び込むと、文字通り後ずさりした。マキシンは「うわっ」と言うとあとは言葉も出ないままファイルをスクロールダウンした。スクロールにスクロールを重ねた。

　"クランキー"デーブが笑いながら「いやあ、すごいだろ」と言った。「これは発注地に商品を出荷できるかどうかを判定するための２千行のコードだ。15年前って言うからフェニックスよりもずっと古いわけだが、大勢のアーキテクトがこのフレームワークを作ったんだ。TEP-LARBでさえ、これはひどい間違いだったって認めてる代物なんだけど、このフレームワークを書いた人々はずっと前に辞めちゃってる」

　マキシンがいくらスクロールしても、ボイラープレートコード^{訳注1}ばかりでビジネスロジックが見つからなかった。注文、注文項目、明細項目を反復処理するループばかりで、何か月か前に小学生の少女たちがしていたのと同じく

訳注 1: プログラミング言語の設計の都合上書かなければならない定型コード。

らい危険なコードだった。あちこちにヌル（null）チェックがあり、列挙型や具象下位型を持たないポリモーフィックな上位型の型チェック、ダウンキャスト、強制型変換、その他ありとあらゆる危険な手段で目的のデータにたどり着くコードが含まれている。getOrderLines、getItemLines、getShippingLines といった頭のなかではっきりと区別できないオブジェクトメソッドもたくさんある。

マキシンは口を開いたが、恐ろしく信じられないという思いが強過ぎて言葉が出なかった。しばらくしてようやく、「こ、これはひどい」と言った。マキシンは目を閉じて、徹底的な楽観主義を呼び起こそうとしながら、ホーアの言葉を思い出していた。「コードにはふたつの書き方がある。非常に単純で明らかにバグなどないコードを書くか、複雑過ぎて自明なバグはないコードを書くかだ」

マキシンは、自分でもちょっと無謀だと思うくらいの自信を込めて「みなさん、このゴミを掃除しましょう」と言った。“クランキー”デーブでさえ、ぎょっとしているようだった。マキシンは強く言った。「このコードは単純に書けるはずです。秩序を取り戻さなければなりません。私たちならできます！」

彼らは２時間かけてコードをめぐるテストを書き、コードの仕組みが理解できていることを確認してから、共通処理を抜き出し、それを本来の場所に収める作業を始めた。マキシンは、クラス階層を効果的なものに書き換える一方で、関数型プログラミングの原則に従い、グーグルの有名なMapReduce論文と同じような map、filter、reduce 関数を持つ型を使った。これはシャノンのパンサープロジェクトに触発されたものだ。

彼らは昼までに 2000 行のコードを 500 行に圧縮した。“クランキー”デーブがにやりと笑って言った。「マキシン、これはすごいよ。みんなが勇気を奮い起こして、この５年以上の間で初めてこのコードに手を付けることができたよ」

もうひとりのプログラマーが「いや、８年だよ」と言った。「このコードはきれいだ。で、問題点を見つけたような気がするな。ここに try/catch ブロックでラップされてないところがあるよ」

彼のラップトップを覗き込んで、マキシンは彼の言う通りまずい箇所があることに気づいた。「やったね」ドロの山を掃き出したので、問題点が明ら

かになったのだ。

　ふたりは昼食に出かけたが、マキシンは試したいことがあってあとに残った。彼女はラップトップで新しいウィンドウを開き、チームが午前中いっぱいいじっていたデータをコピーして、クロージャー（Clojure）言語で 0 からコードを書き直してみたのである。

　45 分後、"クランキー"デーブが戻り、マキシンにサンドイッチを渡した。デーブはマキシンに「なに、にやにやしてんだ？」と尋ねた。

　「いやね、ちょっとした実験をしてみたのよ。午前中に書いたコードを関数型プログラミング言語で書き直してみたの。その言語の組み込みデータ型と標準ライブラリを使ってね。もっと小さく単純になって、例外処理が不要になるんじゃないかって」

　"クランキー"デーブが、「で？」と続きを催促した。マキシンは自分のラップトップを回してデーブに見せた。

　"クランキー"デーブは、画面を見て、「なんてこった。たったの 50 行じゃないか」と言った。

　マキシンは勝ち誇ったように笑った。きっと彼らは彼女の結果に並ぶかそれ以上のものを作ろうとするだろう。彼女にとっても、これは第 1 の理想、局所性と単純性の達成例として驚くほどのものだった。

　彼らが午前中に行った作業により、テストを並列処理化し、目が覚めるほど高速にすることができるようになる。そうすれば、プログラマーの仕事は早くなり、プログラミングミスのフィードバックも早く得られるようになるだろう。将来の作業効率に対して大きな利子を生み出せるようになったのだ。技術的負債の逆であり、預金が福利で増えていくようなものだ。少しもプログラマーの仕事がはかどるようなことを絶えず続けていけば、その効果は確実に現れる。

　マキシンは、"クランキー"デーブが自分たちの成功にまだ興奮を抑えきれない様子で自分のラップトップを開いたのを見てうれしくなった。彼は「うわっ」と言った。

ユニキャットの限界

　デーブの画面にはユニキャットの CI ステータスページが表示されてい

た。マキシンは、昼食前にチェックインした修正が自動テストに合格したかどうかを見ようとした。しかし、あったのは緑のランプではなかった。テストはまったく実行されてなかったのである。彼らの前に50件を越すジョブがあり、どれも開始を待っていた。

"クランキー"デーブが「これはまずいな。ユニキャットのCIクラスター全体が落ちてて、すべてのビルドが止まってる」と言った。

マキシンは心配になってデーブの画面を見て、舌打ちをした。勝利と栄光の輝かしい瞬間がやってくると思っていたのにこれでは台無しだ。

デーブが「チャットの #ci-unikitty チャネルが大変なことになってるよ。誰もテストを実行できないからな」と言った。

ユニキャットが落ちるたびに、彼らは大勢のお客様、つまり同僚のプログラマーたちの怒りを買った。ユニキャットが単なるプロジェクトではなく、プロダクトのように管理しなければならない社内プラットフォームになっていることのこれ以上の証拠はない。お客様を満足させ続けたいなら、ユニキャットを落とすわけにはいかない。

彼らはユニキャットチームを探し回った。ある会議室でブレントのラップトップのまわりにドウェイン、カートとほかにふたりのエンジニアがいるのが見えた。

カートが顔を上げて言った。「ちょうどよかった。開発マネージャーたちが全員、自分のチームの仕事ができないと大騒ぎしてる」 マキシンは、カートがひどくやつれて見えるのに驚いた。目の下にクマができている。〈カートはここ数週間ずっと大変だったわね〉と彼女は思った。

カートは「こんなことでしょっちゅう時間を潰してるわけにはいかないんだ」と言った。マキシンは笑顔を作って返した。「これこそ私たちが望んでいたことじゃないの？ お客様がついたのよ！ 私たちが作ったインフラをみんなに評価してもらいたいと思ってたんじゃないの？ 望みがかなったのよ。どうでもよければ文句さえ言わないわ」

CIの実践は驚くべき勢いで採用され、今や技術チームの1/3近くが日常業務でユニキャットを使っていた。しかし、ユニキャットチームはスケールアップに苦しんでいて、需要に追いつけていなかった。

マキシンは時計を見た。正午近くだ。プログラマーは昼食に出かける前にコードをチェックインする傾向がある。そのためにユニキャットのどこかが

エラーを起こしたのだろう。〈ユニキャットはほかのシステム以上に成長の苦しみを経験してるようね〉とマキシンは思った。

カートがため息をついて言った。「チャットルームを見てみろよ。多くの開発マネージャーたちが俺たちのちゃちなビルドサーバーにはうんざりだ、もうユニキャットからは撤退させるって言ってるよ。昔のようなビルドに戻るって言ってるんだぜ」

マキシンの笑顔は凍りついた。「嘘でしょう」フェニックス・プロジェクトに異動してきた初日のような古き悪しき時代に戻るのはとても耐えられない。それでは後退であり、純粋にただの失敗になってしまう。

何が起きていたのだろうか。フェニックスの開発者たちとともに勝ち取った前進とブラックフライデーローンチの達成がすべていつの間にか消えてしまったみたいな感じだ。彼らは、自分たちが解放し、仕事がはかどるようになったエンジニアたち全員とともに、ゆっくりともとの泥沼に引き戻されようとしている。

ユニキャットチームがなんとかシステムを回復させたのは、4時半近くだった。しかし、まだたくさんのビルドやテストが残っている。これらのジョブがすべて実行されるのは深夜近くだろう。

ドウェインが言った。「まさかネットワークスイッチが壊れてるとはね」

マキシンは信じられない思いで頭を抱えた。ユニキャットでまたハードウェアエラーが起きたことに対してだ。もともと、ユニキャットは、カートたちが社内のあちこちからかき集めてきたゴミ同然の装置を組み合わせて作られている。

今までにもハードディスクが壊れ、電源が壊れた。そして今度はネットワークハードウェアが障害を起こしている。マキシンは、スキルの高いエンジニアがドライバーを持って歩きまわり、サーバーのケースを開けて、ハードウェアをいじり回しているのを見るのは嫌なのだ。

確かに、マキシンにもハードウェアいじりの楽しい思い出はある。キャリアのなかでも子どもたちとの間でも。若かった頃には、搬入口で最新鋭の装置がつまった大きな箱を開いてラックに収めて積んでいく仕事を面白いと思っていた。もっとも、その当時はバックアップテープを回すのも好きだったのである。

しかし、今はこのような仕事の価値は低く見える。特に、デジタル分野で

パーツ・アンリミテッドの輝かしい未来を切り開くための方法を追究するという自分たちが本来しなければならない仕事の機会コストと比べるとそう思えるのだ。

彼らの仕事はプログラムを書くことであり、コードを実行するハードウェアをいじることではない。

マキシンはドウェインに言った。「こんなことは言いたくないんだけど、ユニキャットはもう限界かもしれないわね。ブレントが自分の机の下から見つけてきたようなハードウェアでこのような最重要システムを動かし続けてるわけにはいかないわ。これは単なるハードウェアの問題じゃない。一つひとつのビルドサーバーがまだ微妙に違うでしょ。私のコンパイルジョブがビルドサーバー3号では動かなかったように、10倍も時間がかかっちゃう。ユニキャットを止めないために時間を使いすぎてる。この問題は早いうちになんとかしなきゃいけないわ」

ドウェインが肩をすくめながら言った。「俺からは異論はないよ。ただ、俺たちは今ちょっと忙しすぎる」マキシンもそれには反論できない。

予想通り、大変なことが起きた。火曜の朝、カートがチームミーティングで言った。「クリスときたら、スタッフミーティングでみんなの前でぼくのことを叱りつけた挙げ句、リックを呼んだんだ。リックは、ユニキャットに対抗して強力なCIサービスを作るためのプランとかいうものをプレゼンしたよ」

ドウェインが「リックだって？」と言った。マキシンはその言い方にドウェインのショックと不信感を感じた。「リックにはCIサービスなんてわかりゃしないよ」ドウェインがさらに言った。

カートがうなだれて言った。「サラだよ。ユニキャットが会社全体を危険にさらしてる、ぼくたちの好きにさせるなって声高に触れて回ってるんだ」

テーブル全体が沈黙に包まれた。

"クランキー"デーブが言った。「何かまずいことが起きるたびに、みんながいちいち俺たちのことを非難してくるのを見ると呆れるぜ。昨日、2階のトイレが壊れたんだけど、そんなことまで俺たちのせいにされてるんだぜ」

そのとき、カートのスマホが震えた。彼はスマホを持ち上げてしばらく画面を見つめていた。そして、マキシンに「ぼくたちは行かなきゃ。ビルがマ

ギーとのミーティングを招集してる。きっともっと悪い話だと思う」

人員削減

アシスタントのエレンがマキシンとカート、マギーをオフィスに入れると、ビルは顔を上げた。彼は立ち上がってクリップボードをつかみながら言った。「問題が起きた。15分後に2号館でスティーブ、ディックとの会議に出なきゃならない。歩きながらどういうことか説明する」

建屋の外を歩きながらビルが言った。「サラがボブと取締役会のその他のメンバーを説き伏せて、すべての出費を凍結した。それがもう有効な決定になってる。スティーブは、彼らがイノベーションへの500万ドルの投入を止めさせようとしているんだってことに気づいた」

ビルが頭をかきむしりながら言った。「あのサラってやつは大したもんだよ」

マギーが言った。「私は彼女からとても多くのことを学んだわ。彼女は販売ってことではすごいエキスパートよ。でもソフトウェアプロジェクトをリードしたことはないわ。彼女は全員に高い期待をかけるの。それはいいんだけど、人とチームをマネジメントするってことでは間違いなく盲点を抱えてるのよね。育てるってタイプじゃないのよ」

ビルは険しい表情で言った。「俺もそうじゃないよ。でも、今朝はとても嫌な予感がするんだ」

大会議室に入っていくと、マキシンはすぐに何かまずいことが起きていることに気づいた。スティーブとディック、クリスがいるのはわかる。しかし、意外なことにキルステンもいた。そして、人事担当VPのローラ・ベックがいるのはいかにも不吉だ。

〈人事のトップが参加してる会議にいいことはないわ〉とマキシンは思った。もうひとつ意外なことに、部屋の後ろにエリックが立っていて、壁にかかっている社史の写真を見ていた。エリックはマキシンに短く手を振った。

マキシンは、〈少なくともサラはここにいないわね〉と思った。

スティーブがスプレッドシートのプリントアウトから目を上げて、「みなさん、席についてください」と言った。スティーブの表情は険しかった。「サラが取締役会を説得して利益を発表するまでコストを増やしてはならな

いことを決定させたことはついてはご存知だろう。

　しかし、悪い話はそれだけじゃない。昨夜、取締役会は、全社で3%ずつコストを削減するよう私に指示してきた。サラと新取締役のアランが、ブラックフライデーの販促キャンペーンの成功により経営効率向上のための新しい可能性が開けたと言って取締役会が経費節減に同意したのだ。そのため、我が社は人員削減できるというのだ」

　部屋中からうめき声が聞こえた。マキシンは吐き気がした。あるいは泣きたいような気持ちか、それともその両方かもしれない。

　マキシンは思った。〈こんなこと信じられないわ。私にも責任があるんじゃないかしら。ユニコーン・プロジェクトの大成功には私も大きく関わってるわけだし、イノベーションの種をまいたわけだから〉

　そして今、彼女が誇りに思っている取り組みの成功が、罪のない人々の職を奪う原因になろうとしている。〈サラ、許すまじ〉

　スティーブが言った。「みなさん、申し訳ない。ユニコーンで収益が上がったのにこんなことになるとは意外だろうし、取締役会対策のためにもっと時間を使うべきだったと後悔してる。

　たぶん、もう計算しただろうが、この目標を達成するためには、全社で150人の人員削減をしなきゃならない。そして予算内でイノベーションの取り組みのための費用を捻出するためには、さらに500万ドルのコストを追加で削減する必要がある。そうすると、さらに40人の人員削減が必要になる」

　犠牲者が増えるたびにうめき声は大きくなっていった。マキシンは息苦しくなり、目に涙がたまるのを感じた。

　マキシンは人事担当VPのローラを見た。〈これはそういった人員削減会議のひとつなのだろう〉削減目標が決まったら、誰もがまず自分の縄張りを守ろうとする。配分が決まったら、全員が削減対象の人々の名前を書いたリストを提出する。そのときには、サリーとサムのどちらが大切かを決めなければならない。

　マキシンは恐ろしさで胸がいっぱいになった。テーブルのまわりの人々の顔を見て思わず言ってしまった。「みんな生身の人間なんですよ。その人の収入によって暮らしている家族がいるんですよ。そんな人たちが私物を持って会社から永遠に出ていかなきゃならないんですよ。みんな自分の名前が次

に呼ばれるんじゃないかと思ってびくびくしながら、いつになったら終わるんだろうと思ってじりじりしながら、ひとりまたひとりと去ってく人たちを見送るんです。それが終わると、予定通りにスティーブのメールが送られるんですよね。楽観的な言葉をばらまいて甘くした上で、粛清は終わったって。そしてもちろん、少ない人数で多くを成し遂げてくれって言葉も入れて」

全員がうなだれた。マキシンは急にこれに関わるすべてのことが嫌になった。今までのことがすべてなかったことにできれば、反乱軍などに参加しなければと思った。自分はビルドができるようになってプログラマーの仕事がはかどるようにしたかっただけだ。まさか誰が会社に残り誰が会社から去らなければならないかを決めるようなことに反乱軍が手を貸すことになるとは思っていなかったのだ。

マキシンはまわりを見ながら、〈反乱軍に参加すればこんなことになるとわかっていたら、クリスに言われた通り、ずっと頭を下げ続け、車線から外れず、ボートを揺らさなかったはずなのに〉と思っていた。

ディックが頭をかきむしりながら言った。「少なくとも1月までは取締役会も猶予を与えてくれると思ってたんだけどね。この会議の目的は、事業コストを1,500万ドル削減するための取締役会提案を準備することだ。イノベーション事業の資金を捻出したければ、2,000万ドルのコスト削減が必要になる。

スティーブと私はすでに各事業部門の長たちとミーティングを持ち、2,000万ドルのコスト削減に対するそれぞれの負担分の捻出のための計画を立案するよう頼んである。みなさんにここに集まってもらったのもそのためだ。2,000万ドル削減のためのIT部門としての計画を用意してもらいたい。IT全体で約15人だ。

マキシンは計算をした。それは社内のITエンジニア全体の4%以上に当たる。マキシンは「こんな恐ろしいことはできません。こんな条件でイノベーションの資金を作るなんて考えられません。イノベーションには、これだけの人々に辞めてもらうほどの価値はありません」と言った。みんなが彼女を見た。ある者はもどかしそうに、ある者はある程度同情的に。まるでサンタクロースは本当はいないということを初めて知った子どもを見るかのようだった。

ビルが言った。「マキシン、ここにいる人たちは、みんなレイオフには慣れてる。みんな今もっとも大切な仕事は、イノベーションの取り組みのための資金を確保する方策を見つけることだと考えてるはずだ。でなければ、君が成し遂げたことが徒労に終わるからだ。それでは死を少し遅らせようとするだけになってしまうだろう。新しいことをするために投資しなければ、市場で戦う武器がなく、戦略もないもとの木阿弥になってしまうんだ」

　クリスがマキシンに言った。「ビルの言う通りだ。これは正しいことなんだ」

　しかし、マキシンは職を失う人の苦痛が耐えきれず首を横に振っているだけだった。

　スティーブがマキシンに向かって言った。「ビルの言う通り、イノベーションの取り組みを守ることが私たちにとってもっとも重要な課題だ。そう思ってなければ、辞任すると言って取締役会を脅してただろう。いずれにしても、取締役会は私なしでコスト削減できるけどね。でも、イノベーショングループにチャンスを与えるためにできることは何でもしなきゃならない。だからこの仕事はとても重要なんだ」

　マキシンはこの言葉を聞いてさらに辛くなったようだ。

　マキシンはスティーブに尋ねた。「でもなぜ、なぜこのイノベーションの取り組みがあなたにとって大切なんですか？」

　スティーブはしばらく考えてから言った。「先週、エリックが言った通りさ。私たちは会社として有望な成長戦略を持っており、成長の過程でコストを削減するだけでなく価値を生み出せることを示さなければならないんだ。さまざまな書物によれば、会社の経営方法にはふたつの極端な形があり、それが会社の計画の立て方と投資関係者の会社の見方に影響を与える。一方の極端はアランやサラの価値創出法で、単純にコストを削減していく方法だ。事業から得られた利益はすべて搾り取ってしまう。この路線で繁栄している会社もあれば、死んだも同然な状態で何十年も生き残る会社もあるけど、ほとんどは消えてなくなってしまう」

　スティーブはディックをちらりと見ながら「このモードに入っちゃうと、ファイナンシャルエンジニアリングのゲームをするだけになりがちだ」と言った。「損失を食い止めるために、私たちは資産を売りに出さなきゃならなくなったこともあった。キャッシュを生み出さなきゃならなかったからね。

でも、これは住宅購入資金の返済のために家具を売るようなものだ。いずれ売れるものがなくなり、日常業務を遂行するだけの資金もなくなる。そうすれば、さらなるレイオフだ。

　もう一方の極端は、成長する企業を作ることだ。さっきも言ったように、成長しなければ、ゆっくりと死んでいくだけだ。ユニコーン・プロジェクトは、我が社も成長できるということを我が社の全員に証明してくれた。お客さんが望む新しい商品を用意し、競合他社から市場シェアを奪い、優れた会社だけができることをした」スティーブの表情はわずかに緩んできた。

　「収益を上げられれば、最終的に利益も上がるし、イノベーションもできる。市場に対して打ち出せる賭けも増える。それがさらに成長を加速させ、未来の世界での私たちの存在意義が確かなものになる。

　投資家は成長を評価する。まだ粗利を発表したわけでもないのに、我が社の株価はもう上がってる。アナリストたちは目標株価を上げ始めてる。これはウォールストリートが売上高マルチプルを上げて我が社を評価してるってことだ。数か月前の売上高マルチプルは 1.0x 未満っていう人をばかにした数字で、要するにウォールストリートは我が社が縮小方向にあると評価していたのだ。この四半期の決算を発表したら、うちの株も健全なリテーラーと同じように評価されるようになるだろう。いやその頃までに、この市場を支配し、リードし、さらには破壊する会社としてもっと高く評価されるようになるかもしれない。

　まったくビルの言った通りだよ。取締役会の指示に従えば簡単だが、正しい行動はイノベーションプログラムにチャンスを保証することだ。つらいことだが、リーダーとしては、もっとイノベーションを追求することが間違いなく正しい。そうすれば、長期的な成長への道が見えてくるかもしれないんだから」

　管理職の面々が 18 人分の人員削減の負担方法を交渉し始めたが、マキシンはまだ気分が悪かった。彼らは、少数のベテランエンジニアを切るかもっと多くの若いエンジニアを切るか、管理職を切るか一般社員を切るか、正社員を切るか契約社員を切るかを議論していた。

　マキシンは我慢できなくなってちょっと散歩してくると言って外に出た。ただその部屋から逃げ出したかったのだ。

コアコンピタンス

　30分後に帰ってくると、クリスが開発で2人、QAで5人の削減を認めたことを知った。おそらく、成績の悪いエンジニアと数名の管理職だろう。ビルは7人を削減しなければならなかったが、ヘルプデスク、サーバー、ネットワークと管理職1名が対象だった。マキシンは、古巣のMRPチームはもちろん、ヘルプデスクのデレックが生き残れることを祈った。

　意外にも、キルステンは反乱軍によってチームの仕事のやり方が変わったからと言って7人のプロジェクトマネージャーの削減を申し出てきた。キルステンは、「長期的には、システムの依存関係の管理を縮小、削減したいと思っています。私たちが作らなければならない仕事のシステム、会社のアーキテクチャーはそういうものであり、そうするとプロジェクトマネージャーの数は減らすということになります。これをどのように実現するかは、マキシンが繰り返し示してくれました。私たちはそれをさらに進めなければなりません」と言った。

　マキシンは、一方では、この部屋にいるすべての人々が示したプロフェッショナリズムに感心していたが、削減の対象として提案された人々の名前を聞いたり、キルステンのチームで削減数が多くなる理由を聞いたりすると、また吐きそうな気分になってきた。

　すると、エリックがテーブル越しに「たぶん君たちは今考えてることをもっと深く掘り下げる必要があるな」と言ってきた。会議が始まってから初めての発言だ。マキシンは、エリックが会議に出席していることをほとんど忘れていた。

　ビルが「お願いします」と言った。

　エリックが言った。「前回会ったときには、ジェフリー・ムーア先生の3つのホライゾンの話をしたが、時間がなかったのでコアとコンテキストの概念については触れられなかった。このふたつは、4つのゾーンとは何かに関わっている。ムーア先生は、多くの企業が3つのホライゾンを理解しているものの、次世代のイノベーションに適切に投資できてないことに気づいたのだ。言い換えれば、そういった企業では、**コンテキスト**がコアを支配してるために、**コア**への投資が足りないのだ。

コアはその企業の最大の競争力だ。顧客が金を払おうと思う部分であり、投資家たちが評価する部分でもある。コンテキストはその他すべてだ。カフェテリア、事業所間のシャトルバス、その他会社がしなければならない無数のことが含まれる。人事、給与、メールのようにミッションクリティカルなものも多い。しかし、会社が従業員に対して素晴らしい給与サービスを提供してても、顧客はそのために会社に金を払おうとは思わない。

　コンテキストを適切に管理できなければ、ムーア先生が言うように、大きな会社の足元が危うくなる。コンテキストで手いっぱいになった会社は、コアに適切に投資できなくなる。そういう会社を変身させるための戦略はあるが、そのためには徹底した粘り強さが必要だ。

　エリックはビルとスティーブを見た。「君たちはITがこの会社のコアコンピタンスにならなければならないことを知ってる。実際、パーツ・アンリミテッドの未来はITにかかってる。しかし、IT予算の8,000万ドルのうち、競争優位を築くためのコアに使っているのはどれだけで、重要だしミッションクリティカルな場合もあるものの、標準化、縮小が必要で、完全にアウトソーシングしてもかまわないようなものはどれだけかな？」

　ビルが真っ赤になって怒った。今の今まで、彼はいつも禁欲的で控え目な人に見えていたが、エリックがビルのもっとも敏感な部分に触れたのは間違いなかった。「アウトソーシングを話題にするんですか？ エリック、今までの経緯から、ITのアウトソーシングは、私たちが今一所懸命後始末しているようなさまざまな問題を引き起こすっていうことで意見が一致してたんではないんですか？」

　エリックがあざ笑った。「とんでもない。アウトソーシングしなくても、第1、第2、第3の理想がめちゃめちゃになり得ることは君も証明済みだろう。それよりもサイロ中心ではなく、顧客中心にならなければならないっていう第5の理想について考えろ。ムーア先生は、管理下のアプリやサービスのうち、顧客が金を払ってでも使おうと思うものはどれなのか考えてみろって言ってる。本当に競争優位を拡大するものはどれなんだ？ 外部のベンダーに任せてもいいものはどれなんだ？

　百年前には、ほとんどの大工場にはCPOっていう重役がいた。発電プロセスを管掌する最高電源責任者（Chief Power Officer）だ。電力がなきゃ何も作れないから、どの工場でもCPOは最重要な役職のひとつだった。発

電はコアプロセスだったんだ。しかし、こんな役職は完全に消滅した。電力は、電力会社から買えるインフラになったんだ。電力会社は取り換えがきき、基本的に料金だけで決められる。独自に発電できたからって、それが競争優位に働くことはまずない。電力はただのコンテキストになり、コアではなくなったのだ。社内で発電するために大量のスタッフを抱えるような会社になっちゃダメだ。

クレイ・クリステンセン先生がかつて言ったように、"十分に達してないもの"を手元に残し、"十分以上なもの"をアウトソーシングするんだ。カフェテリアのPOSシステムをアウトソーシングしたのはなぜだったのかを思い出してみろ」

ビルはあごをいじりながらじっくり考えているようだったが、やがて答えた。「私はCISOのジョンの協力を得て、どのアプリがPII（個人識別情報）やクレジットカードデータを抱え込んでるかを自分のチームに調査させました。そういったものは有害な廃棄物のようなものです。その保護のために時間や労力を無駄にすべきじゃないと考え、取り除きました。これらを抱えているアプリを探し、可能な限り引退させました。引退させられないものは、私たちのためにサービスとしてアプリを実行できる外部ベンダーを探しました」

エリックが立ち上がって「その通りだ」と言った。「私は君とITチームに第5の理想について深く考え、自分でやらなくてもいいコンテキストの分野をはっきりさせろ、数年、いや数十年もの間手かせ足かせになってきた技術的負債から自由になれって言ったよな。そういったものに足を引っ張られなきゃ何ができるかを想像してみなさい。短期的には苦痛になるかもしれないが、長期的には予想外できわめて重要な利息がつくはずだ」

エリックはスティーブの顔を見て言った。「スティーブ、君はついてるよ。ムーア先生によれば、コンテキストの管理に適してるのは、ビルやマキシンのような人だ。コンテキストの管理は簡単な仕事じゃない。全社に渡って標準化を推し進める押しの強さがあって、心から会社全体の利益を考えられて、テクノロジーで何ができて何ができないかがわかってる人が必要だ。

数十年分の技術的負債を帳消しにできる世界を想像してみよう。まずいビジネスプロセスの上に構築されたまずいオートメーションからは抜け出せる。捨てられるものは何で、代わりに時間と労力を割いてできることは何か

を意識的に慎重に選ぶんだ。単純さが有効性を生み出し、複雑さが足を引っ張ることはディックがよく知ってる。この会社でビジネスを進めるために社内システムやプロセスがどれだけ邪魔をしてるだろうか？」

マキシンはこの言葉を聞いて考えた。複雑なビジネス問題に取り組むのは好きだが、数十年分の無意味な複雑さと蓄積された無知に邪魔されなければもっと簡単になるし、もっとよくなる。

エリックが言った。「最後になるが、ほかのみんな、特にスティーブは、一人ひとりの削減によってフローがどれだけ妨げられるかをよく考えるようにした方がいい。特に、第1の理想である意思決定の局所性が実現されてなければ大変なことになる。たとえば、しょっちゅう官僚主義的な状況が生まれるような場所で管理職を除いたらどうなるだろうか。

こういった中間管理職は戦略と実行のインタフェースだ。彼らは優先順位を付け、交通整理や取締りをする。独立して機能する小さなチームっていう理想を実現したとして、誰がチームのチームを管理するのか。その管理する人が中間管理職だ。彼らのことを“フローズンミドル”^{訳注2}などとバカにする人もいるが、戦略を実現するためには、この階層の人々を適切に育てていくことが必要不可欠になる。

「諸君の幸運を祈る」エリックが出ていこうとしている。「マキシン、ここが踏ん張りどころだ。今は惨めに思えるかもしれないが、ここで賢い選択をすればやがてすばらしい日々がやってくることはまず間違いない」

削減プラン

5号館に戻る道ではみんな黙っていた。ようやくマキシンがビルに「あなたはあまりたくさん話さない方ですか」と言った。

ビルは少し頬を緩めて「そういうときもあるよ」と答えた。

マキシンは全員の疑問を代表して尋ねた。「今の会議をどう思いました？」

ビルはしばらく立ち止まってマキシンを見て言った。「最悪だよ。運用の人間がいつもやってることと似てるところもあるよ。もっと少人数でもっと

訳注 2: 凍っている、つまり融通の効かない中間管理職、イノベーションやデジタルトランスメーションを阻む創造性のない中間管理職というような意味。

多くのことをやれ。これをアウトソーシングし、あれをアウトソーシングしろ。以前、このやり方からとても愚かな結論が出されたことがあって、俺たちが何年も後始末に追われたことがあった。ベッドを捨てちゃったことに気づいたら、またもとに戻さなきゃならなくなる。全然いいことなんかない」

ビルは最初と同じ早足で戻ってきた。「でも、今回は違うと思うよ。スティーブとエリックは間違いなく正しい。イノベーションの取り組みを守る方法を何が何でも見つけなきゃいけない。ぼくたちの長期的な未来のためにはそれが必要不可欠だ。キャリアで初めて、会社のトップのサポートのもとでITマネジメントの方法を変えられると思ったよ。

でも、これはそう簡単なもんじゃない。エリックのコンテキストとコアの話はよかった。運用の仕事から外すべきサービスはあるよ。私が昔担当していたミッドレンジグループなんかがそうだ。ガラパゴス的なテクノロジーを作っちゃったんだよな。確かに何十年もの間、我が社にとっては役に立つシステムだった。でも、業界全体が進んでった方向からは大きく外れちゃったんで、ベンダー各社が新しく作ってきたものの恩恵を受けられなくなっちまった。今はたぶん本国に戻るための橋を架け直すべきときなんだよ。でなきゃ、島を完全に明け渡すことになる。

古巣のみんなを再教育すれば、事業コストを上げずに新しい仕事を任せられると思ってるよ。イノベーションチームには新しいポストがたくさんできるはずだ。彼らにはそこに就いてもらいたい。彼らには、しっかりとしたドメインの専門能力と制度的な知識がある。それを失うのは大きな損失だと思う。キルステンのプロジェクトマネージャーだって同じだよ…」

ビルはそのまま黙り、歩きながら考え続けていた。マキシンもそれまで以上に辛くなっていたので、それはちょうど好都合だった。自分の古巣だったMRPグループもガラパゴスの住人になっていたのではないだろうか。

カートがじっと考え込んだ様子で、「今回のことは**まったく**最低だと思うよ」と言った。

その日のそれ以降から翌日にかけて、マキシン、カートはビル、クリス、キルステン、彼らのチームとともに、必要とされる数の削減案を用意するためのプランを練った。スティーブは、ディックに価値と成長の両面を支えるようにと言ったが、ディックは直属の部下である事業運営担当部長と経理部

長のふたりを送り込んできた。

マキシンはこのふたりにとても感心した。ふたりとも押しが強く、会社のことを隅々までよく知っているように見えた。

そうは言っても、これは嫌な仕事だった。

マキシンは、この人員削減で苦しむ人々のことを考えると、ときどき胸がいっぱいになってしまって、散歩に出たり、完全に逃げ出したりしたくなった。しかし、これは正しくすることが大切、いや死活的に重要な仕事だということもわかっていた。そして、起きることに対して発言権を持ちたいとも思っていた。

最初のうちは、各マネージャーは、絶対必要、できれば残したい、削減候補の３グループに部下を分類していた。もちろん、第３グループに含まれていた人はごくわずかである。そこに挙げられた名前を見ていると、マネージャーたちがずっと前に辞めさせておくべき人間を取り除くチャンスとして今回の人員削減を利用していることがありありとわかる。

しかし、それだけでは必要な人数には足りない。クリスとビルは、"できれば残したい"のリストを精査し、メンバーを比較して候補を出すようにマネージャーたちを締め付け始めた。１時間近くこのような消耗する論争を続けたところで、マキシンはエリックが言ったことの一部を思い出した。

マキシンが言った。「ちょっと待って。エリックはフローの観点から削減案を検証する必要があるって言ってたわよ。部門とか人望とかだけじゃそういう検証にはならないわ。バリューストリームから無作為に人を取り除くようなことをすると、ドウェインが言ってた工場の３つのネットワークスイッチの話に出てきた数字にうるさいやつがしたのと同じ問題が起きるわ。

私たちはまだ意思決定の局所性が十分に実現できてないので、一番重要な仕事を早く進めるための方法を考えてるのはこういったマネージャーたちよ。エリックは彼らのことを優先順位を付けて交通整理や取締をする人だって言ってたわ」

ビルとウェスがマキシンの方を見ていた。ビルが言った。「そうだな。今はメンバーの比較を脇に置いといて、コアとコンテキストの区別に重点を置こう。廃止できる技術分野はどれだろう？」

マキシンは、この試練の究極的な目標は、事業コストを削減することだということをしっかりと意識している。給与台帳に載っている人間の数を減ら

さなければならないのだ。

　ウェスは、構築を手伝った帝国を解体する方法を考えよと言われて明らかに不満そうで、「おかしいだろう。そう古くない時期にこれが必要だと言ってたものだぞ」とぶつぶつ言っていた。しかし、そのウェスでさえ、緊急で重要性の高い経営上の事情があってしていることだということは認めていた。ビルが削減候補のテクノロジーとして古巣のミッドレンジグループを挙げたのを見て、ウェスはうめいた。

　ウェスがホワイトボードを見つめながら言った。「なんてこった。ビル、申し訳ない。これは辛いだろう。確かに『原始のマン』みたいに時代に取り残されたシステムだってからかったことはあるけど、あいつらはいいやつだぜ。それに彼らの仕事に不満を言う理由なんてまったくないぜ」

　ビルがウェスに礼を言った。「でも、率直に言って、お金を払えば私たちが作ったものがやってる仕事の大半をしてくれる SaaS^{訳注3} ベンダーがある。しかも、5人分になる。そして、テクノロジースタック全体とソフトウェアライセンス、関連するメンテナンス契約もなくなる。こういったもののために年間10万ドル使ってるわけだから、1/2人分浮くってことになる」

　ウェスは黙って座っていたが、やがて口を開いた。「お前がそう言うなら…。ヘルプデスクシステムを削減するために札束でパンパンになった袋を用意するよ。もちろん、代替サービスは必要だが、ベンダーに管理させた方がいいよな。それからメールサーバーもある。それから未だにあるロータスノーツ^{訳注4}。嘘みたいな話だが、何人かのマネージャーが激しく文句を言ったんで残ってるやつだ。やっとやつらの反対を叩き潰す口実ができたってところだな。

　こういったものの管理にかかる負荷を全部足し合わせると軽く3人分くらいになる。そのうち2人は残しておきたいな。どっちかというと、人員削減よりもこの手のサーバーをハンマーで叩き壊したいぜ」

　マキシンはウェスとビルを見つめていた。彼らは決して寛大なわけではないが、心の冷たい嫌な奴でもない。実際、このように部門名のリストを比較していく方法の方がずっといい。

訳注3: SaaS（サース）は、ソフトウェアアズアサービスの略。クラウドにあるソフトウェアをユーザーがネットワーク経由で利用するもの。Google の Gmail やドキュメント、ドライブなどがこれに分類されます。
訳注4: 2000年前後に流行ったグループウェア。

刺激を受けて、マキシンも勇気を出して言った。「たぶん、MRP グループも検討対象に入れないといけないわよね」

　クリスが驚いて彼女を見たが、マキシンは言葉をつないだ。「オンデマンド製造をサポートするために"予測による製造"から"注文による製造"にシフトしたスケジューリングモジュールのように競争優位のためにどうしても必要な部分はあるけど、それ以外の部分は市販パッケージに移行できるわ。移行チームのために 5 人のプログラマーを確保しておきたいけど、こうすれば 10 人のプログラマーと QA エンジニア、それからふたりの運用エンジニアの仕事がなくなる…」

　マキシンは心が痛んだ。削減対象としたふたりは、彼女が追放されたときに別れを惜しんだすばらしい人たちだ。MRP は、マキシンが 6 年近く開発、メンテナンスを担当してきたシステムでもある。エリックでさえ、そのアーキテクチャーを優れていると言ったようなシステムだ。

　マキシンは急いで付け加えた。「彼らは社内でももっとも優れたエンジニアたちです。彼らの力は私が保証します。ユニコーンやイノベーションチームのようなプロジェクトで仕事ができれば、MRP システムを担当するよりもずっと高い価値を会社にもたらすことができます…」

　クリスがマキシンを誇らしげに見ながら「まったく、君の言う通りだね」と言った。マキシンはやっとこのことを提案してほっとした。一日中ずっと恐れていたことだったのだ。

　ビルは、すでにミッドレンジ、ヘルプデスク、電子メール、ロータスノーツが挙げられているホワイトボードのリストに、マキシンの古巣である MRP グループを追加した。これで削減できる 18 のポストが特定された。代わりに導入するソフトウェアサービスには、年間 50 万ドルのコストがかかる。

　ビルは新しい列を追加した。「イノベーションチームに 500 万ドルの満額の予算が下りたら、新しくコアのポストが 35 人分できる。そうすれば、今挙げた人たちを全員再雇用できる。マキシンが言ったように、そっちの仕事をした方がはるかに価値が高い。

　じゃあ、削減候補をもっと出そう。手かせ足かせになっていて、コアに配置換えすべき人々がいるような業務はほかにあるかな？　うちのデータセンターで実行されていて、お客さんが会社に料金を払ったりしないような業務

は何だろう？ 給与計算はもうアウトソーシングした。ほかに検討すべき管理部門機能はあるかな？」

マキシンが提案した。「うちには ERP システムが３つあります。これら全部を統合しなければならないのは苦痛です。実際、これら３つは今はひとつの会社のものになってます。今こそちょっとがんばってみるべきではないでしょうか？」

ウェスがうなずいた。「３つをひとつにまとめられたら、あと２、３人の運用エンジニアをほかの仕事に回せるな」

ビルが言った。「これはいいやり方だなあ。人事システムはどうだろう？ それから販売コミッションツールと給与制度…、あと工場のタイムカードシステム…」

マキシンの追放の原因となった給与システム障害の震源地であるタイムカードシステムの名前が挙がり、マキシンは「それは、いい」とつぶやいた。

ウェスが言った。「あとはデスクトップバックアップシステムがあるな。それから、電話システムと PBX はどうだ？ うちはメーカー兼リテーラーで、電話会社じゃないもんな」

ウェスの顔は輝いていた。「それからもう何年も前に閉めとくべきだったデータセンターがふたつあるな。ふたつを結ぶ回線とふたつの中身で、年間100 万ドルかかってる。これを本当に取り除いたら、配置換えできる要員が４人増えるな…。そうだ、あとはあの忌まわしい Kumquat サーバーだ…。こいつらとはもう永遠におさらばしよう。これでメンテナンスコストが 10万ドル浮く」

ホワイトボード上の不名誉なコンテキストのリストがどんどん長くなるのを見ていて、マキシンは恐くなってきた。しかし、こういったものを投げ捨て、仕事の足を引っ張るさまざまなものから会社が解放されれば、エンジニアたちに今までよりもずっと価値の高い分野で仕事をするチャンスを提供できると考えれば、すばらしいことのようにも感じる。そして、マキシンにはもうひとつ気になるものがあった。

マキシンが言った。「ユニキャットの CI クラスターはもう限界だわ。とても重要なコンテキストだけど、コンテキストには違いないわよね。ユニキャットの担当はうちで最高のエンジニアたちよ。開発者たちが仕事しやすくなることを重視してまったく新しい世界を築いたわ。でも、私たちは SaaS

ベンダーを探して、最高のエンジニアたちには、商用ベンダーが見つからない仕事をしてもらうべきでしょ。ねえカート、ドウェインとブレントはユニキャットの面倒を見るためにどれくらいの時間を使ってるかしら？」

カートは「嘘だろ」と答えたが、しばらくして、「でも、やっぱりこれもリストに入れとこう」と言った。

ディックの財務経理チームも自分の方の削減対象の表を提出し、全員が注目した。財務経理は削減できる経費を400万ドル近く、削減できるポストを26人分見つけてきた。

しかし、彼らがイノベーションで33人分のポストを用意すれば、ほぼ全員を再雇用できる。もちろん、彼らが新しいことを学ぶ気があればの話だが。

マキシンは満足した。

エンジニアの再配置

マキシンは、ビルがスティーブ、ディックの予定をすぐに押さえられることに驚いた。彼はCEOとの間にそのような仕事上の関係を築いているのだ。彼らはその日のうちにふたりに削減案を提示した。それとは対照的に、マキシンがクリスの予定を押さえようとすると何週間もかかることがある。マキシンは、自分とクリスのどちらに問題があるのだろうかということをちらりと考えた。

ビルが自分たちのプランを提示すると、スティーブとディックはメモを取り、質問し、最終的に承認を与えた。

スティーブは、彼らがフローを維持しながら、バリューストリームによって削減すべき分野を決めたことを特に高く評価した。そして、ビルが有能なエンジニアを配置転換し、イノベーションチームの戦力になるように再訓練したいと言うと、スティーブは興奮を隠せなくなった。

スティーブが言った。「工場にいた1990年代、私は従業員全体に対する大規模な再教育活動の責任者になったことがある。手を使うだけじゃなくて頭も使わなきゃ給料をもらえない時代になっても、すべての工員が生き残り、豊かな暮らしを築くために、我が社は大きな投資をしたんだ。これは私がした仕事のなかでも特に充実してて、やりがいのあるもののひとつだった

な。ITエンジニアに対しても同じことをしなきゃいけない。

ただ単に壁にポスターを貼るようなことじゃだめだよ。**本気で**社員に投資しなさい。たとえば、パーツ・アンリミテッド大学を作るとか、そうじゃなくても長期的な訓練プログラムを作って、会社の長期的な発展のために必要な次世代のリーダーやエンジニアを育てるんだ。彼らが必要なスキルを蓄えるために会社が投資するんだ」

スティーブはマキシンが今まで見たことがないくらい高揚し、生き生きとしていた。ディックでさえ高揚感があるように見えた。

ビルが言った。「スティーブ、私はもっと前にこういうことをお願いするべきだったんです。あなたが私をこのポストに据えたつい4か月前まで、私が責任者を務めていた古巣のミッドレンジチームのことを考えるとそう思うんです。私の部下たちは、自分には何の罪もないのに、コアではなくコンテキストのビジネスプロセスを担当させられてました。私たちは全社一丸となって正しいことをし、社員全員が長く実り多いキャリアを過ごせる準備を進めなきゃいけないと思います。彼らは価値のある知識を持ってます。ただ辞めさせてしまうなら、私たちは愚か者になってしまいます」

スティーブが「まったくだ」と答えた。マキシンはほっと安堵のため息をついた。〈もとはと言えばサラが導火線に火をつけたことだけど、今回の一件も会社をよい方向に向かわせるための力が働いたってことよね〉とマキシンは思った。

メモを取りながら、ときどき電卓を叩いていたディックが口を開いた。「1,500万ドルのコスト削減が必要だが、君たちが提示した数字でそれにかなり近づいた」ディックが部下の方を見ると、彼らもうなずき返した。

ディックは話を続けた。「製造では、一番マージンが低い製品カテゴリを止めることにした。これで50人の工員に影響が出るが、そのうちの15人は今欠員になっているポストにまわってもらう。

サプライヤー管理部長は、サプライヤーの数を減らして200万ドルのコスト削減を図る。この計画は、割引率引き上げやロジスティクスのコスト削減の交渉材料に使える。大した問題も起きないだろう。

リテーラー部門では、営業成績の悪い10店舗を閉める。これで300万ドルの経費節減になる。あとは早期退職やポストの削減でまかなう」

ディックはスプレッドシートを見てから続きを話した。「これはとてもい

いプランだと思ってるよ。最大のリスクは、新しいシステムへの移行にともなう運用リスクだと思う。コンテキストだがミッションクリティカルだからね。我が社ではこれだけ多くの業務プロセスを変えたことはない。しかも、1度にまとめてだからね。それと、大きな不満を抱えて、その理由として私たちにはどうにもできないことをあれこれ述べ立てる人たちがたくさん出てくるだろうね」

ビルが言った。「おっしゃる通り、反対論のなかには間違いなく正しいものが含まれてると思います。これは、私たちがスプレッドシートを操作して作った不完全なリストなんですから。私たちのレベルでは、これらのシステムを止めてどういう影響が出るか、移行のためにどれだけかかるかを正確に把握できません。何が可能かを突き止め、現実的なタイムラインを用意するためには、チームで検討する時間が必要です」

ディックがうなずいた。「ビル、それはいいプランだね。スティーブ、ビルのために時間稼ぎの方法を考えないといけませんよ」

スティーブが画面上のスプレッドシートを見ながら言った。「取締役会には、要求された3%の削減ではなく、四半期収益の発表前の1月には2%の削減案を示し、年末までに4%に引き上げることを提案しよう。そうすれば満足してもらえるんじゃないかな…」

ディックが笑顔で「いいですね。そうすれば、アラン派の取締役たちも喜ぶでしょう」と言った。

スティーブが言った。「それじゃあ、私はこれを取締役会に根回ししよう。このことを社内に発表し、できる限り内容をオープンにして、社員が準備できるようにしよう」

そしてディックに一言付け加えた。「申し訳ない、ディック…。数字がいい方向に向かい続けるように、あと四半期2回分くらいはファイナンシャルエンジニアリングが必要になるな」

マキシンは、コスト削減計画が最悪の事態に陥らずに済んだことにほっとした。しかし、まだ警戒を解いたわけではない。最悪の事態が起きることに対する強烈な恐怖が、いつまでも続く人をむしばむような鈍い不安感に置き換わっただけだ。

その日はそれからずっと疲れ切った感じで、左まぶたがずっと痙攣し、胃

が絶えずきりきりと痛んだ。人の姿をまともに見られないときもあった。グーグルで検索してみると、これは長期的なストレスによるものらしい。マキシンが管理職に就くのを避けてきたのは、このような人事管理の問題に触れたくなかったからだ。

　その夜、彼女はなんとかリラックスしようとして、グラス2杯のワインを飲み、夫のジェイクといっしょに『ゲーム・オブ・スローンズ』の"釁られた婚儀"の回を見た。仕事に関係のあるものを忘れようとしたのだ。最後の場面の無慈悲な残虐さとめちゃくちゃな暴力には唖然としたが、現代の職場環境にはこんな大量殺人はなくてよかったと言ってジェイクと笑いあった。サラからすれば、間違いなくもっとも効果的な攻撃をしかけてきたのだが。

第 18 章

発表会と政変

　木曜の朝、マキシンは疲れがすっかり取れて一日の始まりに胸を躍らせた。その理由の一部は、一晩中夢を見ないでぐっすり眠れたからだが、イノベーション委員会の前で、決勝まで残った候補者たちがイノベーションのアイデアをプレゼンする発表会の日だからでもある。ビルは、約束通り全社からもっとも尊敬されている 50 人の人々を選び、委員になってもらっていた。彼らが選んだ上位 3 つのアイデアは、担当者を付けて可能性を検討することになる。

　3 組の勝者には、マキシンが選んだ担当チームが割り当てられる。チームは、アイデアの実現可能性を追究するために 90 日を与えられ、市場リスク、技術リスク、ビジネスモデルリスクを精査し、誰もが認める何らかのすばらしい成果を挙げようと努力する。これは、マキシンたちがなんとか守ろうとして戦ってきたホライゾン 3 の仕事になる。

　マキシンは、スティーブが誰でもアイデアを提出できることを全社に発表してからわずか 1 週間で数百もの応募があったことに驚いている。マキシンは委員会メンバーとしてすべての提案を読み、社員のクリエイティビティと考えの深さに触発された。ほとんどすべての提案は顧客が実際に抱えている問題を解決しようとしたもので、その多くはパーツ・アンリミテッドができる独創的な解決方法を示したものだった。

　マキシンは、社員たちのこれらの問題を解決したいという思いの強さに舌を巻いた。委員会は熟慮の末、上位 30 件のアイデアを選んだ。今日は、それらの提案者たちが、ふだんタウンホールミーティングが開催される大講堂でイノベーション委員会の委員全員の前でアイデアをプレゼンすることになっている。

　プレゼンに参加する各チームは、この 1 週間、一部の委員の前でリハーサルし、助言や指導を受けることができた。マキシンは、ホリデーシーズン

の直前という時期に委員たちが喜んで時間を割いてくれるのを見てありがたいことだと思った。提案をする人々は、このような交流を通じて人脈を築き、キャリアアップに役立てることができるはずだ。

予想外の事態

　マキシンは、大講堂でイノベーションコンテストのサポートをするために、どうしてもしておかなければならない仕事を早く片付けようと自分のデスクの前に座った。
　座るとすぐ、"クランキー"デーブからショートメッセージが届いた。

大変なことが起きた。すぐにメールを見て

　メールを開いてタイトル行を見ると、マキシンは冷や汗がどっと吹き出してきて、思わず「なんてこと…」と小声で言った。

From: サラ・モールトン（リテール営業担当 SVP）
To: IT 部門全社員
Cc: 全重役
Date: 8:05 a.m., December 18
Subject: 人事異動と職務変更

　即時実施。マギー・リー（リテールプログラム管理本部長）は、小売店に対する緊急の在庫監査の補助を担当することになった。
　この業務は緊急性が高いため、マギーはイノベーション委員会の業務を含むすべての職責を解かれる。すべての報告は私に行い、私の指示を仰ぐこと。
　さらに、カート・レズニック（品質保証部マネージャー）は、私が責任を持って開示できない理由により、すべての役職を停止される。イノベーション委員会関連の問題については、すべてリック・ウィリス（品質保証部マネージャー）の指示を仰ぎ、その他の件についてはクリス・アラーズ（アプリケーション開発担当 VP）の指示を仰ぐこと。

よろしく、サラ

　マキシンはショックを受けてメールをじっと見た。今起きたばかりのことがどれだけ大きな意味を持つのか、マキシンはまだ完全につかみきれなかった。サラは、ホライゾン３の取り組みのトップふたりを実質的に取り除いたのだ。ホライゾン１を守り、自分が求める価値を追求するために、サラは始動する前にイノベーション委員会を脳死させたのだ。

　奇妙なことに、マキシンが感じたのは怒りや悲しみではなく、無力感だった。これはサラの大胆不敵な行動によって自分の頭のなかのヒューズが全部飛んだということなのだろうか。まだ半分信じられないような気持ちだったが、マキシンはサラがパーツ・アンリミテッドで現代版の"<ruby>簒<rt>ちね</rt></ruby>られた婚儀"をやってのけたのだと思った。

　マキシンは必死の思いで自分のスマホから何度もカートとマギーを呼び出したが、どちらも電話には出なかった。何が起きたのかを尋ねようとショートメッセージも送ったが、どちらからも返事はなかった。

　マキシンは、自分ができることを考えようとして長い間宙を見つめていた。気が付くと、彼女のデスクのまわりに人々が集まってきていた。"クランキー"デーブ、ドウェイン、ブレント、シャノン、アダム、パーナ、エレン…。"クランキー"デーブが悲鳴のような声で「一体何が起きたんだ？　何が起きたかさえわからないのか？」と叫んだ。

　誰もどうすることもできなかった。誰もカート、マギーに連絡がつかなかった。その点では、キルステン、クリス、ビルも同じだった。

　ジュニアオフィサーとブリッジクルーは全員姿を消し、赤シャツだけが残された。

　マキシンがカートにショートメッセージを送るのももう３度目になる。

何が起きたの？　どこにいるの？　みんな心配してるわ！

　「反乱軍はもうおしまいなの？　ぼくたちは全員黙らされちゃうの？」みんなが頭のなかで考えながら言わないことをブレントが言った。

　シャノンが怒った目で「しっかりしなさいよ」と言った。しかし、シャノンも震えている。何が起きているのか、誰も知らないからだ。マキシンは、

怖がるみんなをなだめ、落ち着いた大人でいようとしたが、とても平静では
いられず、落ち込んでいた。

　マキシンはブレントを見た。このすばらしい冒険は本当にもうおしまいか
もしれない。次はビルが窮地に追い込まれるのかもしれない。会社の上層部
まで影響が及ぶのだろうか？ スティーブもいなくなるのかもしれない。本
当にサラが戦争に勝つのだろうか？

ホライゾン 3 を守るのは誰？

　マキシンは、宇宙船エンタープライズ号のブリッジの艦長席にサラが座っ
ているところを想像した。サラは、古い人々のパージを完了し、新しく揃え
たブリッジクルーを従え、勝ち誇ったように笑っている。次に起きる反乱を
遅らせるために、敗れた反乱軍のリーダーたちは全員柱に縛り付けられてい
る。

　サラは機関室まで下りていって、カート、マギーの仲間に入っていた赤シ
ャツを全員追放するだろうか。普通なら、マキシンはこんな考えは馬鹿げて
いると思うだろう。ブリッジクルーが赤シャツのことなど気にするだろう
か。

　しかし、サラが反乱軍のメンバーたちの努力を葬り去るために今までに企
んできたことを思い出すと、そういうこともあるかもしれないと思い直し
た。サラが赤シャツ全員の名簿を調べて敵と味方に分類し、敵は全員セテ
ィ・アルファ 5 号星にビーム転送されるだろう。カーンとその仲間たちが
15 年かけてカーク船長に復讐したときのように。

　〈いや、サラのことだ。全員をただちに逮捕して、将来反撃できないよう
に星の中心にビーム転送するだろう〉とマキシンは思った。サラのことをど
う想像しても、サラは 1 歩先を考えている。

　マキシンは自分の時計を見た。大講堂でプレゼンが始まるのは 45 分後
だ。マギーは行方不明で、予定通りにプレゼンを進行することはできないだ
ろう。そして、スティーブも現れないのではないかと思った。

　〈誰がホライゾン 3 を守るのだろうか？〉マキシンはあたりを見回した。

　そして、すべては自分にかかっていることに気づいた。

　マキシンは、デスクの電話の受話器を取り、スティーブの内線を呼び出し

た。秘書のステーシーが電話に出た。

　「こんにちは、私はマキシン・チェンバースです。イノベーション委員会のことでカート、マギーといっしょにスティーブ、ディックとのミーティングに臨んだことがあります。私たちは、カートとマギーが職務を停止されたというメッセージを見て少し混乱しています。今日9時にスティーブがイノベーションコンテストで挨拶をすることになってましたが、予定通り挨拶できますでしょうか？」

　電話の向こうから声が返ってきた。「こんにちは、マキシンさん。すごいタイミングですね。ちょうどお電話しようとしてたところです。スティーブからあなたにメッセージがあります。『イノベーションコンテストをよろしく頼む。幸運を祈る』と言ってます。行けるようなら行きますが、それでもほんの数分しかいられないはずです」

　ステーシーは、あとでスティーブかディックがショートメッセージを送れるように携帯の電話番号を教えてくれと言ってきた。マキシンが番号を教えると、ステーシーは、「マキシンさん、がんばってください。私たちはみんなあなたの味方です」と言った。

　マキシンは電話を切って一瞬デスクを見つめてから、自分がしなければならないことのために気持ちを引き締めて言った。「みんな来て。私たちはアイデアコンテストに行かなきゃいけないわ」

　シャノンが「でも、マギーとカートがサラに足止めされちゃってるじゃない。誰が会の進行をするの？」と尋ねると、マキシンは勇気を奮い起こして「私たちよ」と答えた。

すばらしいプレゼン

　大講堂の最前列からは、プレゼンの順番を待つすべてのチームの興奮と緊張感がはっきりとわかった。サラのメールを見て誰かが脱落しても、マキシンは気づかなかっただろう。

　マキシンはステージに上り、裏方の人を探した。A/V機器を管理しているらしい人を見つけ、9時に挨拶するのでマイクを渡してくれと頼んだ。あと3分だ。

　ブレントが提案を発表するチームの予定が印刷された紙をマキシンに渡

し、発表者を舞台裏に集めるようステージマネージャーに指示した。マキシンがブレントに礼を言うと、ブレントは笑顔を返し、「がんばれ、マキシン、必要なことがあったらいつでも言ってね」と言った。

マキシンは観衆を見て、イノベーション委員会の委員に選ばれた人たちがすべて先頭の列に並んでいることを確認した。彼らは各チームが10分ずつのプレゼンをするのを聞いて審査する。彼らの後ろには、チームメイトのプレゼンを見に来た数百人の人々がいた。

マギーは、HIPPO効果、つまりもっとも給料の高い人の意見（Highest Paid Person's Opinion）しか注目されないという不健全な傾向を緩和するために細心の注意を払った。マギーは、委員たちに一つひとつのプレゼンをよく聞き、自由に質問してくれと頼んだ上で、投票と評価を秘密にすることを約束したのだ。

マキシンはスティーブを探したが、見つからなかった。時計を見ると定刻だ。ステージマネージャーがヘッドフォンから何かを言い、3、2…とカウントダウンを始めた。

マキシンは、眩しい光に照らされて目を細めながらマイクに向かって発声した。「こんにちは、私はマキシン・チェンバースと言います。この発表会の司会進行はマギー・リーが務めるはずでしたが、みなさんメールを読んでご存知のように、在庫監査という緊急の仕事に呼び出されて来れなくなりました」

マキシンは聴衆が笑うのを聞いて驚いた。自分では面白いことを言ったとは思ってなかったのだ。

マキシンは挨拶を続けた。「また、我が社の輝かしい歴史とお客様の車を使える状態に保つお手伝いをすることの大切さについて、そして社内でイノベーションを強化することがいかに大切かについてスティーブが挨拶をする予定でしたが、現時点ではちょっと参加できなくなってしまいました。しかし、今日のプレゼンは、社内で特に尊敬を集めている人たちを集めた素晴らしい審査員団によって審査されます。イノベーションの提案は数百件いただき、私はそれらをすべて読ませていただきました。

それらはどれもすばらしいものであり、30種だけを選ぶのはとても大変でしたが、なんとか選びました。今日はその30種のアイデアのプレゼンをみなさんに見ていただくことになってます」マキシンは、自分の声がかすれ

ず、緊張感が表に出ないようにと注意しながらなんとかここまで言った。身体から吹き出す汗を隠すためにジャケットを着てくればよかったと後悔したが、挨拶を続けた。

「各チームには10分ずつが与えられ、そのあとに5分間のQ&Aの時間があります。発表終了後、委員会が審査に入り、3組の勝者はスティーブが次のタウンホールで発表します」

マキシンはとてもうれしそうに笑顔を作って「私はチームメンバーとともに勝者になった3組のアイデアの実現可能性を検証する仕事をさせていただくことになってます」と言った。しかし、今朝のできごとのことを思い出し、目から涙があふれそうになっていることを感じた。かすれた声を振り絞って、「私たちはこの発表会を実現するために大きな犠牲を払ってきました。それだけに、発表者のみなさんがプレゼンのために力を注いできてくださったことに感謝してます。そして、アイデアの実現のためにベストを尽くすことをお約束します」となんとか最後まで挨拶を言い切った。

集まった人々が拍手し歓声を上げるのを聞き、マキシンは笑顔になり、自分が涙目になっていることを感じた。ステージマネージャーの方を見ると、彼は笑顔で親指を立てて見せた。マキシンは予定表の紙を取り出し、頭をはっきりと上下に振ってから、最初のチームをステージに呼び出した。

舞台裏に戻ってくると、ブレントが横にやってきて「よかったよ、マキシン。すごかった。みんながプレゼンできるようになってとてもうれしいよ…。今朝、あんなことがあったあとだけど…。聞いてる？」

マキシンは笑顔に戻り、ブレントをハグして、支えてくれたことについて礼を言った。そしてチームの発表に注意を集中させた。ある店長が、ウーバーやリフトなどのライドシェアを利用するドライバーたちの固有のニーズに応えるサービスというアイデアについてプレゼンしている。別の人は、一般的なメンテナンスを提供するコンシェルジュサービスを提案した。

しかし、大講堂全体がざわめいた最初の提案は、ガレージとサービスステーションの評価システムで、これにはすぐに"ガレージのイェルプ（Yelp）"というニックネームが付いた。これは、パーツ・アンリミテッドのお客様がサービスステーションで感じたことをほかのお客様にシェアできるようにす

訳注1: Yelpは、レストラン、クリニックなどの評価システムで世界中で展開されています。

るというものだ。

　午前中の休憩のあとに、マキシンが気に入ったアイデアがもうひとつ現れた。それは営業の上級管理職が提案したもので、サービスステーションのお客様のために商品を4時間で配送するサービスを新設するというものだ。必要なパーツがすぐに配送されることがわかっていれば、サービスステーションはお客様に修理の提案をしやすくなる。最近、競合として4時間配送を提供するスタートアップが現れており、サービスステーションに直接商品を販売するパーツ・アンリミテッドの担当部署は、すでに次年度売上予測を10%も引き下げられている。

　このチームは、パーツ・アンリミテッドがこの競合と対決して勝利を収めるとともに、もっとも重要なサービスステーションの顧客との関係を強化できると考えている。チームリーダーが「私たちのすべての能力を結集すれば、このスタートアップを廃業に追い込むことができるはずだ」と言うと、大講堂は歓声で包まれた。

　ほかのプレゼンもとてもすばらしいものだったが、午後の半ば頃にマキシンが惚れ込むような提案が現れた。それはブレント、シャノン、ドウェイン、ウェスが発表したものだが、発表者よりも中身を評価したのだ。とは言っても、マキシンは彼らを誇りに思っており、彼らが登壇したときには歓声を上げられないではいられなかった。

　彼らのアイデアは、エンジンセンサーを販売し、そのセンサーを中心としてさまざまな商品群を生み出すというものだ。最初のうちは、オイル交換やエンジン摩耗などの大きくてコストのかかる問題に膨れ上がる前に車の小さな問題を見つけることに専念する。すると、閑散期の間に作業の予約を入れられるので、店舗は顧客に割引価格で修理サービスを提供できる。

　ウェスは、自分に対するアプリ（ユニコーン・プロジェクトによるもの）のオススメ商品のひとつでもあるエンジンセンサーを何か月も前に見た。パーツ・アンリミテッドも最近店舗で販売するようになった商品だが、とてもすばらしいもので、飛ぶように売れている。1994年のCARB（カリフォルニア州大気資源局）の規制により義務化されたため、最近の車なら何でも搭載しているODB2（Onboard Diagnostic Port 2）に接続できる。この標準データコネクターを使えば、排出レベルなどのさまざまなエンジン特性をモニタリングできる。

マキシンは、内燃エンジンを持たないテスラのような新しい電気自動車でも、ODB2 ポートを持っていることを知って驚いた。

　彼らのアイデアは、このようなエンジンセンサーを OEM か再販で販売するとともに、センサーを中心としてワールドクラスのソフトウェアエコシステムを構築して、オンサイト診断から顧客に対するアドバイザリーサービスに至るさまざまなサービスをサポートし、よりよい予防的メンテナンスを実現するというものだ。

　マキシンにとっては、プレゼン中にスマホですぐにセンサーを購入するほど魅力的な提案だった。マキシンは子どもたちが運転するときに飛ばしすぎるのが気になってしょうがないのだ。プレゼンが終わったときには、公平であろうという思いと裏腹に、マキシンは立ち上がって歓声を送ってしまった。マキシンは、パーツ・アンリミテッドが新しく面白く活気に溢れた会社になるためには、このような提案が必要だと考えているのだ。

　その後もマキシンにとって気になる提案はいくつもあったが、自分がどのチームに投票するかははっきりしていた。すべてのプレゼンが終わったときに、マキシンは再び登壇して挨拶した。「このようなすばらしいアイデアの数々を提案していただき、みなさん本当にありがとうございました。今日これからすべての投票を集計し、スティーブが 1 月のタウンホールミーティングで勝者を発表します。そのときにまたお会いしましょう！」

　マキシンは、観衆全体に向かって手を振り、ステージマネージャーにマイクを渡した。マキシンは疲れ切っていた。立ち続けていたために足がガタガタ震え、背中も痛かった。そして冷や汗とライトを浴びて立ったときの汗とで自分が臭くなっていないかが気になった。

　反乱軍のメンバーたちと合流すると、この一日のことを思い返した。イノベーションコンテストが成功してほっとするとともに元気をもらった。組織再編や人事異動がおかしなことになっても、今日の発表会のようにわくわくするものを実現できればきっと意味がある。それ以上に、発表会を実現するために努力してきたことを今後も誇りに思えるだろう。しかし今は、カートとマギーの身に何が起きたのかを突き止める必要がある。そして、その点では姿を消したほかのブリッジクルーたちについても同じだ。

　イノベーションの取り組みが実現するかどうかもそれにかかっている。

失敗は許されない

　5時を過ぎると、彼らはいつものようにドックサイドに集まった。

　ドックサイドに誰かが到着するたびに、マキシンは新しい情報、ニュースはもちろん、情報共有すべき新しい噂の有無さえ尋ねたが、誰も何も知らなかった。完全な情報遮断が続いた。サラのメール以外、会社からの正式なメッセージや発表はなかった。

　マキシンはみんなに向かって言った。「何が起きたとしても、たとえマギーとカートがクビになったとしても、私たちはホライゾン3プロジェクトを成功させるためにできることは何でもしなきゃならないわ。たとえ休日も提案チームと仕事を進めることになってもよ。私たちは、選ばれたチームが順調にスタートを切り、プロジェクトが成功するチャンスを広げられるようにしなきゃいけないのよ…。で、勝った3組の名前がここにあるわ。今言ったことに賛成してくれる人は？」

　シャノンが答えた。「私たちは全員よ。ライバルチームを助けることになっても変わらないわ」

　ブレントが違うだろという顔で言った。「シャノン、ぼくたちはみんな同じチームなんだよ。ぼくたちは本当は互いに競い合ってるわけじゃない。ぼくたちの競争相手は市場さ」

　シャノンが言った。「私が言ったのも同じことよ。で、勝者は誰なの？」

　マキシンは全体を見回し、みんながうなずいて、全員3つのパイロットチームのサポートに本気で取り組むつもりだということがわかると、「答えははっきり出ました。僅差でさえありません。審査員が1位に推したのは、エンジンセンサープロジェクト…」

　全員が歓声を上げてシャノン、ブレント、ドウェインの背中を叩いて彼らを祝福したので、ほかの2チームはすぐには発表できなくなってしまった。シャノンが「ウェスも来るわ。今ショートメッセージで伝えたの」と言った。

　マキシンが笑顔で続きを話した。「…あとの2組は、サービスステーション評価チームと、部品の4時間配送チームです。で、私は4時間配送チームのサポートをしたいわ。社内のさまざまな部署との折衝が必要でしょ。そういう仕事がしたいの」

"クランキー"デーブが手を上げて言った。「俺はサービスステーション評価プロジェクトだな」そしてほかのメンバーもエンジンセンサーチーム以外のどちらかのチームのサポートに入ることが決まると、マキシンはにっこり笑って「それぞれチームのリーダーにみんなを紹介するメールを書くわ」と言った。

　ドウェインが全員にビールを注ぎ、マキシンは"エリックスペシャル"ワインを味わった。食べ物を注文し、マキシンは3つのチームをドックサイドに誘うことにした。うまくいけば、ここでスタートを切ってプランの立案に取り掛かれる。

　マキシンは深く息をした。ホライゾン3の取り組みを始動するという義務をうまく果たすことができた。自分ができることはすべてやった。気持ちは、病院で出産を待ち、母親と新生児の状態についての説明を受けようとしている人々と同じように、安堵と心配、焦燥、重苦しさが入り混じったものだった。やがてウェスが現れたが、ビルやほかの人々についての消息はわからなかった。

　もう6時だ。マキシンは、〈今までにブリッジで起きたことについては何らかの形で決着がついてるはずだ〉と思った。

　それから30分が過ぎ、1時間、2時間が過ぎた。

　ウェスが突然「すごいことになってるぞ、メールを見ろ!」と怒鳴った。

　マキシンはスマホを見た。

From: スティーブ・マスターズ（CEO）
To: パーツ・アンリミテッド全従業員
Date: 7:45 p.m., December 18
Subject: マギー・リーの復帰

　マギー・リーは、リテール事業とイノベーション委員会の職務を再開する。職務、職責について質問があれば、私に送られたい。

　パーツ・アンリミテッドの素晴らしい将来については、近いうちにさらにお知らせすることになるだろう。

　ありがとう。よい休日を!

　スティーブ

テーブル全体で歓声が上がった。しかし、カートがどうなったのかが未だにはっきりしないし、サラのこともわからないので、重い空気が残っていた。ウェスがスマホを見ていたが、やがて満面の笑顔で「ビル、マギー、カートがこっちに向かってるぞ」と大声で言った。

ちょうどいいタイミングで誰かがビールのピッチャーをたくさん注文した。満面笑顔のカートが大勝利というような万歳の格好でドアから入ってきた。彼の後ろにマギー、キルステン、ビルが続いた。

テーブル全体でもう1度歓声が上がり、それにドックサイドバーのほかの人々も加わった。彼らがテーブルにつき、それぞれのドリンクを飲み干すと、今日何が起きたのかがやっとわかった。

カートが誇らしげに笑いながら言った。「映画の『未来世紀ブラジル』みたいな話だったよ。ぼくは書類の作成不備で刺された。サラが人事を巻き込んでぼくのルール違反を片っ端から調査してったんだ。タイムカードの提出忘れ、出金報告のポリシー違反、設備投資ガイドライン違反、予算編成違反、不正確な要員コード設定ってね」

マキシンはビルがカートをじっと見ていることに気づいた。ビルはこれからカートの監視を強めていくのだろうか。

カートがまだ話している。「…で、理由はもうひとつあった。ほかのある管理職と不適切な関係にあるんじゃないかって言われたんだ。でも、ぼくたちは互いのために便宜を図ったことはないし、彼女の方がぼくよりも格上だし、人事には結婚をすぐに報告したし。それから5年間幸せな結婚生活を送ってる。だからそこが問題になることはないってことには自信があった」

マキシンは、もっと深刻な問題に巻き込まれたわけではないことに安心して言った。「カート、よかった。で、サラはこんなことをしてお咎めなしなの？」

カートが答えた。「さしあたり、ぼくはまだ調査中の身で、60日間出勤停止になってる。マギーも今スティーブに助け出されたところだ。でも、サラはまだ処罰の対象にはなってない。すべてはホライゾン3プロジェクトが成功するかどうかにかかってるってことは間違いない。スティーブはこれに自分のクビを賭けてるよ。ホライゾン3が金を生み出さなきゃ、サラがパーツ・アンリミテッドの新しい、そして最後のCEOになるだろうね」

マキシンは、マギー、カート、ビルに今日の発表会の経緯と3つのイノ

ベーションプロジェクトの担当をどのように決めたかを手短に説明した。

マギーがぱっと笑顔になって言った。「マキシン、それは本当によかったわ。本当にありがとう。明日またじっくり話しましょう。今日の飲み物は私のおごりよ。今日はとんでもない一日だったわね！」

ビルが「みんないいか、俺たちはまだ生きてるぞ！」と言ったが、ほとんどあとから思いついたというような感じでカートに向かって「おっと、全員じゃなかったな…。カート、60日後に会おう」と言った。

それからマキシンに向かって言った。「ホライズン3のこと、今日はいい仕事をしてくれたね。大切なのは来月だ。失敗は許されないぞ」それから笑顔になって付け加えた。「私がすべきことは何でも言ってくれ。これ以上重要なことはないと言ってもいいくらいだからな」

ホリデーセールに向けて

木曜は夜遅くまで盛り上がったが、金曜は朝早くから仕事を始めた。この日は、ほとんどの社員が2週間の休日に入る前日だ。しかし、誰もがイノベーションのパイロットプロジェクトの未来が不透明なことを知っていた。できる限り早くできる限り多くの仕事を進めておこうということは、言われなくても誰もがわかっていた。1月のタウンホールミーティングで何かしら披露できるものを作るということは、やる気の出る目標だ。

しかしホリデーセールのピークも間近に迫っており、ユニコーン・プロジェクトの仕事も揺るぎなく進められている。インフラの面では、ブレントのカオスエンジニアリングのおかげでみんながもっと自信を持てるようになっている。過去数週間に渡って、彼らは本番の負荷テストを増やしており、本番環境をエラーモードに入れるためにエラーを注入するようなことさえ試している。これはユニコーン・キャンペーンによって注文が予想以上の激しさで殺到したときに起きることを先取りしているのだ。

ブレントは、こういったテストの作り方がきわめて巧妙であり、こういったテストの過程でネットワークケーブルを大量に外すようなことまでしている。しかも、システムは3か月前のフェニックスのローンチのときのように派手に吹っ飛ぶようなことはなく、足を引きずりながらでも動作し続けている。

反乱軍の面々は、ここ数日に渡って、ホリデーセールのローンチをサポートするために獅子奮迅の働きをしている。結局、ホリデーローンチはサンクスギビングのローンチよりもスムースに進み、マキシンはほっとした。しかも、セール開始時の売上は非常に高い。

　優れた販促キャンペーンは学習によって作られるものだというマギーは正しかった。ユニコーンチーム全体がこの間に非常に多くのことを学んだのは明らかであり、パーツ・アンリミテッドはその恩恵をたっぷりと受けている。

　ホリデーセールがピークに達すると、反乱軍の仕事の中心は３つのイノベーションのサポートに移るが、その前にアウテージが起きていないにもかかわらず、非難なしのポストモーテムを開いた。

　特に悪いことが起きていなくても、かつてカートが念押ししたように、この会議の目的は学習である。

　ポストモーテムは目が離せないほどすばらしい時間となり、マキシンはもっと深刻なことが起きかねないようなニアミス的な状況がいくつかあったことを学んだ。多くの人々が、システムをより安全なものにするための技術的な作業に協力したいという気持ちを持っているようだ。マキシンは、チーム外の多くの人々がポストモーテムに参加してきたことを通じてそのことを知った。

　非難なしのポストモーテムには誰でも参加できるようになっているが、これだけ多くのエンジニアが参加したのは初めてだった。実際、用意した部屋には全員が入りきれなかったので、オンライン参加した人が多数出たのだ。ポストモーテムは、社内でもっともイノベーティブでわくわくするようなことを学ぶためにもっとも手っ取り早い方法だという評価を確立したようだ。

　会議室のまわりを行ったり来たりしている営業部長のデブラが、時計を見て、「彼女はどこ？」と尋ねた。

　マキシンが「心配いりません。ちゃんと来ますよ」と答えると、デブラは「心配いりませんですって？　冗談でしょう。私は何もかも心配よ」と言った。「私たちはすべての店舗のコストを引き上げようとしてるのよ。私が店長だったら、私たちがこういった手作業を増やそうと提案してることに逆上してたわ。ビルなんか、セーフティバッファーとしてサービスステーショ

ンにパーツを在庫させるようにしよう、今そういうものがないならそのための費用を前払いするなんて言い出したのよ。しかも、ビルは予定よりも2週間も前に最初の市場パイロットテストをしろって熱心に勧めてくるんだから」

マキシンは笑顔で答えた。「私はおかしなことだとは思いませんよ。パイロットテストを手っ取り早く失敗させるつもりなら、サービスステーションを機能不全にすればいいわけですから。ビルが在庫追加のための費用を持つって言うんなら、させときゃいいじゃないですか。普通なら、ビルは緩める方じゃなくて締め付ける方なんですから」

デブラは足を止めて言った。「そうね、顧客第一、第5の理想ね」

マキシンが答えた。「そうです。私たちは、スティーブがお客様の満足度と社員の士気が大きなキャシュフローを作り出すっていう決まり文句をどの程度本気で信じているかをテストしてるんですよ」

デブラが初めて笑顔になって「店長たちがそのためにいかに熱心に取り組んでるかは想像以上よ。私たちは店長たちのがんばりに頼り切りなのよ。負荷がかかりゃ店員を増強するでしょうし、手が空いてる人間がいなけりゃ自分でパーツを配送するでしょう。目に見えるようだわ。

それはデータに説得力があるからだと思うわ。データのとりまとめのときのサポートには本当に感謝してるのよ。セールスピープルたちのマネジメントから学んだことがあるとすれば、それは事実を必要とする勝負で意見を持ち込んではならないってことなの」

マキシンが笑って言った。「私は大したことをしてませんよ。分析をまとめたのはあなたのチームです。私たちは、店長たちが必要とするデータがアクセス可能な場所に漏れなくあるようにすることをお手伝いしたまでです」

デブラが言った。「いやいや、あなたたちがしてくれたことは小さなことではないわ。私たちはいろんなところで賭けをしてるんですもの。必要なデータは、まず各パイロットサービスステーションの購入履歴でしょ、それがないとパーツの在庫とリードタイムが調整できない、サービスステーションと配送センターや店舗との距離、クロス出荷のコストも必要で、しかも、輸送機能の構築にはわからないことが山ほどある…。わかってないことがまだまだたくさんあるのよ！」

マキシンはうなずいた。大勝負に出ようとしているのに（あるいはそれだ

からこそ）、マキシンは楽しく仕事をしている。第2の理想、集中、フロー、楽しさの精神をしっかり体現している。データ分析チームとの作業、社内の各所に散らばったサイロとの調整、輸送の課題についての学習…これはどんなMBAプロジェクトよりも学習効果があるんじゃないかと思う。何しろ現実なのだから。

　デブラは手作業のことを恐れているが、マキシンは、自分たちの提案の有効性を試し、それを満たすためにはどのような機能が必要かについての仮説を検証するMVP（Minimum Viable Product、実用最小限の製品）を作っているのだということを知っている。大規模で破壊的なプロセスのロールアウトのために大きな投資をする前に、このように速いイテレーションで学習を繰り返すのは、第3の理想、日常業務の改善の優れた実践例だ。

　同様に、チーム内にすべての専門知識と手元においておきたいすべてのデータを集めるのは、第1の理想、局所性と単純性のすばらしい実例である。そして、人々が常識はずれなアイデアを提案できるのは、第4の理想、心理的安全性が保障されているからこそだ。

　デブラがマキシンを見つめながら、「あなたはなぜ笑ってるの？」と尋ねた。

　マキシンは頭を横に振った。そしてスタッフとともに会議室に入るときに、運用担当SVPに挨拶をした。

新しい時代へ

From: スティーブ・マスターズ（CEO）
To: パーツ・アンリミテッド全従業員
Date: 8:45 a.m., January 13
Subject: サラ・モールトンの休職

　即時実施、サラ・モールトンが家族との時間を増やすために休職すること
になった。リテール関連の職務はマギー・リー、商品マーケティング、アナ
リスト対応、広報関連の職務はパメラ・サンダースが引き継ぐ。その他の件
については私に問い合わせていただきたい。この4年間のサラの会社に対
する貢献に感謝している。
　次のタウンホールミーティングでお会いしましょう。スティーブ

From: アラン・ペレス (経営パートナー、ウェイン - ヨコハマ・エクイテ
ィパートナーズ）
To: スティーブ・マスターズ（CEO）
Date: 3:15 p.m., January 13
Subject: すばらしい業績を上げた四半期への祝辞

　スティーブ、内密に願います。
　今四半期のすばらしい業績をお祝い申し上げます。世に言われているよう
に、ふたつのデータポイントではトレンドはわかりませんが、それでもこの
成果はすばらしいものです。ブラックフライデーとクリスマス休暇の記録破
りの販売成績と利益への貢献は目覚ましいものであり、我が社の金融市場に
おける位置は間違いなく変化するでしょう。成長ストーリーが少しずつ姿を

現しつつあることを感じています。

　私は、この転換期を通じてあなたを支援してよかったと思っています。この四半期の最終的な業績を楽しみにしています。決算も期待できますね。

　おめでとうございます。アラン

PS: サラがあなたのビジョンを最後まで完全に支持できなかったのは残念です。彼女はきっと貢献できたはずですが。

すばらしい成果

　マキシンは、1月のタウンホールミーティングで2列目に座っている。サラがいなくなったというニュースを聞いて、マキシンは笑みがこぼれてくるのを我慢できないでいる。しかも、カートがすべての疑惑を晴らし、復職するというメモがクリスから送られてきた。そのカートは彼女の隣に座っている。今日、彼らはともにちょっとした役割を担うことになっている。

　午前10時ちょうどにスティーブはマイクの電源を入れて大講堂に集まった人々に語りかけた。「みなさん、あけましておめでとうございます。そしておはようございます。ホリデーセールで売上を伸ばした結果、今見たばかりの収支報告によれば、今年は当社始まって以来最高の年になります。おめでとう」大講堂にいる全員が拍手喝采し、歓声を上げた。マキシンは、パーツ・アンリミテッドの目覚ましい四半期のことを取り上げた記事を見ていた。それからスティーブはいつものように会社の使命について語り、12月の驚異的な業績の詳細を語った。割れるような拍手のなか、スティーブはマギーに登壇を求めた。「緊急在庫監査の支援を見事にこなし、新しくリテール営業担当SVPに就任したマギー・リーです。おめでとう！」

　今回のタウンホールミーティングまでは、会社の戦略について語るのはいつもサラだった。マギーがサラの跡を襲い、社員全体の前でそのように認められたことは、マキシンにとってとてもうれしく、誇らしいことだ。

　デザイナースーツに身を固めたマギーはいかにも優秀な感じに見えた。「ありがとうございます、スティーブ。私の話はごく手短に終わらせるつもりです。12月の我が社は、収益、平均のオーダー規模、オススメ商品に対するコンバージョン率、マージンなどのあらゆる指標で記録を打ち立てました。

顧客満足度さえそれに含まれます。

　フェニックスが素晴らしい基礎を築いてくれていたおかげで、ユニコーンチームは、短期間で販促機能を実現し、モバイルアプリ、eコマースサイト、リアル店舗にお客様を殺到させることに成功しました。もちろん、これはマーケティングだけの手柄ではありません。店舗のスタッフやITチームとの見事な連携プレーの成果です。特に、私はカート・レズニック、マキシン・チェンバースとユニコーン・プロジェクトのチーム全員のすばらしい仕事ぶりを高く評価してます」

　マギーはステージからマキシンとカートを指さし、立ち上がってその場で会場に手を振ってくれと言ってきた。マキシンは、笑みがこぼれそうになるのをこらえながら、会場全体に手を振った。

　マギーは一連のグラフを説明した上で、「…つまり、このすばらしい成果により、スティーブとディックはほぼ2年半ぶりに四半期で利益を上げたことを発表できたのです」と言った。

　マキシンは、人々の大きな歓声を聞きながら、この会社の未来にとってこのことがいかに大きな意味を持っているかを噛み締めていた。マギーは満面の笑顔で話を続けていた。「ご安心ください。これは始まりに過ぎません。スティーブは私たちが現状に満足することを決して許しません。実際、スティーブは目標の数値を引き上げました。私たちは目標達成の方法を見つけるために奮闘努力してます。ではみなさん、お聞きいただきありがとうございました」

　スティーブは、マギーからマイクを返してもらうと、彼女のすばらしい働きぶりに改めて礼を言った。そして次の話題に移った。「それでは、12月に開催されたイノベーションコンテストの勝者を正式発表したいと思います。コンテストでは、私たちが全社から選んだ審査員団の前で、予選を勝ち抜いた30チームがアイデアをプレゼンしました。すばらしいアイデアがいくつもありましたが、私は委員会の決定にとても満足しています」

　マキシンにとって特にうれしかったのは、サービスステーション評価と4時間パーツ配送の両チームとともにブレント、シャノン、ドウェイン、ウェスが登壇し、スティーブに顔を覚えてもらったことだ。

　スティーブは、登壇した人々を指さし、「驚かれるかもしれませんが、これらのチームはマキシンたちのチームとすでに共同作業を始め、アイデアの

研究を深め、プロトタイプを作り、アイデアを評価しています。研究の成果は四半期ごとに報告します」

各チームは、5分ずつの時間をもらい、それぞれが計画していること、すでに作ったもののデモが見られるようになっていること、次に計画していること、これからの3か月で実現しようとしている目標、求めている支援について説明した。

マキシンは、彼らがすでに作ったものを見てとてもすばらしいと思った。

スティーブが各チームに謝意を述べ、誤りからであれ、実験からであれ、学習したことを社内にシェアすることを求めた。

スティーブは「私たちの未来はイノベーション次第です。イノベーションを生み出すのはプロセスではなく、人間です」と言い、3つのホライゾンについてと、社員をコンテキストからコアに配置換えしていくための手順について、全員に説明した。

「私たちは、会社の仲間として、誰も置いてきぼりにしたくありません。パーツ・アンリミテッドの創業者は、社員たちをアメリカで一番スキルの高い戦力に鍛え上げることを使命としていましたが、そのような1920年代以来かつてなかったようなレベルで、みなさんのスキルアップのために投資していきます。

このような目的のために、タウンホールミーティングは隔月から毎月に頻度を上げることにします。そして、これから作る専用のチャットルームに質問を投稿してください。絵文字をポストするだけでもいいです」スティーブがそう言うと、質問や絵文字がスティーブの背後に映し出された。

マキシンは、〈これは面白いし新しい〉と思った。

スティーブの話は締めくくりにさしかかった。「もうひとつ言っておかなければならないことがあります。ビル・パーマーがCIO、すなわち最高情報責任者に昇進し、私はこの仕事から解放されることになりました。ビルにおめでとうと言いたいと思います。それから、私たちがビルのために用意したスペシャルプログラムを彼が今後2年間で達成した暁には、彼を次期COO、すなわち最高執行責任者に昇進させることを取締役会に認めてもらうことができました。とてもうれしいことです」

マキシンは驚いてビルの方を見た。マキシンは、こんなことが実現するとは思ってもみなかった。しかし、ビルがスティーブとの間に築き上げた人間

関係を考えるなら、それも不思議ではないように思えた。マキシンはビルの肩を叩いて、「おめでとう、ビル」と言った。

木曜教室

スティーブは、約束通り、2月にもタウンホールミーティングを開いた。スティーブは壇上から言った。「今までと同じようなタウンホールミーティングの間に、毎月このようなタウンホールミーティングを開くことにします。時間は1時間だけで、主として小さな発表を行い、開かれた形でQ&Aを行います」スティーブは、会社のビジョンを再確認し、コンテキストの比重を軽くしてコアの実現に重点を置くことについて話した。

そしてスティーブは、「Q&Aの前に、発表したいことがあります。前回、私たちは学習する組織にならなければならない、そうでなければ、学習している他社に負けると言いました。この方針を一歩進めるために、マキシン・チェンバースの発案により、木曜教室というものを新設します」と言った。

マキシンは、この発表を聞いて天にも昇るような気持ちになった。これは彼女が熱心に働きかけてきた企画であり、それがついに実現したのだ。対象はIT部門だけでなく、社内の全員である。

「毎週、社員全員が学習する時間を作ります。2時間に渡って、社員全員が何かを教えるか何かを学びます。テーマは学びたいことなら何でもかまいません。ほかの部門と教え合ったり、有名な店舗実習に参加したり、店や工場を体験したり、お客様に直接、あるいはヘルプデスクで対応したり、リーンの原則や実践を学んだり、新しいテクノロジーやツールを学んだりといったことです。よりよいキャリア管理の方法を学ぶというのでもいいでしょう。もっともすばらしいのは、同僚を教えたり同僚から教わったりすることです。私も参加しますよ。学習はすべての人に開かれています。私たちが競争優位を生み出していくのは、学習を通じてです」

この話を聞いたとき、マキシンはプロとしての誇りを感じた。そして、スティーブが自分も参加すると表明したことは、何か新しいことを学ぶというときに感じがちな戸惑いを消すためにとても効果的だとも思った。リーダーは、人々に望むことを率先して行い、模範を示さなければならない。

マキシンの隣に座っていたビルが、「マキシン、いい仕事だね。これはと

てつもなくすばらしいことだ」と言った。

　マキシンは笑みが溢れるのを止められなかった。スティーブがQ&Aの部に入ると、#ask-steve-town-hallチャットルームの内容がスティーブの背後に映し出された。約束通り、スティーブは社員に会社についてどう思うかをアンケート方式で尋ね、社員は絵文字で答えた。大多数は、ハートマークや笑顔マークだった。しかし、約5%の回答はうんこマークで、スティーブはそのような回答をした人々に不満や提案をメールしてほしいと言った。

　次の木曜、マキシンは40人ほどの人々といっしょに食堂の最前列に座っていた。木曜教室である。この日は、シャノンとデータサイエンティストが部屋の前に立ち、パンサーデータプラットフォームから取り出した実際の会社のデータを使って機械学習モデルの作り方を教えていた。マキシンたち受講者は全員自分のラップトップを開き、指示に従って実習をしていた。

　マキシンの隣にはスティーブが座っていて自分のラップトップを開いていた。マキシンがスティーブのラップトップの横に置いてある機械学習の本を見ていると、スティーブが「何か不思議なことでもあるの？　私は何十年も兵站をやってたけど、本当は大学院で数学を学びたかったんだ。でも、学費がなくてね。昔は線形代数と統計学が好きだった。今でもエクセルは知人の誰よりもうまく使いこなしてるよ。でも、学ばなきゃいけないこともたくさんある」

　マキシンは感銘を受けた。部屋を見回すと、前職のMRPのチームメイトの多くやプロジェクトマネージャーの一部、ポストがなくなるQAや運用のエンジニアたちの姿があった。いやいや来ているという感じの人もいたが、ヘルプデスクのデレックを含め、ほとんどの人々は楽しそうに参加している。マキシンは〈デレックのためになるといいな〉と思った。

　人員削減の対象を選ぶのはとてもつらいことだったが、その対象になった人々がここにいて、もっとも注目を集め、もっとも必要とされているスキルを身につけるために熱心に勉強しているのを見ると、マキシンはうれしくなった。あのときの決定が会社だけでなく、対象となったエンジニアのためにもよいことなのかどうかについては疑問が残っていたが、彼らの姿を見てその疑問が吹き飛んだ。

　マキシンは、新しいことを学ぼうとするときにぶつかる心理的な壁のことをよく知っている。彼女が学ぶ側としてここに来て、彼女でも新しいことを

学ぶ必要があるということを示しているのもそのためだ。

　昔、マキシンが MIT でワークショップに参加したときにインストラクターが言っていたことだが、大人の学習者は、学ぼうとしているものが新しい言語であれ、水泳やゴルフであれ、新しいスキルを獲得したいと思っていることを隠そうとすることがよくある。たいていの場合、それは不得手なことをしているところを見られるのが怖いとかきまり悪いといった気持ちからだ。

　確かに、ずっと昔にもっとうまく泳げるようになりたいと思ったことがあった。マキシンは、途中で立ち止まらないと、プールを往復することさえできなかった。子供であれ大人であれ、ほかのスイマーたちが自分のことをあざ笑っているところを想像するとぞっとした。椅子に座って全員の様子を監視しているライフガードが気になってしょうがなかった。

　泳ぎが下手なのは足が悪いためなのだろうとライフガードに思ってもらうために、歩くときに足を引きずるふりをしたことさえあった。しかし、その後子どもたちと同時に水泳のレッスンを受けることにして、今では 1 時間ずっと泳ぎ続けられるようになった。

　マキシンは、昔プールのなかにいたときの自分のようにエンジニアたちに気まずい思いをしてもらいたくなかった。誰もが学習者なのだ。多くの人々が木曜教室に参加しているのを見て、マキシンがとてもうれしく感じるのはそのためだ。

古いサーバーとの別れ

　2 週間後、マキシンは 5 号館の搬出搬入口の外の駐車場に集められた Kumquat サーバーのそばに立っていた。駐車場のまわりにはまだ雪が残っており、気候はまだとても寒かったが、それにもめげずに 50 人近くの人々がそのまわりに集まっていた。

　マキシンは、ここにそれだけ多くの人々が来た理由を知っている。マキシンは、4 時間配送サービスの仕事に加え、Kumquat サーバーのすべての業務をほかの環境に移しているブレントとドウェインの作業のサポートもしてきた。その移植作業が完了したので、これらの人々は古い Kumquat サーバーにきちんとお別れを言いに来たのだ。

驚いたことに、スティーブ、ディック、ビルも来ている。スティーブが言った。「この老朽化したサーバーの引退に成功したウェスたちのチームに心から祝福の言葉を贈りたい。私たちの仕事はお客様に奉仕することであり、はっきり言ってしまえば、お客様はこういったものについてどうこうと思うことはない。みなさんの骨折りのおかげで、以前はこの古いサーバーを立ち上げておくために浪費されてたエネルギーを回収して、お客様をもっと喜ばせられるコアの仕事に振り向けられるようになった。次のタウンホールミーティングでは、ウェスにこの話をしてもらって、社員全員でこのことを祝福しようと思う。では、ウェス、この件については君に任せよう」集まった全員が拍手した。

　ウェスが1歩前に進んで聴衆に挨拶した。「みなさん、ここにお集まりいただいてありがとうございます。これは、かつてうちのデータセンターに居座り、私たちを毎日痛めつけてたものたちに別れを告げる数多くのセレモニーの初回です。私は20年近く前からKumquatサーバーとともに育ってきました。Kumquatサーバーについてはほとんどすべてのことを学んだはずです。当時のKumquatサーバーは偉大なテクノロジーであり最先端技術でしたが、最近は私たちの存在を脅かす疫病神になってました。こいつらが動かしてたミドルウェアのおかげで、誰も新しい仕事ができなくなってました。何しろ、こいつらときたらしょっちゅうクラッシュする上に、ファイルシステムのディスクチェックのためにクラスター全体のリブートが半日もかかってしまいます。

　この数か月間、私たちはこいつらで動かしてたすべてのアプリケーションをコモディティサーバーかクラウドに移してきました。このたびその作業がついに完了し、私たちはこいつらをデータセンターと私たちの人生から送り出せることになりました」

　ここまで言うと、ウェスは後ろから大きなハンマーを取り出した。「この前時代の遺物のために誰よりも多く深夜に叩き起こされた者として、こいつに第1撃を食らわせる特権を私自身に与えたいと思います。そのあとは、どなたも一言ずつ言葉をかけてから、このごみに一撃を食らわしてやってください」

　そう言うと、ウェスはハンマーを頭上高く振り上げ、「あばよ、1990年代の19インチボックスのくそったれ」と叫び、サーバー群に振り下ろした。

精密部品が壊れる耳障りな音がして、マキシンは歓声を上げた。ウェスはうれしそうに雄叫びを上げながら、あと2回ハンマーを振り下ろした。ウェスは笑って叫んだ「いやー、いい気分だぜ！」

ウェスはブレントにハンマーを渡した。ブレントはハンマーを振り上げて「こいつは、5年前にほとんど毎晩ぼくを起こした分だ」ハンマーが振り下ろされ、また嫌な音がした。ブレントは「それからこれは、家族とディズニーランドに行ってた前の休暇を台無しにした分だ」と言ってもう一撃を食らわせた。

ブレントがもう動かなくなったサーバーに復讐を果たしている間、マキシンを含むほかの人々は、大笑いしながらそれぞれのスマホで惨劇の様子を記録していた。ブレントは何度も復讐の一撃を食らわせてから、ハンマーを次の人に渡した。マキシンが自分でも別れの言葉をかけるために行列に並ぶと、ウェスが笑って言った。「これは本当にすごいことなんだぜ。俺たちはデータセンターからざっと3.6トン分の装置をリサイクルに出したんだ。おかげで、残ってるのはたった13.5トン分くらいになったよ」

数週間後、マキシンは、反乱軍の仲間たちとドックサイドに出かけた。みんなで手掛けている仕事のことを紹介し合った。マキシンは、みんなが自分と同じくらい楽しそうに仕事をしているらしいのを感じてうれしく思った。

シャノンが言った。「このエンジンセンサーってのはなかなかのものよ。中国製なんだけど、設計した会社はここから割と近いのよ。ARM プロセッサで Linux を実行してるんだけど、システム設定を変えてリフラッシュしたから、データはあっちの会社じゃなくてうちのバックエンドサーバーに送られるようになってる」

彼女は大きく笑ってから言った。「もちろん、私たちがしてることは違法よ。サービス利用規約を破ってるんだから。でも面白くてね。先方の会社にジョイントベンチャーを持ちかけてるのよ。そうじゃなきゃ、うちで先方の商品を直接 OEM したいって」

シャノンの話はさらに続く。「あっちのデータインジェストとウェブページはひどい代物でね。私たちはクラウドに巨大なデータインジェストメカニズムを作って、それをパンサーデータプラットフォームに流し込みたいの。私たちは数百万の装置を簡単に処理できるものを作ろうとしてるのよ」

シャノンは明らかにノっている。「この装置を作ってる人たちに私たちが作ってるものを見せて、その人たちにもっとも賢い手は私たちとパートナーになることだって思わせたいのよ。そうしなきゃ、それが最後のミスになるってね」

シャノンの不敵な笑みを見て、マキシンはシャノンがいい意味でいかに負けず嫌いかを思い出した。

すると、シャノンがマキシンに声をかけてきた。「ところで、あなた、うちのチームに来たくない？　アプリとデータではどうしてもあなたの力がほしいの。ブレントやドウェインとこの仕事をするのは最高よ。こんなに面白いプロジェクトはないわ」

マキシンは目をぱちくりさせた。名誉なことだし、とても興味をそそられてもいる。「じゃあ、4時間配送サービスの仕事は誰がするの？」

シャノンはあたりを見回し、新顔の人々の方を指さした。そして笑いながら「きっとMRPやミッドレンジチーム出身の誰かがチャンスに飛びついてくるはずよ」と言った。

マキシンも笑顔でうなずいた。彼女も彼らがきっとやってくれるだろうと思ったのだ。

イノベーション委員会の今

3月のタウンホールミーティングでは、スティーブがいまだかつてないほど陽気に見えた。もちろん、最初は会社の使命を語るところから始まったが、次はお客様の車を走れる状態に保つための新しい方法がいい方向に進んでいることを熱く語った。

そしてマギーをステージに呼び、彼女がイノベーション委員会の2度目の会議についての最新情報を報告した。委員会では、選ばれた3つのアイデアが90日間の実験、研究の結果どの程度の進展を見せたかを評価している。

ガレージ評価サービスは前途有望に感じられた。実際、店長たちはこのデータをほしがったが、ガレージのオーナーたちと関係を築いているセールスアカウントマネージャーたちが、低評価がつくと問題が起きると言い出して暗礁に乗り上げた。ビジネスリーダーがガレージ対策のためのよりよい方針

を立てるためには少し時間が必要になる。そこで、このアイデアの育成は中断することとなり、イノベーション委員会は、次に高い評価を得ていたライドシェアドライバーに対するサービスというアイデアを育てることに決めた。

マギーが言った。「それに対し、4時間配送チームは、私たちの予想を越える成果を上げています」

ステージにはデブラが合流し、サービスステーション担当のセールスパーソンたちがこのサービスを高く評価していることを説明した。パイロット販売では、さばき切れないくらいの顧客がつき、配送スピードが重要な意味を持つ少数の限定されたパーツの提供を始めている。

デブラが説明した。「私たちは、サービスステーションの多くが複数の支店を持っており、緊急に必要なパーツを別の支店に運ぶためにメカニックたちが車を運転していることを知りました。運転してる間、メカニックたちは車の仕事ができません。そういうサービスステーションは、迷うことなく私たちのサービスを使ってます。

うれしいのは、サービスステーションがよくクロス出荷するパーツの情報を教えてくれるようになったことです。たとえば30分以内に運ぶべきパーツが何かがわかってきてます」

デブラがステージから下りると、大きな拍手が沸き起こった。次に、マギーはシャノンとウェスを紹介した。彼らはエンジンセンサープロジェクトの最新状況を報告した。彼らは自分たちで作っているモバイルアプリとウェブサイトのプロトタイプを示し、センサーメーカー2社とパーツ・アンリミテッドとの独占契約を競わせる形で交渉を進めていることを説明した。

シャノンが言った。「私たちの多くは、自分の車でプロトタイプのセンサーを使ってますが、全員がもうこれなしのカーライフは考えられなくなってます。今お見せしてるのは、実際に見ることができる情報の例です。地図を使って日常の運転パターンを示してます。制限速度を越えがちなところはハイライト表示されてます。次は、メンテナンスプログラムを表示しているダッシュボードで、オイルのオーバーヒート、タイヤの空気圧の低下といった緊急に対処しなければならない問題を警告できます。お客様が喜ぶようなすばらしい機能やアプリのアイデアをぜひ考えて教えてください」

シャノンがさらに展望を語った。「私たちは5月のタウンホールミーティ

ングまでにセンサーを発売したいと思ってます。パートナーを確保し、すべての部品がうまくフィットすることを確認したら、受注を開始します。この段階では小バッチによる本番実行になるはずですが、ここで顧客の需要が本当にあるかどうかを見極めたいと思います。そして、セキュリティーを確実なものにする必要があります。私たちは会社が法的責任を取らなければならなくなるような個人データを集めたくありませんし、顧客のプライバシーは守らなければなりません。

マキシンはほかのすべての人々とともに拍手した。そして、前職のMRPのチームメイトの多くとともに今はエンジンセンサーチームのメンバーになっていることを言葉では言い表せないぐらいうれしく思った。

次に、スティーブは約束通りウェスたちのチームを呼び、Kumquatサーバーをすべて処分したことを祝福し、会社がもっと顧客価値を生み出すための仕事に集中できるようにしたことを感謝した。

マキシンは、〈スティーブは本当にこういったところが見事だな〉と思った。そして、ウェスのチームが自ら構築した帝国の解体をとても誇りに思っていることなどとても想像できなかったと思った。

すばらしい進展

5月のタウンホールミーティングでは、マギーがエンジンセンサーで新しい情報があると言い、シャノンが耳寄りな話を披露した。「エンジンセンサー会社の重役に私たちが作ったものを見せ、彼らのターゲット市場に我が社が強力なチャネルを構築してることを説明すると、彼らは喜んでパートナーになると言いました。いや、ひょっとすると、パートナーにならなければ私たちが何をしだすか恐くなったのかもしれません」シャノンはそう言って笑った。

「いずれにしても、彼らは私たちが希望するスペックの改良版センサーを製造することに同意しました。今は毎週数千個のエンジンセンサーの注文を受けており、需要に追いつくために必要なすべてのことをしています。

マギーはシャノンに礼を言ってから話を続けた。「意外にも、私たちは店舗でまったく新しいタイプのお客様をお迎えするようになりました。カーフ^{訳注1}リートの管理者や個人のライドシェアドライバーといったお客様が走れる車

の維持のために我が社の店舗を使ってます。私たちは、こういった人々の役に立つための方法をいくつも知っています。

もうひとつ意外なのは、ラグジュアリーカー、その多くは電動自動車ですが、そういうものに我が社のセンサーを装着しているお客様がたくさんいらっしゃいます。こういったお客様は最新のテクノロジーをよくご存知で、私たちがご提供する情報を楽しみにされてます。また、履歴データやマッピングも好まれます。この層はきわめて有望であり、さまざまなアドオン契約など、さまざまな可能性が開けてくるはずです。

実際、私たちはタイヤの空気圧が低くなったことを検知したときに、こういったお客様に連絡を取る実験をしてます。私たちは、多くのテスラオーナーがタイヤの空気圧が低い状態で車を乗り回していることに気づきました。車のもとまで出かけてタイヤに空気を入れ、フルードを補充するサービスを試してみたところ、コンバージョン率が非常に高くて驚きました」

マギーは笑顔になって言った。「これは、価格に大きく左右されない市場です。料金を大幅に引き上げても需要があることを確認しました。高級車のオーナー向けには、このように高いマージンで解決できる問題がほかにもたくさんあると思ってます」

マギーは、次に機械学習で防犯カメラの映像から客足を解析する新しい取り組みについて説明した。すでに、通路の端に顧客の注意を引くものを展示することにより、通常よりも店内での滞在時間が大幅に延び、多くの商品が売れるとともに販売価格を引き上げたり関連商品を勧めたりできることがわかっている。また、レジ待ちに時間がかかりすぎて顧客が帰ってしまう離脱率が高い店舗が見つかったので、それらの店舗のスタッフを増員したところ、大きな効果が得られたという。

アプリをインストールしている得意客が店内に入ったときに店長に通知が入るシステムも店舗内でパイロット運用されている。このシステムが導入されている店の店長たちは、すでに与えられている広範な権限を活用してそういった得意客を満足して帰ってもらえるようにすることができると言って喜んでいる。顧客がアプリを使っていない場合でも、店長はサービスカードや自社ブランドのクレジットカードが使われると通知を受ける。すでに顧客の

訳注 1: フリートは艦隊という意味。特定の用途のために使うまとまった台数の車両です。

方もこのようなシステムに気づいており、喜んでいる。

　次は、デブラが4時間配送プロジェクトのすばらしい進展について報告した。締めくくりの部分で、彼女は「すみません、もうひとつお話ししなければならないことがあります。前回、新しい市場の配達員を早く見つけるためのアイデアを募集させていただきましたが、現在使ってる配達員の90%がエンジンセンサーを買ってるお客さんだということに気づいた方がいらっしゃいました。そこで、最近のパイロットマーケティングでは、地域のエンジンセンサーのお客様で、プロのドライバーだとわかってる方にメールを送ってみました。反応は目覚ましいもので、1週間以内に十分な数を確保できました。これはすばらしい競争優位です。提案してくださったダリン・デバラージさんに感謝の言葉を述べさせていただきたいと思います」と言った。

　スティーブが、デブラに礼を言ったときに言葉を付け加えた。「私たちのビジネスは、お客様からの信頼の上に成り立っていることを忘れないでください。私たちはお客様のプライバシーとデータを守ることをお客様に約束しています。データを競争優位につなげるとともに、お客様のためにデータを保護することを両立させられるパンサープラットフォームを作ってくれたシャノン・コーマンに改めて感謝の言葉を述べたいと思います」

　マキシンはうれしい気持ちになった。パンサーを生み出したシャノンの最初の提案がなければ、今聞いた話はどれも不可能だったのだ。彼らは「データは新しい潤滑油だ」と言ったが、紹介されたものは、マキシンたちが実現したデータから価値を生み出すためのさまざまな方法のなかのごく一部にすぎない。

　データのデモクラタイズ（民主化、大衆化）により、マキシンたちはデータを必要とするすべての人たちがデータを利用できるようにした。彼らは中央集権化されていないチームで自由に動けるが、会社全体の幅広い専門知識を手に入れることができる。この学習と共有のダイナミクスにより、会社のもっとも戦略的な取り組みのなかには、明らかに有効性が大幅に高くなったものがある。マキシンは、〈エリックなら、こういうことを誇りに感じるだろう〉と思った。

　止むことなく刺激的な風を送ってくるエンジンセンサープロジェクトの狂騒から一息つくためにマキシンは散歩に出かけた。このプロジェクトは、す

でに間違いなくとてつもない成功を収めている。最近では、週に 1 万個の
センサーが売れ、そのモバイルアプリは、インタラクティブデザイン賞の候
補になっているという噂が立っている。

　マキシンたちのチームは、とても充実した時間を過ごしているが、人手も
必要としている。彼らはすでにロードマップに載っている素晴らしいアイデ
アの数々の実装を加速させるために、マギーに 5 人のエンジニアの増員を
働きかけている。

　ちょっとした気まぐれで、マキシンはデータセンターに入ってみることに
した。なかを見回し、この 5 か月で大きく変わったことに驚いた。

　以前のデータセンターは、床から天井まで 19 インチラックにマウントさ
れたサーバーが所狭しと並んでいたものだ。しかし、今は長さ 30 メートル、
幅 9 メートルほどの空っぽのスペースがある。ここにあったラックは搬出
されたのだ。

　床にはマスキングテープで紙の墓標が貼ってあり、かつて搬出されたサー
バーに入っていたビジネスシステムの名前が書いてある。
" メールサーバー : 年間 16 万 3 千ドルの経費節減 "
" ヘルプデスク : 年間 10 万 9 千ドルの経費節減 "
" 人事システム : 年間 18 万 8 千ドルの経費節減 "

　墓標は 30 近くあり、近くの壁には、" ラックの葬式 : （今のところ）9 ト
ンを越える時代遅れの装置が取り除かれリサイクルに回された。安らかに眠
れ " そして 9 のところに × 印が書かれ、11.7 に書き換えられている。

　ボードには、取り除かれた装置の写真が貼ってある。破壊された
Kumquat サーバーの山の写真を見ると、マキシンは今でもあのときのこと
を思い出して頬が緩んでしまう。

　古巣の MRP システムの大部分も、年内に有料サポートのある製品の上に
移植される。この作業では、古巣のマネージャーだったグレンを手伝ってい
る。グレンは、新しい目標は " 世界最高の製造サプライチェーン " を構築す
ることだと公言している。ある業界団体によれば、彼は「トップテンから落
ちたことはとても悔しいことだと思ってる。私に 3 年の猶予をいただければ、
みなさんとスティーブの支援のもとに、我が社は業界内で羨望の的になって
みせる」と言ったそうだ。

　20 種類あった倉庫管理システムも、ついにひとつに統合されることにな

った。そして、ERPシステムも最新バージョンに移行される。カスタマイズしたほとんどの部分はベンダー提供の機能にコンバートされるが、主要なMRPモジュールなどの競争優位を生み出す部分は例外である。カスタマイズは、別のアプリケーションとしてERPの外に置かれる。

とてつもなく大きな目標を宣言したので、グレンは最高レベルのエンジニアの増員を必要とすることになるが、そのための予算の獲得に苦労することはない。この取り組みが今後数十年間、パーツ・アンリミテッドにとって大きな意味を持つことは誰もが理解している。

意外な驚きもあった。彼らはワードリーマップと呼ばれるテクニックを使って、さまざまなバリューチェーンのどの部分がコモディティでありアウトソーシングすべきか、どの部分を購入すべきか、どの部分が持続的に競争優位を生み出す部分であり社内で開発し続けるべきかを分類するようになった。彼らはこのテクニックを使って、ビジネスのコンテキストのなかで方法論的にテクノロジースタックを整理していったのだ。

そのような作業を通じて、彼らはMRPグループのすぐ隣に宝石のようなテクノロジーがあることに気づいた。それは、工場のすべてのセンサーのデータをインジェストするイベントバスのことだ。イベントバスは、もう何年も問題を起こさずに動き続けている。、

マキシンは、このテクノロジースタックに気づいたときに驚いた。シャノンがパンサーの構想を提案し、断念しなければならなかったときに望んでいた形そのものだったからだ。マキシンはもっと早くこのことを考えなかった自分を恥じながらも、これをどう扱うべきかははっきりわかっていた。

イベントパスは現在プロジェクトシャムの中心で、大規模なアーキテクチャー変更の基礎となっている。このアーキテクチャー変更は、最終的に全社のほぼすべてのバックエンドサービスとAPIに手を付けることになる。マキシンは、これが社内でもっとも重要なITプロジェクトのひとつだと考えている。というのも、1年以上彼女が悩んできた問題が解決されることになるからだ。ユニコーンの最初のミニローンチでは、配送方法を選択するサービスが注文ファネル全体を落としてしまった。配送方法の選択は、商品が出荷可能かどうかをチェックするときに呼び出される深くネストされた23個の呼び出しのひとつである。

あれから1年もたっているのに、この問題はまだ修正されていなかった。

それは単純にコストがかかりすぎて、23個のAPIをすべてティア1サービスに引き上げることができなかったからだ。ティア1サービスは、99.999%利用可能で、10ms秒以内の応答が保証されるといった膨大なコストを必要とする諸条件から構成されるSLA（サービスレベル契約）を守らなければならない。

　彼女はそもそもなぜ23ものAPI呼び出しが必要なのかというところでいつも引っかかってしまう。なぜそれらすべてが10ms秒以内に反応し、高コストで実行されなければいけないのか。配送方法や出荷方法のオプションは1m秒ごとに変わったりはしない。変わるのは月に1度だけだ。商品のカテゴリーは四半期に1度、商品の説明や写真は数週間に1度しか変わらない。

　多くの人々は、呼び出し結果をキャッシュすれば（変化がない限り過去の呼び出し結果を記憶しておいてそれを使う）この問題は解決すると考えた。しかし、マキシンは、関数型プログラミングのイミュータブルの概念を使えば、もっとエレガントで見事なソリューションを作れると考えている。これらのAPI呼び出しを入力のどれかが変更されるたびに再計算される値に置き換えられれば、API呼び出しの数は23から1に減る。

　マキシンは、イベントソーシングパターンのこの使い方を説明したときに、相手がアハ体験するところを見るのが好きで、何度見ても飽きない。彼女は相手にこう言うのだ。「注文の品をいつ手に入れられるかをお客様に知らせるために、23個もAPIを呼び出したりするのはやめて、ちょっと考え方を変えてみましょう。木には葉っぱがついてますよね。その葉っぱがみんなデータを送るんです。データは最終的に幹に届きます。葉っぱのサービスは商品のこととか、郵便番号のこと、倉庫のことしか知りません。枝のサービスは、そういったバラバラの知識をまとめて、各倉庫に在庫のある商品がどれかを知っています。そして幹のサービスは、出荷に関連するすべての情報を組み合わせて、いつ頃その商品が配送されるかをお客様に知らせることができます。

　こうすれば、いつでも使えてすぐに応答できるAPI呼び出しを23個も揃える必要はありません。商品IDと郵便番号を引数とし、出荷オプションと配送時間を返し、何も計算しなくてよいAPIを一つ呼び出すだけで済みます。このやり方なら毎年数百万ドルの経費節減になりますよ」

　〈しかし、これはただの始まりで、この方法が生み出す価値はもっとずっ

と大きいのよ〉とマキシンは思っている。今まで何十年も付き合ってきたぐちゃぐちゃと比べれば大幅な単純化になる。顧客からの発注、在庫確認、お得意様プログラム、サービスステーション業務、その他ほとんどあらゆるものに応用できる。

　この方法なら、これらすべてのサービスを互いにデカップリングし、各チームが独立に書き換えられ、中央のデータハブチームに頼らなくてもビジネスルール変更を実装できるようになる。すべてがうまくいき、マキシンがそれを確認できれば、シャムはデータハブと全社のポイントツーポイント API 呼び出しに取って代わる存在になる。

　全社のデータと状態の管理はシャムによって安全、単純になり、弾力的になる。わかりやすく、コストがかからず、早くデプロイできるようになる。会社の業績は上がり、利害関係者は喜び、エンジニアも喜ぶだろう。

　これは、関数型プログラミングの原則を細々とした部分に応用したものではない。関数型プログラミングの原則は、大きな会社全体の組織と構造に応用できるのだ。パーツ・アンリミテッドの IT は、巨大 IT 企業を思わせるようなものになり、今はまだ想像するのも難しいくらいの機敏性が得られるだろう。第 1 の理想、局所性と単純性をこれ以上に具体化する方法は考えられない。マキシンは、シャムが競争優位を生み出せることは間違いないと思っている。具体的にどのようにして競争優位を生み出すのかまではわからないが、このような方法を取っていない会社は、ゆっくりとだが不可避的に下り坂に向かうことになる。これは、マキシンのキャリア全体のなかでも最大の勝利、最大の達成になるだろう。

成し遂げてきたこと

　マキシンは、自分が達成してきたすべてのこと、そして確実にやってくる大勝利のことを考えながら、最後に来たときよりもさらにすかすかになったデータセンターをもう一度見回した。

　フェニックス・プロジェクトに追放されてから自分の身にどれだけ多くのことが起きたかを考えると、今でも信じられない思いがする。最初に望んだのは、自分のラップトップでフェニックスをビルドできるようにすることだった。当時のマキシンはさまざまな逆境と障害にぶつかり、経験とスキルは

十分あるはずなのに、そのような控えめな課題すら容易に乗り越えられなかった。

マキシンがほとんど諦めかけてきたときにカートがマキシンに接近してきた。彼は、プログラマーを解放して、できなければならないことができるようにしたい、そのために力になってほしいと言って、反乱軍への参加を誘ってきた。反乱軍は、本気で古臭く強力な秩序を投げ捨てようと思っているはぐれ者たちを集めた一見おかしな集団だった。しかし、彼らは万難を排して思いを実現した。

最初は機関室に閉じ込められた赤シャツとしてスタートした。そこに勇敢で同志的な思いを持つジュニアオフィサーたちが合流して支援してくれた。そして状況が切迫した場面で、ブリッジクルーたちと合流し、生き残りのための共同戦線で潮目を変える力になった。さらに、宇宙船を分解してバラ売りしようとしたスターフリートコマンドとの政治闘争にも巻き込まれた。

マキシンは微笑んだ。いかに多くのことを学んだか、何度諦めそうになったか、どこで戦うかやなぜそれらの戦いが重要かを考える上で、5つの理想がいかに自分を導いてくれたかを考えた。そして、彼女のまわりのチームのチームが最高を追求する彼女を支援してくれなければ、彼女はそれらのことを成し遂げられなかっただろう。

マキシンは、6年間面倒を見てきたMRPシステムを実行していたサーバーを見つめた。年内のいつか、MRPの移行の完了を祝うために彼女は駐車場に立っているだろう。そして、集まった人々に向かってこのMRPシステムがいかに見事に自らの使命を果たし、引退、搬出のときを迎えたかを語っているだろう。

すると、スティーブが短く挨拶し、ウェスがマキシンにハンマーを手渡す。

そのときの様子を想像して彼女はまた微笑んだ。そして自分のデスクに帰っていった。

エピローグ　1年後

　マキシンはタウンホールミーティングを終えて外に出てきたところだ。スティーブとマギーが会社のすばらしい達成について語った。パーツ・アンリミテッドは成長を遂げ、業界でも特にイノベーティブな会社のひとつとして知られるようになった。

　スティーブは取締役会議長、すなわち会長の座に返り咲き、ボブ・ストラウスの会社の発展に対する尽力に感謝の言葉を述べた。

　IT 部門は、マキシンがフェニックス・プロジェクトに追放された頃と比べて 2 倍の規模になっていた。マキシンは、社内の IT エンジニアたちがほぼすべての技術カンファレンスで何らかのプレゼンを行い、自分たちが作ったものを見せ、新たに入った新人を紹介しているのを誇らしく思っている。

　すべての部署が IT エンジニアをほしがっている。マキシンは、勤務時間の 1/3 近くを新しい才能の発掘と面接のために使っている。車で通勤できる距離に住む優れたエンジニアはすでに全員採用してしまった。そのため、今は全国各地からリモート勤務のエンジニアを採用し、ほぼすべての大学で積極的に採用活動を進めている。

　マキシンたちのチームが新しくパーツ・アンリミテッドのオープンソースプロジェクトを始めたが、それが優秀な人材を惹きつける予想外の方法になった。巨大 IT 企業と同様に、彼らも競争優位を生み出すわけではないさまざまなテクノロジーをオープンソース化することにしたが、今ではそれらの多くが産業標準になっている。IT エンジニアとして働こうと思う人々にとって、これらを作ったスターエンジニアと働くチャンスは、見逃せない魅力だ。

　マキシンが倦むことなく熱心に働きかけた結果、TEP と LARB はともに廃止された。マキシンのデスクには、「TEP-LARB を廃止に追い込んだ一世一代の業績賞　マキシン・チェンバース殿」と書かれ、オリジナルの反乱軍のメンバー全員が署名した賞状が誇らしげに飾ってある。

プロジェクトのその後

　エンジンセンサープロジェクトは爆発的な大成功を収め、社内でも群を抜いて急成長している。すでに20万ユニットが売れ、2千5百万ドルの収益を上げている。

　昨年のホリデーセールシーズンでは、エンジンセンサーが驚くほどのヒットを収めた。準備のために全力を尽くしたにもかかわらず、品切れになってしまった。店舗の棚から消えただけでなく、eコマースサイトでも在庫切れになってしまった。ホリデーシーズンを先取りするために早くから大量生産を要請してきたが、それでも。入荷は3か月待ちになった。

　しかし、違いを生んでいたのは、センサーそのものではなく、彼らのモバイルアプリだった。人々がパーツ・アンリミテッドのエンジンセンサーを買っていたのは、モバイルアプリが人気を集めていたからだ。店にはまったく新しいタイプの人々が買い物に来るようになった。多くの店長たちがマキシンに言っていたのは、これだけ多くの20代の人々がパーツ・アンリミテッドの店に来るのは見たことがないということだ。

　マギーは、レンタカー会社と巨大なオークション市場向けに車を改造する会社が大きな市場になると考えている。彼らは自動車メーカーに熱心なホームメカニックの顧客を仲介する事業にも踏み込んでいる。自動車メーカーは溜まってしまったリコール作業のバックログの解消が急務になっているのだ。いわば"自動車メカニックのウーバー"である。

　パーツ・アンリミテッドの大人気のモバイルアプリは、アメリカでももっとも有名な企業が選定するインタラクティブデザイン賞をいくつも獲得しており、それがチーム全体の誇りになっている。そして、巧妙な交渉により、ユニットあたりのマージンは高い水準になっている。マキシンは、センサーメーカーの買収交渉を進めている秘密チームに所属している。買収できれば、マージンはさらに上がる。マキシンは、本当にもうかるのは、エンジンセンサーを持つ人々に対するサブスクリプションサービスの販売だと考えている。これが始まると、2年以内に1億ドルビジネスに成長するだろうというのが衆目の一致するところだ。

　買収交渉のリーダーはビルが務めている。契約が成立すれば、センサーメ

ーカーの創設者は、３年間パーツ・アンリミテッドに残るという条件で個人的にとても裕福になる。

マキシンはセンサーメーカーの人々と同じ会社で働くことを歓迎している。彼らもパーツ・アンリミテッドの繁栄を築くための戦力になってくれるはずだ。そして彼らも合併にはとても満足しているはずだ。シャノン、ブレント、ドウェイン、マキシンがセンサーのために作った見事なソフトウェアがなければ、まだガレージで働いていたに違いない。

彼らのひとりがマキシンに言ったことがある。「みなさんは私たちの夢をかなえてくれたんですよ。私たちがこのエンジンセンサーを作ったのはその夢のためでしたが、私たちにはセンサーを成功させるソフトウェアのスキルがなかったんです」

パーツ・アンリミテッドは買収のために１千万ドルの資金を用意しなければならないが、業界全体に対して方向性を明確に示すことになるので、スティーブは生きたお金の使い方だとして断固として買収を進める方針だ。ディックによれば、パーツ・アンリミテッドに懐疑的なウォールストリートのアナリストたちでも、この買収はパーツ・アンリミテッドにとってすばらしい動きだと評価しているという。

４時間配送チームはそれとは対照的だとマキシンは考えている。デブラが約束したように、パーツ・アンリミテッドは、スタートアップのライバルと比べてリソースが豊かで、市場をよく知っており、サービスステーションとの既存取引があり、競争に勝つために必要なら資金をいくらでもつぎ込む意思がある。スタートアップの方は、資金が底をつきかけている。

デブラたちのチームは、１千万ドルまで収益を伸ばしてきており、まだ成長鈍化の兆しは出ていない。直販部隊全体にこの新しいサービスの販売ノルマが設定されており、急速に売りやすい商品として成長してきている。顧客たちはサービスをとても気に入っており、パーツ・アンリミテッドに対する発注額はうなぎ登りに上がっている。

マキシンは、このチームをホライゾン３から卒業させ、ホライゾン２に進めることをマギーに勧めたことがある。マギーはビルとともにどの部門に所管させるかを検討し、論理的な帰結としてサービスステーション直販部のもとに置くことにした。それは本来所属すべき部門であり、このサービスをもっとも大切にし、喜んで資金を投入する人々がいる部門だとマキシンは考

えている。ITはビジネスの外にいたり、単に「横並び」になっていたりするのではなく、ビジネスの一部として一体化していなければならない。

　2週間前になるが、マキシンはこの競争に負けたスタートアップがスティーブに買収を持ちかけてきたという話を聞いた。スティーブは、ビルにデューデリをさせた。1週間後、ビルは投資対象にはならないという結論を報告した。理由は単純で、彼らが持っている知財、ノウハウ、ソフトウェアはすべてパーツ・アンリミテッドに乗り越えられているからだ。

　ビルは笑いながらマキシンに話した。「噂によると、銀行が彼らを物色してるらしいよ。きっと、うちに考え直させようとして、うちのライバルに売り込みに行くと思うよ。でも、うちがこの市場を支配した経緯を考えれば、脅威になるとは思えないな」

　これはまさに1年半前にサラがパーツ・アンリミテッドに対して考えていたことと同じだ。あの暗黒時代、マキシンたちのチームがイノベーションの資金、1500万ドルをひねり出す方法を考えていた一方で、サラはパーツ・アンリミテッドをバラバラに分解して売り込もうとしていたのだ。

反乱軍のその後

　マキシンたちはまたドックサイドバーに来ていた。ドックサイドは裏手に新しい中庭スペースを作っており、反乱軍の面々は、6月の宵を楽しむためにそこを占領していた。参加者は40人近くなっており、マギー、キルステンはもちろん、会社のあらゆる分野のリーダーたちが来ていた。そしてなんとマキシンの夫もここに来ている。

　マキシンは、反乱軍の仲間たちとここにいるのをとてもうれしいと思っているが、年月の経過とともに、このグループを反乱軍と呼ぶのはちょっとおかしな感じになってきている。反乱軍は勝利したのだ。

　その日の昼間、ビルがマキシンを呼び出し、彼女の昇進のことを知らせた。マキシンはパーツ・アンリミテッドの社史で初めて特別エンジニア（distinguished engineer）になり、ビルの直属の部下になるのだ。彼女は、提示された職務記述の内容がとても気に入った。特に、全社を通じて技術的卓越性の文化を築く権限が与えられているところだ。マキシンは会社の経営トップと定期的に面会して彼らの目標を理解し、その目標の達成のために

ITをいかに活用するかの戦略を立てる。もちろん、会社が市場で勝ち抜くためにはその戦略が鍵を握る。

マキシンは、優れたエンジニアが管理職にならずに上り詰められるキャリアの頂点が作られたことを喜んでいる。彼女の仕事は、最高のアイデアを出すことではない。社内のどこからでも最良のアイデアを安心して出すことができ、それを早くセキュアに市場に打ち出せるようにすることだ。マキシンは、社内で最高のデザイナーを見つけることとメモに書いた。彼女は2日間かけてインタラクティブデザインカンファレンスに出席し、会社が成功を収めるためにはこの分野がとても重要だということを学んだのである。

カートはクリスの直属の部下になった。近いうちに技術部長に昇進し、クリスは引退してフロリダにバーを開く方法を探しているというのがもっぱらの噂だ。手始めに、クリスは別の部署としてのQAを廃止し、QAエンジニアを機能チームに配置している。運用は急速にプラットフォームチーム兼社内コンサルタントに変化している。目標は、プログラマーたちに必要なインフラストラクチャーを提供するとともに、プログラマーの仕事がはかどる方法を探しながらいつでもサポートできる状態で待機しているエキスパート軍団になることである。

パティは魅力的な職務に就いた。彼女は志願して、より多くのプログラマーをコンテキストからコアに移す作業を加速化させるために、150本以上のアプリを管理することになった。これらはすべてメンテナンスモードに移行し、少数の優秀でやる気のあるエンジニアがサポートする。目標は最小限のコストで管理するか、完全に切り捨てるかだ。パティは、エンジンセンサーチーム内の顧客サポート部門（あのデレックもメンバーに入っている！）の立ち上げにも関わった。

そして何とも意外なことに、この週の初めにマキシンはついにサラとランチしたのだ。サラの方がマキシンに接触してきたのである。マキシンはまさかそんなことがあるとは思っていなかった。最初のうちこそ警戒していたが、ランチは楽しい時間になり、学びの場にさえなった。マキシンは、互いに相手にある程度の敬意を持つようになったとさえ思っている。ふたりは再会を約束した。

もうみんなを待たせられなくなったところで、マキシンは立ち上がり、グラスをチンと鳴らした。「みなさん、今晩はお集まりいただきありがとうご

ざいます。私たちには祝うべきことがたくさんあります。私たちは反乱軍として、古臭く間違っているくせに頑強な秩序を葬り去るために、立ち上がりました。そして万難を排してついにそれを成し遂げたと思います!」マキシンは大声を張り上げていた。

全員が歓声を上げ、あちこちで「マキシン、昇進おめでとう!」の声が上がった。マキシンはガッツポーズをして見せて席についた。

エリックが話しかけてきた。「本当によくやったよ、マキシン。眠れる巨人のようだった会社が本当に目覚めようとしてる。君のエンジンセンサーは3億ドル市場になると見込んで、1年以内にそのうちの10%近くをつかんでしまった。これはすごいことだ。1年で3億ドル市場の10%をつかめるスタートアップがどこにある? スタートアップがそんなことを成し遂げればよほどの奇跡だよ。あらゆる新聞雑誌の表紙を飾るだろう。本物のユニコーンさ。

新時代の経済ってのは、まさにこういう性質を持ってるんだと思うよ。顧客エクスペリエンスを一新する破壊力は、もうFAANG(フェイスブック、アップル、アマゾン、ネットフリックス、グーグル)だけのものじゃない。市場破壊を望むほとんどすべての企業がこの力を手に入れられる。そして、すでに数十年もの時間をかけて顧客との関係を築いてきた企業以上に顧客のためになるように市場破壊できる会社はほかにないよ。

パーツ・アンリミテッドのような会社は、すでに顧客との関係を築き、サプライチェーンを築き、顧客が人生を過ごしていく過程で何を望み、何を必要とするかを知ってる。今の既存企業は、スタートアップよりもずっと多くの資源と専門能力を蓄えてる。必要なのは、集中としつこさ、そして価値創造プロセスを管理する現代的な手法だ。

その証拠に、ウォールストリートが君の会社をどう評価してるかを見てみろよ。史上最高値で、君が反乱軍に入ったときと比べたら2.5倍以上だ。売上高マルチプルは6倍で、以前と比べたら4倍近く高い。パーツ・アンリミテッドは、リアル店舗を展開するリテーラーとしては売上高マルチプルがもっとも高い会社のひとつとして業界の話題になっており、デジタルディスラプションの時代を生き残り、かえって繁栄につなげているというサクセスストーリーの主役になろうとしてる。

でもこれはほんの始まりだよ。私たちは、何十年も続く経済成長を通じて

社会のあらゆるセグメントを繁栄に導く新しい黄金時代の最初期に間違いな
くいる。

　私たちはソフトウェアとデータの時代のあけぼのにいるんだ。スティーブ
とマギーは、会社の長期的な成功のためにどのデータがもっとも重要かを考
え、顧客からデータを買うための方法を模索し、戦略的データソースを買収
するようなことまで検討しているはずだよ。そして、スティーブはもうエン
ジニアがパーツ・アンリミテッドでもっとも重要な人々に含まれていること
を知ってるよ。君が特別エンジニアになったのはそのためさ。君はスティー
ブが会社でもっとも重要な人々の写真を本にまとめたものを枕元に置いてお
いて、ディズニーランドの群衆のなかでも見つけられるようにしてるのを知
ってたっけ。そのなかには君も入っているし、カート、ブレント、シャノン
も入ってるんだよ。10年前には、そのなかに入ってるのは工場のマネージ
ャーと店長のなかの成績上位に入る人たちだけだった。今はエンジニアもそ
のなかに入ってるんだよ。

　マキシン、すばらしい時代はこれからだよ」

　マキシンは答えた。「エリック、おっしゃる通りですね。小は大に勝てま
せんけど、速いものは遅いものに勝てます。速くて大きいものはほとんどか
ならず勝ちます。ユニコーン・プロジェクトはそれを教えてくれました」

412

From: アラン・ペレス（経営パートナー、ウェイン - ヨコハマ・エクイティパートナーズ）
To: スティーブ・マスターズ（CEO）
Cc: ディック・ランドリー（CFO）
Date: 4:51 p.m., January 11
Subject: 飲みに行きませんか？

スティーブ、

　あなたが1年余り前に取締役会でおっしゃったことを聞いて、この人はどうかしているんじゃないかと思ったことは正直に認めます。あなたが"社員の士気、顧客の満足、キャッシュフロー"だけが大切だと思っていることを知っていても、そう思ったのです。

　率直なところ、パーツ・アンリミテッドが成長を見せるとは想像できませんでしたし、それがソフトウェアを通じてだということはまさに青天の霹靂（へきれき）でした。しかし、あなたは我が社の成長率を過去最高に引き上げ、それは私たちのポートフォリオからもしっかり確認できることです。そして、市場が我が社の成長に対してかなり大きなマルチプルを付けている（価値や収益性と比べて）ことから考えると、我が社は私たちの昨年のポートフォリオで最高成績を上げた企業のひとつだったと言えます。

　最初に懐疑的になりましたが、私はあなたが私の誤りを証明してくれたことにとても満足しています。私は突然ファーム内でちょっとしたヒーローになりました。私たちはさまざまな企業に投資しており、そのなかにはかつてそれぞれの業界でもっとも高名なブランドだったところも含まれています。そういった会社も、我が社と同じようにデジタルディスラプションを利益に繋げられるはずです。私はどうすればそういった企業をそれぞれの市場で勝たせられるかを考えるようになっています。

　近く次の取締役会のためにエルクハート・グローブに参ります。その前にお会いして一献傾けることはできませんでしょうか。あなたがどのようにしてこの成功を実現したのかをご教授いただき、私たちのポートフォリオに含まれているほかの企業に我が社の成功事例を応用するための方法についてお知恵をいただければ幸いです。

　お会いできるのを楽しみにしております。アラン

職務記述書：特別エンジニア

次の活動を通じて技術的卓越性を生み出す文化を育て発展させる。

- メンタリング、公的な訓練プログラムで教えたり、後援者になったりして、次世代の技術リーダーを育てる。
- セキュリティー、パフォーマンス、サイトリライアビリティといった技術分野に焦点を絞ったチーム横断組織を設立し、参加する。
- 今後会社の義務がかならず履行され、会社を発展させられるようにするために、ガバナンスとアーキテクチャーの評価組織を編成するが、その編成作業を指導する。

  —経営者が意識すべき重要な問題を評価する。
  —この組織の評価対象には、リスクと保証、情報とeレコード、アーキテクチャーが含まれる。
  —アプローチに対する評価を求めるすべてのチームに対して技術的な助言を与える。
  —ガバナンスの能力を保ち、スタッフがガバナンスに積極的に取り組み、尊重するための尺度を開発する。

- 会社のブランドイメージを上げ、トップIT企業と人材を競い合えるような採用活動を展開するために、エンジニアのコミュニティに対して会社を代表して発言する。
- データハブに代わって全社的なイベントソーシングプラットフォームとなるシャムプロジェクトのアーキテクチャー、設計、実装を指導し、シャムを利用する形にすべてのサービスを移行させるためのタイムラインを設定する。

5つの理想

第1の理想 ― 局所性と単純性

第2の理想 ― 集中、フロー、楽しさ

第3の理想 ― 日常業務の改善

第4の理想 ― 心理的安全性

第5の理想 ― 顧客第一

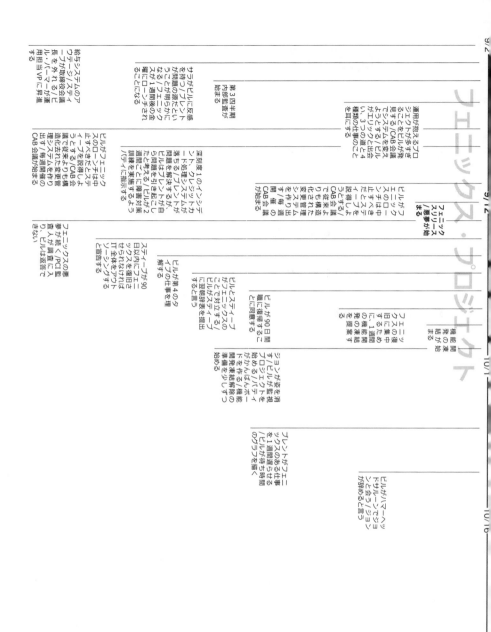

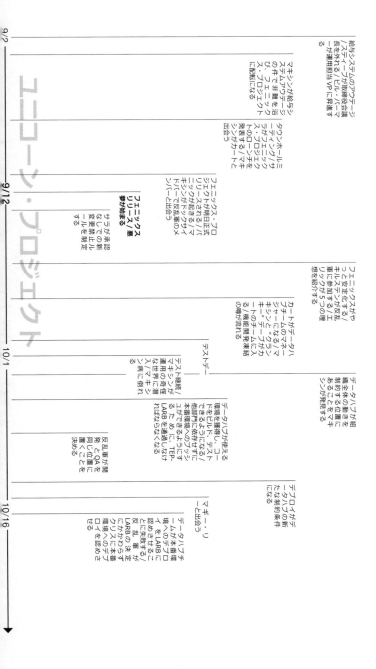

ユニコーン・プロジェクト

9/2

9/12

10/1

10/16

給与システムのアウテージ／スティーブが取締役会議長を外れる／ビル・パーマーが運用担当VPに昇進する

マキシンが給与システムアウテージの件で非難を浴び、フェニックス・プロジェクトに配属になる

タウンホールミーティングでクリスがフェニックス・プロジェクトのローンチを発表する／マキシンとパトリシアに出会う

フェニックス・プロジェクトがリリースされる／バッキンガムがドッグサイドバーでマキシンが反乱軍のメンバーと出会う

フェニックス・リリース／墨夢が始まる

サラが承認なしでの新ルールを変更禁止にする

フェニックスがカードがデータハブのマネジャーとなる／ブランチとクリスがフェニックスに入る／データハブの噂が流れる

フェニックスが組織全体の動きを制約する位置にあることをマキシンが5つの理想を紹介する

データハブが組織全体の動きを制約する位置にあることをシンが発見する

テストデータ

デストチーム

データハブが使える環境を維持し、コードをビルドし、テストできるようにする／他部門へのブッシュに依存せずに、本番環境への...ができるようにする／ために、TEP、LARBを通過しなければならなくなる

反乱軍が開発とQAを同じ位置に置くことを決める

デプロイ／デスキー・り

デブロイが新たな制約条件になる

データハブのローンチがマキシンの決定／LARBの承認にかかっているにもかかわらずLARBに本番クリスにデプロイ環境への...を認めさせる

フェニックス・プロジェクト

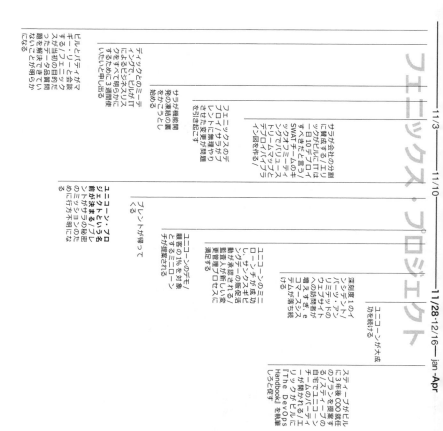

ユニコーンが大成
功を続ける

スティーブがビル
に3年後COO就任
のプランを提案す
る/スティーブの
自宅でユニコーン
チームのパーティ
ーが開かれる/エ
リックがビルに
『The DevOps
Handbook』を執筆
しろと促す

深刻度1のイ
ンシデント/
パーツ・アン
リミテッドの
ウェブサイト
への訪問者が
増えすぎ、e
コマースシス
テムが落ち続
ける

ユニコーンのミニ
ローンチが成功/
レッジャーサシク
シクテーの販促活
動が承認される/
監督人が新しい変
更管理プロセスに
満足する

ユニコーンのデモ/
顧客の1%を対象
とするミニロー
チが行方不明にな
る

ユニコーン・プロ
ジェクトという名
前が決まる/ブレ
ントがサラの秘密
のミッションのた
めに行方不明にな
る

ブレントが帰って
くる

サラが会社の分割
に賛成する/これよ
りサックスはITは
一日10デプロイ
すべきだと言う/
SWATチームのサ
ックスがコミュニティ
ショップフェニュー
ドリームバリューと
トリームマッシュア
ッププロトタイプマ
イン図を作る/

フェニックスのデ
プロイパックが
レントに黒魔や
させた変更やり
をかした変更が
を引き起こす

サラが機能開
発の凍結の裏
をかこうとし
始める

フェニックスのニーチ
プロイパックが IT
によるビジネスリス
クをすべて明らかに
するために3週間使
いたいと申し出る

ディックとパティが
キー・リーと会談
する/フェニック
スが当初の目的だ
ったデータ品質問
題を解決できてい
ないことが明らか
になる

ユニコーン・プロジェクト

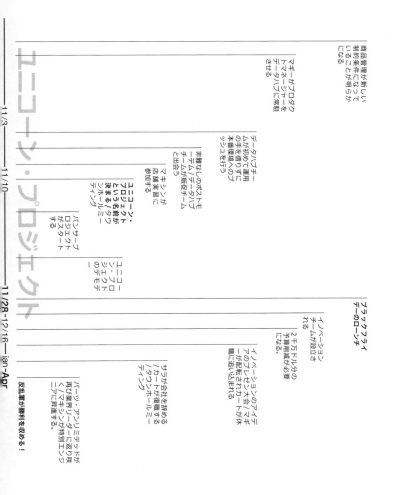

商品管理が新しい制約条件になっているいることが明らかになる

マネージャがブラウダウントスネージャーをデータハブに常駐させる

データハブチームが初めて運用のデータハブの手を借りずに本番環境へのプッシュを行う

非難なしのポストモーテム／データハブチーム／データハブと出会う

マキシンが店舗実習に参加する

ユニコーン・プロジェクトという名前が決まる／タウンホールミーティング

パンサープロジェクトがポスターする／ユニコーンプロジェクトのテコ入れ

ブラックフライデーのローンチ

インベージョンチームが設立される

2千万ドルかの予算削減が必要になる。

インベージョンのアイデアのプレゼン大会／マキシンが昇進される職に追い込まれる

サラが会社を辞める／カードが復職する／タウンホールミーティング

パーツ・アンリミテッドが再び業界リーダーに返り咲く／マキシンが特別エンジニアに昇進する。

反乱軍が勝利を収める！

参考文献

　本書は多くの本の影響を受けています。以下の各書は、本書に盛り込んだ知見を論じた書物のなかでも選りすぐりのものです。

Accelerate: The Science of Lean Software and DevOps: Building and Scaling High Performing Technology Organizations by Nicole Forsgren, PhD, Jez Humble, and Gene Kim (IT Revolution, 2018).『Lean と DevOps の科学』

The Goal: A Process of Ongoing Improvement by Eliyahu M. Goldratt and Jeff Cox (North River Press, 1984).『ザ・ゴール 企業の究極の目的とは何か』

The High-Velocity Edge: How Market Leaders Leverage Operational Excellence to Beat the Competition by Steven J. Spear (McGraw Hill, 2010).

The Principles of Product Development Flow: Second Generation Lean Product Development by Donald G. Reinertsen (Celeritas, 2009).

Project to Product: How to Survive and Thrive in the Age of Digital Disruption with the Flow Framework by Mik Kersten (IT Revolution, 2018).

A Seat at The Table: IT Leadership in the Age of Agility by Mark Schwartz (IT Revolution, 2017).

Team of Teams: New Rules of Engagement for a Complex World by Gen. Stanley McChrystal with Tantum Collins, David Silverman, and Chris Fussell (Portfolio, 2015).『チーム・オブ・チームズ』

Technological Revolutions and Financial Capital: The Dynamics of Bubbles and Golden Ages by Carlota Perez (Edward Elgar Pub, 2003).

Transforming NOKIA: The Power of Paranoid Optimism to Lead Through Colossal Change by Risto Siilasmaa (McGraw-Hill, 2018).

　私は以前から多くの講義、後援、動画、論文、投稿、ツイート、尊敬する人々との私信からもさまざまなヒントをもらっています。直接的な影響を受けた本書の章ごとにそれらの多くを紹介したいと思います。

第 2 章

"Fireside Chat with Compuware CEO Chris O'Malley," YouTube 動画。DevOps Enterprise Summit Las Vegas 2018 より IT Revolution が投稿。
https://www.youtube.com/watch?v=r3H1E2lY_ig

第 3 章

Zachary Tellman, *Elements of Clojure* (LuLu.com, 2019).

第 6 章

"The PMO is Dead, Long Live the PMO - Barclays," YouTube 動　画。DevOps Enterprise Summit London 2018 より IT Revolution が投稿。
https://www.youtube.com/watch?v=R-fol1vkPlM

"Better Value Sooner Safer Happier - Jon Smart," YouTube 動　画。DevOps Enterprise Summit London 2019 より IT Revolution が投稿。
https://www.youtube.com/watch?v=ZKrhdyjGoM8

第 7 章

Rich Hickey, "Simple Made Easy," InfoQ, QCon London 2012 で録画、2012 年 6 月 20 日投稿。
https://www.infoq.com/presentations/Simple-Made-Easy-QCon-London-2012/

Nicole Forsgren, PhD, Jez Humble, and Gene Kim, *Accelerate: The Science of Lean Software and DevOps: Building and Scaling High Performing Technology Organizations* (IT Revolution, 2018). 『Lean と DevOps の科学』

Ward Cunningham, "Ward Explains Debt Metaphor," wiki.c2.com, last edited January 22, 2011, http://c2.com/cgi/wiki?Ward ExplainsDebtMetaphor .

第 8 章

"What people think programming is vs. how it actually is," YouTube 動画, Jombo が 2018 年 2 月 22 日に投稿, https://www.youtube.com/watch?v=HluANRwPyNo.

Ryan Naraine, "10 Years Since the Bill Gates Security Memo: A Personal Journey," ZDNet, 2012 年 1 月 13 日, https://www.zdnet.com/article/10-years-since-the-bill-gates-security-memo-a-personal-journey/ .

Bill Gates, "Bill Gates: Trustworthy Computing," Wired, January 17, 2012, https://www.wired.com/2002/01/bill-gates-trustworthy-computing/ .

Risto Siilasmaa, Transforming *NOKIA: The Power of Paranoid Optimism to Lead Through Colossal Change* (McGraw-Hill, 2018) Kindle, 49.

John Cutler (@johncutlefish), "Case in point (from actual org)

* In 2015 reference feature took 15-30d.

* In 2018 same (class of) feature took 150-300d

primarily bc of 1) tech debt, and 2) fast track silver bullets to drive success theater and/or acquisitions (for same effect)

Cc: @realgenekim @mik_kersten" Twitter, September 29, 2018. https://twitter.com/johncutlefish/status/1046169469268111361.

好事例（実際の組織によるもの）

*2015 年代表的な機能の開発所要日数 15 〜 30 日

*2018 年同程度の機能の開発所要日数 150 〜 300 日

主要因は 1) 技術的負債、2) 成功の幻を生み出す即効性の特効薬か買収（同じ効果を持つもの）、またはその両方

John Allspaw, "How Your Systems Keep Running Day After Day – John Allspaw," YouTube 動画 , DevOps Enterprise Summit Las Vegas, 2017 より IT Revolution が 投 稿 , https://www.youtube.com/watch?v=xA5U85LSk0M .

Charles Duhigg, "What Google Learned From Its Quest to Build the Perfect Team," New York Times, February 25, 2016, https://www.nytimes.com/2016/02/28/magazine/what-google-learned-from-its-quest-to-build-the-perfect-team.html?smid=pl-share .

"Guide: Understand Team Effectiveness," ReWork, 2019 年 8 月 21 日 アクセス , https://rework.withgoogle.com/print/guides/5721312655835136/ .

Gen. Stanley McChrystal with Tantum Collins, David Silverman, and Chris Fussell, *Team of Teams: New Rules of Engagement for a Complex World* (Portfolio, 2015). 『チーム・オブ・チームズ』

"Quote by W. Edwards Deming," The W. Edwards Deming Institute, February 1993, https://quotes.deming.org/authors/W._Edwards_Deming/quote/10091 .

Donald G. Reinertsen, *The Principles of Product Development Flow: Second Generation Lean Product Development*, (Celeritas, 2009).

Steven J. Spear, *The High-Velocity Edge: How Market Leaders Leverage Operational Excellence to Beat the Competition*, (McGraw Hill, 2010).

"Convergence of Safety Culture and Lean: Lessons from the Leaders," YouTube 動画, DevOps Enterprise Summit San Francisco 2017 より IT Revolution が 投 稿 , https://www.youtube.com/watch?v=CFMJ3V4VakA.

Jeffrey Snover (@jsnover), "I literally (and yes I do mean literally) wanted to hide under my desk. I knew that they wouldn't be able to tell who did it (downside of DomainOS) so ... making the phonecall was one of the hardest things I've every done." Twitter, November 17, 2017, https://twitter.com/jsnover/status/931632205020913664.
文字通り机の下に隠れたくなったよ（本当に文字通り）。誰がやったのかわからないことがわかってたのでね（DomainOS の欠点）。だから。電話をかけるなんてとても考えられなかったよ。

"Paul O'Neill of Safety Leadership," YouTube 動画, Steve Japs が 2014 年 2 月 7 日 に 投 稿 , https://www.youtube.com/watch?v=0gvOrYuPBEA&t=1467s .

"Paul O'Neill The Irreducible Components of Leadership.wmv," YouTube 動画, ValueCapture が 2012 年 3 月 22 日に投稿, https://www.youtube.com/watch?v=htLCVqaLBvo .

第 9 章

Bill Sempf (@sempf), "QA Engineer walks into a bar. Order a beer. Orders 0 beers. Orders 999999999 beers. Orders a lizard. Orders -1 beers. Orders a sfdeljknesv." Twitter, September 23, 2014, https://twitter.com/sempf/status/514473420277694465 .
QA エンジニアがバーですること。ビール 1 杯を注文、ビール 0 杯を注文、ビール 999999999 杯を注文、とかげ 1 匹を注文、ビール -1 杯を注文、sfdeljknesv を注文。

第 12 章

Mik Kersten, "Project to Product: Thrive in the Age of Digital Disruption with the Flow Framework," YouTube 動 画, DevOps Enterprise Summit London 2019 より IT Revolution が 投 稿, https://www.youtube.com/watch?v=hrjvbTlirnk .

第 13 章

John Allspaw, "How Your Systems Keep Running Day after Day – John Allspaw," YouTube 動画, DevOps Enterprise Summit San Francisco 2017 よ り IT Revolution が 投 稿, https://www.youtube.com/watch?v=xA5U85LSk0M&t=2s .

DD Woods, *STELLA: Report from the SNAFUcatchers Workshop on Coping with Complexity* (Columbus, OH: The Ohio State University, 2017) https://snafucatchers.github.io/.

Gene Kim, Jez Humble, Patrick Debois, and John Willis, *The DevOps Handbook: How to Create World-Class Agility, Reliability, and Security in Technology Organizations* (IT Revolution, 2016). 『The DevOps ハンドブック』

Gene Kim and John Willis, *Beyond The Phoenix Project: The Origins and Evolution of DevOps* (IT Revolution, 2018).

"DOES15 – Courtney Kissler & Jason Josephy – Mindsets and Metrics and Mainframes ... Oh My!" YouTube 動画 , DevOps Enterprise Summit 2015 より DevOps Enterprise Summit が投稿 , https://www.youtube.com/watch?v=88_y1YFsRig .

第14章

Jeffrey Dean and Sanjar Ghemawat, *MapReduce: Simplified Data Processing on Lage Clusters*, (Google Inc., 2004) https://static.googleusercontent.com/media/research.google.com/en//archive/mapreduce-osdi04.pdf.

Christoper Bergh, Gil Benghiat, and Eran Strod, *The DataOps Cookbook: Methodologies and Tools that Reduce Analytics Cycle Time While Improving Quality* (DataKitchen, 2019).

"From Startups to Big-Business: Using Functional Programming Techniques to Transform Line of," YouTube 動画 , Microsoft Developer が 2018 年 5 月 8 日 に 投 稿 , https://www.youtube.com/watch?v=dSCzCaiWgLM .

"Forging a Functional Enterprise: How Thinking Functionally Transforms Line-ofBusiness Applications," YouTube 動 画 , DevOps Enterprise Summit London 2019 より IT Revolution が投稿 , https://www.youtube.com/watch?v=n5S3hScE6dU&amp=&t=5s .

第16章

Stacey Vanek Smith, "Episode 724: Cat Scam," *Planet Money*, NPR,

426

March 13, 2019, https://www.npr.org/sections/money/2019/03/13/703014256/episode-724-cat-scam.

"Digital Transformation: Thriving Through the Transition – Jeffrey Snover, Microsoft," YouTube 動画, DevOps Enterprise Summit London 2018 より IT Revolution が投稿, https://www.youtube.com/watch?v=nKyF8fzed0w&feature=youtu.be .

"Zone to Win – Organizing to Complete in an Age of Disruption, by Geoffrey Moore," YouTube 動画, TSIA が 2017 年 11 月 6 日 に 投稿, https://www.youtube.com/watch?v=FsV_cqde7w8 .

"GOTO 2016 – Zome to Win – Geoffrey Moore," YouTube 動画, GOTO Conferences が 2016 年 12 月 7 日 に 投稿, https://www.youtube.com/watch?v =fG4Lndk-PTI&t=391s.

"Digital Transformation: Thriving Through the Transition – Jeffrey Snover, Mircosoft," YouTube 動画, DevOps Enterprise Summit Las Vegas 2018 よ り IT Revolution が 投 稿, https://www.youtube.com/watch?v =qHxkcndCQoI&t=1s .

"Discovering Your Way to Greatness: How Fining and Fixing Faults is the Path to Perfection," YouTube 動　画, DevOps Enterprise Summit London 2019 よ り IT Revolution が 投 稿, https://www.youtube.com/watch?v=h4XMoHhireY .

第 17 章

"DOES14 – Steve Neely – Rally Software," YouTube 動　画, DevOps Enterprise Summit 2014 が 2014 年 11 月 5 日 に 投 稿, https://www.youtube.com/watch?v=BcvCR5FDvH8 .

"Typescript at Google," Neugierig.org, September 1, 2018, http://neugierig.org/software/blog/2018/09/typescript-at-google.html .

第19章

Kim, Humble, Debois, and Willis, *The DevOps Handbook* . 『The DevOps ハンドブック』

"More Culture, More Engineering, Less Duct-Tape (DOES17 US) – CSG International," YouTube 動画 , DevOps Enterprise Summit San Francisco 2017 より IT Revolution が投稿 , https://www.youtube.com/watch?v=rCKONS4FTX4&t=247s .

XI IOT - Facefeed Application Deployment Guide," Nutanix Workshops ウェブサイト , 2019年8月20日アクセス , https://nutanix.handsonworkshops.com/workshops/e1c32f92-1de8-4642-9d88-31a4159d0431/p/.

Compuware (compuwarecorp), "The racks keep leaving and space keeps opening up in our #datacenter, but our #mainframeswill never leave! #alwaysandforever #ibmz #hybridIT #cloudcomputing #cloud" Instragram, September 7, 2018, https://www.instagram.com/p/Bnb8B4iAQun/?utm_source=ig_embed .
ラックはどんどん減り、データセンターのオープンスペースはどんどん広がっていますが、メインフレームは消えません！ いつまでも永遠に。

"Keynote: Crossing the River by Feeling the Stones – Simon Wardley, Researcher, Leading Edge Forum," YouTube 動画 , CNCF [Cloud Native Computing Foundation] が2018年5月6日に投稿 , https://www.youtube.com/watch?v=xlNYYy8pzB4.

XI IOT - Facefeed Application Deployment Guide," Nutanix Workshops

ウェブサイト, 2019 年 8 月 20 日 ア ク セ ス , https://nutanix. handsonworkshops.com/workshops/e1c32f92-1de8-4642-9d88-31a4159d0431/p/.

エピローグ

"Open Source is the Best Insurance for the Future: Eddie Satterly Talks About IAG," YouTube 動画 , The New Stack が 2017 年 12 月 5 日に投稿 , https://www.youtube .com/watch?v=k0rcNAzLzj4&t=2s .

"DevOps at Target: Year 3," YouTube 動画 , DevOps Enterprise Summit San Francisco 2016 より IT Revolution が投稿 , https://www.youtube. com/watch?v=1FMktLCYukQ.

"Risto Siilasmaa on Machine Learning," YouTube 動画 , Nokia が 2017 年 11 月 11 日 に 投 稿 , https://www.youtube.com/watch?v =KNMy7NCQDgk&t=3721s .

　ドックサイドバーは、アディダスが定期的に経営計画会議を開き、最終的にデジタルトランスフォーメーションをリードする方針を発表した Café Intención をモデルにしている。

謝辞

妻にしてパートナーであるマルグリット・キムにはとても感謝していま
す。私の仕事と生活は彼女の愛とサポートなしでは考えられません。そして
リード、パーカー、グラントの息子たちにも。

本書執筆のあらゆる段階を通じて私を支えてくれた Anna Noak、Kate
Sage、Leah Brown、Ann Perry をはじめとする IT Revolution チームのす
べての人々に感謝しています。どんなに大変な思いをしたのかを読者の皆様
に伝えられればいいのですが。

以下に掲げる諸氏は、それぞれの専門知識を私に伝えるために膨大な時間
を費やしてくれました。彼らからは、自動車部品産業、アーキテクチャーの
原則、ビジネスと IT の指導者のあり方、関数型プログラミングなどについ
て非常に多くのことを教えていただきました。

John Allspaw (Adaptive Capacity Labs)、Josh Atwell (Splunk)、Chris
Bergh (Data Kitchen)、Charles Betz (Forrester)、Jason Cox (Disney)、
John Cutler (Amplitude)、Stephen Fishman (Salesforce)、Dr. Nicole
Forsgren (Google)、Jeff Gallimore (Excella)、Sam Guckenheimer
(Microsoft)、Scott Havens (Jet.com/Walmart Labs)、Dr. Rod Johnson
(Atomist)、Rob Juncker (Code42)、Dr. Mik Kersten (Tasktop)、Dr. Tom
Longstaff (CMU/ SEI)、Courtney Kissler (Nike)、Chris O'Malley
(Compuware)、Mike Nygard (Sabre)、Joe Payne (Code42)、Scott Prugh
(CSG)、Mark Schwartz (Amazon)、Dr. Steven Spear (MIT/The High-
Velocity Edge)、Jeffrey Snover (Microsoft)、John Willis (Botchagalupe
Technologies).

また、草稿に対してすばらしいフィードバックを提供してくださった次の
方々にも感謝しています。Paul Auclair、Lee Barnett、Fernando
Cornago、Dominica DeGrandis、Chris Eng、Rob England、Alan
Fahrner、David Favelle、Bryan Finster、Dana Finster、Ron Forrester、
Dawn Foster、Raj Fowler、Gary Gruver、Ryan Gurney、Tim Hunter、
Finbarr Joy、Sam Knutson、Adam Leventhal、Paul Love、Dr. Steve

Mayner、Erica Morrison、Steven Murawski、Scott Nasello、Shaun Norris、Dr. Tapabrata Pal、Mark Schwartz、Nate Shimek、Randy Shoup、Scott Stockton、Keith Swett、Michael Winslow。

　そして長年に渡って私を助けてくださった方々、私が忘れてしまったかもしれない方々にこの上なく深い感謝を捧げます。本書に書かれている概念や細部についてもっと深く知りたい方のために、参考文献の部分で参照した文献、動画、サイトなどを紹介しています。

監修者あとがき

　ようやく本書を日本の読者の皆様にお届けできることになり、大変うれしく思っている。本書は、DevOps 3部作シリーズの最後の1冊として企画されたもので、2019年11月に米国で出版された "The Unicorn Project" の邦訳である。

　実は読み始めた最初のうちは少し心配であった。というのは、本書が扱っている物語の舞台が、2014年に出版されたシリーズ第一作「The DevOps 逆転だ！」（原著は "The Phoenix Project" 2013年出版）で顛末が描かれたパーツ・アンリミテッド社のデスマーチ・プロジェクトであるフェニックス・プロジェクトに基づくものだったからである。前作では、フェニックス・プロジェクトとは別に、フェニックスの技術的負債を払拭するためにクリーンコードで開発されるユニコーン・プロジェクトの存在が示されていたものの、その詳細については明かされていなかった。

　よって、私の予想として本書は、運用担当VPであるビル・パーマーの視点を主軸に描かれたフェニックス・プロジェクトのリカバリー物語から一転、ユニコーン・プロジェクトの顛末が開発者サイドの視点から描かれるのでは、と考えていた。なので、すでに製品や使用しているテクノロジーに関して詳細を記述したフェニックス・プロジェクトを舞台にストーリー展開をするのであれば、前作から本書の出版までは、途中にシリーズ第二作となる「The DevOps ハンドブック」（原著は "The DevOps Handbook" 2016年出版）を経て、実に6年というタイムラグがあり、2013年に記述された当時のテクノロジーの内容に一種の陳腐化が発生してしまうのではないかと考え、読み始めのうちは懸念していたのである。

　しかし結果から言うと、私の心配は取り越し苦労であった。本書は、2020年現在のトレンドと比べてみるとテクノロジーや業界を取り巻く状況に若干古いかなと感じられる表現があるものの、ストーリーの本質は見事に現在でも多くの企業が抱えている課題にメスを入れた、読みごたえのあるDevOpsの指南書となっている。その点は著者のGene Kimが冒頭で断り

を入れているとおりなのだが、ストーリーを読み通してみると、そんな注意書きは不要だったなと思わせるほどの充実感と高揚感を得られる内容になっている。

　本書ではフェニックス・プロジェクトに関わったマキシンの視点で、前作で展開された物語と同じタイムラインの記述が繰り広げられていく。この手法はたまに映画や芝居でも用いられるもので、ある現象を軸として異なる登場人物の経験や視点を掘り下げることによって、それらの複合体である全体のストーリーを構成するものである。コロナ禍に見舞われる前のニューヨークでは、「スリープ・ノー・モア」という劇が大人気だった。これはどんな劇かというと、劇場ではなくホテルの中の複数の部屋で繰り広げられる同時進行の芝居で、全体のストーリーはシェークスピアのマクベスやヒッチコックのレベッカをベースとしたものなのだが、観客は「アノニマス（見えざる者）」として自由にさまざまな部屋の演者を観察することができる。アノニマスである観客は必然的に、特定の演者の視点での芝居を観ることになる。したがって主人公・脇役という概念はなく、ストーリー展開に絡んでいる登場人物全員が主体的な役割を担っていることになる。

　スリープ・ノー・モアは非常に斬新な手法を用いた、かつ実験的な劇なので、面白いことに敏感なニューヨーカーの心をとらえたわけだが、こうしてみると Gene Kim の意図も似たような発想に基づいているのではないかと思えてきた。前作のビル、本書のマキシンのみならず、さまざまなプロジェクトメンバーの視点で各々の信念や正義を追いかけてみると面白いのではないか ─ つまりいろんな場面で私たちの取り組みを阻害する要因があり、それを取り除く努力をしている人たちがいて、その個々の努力がうまく噛み合って（別な言葉で言うと必要に応じて同期して）はじめて、IT をベースにした企業戦略というものが実現されていくのだというコンセプトが感じられるのである。

　本書を含む Gene Kim のシリーズは DevOps という文脈でその場面場面を切り取っているが、この改善と同期の努力は DevOps に留まった話ではなく、昨今流行りのデジタル・トランスフォーメーションや経営イノベーションにも通じる内容であって、決して IT プロフェッショナルだけが対象となる書籍シリーズではないと私は考えている。たとえば、前作でも本作でも

イヤなやつとして描かれているリテール営業担当 SVP のサラ・モールトンや、IT に苦い思い出を持っている CFO のディック・ランドリーなどの視点で、企業経営という観点からフェニックス・プロジェクトが語られても面白そうである。なぜ彼らは急がなければならなかったのか、とか、なぜ必要な取り組みへの投資を躊躇するのか、など、人にはそれぞれ立場と責務と信念があるのだから、利害が一致しないステークホルダー間でどのように問題を解決していくのかを疑似体験するのにはとてもいい手法でストーリーが語られていくのではないだろうか。この小説のプロットをオープンソース化して、経理のエキスパートや経営のプロがコントリビューターとして、コミッターである Gene Kim のもとでストーリーを織り込んでいくなんてことができたら最高ではないか。

さて、前作と同様、本作でも要所要所でマキシンの前にエリック・リード取締役候補が現れて重要な教えを伝える。マキシンの言葉を借りれば「ヨーダやミスター・ミヤギのように」洞察を与えるのである。ヨーダは抽象的なヒントを倒置法を使って表現するので、とてもややこしいし、ミスター・ミヤギは空手とは一見関係のないような掃除や大工仕事ばかり言いつけるので、学ぶ側にとっては「もったいぶってないでストレートに教えてちょーだい！」と言いたくなるメンターなのだが、エリックは彼らに比べるとだいぶ直接的に指南をしてくれる。ここしかないというタイミングで現れてとても aha! なヒントをくれるのだが、本作においても重要な教えをマキシンに与えている。以下のようなものだ。

第 1 の理想 ― 局所性と単純性
第 2 の理想 ― 集中、フロー、楽しさ
第 3 の理想 ― 日常業務の改善
第 4 の理想 ― 心理的安全性
第 5 の理想 ― 顧客第一

前作でエリックは、ビル・パーマーに対して 4 つの仕事と 3 つの道というヒントを与えている（詳細は前作をご参照ください）。特に 3 つの道というアプローチでは、それなりに技術的なトピックが教訓として伝えられたの

だが、本作における５つの理想において技術的なヒントといえば第１の理想ぐらいだろうか。第３の理想にも技術的な要素はあるが主旨としてはもう少し大きなくくりだ。

　第１の理想である局所性と単純性 ― これはソフトウェア工学を勉強された方や比較的規模の大きい開発を手掛けたことがある方なら誰しもが納得できるものであろう。プログラムというのは凝集度が高く結合度が低いものがもっとも変化に対して堅牢であることはよく知られている。プログラムのみならず、昨今のクラウドネイティブアプリケーションのアーキテクチャーなども然りである。上手にマイクロサービスのアーキテクチャーを作り上げれば、個々のサービスは高凝集度・低結合度の構造になる。そうすることによって、ビジネス展開のスピードに追随できるアジリティのあるシステムを作ることが可能だ。開発者の大前提としてそうした取り組みを目指し続けることは当然といえるだろう。

　ではなぜエリックは、ベテラン技術者であるマキシンにそんなことを改めて指南したのだろうか。ヒントは「複雑性負債」という言葉にある。これはコンウェイの法則を意識したものであろう。コンウェイの法則はコンピューター科学者のメルヴィン・コンウェイが提唱した法則で、「システムを設計する組織は、その構造をそっくりまねた構造の設計を生み出してしまう」というものだ。エリックが述べた「複雑性負債」には、組織の複雑化やサイロ化、官僚主義といった組織形態やそれに伴う細分化された責務、組織の評価軸に伴う狭量な作業スコープなどの弊害全般が含まれる。コンウェイの法則で示唆されるような組織と技術の関係が、マキシンの中では明確に理解されていたわけではなく、エリックの教えはまさにマキシンに新しい視野を授けることになっている。

　前作でも本作でも、Gene Kim が一貫して述べていることは、DevOps というのは単に開発側・運用側という局所的な視点でのベスト・プラクティスではないということだ。世の中の変化に敏感で、すばやく変化し続ける企業であるために彼は DevOps というキーワードを題材に企業変革のあり方がどうあるべきかをストーリー仕立てにして説明しているということが、本作の登場でより一層明確になったと思う。本書だけでも十分に面白い企業変革エンターテインメント小説ではあるが、まだ前作に目を通したことがない方にはぜひ前作と合わせて読むことをお勧めする。２つの異なる視点の物語を

読めば、Dev と Ops だけではなく、経営の判断、組織文化の変革、複雑性負債をいつ解消するのか（負債はいつか返済しなければならない）、そうした点すべてを総合的に考えるための視野が広がることを保証する。

　こうした良書のシリーズに関われることを非常に感謝している。文末ではあるが、いつも高品質の翻訳をしてくださる長尾高弘さん、本書のみならず数々の良書を日本の読者に提供し続けておられる編集の田島篤さんにお礼を言わせていただきたい。ありがとうございました。私自身このシリーズで多くのことを学ぶことができたし、技術者としての自分の考え方にこのシリーズは大きく影響を与えていると思う。今後とも機会があれば、ぜひ仲間にくわえていただきたいものである。

　　　　　　　　　2020 年 9 月　相変わらずリモートワークが続く自宅にて
　　　　　　　　　　　　　　　　　　　　　　　　　　　榊原 彰

著者紹介
ジーン・キム（Gene Kim）

『ウォールストリート・ジャーナル』ベストセラーの著者、研究者で多くの賞を受賞している。1999 年以来、大きな成果を収めている技術組織を研究しており、1998 年にトリップワイヤを創設してから 13 年間 CTO を務めた。*The Unicorn Project*（2019、本書の原著）、*Accelerate*（2018、米新郷出版賞受賞、邦訳『Lean と DevOps の科学』、2019 年インプレス）、*The DevOps Handbook*（2016、邦訳『The DevOps ハンドブック』、2017 年日経 BP）、*The Phoenix Project*（2013、邦訳『The DevOps 逆転だ！』、2014 年日経 BP）など 6 冊の本の共著者である。2014 年に大規模で複雑な技術組織の IT トランスフォーメーションを研究する DevOps Enterprise Summit を創設し、オーガナイザーを務めている。コンピューター業界における優れた業績とリーダーシップから、2007 年にはコンピュータワールド誌で「40 歳未満のイノベーティブな IT プロフェッショナル 40 名」に選出され、パーデュー大学からコンピューター科学科の傑出した卒業生として表彰された。家族とともにオレゴン州ポートランド在住。

訳者紹介
長尾 高弘（ながお たかひろ）

1960 年千葉県生まれ、東京大学教育学部卒、（株）ロングテール社長、翻訳業。訳書に『The DevOps 逆転だ！』、『The DevOps ハンドブック』、『Soft Skills』（日経 BP）、『Effective DevOps』（オライリー・ジャパン）などがある。

監修者紹介
榊原 彰（さかきばら あきら）

1986 年日本アイ・ビー・エム株式会社入社。SE として多数のシステム開発プロジェクトに参画。専門はアーキテクチャ設計技術。2005 年に IBM ディスティングイッシュト・エンジニアに任命される。2006 年から同社東京基礎研究所にてサービス・ソフトウェア・エンジニアリングの研究に従事した後、グローバル・ビジネス・サービス事業 CTO、スマーター・シティ事業 CTO を経て 2015 年末に同社を退職。2016 年 1 月より日本マイクロソフト株式会社にて執行役員 最高技術責任者（CTO）。2018 年 2 月よりマイクロソフトディベロップメント株式会社 代表取締役社長を兼任。著訳書に『ソフトウェア品質知識体系（SQuBOK）ガイド（第 2 版）』『ソフトウェアエンジニアリングの基礎知識体系 -SWEBOK-』（オーム社）、『プロブレムフレーム』『Eclipse モデリングフレームワーク』（翔泳社）、『実践ソフトウェアエンジニアリング』（日科技連出版社）、『ソフトウェアシステムアーキテクチャ構築の原理』（SB クリエイティブ）、『The DevOps 逆転だ！』『The DevOps ハンドブック』（日経 BP）などがある。

ACM、IEEE Computer Society、情報処理学会、日本ソフトウェア科学会、プロジェクトマネジメント学会の各正会員。NPO 法人ソフトウェアテスト技術振興協会理事。

DevOps による IT 革命の第一人者
ジーン・キムの本

A5 ／ 400 ページ
定価：本体 2200 円＋税
ISBN：978-4-8222-8535-7

The DevOps 逆転だ！
究極の継続的デリバリー

ジーン・キム、ケビン・ベア、
ジョージ・スパッフォード 著
榊原彰 監修
長尾高弘 翻訳

デスマーチ・プロジェクトを一転、成
功へと導けるか──。数々の危機を乗
り越え、開発と運用が一体となったチー
ム体制「DevOps」が生まれていく痛快
IT 物語。DevOps の本質を物語の展開
とともにわかりやすく解説した 1 冊。

A5 ／ 488 ページ
定価：本体 3200 円＋税
ISBN：978-4-8222-8548-7

The DevOps ハンドブック
理論・原則・実践のすべて

ジーン・キム、ジェズ・ハンブル、
パトリック・ドボア、ジョン・ウィリス 著
榊原彰 監修
長尾高弘 翻訳

DevOps の理論と実践を徹底的に解説。
ビジネス成果に結びつく考え方・導入・
実践を網羅した決定版です。Google、
Facebook、Twitter、LinkedIn、Netflix、
Target などの実例も紹介。DevOps 改
革を「迅速・確実・安全」に実践する
ための必読書。

The DevOps 勝利をつかめ！
技術的負債を一掃せよ

2020年10月26日　第1版第1刷発行

著　者	ジーン・キム
訳　者	長尾 高弘
監　修	榊原 彰
発行者	村上 広樹
発　行	日経BP
発　売	日経BPマーケティング
	〒105-8308　東京都港区虎ノ門4-3-12
装丁	水戸部 功
制作	谷 敦（アーティザンカンパニー）
編集	田島 篤
印刷・製本	図書印刷株式会社

https://nkbp.jp/booksQA
ISBN978-4-8222-9596-7
Printed in Japan